Campagne De L'armée De Réserve En 1800 ......

Gaspar Jean Marie René de Cugnac, France.
État-major de l'armée. Section historique

PUBLIÉ SOUS LA DIRECTION

DE LA

SECTION HISTORIQUE DE L'ÉTAT-MAJOR DE L'ARMÉE

CAMPAGNE

DE

L'ARMÉE DE RÉSERVE

EN 1800

DEUXIÈME PARTIE
MARENGO

PAR

le Capitaine DE CUGNAC

Avec 3 cartes, 3 croquis et 6 autographes

PARIS

LIBRAIRIE MILITAIRE R. CHAPELOT ET Cᵉ

IMPRIMEURS-ÉDITEURS

30, Rue et Passage Dauphine, 30

1901

CAMPAGNE

DE

L'ARMÉE DE RÉSERVE

EN 1800

PARIS. — IMPRIMERIE R. CHAPELOT ET C⁰, 2, RUE CHRISTINE.

CAMPAGNE

DE

L'ARMÉE DE RÉSERVE

EN 1800

DEUXIÈME PARTIE

MARENGO

PAR

le Capitaine DE CUGNAC

« ..... Nous avons passé le Pô, et nous
« occupons la position de Stradella ; ainsi
« l'armée ennemie se trouve coupée..... »
(*Le Premier Consul au général Lechi*,
Milan, 6 juin 1800).

PARIS

LIBRAIRIE MILITAIRE R. CHAPELOT ET Cie
IMPRIMEURS-ÉDITEURS
30, Rue et Passage Dauphine, 30

1901

AVANT-PROPOS

Le premier volume de cet ouvrage a montré la formation de l'armée de réserve à Dijon, les modifications successives du projet d'opérations, puis le passage difficile du Grand-Saint-Bernard et le temps d'arrêt causé par la résistance du fort de Bard.

Dans cette seconde et dernière partie, nous suivrons la marche des Français dans les plaines du Piémont et de la Lombardie, en assistant aux « deuxième et troisième actes de la campagne », selon l'expression même du Premier Consul.

Les documents groupés ici modifieront peut-être l'opinion des lecteurs sur plusieurs faits demeurés obscurs et sur certaines questions controversées.

Constatons d'abord que le Premier Consul débouche de la vallée d'Aoste, ayant seulement les six canons qui ont pu passer sous le feu du fort de Bard. Il n'attend pas le reste de l'artillerie et gagne rapidement le défilé de Stradella, d'où il barre tous les chemins de retraite de l'ennemi.

En suivant la campagne, nous verrons la prise d'un

courrier de Mélas, la marche de l'armée vers Alexandrie par les deux rives du Pô, la concentration pour une rencontre probable et l'incertitude du général français sur la position des Autrichiens, supposés en retraite vers Gênes ou Milan.

Une pièce inédite concernant la journée de Marengo, fera connaître les mouvements de la division Lapoype, éloignée du champ de bataille à la dernière heure et rejointe trop tard par l'ordre de retour. De nouveaux documents fixeront aussi la physionomie réelle du combat, montreront l'insuffisance du nombre de canons, la véritable position de Desaix dans la matinée et les deux ordres contradictoires reçus par ce général.

Comme dans la première partie, le récit se fera de lui-même par les lettres et les rapports des principaux acteurs, rapprochés le plus souvent de la relation autrichienne. Mieux que toute paraphrase, cette correspondance soulignera les points les plus saillants de la rapide campagne qui ajoutait, il y a cent ans, à l'histoire de l'armée française, une de ses pages les plus glorieuses.

ATTAQUE ET PASSAG TURIN

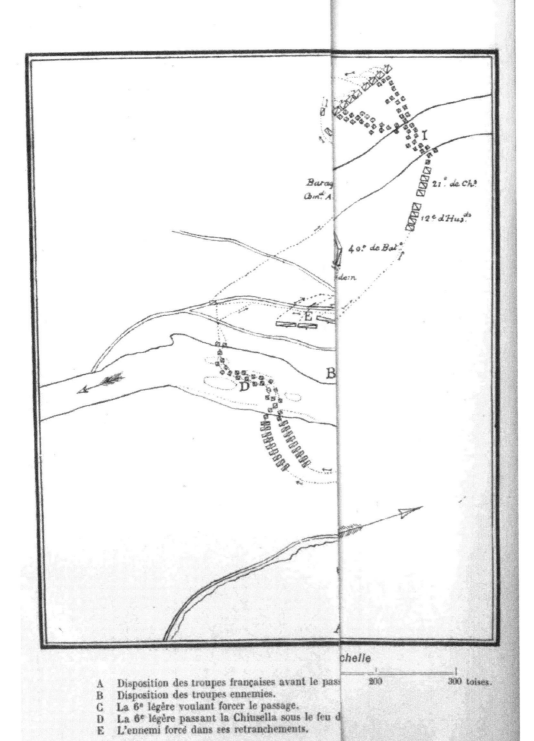

A   Disposition des troupes françaises avant le pass
B   Disposition des troupes ennemies.
C   La 6ᵉ légère voulant forcer le passage.
D   La 6ᵉ légère passant la Chiusella sous le feu d
E   L'ennemi forcé dans ses retranchements.

DEUXIÈME PARTIE

MARENGO

CHAPITRE PREMIER
COMBAT DE LA CHIUSELLA

Effectif de l'armée. — Lannes, vainqueur à la Chiusella le **26** mai, fait face à Turin. — Le quartier général à Ivrée. — Murat occupe Verceil le **27**, passe la Sésia le **29**. — Organisation de la place d'Ivrée.

---

25 MAI

L'avant-garde de l'armée de réserve (1) occupait Ivrée depuis le 22 mai, et assurait ainsi le débouché dans la

---

(1) Si l'on se reporte aux situations publiées dans le tome Ier, l'effectif disponible du côté d'Ivrée dans les derniers jours de mai serait d'environ 40,000 hommes (Consulter les situations des 9, 10 et 21 mai, annexes n°ˢ 16, 17 et 19).

En réalité, le total des présents sous les armes ne devait s'élever qu'à 30,000, d'après une indication fournie par le Premier Consul lui-même.

Sur une lettre de Moncey, partie le 24 mai de Lucerne (V. tome Ier, p. 430) et que le Premier Consul dut recevoir à Ivrée le 27 ou le 28, il écrivit de sa propre main avec plusieurs ratures et corrections, quelques chiffres et quelques noms, dont certains ont été devinés plutôt que lus :

12........	1,800	
1........	2,000	Lorges.
29........	1,800	
91........		
1 légère..	1,800	
91		(nom illisible).
101		
1 légère.		
67	—	Gardanne.
41	—	
102	—	

plaine du Piémont. Les autres divisions d'infanterie et la cavalerie parvenaient à passer par le sentier d'Albard. L'artillerie seule était arrêtée en amont du fort de Bard qui opposait depuis le 19 mai une résistance énergique aux sommations, à la fusillade et à la canonnade. L'armée de réserve, maîtresse de la ville, avait vainement tenté

Moncey....	Lorge............... 4	} 7	
	Monnier (d'abord Loison). 3		
Victor.....	Chambarlhac.......... 3	} 6 (d'abord 7)	
	Gardanne............ 3 (d'abord 4)		
Duhesme..	Loison............. 3 (d'abord 4)	} 6 (d'abord 7)	
	Boudet............ 3		
Lannes....	Watrin............. 3	} 6	
	—............. 3		

$$30,000$$
$$4,000$$
$$34,000$$
$$3,000$$
$$12,000$$
$$49,000$$
$$2,000$$
$$51,000$$

19........	800	} 2,400	
70........	1,600		} 29,400
Duhesme........	12,000		
Chambarlhac.....	7,500		
Lannes..........	7,500		

Ces indications, si importantes à cause de la main qui les a tracées, semblent devoir être interprétées de la façon suivante, en se reportant à la lettre de Moncey (t. Iᵉʳ, p. 430). à son ordre du jour du 24 mai (t. Iᵉʳ, p. 506), à sa lettre du 18 mai, à celle du Premier Consul du 14 mai (t. Iᵉʳ, p. 365 et 355) et aux autres situations du tome Iᵉʳ.

1. — Le corps Moncey peut former 3 divisions :

Division Lorge.

12ᵉ légère, 2 bataillons arrivés 1200 hommes, plus des renforts....................	1,800	hommes.
1ʳᵉ de ligne........................	2,000	—
29ᵉ de ligne, 2 bataillons arrivés 1200 hommes, plus 1 bataillon annoncé................	1,800	—
91ᵉ de ligne (placée à la division suivante).		
1ʳᵉ légère, 1 bataillon arrivé 800 hommes, 1 bataillon annoncé, plus des renforts..............	1,800	—

Division ....

91ᵉ de ligne, 2 bataillons arrivés 1200 hommes, 1 bataillon annoncé.

101ᵉ de ligne, 1 bataillon arrivé 800 hommes, 1 bataillon annoncé.

de faire passer des canons pendant la nuit sous le feu du fort ; la tentative, renouvelée une troisième fois, allait réussir pour 2 pièces dans la nuit du 25 au 26 mai (1).

Le Premier Consul qui, le 25 au matin, est encore à Aoste, donne l'ordre de prendre l'offensive au sud d'Ivrée.

Division Gardanne.

67e de ligne, 3 bataillons arrivés, 1900 hommes.
14e de ligne, 3 compagnies 250 hommes, le reste de la demi-brigade étant déjà avec l'armée de réserve.
102e de ligne, 3 bataillons non arrivés.

2. — L'armée, quand Moncey aura rejoint, comprendra 4 corps d'armée à 2 divisions, chaque division ayant 3 demi-brigades, sauf une qui en aura 4, soit :

Corps Moncey....	Division Lorge ...... 4 demi-brigades.	} 7 demi-brigades.	
	— Monnier..... 3 —		
Corps Victor.....	— Chambarlhac. 3 —	} 6 —	
	— Gardanne ... 3 —		
Corps Duhesme...	— Loison...... 3 —	} 6 —	
	— Boudet...... 3 —		
	— Watrin ..... 3 —		
Corps Lannes.....	Division comprenant la brigade Mainoni (28e demi-brigade) et les 91e et 101e de ligne. 3 —	} 6 —	

3. — L'infanterie réunie à Ivrée atteindra .... 30,000 hommes.
Plus la cavalerie .... 4,000 —

34,000 —
Elles seront rejointes par Turreau.............. 3,000 —
Et par Moncey .... 12,000 —

Ce qui fera un total de .... 49,000 —
Auquel il faut ajouter la légion italique et la colonne Béthencourt............................ 2,000 —

Donnant comme effectif de l'armée, le chiffre de ... 51,000 —

4. — L'infanterie réunie à Ivrée se décompose ainsi :

Division Monnier, 19e de ligne........... 800 } 2,400 hommes.
— 70e de ligne........... 1,600 }
Corps Duhesme (divisions Loison et Boudet)...... 12,000 —
Division Chambarlhac....................... 7,500 —
Corps Lannes, avant-garde (division Watrin, brigade Mainoni)........................... 7,500 —

29,400 —
Soit en chiffre rond........ 30,000 —

(1) Consulter dans le tome 1er le chapitre X : Occupation d'Ivrée, p. 433, et le chapitre XI : Résistance du fort de Bard, p. 479. Voir en particulier, p. 531, le croquis de l'emplacement des divisions de l'armée de réserve à la date du 25 mai.

Le Premier Consul au général en chef Berthier.
(Armée de réserve.)

Aoste (1), le 5 prairial an 8 (25 mai 1800).

Je reçois, citoyen Général, votre lettre du 4 (2). J'imagine que vous avez envoyé une compagnie d'artillerie, nommé un commandant et ordonné d'établir un atelier de cartouches dans la citadelle d'Ivrée.

Le général Lannes aura probablement attaqué l'ennemi ce matin, l'aura battu ou obligé à se replier au delà de Chivasso. S'il ne l'a pas fait, ordonnez qu'il le fasse demain. L'ennemi ne peut pas avoir plus de 7 à 8,000 hommes. C'est le seul moyen, d'ailleurs, d'avoir des nouvelles précises du général Turreau et de donner le change à l'ennemi (3).

Ordonnez au général Murat d'envoyer des reconnaissances sur Biella et sur Santhia ;

Au général Monnier, de prendre position à moitié chemin d'Ivrée à Biella, à trois lieues en avant d'Ivrée, sur le grand chemin qui va à Santhia ;

A la légion italique, de se rendre le 7 à Riva, en passant le Valdobbia ; de descendre, le 8, le Val-Sesia, jusqu'à Varallo. Vous recommanderez au commandant d'envoyer, dans la journée du 9, des patrouilles à Crevacore, et jusqu'à Masserano, où elles rencontreront des patrouilles de l'armée (4).

BONAPARTE (5).

---

(1) Le Premier Consul quitte Aoste dans la journée et arrive à Verrès à 4 heures du soir (Voir t. Ier, p. 526 et 527, note 1).

(2) Cette importante lettre de Berthier est utile à consulter. Elle indique nettement la situation matérielle et morale de l'armée de réserve à la date du 24 mai : position du corps Lannes et de la division Boudet à Ivrée ; état du sentier d'Albard ; résistance du fort de Bard ; insuccès probable de l'assaut ; échec dans les tentatives de passage de l'artillerie (Voir t. Ier, p. 498).

(3) D'après la minute, qui se trouve aux *Archives nationales*, le Premier Consul avait dicté en plus la phrase suivante : « Prévenez-le cependant qu'il ne passe pas (*mot illisible*) qu'après avoir battu ou éloigné l'ennemi ; il doit se..... ».

(4) Voir au chapitre IV l'ordre donné par Berthier à Lechi et les opérations exécutées en conséquence par la légion italique.

(5) *Correspondance de Napoléon*, n° 4847.

Alex. Berthier, général en chef de l'armée de réserve, au général Lannes.

Verrès, le 5 prairial an 8 (25 mai 1800).

Le Premier Consul pense que l'ennemi ne peut pas avoir plus de 7 à 8,000 hommes en tout; il ordonne en conséquence que demain vous attaquiez l'ennemi. Lorsque vous l'aurez battu vous aurez des nouvelles précises du général Turreau.

J'ordonne au général Monnier de prendre position avec la 70e à trois lieues en avant d'Ivrée sur le chemin qui va à Santhia.

J'ordonne à la légion italique, qui est à Gressoney, de se rendre à Riva.

J'ordonne au général Murat d'envoyer des reconnaissances sur Biella et Santhia.

La division Boudet occupera Ivrée et vous soutiendra dans votre attaque avec ses meilleures troupes. L'objet de votre attaque est d'obliger l'ennemi de se replier au delà de Chivasso et avoir des nouvelles du général Turreau.

Je vous salue.

Alex. Berthier.

Le chef d'état-major de la division Watrin, au général de brigade Malher.

Ivrée, le 5 prairial an 8 (25 mai 1800).

Les intentions du général Watrin sont, citoyen Général, que toute votre brigade soit réunie demain à 3 heures du matin, au camp de la 22e demi-brigade de ligne, la division devant prendre les armes et se mettre en marche à cette heure pour faire une reconnaissance sur la route de Turin.

P.-S. — Le général Boudet est prévenu pour faire relever les postes qu'occupent les corps sous vos ordres par des troupes de sa division.

Hulin.

Le chef d'état-major de la division Watrin, au général de division Boudet.

Ivrée, le 5 prairial an 8 (25 mai 1800).

Conformément aux ordres du lieutenant général commandant l'avant-garde, j'ai l'honneur de vous prévenir, citoyen Général, que la division aux ordres du général Watrin doit prendre les armes demain pour faire une reconnaissance, et que les postes en avant de votre camp, occupés par la 40e demi-brigade de ligne, seront évacués. Veuillez, si vous le jugez à propos, les faire occuper par les troupes de votre division.

HULIN.

———

26 MAI

————

En exécution de ces ordres, la division Watrin livre le 26 mai le combat de la Chiusella.

Le général Watrin, au général Berthier (1).

Romano, le 6 prairial an 8 (26 mai 1800).

D'après les ordres du général Lannes, la division que je commande s'est mise en marche aujourd'hui à la pointe du jour pour aller attaquer l'ennemi retranché derrière la Chiusella. Le pont était gardé par 4 pièces de canon, et tout le front du camp ennemi était hérissé de redoutes et bouches à feu. La 6e légère, bien éclairée par ses flancs, attaqua l'arme au bras le pont que l'ennemi défendait avec la plus grande vigueur. Elle s'en était déjà emparée lorsque les régiments de Kinsky et de Bannats se précipitèrent avec fureur sur nos troupes qu'ils forcèrent d'abandonner le pont pour un moment ; alors le chef de brigade Macon se jeta avec la 6e légère dans l'eau jusqu'au cou, malgré la mitraille et la mousqueterie qui pleuvaient de toutes parts ; tandis que la 22e, conduite par le général Gency (2), se précipite en colonne serrée sur le pont que l'ennemi a enfin été obligé d'évacuer.

La déroute était complète, et nous aurions pris leur artillerie et fait beaucoup de prisonniers, si sa retraite n'eût été soutenue par une cavalerie quatre fois supérieure à la nôtre.

———————————

(1) Le lendemain 27 mai, l'adjudant général Hulin, chef d'état-major de la division Watrin, adressait de Romano au général Dupont un rapport sur le combat de la Chiusella ; Dupont en rendait compte au Ministre dans une lettre écrite à Ivrée le 28 mai. Ces deux rapports sont la reproduction, presque en termes identiques, de celui de Watrin. Il a paru inutile de les publier.

(2) Le général Gency commande la 6e légère, et le général Malher les 22e et 40e de bataille, d'après un ordre de l'adjudant général Hulin, daté de Chivasso le 29 mai ; cet officier réclame au général Gency la situation de la 6e légère et au général Malher celles des 22e et 40e. D'après un autre ordre d'Hulin (V, p. 22, note 1), le général Gency commande la 6e légère et la 22e.

La troupe le poursuivait avec acharnement jusqu'à Romano, dont il défendait encore les hauteurs, lorsque plus de 4,000 hommes de cavalerie nous chargèrent avec vigueur dans la plaine qui se trouve au pied de Romano ; la 40ᵉ, que commandait le général Malher, et la 22ᵉ, bravement dirigée par le chef de brigade Schreiber, soutinrent à la baïonnette ces charges avec le plus grand sang-froid (1), en attendant l'arrivée du 12ᵉ hussards et du 21ᵉ chasseurs à cheval qui ont enfin terminé le combat.

La cavalerie ennemie a été culbutée et mise dans la déroute la plus complète ; plus de 200 chevaux des dragons de la Tour sont restés sur le champ de bataille, 5 officiers ont été tués, plus de 200 cavaliers et fantassins ennemis ont été tués, pris ou blessés. Cette affaire a été des plus chaudes ; nous avons de notre côté à peu près 300 braves (2) blessés ou tués ; il a fallu toute la vigueur et la bravoure des troupes pour résister à des attaques et à des charges aussi multipliées (3).

Aussitôt que j'aurai recueilli le nombre des hommes tués ou blessés et de ceux qui se sont plus particulièrement distingués, j'aurai l'honneur de vous en adresser l'état et de

---

(1) Dupont ajoute dans son rapport du 28 mai : « ... La supériorité de notre baïonnette sur cette arme y a été prouvée d'une manière éclatante ».

(2) Le rapport d'Hulin du 27 mai indique 400 morts et blessés. Comparer aux chiffres indiqués dans les dernières lignes du compte rendu autrichien, p. 17, et à ceux donnés par le rapport du 28 mai, note 3, p. 13.

(3) *Ordre du jour de la division Watrin.*

Romano, le 7 prairial an 8 (27 mai 1800).

Le général de division Watrin témoigne aux corps composant la division sa satisfaction sur la bravoure qu'ils ont montrée hier aux affaires de Chiusella et de Romano.

La 6ᵉ légère a passé la rivière sous le feu de l'ennemi avec beaucoup d'audace, tandis que la 22ᵉ attaquait de front le pont de la Chiusella, ce qui a forcé l'ennemi à la retraite. Ces deux corps et la 40ᵉ ont soutenu, avec beaucoup d'intrépidité et de sang-froid, diverses charges de cavalerie, ce qui prouve à l'infanterie que, lorsqu'elle veut se tenir unie et serrée, elle sera toujours victorieuse de la cavalerie ; aussi le général recommande-t-il bien aux chefs des corps et aux officiers de ne détacher des tirailleurs que le moins possible et d'avoir toujours une petite réserve sur laquelle ils puissent se replier en cas d'événement.

Le Général de division,
WATRIN.

Pour copie conforme :
L'Adjudant général, chef de l'état-major.
HULIN.

vous demander quelque avancement pour les braves. La force de l'ennemi était d'environ 6,000 hommes d'infanterie et 4,000 de cavalerie (1).

Salut et respect.

WATRIN.

Watrin, général de division, au général Dupont, chef de l'état-major de l'armée.

Romano, le 6 prairial an 8 (26 mai 1800).

Je crois remplir les vues du général en chef et les vôtres, mon cher Général, en vous adressant à tous deux régulièrement le rapport des diverses actions ou combats qu'aura à soutenir la division que je commande. Il vous mettra à même de connaître plus en détail les mouvements et la bravoure des troupes qui me sont confiées.

Vous trouverez ci-joint copie de mon rapport au général en chef sur cette journée où j'ai été extrêmement content de la troupe, malgré qu'elle ait eu beaucoup à souffrir.

Salut et amitié.

F. WATRIN.

P.-S. — Envoyez-nous des cartouches, nous en manquons.

---

(1) Un rapport, écrit le 6 prairial à Ivrée, annonçait la victoire de la Chiusella :

« ...Ce matin, l'avant-garde de l'armée a eu un engagement extrêmement brillant sur la Chiusella.

« Le général Lannes avait reçu l'ordre du général en chef Berthier de poursuivre l'ennemi sur Chivasso. L'ennemi occupait, derrière la Chiusella, d'assez belles positions.

« La Chiusella a été passée sur le pont en colonnes serrées, et à la droite et à la gauche, à deux gués où il y avait 4 pieds d'eau. La nombreuse cavalerie de l'ennemi le mit à même de protéger la retraite de l'infanterie, qui était dans une déroute complète.

« Les dragons de la Tour et de l'Empereur ont chargé la 40ᵉ et la 22ᵉ, qui les ont reçus avec les baïonnettes croisées et les ont écrasés. Le général Pilati, qui commandait la cavalerie ennemie, est resté sur le champ de bataille avec plus de 500 dragons, parmi lesquels sont 12 officiers.

« Des espions assurent que le général Mélas arrivait hier à Turin * et paraissait fort étonné de ce mouvement extraordinaire ; jusqu'à cette heure, il ne paraît pas que l'ennemi l'eût jugé.

« Les différentes divisions de l'armée achèvent de déboucher aujourd'hui dans la plaine. »

On n'a retrouvé que la minute de ce rapport, sans date ni signature. Il avait été publié dans le *Moniteur* du 13 prairial (2 juin), où on lui avait donné par erreur la date du 7 prairial.

* Mélas était, en effet, arrivé le 25 mai à Turin (*Œstreichische militärische Zeitschrift*, t. 26, p. 203).

Les généraux autrichiens que nous avons eu à combattre sont Haddick, commandant en chef, de Briey, Pilati et Palfy.

Les régiments ennemis sont : Kinsky, Bannats, Toscane, Wallis, les gardes du roi de Sardaigne, Savoye.

Les dragons de la Tour et plusieurs régiments de hussards forment la cavalerie.

Il y a aussi des régiments de grosse cavalerie.   •

Extrait du rapport des marches et opérations de la division Boudet :

Le 6, l'avant-garde du lieutenant général Lannes eut l'ordre d'attaquer l'ennemi sur la route de Turin, et je reçus celui de marcher pour servir de réserve.

L'avant-garde livra combat et je la soutins dans cette affaire qui est connue sous le nom de *Bataille de la Chiusella*. Un escadron du 11ᵉ de hussards, de ma division, fort de 80 hommes, commandé par le citoyen Ismert, chef d'escadron, chargea l'ennemi et en reçut plusieurs charges en montrant beaucoup de valeur ; il eut 14 hommes tant tués que blessés (1).

J'avais servi de réserve avec mon infanterie jusqu'au village de Romano et, placé en avant de cette position, je reçus l'ordre de poursuivre l'ennemi ; ce que je fis jusques sur le sommet des montagnes qui avoisinent Foglizzo. La précipitation de sa retraite et l'ordre qui me vint d'arrêter ma marche m'empêchèrent de l'atteindre avec avantage ; il perdit quelques hommes et chevaux et je n'eus qu'un chasseur de la 9ᵉ de blessé.

Extrait du rapport du 28 mai, de Berthier au Premier Consul, sur les premières opérations de l'armée de réserve :

. . . .

. . . . . (2). L'ennemi, rassuré par des renforts qui lui étaient arrivés de Turin et de diverses parties du Piémont,

_____

(1) « . . .Le général Boudet a prêté ses hussards pour enlever la position de Romano. Dans cette glorieuse journée, nous avons eu 9 hommes tués, 27 blessés. Le capitaine Noël s'est conduit d'une manière distinguée dans cette affaire. » (Rapport du citoyen Ismert, chef d'escadron au 11ᵉ de hussards.)

(2) Le début de ce rapport a été cité au t. 1ᵉʳ, notamment p. 482, 491, 519, 528 et 546.

venait de s'arrêter dans sa retraite et avait pris position sur les hauteurs de Romano, derrière la Chiusella, dont il gardait le passage avec 5,000 hommes d'infanterie, 4,000 de cavalerie et plusieurs pièces de canon.

Combat de la Chiusella (1). — *6 prairial.* — Le général Lannes, auquel j'avais donné l'ordre de chasser l'ennemi de cette position, arrive bientôt sur les bords de la Chiusella, en suivant la route de Turin. La 6ᵉ légère commence l'attaque sur trois points : le centre s'élance au pas de charge sur le pont ; deux bataillons se jettent dans la rivière, au milieu d'une grêle de balles et de mitraille. L'ennemi ne peut résister à tant d'ardeur et d'impétuosité ; déjà sa première ligne d'infanterie est mise dans une déroute complète ; sa seconde ligne, formée des régiments de Kinsky et du Bannats, veut charger la 6ᵉ légère, qu'elle parvient à arrêter un moment ; mais la 22ᵉ de bataille, formée en colonne serrée par le général Gency, se précipite sur l'ennemi, le culbute et le force à chercher son salut dans la fuite. Il est vigoureusement poursuivi par la 6ᵉ légère, la 22ᵉ de bataille, le 12ᵉ régiment de hussards et le 21ᵉ de chasseurs. La ligne de cavalerie ennemie, composée de 4,000 hommes, attaque à son tour. Les 40ᵉ et 22ᵉ demi-brigades soutiennent sa charge avec fermeté, les baïonnettes en avant. Jamais infanterie ne montra plus de sang-froid et de courage. Trois charges successives sont repoussées. Le général Palfy, commandant la cavalerie ennemie, est tué avec six autres officiers autrichiens.

L'ennemi a perdu plus de 500 hommes et 300 chevaux. Le régiment de la Tour a été presque entièrement détruit ; nous avons fait 60 prisonniers (2).

Nous avons eu 250 hommes (3) tués ou blessés ; on compte, parmi ces derniers, le citoyen Sarret, chef de bataillon de la 6ᵉ légère, et le citoyen Dumont, chef de bataillon de la 22ᵉ de ligne (4).

---

(1) Le combat de la Chiusella a été omis dans le répertoire des « Victoires de l'armée française », fait au Ministère de la guerre (Paris, Imprimerie nationale, 1886).

(2) Passage du rapport de Berthier, supprimé par le Premier Consul : « Les conscrits dans ce combat ont rivalisé d'ardeur et de courage avec les vieux soldats... ».

(3) Le Premier Consul a corrigé le chiffre de Berthier et a mis : 200.

(4) *Correspondance de Napoléon*, nᵒ 4852.

*Extrait du journal de la campagne de l'armée de réserve
par l'adjudant commandant Brossier :*

Il paraît constant que les généraux autrichiens qui commandaient à Turin et dans les environs étaient persuadés que les forces effectives des Français dans la vallée d'Aoste n'excédaient pas 6,000 hommes ; une correspondance interceptée apprend que le général Mélas, à son arrivée à Turin, leur a fait de vifs reproches sur leur peu de surveillance à cet égard ; et il était sans doute mieux instruit lui-même puisqu'il faisait avancer à marche forcée la majeure partie des forces qu'il avait à Nice. Les places du Piémont et de la Lombardie étaient occupées par environ 28,000 hommes ; Gênes, resserrée de très près, pouvait capituler d'un moment à l'autre et laisser disponibles les 20 à 25,000 hommes qui en faisaient le blocus ; en sorte que Mélas aurait eu la faculté de réunir ces forces et de les porter sur le point où l'armée française voudrait agir. L'objet essentiel était donc de lui cacher le véritable projet, et, ce qui valait encore mieux, de lui faire prendre le change ; or, il était assez naturel qu'il pensât que le but des Français était d'agir sur Turin et le mouvement du général Turreau, dans les journées des 2 et 4 prairial, devait le confirmer dans cette opinion.

Les dispositions furent faites d'après ces probabilités.

. . . . (1) . . . .

6 prairial. — Combat de la Chiusella. — Division Lannes. — L'avant-garde, aux ordres du lieutenant général Lannes, et appuyée par la division Boudet et les 21ᵉ de chasseurs et 12ᵉ de hussards, marchait par la grande route de Turin à l'ennemi, qui s'était retranché au pont de la Chiusella en forces considérables. Son infanterie était d'environ 6,000 hommes, composée des régiments Kinsky, Bannats, Toscane, Wallis et les gardes du roi de Sardaigne et Savoye ; et sa cavalerie, forte de 4,000 hommes, était composée des dragons de

_____

(1) Ce passage se trouve cité plus loin, p. 19.

la Tour, de plusieurs régiments de hussards et de quelques corps de grosse cavalerie.

La 6e légère, bien éclairée sur ses flancs et l'arme au bras, tente le passage du pont de la Chiusella, qui était défendu par 4 pièces d'artillerie en batterie ; les régiments Kinsky et Bannats se précipitent avec fureur sur elle et la forcent à battre un moment en retraite ; mais le chef de brigade Macon qui la commandait se jette à l'eau jusqu'au col, sur la gauche du pont et sous un feu terrible de mitraille. L'ennemi prêt à être tourné sur le pont prend position à la crête de la montagne ; il est poursuivi par la 6e légère et la 28e commandée par le général Gency ; on le repousse encore et il se reforme un peu au delà ; le combat se continue avec acharnement. Nos intrépides troupes étaient sur le point de manquer de cartouches et auraient peut-être ployé lorsque la division Boudet qui formait l'arrière-garde s'ébranle, passe le pont, s'empare du combat et poursuit l'ennemi jusque dans la plaine, au pied de Romano. Déjà la déroute de ce dernier était complète et son artillerie allait lui être enlevée, lorsque sa cavalerie forte de 4,000 hommes se déploie et charge avec vigueur.

La 40e commandée par le général de brigade Malher, et la 22e dirigée par le chef de brigade Schreiber arrivent dans ce moment sur le champ de bataille, après avoir effectué le passage de la Chiusella, à la droite et au-dessus du pont ; elles se réunissent à leurs braves frères d'armes et soutiennent toutes ensemble, la bayonnette en avant, avec ce sang-froid qui n'appartient qu'à l'infanterie française, les charges multipliées de la cavalerie. Le 21e de chasseurs et le 12e d'hussards arrivent à leur tour, fondent sur l'ennemi, déjà ébranlé par la résistance qu'il éprouve, ils complètent sa déroute et le poursuivent jusqu'à Chivasso.

Plus de 200 chevaux du seul régiment de la Tour sont restés sur le champ de bataille. L'ennemi a eu 5 officiers tués et 500 hommes environ blessés. Le général Palfi, commandant la cavalerie, est du nombre des premiers ; 60 prisonniers ont été faits. La perte des Français est d'à peu près 400 hommes tués ou blessés.

Les résultats de cette journée présentent un double avantage : celui d'avoir favorisé la marche du général Murat sur Verceil, et celui d'avoir donné à l'armée l'exemple de ce que peuvent l'intrépidité et le sang-froid de l'infanterie contre l'arme de la cavalerie.

A la suite de cette affaire, les troupes de l'avant-garde occupèrent Romano.

Extrait de la Revue militaire autrichienne (1).

Dans cette position, le feld-maréchal Haddick avait l'aile droite appuyée à la Dora ; la gauche s'étendait par San-Martino jusqu'à Baldissero, le long de la Chiusella. D'Ivrée vers Turin un pont de pierres est jeté sur la Chiusella, non loin de Romano. Là se trouvaient sur la rive droite, comme avant-garde, 2 bataillons et 4 escadrons, qui entretenaient un fort piquet sur le pont. Sur les hauteurs de Romano se trouvaient postés 3 bataillons, qui avaient comme soutien le reste de la brigade de cavalerie Palfy derrière les hauteurs. De Vische à Chivasso se trouvaient le général Pilati avec le régiment de dragons Lobkowitz. Le général de Briey observait avec 13 compagnies, près de San-Martino, la route conduisant d'Ivrée à Castellamonte. Sur la rive gauche de la Dora se trouvait la brigade de cavalerie Festenberg ; elle avait occupé, avec deux escadrons, Santhia sur le Naviglio et, avec deux autres, Cigliano ; le reste se trouvait devant Verceil. Ces derniers couvraient la grand'route vers Milan.

L'avant-garde ennemie s'était, après la prise d'Ivrée, concentrée entre Banchette et Samone, avait atteint Bolengo sur la rive gauche de la Dora, et occupé légèrement Biella. Bonaparte et Berthier étaient arrivés à Ivrée. Ils avaient donc réussi à atteindre la plaine avant que les Autrichiens n'aient connu l'étendue et le but de leurs opérations et n'aient pu prendre une résolution contre cette entreprise. Mais afin de donner plus d'air à ses troupes, Bonaparte fit attaquer par le général Lannes, près de Romano, le 26, à 4 heures du matin, le feld-maréchal lieutenant Haddick. La division Boudet et deux régiments de cavalerie furent donnés à Lannes comme renforts. Le piquet autrichien qui se trouvait devant le pont, repassa celui-ci à l'approche de la colonne ennemie. Aussitôt les Français commencèrent à se déployer en échelons et firent mine de donner assaut au pont.

Haddick fit avancer une batterie et, par une vive canonnade et fusillade essaya d'empêcher le passage de vive force de la rivière. La 6e demi-brigade légère, sous les ordres du général Macon, parvint cependant jusqu'au pont. A ce moment, le major Weiss, du régiment de Franz-Kinsky, fit passer au pas de course le pont à son bataillon. L'ennemi s'enfuit, mais une fusillade meurtrière obligea le major à aller reprendre son ancienne position de l'autre côté de la Chiusella. Le combat durait déjà depuis trois heures et toutes les tentatives renouvelées des Français pour s'emparer du pont étaient restées vaines. Le général Macon prit alors la résolution de le tourner. Il se précipita le premier dans la Chiusella. Ses troupes le suivirent et il atteignit l'autre rive. Lannes fit soutenir ce mouvement tournant par une attaque de front, et les

---

(1) Œstreichische militärische Zeitschrift, t. 26, p. 187 à 190.

Autrichiens furent ainsi obligés d'abandonner le pont à l'ennemi. A ce moment le comte Palfy voulut reconquérir le pont avec la cavalerie. Il se mit à la tête des quatre escadrons qui se trouvaient en première ligne, mais il fut mortellement blessé par une balle. Il succomba quelques heures après. Le feld-maréchal lieutenant Haddick ne put faire aucun usage de sa cavalerie dans ce terrain couvert de taillis et broussailles. Il donna en conséquence l'ordre au général Pilati, qui avait pris le commandement de la cavalerie en remplacement de Palfy, de prendre position sur le terrain plus favorable de Montalengo. Il voulait, avec l'infanterie, disputer le terrain pas à pas et s'assurer, avec la cavalerie, le passage de l'Orco près de Foglizzo (1).

Les Français occupèrent Romano et s'avancèrent en plusieurs colonnes, dont celle sur la grand'route était la plus forte. Celle-ci était arrivée à un quart d'heure de chemin de Montalengo lorsqu'elle se heurta au premier détachement de cavalerie autrichien, composé de deux escadrons des dragons de l'Empereur, sous les ordres du major Vescey. A peine ce dernier avait-il été découvert par l'ennemi qu'il fit sonner la charge et se précipita sur la colonne qui se trouvait sur la route. Le général Pilati soutint cette attaque. La cavalerie ennemie s'empressa d'accourir, mais trop tard. L'infanterie sur la route était déjà dispersée. Elle s'enfuit en partie dans la montagne, en partie vers Romano. Soutenus par des escadrons frais, les dragons autrichiens atteignirent eux aussi Romano, où le général français Malher avec deux demi-brigades, venait d'arriver. Afin de ne point laisser à ces dernières le temps de se déployer, Pilati attaqua rapidement et tua un grand nombre d'ennemis. Mais comme le feld-maréchal lieutenant Haddick n'était plus en état d'atteindre les hauteurs de Romano avec son infanterie, il se retira lentement par la route avec la cavalerie et donna ainsi le temps à son infanterie de passer l'Orco à Foglizzo. Les Français n'inquiétèrent pas ce mouvement. Seul, un détachement ennemi qui avait été envoyé dans la montagne se montra sur le flanc. Le général de Briey contre la position duquel, à San-Martino, les Français n'avaient rien entrepris, se retira sur Aglié. Le feld-maréchal lieutenant Haddick fit, en huit heures, traverser la rivière à ses troupes sur deux ponts volants, à Foglizzo. Il envoya un bataillon par Chivasso jusqu'à Casale, avec mission de ramener tous les bateaux sur la rive droite du Pô et d'occuper Casale et Verrua. Derrière l'Orco, Haddick prit position entre Benigno et Bosconégro. Les dragons de Lobkowitz occupèrent Chivasso. Les pertes du feld-maréchal lieutenant Haddick à ce combat furent, en morts et blessés, de 348 hommes et 216 chevaux, mais celles des Français s'élevèrent à environ 1700 hommes (2).

---

(1) A Foglizzo il n'y avait pas de pont fixe sur l'Orco. Ce pont était à Chivasso. Il n'y avait là seulement qu'un gué. Si l'ennemi etait parvenu à s'avancer plus rapidement sur l'Orco, le passage de la rivière aurait dû avoir lieu à Chivasso. (Note du texte autrichien.)

(2) D'après W..., officier d'état-major autrichien (*Campagne des Français en Italie en 1800*, p 13 ; Leipzig, 1801), la perte des Autrichiens ne fut que de 400 hommes ; celle des Français aurait été d'environ 2,500 hommes, tués et blessés, et 300 prisonniers avec autant de chevaux. (Comparer aux rapports français p. 10, 13 et 15.)

* *
*

Pendant que Lannes livre au sud d'Ivrée l'heureux combat de la Chiusella, Murat, après avoir fait reconnaître la route de Verceil, se porte dans cette direction avec une demi-brigade d'infanterie et quelques régiments de cavalerie.

Rapport de la reconnaissance faite par le citoyen Larouvière, chef d'escadron au 2ᵉ régiment de chasseurs à cheval, d'après l'ordre qu'il en a reçu du général Champeaux.

Piverone, le 6 prairial an 8 (26 mai 1800) (1).

Savoir :

3 cavaliers autrichiens ont passé au village de Palla (2) sur les 5 heures du matin ;

11 ont passé à Piverone sur les 7 heures ;

9 cavaliers ont été aperçus à 9 heures du matin au village de Viverone ;

60 hommes de cavalerie occupaient le village de Cavaglia, ils ont été chargés rapidement par les éclaireurs du 2ᵉ régiment de chasseurs qui les ont poursuivis jusque près de Santhia ; il a été tué deux chevaux aux Autrichiens, blessé quelques hommes, fait un prisonnier, ramené un déserteur avec son cheval. 200 dragons autrichiens occupent Santhia. Un chasseur du 2ᵉ régiment, nommé Le Clerc, a été blessé légèrement d'une balle à la lèvre inférieure. Un cheval du 2ᵉ régiment a été blessé d'une balle au-dessous de la hanche de la jambe hors le montoir.

Renseignements.

Le syndic du village de Cavaglia m'a assuré que le général Mélas avait retiré ses troupes de Nice (que Gênes était toujours bloqué), qu'il avait conduit 30,000 hommes d'infanterie, dont 15,000 avaient été envoyés à Suze et les autres 15,000 avaient pris la route de Romingue (*sic*) à une lieue et demie d'Ivrée.

Le général Mélas a écrit au commandant des troupes autrichiennes à Cigliano de faire partir la cavalerie des environs pour Romingue.

---

(1) Ce rapport est daté du 7 prairial, ce qui doit être une erreur matérielle, puisque les autres documents cités p. 19, 24 et 25, montrent que Murat se porte le 26 mai à Santhia et le 27 à Verceil. Cette reconnaissance de Piverone à Santhia a, évidemment, été faite le 26.

(2) Sans doute Palazzo.

On m'a assuré que les particuliers de Santhia avaient beaucoup de grains de toute espèce, et qu'il y avait un magasin appartenant aux Autrichiens.

On m'a dit aussi que Bourgdalès (1) était occupé par les Autrichiens et qu'à Verceil il y avait infanterie et cavalerie de l'autre côté de la rivière.

LAROUVIÈRE,
Chef d'escadron au 2ᵉ régiment de chasseurs à cheval.

Ivrée (2), le 6 prairial an 8 (26 mai 1800).

Un espion qui vient d'arriver aujourd'hui à midi de Verceil, tenant la route de Santhia, Cavaglia, Piverone et Ivrée, dit que l'ennemi n'a pas aucune force de ce côté là que,

50 dragons à Santhia ;
50 dragons à Cavaglia.

A Piverone et sur la route jusqu'à Cavaglia, il y a plusieurs sentinelles à cheval, le pistolet à la main, éloignées l'une de l'autre environ à 100 toises.

Le bruit est répandu à Verceil que les Français du Simplon et du Saint-Gothard marchent sur Arona et Borgosesia.

P.-S. — Le même espion a ouï dire à Verceil qu'il était attendu là une armée autrichienne forte 20,000 hommes et même qu'étaient déjà arrivés les fourriers.

6 prairial. — *Marche du général Murat sur Verceil.* — Le 6 prairial, le lieutenant général Murat prit la route de Verceil à la tête de 1500 hommes de cavalerie, commandés par les généraux Duvignau et Champeaux, et de la 70ᵉ, commandée par le général Monnier (3).

« ..... Le général Murat marchait sur Verceil avec la division Monnier (4) et une brigade de cavalerie légère (5). Il a trouvé un corps ennemi qu'il a repoussé et auquel il a fait des prisonniers (6). »

Murat atteint Santhia dans la journée du 26.

« ..... L'ennemi envoya, le 24 et le 25 mai, de forts déta-

---

(1) Borgo d'Alé, à l'ouest de Santhia.

(2) Note sans adresse ni signature.

(3) *Journal de la campagne de l'armée de réserve*, par l'adjudant-commandant Brossier.

(4) La division Monnier ne se composait alors que de la 70ᵉ demi-brigade. Des autres demi-brigades de la division, la 19ᵉ légère était arrivée à Aoste le 25 mai (V. t. Iᵉʳ, p. 531) et la 72ᵉ n'avait pas encore passé le Grand-Saint-Bernard.

(5) Le chef de brigade Champeaux commandait les 2ᵉ et 15ᵉ de chasseurs. Le général Duvignau avait sous ses ordres les 5ᵉ, 7ᵉ, 8ᵉ et 9ᵉ de dragons ; le général Kellermann, les 1ᵉʳ, 2ᵉ, 3ᵉ et 20ᵉ de cavalerie ; le général Rivaud, le 12ᵉ de hussards et le 21ᵉ de chasseurs (Berthier à Dupont, le 14 mai. — V. t. Iᵉʳ, p. 371).

(6) Dupont au ministre de la guerre (28 mai).

chements d'Ivrée dans la montagne, et occupa Biella sur le flanc droit du général Festenberg. Il attaqua, le 26, l'avant-garde de ce dernier à Cavaglia et la repoussa jusqu'à Santhia. Le général Festenberg renforça sa ligne d'avant-postes (1) ..... »

Le Premier Consul et Berthier, après avoir sans doute assisté à l'inutile assaut du fort de Bard dans la matinée du 26 mai (2), se portent à Ivrée où ils établissent leur quartier général dans la soirée (3).

Le Général en chef de l'armée de réserve, au général Dupont.

Ivrée, le 6 prairial an 8 (26 mai 1800).

Vous voudrez bien, citoyen Général, donner des ordres pour que des six pièces d'artillerie arrivées ce soir, deux de 4 soient mises sur-le-champ à la disposition du général Murat, qui les fera servir par l'escouade des guides à cheval du Premier Consul. Vous ferez donner demain matin une pièce de 8 et un obusier à la division Boudet, et une autre pièce de 8 et un obusier au général Lannes. Vous ferez sentir aux généraux qu'il est indispensable de partager le peu d'artillerie qui a pu passer (4).

Alex. BERTHIER.

De la main de Berthier : Donnez l'ordre pour les escouades (5) de la garde des Consuls.

---

(1) *Œstreichische militärische Zeitschrift*, t. 26, p. 242.

(2) Voir t. 1er, p. 526 et 527.

(3) Le général Marescot écrit d'Arnaz le 6 prairial (26 mai) au chef de bataillon Kirgener : « .....Nous partons tous demain pour Ivrée. Le quartier général est parti ce matin..... » (Livre d'ordres de Marescot. — *Archives du génie.*)

Dans une minute de rapport, sans date ni signature, on lit : « .....Ce soir, le Premier Consul est arrivé à Ivrée..... ». C'est par erreur que ce rapport est publié avec la date du 7 prairial dans le *Moniteur* du 13 prairial (2 juin). Il a été, sans aucun doute, écrit le 6 prairial.

Dans une lettre du 7 prairial aux Consuls (Voir plus loin, p. 27), le Premier Consul écrit : « .....Je suis arrivé hier au soir à Ivrée..... »

(4) Deux canons de 4 avaient passé sous le feu des défenseurs du château de Bard dans la nuit du 24 au 25 mai (V. t. 1er, p. 518). C'étaient les deux premières pièces qu'on parvenait à faire passer.

Il paraît probable que deux pièces de 8 et deux obusiers purent traverser la ville de Bard dans la nuit du 25 au 26 et arriver dans la soirée du 26 à Ivrée.

(5) « Les canonniers », dans le registre conservé aux Archives de Gros-Bois.

27 MAI

Lannes reste le 27 sur le terrain du combat du 26.

Le gros de l'armée est dirigé sur Santhia et Verceil et cette dernière ville est enlevée par Murat, pendant qu'Ivrée est organisée comme base d'opérations.

Lannes, général de division commandant l'avant-garde, au Premier Consul de la République française.

San-Romano, le 7 prairial an 8 (27 mai 1800).

D'après tous les renseignements, citoyen Consul, qu'a pris le général Mainoni dans la reconnaissance qu'il vient de faire, il paraît que l'ennemi file sur Verceil et de là sur Alexandrie où l'armée doit se retirer.

On a entendu aujourd'hui la canonnade sur les derrières de Turin (1). Le général Turreau ne doit pas être loin de cette ville.

Je partirai demain avant le jour pour me rendre à Chivasso. Je n'y trouverai sans doute pas l'ennemi qui, d'après les mouvements faits par le général Turreau, aura évacué.

La 28e demi-brigade a 100 hommes détachés à Biella. Le bataillon italique, qui est sous mes ordres, s'y trouve aussi. Je vous prie, citoyen Consul, de faire donner l'ordre aux uns et aux autres de venir nous joindre là où nous allons (2).

---

(1) C'était sans doute le canon du combat d'Avigliana (Voir t. 1er, p. 518 à 552). La distance à vol d'oiseau de ce point à Romano est de 50 kilomètres.

Le renseignement de Lannes concorde avec la lettre de Villard (p. 519), qui donne le 27 comme date de ce combat. La *Revue militaire autrichienne* l'indique le 26 (p. 551); le *Journal de Brossier* et la lettre du général Valette (p. 548) le placent le 21.

(2) *Au chef d'état-major général.*

Ivrée, le 8 prairial an 8 (28 mai 1800).

J'apprends qu'il y a 100 hommes de la 28e demi-brigade à Biella. Envoyez-lui sur-le-champ l'ordre de se rendre à l'avant-garde.

Alex. BERTHIER.

Je désirerais beaucoup que vous fissiez suivre après nous quelques cartouches (1) avec un peu de munitions pour les pièces de 4.

Salut et respect.

LANNES.

Le général de cavalerie qui a été tué hier est le général Palfy ; il est très regretté.

Le chef d'état-major de la division Watrin, aux généraux de brigade Gency et Malher.

Romano, le 7 prairial an 8 (27 mai 1800).

Les intentions du général commandant la division sont, citoyen Général, que vous fassiez tenir la brigade que vous commandez prête à se mettre en marche au premier moment.

---

(1)   *Le chef d'état-major de la division Watrin*
                  au général de brigade Malher.

Romano, le 7 prairial an 8 (27 mai 1800).

Je vous invite, citoyen Général, à donner ordre au chef de la 40e demi-brigade de faire compléter les cartouches au nombre de cinquante par homme. La distribution s'en fera au lieu de l'emplacement de la pièce par le commandant de l'artillerie, après que les bons auront été visés par moi.

Si vous avez des blessés ou des malades dans l'endroit que vous occupez, veuillez, je vous prie, les faire conduire à la municipalité de Romano, d'où ils seront transportés à Ivrée par les chariots qui ont apporté le pain pour la troupe.

La série des mots d'ordre ne m'étant pas encore parvenue, je ne puis vous la faire passer.

HULIN.

Au général de brigade Gency.

Même lettre qu'au général Malher, ayant de plus le paragraphe ci-après :

Je vous préviens qu'il sera distribué de suite à la 6e demi-brigade la ration entière de pain. La 22e en recevra en même temps la demie et l'autre demi-ration lui sera délivrée cette après-midi. Je vous invite à donner des ordres en conséquence.

HULIN.

Au commandant de l'escorte des chariots sur lesquels a été transporté le pain
pour la division d'Ivrée, à Romano.

Vous ferez placer sur les chariots, qui ont transporté le pain la nuit dernière, tous les malades et blessés qui se trouvent à l'ambulance pour être transférés à l'hôpital d'Ivrée. Vous prendrez en même temps sous votre escorte tous les prisonniers de guerre qui se trouvent à Romano.

HULIN.

A l'officier supérieur de jour de la 6e légère.

Vous fournirez, Citoyen, à la commune de Scarmagne, un détachement de 25 hommes commandés par un officier, qui feront respecter les personnes et les propriétés dans cette commune, qui a rendu des services signalés à votre demi-brigade hier pendant le combat. Ce détachement sera nourri par la commune.

Vous donnerez avis de cet ordre au général Gency.

HULIN.

Je vous préviens qu'il sera fait une distribution des subsistances qui sont ici en magasin, à commencer vers les 5 heures du soir, imputable sur ce qui sera dû le 8 du courant.

HULIN.

Le chef d'état-major de la division Watrin, aux généraux Malher et Gency.

Romano, le 7 prairial an 8 (27 mai 1800).

Conformément aux ordres du général commandant la division, vous voudrez bien, citoyens Généraux, donner les vôtres pour que la brigade que vous commandez soit réunie demain 8 du courant, à 3 heures précises du matin, en avant de Romano dans la plaine où le combat d'hier a cessé.

HULIN.

*
* *

Alex. Berthier, général en chef de l'armée de réserve, au chef de l'état-major.

Ivrée, le 7 prairial an 8 (27 mai 1800) (1).

Donnez l'ordre au général Duhesme de partir avec la division Boudet pour se rendre aujourd'hui à Santhia ; vous le préviendrez que le général Murat avec 1500 hommes de cavalerie et la 70ᵉ demi-brigade aux ordres du général Monnier

---

(1) L'original de cette lettre porte la date du 9 prairial (29 mai). Elle figure également à cette date sur le registre de Berthier, aux archives de Gros-Bois. Le contexte, en particulier la lettre suivante de Berthier à Duhesme, prouvent d'une façon absolue qu'elle est du 7 prairial (27 mai).

Alex. Berthier, général en chef de l'armée de réserve, au général Duhesme.

Ivrée, le 7 prairial an 8 (27 mai 1800).

Je vous ai fait donner des ordres par le chef de l'état-major. Mon intention est que vous vous rendiez aujourd'hui à Santhia avec la division Boudet. Le général Murat, avec 1500 hommes de cavalerie et la 70ᵉ, aux ordres du général Monnier, marche sur Verceil. Il est nécessaire que vous le souteniez dans le cas où il en aurait besoin. En conséquence, vous le préviendrez de la position que vous occuperez. Il est essentiel que vous nous éclairiez du côté de Trino et que vous envoyiez des espions jusqu'à Casale.

Le général Murat, qui a beaucoup de cavalerie, est également chargé d'envoyer faire des reconnaissances sur l'un et sur l'autre de ces points. La division Loison a l'ordre de se porter ce soir pour prendre position à Bollengo ou Piverone, route de Santhia. Maintenez la plus grande discipline dans les troupes à vos ordres. Je fais mettre mille francs à votre disposition pour les espions que vous enverrez.

Je vous salue.

Alex. BERTHIER.

est en marche sur Verceil, qu'il est nécessaire qu'il le soutienne, s'il en avait besoin (1).

Vous préviendrez le général Duhesme que vous donnez l'ordre à la division Loison de se rassembler aujourd'hui à Bollengo ou Piverone, route de Santhia, où elle prendra position ; voyez l'ordonnateur pour qu'il assure autant que possible la subsistance de ces différentes troupes. Si on ne peut avoir que demi-ration de pain, on donnera la double ration de viande et du vin. Ordonnez la plus grande police. Dites au général Duhesme que mon intention est qu'il s'éclaire bien du côté de Trino et qu'il envoye des espions jusqu'à Casale.

Donnez l'ordre à la division Chambarlhac, aussitôt son arrivée, de prendre position près d'Ivrée, sur la route de Santhia.

Donnez l'ordre au 3e bataillon de la 28e et à tout ce qui peut y avoir ici de troupes appartenant au général Lannes de partir sur-le-champ pour rejoindre la division dans sa position sur les hauteurs de Romano.

Donnez l'ordre que le bataillon de la 12e fasse le service de la place d'Ivrée ; ce bataillon ne laissera dans le fort que les hommes que vous ne jugerez pas nécessaires pour la police de la place d'Ivrée. 200 hommes me paraissent plus que suffisants pour ce service (2).

Alex. BERTHIER.

Ordonnez que le 3e bataillon de la 28e prenne 80 coups par homme, afin d'en remettre une partie à l'avant-garde.

---

(1) « .....Le 7, ma division, sous les ordres du lieutenant général Duhesme, arriva à Santhia..... » (*Rapport des marches et opérations de la division Boudet.*)

« .....Le 7 prairial, le général Duhesme prit position à Santhia avec la division Boudet... » (*Rapport des opérations du lieutenant général Duhesme.*)

« 7 prairial. — *Marche de la division Boudet sur Santhia.* — Le 7, la division Boudet rejoignit près de Santhia la division Loison, avec ordre de se réunir toutes deux au général Murat, qui poursuivait sa marche sur Verceil. » (*Journal de la campagne de l'armée de réserve*, par l'adjudant-commandant Brossier.)

(2) *Bonaparte, Premier Consul de la République, au citoyen Petiet, Conseiller d'État.*

Ivrée, le 9 prairial an 8 (29 mai 1800).

Je vous prie, Citoyen, de faire solder trois mois d'appointements aux officiers et soldats de la 12e demi-brigade, à laquelle il en est dû 7, et deux mois à la 28e, à laquelle il en est dû 6. On ne paiera que les hommes présents sous les armes.

Je vous prie également de procurer à la 12e demi-brigade 400 habits, vestes ou capotes,

*Extrait du rapport du. 28 mai de Berthier au Premier Consul,
sur les premières opérations de l'armée de réserve.*

Prise de Verceil, 7 *prairial* (1). — De son côté le général
Murat (2) entre le 7 prairial dans Verceil de vive force ; le
2ᵉ et le 15ᵉ régiment de chasseurs, soutenus par trois compagnies de grenadiers de la division Monnier, ont culbuté,
sur la Sesia, 1000 hommes de la cavalerie ennemie, dont 60
ont été pris avec leurs chevaux.

L'aide de camp Beaumont a eu son cheval tué dans cette
action.

L'ennemi a brûlé son pont sur la Sesia ; le général Murat
en fait faire un nouveau (3).

Le général Lannes est en avant de Chivasso.

Alex. BERTHIER (4).

**Alex. Berthier, général en chef de l'armée de réserve,
au chef de l'état-major général.**

Ivrée, le 7 prairial an 8 (27 mai 1800).

Je vous prie de donner les ordres pour que 50 hommes de
cavalerie, gendarmes et quelques hussards, et 100 hommes

---

de manière que cette demi-brigade soit un peu habillée ; elle l'est d'une manière à faire
peur. Je vous autorise, à cet effet, à faire acheter à Ivrée tout ce qui serait nécessaire, de
manière que cette demi-brigade soit un peu en état d'ici à cinq ou six jours.

BONAPARTE.

(1) Le *Journal de la campagne de l'armée de réserve*, par *l'adjudant-commandant Brossier*, reproduit presque littéralement ce passage, mais en donnant la date du
8 prairial.

Le *Bulletin de l'Armée*, du 29 mai (Voir p. 41), indique la date du 7 prairial.

D'après la *Revue militaire autrichienne*, l'occupation de Verceil par les Français et la
retraite des Autrichiens sur la rive gauche de la Sesia, ont eu lieu le 27 mai (7 prairial) :

« .....Mais, le 27, il (le général Festenberg) fut lui-même attaqué de nouveau par des
forces supérieures en nombre et si vivement poursuivi que les troupes eurent à peine le
temps d'atteindre le pont sur pilotis de la Sesia, de l'incendier et d'aller chercher ensuite, au
moyen de quelques canots, les petits détachements qui étaient restés sur l'autre rive. De la
division de dragons postée à Cigliano pour maintenir la communication avec le feld-maréchal lieutenant Haddick, un escadron ne put plus atteindre Verceil. Il fut obligé de se réfu-
gier à Casale. » (*Œstreichische militärische Zeitschrift*, t. 26, p. 243).

(2) Passage du rapport de Berthier supprimé par le Premier Consul : « .....Le général
Murat obtient de brillants succès sur l'ennemi; le 7 prairial, il emporte Verceil de vive
force..... »

(3) Passage du rapport de Berthier supprimé par le Premier Consul : « Le général
Moncey m'a informé qu'il est en mesure d'exécuter les ordres qu'il a reçus.

« Le général Murat passe la Sesia et marche sur Novarre.

« Le général Lannes..... »

(4) *Correspondance de Napoléon*, nº 4852.

de la 12ᵉ demi-brigade, partent sur-le-champ, sous la direction d'un adjoint de l'état-major général pour intercepter les routes de Chivasso à Verceil, au point où elles passent la Dora et de s'emparer de deux ou trois barques qui servent à ce passage. L'adjoint ira avec prudence jusqu'à Crescentino, s'il croit pouvoir le faire avec sûreté ; il prendra toutes les nouvelles qu'il pourra recueillir sur les mouvements de l'ennemi depuis huit jours ; il enverra quelqu'un à Verrua, si les ennemis n'y sont pas, pour prendre des nouvelles ; il ordonnera à Crescentino d'envoyer 500 quintaux de riz et 500 quintaux de blé à Ivrée, pour la nourriture de l'armée. Choisissez un officier bien intelligent et donnez-lui des instructions bien détaillées.

Je vous salue.

Alex. BERTHIER.

Alex. Berthier, général en chef de l'armée de réserve, au chef de l'état-major.

Ivrée, le 7 prairial an 8 (27 mai 1800).

Nommez un chef de bataillon pour commander le fort d'Ivrée. Demandez un capitaine du génie et un capitaine d'artillerie pour y être également attachés. On y mettra en garnison un bataillon de la division Chabran. La 12ᵉ de ligne restera dans la ville d'Ivrée pour la défendre contre la cavalerie ennemie ; et, en cas que des forces considérables en infanterie se présentassent, cette demi-brigade opérerait sa retraite sur Bard, en jetant dans la citadelle les renforts qui seraient nécessaires.

Donnez des ordres pour qu'on établisse dans la citadelle d'Ivrée un hôpital des blessés et un pour les convalescents, de 150 hommes choisis parmi ceux qui seraient le plus fatigués dans les différentes divisions.

Ordonnez à l'ordonnateur en chef de prendre ses mesures pour approvisionner la citadelle d'Ivrée pour 500 hommes pendant 15 jours.

Je vous salue.

Alex. BERTHIER.

Ordre du jour de l'armée.

Ivrée, le 7 prairial an 8 (27 mai 1800).

Tous les mulets employés au transport des bagages dans les différentes divisions, seront renvoyés au parc d'artillerie à Arnaz, pour le transport des munitions de guerre ; les corps se serviront désormais des voitures et des chevaux du pays pour leurs équipages.

Léopold STABENRATH.

Le Premier Consul, aux Consuls de la République.

Ivrée, le 7 prairial an 8 (27 mai 1800).

Je reçois, citoyens Consuls, votre courrier du 1er prairial. Je suis arrivé hier au soir à Ivrée. Nous voilà enfin au centre de l'Italie ; dans dix jours il y aura beaucoup de choses de faites. Vous trouverez ci-joint un petit bulletin (1) que vous pouvez faire insérer (2) dans le *Journal officiel*, sans signature. Le général en chef va s'occuper de rédiger une relation des différents événements ; je vous la ferai passer par un courrier extraordinaire (3).

Tout va au mieux. Avant la fin de prairial (4) je serai à Paris. Continuez à y maintenir la tranquillité.

Donnez-moi des nouvelles du consul Lebrun. J'ai bien été fâché d'apprendre qu'il a été malade (5).

BONAPARTE.

----

(1) D'après la *Correspondance de Napoléon*, ce bulletin serait une lettre datée d'Aoste le 25 mai (pièce n° 4848), qu'on a vue au tome 1er, p. 480, note 1, et p. 526, note 2.

(2) Faire *mettre*..., d'après l'original.

(3) Cette relation est le *Rapport sur les premières opérations de l'armée de réserve* (*Corr. Napoléon*, n° 4852). Elle fut raturée et modifiée par le Premier Consul. On ne la reproduira pas ici ; elle a été citée par fragments dans le tome 1er, p. 435, note 1 ; p. 449, note 2 ; p. 471, note 2 ; p. 472, note 1 ; p. 482, p. 491, note 1 ; p. 519 et 520, p. 528, p. 546, et dans le présent volume, p. 12, 13 et 25.

(4) 19 juin.

(5) *Correspondance de Napoléon*, n° 1848.

28 MAI

Lannes, quittant Romano, marche vers le Sud (1) et s'établit à Chivasso sur la rive gauche du Pô.

« ..... Les troupes de l'avant-garde entrèrent le 8 à Chivasso (2) pour faire face à l'ennemi qui occupait la rive droite du Pô, et l'entretenir dans l'opinion que l'armée française se dirigeait sur Turin (3) ..... »

Alex. Berthier, général en chef de l'armée de réserve, au chef d'état-major.

Ivrée, le 8 prairial an 8 (28 mai 1800).

Je pars à l'instant avec le Consul pour Chivasso. Restez à Ivrée ; s'il m'arrive des lettres pressées, on vous

---

(1) Lannes fait une démonstration par Foglizzo vers le pont de l'Orco.

D'après la *Revue militaire autrichienne*, le feld-maréchal lieutenant Haddick, qui s'était retiré sur la rive droite de l'Orco, « ..... avait reçu l'ordre de défendre chaque pouce de terrain et de battre en retraite vers Turin aussi lentement que possible, en restant en liaison constante avec le feld-maréchal lieutenant Kaim.....

« ..... Le régiment de dragons de Lobkowitz se trouvait encore au delà de l'Orco, à Chivasso.

« Le général Lannes reçut de Bonaparte l'ordre de s'avancer avec l'avant-garde vers l'Orco. Avec environ 3,000 hommes d'infanterie et 400 cavaliers, il descendit, le 28 mai, de Foglizzo, sur le fleuve. Au milieu d'une vive canonnade, Lannes s'approcha de plus en plus du pont. Les dragons autrichiens repassèrent le pont, l'incendièrent et gagnèrent la position du feld-maréchal lieutenant Haddick, sur la rive droite. L'ancienne prévision, que Bonaparte se tournerait vers Turin et ferait là sa jonction avec le corps du général Turreau, devenait dès lors plus vraisemblable. Les Autrichiens se préparèrent à attendre le lendemain les attaques répétées de l'armée de réserve française. Mais le général Lannes resta avec son corps, le 29 mai, à Chivasso (*OEstreichische militärische Zeitschrift*, t. 26, p. 239 et 241).

(2) L'occupation de Chivasso par la division Watrin est aussi établie par un ordre de la division, daté de ce point le 8 prairial (28 mai).

(3) *Journal de la campagne de l'armée de réserve*, par l'adjudant-commandant Brossier.

les enverra ; s'il est nécessaire, vous m'enverrez un courrier (1).

Alex. BERTHIER.

Bulletin de l'armée de réserve (2).

Ivrée, 9 prairial an 8 (29 mai 1800).

Après le combat de la Chiusella, l'ennemi s'est retiré sur
Turin, coupant tous les ponts et brûlant toutes les barques
sur l'Orco. Le général Lannes a occupé hier Chivasso. Il a
trouvé sur le Pô un assez grand nombre de barques chargées
de riz et de blé (3).

Le Premier Consul a passé à Chivasso la revue de l'avant-
garde (4). Il a fait connaître sa satisfaction à cette brave
division, qui a déjà rendu tant de services. Il a loué la
22e demi-brigade de son vigoureux passage de la Chiusella,
la 40e du sang-froid et de l'intrépidité avec lesquels elle a
reçu la charge de 3,000 hommes de cavalerie.

---

(1) *Alexandre Berthier, général en chef de l'armée de réserve,*
au chef de l'état-major.

Ivrée, le 8 prairial an 8 (28 mai 1800).

Je vous ai demandé, citoyen Général, un état de situation des présents sous les armes ;
je l'attends. Ordonnez qu'il y ait toujours un adjoint de l'état-major de service auprès de
moi, qui aura son cheval prêt chez moi ; il devra également avoir toujours avec lui deux
hommes du pays, montés, prêts à me suivre. Faites-moi le plaisir de m'envoyer tout de
suite la carte de Borgonio, que vous m'avez promise *. BERTHIER.

* Carte des États de S. M. le roi de Sardaigne, dressée par l'ingénieur Borgonio en 1683, corrigée
et augmentée en 1772 L'échelle est de 1 sur 144,000.
D'après l'orthographe des noms, il semble que Berthier a utilisé cette carte pendant toute la campagne.

(2) *Correspondance de Napoléon*, n° 4855.

(3) Les mots : « de riz et de blé » sont ajoutés d'une autre écriture.

(4) La présence du Premier Consul à Chivasso et la revue qu'il y passe ont sans doute
pour but de tromper Mélas et de le confirmer, de plus en plus, dans la pensée que les
Français vont marcher sur Turin. Mais cette erreur ne dure pas longtemps, d'après la
Revue militaire autrichienne (Voir p. 38, note 1), puisque, dès le 28, les reconnaissances et les renseignements des espions font connaître au quartier général autrichien
l'évacuation du pays autour d'Ivrée et la marche des Français sur Verceil.

Ainsi, la feinte sur Chivasso n'a peut-être pas eu sur les événements autant d'influence
que lui en a prêté l'Empereur à Sainte-Hélène :

« L'avant-garde prit aussitôt la position de Chivasso, d'où elle intercepta le cours du
Pô et s'empara d'un grand nombre de barques chargées de vivres, de blessés, et enfin de
toute l'évacuation de Turin. . . . .

. . . .

« Cependant, on disposa les barques prises sur le Pô pour la construction d'un pont ;
cette menace produisit l'effet qu'on attendait : Mélas affaiblit les troupes qui couvraient
Turin sur la rive gauche et envoya ses principales forces pour s'opposer à la construction
du pont. » (*Corr. Napoléon*, t. 30, p. 375.)

Les paysans du village de Romano ont rapporté avoir enterré 300 hommes et 500 chevaux, tués au combat de la Chiusella. Le général Palfy, qui commandait cette charge, est venu mourir dans ce village.

Lorsque le Premier Consul a été au 12e de hussards, il a ordonné au chef de brigade de dire au régiment qu'il était très content de sa bravoure: c'est à l'impétuosité de la charge qu'il fit à Châtillon que l'on doit le succès de ce combat; que la cavalerie allait être réunie, et qu'à la première bataille il voulait qu'elle chargeât la cavalerie autrichienne, pour lui ôter sa morgue et la prétention qu'elle a d'être bien supérieure à la nôtre, en manœuvres et en bravoure.

Le Premier Consul a dit à la 28e de ligne : « Voilà deux ans « que vous passez sur les montagnes, souvent privés de tout, « et vous êtes toujours à votre devoir, sans murmurer (1). « C'est la première qualité d'un bon soldat. Je sais qu'il vous « était dû, il y a huit jours, huit mois de prêt, et que cepen- « dant il n'y a pas eu une seule plainte ». Le Premier Consul a ordonné, pour preuve de sa satisfaction de la bonne tenue de cette demi-brigade, qu'à la première affaire elle marche- rait à la tête de l'avant-garde..... (2).

Le gros de l'armée continue sa marche vers l'Est. Duhesme avec la division Boudet, Murat avec la division Monnier sont à Verceil. Aucune tentative n'est faite pour passer la Sesia.

Le quartier général est à Ivrée.

Le 8, ma division se porta à Verceil, où était rendue l'avant- garde commandée par le lieutenant général Murat, qui avait aussi sous ses ordres la division Monnier (3).

---

(1) La 28e, au commencement de 1800, était encore dans le Valais. Elle avait trois com- pagnies au grand Saint-Bernard depuis le 13 mai 1799 (Voir t. Ier, p. 106, 108, 109, 289 et 387).

(2) Voir la fin de ce bulletin au 29 mai, p. 41.

(3) *Rapport des marches et opérations de la division Boudet.*

**Alex. Berthier, général en chef de l'armée de réserve,
au général Duhesme.**

Ivrée, le 8 prairial an 8 (28 mai 1800).

Je reçois à l'instant, citoyen Général, votre lettre du 8 (1) par laquelle vous me marquez que l'ennemi a un bataillon sur le pont de Casale.

Vous devez le chasser de cette position qui est sur votre flanc droit, ou du moins bien vous éclairer de ce côté (2).

Je vous salue.

Alex. BERTHIER.

**Alex. Berthier, général en chef de l'armée de réserve,
au général Dupont.**

Ivrée, le 8 prairial an 8 (28 mai 1800).

J'apprends que la division Loison n'a pas de vivres depuis trois jours.

Lorsque vous ordonnez un mouvement, il est indispensable que vous fassiez assurer en même temps les subsistances des troupes par le Commissaire des guerres de la division.

Alex. BERTHIER.

Je vous prie de donner l'ordre à la division Chambarlhac et à la cavalerie de partir demain pour se rendre à Santhia (3).

---

(1) Cette lettre n'a pas été retrouvée.

(2) *Archives de M. le général comte Duhesme.*

(3) Chambarlhac était à Ivrée le 28 mai (Voir une lettre de lui au tome 1ᵉʳ, p. 481, note 3).

D'après le *Journal de Brossier*, c'est le 28, et non le 29, que sa division se porte à Santhia :

« .....Le 8, la division Chambarlhac se rendit aussi à Santhia et fut suivie le lendemain par le corps de cavalerie qui était resté à Ivrée..... »

Alex. Berthier, général en chef de l'armée de réserve, au chef de l'état-major.

Ivrée, le 8 prairial an 8 (28 mai 1800).

Donnez l'ordre que chaque division fournisse au général Marescot vingt-cinq (1) hommes qui connaissent la navigation des rivières : ce qui formera cent (2) hommes pour composer huit compagnies de pontonniers.

Alex. BERTHIER (3).

Le Premier Consul, au général Brune, conseiller d'état (4).

Ivrée, le 8 prairial an 8 (28 mai 1800).

J'ai reçu, citoyen Général, votre lettre du 3 prairial. Nous sommes en pleine manœuvre. Le général Murat est entré hier à Verceil. Le général Lannes a eu sur la Chiusella un combat extrêmement brillant. Les 22e et 40e demi-brigades ont reçu les charges des régiments de La Tour et de l'Empereur et les ont écrasés. 500 hommes et le général commandant la cavalerie, Palfy ont été tués.

Dirigez tous les dépôts de l'armée de réserve en infanterie sur Chambéry, d'où ils seront à portée de rejoindre leurs corps respectifs (5).

Envoyez-moi par le retour du courrier l'état de situation de la 14e, qui doit être arrivée de Paris, et qui a un bataillon à Lyon; de la 17e légère et des deux demi-brigades de l'armée d'Orient (6).

Si le 9e de dragons n'est pas parti de Saint-Jean-de-Losne, donnez-lui ordre de rejoindre sur-le-champ l'armée. Je ne sais par quel événement ce régiment est resté à Saint-Jean-de-Losne.

Je vous salue.

BONAPARTE.

---

(1) On avait d'abord mis cinquante.

(2) On avait d'abord mis deux cents.

(3) La lettre est écrite par Bourrienne, secrétaire du Premier Consul, et signée par Berthier.

(4) Brune commande « la seconde ligne de l'armée de réserve », à Dijon.

(5) Cet ordre est immédiatement exécuté. Les dépôts de six demi-brigades partent le 4 juin de Dijon et arrivent le 13 à Chambéry. Les autres dépôts, stationnés aux environs de Dijon, partent entre le 4 et le 9 juin et sont à Chambéry entre le 11 et le 19. L'effectif total est de 1826 hommes. (Lettres du 8 juin du général Meynier, commandant la 18e division militaire, et du commissaire ordonnateur de la 2e subdivision de la 18e division.)

(6) Le général Veaux, qui commande ces deux demi-brigades (Voir t. 1er, p. 251), écrit de Châlon-sur-Saône à Dupont, le 11 juin : « .....J'ai eu l'honneur de vous rendre compte différentes fois que ces bataillons ne sont point organisés et qu'ils n'ont que les anciens hommes de dépôt, n'ayant pas reçu de conscrits ; excepté les trois bataillons qui sont à Mâcon, savoir la 2e légère, la 18e et 19e de ligne, dont la force est de 1253 hommes, et ceux de la 25e, 32e et 61e, n'ont exactement que leurs anciens soldats de dépôt qui montent à 800 hommes, parmi lesquels il se trouve au moins cent hommes hors d'état de faire la guerre, officiers et sous-officiers compris. Ces six bataillons se trouvent absolument dépourvus de chaussure et la majeure partie est sans habits, excepté le bataillon de la 18e de ligne, qui est habillé..... »

29 MAI

Murat (cavalerie et division Monnier) et Duhesme (divisions Boudet et Loison) passent la Sesia près de Verceil. La cavalerie atteint Novare.

Victor est à Santhia. Le quartier général est encore à Ivrée. Des ordres sont donnés pour réunir le 3o à Verceil les dernières fractions de l'armée.

L'adjudant général Paulet (1), au général de division chef de l'état-major général.

Verceil, le 9 prairial an 8 (29 mai 1800), 1 heure.

J'ai l'honneur de vous informer, mon Général, que la rivière de la Sesia vient d'être passée sur trois points différents.

Le lieutenant général Murat a trouvé un gué sur la droite de Verceil, à une lieue et demie de la place ; la crue des eaux a rendu son passage difficile, et quelques hommes de l'infanterie légère, que l'on passait en croupe derrière les chasseurs, se sont noyés.

Le général Boudet a trouvé un gué plus praticable et passé la rivière sur la gauche de Verceil.

La division Loison va la passer sur un pont volant que j'ai fait construire en avant de la place. Un détachement de cette division observera Casale.

---

(1) De Paulet de la Bastide (Marie-Gaspard-Abraham), né à Saint-Quentin le 9 novembre 1769, avait été sous-lieutenant le 26 février 1792, lieutenant le 1er mars 1793, adjudant général chef de bataillon le 6 avril 1795, adjudant général chef de brigade le 13 juin 1795.

Il devint général de brigade le 20 octobre 1800 et mourut le 1er août 1805, étant commandant du département de la Vendée.

D'après les ordres du lieutenant général Duhesme, j'avais fait construire pendant la nuit une batterie de deux pièces de canon qui devait occuper l'ennemi pendant le passage du général Murat. L'ennemi s'est amusé à la canonner jusqu'au moment où ses reconnaissances sont venues l'avertir que le passage de la rivière par le général Murat était en partie effectué. Nous n'avons perdu personne dans cette canonnade.

L'ennemi a commencé sa retraite à 8 heures du matin et s'est dirigé sur Novare.

Le général Duhesme vous prierait, mon Général, de vouloir bien affecter aux divisions qu'il commande un ou deux officiers du génie et quelques sapeurs. Nous en avions bien besoin cette nuit, mais notre zèle a suppléé au manque de ces officiers.

Les divisions Boudet et Loison manquent, mon Général, de tout ce qui est nécessaire au pansement des blessés. Les chirurgiens sont en trop petit nombre et n'ont ni linges, ni drogues, ni charpie ; les infirmiers aussi sont rares, et il est presque impossible d'empêcher beaucoup de soldats qui, sous prétexte de porter leurs camarades blessés, quittent leur rang.

Nous avons reçu, ce matin, plusieurs déserteurs de cavalerie.

Salut et respect.

PAULET.

D'une autre écriture : N.-B. — L'état-major du général Duhesme était à la tête de toutes les charges.

Extrait du rapport des opérations militaires du lieutenant général Duhesme.

..... Dans la soirée du 8 au 9, le général Duhesme ayant reconnu avec le général Murat les gués praticables, prit des dispositions pour passer la Sesia. En conséquence, il donna ordre à l'adjudant général Paulet de construire pendant la nuit deux batteries vis-à-vis celles des Autrichiens, et destinées à occuper l'ennemi et à l'amuser pendant le passage que tentait le général Murat, à deux lieues au-dessus. A 3 heures du matin, l'ennemi s'étant aperçu qu'on construisait une batterie et qu'on avait déjà sous sa protection rassemblé quelques bateaux, commença à nous inquiéter par le feu de quatre pièces de canon. Apercevant aussi de l'infanterie couverte par une contre-digue de la rivière et croyant à un passage, il commença un feu très vif de mousqueterie, qui dura pendant trois heures, mais ses partis de cavalerie l'ayant averti du passage qu'effectuait sur la gauche le général Murat, ainsi que de celui de la division Boudet sur sa droite, il ordonna la retraite, que nous inquiétâmes par le débarquement de deux compagnies de grenadiers qui leur firent quelques prisonniers. L'aide de camp du général Guénand succomba dans ce passage et y perdit la vie. Nous avons à regretter quelques braves et deux officiers.

L'ennemi, craignant d'être coupé, se retira précipitamment sur la route de Novare, où il fut poursuivi vigoureusement.

Extrait du rapport des marches et opérations de la division Boudet.

..... Le 9, le lieutenant général Murat devant opérer le passage de la Sesia, décida d'aller prendre le gué presque en face de Palestro, afin de venir tourner l'ennemi, tandis que je passerais sur la gauche de Verceil et me porterais sur Borgo Vercelli. La division Monnier ne suffisant point au mouvement du lieutenant général Murat, je lui prêtai ma première brigade, formée par la 9e demi-brigade légère et commandée par le général Musnier (1); je me réservai ma seconde brigade composée des 30e et 59e demi-brigade (2) et commandée par le général Guénand (3). La 9e légère ouvrit le

---

(1) Musnier de la Converserie (Louis-François-Félix), né à Longueville (Pas-de-Calais) le 18 janvier 1766, avait été cadet gentilhomme à l'École royale militaire le 22 août 1780, sous-lieutenant au régiment d'infanterie de Piémont le 22 décembre 1782, lieutenant le 10 août 1788, adjudant-major le 15 septembre 1791, capitaine le 1er mars 1792, chef de bataillon le 6 avril 1795, chef de brigade le 5 septembre 1795, adjudant général le 18 juillet 1796, général de brigade le 17 décembre 1798.

Il devint général de division le 1er février 1805, baron de l'Empire, et fut inspecteur général d'infanterie en 1815.

(2) La 59e avait changé de chef de brigade le 25 mai : « Donnez sur-le-champ, au chef de brigade Magny, le commandement de la 59e demi-brigade. Le général Bourdois sera employé à la suite de l'état-major. » (Berthier à Dupont—Verrès, 25 mai.)

(3) Guénand (Louis-Charles), né à Busançais (Indre) le 22 août 1755, avait été élève à l'École royale militaire le 17 septembre 1766, sous-lieutenant le 13 juin 1774, lieutenant le 11 juin 1781, capitaine le 19 août 1789, lieutenant-colonel le 29 juin 1792, colonel le 26 octobre 1792, général de brigade le 6 août 1793. Obligé de donner sa démission le 16 octobre 1793, il était remis général de brigade le 14 mars 1800.

Il mourut en mai 1803.

gué à la colonne du lieutenant général Murat ; elle eut beaucoup à faire et à souffrir pour vaincre la force du courant ;
quatre carabiniers de première file furent emportés et noyés,
ce qui n'intimida pas le restant des troupes. Elles furent
ensuite aidées dans le passage par la cavalerie et par plusieurs militaires, officiers et soldats, qui, sachant nager, furent
d'un très grand secours. Le passage du lieutenant général
Murat força l'ennemi d'abandonner entièrement la rive, et il
fut prudent car, d'après nos dispositions, il ne pouvait manquer d'être pris, s'il eût voulu tenir.

Le passage que j'exécutai sur la gauche de Verceil
n'éprouva pas moins de difficultés que celui de la droite,
par la rapidité du courant. Un peloton de six hussards, à la
tête duquel était mon officier de correspondance Dierx, fut
emporté et culbuté ; un homme et un cheval disparurent et
les autres échappèrent par hasard. L'aide de camp du général
Guénand et un soldat, passant avec la colonne, périrent aussi ;
l'on dut le salut de plusieurs militaires à la cavalerie et aux
efforts des nageurs, officiers et soldats, notamment à ceux de
mon aide de camp Bagnet.

La reconnaissance de quelques vedettes ennemies placées
sur l'autre rive, pressait l'exécution du passage. Je voyais
mes troupes en danger et je passai quatre fois la Sesia pour
activer leurs mouvements et leur inspirer cette confiance que
les circonstances rendaient nécessaire.

Extrait de la Revue militaire autrichienne.

.....Le 29 mai fut le jour de l'attaque générale des Français. Leur objectif
était Milan. La Sesia présentait plusieurs localités où elle pouvait être traversée. Le général Festenberg(1) avait sur la rive gauche surveillé la section de
Borgo Vercelli jusqu'au Pô, et se préparait à rendre le passage de la rivière
aussi difficile que possible. Tandis que le 29, au matin, Murat faisait inquiéter
toute cette section, une colonne de 4,000 à 5,000 hommes passait la Sesia
entre Palestro et Verceil, rompait le cordon posté sur le fleuve et s'avançait
rapidement par la route vers Mortara. Par ce mouvement, le flanc gauche du
général Festenberg était menacé. Les postes qui, de Langosco, observaient la
Sesia en aval jusqu'à Candia, se réfugièrent à Valenza. A peine le général Fes-

---

(1) Festenberg disposait, sur la Sesia, de 1907 hommes et de 1627 chevaux (*OEstreichische militärische Zeitschrift*, t. XXVI, p. 246).

tenberg eût-il appris ce passage de l'ennemi que Murat, avec des forces à peu près identiques, franchit à gué la Sesia à Verceil sans grande résistance. Festenberg chercha à atteindre le Tessin avant l'ennemi ; il fut vivement poursuivi jusqu'à Novare (1).

Le lieutenant général Murat, au général de division Moncey.

Novare; le 9 prairial an 8 (29 mai 1800).

Je vous ai annoncé, citoyen Général, de Borgo-di-Verceil, ma marche sur Novare (2). Je viens d'y entrer dans ce moment ; l'ennemi l'a évacué ce matin ; il se retire absolument derrière le Pô. Je saurai demain si la route de Milan est libre. J'occuperai le pont de Buffalora sur le Tessin. Je vous prie, citoyen Général, de me faire connaître votre position afin que je puisse en instruire le général en chef.

Je ne vous en dis pas davantage de crainte que la lettre ne vous parvienne pas.

Je vous salue fraternellement.

J. MURAT.

Extrait du Journal de la campagne de l'armée de réserve par l'adjudant commandant Brossier.

9 prairial. — Passage de la Sesia. — Division Murat. — Le 9, au matin, les troupes passèrent la Sesia sur trois points. Le général Murat prit un gué sur la droite de Verceil, à une lieue et demie de la place. Les eaux étaient très hautes, et quelques hommes d'infanterie légère, que l'on passait en croupe derrière les chasseurs, furent noyés. Le général Boudet en découvrit un plus praticable sur la gauche et la division Loison passa la rivière sur un pont volant, construit en avant de la place par les soins de l'adjudant général Paulet, chef de l'état-major du général Duhesme.

L'ennemi ne s'est opposé que faiblement à cette expédition : il s'est occupé à canonner une batterie de deux pièces qu'on avait construite en avant de la place pour attirer son feu pen-

---

(1) *Œstreichische militärische Zeitschrift*, t. XXVI, p. 246.

(2) Murat avait aussi écrit, dans la matinée du 29, à Bethencourt et à Lechi. Ces lettres n'ont pas été retrouvées, mais elles sont analysées dans une lettre du 31 mai de Bethencourt au Premier Consul (V. chap. IV).

dant que le passage s'effectuait. Averti par ses reconnaissances des succès des troupes françaises, il a commencé à 8 heures sa retraite sur Novare.

9 prairial. — Position des division Boudet et Loison. — Le général Murat fit, immédiatement après, rétablir le pont, s'avança le même jour sur Novare laissant ordre à la division Boudet de prendre position, le lendemain, derrière l'Agogna, en s'étendant sur la droite, et à la division Loison de se placer entre Palestro et Bobbio, à l'effet de se garder de Mortara et d'observer en même temps Casale, parce que l'ennemi, qui occupait toute la rive droite du Pô, pouvait se porter à l'improviste sur la rive gauche et inquiéter le flanc droit de l'armée (1) . . . . .

---

(1) Mélas eut, en effet, l'intention, le 29 et le 30 mai, de prendre l'offensive avec tout ce qu'il avait de troupes disponibles et de marcher de Turin sur Verceil en coupant la ligne de communication de l'armée de réserve.

« . . . . . Toutefois, ce même jour (le 28 mai), les patrouilles de reconnaissance, que le feld-maréchal-lieutenant Haddick avait envoyées au delà de l'Orco sur son aile gauche, avaient rapporté la nouvelle que Aglié, Castellamonte, San-Giorgio et la région montagneuse située en arrière, étaient abandonnés et que, d'après les dires des habitants, la plus grande partie des Français s'était dirigée vers le Milanais. Des espions, dont la fidélité avait été reconnue par une série d'expériences, apportèrent la même nouvelle, en ajoutant qu'Ivrée restait occupée par un millier d'hommes et, qu'en dehors du corps du général Lannes, demeuré sur le bas Orco, les autres troupes s'étaient dirigées sur Verceil. Comme Bonaparte avait pris cette direction, abandonnant ainsi ses derrières, on supposa, au quartier général autrichien, qu'il attendait des renforts venant de Suisse et qu'il se portait au-devant d'eux.

« Le généralissime autrichien devait donc prendre une décision rapide et procéder activement à son exécution, s'il voulait prévenir la jonction complète des colonnes ennemies. Il devait aussi tenir compte du temps que le feld-maréchal-lieutenant Vukassevich devait mettre pour rassembler ses troupes sur le Tessin et du court délai pendant lequel ce général pourrait arrêter sur ce point la marche en avant de l'ennemi, supérieur en nombre. Guidé par ces principes et stimulé par les événements pour agir vite, Mélas décida, le 29 mai, de prendre toutes les troupes disponibles du feld-maréchal-lieutenant Kaim et du général Nymptsch, de les réunir à celles du feld-maréchal-lieutenant Haddick, de passer ensuite l'Orco, d'attaquer le général Lannes avec toutes ses forces et, après avoir battu ce dernier, de s'avancer sans retard sur Verceil, ou, suivant les circonstances, de pousser plus loin.

« De Castagnetto à Casale, sur la rive droite du Pô, il y avait à Verrua une compagnie et à Casale 7 compagnies. Mélas donna au général Skal, commandant de la forteresse d'Alexandrie, le commandement de ce détachement, qui fut encore renforcé de 3 bataillons et d'un escadron. On recommanda à son attention spéciale la tête de pont de Casale, qui, à cet endroit, couvrait le passage du fleuve. Dès que se produirait l'attaque principale sur l'Orco, le général Skal devait faire établir en ce point un pont de bateaux, passer avec toutes ses troupes sur l'autre rive et chercher à faire sa jonction avec la colonne principale sur la rive gauche du Pô. Le général Nymptsch reçut l'ordre, avec 1 bataillon et 2 escadrons, de partir à minuit pour Turin en laissant le colonel Schauroth avec le reste de ses troupes à Fenestrelles. En même temps, le feld-maréchal-lieutenant Kaim préparait 5 bataillons, 8 escadrons, pour les envoyer rejoindre, au premier signal, le feld-maréchal-lieutenant Haddick. (*Œstreichische militärische Zeitschrift*, t. XXVI, p. 256 et 257.)

9 prairial. — *Position de la division Chabran.* — Mais avant de quitter Ivrée, qui allait se trouver à découvert par le mouvement général que l'armée faisait en avant, on donna les ordres les plus précis pour que la citadelle fùt mise en état de défense et les approvisionnements de bouche complétés.

Le général Chabran fut chargé de couvrir la vallée d'Aoste avec sa division, dont deux demi-brigades aux ordres du général Carra-Saint-Cyr, furent particulièrement destinées à observer la Dora-Baltea, depuis Ivrée jusqu'au Pô.

Alex. Berthier, général en chef de l'armée de réserve, au général Dupont.

Ivrée, le 9 prairial an 8 (29 mai 1800).

Je vous prie de faire porter la dépêche ci-jointe au général Chabran, par un officier d'état-major dans lequel vous ayez de la confiance et auquel vous donnerez une escorte (1).

Donnez l'ordre à la 19ᵉ demi-brigade de partir demain 10, à 2 heures du matin, pour se rendre à Verceil par le plus court chemin et en toute diligence ; elle prendra ici des vivres pour deux jours (2).

Donnez l'ordre à l'escadron du 1ᵉʳ de hussards de rejoindre promptement à Verceil, et par le plus court chemin, la brigade du général Champeaux.

Même ordre au 5ᵉ de dragons de rejoindre la brigade de dragons.

Même ordre aux 1ᵉʳ, 3ᵉ et 5ᵉ de cavalerie de rejoindre la brigade de cavalerie (3).

---

(1) Cet ordre n'a pas été retrouvé, mais il est certainement résumé dans le passage du *Journal de Brossier,* qui précède.

(2) *9 prairial.* — *Marche de divers corps sur Verceil.* — Pour s'opposer plus sûrement à cette tentative (offensive de Mélas contre le flanc droit de l'armée), la 19ᵉ légère, le 1ᵉʳ escadron du 1ᵉʳ de hussards, le 5ᵉ de dragons et les 1ᵉʳ, 3ᵉ et 5ᵉ de cavalerie reçurent, le 9, l'ordre du général en chef de se rendre à Verceil par une marche de nuit et en passant par Santhia.

Le quartier général, qui était fixé à Ivrée depuis le 7, se rendit le 10 à Verceil et le 11 à Novarre. *(Journal de Brossier.)*

(3) *Alex. Berthier, général en chef de l'armée de réserve, au chef d'état-major général.*

Ivrée, le 9 prairial an 8 (29 mai 1800).

Donnez l'ordre à toute la brigade de cavalerie de partir sur-le-champ pour se rendre à

Prévenez l'ordonnateur en chef et le général Murat de ce mouvement, et que ces troupes, s'il est possible, prennent du pain pour deux jours.

Ayez soin de nommer ce soir l'officier supérieur qui doit commander dans la citadelle. Prévenez les généraux Marmont et Marescot pour qu'ils donnent des ordres à l'officier d'artillerie et à l'officier du génie, qu'ils laissent à la citadelle, sur ce qu'ils ont à faire pour sa défense (1).

Alex. BERTHIER.

Alex. Berthier, général en chef de l'armée de réserve, au chef d'état-major.

Ivrée, le 9 prairial an 8 (29 mai 1800).

Donnez l'ordre au général Victor de partir de Santhia avec le corps qu'il commande (2), demain 10, pour se rendre à Verceil où il recevra de nouveaux ordres.

Faites partir sur-le-champ un officier de l'état-major pour marquer le quartier général à Verceil.

Alex. BERTHIER.

Alexandre Berthier, général en chef de l'armée de réserve, au chef de l'état-major.

Ivrée, le 9 prairial an 8 (29 mai 1800).

Je vous préviens que le Premier Consul et moi partons

Verceil, où elle doit arriver demain vers midi ; elle ne suivra pas la route par Piverone, mais celle qui passe par Cossano et Alès.

Vous me ferez plaisir de m'envoyer le plus tôt possible un état de situation de l'armée des présents sous les armes.

Alex. BERTHIER.

(1) *Alex. Berthier, général en chef de l'armée de réserve,*
au chef de l'état-major.

Ivrée, le 9 prairial an 8 (29 mai 1800).

Vous donnerez, citoyen Général, une autorisation à M. Bernard Mossi, ex-commandant du fort à Ivrée, pour rester à Ivrée, y porter son uniforme et y être en sûreté sous la sauvegarde de la loyauté française. Ses propriétés devront également être respectées.

Alex. BERTHIER.

(2) D'après l'ordre du 24 mai, du Premier Consul à Berthier, Victor devait avoir sous ses ordres Chambarlhac et Monnier (V. t. Iᵉʳ, p. 511). Ce dernier étant parti en avant-garde avec Murat, le corps Victor ne comprenait que la division Chambarlhac.

demain, à 2 heures du matin, pour nous rendre à Verceil (1).

Donnez l'ordre pour que le quartier général soit demain à Verceil.

Donnez un rendez-vous et un point de départ pour que tous les équipages marchent militairement et sous escorte.

Prévenez l'ordonnateur en chef, le commandant du génie et celui de l'artillerie, etc.

Alex. BERTHIER.

Le Premier Consul, aux Consuls de la République.

Ivrée, le 9 prairial an 8 (29 mai 1800).

J'ai reçu, citoyens Consuls, vos lettres des 30 floréal, 2 et 3 prairial. Je vous répondrai plus en détail lorsque je serai deux ou trois jours fixé dans un endroit.

Je vous envoie un bulletin qui vous fera connaître les opérations de l'armée. Vous pourrez le faire insérer dans le journal officiel.

Tout ici va au mieux.

BONAPARTE.

Bulletin de l'armée de réserve.

Ivrée, le 9 prairial an 8 (29 mai 1800).

. . . . . . (2) . . . .

Le général Murat est entré à Verceil, le 7, avec la cavalerie et la division du général Monnier. Il a enlevé une grand'garde de cavalerie, composée de 50 hommes. Il a trouvé à

---

(1) Ivrée, lo 9 prairial an 8 (29 mai 1800).
Le chef de brigade Bessières prendra le commandement des troupes d'infanterie, cavalerie et artillerie de la garde du Consul, qui se trouvent à l'armée de réserve.
BERTHIER.
Ivrée, le 9 prairial an 8 (29 mai 1800).
Le chef de brigade Bessières fera partir la garde à pied et à cheval à deux heures du matin.

Il fera partir à une heure 12 chasseurs qui m'attendront à mi-chemin de Santhia.

Je partirai à deux heures avec la compagnie de chasseurs.

Bessières recommandera aux grenadiers d'escorter mes bagages et d'y faire la plus grande attention, vu que mes papiers s'y trouvent.
BERTHIER.

(2) Le début de ce bulletin, relatif à la revue passée à Chivasso par le Premier Consul le 28 mai, a été publié à cette date (Voir p. 30).

Verceil des magasins très considérables de riz, de blé et d'avoine. L'ennemi n'a pas pu ployer son pont sur la Sesia. Il a été obligé de le brûler.

Deux courriers extraordinaires ont été interceptés. Il est constaté que le général Mélas est toujours à Turin; qu'il était arrivé à Nice en poste, criant contre les généraux qui, de Turin, lui donnaient des nouvelles de la vallée d'Aoste et soutenant qu'il n'y avait pas plus de 6,000 hommes. La plus grande partie de son armée, qui était enfournée à Nice, se rapprochait à grandes marches du Pô.

Les villes de Santhia, Crescentino, Biella, Trino, Masserano sont occupées par les troupes françaises.

Les habitants du Piémont, spécialement ceux de Verceil, ont vu l'arrivée des Français avec enthousiasme. Les Italiens ne reviennent point de leur surprise de voir le Premier Consul. Le peuple croyait qu'il s'était noyé dans la mer Rouge. Les soldats autrichiens prisonniers disent qu'on leur avait assuré que le général Bonaparte serait venu à l'armée commander les Français, mais qu'il avait été fait premier ministre à Paris, et que les ministres ne vont pas se battre.

Les deux lettres suivantes (1) peuvent donner une idée de la générosité et de l'enthousiasme qui animent cette armée; aussi les Autrichiens disaient que l'armée n'était composée que de 12,000 hommes, mais que c'étaient tous des grenadiers et des chasseurs d'élite.

Les conscrits se comportent très bien. Au combat de la Chiusella, au premier obus, ils baissaient la tête, mais les vieux soldats les contenaient. Le lendemain de l'affaire ils disaient au général Watrin : « Général, on ne doit plus nous « appeler conscrits, nous savons ce que c'est. Nous en valons « aujourd'hui trois fois davantage (2) ».

---

(1) Ces lettres sont celles du chef de brigade Ferey, commandant la 24e légère, au général Herbin, et celle du chef de brigade Lepreux, commandant le 96e de ligne, au Premier Consul. Elles ont trait au refus, par ces deux demi-brigades, de la gratification qui leur avait été donnée pour le transport de leur artillerie de Saint-Pierre à Étroubles (Voir t. 1er, p. 480 et 481).

(2) Ce bulletin est publié dans le *Moniteur* du 15 prairial (4 juin). Il figure à la *Correspondance de Napoléon* sous le n° 4855.

Le Premier Consul, aux Consuls de la République.

Ivrée, le 9 prairial an 8 (29 mai 1800).

Je pars dans une heure (1), citoyens Consuls, pour me rendre à Verceil. Vous trouverez ci-joint le petit bulletin de l'armée que vous pouvez faire imprimer.

BONAPARTE.

Bulletin de l'armée de réserve.

Ivrée, le 9 prairial an 8 (29 mai 1800).

Le 4 prairial, la légion cisalpine, forte de 2,000 hommes, commandée par le général cisalpin Lechi, est partie d'Aoste, a couché à Châtillon. Le 6, elle a passé le mont Ranzola et pris position à Gressoney.

Le 7, elle a passé la Valdobbia et est arrivée à Riva, où elle a passé la Sesia.

Le 8, elle s'est portée à Varallo. Le prince de Rohan, avec sa légion et une pièce de canon, tenait position devant ce poste important, où le Val-Sesia commence à être praticable pour les voitures. La légion cisalpine a attaqué avec beaucoup de bravoure et enlevé les retranchements ennemis, pris la pièce de canon, 3 caissons, fait 350 prisonniers et tué 50 hommes. Elle a eu 2 officiers et 4 soldats tués et 12 blessés (2).

Le même jour, la colonne qui est au Simplon a dû se porter sur Domodossola, et, par là, les troupes que l'ennemi y a encore se trouvent tournées.

Le général Murat a passé ce matin la Sesia.

---

(1) *Le Premier Consul à Joséphine.*

Ivrée, le 9 prairial an 8 (29 mai 1800), 11 heures du soir.

« Je suis au lit. Je pars dans une heure pour Verceil. Murat doit être ce soir à Novaro. L'ennemi est fort dérouté ; il ne nous devine pas encore. J'espère, dans dix jours, être dans les bras de ma Joséphine, qui est toujours bien bonne quand elle ne pleure pas et ne fait pas la « civetta » (coquette). Ton fils est arrivé ce soir. Je l'ai fait visiter ; il se porte bien. Mille choses tendres. J'ai reçu la lettre d'Hortense. Je lui enverrai, par le prochain courrier, une livre de cerises très bonnes. Nous sommes ici avancés d'un mois sur Paris.

« Tout à toi.

« BONAPARTE. »

(Thibeaudeau. — *Le Consulat et l'Empire*, t. 1er, p. 279.)

(2) Voir, au chapitre IV, les opérations de la légion italique.

Le général Moncey doit avoir passé le Saint-Gothard et avoir, ce matin, vivement attaqué l'ennemi.

Le Premier Consul et le général en chef partent cette nuit pour Verceil, où sera demain le quartier général (1).

Le Premier Consul, au citoyen Carnot (2).

Ivrée, le 9 prairial an 8 (29 mai 1800).

Vous verrez par les relations de l'état-major, citoyen Ministre, les différentes opérations de l'armée. Tout va ici assez bien. L'ennemi paraît absolument dérouté.

La 19e légère, qui vient d'arriver, n'est que de 800 hommes ; elle a laissé et son troisième bataillon et différents détachements en France. Donnez-leur ordre de rejoindre leur corps.

La 13e légère n'est forte que de 1100 hommes ; elle a un bataillon et ses carabiniers en France. Donnez-leur ordre de rejoindre leur corps.

Les 6e, 22e et 40e et beaucoup d'autres demi-brigades ont des détachements sur l'escadre de Brest. Il faudrait les faire débarquer et rejoindre leur corps.

Le 9e de dragons, le 11e de hussards et le 15e de chasseurs, ne sont pas arrivés (3). Il paraît qu'ils sont restés sur la Saône. Envoyez-leur l'ordre de rejoindre l'armée.

Donnez l'ordre à Dijon qu'on envoie à Chambéry tous les dépôts d'infanterie de l'armée.

Chargez un officier général de cavalerie de parcourir tous les dépôts de cavalerie qui se trouvent sur la Saône, et de faire partir, par détachements de 300 hommes, tout ce qui serait disponible (4).

---

(1) Ce bulletin est publié dans le *Moniteur* du 15 prairial (4 juin). Il figure à la *Correspondance de Napoléon* sous le n° 4856.

(2) *Correspondance de Napoléon*, n° 4854.

(3) Une partie des 9e de dragons et 15e de chasseurs était déjà à l'armée. Ces régiments sont, en effet, cités dans un rapport du 1er juin de César Berthier à Dupont (Voir p. 76).

(4)   *Le Ministre de la guerre au citoyen Bonaparte,*
                Premier Consul de la République.

Paris, le 15 prairial an 8 (4 juin 1800).

Citoyen Consul,

Je m'empresse de vous rendre compte, en réponse à la lettre que vous m'avez fait l'hon-

Nous avons toujours grand besoin de chevaux d'artillerie. Si nous ne parvenons pas à surprendre à l'ennemi un équipage de pont, il nous en faudra un. La privation qui nous est la plus sensible, c'est celle d'ouvriers d'artillerie ; il nous en faudrait 200, nous n'en avons pas 30. Il nous faudrait aussi des pontonniers, nous n'en avons pas du tout ; et enfin un bataillon de sapeurs (1).

Je vous salue.

BONAPARTE.

---

neur de m'adresser d'Ivrée le 9 de ce mois, des ordres que j'ai donnés conformément à vos intentions.

Le 3e bataillon de la 19e demi-brigade d'infanterie légère, composé d'environ 700 hommes, qui était stationné dans les îles de Ré et d'Oleron ; deux compagnies de carabiniers et un bataillon de la 13e d'infanterie légère, formant ensemble environ 900 hommes, et une compagnie de carabiniers de la 6e légère, venant de l'armée de l'Ouest, seront rendus dans les environs de Dijon le 20 de ce mois.

Un détachement de la 70e demi-brigade, composé d'environ 350 hommes, est également en marche pour se rendre à Dijon vers le 25.

J'ai chargé le général Brune de former une colonne de ces troupes sous la conduite d'un officier ferme et intelligent et de les faire diriger avec rapidité par la direction la plus courte sur Villeneuve avec les 9e régiment de dragons, 11e de hussards et 15e de chasseurs pour se rendre de là, par le mont Saint-Bernard, en Italie.

J'ai invité en même temps le général Bernadotte, commandant en chef l'armée de l'Ouest, à renvoyer tous les autres détachements appartenant aux corps employés à l'armée de réserve et de s'entendre avec le commandant de la marine à Brest pour faire retirer ceux qui se trouvent embarqués sur l'escadre en armement dans ce port.

J'ai chargé en outre le général Canclaux, qui se rend à Dijon, du soin d'extraire des dépôts de troupes à cheval, dont je joins ici le tableau, tous les hommes et les chevaux en état de faire la guerre et de les faire filer par détachements de 300 hommes vers l'armée de réserve, en Italie.

Enfin, j'ai chargé le général Brune d'envoyer à Chambéry, conformément à vos intentions, tous les dépôts d'infanterie, dont je joins également ici le tableau.

Je m'occupe, au surplus, citoyen Consul, des moyens de faire passer à l'armée de réserve des chevaux d'artillerie, et je viens de renouveler les ordres pour faire arriver, avec rapidité également, en Italie, 3 compagnies de pontonniers, 2 compagnies de canonniers et une compagnie d'ouvriers d'artillerie.

Je me réserve de donner tous mes soins à la ponctuelle exécution de toutes ces dispositions.

Salut et respect.

CARNOT.

(*Archives nationales*, AF^IV, 1161.)

(1) *Le Ministre de la guerre au Premier Consul de la République française,*
à l'armée.

Paris, le 16 prairial an 8 (5 juin 1800).

Citoyen Consul,

Pour satisfaire à votre ordre, daté d'Ivrée le 9 de ce mois, je m'empresse de vous rendre compte des dispositions qui ont été faites.

Il a été donné ordre à Strasbourg le 8 floréal, par le télégraphe, d'envoyer à Genève :

    2 compagnies d'artillerie,
    1 compagnie d'ouvriers,
    3 compagnies de pontonniers.

Le Premier Consul, au Ministre de la guerre.

Ivrée, le 9 prairial an 8 (29 mai 1800).

Nous allons avoir, citoyen Ministre, quelques places à investir et quelques-unes à assiéger. Le général de division Chasseloup serait nécessaire ici, parce que c'est l'officier qui connaît le mieux toutes les places d'Italie. Donnez-lui l'ordre de se rendre ici auprès de moi (1).

BONAPARTE.

** *

Lannes passe la journée du 29 mai à Chivasso (2).

Bulletin de l'armée de réserve.

Verceil, le 10 prairial an 8 (30 mai 1800).

L'avant-garde est restée toute la journée du 9 à Chivasso. L'ennemi, informé

Cet ordre, qui ne paraît pas avoir été exécuté de suite, a été renouvelé le 14 de ce mois par la même voie.

Le 22 floréal et le 6 prairial, le général d'artillerie de l'armée de l'Ouest a reçu ordre de faire passer à l'armée de réserve tous les chevaux harnachés qu'il avait.

Tous ceux du dépôt de Versailles ont reçu et reçoivent journellement la même destination.

A l'égard de l'équipage de pont demandé, le seul dont on pût disposer est parti en diligence de Metz, le 4 de ce mois, pour l'armée du Rhin.

Il est de 36 pontons d'airain, 40 haquets, et complètement pourvu de poutrelles et agrès de toutes sortes.

Ce qui reste le plus considérable en ce genre consiste en 30 pontons et 34 haquets à réparer, qui sont à Rennes, et en quelques agrès dispersés dans 15 arsenaux.

Ces objets ne sont pas une ressource, tant par leur éloignement que par leur peu d'importance.

Salut et respect.

CARNOT.

(*Archives nationales*, AF^{IV}, 1161.)

Le Ministre de la guerre au Premier Consul de la République.

Paris, le 17 prairial an 8 (6 juin 1800).

Citoyen Consul,

Conformément à vos ordres, j'ai dirigé vers l'armée de réserve les 7 compagnies restantes du 3e bataillon de sapeurs, actuellement employé à l'armée du Rhin : ces sept compagnies se trouvent à leur arrivée réunies aux deux premières compagnies qui font en ce moment partie de l'armée de réserve.

Par suite de cette disposition, il résulte que, des quatre bataillons de sapeurs, les trois premiers vont se trouver en Italie et le 4e à l'armée du Rhin.

Salut et respect.

CARNOT.

(*Archives nationales*, AF^{IV}, 1167.)

(1) *Correspondance de Napoléon*, n° 4853.

(2)   *Le chef d'état-major de la division Watrin au général de brigade Malher, à la gendarmerie.*

Chivasso, le 9 prairial an 8 (29 mai 1800).

Je vous préviens, citoyen Général, que les 22e et 40e demi-brigades peuvent se présenter ce matin à 11 heures pour recevoir les distributions ci-après,

que nous avions ramassé des bateaux sur le Pô, a pensé que nous voulions le passer à Chivasso pour nous poster à Asti et intercepter le corps de troupes qui revient de Nice.

Il a fait filer de Turin toute l'infanterie qu'il avait de disponible sur la rive droite du Pô, vis-à-vis de Chivasso. . . . . (1).

Le chef d'état-major de la division Watrin,
au général de division Watrin.

Chivasso, le 9 prairial an 8 (29 mai 1800).

Le capitaine des grenadiers du 1er bataillon de la 22e demi-brigade vient de me rendre compte, citoyen Général, que ses factionnaires sur la rive gauche du Pô, où il est bivaqué (2), ont entendu frapper et travailler dans l'enfonce-

---

Savoir :

Pain : ration complète pour un jour, dans la grande rue, près la place d'Armes.

Viande : ration complète pour deux jours, aux Augustins.

Riz : à 4 onces pour deux jours, à Saint-Antoine.

Fourrage : à raison de 20 livres, à Saint-Augustin.

Je vous prie de vouloir bien donner des ordres en conséquence aux chefs de ces deux corps.

HULIN.

Le chef d'état-major de la division Watrin au commandant de l'artillerie de la division Watrin.

Chivasso, le 9 prairial an 8 (29 mai 1800).

Vous voudrez bien, Citoyen, me faire passer de suite la situation du personnel et matériel de l'artillerie sous vos ordres, ainsi que de vos approvisionnements en tous genres, principalement en cartouches d'infanterie. Vous y ferez mention des besoins que vous pourrez avoir pour le service de la division.

P.-S. — Veuillez m'envoyer en même temps l'état nominatif, et par grades, des morts, blessés et prisonniers que vous avez eu depuis le passage du Saint-Bernard, en désignant les affaires où ces pertes ont eu lieu.

HULIN.

Le chef d'état-major de la division Watrin au général de brigade Rivaud, commandant la cavalerie de l'avant-garde.

Chivasso, le 9 prairial an 8 (29 mai 1800).

Je fais conduire auprès de vous, citoyen Général, deux chasseurs du 21e régiment que la gendarmerie a arrêtés dans les campagnes. Le procès-verbal, que je vous envoie ci-joint, vous instruira des motifs de leur arrestation.

HULIN.

(1) Voir la suite de ce bulletin au 30 mai, p. 54.

(2) *Le chef d'état-major de la division Watrin au chef de la 22e demi-brigade de ligne.*

Chivasso, le 9 prairial an 8 (29 mai 1800).

Conformément aux ordres du général commandant la division, vous voudrez bien, citoyen Chef, envoyer à Montanaro une compagnie du corps que vous commandez pour y

ment sur l'autre rive et qu'entre minuit et 1 heure l'on a entendu rouler des voitures sans qu'on ait pu distinguer cependant si l'ennemi changeait la position de son artillerie ou s'il l'évacuait.

HULIN.

Le chef d'état-major de la division Watrin,
au commissaire des guerres Dufresne.

Chivasso, le 9 prairial an 8 (29 mai 1800).

Je vous préviens, citoyen Commissaire, que le quartier général de la division se mettra en marche cette nuit à 2 heures (1). Veuillez en donner avis aux employés sous votre police, afin que comme vous ils en suivent le mouvement.

Conformément aux ordres du général Lannes, vous voudrez bien prendre des mesures pour qu'à l'arrivée de la 6ᵉ demi-brigade légère qui aura lieu demain, ce corps puisse recevoir ici les vivres comme les autres corps de la division et, dans le cas où il s'en serait pourvu ailleurs, assurer des moyens de transport pour emporter ce que vous aurez fait préparer à cet effet (2).

HULIN.

être à la disposition de la municipalité de cette commune à l'effet de faire activer les versements des objets de comestible roquis pour la subsistance des troupes de la division.

Vous recommanderez au commandant de cette compagnie de surveiller à ce qu'elle ne donne lieu à aucune plainte de la part des habitants ; elle sera nourrie par la municipalité do Montanaro et ne devra exiger rien de plus que ce que la loi lui accorde.

Vous préviendrez le général Malher du départ de ce détachement.

HULIN.

(1) On trouve, dans le registre du chef d'état-major de la division Watrin, un ordre encore daté de Chivasso le 10 prairial (30 mai) (Voir p. 54, note 2).

(2)   *Ordre du jour de l'avant-garde.*

Chivasso, le 9 prairial an 8 (29 mai 1800).

Le général commandant les divisions de l'avant-garde ordonne aux généraux de faire rassembler sur-le-champ les troupes confiées à leur commandement et qu'il soit fait une vérification des sacs.

Ceux des militaires qui seront nantis d'effets appartenant à des particuliers piémontais seront arrêtés et traduits de suite au conseil de guerre de la division pour y être jugés conformément aux lois militaires.

Les chefs de corps et les commandants des compagnies demeurent personnellement responsables de tous les désordres qui se commettront par leur négligence à respecter cette mesure, seule propre à prévenir des plaintes qui seraient la source de la désorganisation et d'un mécontentement général.

ISARD.

CHAPITRE II

PASSAGE DU TESSIN

Le quartier général à Verceil le 30 mai, à Novare le 31. — Passsage du Tessin par Murat et combat de Turbigo le 31 mai. — Passage du gros de l'armée à Buffalora le 1er juin. — Liaison avec les colonnes Lechi et Bethencourt ; ordre de faire passer la ligne d'opérations par le Simplon. — Marche de Lannes de Chivasso sur Verceil.

.

30 MAI

Murat et Duhesme occupent la rive droite du Tessin. Le reste de l'armée passe la Sesia. Le quartier général est à Verceil. Lannes est encore du côté de Chivasso (1).

---

(1) On tient, d'une façon absolue, à éviter dans cet ouvrage toute discussion stratégique et à laisser le lecteur se former lui-même son opinion. A titre de document, il semble utile de citer ici la discussion faite par Napoléon à Sainte-Hélène en faveur de son plan de campagne de 1800.

« Le quartier général de l'armée autrichienne était à Turin ; mais la moitié des forces ennemies était devant Gênes et l'autre moitié était supposée et était effectivement en chemin pour venir, par le col de Tende, renforcer les corps qui étaient à Turin. Dans cette circonstance, quel parti prendra le Premier Consul ? Marchera-t-il sur Turin pour en chasser Mélas, se réunir avec Turreau, et se trouver ainsi assuré de ses communications avec la France et avec ses arsenaux de Grenoble et de Briançon ? Jettera-t-il un pont à Chivasso, profitant des barques que la fortune a fait tomber en son pouvoir, et se dirigera-t-il à tire d'aile sur Gênes pour débloquer cette place importante ? ou bien, laissant Mélas sur ses derrières, passera-t-il la Sesia, le Tessin, pour se porter sur Milan et sur l'Adda, faire sa jonction avec le corps de Moncey, composé de 15,000 hommes, qui venait de l'armée du Rhin et qui avait débouché par le Saint-Gothard ?

« De ces trois partis, le premier était contraire aux vrais principes de la guerre, puisque Mélas avait des forces assez considérables avec lui. L'armée française courait donc la

« Le 10 (prairial—30 mai), la division entra dans Novare et se campa sur les glacis de la ville..... »

(*Rapport des marches et opérations de la division Boudet.*)

« ..... Le 10, le général Duhesme prit position avec les divisions Boudet et Loison sur les bords du Tessin. La division Boudet fut placée en avant de Trécate, celle de Loison à Vigevano et environs (1). »

(*Rapport des opérations militaires du lieutenant général Duhesme.*)

Joachim Murat, lieutenant général, au général Moncey, à Viglisione, ou partout où il sera.

Novare, le 10 prairial an 8 (30 mai 1800).

Je vous annonce, citoyen Général, que nous occupons Novare et que je cherche à réunir tous les moyens de jeter

---

chance de livrer une bataille, n'ayant pas de retraite assurée, le fort de Bard n'étant pas encore pris. D'ailleurs, si Mélas abandonnait Turin et se portait sur Alexandrie, la campagne était manquée ; chaque armée se trouvait dans une position naturelle, l'armée française appuyée au mont Blanc et au Dauphiné, et celle de Mélas aurait eu sa gauche à Gênes et, derrière elle, les places de Mantoue, Plaisance et Milan.

« Le deuxième parti ne paraissait pas praticable. Comment s'aventurer au milieu d'une armée aussi puissante que l'armée autrichienne, entre le Pô et Gênes, sans avoir aucune ligne d'opération, aucune retraite assurée ?

« Le troisième parti, au contraire, offrait tous les avantages. L'armée française maîtresse de Milan, on s'emparait de tous les magasins, de tous les dépôts, de tous les hôpitaux de l'armée ennemie ; on se joignait à la gauche, que commandait le général Moncey ; on avait une retraite assurée par le Simplon et le Saint-Gothard. Le Simplon conduisait sur le Valais et sur Sion, où l'on avait dirigé tous les magasins de vivres pour l'armée. Le Saint-Gothard conduisait sur la Suisse, dont nous étions en possession depuis deux ans et que couvrait l'armée du Rhin, alors sur l'Iller. Dans cette position, le général français pouvait agir selon sa volonté. Mélas marchait-il avec son armée réunie de Turin sur la Sesia et le Tessin, l'armée française pouvait lui livrer bataille avec l'immense avantage que, si elle était victorieuse, Mélas, sans retraite, serait poursuivi et jeté en Savoie, et, dans le cas où l'armée française serait battue, elle se retirait par le Simplon et le Saint-Gothard. Si Mélas, comme il était naturel de le supposer, se dirigeait sur Alexandrie pour s'y réunir à l'armée qui venait de Gênes, on pouvait espérer, en se portant à sa rencontre en passant le Pô, de le prévenir et de lui livrer bataille, l'armée française ayant ses derrières assurés sur le fleuve et Milan, le Simplon et le Saint-Gothard ; tandis que l'armée autrichienne, ayant sa retraite coupée et n'ayant aucune communication avec Mantoue et l'Autriche, serait exposée à être jetée sur les montagnes de la rivière du Ponent et entièrement détruite ou prise au pied des Alpes, au col de Tende et dans le comté de Nice.

« Enfin, en adoptant le troisième parti, si, une fois maître de Milan, il convenait au général français de laisser passer Mélas et de rester entre le Pô, l'Adda et le Tessin, il avait ainsi, sans bataille, reconquis la Lombardie et le Piémont, les Alpes-Maritimes, la Rivière de Gênes et fait lever le blocus de cette ville : c'étaient des résultats assez beaux. ..... (*Mémoires de Napoléon. — Correspondance de Napoléon*, t. XXX, p. 375-377.)

(1) Après que ses troupes eurent passé le Tessin sur un pont de bateaux, il (le général Festenberg) fit rompre ce dernier. L'ennemi, avec 400 ou 500 hommes, se montra aussitôt sur la rive opposée. Toutes les barques et radeaux en aval du fleuve jusqu'à Pavie furent

un pont sur le Tessin, afin de me porter sur les derrières de l'ennemi que vous avez à nos positions (*sic*), et de faciliter par ce moyen votre jonction avec l'armée; il paraît que l'ennemi est en pleine retraite sur tous les points et se jette derrière le Pô. J'apprendrai avec plaisir de vos nouvelles.

Salut fraternel.

MURAT.

Alex. Berthier, général en chef de l'armée de réserve, au chef de l'état-major.

Verceil (1), le 10 prairial an 8 (30 mai 1800).

Écrire au général Lechi, qui doit être à Romagnano (2), de se porter sur le Tessin, au bas du lac, vers Sesto, et de tâcher de s'emparer de toutes les barques; le prévenir que le général Murat est à Novare et devant Buffalora, et que sa cavalerie couvre toute la rive droite du Tessin pour ramasser les barques et passer cette rivière (3).

Ordre à la division Chambarlhac de prendre position entre la Sesia et Borgo-de-Verceil.

Même ordre à la cavalerie (4).

Alex. BERTHIER.

Il faut s'assurer à quelle heure sera terminé le pont et si la cavalerie peut y passer; sans cela on passera au gué que l'on fera bien reconnaître.

---

ramenés sur la rive gauche. Festenberg fit occuper cette rive par une ligne de postes et attendit ainsi les renforts que devait lui amener le feld-maréchal-lieutenant Vukassevich. (*Œstreichische militärische Zeitschrift*, t. XXVI, p. 246.)

(1) « ..... Le quartier général du Premier Consul et celui du général en chef viennent d'arriver à quatre heures..... » (L'adjudant général Dampierre au général Mathieu Dumas. — Verceil, 30 mai. — *Revue de Paris*, 15 juin 1900, p. 796.)

(2) Lechi avait livré le 28 mai un combat heureux à Varallo, dans la haute vallée de la Sesia. Son compte rendu à Dupont (Voir chapitre IV, p. 122) arrivait au quartier général le 29 ou le 30 mai et Berthier adressait le 30 mai, de Verceil, un rapport au Premier Consul sur ce succès (Voir p. 122, note 1). Un ordre de Dupont prescrivait à Lechi de se porter à Romagnano (Voir le début de la lettre de Lechi du 29 mai, chap. IV, p. 123).

(3) En marge de l'ordre de Berthier, on trouve l'annotation : « Expédié à deux heures. — D... ». Lechi reçoit le jour même l'ordre de Dupont. Voir sa réponse, datée de Romagnano le 30 mai, au chapitre IV, p. 124.

(4) La division Chambarlhac et la cavalerie (1er de hussards, 5e de dragons, 1er, 3e et 5e de cavalerie) arrivent à Verceil dans la journée du 30, en exécution des ordres du 29 (Voir p. 39 et 40). Ce nouvel ordre les fait passer sur la rive gauche de cette rivière.

Alex. Berthier, général en chef de l'armée de réserve, au général Dupont (1).

Verceil, le 10 prairial an 8, au soir (30 mai 1800).

Vous ferez battre la générale à 2 heures du matin, l'assemblée à 2 h. 1/4 et les drapeaux à 2 h. 1/2, pour se mettre en marche. Toute la cavalerie qui est à Verceil prendra la tête de la colonne et se rendra à Novare ; toute la division Chambarlhac suivra la cavalerie.

La 19e demi-brigade restera jusqu'à nouvel ordre à Verceil où elle se gardera militairement.

Ordonnez qu'un officier du génie et un ingénieur restent à Verceil, pour figurer les environs de la ville à une lieue à la ronde (2).

Le quartier général partira à 4 heures du matin pour se rendre à Novare.

Toute la cavalerie qui a passé ce soir de Verceil à Borgo (3) doit également partir à 2 heures du matin pour se rendre à Novare.

Vous trouverez ci-joint une lettre du général d'Harville ; c'est à lui que vous devez adresser directement les ordres pour la cavalerie.

Donnez l'ordre de faire arrêter le commissaire des guerres

---

(1) *Ordre du jour du 10 prairial.*

Verceil, le 10 prairial an 8 (30 mai 1800).

Les généraux commandant les divisions donneront des ordres pour que les équipages marchent désormais dans le plus grand ordre et soient escortés militairement.

La gendarmerie attachée à chaque division sera employée, particulièrement, à maintenir la police dans les colonnes de route afin que personne ne s'en écarte.

Le Général de division chef de l'état-major général,

DUPONT.

Pour copie conforme :

L'Adjudant général,

LACROIX.

(2) Du 11 prairial an 8 (31 mai 1800), à Verceil.

Ordre aux citoyens Caizac et Desclors, officiers du génie, et au citoyen Papigny, adjoint, de lever à vue, sur une échelle de 6 lignes pour cent toises, les environs de Verceil à une lieue à la ronde. Ordre donné en vertu de celui du Consul.

MARESCOT.

(Livre d'ordres du général Marescot. — *Archives du génie.*)

(3) Mouvement prescrit par l'ordre précédent.

Vital pour qu'il soit conduit sur-le-champ au quartier général, s'il n'est pas arrêté (1).

Nommez un commandant de place à Verceil.

La division Loison a laissé ici un détachement pour attendre son artillerie. Comme cette artillerie est arrivée, donnez l'ordre pour que le détachement parte demain à 2 heures du matin avec son artillerie pour rejoindre sa division. Cette artillerie est composée de deux pièces de 4, deux pièces de 11, prises à la ville d'Ivrée et approvisionnées à 200 coups chacune (2).

Alex. BERTHIER.

Le Premier Consul, aux Consuls de la République.

Verceil, le 10 prairial an 8 (30 mai 1800).

Je vous envoie, citoyens Consuls, le bulletin de l'armée. Je suis en mouvement perpétuel.

Je pars cette nuit pour Novare. Je serai demain sur les bords du Tessin pour aviser aux moyens de le passer. Il est extrêmement large et rapide.

Je vous salue affectueusement (3).

BONAPARTE.

---

(1)   *Pour mettre à l'ordre du jour.*

Novare, le 11 prairial an 8 (31 mai 1800).

Le commissaire Vital a été arrêté et sera traduit au Conseil de guerre pour être jugé d'après la plainte portée qu'il a été exigé et payé trente louis, d'un habitant qui avait été requis de fournir 7 bœufs pour le service de l'armée.

Alex. BERTHIER.

Alex. Berthier, général en chef de l'armée de réserve,
au chef de l'état-major.

Novare, le 11 prairial an 8 (31 mai 1800).

Je vous envoie la plainte portée par le commandant de la place de Verceil ; en conséquence, vous porterez plainte au Conseil de guerre de la division Chambarlhac contre le commissaire des guerres Vital, qui a visé un reçu de 5 bœufs comme distribués à l'armée, tandis qu'ils ont été rachetés pour une somme de trente et un louis, qui ont été touchés par le préposé principal Chouet, que vous ferez également traduire au Conseil de guerre pour être jugés l'un et l'autre conformément aux lois militaires.

Je vous salue.

Alex. BERTHIER.

(2) L'artillerie envoyée à la division Loison se compose donc de pièces prises à Ivrée. (Pour la composition de l'artillerie trouvée dans cette place, voir t. Ier, p. 500, et p. 471, note 2.)

Cette division n'a donc pas encore ses pièces françaises restées en amont de Bard. On trouvera à chaque journée de cette campagne la trace de ce manque d'artillerie.

(3) *Correspondance de Napoléon*, n° 4857.

Bulletin de l'armée de réserve.

Verceil, le 10 prairial an 8 (30 mai 1800).

. . . (1) . . . .

Pendant ce temps-là, le général Murat achevait son pont sur la Sesia, passait cette rivière, se portait à Novare et prenait position le long de la rive droite du Tessin.

Le Premier Consul est arrivé ce matin à Verceil. Il serait difficile de se peindre la joie des Italiens de se voir délivrés du bâton autrichien.

Toutes les divisions de l'armée sont en grande marche et passeront demain la Sesia.

Le général Lannes a passé cette nuit la Dora-Baltea et se porte, par Crescentino (2) et Trino, sur Verceil.

Les Autrichiens avaient célébré, dans toutes les villes d'Italie, la prise de Nice ; ils ne s'attendaient pas qu'elle leur serait si funeste. La consternation parmi eux est à son comble.

Les habitants de Milan entendaient aujourd'hui le canon de nos avant-postes.

On assure que le quartier général de Mélas est encore aujourd'hui à Turin (3).

───────────────

(1) Le début de ce bulletin, relatif à la position de Lannes à Chivasso, a été publié au 29 mai, p. 46.

(2) Les ordres du jour suivants renseignent sur la position de l'avant-garde les 30 et 31 mai. Il semble que Lannes ne passe la Dora que le 31 mai.

Ordre de la division Watrin.

Chivasso, le 10 prairial an 8 (30 mai 1800).

La distribution des vivres se fera aujourd'hui pour quatre jours en deux rations complètes de pain et une demi-livre de riz par homme.

La viande se distribuera également aujourd'hui pour un jour.

Au moyen des distributions faites hier et de celles qui auront lieu aujourd'hui, les corps seront servis en pain jusqu'au 13 inclus et en viande jusqu'au 11 id.

HULIN.

Ordre du jour de l'avant-garde.

Crescentino, le 11 prairial an 8 (31 mai 1800).

Il est expressément défendu à tout individu composant l'avant-garde de faire aucune espèce de réquisition sans y être autorisé par le général qui la commande, sous peine d'être envoyé sur les derrières de l'armée.

Le commissaire des guerres, chargé du service de l'avant-garde, fera marcher à la suite des colonnes quatre charrettes pour transporter les malades et les blessés ; il y aura toujours un officier de santé qui les accompagnera.

L'Adjudant général chef de l'état-major,
ISARD.

(3) Ce bulletin parvenait le 5 juin à Paris.

Bureau du mouvement.

Paris, le 16 prairial an 8 (5 juin 1800).

Le Secrétaire d'État a l'honneur de donner connaissance au Ministre de la guerre de l'arrivée d'un nouveau courrier ; il avait été expédié de Verceil le 10 à 11 heures du soir.

Quelques bateaux, rassemblés à Chivasso, avaient fait croire à l'ennemi que l'armée voulait passer le Pô afin de couper la retraite aux colonnes qui reviennent de Nice ; il a réuni toute son infanterie vers ce point. L'armée s'est élevée à l'Est et passait le 10 la Sesia. Le Premier Consul a dû se rendre le 11 à Novare et, de là, sur le Tessin, pour le passage de

Le général Carra-Saint-Cyr (1), au général de division Dupont, chef de l'état-major général de l'armée.

Ivrée, le 10 prairial an 8 (30 mai 1800), à 6 heures du soir.

Il est 6 heures, mon cher Général, et je n'ai point encore de nouvelles du général Chabran ni de la demi-brigade, non plus que des hussards du 7ᵉ, et cela a lieu de surprendre. Si ces troupes n'arrivent point ce soir, il m'est impossible de sortir demain les 300 ou 400 hommes qu'il m'était prescrit de placer sur l'embranchement des trois routes qui se trouvent sur celle qui conduit de Chivasso à Crescentino. L'ordonnance chargé de remettre l'ordre du commandant du fort au général de division Lefèvre n'a point rempli sa mission, puisque cet ordre s'est trouvé ce matin entre les mains de l'officier du génie commandant du fort. Je l'ai envoyé par un gendarme à la 19ᵉ demi-brigade ; je n'en ai point encore de nouvelles.

Le général Chabran avait envoyé ici un quartier-maître de la 69ᵉ (je crois) demi-brigade qui se trouve cantonné près Saint-Martin, pour demander des subsistances pour cette troupe, attendu qu'il se trouvait à Verrès dans la disette et qu'il éprouvait les plus grandes difficultés pour le transport ; j'ai répondu ce que je devais. Mais depuis il vient d'arriver environ 350 quintaux de grains envoyés de Cherasco par la division ; on nous en annonce encore. Jamais provisions ne sont arrivées plus à temps, car nous avions beaucoup de peine à approvisionner le fort tant pour les malades de la garnison et les troupes qui doivent m'arriver, ainsi que celles de passage. Dans tous les cas, je fais emmagasiner ces grains et ferai de même pour ceux qu'on annonce encore et j'attendrai les ordres du général en chef, mais j'observe que les ressources sont tellement épuisées tant ici que sur vos derrières, qu'il serait bien nécessaire que ces grains restassent à ma disposition pour ici et la partie de la division Chabran qui se trouve de ce côté de la montagne.

Je trépigne de ne voir arriver personne du général Chabran, cela peut faire entièrement manquer les dispositions du général en chef et je ne puis sous aucun rapport en être responsable.

Salut fraternel.

CARRA–SAINT–CYR.

P.-S. — Ci-joint une lettre pour le commissaire Dubreton (2).

---

cette rivière ; les habitants de Milan entendaient déjà le canon de nos avant-postes. Mélas est toujours à Turin.

Le bulletin était publié dans le *Moniteur* du 16 prairial (5 juin). Il figure à la *Correspondance de Napoléon* sous le n° 4858.

(1) Carra-Saint-Cyr (Jean-François), né à Lyon le 27 décembre 1756, avait été sous-lieutenant au régiment de Bourbonnais-infanterie le 24 mars 1774, lieutenant en second le 19 mars 1780, lieutenant en premier le 1ᵉʳ juin 1782, capitaine en second le 19 mai 1785, avait pris sa retraite le 1ᵉʳ mars 1792 et avait été commissaire des guerres de 1785 à 1792.

Volontaire au 2ᵉ bataillon des volontaires nationaux de Rhône-et-Loire en janvier 1793, il devint adjudant général, chef de bataillon le 11 mars 1795, chef de brigade le 13 juin 1795 et général de brigade le 9 octobre 1795.

Il fut général de division le 27 août 1803, commanda des divisions actives pendant toutes les guerres de l'Empire et mourut le 5 janvier 1834.

(2) Cette lettre n'a pas été retrouvée.

31 MAI

Murat passe le Tessin de vive force et chasse les Autrichiens du village de Turbigo, pendant que Duhesme commence à franchir la rivière à Porto-di-Buffalora.

Extrait du rapport des opérations militaires du lieutenant général Duhesme.

Le 11 (31 mai), le général Duhesme et l'adjudant général Paulet furent reconnaître les bords du Tessin ; l'adjoint Levavasseur fut chargé de rassembler des bateaux.

L'adjudant général Paulet, en ayant découvert plusieurs cachés derrière une île et sentant toute l'importance de cette prise, passa un bras du Tessin à la nage et ramena à ses camarades un petit bateau qui servit à chercher les autres.

Le général Duhesme apprenant dans ce moment le passage que faisait le général Murat à Galliate, essaya de détourner l'attention de l'ennemi en brusquant le sien vis-à-vis de Buffalora.

L'ennemi, fort de trois pièces de canon, défendit vigoureusement le passage ; malgré sa résistance et un feu très vif, le général Duhesme réussit à faire passer quelques compagnies de carabiniers qui attaquèrent l'ennemi par son flanc, et le poursuivirent jusqu'à Buffalora.

Extrait du rapport des marches et opérations de la division Boudet.

Le 11, l'avant-garde du lieutenant général Murat se rendit à Galliate pour opérer le passage du Tessin. La première demi-brigade de ma division se porta au pont, en face de Porto-di-Buffalora, et ma seconde demi-brigade suivit, sous mes ordres, le mouvement de l'avant-garde du lieutenant général Murat.

L'ennemi, placé sur la rive opposée du Tessin en face de Galliate, était fort bien retranché et avait plusieurs pièces d'artillerie. Le feu de mousqueterie s'engagea et l'ennemi appuya le sien d'une forte canonnade.

L'artillerie légère, composée seulement de deux pièces de 4 servie par les canonniers de la garde des consuls, vint se placer devant leur batterie, et, soutenue ensuite par deux pièces de ma division (1), elle obligea l'ennemi à lâcher. Ce mouvement, en outre de quelques corps d'infanterie placés sur des petites barques, le força de précipiter sa retraite. L'avant-garde eut alors une infinité d'obstacles à surmonter pour amener et porter à bras des bateaux; après quoi, elle passa peu à peu la rivière.

Pendant ce temps, l'ennemi qui venait d'évacuer la rive du Tessin reçut un renfort où se trouvait le général Loudon (2) en personne, et s'établit à Turbigo. Mais sa position, quoique formidable, fut bientôt enlevée par la division Monnier, qui formait l'avant-garde, et à laquelle s'étaient réunis les grenadiers de ma seconde demi-brigade qui avaient passé la rivière avec mon aide de camp Moreau. L'ennemi perdit dans cette action 700 hommes, dont 400 furent fait prisonniers. Le général Guénand, avec sa brigade, prit position en avant de Turbigo. Après avoir concouru avec ma deuxième demi-brigade à assurer le passage du Tessin, devant Galllate, je laissai ma troupe et me transportai en face de Porto-di-Buffalora, où était ma première demi-brigade sous les ordres du lieutenant (3) Duhesme, afin de faire exécuter le passage de ce côté. Mais l'ennemi avait coupé les ponts qui se trouvent sur les deux bras que forme la rivière dans cette partie; il avait aussi coulé tous les bateaux et l'on fut obligé d'en faire remonter quelques-uns de très loin. On se servit encore pour cette opération des nageurs de la 9e légère, qui l'exécutèrent avec beaucoup de zèle et de courage malgré la rapidité du courant et la perte d'un de leurs camarades qui se noya. On ne put passer dans la soirée qu'un détachement de 15 hommes qui se porta à Buffalora et en chassa un petit parti d'ennemis.

---

(1) Duhesme et Murat ne disposent donc que de quatre pièces, quand ils forcent le passage du Tessin, savoir: deux pièces de 4 données à Murat, une pièce de 8 et un obusier affectés à la division Boudet. Des six pièces parvenues en aval de Bard, les deux autres sont au corps Lannes (Voir plus haut, p. 20).

(2) « Loudon » ou « Laudon ». On a adopté la première orthographe, qui est celle employée par la Revue militaire autrichienne.

(3) Pour lieutenant général.

*Extrait du Journal de la campagne de l'armée de réserve,
par l'adjudant-commandant Brossier.*

11 prairial. — *Passage du Tessin.* — *Division Murat.* —
Le 11, le lieutenant général Murat, à la tête de son avant-
garde, quitte la position de Novare pour se porter à Galliate
et de là sur le Tessin ; et pour partager l'attention de l'ennemi il charge la division Boudet de l'inquiéter en avant de
Favrolles (1) tandis qu'un autre corps de ses troupes doit en
faire autant sur Oleggio.

Il approche donc le port de Turbigo avec partie de la division Monnier. Le pont volant était enlevé et l'ennemi placé de
de manière à se défendre avec avantage sur la rive opposée ;
l'avant-garde du général Schilt est accueillie par une grêle
de coups de canon, de mitraille et d'obus. Le général Murat
fait mettre son artillerie en position pour attirer le feu de
l'ennemi et favoriser ainsi la construction d'un pont volant à
la place de celui qui avait été détruit ; mais au premier coup
de canon tous les bateliers disparaissent. Ce qui se trouvait de
marins dans la 70e demi-brigade est appelé. Une compagnie
de grenadiers est jetée sur une des îles du torrent, prend
l'ennemi par le flanc et le force, avec l'appui d'une pièce
de 8 placée sur les hauteurs, à abandonner le port.

Il fallait brusquer le passage avant que l'ennemi eût reçu
deux bataillons de renfort qui lui arrivaient. Cependant on
manquait de barques. Le zèle des soldats supplée à tout,
et celles qui se trouvaient dans les canaux adjacents sont
portées dans un instant sur le Tessin.

Les troupes commencent alors à passer, mais à peine
400 hommes ont atteint la rive gauche que l'ennemi, qui
venait de recevoir son renfort, attaque à son tour et force les
avant-postes à se replier.

11 prairial. — *Combat de Turbigo.* — *Le lieutenant général
Murat.* — Alors l'adjudant général Girard (2), qui était passé

---

(1) Ce nom de localité, très lisiblement écrit dans les divers manuscrits, n'a été trouvé
sur aucune carte. On peut lui substituer le nom de « Buffalora », qui cadre exactement
avec le récit.

(2) Girard (Jean-Baptiste), né le 22 février 1775 à Aups (Var), avait été volontaire le
27 septembre 1793, sous-lieutenant le 16 mars 1796, lieutenant le 23 mai 1797, capi-

avec la première barque, réunit les grenadiers et marche en colonne serrée sur la cavalerie qui venait le charger, lui présente la bayonnette et l'oblige à la retraite. Le passage continuait à se faire, protégé par l'artillerie; l'ennemi acharné attaque le front du général Murat, et, recevant le même accueil que sur la gauche, il court se renfermer dans Turbigo, village couvert par le Naviglio, dont il voulait empêcher le passage. L'adjudant général Girard le poursuit la bayonnette dans les reins, s'empare du pont sur le Naviglio, s'y barricade et cherche à s'emparer du village, qu'il canonne avec une pièce de 4 dont il avait déjà perdu deux chevaux. Le général Schilt (1) arrive en ce moment et fait tourner le village; l'ennemi veut opérer sa retraite par la porte de Favrolles, mais les troupes françaises avaient été postées si à propos qu'elles l'accablent par la fusillade la mieux nourrie et lui tuent plus de 300 hommes sur ce seul point.

En même temps le pont est franchi par le général Monnier, conduisant le surplus de la division à ses ordres; il s'empare du village à 10 heures du soir et l'épuisement seul des troupes empêche de poursuivre l'ennemi sur Favrolles.

Ainsi se termina cette affaire où l'on vit, de l'aveu de tous les déserteurs, 600 hommes lutter toute une journée contre 8,000 hommes commandés par le général Loudon qui avait, dit-on, juré d'obliger les Français à repasser le Tessin. Elle a coûté à l'ennemi 800 tués, 1200 blessés et un très grand nombre de prisonniers (2).

---

taine le 5 décembre 1797, chef de bataillon le 18 janvier 1799, adjudant général chef de brigade le 28 mars 1800.

Général de brigade le 23 novembre 1806 et général de division le 17 décembre 1809, il mourut le 27 juin 1815 des suites des blessures qu'il avait reçues le 16 juin à la bataille de Fleurus.

(1) Schilt (Jean-Jacques), né le 13 mai 1761, avait été soldat le 26 janvier 1779 au corps de Nassau-Siegen, depuis Montréal et 5e bataillon de chasseurs, caporal le 19 février 1781, fourrier le 1er mai 1782, sergent-major le 1er janvier 1787, quartier-maître trésorier le 1er avril 1791, capitaine le 6 novembre 1792, chef de bataillon le 26 juillet 1793, général de brigade le 27 octobre 1794.

Il n'exerça aucun commandement important sous l'Empire, fut retraité en 1815 et mourut en 1842.

(2)   Novare, le 12 prairial an 8 (1er juin 1800).

Arrêté.

ARTICLE 1er. — Il sera formé un escadron de tous les déserteurs provenant de la légion de Bussy.

ART. 2. — Ils auront le même traitement que les chasseurs français.

Les plus grands éloges sont généralement dus aux troupes qui y ont coopéré, mais particulièrement à la 70e demi-brigade ; le courage et les dispositions du général Schilt et de l'adjudant général Girard ont singulièrement contribué au succès.

Le citoyen Morin, l'un des aides de camp du général Dupont, chef de l'état-major général, y a été blessé. Ce jeune homme était parti le matin de Novare, par ordre du Premier Consul, pour aller faire une reconnaissance sur Casale ; il y avait trouvé l'ennemi et s'était mesuré avec lui. En venant rendre compte de sa mission, il entend le canon de Turbigo ; aussitôt il s'élance de l'autre côté du Tessin, se porte à l'attaque du village et reçoit au bras une profonde blessure, donnant ainsi deux fois dans une même journée la preuve de son dévouement et du zèle héroïque dont il est animé (1).

Bulletin de l'armée de réserve.

Novare, le 12 prairial an 8 (1er juin 1800).

Le général Murat est entré à Novare le 10 ; il s'est sur-le-champ porté sur le Tessin.

ART. 3. — Ils garderont leur uniforme actuel, à l'exception d'un signe tricolore qu'ils mettront à leurs chapeaux.

ART. 1. — Le général en chef de l'armée de réserve nommera les officiers et sous-officiers et est chargé de l'exécution du présent arrêté.

BONAPARTE.

Note de Berthier à Dupont : « Vous trouverez ci-joint un arrêté du Premier Consul ; vous ferez toutes les dispositions pour la formation de ce corps et vous me proposerez des officiers à nommer. » (*Archives de Gros-Bois,* Aix.)

Un arrêté analogue était sans doute pris pour la légion de Rohan. Berthier y apportait une restriction :

Alex. Berthier, général en chef de l'armée de réserve.
au chef de l'état-major.

Novare, le 12 prairial an 8 (1er juin 1800).

Ajoutez à l'arrêté du Consul, relatif au corps que je dois former, des déserteurs de la légion de Rohan : *excepté les émigrés français.*

Alex. BERTHIER.

(1) « . . . . . C'est à la première de ces attaques (de Turbigo) qu'un aide de camp du chef de l'état-major Dupont a eu une balle au travers du bras. Il voulait mener des grenadiers qui l'abandonnèrent sans qu'il s'en aperçut. Entraîné par son ardeur, il était près d'entrer dans le village, lorsqu'il retourna la tête et vit que personne ne le suivait. Il est bien heureux d'en avoir été quitte pour cela, en butte à tous les coups d'un ennemi qui n'avait rien à craindre en ce moment.

« Je ne sais si c'est l'effet de la fatigue, mais les grenadiers n'ont point eu l'honneur de la

La légion italique s'est portée de Romagnano vis-à-vis Sesto.

Le général Duhesme, avec les divisions qui sont sous ses ordres, a pris position le long du Tessin.

Le Premier Consul est arrivé le 11, au matin, sur les bords du Tessin. L'ennemi montrait, sur la rive gauche de cette rivière, une grande quantité de cavalerie et quelques pièces de canon. Le général Murat fit établir une batterie et la canonnade s'engagea pendant une heure. L'ennemi avait retiré toutes les barques sur la rive gauche; mais les habitants du village de Galliate avaient caché quatre ou cinq petits bateaux qu'ils offrirent à l'armée. On s'en servit pour faire passer quelques compagnies de grenadiers dans une île, ce qui obligea l'ennemi à évacuer le point de la rive gauche où l'on voulait passer. En six heures de temps, on passa près de 1500 hommes et deux pièces de canon.

Le général Monnier prit position le long du Naviglio-Grande. Cependant l'ennemi, voyant le passage décidé, se portait de tous les côtés sur Turbigo. Plusieurs généraux ennemis y arrivèrent sur le soir.

L'ennemi essaya différentes charges de cavalerie qui ne lui réussirent pas.

L'adjudant général Girard s'est couvert de gloire.

A 8 heures du soir, le général Monnier attaqua le village de Turbigo, s'en empara après un combat assez vif, fit 200 prisonniers. Le village ayant été cerné, tout ce qui se trouva dedans fut massacré. On a compté près de 300 cadavres; c'étaient presque tous des cavaliers.

Le général Duhesme, s'étant procuré un petit bateau, fit passer à Buffalora quelques compagnies de carabiniers.

L'aide de camp chef de brigade Duroc est tombé dans le Tessin; il a été sur le point de périr. On est heureusement parvenu à le sauver.

Le général Turreau a eu, pendant les cinq premiers jours de la décade, des affaires assez vives avec l'ennemi. Il lui a

---

journée (soit dit entre nous). Cinquante se sont rendus, presque sans tirer, à un escadron de cavalerie que leur feu aurait pu détruire, dans un terrain où il avait peine à se mouvoir. Les conscrits, au contraire, se sont comportés en vieux soldats. . . . . » (L'adjudant général Dampierre au général Mathieu-Dumas. — Milan, 2 juin 1800. — *Revue de Paris* du 15 juin 1900, p. 799.)

tenu en échec une quantité de troupes considérable. Il continue à manœuvrer dans ses positions entre Turin et Suze (1).

Par les dernières lettres arrivées de Nice, il paraît que Mélas n'en est parti que le 1er prairial ; que le 3 l'ennemi a attaqué, avec des forces considérables, le pont de Saint-Laurent-du-Var, où il a été vivement repoussé.

On passe à force le Tessin ; le général Murat, avec l'avant-garde, est à Corbetta, à trois lieues de Milan (2).

Alex. Berthier, général en chef de l'armée de réserve, au Premier Consul (3).

Milan, le 14 prairial an 8 (3 juin 1800) (3).

Citoyen Consul,

J'ai à vous rendre compte des mouvements de l'armée depuis le 10 prairial, de ses opérations et des traits de bravoure par lesquels elle s'est distinguée.

Passage et combat du Tessin. — Le général Murat, parti de Novare le 10, s'est porté sur le Tessin qu'il avait ordre de passer. Il a disposé sa cavalerie de manière à inquiéter l'ennemi sur cette rivière, depuis le lac de Côme jusqu'au delà de Vigevano, tandis que la division Boudet, qui était à ses ordres, se présentait au port de Buffalora, où l'ennemi avait retiré son pont de bateaux et dont le passage était défendu par quelques pièces de canon. J'avais dirigé cette division sur Vigevano.

Le général Murat fit des dispositions dont le but était de persuader à l'ennemi que son intention était de passer le Tessin près d'Oleggio. Instruit qu'il y avait quelques bateaux cachés dans un petit bras du Tessin, il ordonna à son artillerie, à une partie de la cavalerie et à la 70e demi-brigade de se présenter au port de Galliate pour surprendre ce passage.

---

(1) En réalité, Turreau, vainqueur à Suze le 22 mai, était battu à Avigliana le 27 et devait se retirer sur Suze (Voir t. Ier, p. 515 à 553).

(2) Ce bulletin est publié dans le *Moniteur* du 18 prairial (7 juin). Il figure dans la *Correspondance de Napoléon* sous le n° 4862.

(3) Après quelques corrections faites par Bourrienne sous la dictée du Premier Consul, ce rapport est envoyé à Paris, où il est publié dans le *Moniteur* du 21 prairial (10 juin).

Le 11, à la pointe du jour, la 70ᵉ était au port de Galliate, que l'ennemi défendait avec deux obusiers et trois pièces de 11 qui faisaient un feu de mitraille très vif. Le général Murat mit son artillerie en position et riposta avec la même vivacité. Pendant ce temps, la 70ᵉ enlevait les barques qui se trouvaient dans le petit bras du Tessin. Les soldats portèrent ces barques sur leurs épaules et parvinrent à les transporter sur l'autre bras de la rivière, à travers une grêle de mitraille. D'après l'ordre qu'ils en avaient reçu, les grenadiers, ayant de l'eau jusqu'à l'estomac, gagnèrent une île boisée d'où l'on pouvait faire un feu de mousqueterie avantageux. Le général Murat fit approcher son artillerie pour prendre en flanc celle de l'ennemi. Sous la protection de ce feu et à l'aide de deux bateaux, il passa de vive force et obligea l'ennemi à retirer son artillerie. Plusieurs petits bateaux, ramassés à la rive opposée, donnent les moyens de passer un bataillon qui charge aussitôt la cavalerie ennemie à travers les broussailles et protège le passage de la demi-brigade.

Le chef de brigade Duroc a manqué de se noyer (1).

L'adjudant général Girard était passé avec les premières troupes.

L'ennemi fait prendre à son artillerie plusieurs positions d'où il cherche à inquiéter le passage. Il se replie ensuite dans le village de Turbigo, où il reçoit des renforts considérables commandés par le général Loudon en personne.

L'adjudant général Girard s'empare du pont en avant de Turbigo, et s'oppose aux sorties que la cavalerie ennemie voulait faire sur notre infanterie. La nuit approchait. Le général Murat, sentant l'importance de chasser l'ennemi de sa position, ordonne au général Monnier d'attaquer de vive force Turbigo. Ce général, accompagné du général cisalpin (2) Pino, attaque avec impétuosité et emporte le village à la baïonnette, après une défense opiniâtre. Il tue à l'ennemi 200 hommes et lui fait 400 prisonniers.

Nous avons eu de notre côté 15 hommes tués et 50 blessés. Parmi les premiers se trouvent les citoyens Voton, Laplace et Lagzet, capitaines de la 70ᵉ demi-brigade. Ce corps a montré

---

(1) Cette phrase est ajoutée par Bourrienne.
(2) « Italien » dans le rapport de Berthier.

dans cette action une bravoure digne d'éloges (1). Le citoyen Morin, aide de camp du général Dupont, a reçu une blessure au bras.

Le général Murat se porte ensuite sur Buffalora, que ce mouvement oblige l'ennemi d'évacuer. Le général Duhesme fait passer dans un petit bateau quelques hommes de la division Boudet, tandis que le général Vignolle se porte de l'autre côté et s'empare des bateaux du pont que l'ennemi avait reployés et coulés au moment de sa fuite.

On s'occupe pendant la nuit à construire des ponts volants. L'adjudant général Berthier, employé à l'avant-garde du général Murat, s'est distingué par son activité et a rendu de grands services. . . . .

Alex. BERTHIER (2).

Dupont, général de division, chef de l'état-major général de l'armée de réserve, au Ministre de la guerre.

Milan, le 14 prairial an 8 (3 juin 1800).

Citoyen Ministre,

L'armée a marché le 10 prairial d'Ivrée sur Verceil (3) ; elle y a trouvé un pont que le général Murat avait fait établir sur la Sesia, après avoir chassé des bords de cette rivière le corps ennemi qui en gardait le passage. Le quartier général s'est rendu le 11 à Novare, et l'intention du général en chef étant de passer le Tessin le lendemain (4), les dispositions relatives à cette opération importante ont été faites avec la rapidité qui a caractérisé tous les mouvements de l'armée depuis le départ du quartier général de Dijon.

Pour partager l'attention de l'ennemi, les troupes aux ordres du général Murat se sont divisées et se sont portées sur le Tessin par les routes qui conduisent de Novare à Turbigo et à Buffalora. Les ponts étaient coupés et l'ennemi était placé de manière à pouvoir se défendre avec avantage sur la rive opposée. Le passage de vive force à Turbigo ayant été résolu, des feux d'artillerie et de mousqueterie ont été établis avec une telle précision que l'ennemi a

---

(1) Le texte de Berthier était : « . . . . . une bravoure et une intrépidité digne des plus grands éloges ».

(2) La fin de ce rapport est citée plus loin, p. 90 et 102.

(3) Il s'est glissé quelques erreurs dans ce rapport. On a vu plus haut, p. 33 à 38, que la majeure partie de l'armée s'était portée à Verceil et y avait passé la Sesia le 9 prairial (29 mai). Seule, la division Chambarlhac et une partie de la cavalerie arrivaient à Verceil le 30 mai.

(4) Le passage du Tessin n'eut pas lieu le 12 prairial, mais le 11 (31 mai), comme le prouvent tous les rapports déjà cités.

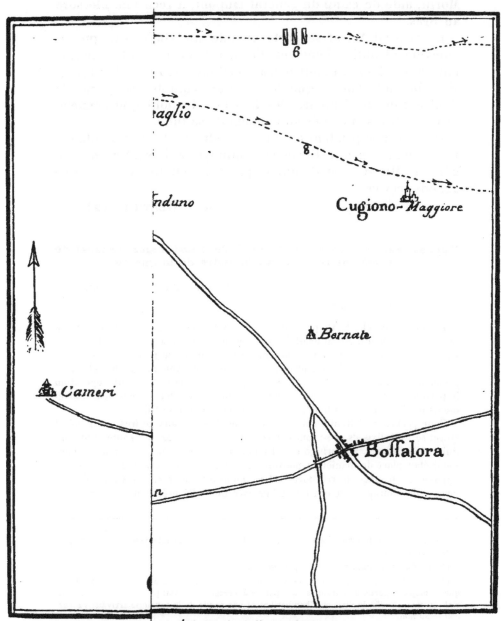

6

aglio

8.

nduno

Cugiono-Maggiore

Bernate

Cameri

Boffalora

n

Échelle de 2 lieues de France

1   2 lieues.

poussée jusqu'au village de Turbigo.

été forcé, en peu de temps, d'évacuer ses positions et de se replier sur le village de Turbigo. On n'avait pu rassembler que quatre ou cinq barques, et avec ces faibles moyens de passage, nos troupes s'élancent de l'autre côté de cette rivière, qui est un large torrent, et à mesure qu'elles se grossissent, elles poussent les Autrichiens devant elles. On jette un pont volant, et pendant que les différents corps effectuent leur passage, le général Monnier attaque le village de Turbigo, que le général Loudon défendait avec opiniâtreté et qui était occupé par un corps nombreux. Sa possession nous était nécessaire pour faciliter le passage de Buffalora, en prenant ce point à revers, et pour être maîtres de la Naville (1). Une fusillade très vive s'y était engagée depuis longtemps; le général Monnier se décide à forcer l'entrée du village à la baïonnette, et il manœuvre en même temps pour couper la retraite aux ennemis : alors la terreur s'en empare, ils fuient en désordre, et malgré l'obscurité (il était 10 heures du soir) on leur fait une centaine de prisonniers. La 70e demi-brigade a eu à combattre des forces très supérieures, et c'est à elle que nous devons ce succès. L'adjudant général Girard et le citoyen Molly, aide de camp du général Monnier, ont mérité des éloges de ce général. Le citoyen Morin, mon aide de camp a été blessé dans cette action. La perte de l'ennemi en tués ou blessés a été considérable.

Dans la nuit du 12 au 13 (2), le général Murat s'est porté sur Buffalora et on y a rétabli le pont volant qui avait été détruit. L'armée a filé avec une telle célérité que, dans la journée du 13, elle était tout entière, avec son artillerie et ses bagages, sur la rive gauche du Tessin (3). Le Premier Consul et le général en chef Berthier l'ont traversé le 13, sur le pont de Buffalora ; ils s'étaient trouvés la veille à Turbigo, au moment où le général Loudon, encouragé par les renforts qu'il avait reçus, ranima le combat et tenta vainement de reprendre le rivage que nous lui avions enlevé.

La position des armées respectives rend ce passage très remarquable ; les difficultés qu'il a fallu vaincre pour l'opérer, et les avantages qu'il nous assure en nous livrant la Lombardie, lui donnent le plus grand prix.

. . . .
. . . .

DUPONT (4).

Extrait de la Revue militaire autrichienne.

Vukassevich n'avait pas de temps à perdre s'il voulait empêcher l'ennemi de passer le Tessin. Le 31, au matin, il mit toutes ses troupes en marche vers

---

(1) Le *Naviglio-Grande*.

(2) On doit lire : dans la nuit du 11 au 12 (31 mai au 1er juin). (Voir notes 3 et 4, p. 64.)

(3) Ici, la date indiquée se retrouve exacte. L'opération continue, au milieu de grandes difficultés, le 12 prairial (1er juin) et dans la nuit du 12 au 13, et l'armée ne termine son passage que le 13 (2 juin), c'est-à-dire non pas le lendemain, mais seulement le surlendemain du combat de Turbigo. (Voir les ordres du 1er et du 2 juin, p. 77 à 83.)

(4) La suite de ce rapport est citée aux journées suivantes. Il était publié en entier au *Moniteur* du 22 prairial (11 juin).

Buffalora. Murat, dès l'aube, était parti de Novare vers Galliate, afin de passer le fleuve à Turbigo.

Tous les bateaux de l'Agogna et de la Sesia, qu'il pouvait utiliser, suivirent les troupes sur des voitures. Lorsque son avant-garde arriva sur la rive du Tessin, le général Festenberg l'accueillit avec une vive canonnade. Tandis que Murat ripostait vigoureusement, il fit en même temps monter sur les bateaux quelques compagnies de grenadiers avec un canon et les dirigea sur une île d'où ils purent enfiler les canons autrichiens. La cavalerie ne pouvait faire grande besogne sur la rive couverte de buissons et les grenadiers français purent ainsi atteindre la rive gauche du Tessin. Murat employa tous ses bateaux pour passer ses troupes sur l'autre rive. L'avant-garde du général Loudon abandonna alors Turbigo et se dirigea vers Castano. Le général survint en ce moment, fit rebrousser chemin à ses troupes et par une attaque rapide s'empara de nouveau de Turbigo. Les grenadiers français furent rejetés avec une perte de plus de 100 hommes au delà du Naviglio-Grande jusqu'au Tessin où déjà plus de 2,000 Français, qui avaient passé le fleuve, se trouvaient rangés en ordre de bataille. Le général Loudon posta sa brigade derrière le Naviglio, dont Murat donna l'ordre de prendre le pont d'assaut. Le général Monnier à la tête de quatre demi-brigades (1) s'avança contre la position autrichienne. Après un vif bombardement des obusiers français, les grenadiers s'élancèrent à la baïonnette. Le bataillon léger de Trautenberg et les chasseurs de Le Loup, renforcés par les dragons à pied du régiment de Wurtenberg (2) repoussèrent héroïquement les assauts renouvelés des Français renforcés de troupes fraîches, et poursuivirent l'ennemi jusqu'à la position de ses réserves. Ensuite ils reprirent leur position derrière le Naviglio. Murat la fit attaquer encore une fois, mais tous les efforts des trois divisions de l'armée, qui avaient passé le fleuve, restèrent inutiles. Les Français ne purent pas même gagner assez de terrain pour permettre aux troupes qui attendaient sur l'autre rive de venir se mettre en position de ce côté. C'est

---

(1) Comparer aux effectifs donnés par les rapports français.

(2) L'état-major français était renseigné le lendemain sur la composition des troupes qui avaient défendu le passage du Tessin.

Rapport de quatre déserteurs de la légion de Bussy arrivés le 12 prairial à Novare à l'état-major général.

Hier, à midi, il se trouvait sur les bords du Tessin trois divisions du régiment de Bussy, quatre de Wurtemberg, dragons ; deux divisions de Caraczay ; deux divisions Erdödy, hussards ; une division Lobkowitz, dragons ; quatre divisions de Toscane, hussards. Chaque division se trouve à peu près de 400 hommes, ce qui forme un total de 5,000 chevaux.

Il n'y avait en infanterie que 1000 hommes des chasseurs du Loup, arrivés des bords du lac Majeur ; un détachement de la légion de Rohan, deux compagnies d'Anton et un bataillon piémontais, peu de canonniers et sept pièces arrivées et qui ont été tour à tour démontées ou hors de service par la mort des canonniers, hier, sur les 7 heures après-midi. Ces corps étaient commandés par les généraux Döller, le prince Louis ou Lodovski, commandant en chef, et Loudon.

Ces déserteurs disent que le bruit courait que les Français étaient arrivés sur Brescia, que Mélas nous attend à Turin avec 15 bataillons de grenadiers et que la légion Bussy déserterait infailliblement en entier aussitôt qu'elle sera instruite de la présence de Bonaparte à l'armée ; un déserteur de la légion du Loup rapporte que nous sommes entrés à Arona, où il ne se trouve qu'un mauvais petit château et hors d'état de défense.

pourquoi le passage du fleuve ne put être terminé et le projet de Murat d'atteindre Milan ce jour-là même fut déjoué.

Le feld-maréchal lieutenant Vukassevich, qui était resté maître de sa position, jusque tard dans la nuit et qui, avec ses 5,346 hommes (1), avait ainsi glorieusement défendu le passage du Naviglio contre 12,000 Français (2), envoya pendant le combat deux bataillons pour renforcer la citadelle de Milan. A minuit, il battit en retraite vers cette ville où il arriva le 1er juin au matin (3).

*
* *

Pendant que les premières fractions de l'armée forcent le passage du Tessin, les dernières divisions se rapprochent de cette rivière et la liaison se fait au nord avec Lechi et Bethencourt, pendant qu'au sud Lannes se dirige de Chivasso sur Verceil (4).

L'arrivée de l'armée sur le Tessin, la présence de la légion italique à Romagnano le 3o mai (5), sa marche le 31 mai vers Sesto (6), et l'occupation de Domodossolo par Bethencourt dès le 29 mai (7), permettent de faire passer la ligne d'opérations par le Simplon et d'éviter ainsi le fort de Bard (8).

---

(1) Festenberg, dont l'effectif a été donné plus haut (note 1, p. 36), avait été renforcé par la brigade Döller (*OEstreichische militärische Zeitschrift*, t. XXVI, p. 247), qui disposait de 1057 cavaliers (*Ibidem*, p. 246).

(2) D'après les rapports français (p. 57 à 65), l'attaque de Turbigo n'est faite que par la 70e demi-brigade, qui forme à elle seule la division Monnier, la 19e légère étant encore à Verceil (Berthier à Dupont, 30 mai, p. 52). La brigade Guénand, de la division Boudet, semble n'avoir pris aucune part à l'action. (Voir p. 57.)

(3) *OEstreichische militärische Zeitschrift*, t. XXVI, p. 248 à 250.

(4) Pour la marche de Lannes, voir les notes 2, p. 54 ; 2, p. 74 et 2, p. 87.

(5) Voir au chapitre IV, p. 124, la lettre de Lechi, datée de Romagnano.

(6) Voir l'ordre du 30 mai de Berthier à Dupont, p. 51, et la réponse de Lechi du même jour, p. 124 (chapitre IV).

(7) Les lettres de Bethencourt, écrites le 29 mai de Domodossola au Premier Consul (chapitre IV, p. 137 et 138), sont presque sûrement arrivées à destination le 31. Cependant, Murat n'en a pas connaissance à Buffalora dans la matinée du 1er juin. (V. p. 76.)

(8) Le fort de Bard tient encore. Il capitule le 1er juin. (Voir t. Ier, p. 540.)

**Alex. Berthier, général en chef de l'armée de réserve,
au général Dupont.**

Novare, le 11 prairial an 8 (31 mai 1800).

Vous avez dû donner l'ordre au général Victor de se porter
en avant de Pernate. Donnez l'ordre au général Harville que
toutes les troupes à cheval se rendent sur le Tessin, en passant par Galliate (1).

Nommez un commandant à Novare et 100 hommes de la
96e.

Alex. BERTHIER.

**Alex. Berthier, général en chef de l'armée de réserve,
au général Bethencourt.**

Novare, le 11 prairial an 8 (31 mai 1800)

D'après les ordres que vous aviez reçus du Premier Consul,
je croyais vous trouver sur le Tessin que nous passons dans
ce moment. Vous voudrez bien, aussitôt après la réception du
présent ordre, vous rendre devant la citadelle d'Arona, qui est
bloquée par la légion italienne commandée par le général
Lechi, et de là vous mettre en communication avec l'armée
qui passe le Tessin.

Alex. BERTHIER.

**Alex. Berthier, général en chef de l'armée de réserve,
au chef de l'état-major.**

Novare, le 11 prairial an 8 (31 mai 1800).

Envoyez vos ordres par duplicata à Saint-Maurice, pour
faire passer, aussitôt après la réception de votre ordre,
tous les courriers de l'armée par le Simplon, même ceux du
Premier Consul, cette route étant désormais la ligne de direction de l'armée.

Vous donnerez également l'ordre, par duplicata, de faire
filer tous les biscuits qui, de Villeneuve, arriveraient à Saint-
Maurice, et jusqu'à concurrence de 200,000 rations sur Brieg,

---

(1) L'ordre donné la veille (Voir p. 52) avait prescrit au corps Victor (ou division Chambarlhac) et à la cavalerie de partir le 31 à 2 heures du matin de Verceil pour Novare. C'est
là que les trouvait sans doute le nouvel ordre de Berthier.

où ils resteront en dépôt ; vous donnerez le même ordre pour 500,000 cartouches.

Donnez l'ordre à l'ordonnateur en chef de faire établir à Novare un hôpital sur lequel on fera évacuer, dans la journée du 13, la partie des soldats légèrement blessés qui se trouveraient dans la citadelle d'Ivrée.

Donnez l'ordre au général commandant à Ivrée de prendre pour ligne de communication avec l'armée, Ivrée, Biella, Masserano, Romagnano et Novare ; cette route est préférable parce qu'elle est plus sûre, plus loin du Pô et à l'abri des incursions de la cavalerie ennemie. Il faudra, en conséquence, établir quelques postes de communication par cette route.

Alex. Berthier.

Je vous prie de faire passer l'ordre ci-joint au général Bethencourt (1) à Domodossola et l'autre au général Lechi (2) soit devant Sesto à la rive droite du Tessin, soit à Romagnano.

Note sur la place de Novare.

A Novare, le 11 prairial an 8 (31 mai 1800).

La place de Novare est un décagone bastionné assez régulièrement.

Les remparts prennent presque partout un assez grand commandement sur la campagne environnante, qui est une plaine presque sans inégalités. Une fausse braye accompagne presque toute l'enceinte. Les faces des bastions sont de bonnes dimensions. Plusieurs bastions ont de doubles flancs ; quelques-uns en ont jusqu'à trois étages ; quelques courtines sont brisées.

Sur les dix fronts qui composent l'enceinte, sept sont revêtus. Les trois autres, qui sont à terre coulante, pourraient recevoir quelque défense d'un ruisseau qui coule dans les fossés ; ses eaux pourraient être retenues par des batardeaux qu'il faudrait ou réparer ou construire.

Il y a dans l'intérieur un château ancien, qui est un carré bastionné ; on vient d'y faire des réparations assez considérables dont j'ignore l'objet. Ce château, vu son peu de capacité par rapport à la place, ne pourrait jouer le rôle d'une citadelle.

Les ponts-levis des quatre portes sont en bon état.

Un ruisseau assez considérable entre dans les fossés de la place, se sépare en deux branches à son entrée ; une des branches parcourt une partie des fossés, l'autre branche parcourt l'autre partie ; l'une et l'autre branche se

---

(1) Ordre précédent.

(2) Ordre non retrouvé.

réunissent en sortant des fossés de la place. J'ai déjà dit que ce fossé pourrait être utilisé pour la défense des trois fronts qui ne sont pas revêtus; mais il m'a semblé que les eaux pourraient en être détournées.

Chacun des dix fronts de la place a sa demi-lune; l'un d'eux en a deux; un autre est armé d'une contre-garde. Une partie de ces demi-lunes est revêtue, l'autre est à terre coulante. Ces ouvrages sont sans capacité et sans saillie, de sorte que la place peut être considérée comme n'ayant qu'une seule enceinte.

Les chemins couverts sont ce qu'ils doivent être, et en assez bon état. Ils ne sont point palissadés.

Il serait difficile de défendre Novare avec moins de cinq mille hommes de garnison, cinquante bouches à feu et les approvisionnements de guerre et de bouche qui s'ensuivent.

Après avoir accommodé cette place, je pense que c'est porter sa défense au maximum que de l'évaluer à douze ou quinze jours de tranchée ouverte.

Il paraît donc que la résistance que l'on pourrait espérer de Novare, n'équivaudrait pas à la perte de sa garnison et aux dépenses que nécessiteraient ses fortifications et ses approvisionnements de toute espèce.

MARESCOT.

(Livre d'ordres du général Marescot. — *Archives du Génie*.)

⁎
⁎ ⁎

Les renseignements reçus ne font pressentir que des mouvements peu importants de l'armée autrichienne sur la rive droite du Pô, entre Turin et Valenza. Il paraît probable que Mélas ne songe pas à franchir ce fleuve et à prendre l'offensive par la rive gauche. mais qu'il réunit son armée vers Alexandrie.

Kellermann, général de brigade, au général Dupont, chef de l'état-major (1).

Pezzana, sur la route de Verceil à Casale (2), le 11 prairial an 8 (31 mai 1800).

Mon Général,

Votre aide de camp vous aura déjà rendu compte d'une partie des renseignements que j'ai obtenus.

---

(1) *Sur l'adresse :* l'adjudant Castenier prie le général de remettre au porteur un signe pour reçu.

(2) On a vu, p. 31, un ordre du 28 mai de Berthier prescrivant au général Duhesme de bien s'éclairer du côté de Casale, où était signalé un bataillon ennemi.

ARMÉ galité.

de Rennes

31 mai 1800   *Sur la route de*

de la République.

de l'État major

L'ennemi a indubitablement très peu de forces à Casale ; de ce côté du Pô, une pièce de canon avec 50 hommes, tant cavalerie qu'infanterie, derrière un petit épaulement. Il a réuni sur la rive droite tous les ponts volants des environs au nombre de cinq ; comme ils sont faits de deux bateaux attachés ensemble, votre aide de camp a cru qu'il y en avait dix. Tous les rapports s'accordent à confirmer que l'ennemi a peu de troupes sur le Pô et qu'il réunit tout sous Alexandrie (1).

Un patriote piémontais, qui passa hier à Valenza et ce

---

(1) Ce renseignement était parfaitement exact. Voici, d'après la *Revue militaire autrichienne*, les dispositions prises par Mélas le 31 mai :

« L'armée de réserve menaçait les États héréditaires, et l'armée autrichienne de Piémont se trouvait dans un grand danger, si elle ne parvenait pas promptement, par une bataille heureuse, à rompre les filets serrés dont l'entourait son ennemi. Mélas ne pouvait pas rester plus longtemps sur la défensive à Turin. L'armée devait être réunie au plus vite. Il ne fallait plus songer à se maintenir dans la Rivière ni à continuer le blocus de Gênes. Il fallait prévenir la réunion des forces de l'ennemi et voler à la rencontre de l'une ou l'autre des parties de son armée.

« En conséquence, Alexandrie fut désignée comme la place de rassemblement de l'armée autrichienne. Le feld-maréchal lieutenant Elsnitz reçut l'ordre d'abandonner sa position sur le Var, d'évacuer le comté de Nice, de repasser le col de Tende et de gagner Alexandrie par Coni, Fossano et Asti ; le général Ulm devait occuper Coni avec deux régiments d'infanterie. Le corps de Turin reçut l'ordre d'attendre l'arrivée du feld-maréchal lieutenant Elsnitz. Les avant-postes aux ordres du général Schauroth, aux environs de Pignerolles, et ceux que le colonel Knezevich tenait à Borgo-San-Dalmazo, reçurent l'ordre de se replier sur Coni quand l'armée abandonnerait Turin.

« Le feld-maréchal lieutenant Ott devait lever le blocus de Gênes aussitôt la réception de l'ordre et se mettre en marche la nuit suivante ; son arrière-garde devait rester dans la vallée de la Polcevera et ne suivre la colonne principale que si l'ennemi l'attaquait : elle ne devait pas se retirer plus loin que la Bochetta et défendre le col jusqu'à la dernière extrémité. Tant que la Bochetta serait au pouvoir des Impériaux, on devait bloquer Gavi et occuper Serravalle.

« Les deux divisions Kaim et Haddick reçurent l'ordre de se rendre par Turin, Moncalieri, Villanova et Asti à Alexandrie et de laisser comme garnison, dans la citadelle de Turin, 7 bataillons d'infanterie et 60 hussards, soit en tout 3,487 hommes. Le général Nymptsch devait prendre le commandement de l'arrière-garde, formée de 3 bataillons et de 6 escadrons ; il reçut l'instruction de tenir aussi longtemps que possible devant Turin avec cette brigade et les troupes désignées pour former la garnison de la citadelle ; au moment où il serait forcé de se replier, il devait aller prendre position au pont du Pô et le défendre assez longtemps pour procurer au feld-maréchal lieutenant Elsnitz le temps d'évacuer Coni pendant que lui-même jetterait dans la citadelle de Turin les troupes destinées à sa défense.

« Aussitôt que l'arrière-garde se mettrait en mouvement, les trois bataillons placés en observation sur la rive droite du Pô avaient l'ordre de se retirer par Verrua sur Casale. Le régiment de Reitzky, venant de Gênes, et deux autres bataillons furent désignés pour observer le Pô vers Casale, sous les ordres du général Skal.

« D'un autre côté, le général Gottesheim reçut l'ordre de se porter, en quittant Gênes, par Bobbio, sur Plaisance, pour en garder la citadelle et la tête de pont. » (*Œstreichische militärische Zeitschrift*, t. XXVI, p. 258-260.)

matin à Casale, a assuré qu'il y avait très peu de monde dans l'une et l'autre de ces places.

J'ai poussé moi-même une reconnaissance jusque sur le bord du fleuve; j'ai essuyé huit à dix coups de canon tirés partie du retranchement, partie de la rive droite, mais je n'ai pas vu la moindre disposition qui annonçât dans l'ennemi le dessein de passer le Pô, pas même celui de nous inquiéter. Ce qui est de ce côté-ci de l'eau n'ose s'éloigner à quatre pas.

J'ai envoyé à Trino au-devant de Lannes et n'ai pu avoir de ses nouvelles (1). Il y a deux jours que l'ennemi en était parti; depuis huit jours qu'il s'est retiré à Casale, il n'a pas même envoyé une reconnaissance à Villanova. J'attends avec impatience le moment de rejoindre ma colonne.

Salut et respect.

KELLERMANN (2).

Le citoyen Cavalli, au Premier Consul de la République française.

Verceil, le 11 prairial an 8 (31 mai 1800), à midi.

Les renseignements, que je me suis procuré des personnes qui arrivent des environs de Casale, m'ont appris :

1° Que dans les redoutes des Autrichiens sur la gauche du Pô, en face du château, il y a 4 pièces de canon de petit calibre, et environ 200 hommes qui les gardent. Entre le grand canal du Pô et la Castagna, il y a des postes avancés et des vedettes ;

2° Il est sûr que le pont commencé par les Autrichiens a été défait ; mais il paraît qu'on n'a pas renoncé entièrement à l'idée de le recommencer, puisqu'ils ont retenu sous la protection du château les barques nécessaires ;

3° Dans la ville il y a une garnison peu forte : elle ne dépasse pas 600 hommes à ce qu'il paraît ; mais on disait qu'il devait y arriver des renforts ;

---

(1) On a vu par les ordres cités plus haut, p. 54, que le quartier général de Lannes était le 31 mai à Crescentino. Les renseignements recueillis le 31 mai, par Carra-Saint-Cyr, confirment la présence, à cette date, d'une partie du corps Lannes en avant de cette ville (V. plus loin, p. 74). Ce n'est que le 1er juin que Lannes passe à Trino. (V. p. 82.)

(2) Kellermann (François-Étienne), né à Metz, le 4 août 1770, était le fils du vainqueur de Valmy. Il avait été sous-lieutenant de remplacement dans le régiment colonel-général-hussards le 14 août 1785, sous-lieutenant au 2e de cavalerie le 15 septembre 1791, capitaine d'infanterie dans la légion Kellermann le 31 mai 1792, aide de camp lieutenant-colonel surnuméraire le 29 novembre 1792, chef de bataillon des chasseurs des Hautes-Alpes en avril 1793, chef de brigade le 25 mars 1796, général de brigade le 28 mai 1797.

Il devint général de division le 5 juillet 1800, inspecteur général de cavalerie le 24 juillet 1801, comte de l'Empire en 1809, duc de Valmy à la mort de son père le 13 septembre 1820 et mourut le 2 juin 1835.

4° On disait de même à Casale qu'il y avait un grand nombre de cavalerie du côté de Valenza et qu'il régnait dans cette dernière ville une très grande confusion occasionnée par la retraite des Autrichiens qui étaient sur la rive gauche du Pô et par l'encombrement des magasins qu'on y avait transportés avant de couper le pont ;

5° Enfin, on ne laissait sortir personne de la ville et pas même entrer que ceux qui portaient des denrées, circonstance qui aura rendu très difficile l'expédition que j'y ai faite, mon message n'étant point encore arrivé.

Ayant informé le commandant de Verceil de cet état de choses, il a approuvé mon idée d'envoyer un détachement à Stroppiana et à Caresana, d'où ils pourront pousser des reconnaissances jusqu'à Villanova et recueillir les renseignements qui leur seront fournis par les habitants. Ils auront avec eux des hommes sûrs par lesquels on informera le commandant de tout ce qui se passe.

Une personne sûre, arrivée de Turin, apporte les nouvelles suivantes : le général Mélas en était parti la nuit du 9 pour Alexandrie en prenant la route d'Asti ; on a ôté tous les canons de la ville, et on les a transportés dans la citadelle ; les avant-postes autrichiens sont à Settimo ; le conseil suprême de gouvernement a été chargé d'injures par le peuple au moment qu'il se portait à rendre visite au général Mélas ; la ville est dans une grande fermentation.

A 3 heures après-midi.

L'exprès est arrivé de Casale : il n'a pu entrer dans la ville, mais il a établi une communication par le moyen d'un de mes laboureurs. Il confirme, du reste, les nouvelles ci-dessus, en portant cependant le nombre des ennemis qui sont sur la rive droite à plus de deux mille hommes. J'aurai demain un exprès envoyé de chez moi et je ne manquerai pas de vous informer des rapports qu'il me fera.

Salut et respect.

J. CAVALLI.

Le général Carra-Saint-Cyr, commandant à Ivrée, au général Berthier, commandant en chef l'armée de réserve.

Ivrée, le 11 prairial an 8 (31 mai 1800).

Général,

Au lieu d'une demi-brigade qui devait m'arriver de la division du général Chabran, je n'ai eu hier au soir, à dix heures, qu'un bataillon de la 85° d'Orient (1) de la force de cinq cents hommes, tous conscrits, avec quatre-vingts chasseurs à cheval du 7°. Vous savez, Général, que la 12° est tout au plus forte de quatre cents hommes (2) ; malgré ce petit nombre de troupes à ma disposition, j'avais cependant résolu ce matin, afin de me conformer en tout point à vos instructions, de porter sur l'embranchement des trois routes indiquées, trois cents hommes de la 85°, de placer sur les hauteurs en avant

---

(1) Lisez : des dépôts de l'armée d'Orient.

(2) D'après la situation de la division Chabran, au 31 mai, le bataillon de la 85° comprend, 33 officiers et 508 hommes ; l'escadron du 7° chasseurs, 9 officiers et 109 hommes, et la 12° de ligne, 25 officiers et 346 hommes. (V. t. I°, p. 534.)

de la ville, trois cents hommes de la 12ᵉ, et, avec les trois cents hommes restant, de faire le service de la place et du fort jusqu'au moment où les circonstances m'auraient forcé de jeter dans ce dernier la garnison dont vous avez déterminé la force. Mais en me rendant en personne ce matin pour aller reconnaître le terrain et la troupe que les trois cents hommes devaient remplacer, j'ai rencontré deux ordonnances du 12ᵉ (1) envoyés par le général qui commande en avant de Crescentino, qui m'ont appris qu'un fort détachement de la cavalerie ennemie avait passé la rivière, que ses avant-postes étaient en face de ceux du 12ᵉ hussards et de ceux de la demi-brigade (2). Alors j'ai pensé que ne pouvant pas, par le manque de troupes, exécuter en tout point vos instructions, je me suis occupé des plus importants et surtout n'ayant à opposer à la cavalerie que trois cents conscrits qui, quoique braves et très dévoués, n'ont point encore vu le feu et savent à peine manier leurs armes, j'ai donc pris pris le parti de placer conformément à vos intentions la 12ᵉ de ligne sur les hauteurs, 200 hommes de la 85ᵉ dans le fort et le restant dans la ville pour s'y jeter au premier ordre, si j'y suis forcé. Tous les malades les plus impotents sont transférés déjà au fort, mais comme le nombre en augmente chaque jour et qu'il ne peut pas les contenir tous, en cas de nécessité le surplus serait évacué sur les derrières comme l'on pourra.

Quelques soins que j'y mette, les approvisionnements sont toujours fort lents à s'opérer. Le commissaire des guerres, que l'on m'avait annoncé devoir arriver d'Aoste, n'est point encore ici; il me manque beaucoup. J'ai demandé au général Chabran de mettre encore à ma disposition un autre bataillon; s'il peut acquiescer à ma demande, alors je le porterai tout entier sur le point qui m'a été indiqué afin de tâcher de m'y maintenir contre l'ennemi, car on ne peut pas mettre en doute l'importance de ce poste.

Salut et respect.

CARRA-SAINT-CYR.

Rapport d'un déserteur.

12 prairial an 8 (1ᵉʳ juin 1800).

François Grapin (français), déserteur du régiment de Brême (Suisse), depuis trois jours.

Cet homme faisait partie de la 25ᵉ demi-brigade légère; il a été fait prisonnier dans les environs de Gênes, il y a environ un mois, et est entré de suite dans le régiment de l'archevêque Joseph, 7ᵉ régiment Vallons, d'où il est passé dans celui de Brême.

Lorsqu'il a quitté son régiment, il était alors composé à peu près de 300 hommes, dont un tiers de Français, lesquels, suivant la déclaration du déserteur, ont presque tous déserté. Le régiment était situé à 9 milles de Voghera.

Le déclarant n'a vu sur la route, qu'il a tenue, que des détachements de cavalerie peu considérables, notamment du régiment de Bussy.

---

(1) Du 12ᵉ de hussards. Voir la suite.

(2) Le 12ᵉ de hussards fait partie de la brigade Rivaud, du corps Lannes. La demi-brigade en question appartient aussi au corps Lannes. On a vu p. 54, note 2, un ordre du jour de la division Watrin, daté de Crescentino le 31 mai. Il paraît probable que Lannes s'était porté, le 31, de Chivasso vers Crescentino.

1ᵉʳ JUIN

Murat et Boudet achèvent le passage du Tessin et se portent sur la route de Milan. On n'a pas encore de nouvelles de Moncey.

Le lieutenant général Murat, au général Moncey, lieutenant général commandant la colonne du Saint-Gothard (1).

Buffalora, le 12 prairial an 8 (1ᵉʳ juin 1800).

Je m'empresse de vous annoncer, citoyen Général, que l'avant-garde de l'armée a effectué hier le passage du Tessin, en avant de Turbigo, et qu'elle a complètement battu l'ennemi dans ce village ; ce matin elle a marché sur Buffalora où elle se réunira, étant obligée de passer toutes les troupes sur de petites barques ; néanmoins, dès que j'aurai un peu de cavalerie, je marcherai sur Milan. Comme je présume que mon mouvement, c'est-à-dire le passage du Tessin, aura forcé l'ennemi à abandonner ses positions sur Varèse, Arona et Sesto, je vous adresse avec confiance ma lettre à Varèse, persuadé que votre avant-garde a dû y arriver hier au soir ou ce matin (2).

Je vous ai déjà écrit trois ou quatre fois, il me tarde beaucoup de vous donner la main. L'ennemi est en pleine retraite sur Milan, on croit même sur Pavie ; alors il est sûr qu'il se jette derrière le Pô.

On assure que Masséna est débloqué.

Salut et fraternité.

J. Murat.

---

(1) En marge de la lettre on lit l'indication suivante : « Répondu au général Murat de Bellinzona, le 14 prairial ».

(2) Les premières fractions du corps Moncey occupent Varèse, le lendemain 2 juin ; le gros de l'avant-garde, brigade Digonnet, de la division Lapoype, est le même jour à Lugano. (V. chap. IV, p. 156, la lettre du 2 juin de Digonnet à Lapoype.)

La lettre de Murat parvient dans la journée du 2 juin à Digonnet à Lugano, et à Moncey à Bellinzona. (V. même page et note 2.)

La liaison est ainsi établie le 2 juin entre la colonne du Saint-Gothard et le gros de l'armée.

La légion italique est dans ce moment à Varallo-Piombia ; elle a dû reconnaître Arona. Nous n'avons aucune nouvelle de Bethencourt, qui naturellement doit se réunir à nous sans obstacle (1).

César Berthier, adjudant-général, chef de l'état-major (2), au général de division Dupont, chef de l'état-major général de l'armée.

Devant le Tessin, le 12 prairial an 8 (1er juin 1800) (3).

J'ai l'honneur de vous prévenir, citoyen Général, que d'après les instructions du général en chef, le lieutenant général Murat vient de donner les ordres pour que le 2e régiment de chasseurs et le 8e de dragons passent de suite le Tessin, ainsi que le 15e de chasseurs et le 9e de dragons qui se trouvaient le premier à Cameri, le second à Bellinzago. Ils seront remplacés par 150 hommes que le général Harville est chargé d'envoyer dans ces villages.

Le passage s'effectue, mais bien lentement. Le général Murat a passé la nuit sur le bord de la rivière ; il va passer le fleuve dans une demi-heure (4). Il est essentiel qu'il soit remplacé par un général pour activer le passage. Comment se fait-il qu'il n'y ait pas encore au moins un pont volant à Buffalora.

Salut et respect.

César BERTHIER.

---

(1) Il paraît presque certain que le Premier Consul a reçu, le 31 mai, à Novare, des lettres de Bethencourt, puisqu'il dirige la ligne d'opérations sur le Simplon (V. p. 67). Murat, qui a passé toute la nuit sur le bord du Tessin, n'a pas encore appris cette nouvelle.

(2)   *Alexandre Berthier, général en chef de l'armée de réserve,*
au chef de l'état-major.

Ivrée, le 9 prairial an 8 (29 mai 1800).

Je vous prie de donner l'ordre à l'adjudant général César Berthier de se rendre auprès du général Murat, pour être employé au corps de troupes commandé par ce général.

Alex. BERTHIER.

(3) L'original porte la date du 11 prairial ; le contexte indique clairement que c'est une erreur. C'est seulement le 12 qu'il peut être question de pont volant et de passage de régiments de cavalerie. Le 11, on s'est battu sur les bords de la rivière jusqu'à 10 heures du soir. Il est probable qu'ainsi que son général César Berthier a passé la nuit sans dormir, ce qui le porte à oublier que le 12 prairial a succédé au 11.

(4) La lettre est de la matinée du 12, puisque dans la journée Murat se porte à Corbetta.

Extrait du rapport des marches et opérations de la division Boudet.

Le 12, le restant de la 9e légère passa le Tessin et rejoignit à Buffalora, ainsi que ma deuxième demi-brigade qui venait de Turbigo.

Le soir, ayant eu l'ordre de me rendre au lieutenant général Murat, ma division suivit son avant-garde et vint prendre position en avant de Corbetta, sur la route de Milan.

Extrait du journal de la campagne de l'armée de réserve,
par l'adjudant-commandant Brossier.

12 *prairial.* — *Évacuation de Buffalora.* — Le 12, à 3 heures du matin et immédiatement après l'occupation de Turbigo, le général Monnier se porte sur Buffalora et y arrive au moment où l'ennemi venait de l'évacuer. Le général Murat le rejoignit le même jour, fit rétablir le pont volant et continua sa marche sur Milan. L'armée a filé avec une telle célérité, par les soins des adjudants généraux Léopold Stabenrath et Dampierre, chargés tous deux par le général en chef de diriger ce mouvement aux ports de Turbigo et de Buffalora, que dans la journée du 13 elle était tout entière de l'autre côté du Tessin (1).

. . . .

Le lieutenant général Murat manœuvrait en même temps de manière à favoriser le mouvement du général Lechi sur Varese.

Sa cavalerie s'avançait de Turbigo par Inveruno sur Sedriano, tandis qu'il marchait en personne de Buffalora sur

---

(1) « ..... On s'occupa à reconstruire le pont, et la totalité des divisions passèrent, le 12, la rivière. »

(*Rapport des opérations militaires du lieutenant général Duhesme.*)

« ..... La nuit (du 11 au 12 prairial) et la journée du 12 sont consacrées à passer les divisions Boudet, Loison et Victor..... »

(Berthier au Premier Consul. Milan, 14 prairial.) Le début du rapport est le récit du passage du Tessin, le 11 prairial (31 mai). (V. p. 62.)

Les affirmations de ces deux rapports sont en contradiction avec les ordres de Berthier du 1er juin, d'après lesquels le passage des divisions n'est pas fini le 1er au soir. (V. p. 78 et 79.)

le même point, dans l'espoir de charger l'arrière-garde de l'ennemi repoussé des bords du Tessin (1).

* *
*

Loison, Chambarlhac et la cavalerie passent le Tessin avec de grandes difficultés, pendant que Lannes arrive à Verceil.

Alex. Berthier, général en chef de l'armée de réserve, au chef de l'état-major général.

Novare, le 12 prairial an 8 (1er juin 1800).

Je vous préviens, citoyen Général, que j'ordonne au général Victor de passer demain le Tessin, pour se rendre à Pavie ; il aura avec lui le général Harville, avec toute la grosse cavalerie.

J'ai ordonné au général Lannes de partir demain pour se rendre à Pavie, en passant par Mortara (2) ; je lui ai donné l'ordre de laisser 100 hommes pour la garnison de Verceil.

J'ai ordonné que les dragons, chasseurs et hussards rejoignissent le général Murat. Ordonnez qu'il reste 100 hommes, des moins en état de marcher de la division Chambarlhac, pour être aux ordres du commandant de la place de Novare ; il fournira 25 hommes au corps de garde du passage de Buffalora.

Donnez l'ordre pour que le quartier général parte demain dans la journée, et se rende à Buffalora ; donnez tous les

---

(1) Vukassevich s'était porté par une marche de nuit de Turbigo sur Milan, où il arrivait le 1er juin de bonne heure. (V. 31 mai, p. 67.)

« ..... Là, il donna quelques heures de repos à ses troupes et renforça la garnison de la citadelle de deux autres compagnies et de 40 dragons, de sorte que le commandant de cette place, le général Nicoletti, disposait de 2,816 combattants. Ensuite Vukassevich installa son avant-garde devant Milan et plaça le reste derrière cette ville à Giuliano et Melegnano.....

« L'aménagement de ponts volants occupa le général Murat pendant toute la journée du 1er juin..... Le feld-maréchal lieutenant Vukassevich en profita pour sauver les malades, caisse de guerre et les autres biens du trésor, et les diriger sur Lodi. »

(Œstreichische militarische Zeitschrift, t. XVI, p. 250.)

(2) V. plus loin p. 82, l'ordre du Premier Consul à Lannes.

ordres en conséquence et prévenez l'ordonnateur en chef des différents mouvements.

Prenez lecture des différents ordres et faites les porter aux généraux par des officiers d'état-major général, qui suivront les mouvements des généraux et ne vous rejoindront que demain dans la nuit. Faites donner deux gendarmes d'escorte à chacun de ces officiers.

Vous sentez combien il est important que ces ordres parviennent promptement et sûrement.

Alex. BERTHIER.

Alex. Berthier, général en chef de l'armée de réserve, au chef de l'état-major.

Novare, le 12 prairial an 8 (1er juin 1800).

Envoyez sur-le-champ un adjoint au passage de Galliate pour dire à l'adjudant général Léopold (1) de faire passer le plus de cavalerie qu'il pourra pendant toute la nuit. Envoyez un autre adjoint au port de Buffalora, pour faire passer le plus promptement possible toute la division Loison pendant la nuit. Envoyez un ordre par écrit au général Duhesme pour le passage de la division Loison (2).

Alex. BERTHIER.

Le général Vignolle, au général Dupont, à Novare.

Des bords du Tessin, rive droite, vis-à-vis Buffalora,
le 12 prairial an 8 (1er juin 1800).

J'apprends, mon cher Général, qu'un de vos aides de camp a été blessé hier. J'ignore lequel des deux, mais je désire bien vivement que ce ne soit point grièvement. Faites-moi l'amitié de me tirer de peine à cet égard.

Je fais ce que je puis pour l'établissement de nos barques. Toute notre infanterie est de l'autre côté ; mais, pour la construction d'un pont, il faudra quelque officier d'artillerie ou

---

(1) Léopold Stabenrath. (V. plus haut le journal de Brossier, p. 77.)

(2) En marge : Envoyé sur-le-champ le citoyen Castagnier à Galliate et le citoyen Ballendier à Buffalora.

du génie. Je tâche de ramasser tous les matériaux nécessaires ; avec quelques louis j'eûs trouvé des ouvriers intelligents et de la meilleure volonté.

Toute la division destinée à passer le Tessin de ce côté l'aurait passé hier, si on eût fait les dispositions que j'ai prises cette nuit et que je continue ; il y a eu beaucoup trop d'insouciance de la part de ceux que cela regardait particulièrement. Il n'y a point encore d'officier du génie ; tous les généraux se plaignent de la manière dont servent ces officiers dans les divisions où il s'en trouve.

Je vous embrasse, mon cher Général, et c'est bien du meilleur de mon cœur.

VIGNOLLE.

J'écris au général en chef que je resterai à Buffalora auprès du général Murat, jusqu'à ce qu'il juge à propos de me donner des ordres.

Alex. Berthier, général en chef de l'armée de réserve, au chef de l'état-major.

Novare, le 12 prairial an 8 (1er juin 1800).

Donnez l'ordre à la 19e légère de partir sur-le-champ avec ses vivres pour passer le Tessin et rejoindre la division du général Monnier.

Alex. BERTHIER.

Écrivez au général Marescot pour qu'il envoie un ingénieur, quelques ouvriers et quelques sapeurs au général Duhesme, afin d'arranger les pontons.

Pour mettre à l'ordre du jour.

Novare, le 12 prairial an 8 (1er juin 1800).

L'armée est prévenue qu'il ne doit être fait aucune espèce de réquisition pour le service des vivres et transports de l'armée, des hôpitaux, que par l'ordonnateur en chef et par les commissaires des guerres des divisions, lorsqu'elles sont séparées, à plus d'une lieue, du quartier général. Quant aux réquisitions relatives au service de l'artillerie, du génie et marchés de l'armée, c'est le chef de l'état-major général qui doit les faire sur les demandes du commandant de l'artillerie et du génie ; il est expressément défendu à qui que

ce soit de faire des réquisitions partielles et les autorités du pays seront pré-
venues qu'elles n'auront égard qu'à celles faites ainsi qu'il est dit ci-dessus.

Il est ordonné au général chef de l'état-major, à l'ordonnateur en chef et
aux commissaires des guerres des différentes divisions, d'adresser tous les
jours au général en chef une note des réquisitions qu'ils auront été obligés de
faire soit pour les subsistances, soit pour les transports ou autres objets.

Il est ordonné aux généraux de division de tenir strictement la main à
l'exécution des présentes dispositions qui tendent à prévenir les dilapidations et
assurer la subsistance de l'armée.

Alex. BERTHIER.

Le Premier Consul, au Ministre de la guerre.

Novare, le 12 prairial an 8 (1er juin 1800).

Le général Berthier, citoyen Ministre, a fait passer hier le
Tessin (1). Vous connaissez sa rapidité et sa largeur ; une
nombreuse cavalerie en défendait le passage, et nos pontonniers ne sont pas encore arrivés. On passe toute la journée (2).

Mélas est parti le 10, à 1 heure du matin, de Turin pour
se rendre à Alexandrie (3).

Nous allons bientôt être établis à Milan, nos derrières
appuyés au Gothard et au Simplon.

Je vous salue.

BONAPARTE.

Le Premier Consul, au général Lannes (4).

Novare, le 12 prairial an 8 (1er juin 1800).

Mon courrier, qui part pour Paris, ayant des dépêches très
importantes, je vous prie de le faire escorter jusqu'à Ivrée.

Nous avons passé le Tessin vis-à-vis Galliate. Le général

---

(1) Dans une minute on lit : « Nous avons hier brusqué le passage du Tessin ».

(2) Dans une minute : « Je n'ai point encore de communications avec le général Moncey,
mais je compte qu'il est aujourd'hui à Bellinzona ».

(3) Dans une minute : « J'imagine qu'à l'heure qu'il est, Nice est évacuée. Je ne pense
pas que Mélas soit en mesure de rien faire avant plusieurs jours et alors l'armée sera
établie à Milan, assise sur le Pô et le Tessin et nos derrières appuyés au Gothard et au
Simplon ».

Dans une autre minute il y a encore une variante à cette dernière phrase : « ..... en
mesure de rien faire avant plusieurs jours, et avant ce temps-là je serai établi à Milan, sur
le Pô, et maître du Tessin et mes derrières appuyés..... ».

Il a été fait successivement trois minutes de cette lettre. (V. *Archives nationales.*)

(4) On a vu plus haut p. 54, 72 et 74, que Lannes était le 31 mai à Crescentino. Le

Monnier a eu un assez beau combat à Turbigo. Il a fait 300 prisonniers et tué beaucoup de cavalerie ennemie. Le général Murat est au delà du Tessin, avec 4,000 hommes et 2 ou 300 hommes de cavalerie. On passe toute la journée. Murat est avec l'avant-garde à mi-chemin de Milan.

Rendez-vous le plus tôt possible à Mortara et poussez vos avant-postes sur Pavie, où vous recevrez probablement ordre de vous rendre.

Faites-moi connaître l'heure à laquelle vous arriverez à Mortara (1).

Bonaparte.

1er juin, il venait à Trino, s'y arrêtait sans doute et arrivait le même jour à Verceil (Crescentino à Verceil, 35 kilomètres).

Ordre du jour de l'avant-garde.

Trino, le 12 prairial an 8 (1er juin 1800).

Toutes les fois qu'une colonne aura fait halte, il sera fait un roulement qui sera suivi d'un second roulement ; on battra ensuite aux champs, ensuite le pas de route. Il y aura deux tambours à la suite de la colonne, qui feront un roulement pour annoncer à la tête de ralentir le pas.

L'adjudant-major de décade de la 22e demi-brigade sera suspendu de ses fonctions pendant huit jours et marchera à la queue de la colonne, pour n'avoir pas fait rentrer les grand'gardes sur le Pô.

Toutes les fois qu'un corps recevra l'ordre de se mettre en marche ou de continuer la route, les chefs auront soin de faire rentrer dans les compagnies respectives les hommes détachés ou de service de grand'garde.

Tous les chevaux de main, voitures, équipages, fourgons et bagages, ne marcheront jamais qu'à la queue de la colonne ; ceux qui seront arrêtés en contravention aux dispositions ci-dessus énoncées seront au profit de celui qui s'en emparera.

La distribution d'aujourd'hui commencera par la 28e demi-brigade.

Il ne pourra être pris aucun chasseur ni hussard d'ordonnance sans un ordre du général commandant la cavalerie.

L'adjudant général,
Isard.

Alexandre Berthier, général en chef de l'armée de réserve, au chef de l'état-major.

Novare, le 12 prairial an 8 (1er juin 1800).

Le commandant de la place de Verceil a jetté l'alarme à Verceil sans savoir pourquoi. Dites-lui de prendre la poste pour retourner à Verceil et y faire préparer les vivres pour la division Lannes qui arrive ce matin et qui doit y séjourner jusqu'à nouvel ordre.

Alex. Berthier.

(1) *Correspondance de Napoléon*, n° 4861.

CHAPITRE III

OCCUPATION DE MILAN ET DE PAVIE

Le Premier Consul entre à Milan le 2 juin avec Murat et les divisions Monnier et Boudet. — Lannes occupe Pavie le 2 juin. — Combats de Melegnano (3 juin), où Duhesme franchit le Lambro, et de Lodi (4 juin) où il passe l'Adda. — Ordres à Lannes et à Murat de franchir le Pô.

---

2 JUIN

Le quartier général passe le Tessin, et entre le soir dans Milan, que Murat vient d'occuper sans combat avec les divisions Monnier et Boudet.

L'adjudant général Stabenrath, au général divisionnaire Dupont, chef de l'état-major général de l'armée, à Novare.

Novare, le 13 prairial an 8 (2 juin 1800), à 3 heures du matin.

Mon Général,

J'ai quitté le Tessin à minuit et demie, après avoir été relevé par l'adjudant général Dampierre. Alors le fond du 1er régiment de hussards, le 15e de chasseurs et un escadron et demi du 8e de dragons étaient passés de l'autre côté. La barque porte 25 chevaux et met un quart d'heure à faire un voyage ; d'après cela, je pense que la cavalerie est entièrement passée actuellement.

Vous reposiez lorsque j'ai eu l'honneur de me rendre chez vous pour vous faire verbalement ce rapport.

J'ai l'honneur de vous saluer avec attachement respectueux.

L'adjudant général,
Léopold STABENRATH.

Alex. Berthier, général en chef de l'armée de réserve, au général Dupont.

Buffalora, le 13 prairial an 8 (2 juin 1800).

Vous trouverez ci-joint un ordre pour le général Lechi et un autre pour le général Bethencourt (1).

Je vous prie, après en avoir pris lecture, de les leur faire parvenir par un officier d'état-major auquel vous donnerez six gendarmes d'escorte. Faites sentir à cet officier qu'il est chargé d'une mission importante et qu'il est essentiel qu'il vienne sur-le-champ rejoindre le quartier général, aussitôt qu'il aura remis ses dépêches au général Lechi et au général Bethencourt.

Donnez une instruction à cet officier sur la marche qu'il tiendra pour se rendre auprès du général Lechi.

Alex. BERTHIER.

Extrait du Journal de la campagne de l'armée de réserve, par l'adjudant-commandant Brossier.

13 *prairial* (2 *juin*). — *Passage du Tessin par le Premier Consul.* — Le même jour, le Premier Consul et le général Berthier avec son état-major général l'ont traversé à Buffalora.....

13 *prairial.* — *Prise de Milan.* — *Le lieutenant général Murat.* — Les 30ᵉ et 19ᵉ demi-brigades et toute la cavalerie avaient ordre de l'attaquer (l'ennemi), mais il fuyait vers Milan avec une telle précipitation qu'il fut impossible de l'atteindre. Le général Murat le suivit jusqu'aux portes de la ville sans relâche et sans donner le moindre repos à ses troupes. Là, apprenant qu'elle avait été évacuée pendant la nuit, il y fit entrer un détachement de troupes légères conduit par l'adjudant général Berthier et l'aide de camp Beaumont ; ceux-ci pénétrèrent immédiatement dans la ville et chassèrent devant eux quelques éclaireurs que les Autrichiens avaient laissés en arrière-garde.

Le général Monnier fut chargé de l'investissement de la citadelle (2). Son aide de camp Molien cerna l'extérieur avec

---

(1) Ces ordres n'ont pas été retrouvés. On a vu plus haut celui envoyé par Berthier, le 21 mai, à Bethencourt. (V. p. 68).

(2) « Le 13, les deux divisions sous les ordres du général Murat, à la tête desquelles était le Premier Consul, entrèrent à Milan. La division formant l'avant-garde cerna la citadelle de Milan et je campai la mienne en avant de la ville, sur la route de Lodi. »
(*Rapport des marches et opérations de la division Boudet.*)

« Le 13, les deux divisions (Boudet et Loison) entrèrent à Milan et se mirent à cheval sur la route de Lodi. » (*Rapport des opérations militaires du lieutenant général Duhesme.*)

la 19e légère, tandis que lui-même en complétait le blocus du côté de la ville avec la 70e demi-brigade.

13 prairial. — *Retraite de l'ennemi sur San-Giuliano et Melegnano.* — Sur-le-champ des reconnaissances de cavalerie furent envoyées pour éclairer les routes de Lodi, Pavie, Cassano, Côme et Varèse. Celle sur Cassano rapporta que l'ennemi occupait cette ville. Celle de Côme n'aperçut rien ; il en fut de même de celle sur Pavie. Celle de Varèse apprit que dix chasseurs à cheval de l'avant-garde du général Moncey y étaient entrés le 13, à 10 heures du matin. La reconnaissance sur Lodi rencontra l'ennemi et en vint aux mains avec lui. La résistance qu'il faisait détermina le général Murat à détacher le 2e régiment de chasseurs sur le point où l'affaire avait lieu ; mais lorsque celui-ci arriva, l'ennemi avait déjà pris la fuite et s'était retiré dans les trois petits camps qu'il avait établis entre San-Giuliano et Melegnano.

Les Autrichiens laissèrent à Milan beaucoup d'objets utiles à l'armée et abandonnèrent dans les hôpitaux 1800 malades. Le même jour le commandant du château, dans lequel environ 2,000 hommes avaient été jetés, signa la convention de ne point tirer pourvu qu'il ne fût fait aucun ouvrage hostile dans l'arrondissement intérieur des remparts et qu'il ne pût jamais exister aucune espèce d'attaque du côté de la ville (1).

13 prairial. — *Entrée triomphale des Français à Milan.* — L'occupation de Milan se trouvant assurée par toutes ces dispositions, le quartier général s'y transporta le même jour au milieu des témoignages de l'allégresse générale (2). Les habi-

---

(1)   Monsieur le Général,

J'accepte les conditions qui ont été observées en pareil cas par rapport à la ville, pourvu qu'il ne soit fait aucun ouvrage hostile dans l'arrondissement intérieur des remparts de la ville et qu'il ne puisse jamais exister aucune espèce d'attaque de ce côté.

J'ai l'honneur d'être, Monsieur le Général, votre très humble serviteur.

A la citadelle de Milan, le 3 juin 1800.

NICOLETTI,
Général commandant.

(2)   *Petiet, conseiller d'État détaché près le Premier Consul,*
aux officiers municipaux de Milan.

Milan, le 13 prairial an 8 (2 juin 1800).

Plusieurs officiers français se plaignent, Citoyens, du peu d'égards qu'ils éprouvent de la part des habitants chez lesquels ils sont logés. L'intention du Premier Consul n'est

tants de tout âge et de tout sexe se précipitaient au-devant de celui qui leur apportait une seconde fois la liberté et le bonheur. Enfin, l'amitié et la reconnaissance se manifestaient de toutes parts et remplissaient tous les cœurs (1).

Extrait de la Revue militaire autrichienne.

Le 2 juin, au matin, Murat partit avec son avant-garde vers Milan. L'arrière-garde du feld-maréchal lieutenant Vukassevich, qui se composait de

---

point sans doute d'autoriser des demandes indiscrètes ou exagérées, mais il ne peut pas tolérer que les officiers de son armée soient reçus des Cisalpins avec indifférence et souvent avec mépris. Je vous engage, Citoyens, à faire sentir aux habitants de Milan combien leur conduite vis-à-vis des Français pourrait devenir dangereuse pour eux, et que leur intérêt comme leur devoir est de traiter avec plus d'amitié et d'égards les officiers et autres militaires de l'armée auxquels ils donnent l'hospitalité.

Petiet.

Alexandre Berthier, général en chef de l'armée de réserve,
au général Dupont.

Milan, 15 prairial an 8 (4 juin 1800).

Vous trouverez ci-joint une lettre du général Vignolle; mettez à l'ordre que l'on ne doit exiger dans les logements que ce qui est permis par le règlement en France et qu'aucun propriétaire n'est obligé de fournir la table.

Faites connaître ces dispositions à la municipalité.

Alex. Berthier.

(1)   *Bulletin de l'armée.*

Milan, le 14 prairial an 8 (3 juin 1800).

Le général Murat est entré le 13 à Milan. Il a sur-le-champ fait cerner la citadelle. Trois heures après, le Premier Consul et tout l'état-major ont fait leur entrée au milieu d'un peuple animé du plus grand enthousiasme. Les horreurs qui ont été commises par les agents de l'Empereur, à Milan, sont sans exemple. On n'a épargné ni le sexe, ni l'âge, ni les talents. Le célèbre Fontana, mathématicien, gémissait sous le poids des chaînes. Son seul crime était d'avoir occupé une place dans la République.

Tous ceux qui avaient fait partie des municipalités, administrations départementales, corps législatif, du ministère, ont été arrêtés et renfermés dans des cachots; aussi les Autrichiens sont-ils en horreur.

Il y avait dix jours que les nobles avaient établi à Milan un casino, où eux seuls pouvaient aller. Tous les privilégiés ont paru vouloir, pendant cette année où leur règne était revenu, s'indemniser par toutes sortes de vexations et d'arrogance des trois ans d'égalité qu'ils avaient soufferts. Ceux de leur caste, qui avaient été employés dans la République cisalpine, ont été plus maltraités encore que les autres citoyens.

Caprara, d'une des plus riches et des premières maisons d'Italie, est dans les fers. Il n'a jamais été membre d'aucune administration cisalpine, mais, sénateur à Bologne lorsque les Français y entrèrent, il fut de la partie du Sénat qui appuya la cause de la liberté et de l'égalité.

Le détail de tout ce qui s'est passé cette année sera recueilli avec le plus grand soin. Il est nécessaire que le peuple français connaisse le sort que lui destinent les rois de l'Europe, si la contre-révolution s'opérait. C'est cette réflexion surtout qui doit pénétrer la nation de reconnaissance pour la bravoure des phalanges républicaines, qui assure à jamais le triomphe de l'égalité et de toutes les idées libérales.

Le général Moncey a passé le Saint-Gothard. Il doit arriver demain à Varese. (*Corresp. de Nap.*, n° 4854.)

9 escadrons sous les ordres du général Doeller, était posté devant la porte de Verceil. Ce n'est qu'à 4 heures de l'après-midi que Murat arriva. Son approche fut inquiétée par plusieurs coups de canon de la citadelle, tandis que le général Doeller, traversant la ville, arrivait au secours. Le feld-maréchal lieutenant Vukassevich posta alors son avant-garde à Melegnano et se retira avec le reste de ses troupes sur Lodi. Mais Murat occupa Milan, envoya des patrouilles vers Giuliano, Binasco et Cassano et donna l'ordre au général Monnier d'investir la citadelle de Milan.

Trois heures après, Bonaparte entrait à Milan avec son état-major (1).

* * *

Lannes porte dans la journée du 2 son infanterie à Mortara (2) pendant que lui-même atteint Pavie avec sa cavalerie (3).

Lannes, général de division, commandant l'avant-garde, au Premier Consul de la République française.

Pavie, le 13 prairial an 8 (2 juin 1800).

J'ai annoncé, citoyen Consul, au général en chef que nous étions entrés dans Pavie, aujourd'hui vers les 11 h. 1/2 de la matinée (4).

Nous faisons à tous les moments de nouvelles découvertes ; vous serez étonné que nous ayons trouvé ici 3 ou 400 bouches à feu, soit de siège, soit de campagne, et sur leurs affûts ; que nous ayons trouvé encore des bombes et des boulets en très grande quantité, 1000 barils de poudre et beaucoup de car-

---

(1) Œstreichische militärische Zeitschrift, t. XXVI, p. 251.

(2) Les étapes de Lannes depuis Chivasso sont difficiles à reconstituer avec certitude en présence de plusieurs documents contradictoires.

Si l'on s'en rapporte au registre d'ordres du chef d'état-major de la division Watrin, qui semble offrir les plus grandes chances d'authenticité, le quartier général de cette division était :

Le 29 mai (9 prairial) à Chivasso (p. 47 et 48) ;

Le 30 mai (10 prairial) à Chivasso (note 2, p. 54) ;

Le 31 mai (11 prairial) à Crescentino (note 2, p. 54) ;

Le 1er juin (12 prairial) à Trino (note 4, p. 81).

Il venait le même jour, 1er juin, à Verceil (ordre du 1er juin de Berthier à Dupont, p. 82), se portait le 2 à Mortara et le 3 à Pavie.

(3) La totalité ou une partie de la brigade Rivaud (12e de hussards et 21e de chasseurs). (V. la fin de la lettre de Lannes, p. 88.)

(4) Il y a donc un lapsus dans les Mémoires de Napoléon où il est écrit que Lannes entra le 1er juin à Pavie. (Corresp. de Nap., t. XXX, p. 377.)

touches d'infanterie ; des fusils, des magasins entiers de draps de lit et de couvertures ; des grains et des farines en abondance ; 4 ou 5,000 quintaux de chandelle.

Envoyez-moi, je vous prie, un officier supérieur du génie pour faire ramasser tous les bateaux et faire un pont sur le Pô, à l'effet d'enlever des canons, des caissons et des munitions qui sont de l'autre côté. Je ne peux trop m'écarter de la ville, n'ayant que très peu de cavalerie avec moi. L'infanterie n'arrivera que très tard (1).

> Salut et respect.
>
> LANNES.

P.-S. — L'ennemi est toujours devant Gênes, qu'il canonne et bombarde sans relâche. Il n'y a pas un moment à perdre, si vous voulez marcher sur lui. La place ne peut pas tenir longtemps d'après les renseignements que j'en ai eus (2).

Tous les canons qui sont ici sont encloués.

Si l'on pouvait voler, on prendrait Mantoue, qui n'est gardé que par deux bataillons de Belgioso, composés de cisalpins qui vraisemblablement ne demanderaient pas mieux que de livrer cette place.

---

(1) L'infanterie de Lannes est venue le 2 juin de Verceil à Mortara et ne doit quitter ce point que le 3.

Le chef d'état-major de la division Watrin au commandant de l'artillerie de la division.

> Mortara, le 13 prairial an 8 (2 juin 1800).

Je vous préviens, Citoyen, que la division ne partira pas d'aujourd'hui. Elle ne se mettra en marche que demain à 2 heures très précises du matin ; vous voudrez bien, en conséquence, ordonner que tout soit prêt à cette heure pour le départ de l'artillerie que vous commandez ; vous la ferez placer de suite sur la route près du camp de la 40ᵉ demi-brigade. Telles étaient les intentions du général Watrin.

> Pour le chef de l'état-major,
>
> FOURNIER.

Ordre du jour de la division.

> Mortara, le 13 prairial an 8 (2 juin 1800).

Plusieurs officiers de la 22ᵉ demi-brigade de ligne ont été mis aux arrêts pour avoir quitté leurs troupes au camp avant que les distributions fussent faites et sans avoir pris connaissance de leurs besoins.

Le général commandant la division ordonne qu'aucun officier ne quitte la troupe à son arrivée dans un autre camp ou cantonnement avant d'avoir pourvu, pour ce qui le concerne, à tout ce qui est susceptible d'améliorer la situation du soldat.

> Pour le chef de l'état-major,
>
> FOURNIER.

NOTA. — Le registre de correspondance de la division Watrin s'arrête au 2 juin.

(2) Ces renseignements étaient d'une grande précision. Gênes capitulait le 4 juin.

Vous trouverez ci-joint deux lettres adressées à un général autrichien ; personne n'a pu me les lire, ni, par conséquent, m'en donner connaissance (1).

Extrait du journal de la campagne de l'armée de réserve par l'adjudant-commandant Brossier.

8 *prairial.* — *Occupation de Chivasso et marche sur Pavie.* — *Lieutenant général Lannes.* — Il semble que les généraux de l'armée de réserve se soient accordés pour triompher sur tous les points et en même temps dans les journées des 12 et 13. Si les succès du général Lechi (2), si ceux du général Murat sont dignes d'admiration, ceux du général Lannes ne sont ni moins glorieux ni moins importants.

Il était entré le 8 prairial à Chivasso, le surlendemain du combat de la Chiusella (3), et il paraissait menacer Turin quoiqu'il eût un tout autre plan à exécuter. En effet, dès le même jour (4) il laisse la 6ᵉ légère et un escadron du 12ᵉ d'hussards aux ordres du général Gency, pour garder le pont sur la Dora-Baltea, à Rondisson, et, marchant par sa gauche, il se porte sur Crescentino, Trino et en face de Casale, chassant devant lui quelques partis ennemis qui faisaient, de temps à autre, quelques incursions sur la rive gauche du Pô, et le forçant partout à passer sur la rive droite. Se dirigeant ensuite sur Mortara, par la route qui se trouve entre Verceil et le Pô (5),

_____

(1) L'une de ces lettres était écrite par le prince de Hohenzollern, qui était devant Gênes. Le Premier Consul put la faire traduire. Il en fait mention dans le bulletin de l'armée du 3 juin (V. p. 101).

On verra plus loin, au 7 juin (chap. V), un cas analogue. Il paraît presque certain qu'à l'état-major de Murat on ne put pas traduire les lettres de Mélas prises à Plaisance. Ce n'est qu'au quartier général du Premier Consul qu'il se trouva quelqu'un sachant assez l'allemand pour remplir cette tâche.

(2) Lechi passe le Tessin à Sesto-Calende le 1ᵉʳ juin (12 prairial). (V. chap. IV, p. 125.)

(3) V. chap. I, p. 28.

(4) Il semble qu'il y a là une erreur. Lannes ne quitte Chivasso que dans la nuit du 30 au 31 mai. (V. p. 54, note 2.)

(5) D'après cette phrase, Lannes ne serait point passé par Verceil.

Cependant l'ordre de Berthier du 1ᵉʳ juin (V. p. 82) est très catégorique au sujet de l'arrivée de Lannes à Verceil le 1ᵉʳ juin. Le rapport de Dupont au ministre (V. p. 90) et la lettre de Watrin à Dupont du 3 juin (V. p. 96) indiquent aussi que Lannes est passé par Verceil.

Il semble qu'on doit ajouter foi à ces documents, plutôt qu'au journal de Brossier rédigé après la campagne.

il tombe inopinément sur Pavie le 12 (1), n'ayant laissé à ses troupes, pendant cinq jours de marche, que le temps nécessaire pour préparer à la hâte leurs aliments. Il y devance l'ennemi qui marchait pour l'occuper et y entre en vainqueur.

Pavie était l'un des principaux dépôts de l'armée autrichienne ; tout est tombé au pouvoir de l'armée française ; beaucoup d'objets utiles : 200 bouches à feu, dont 30 de campagne sur leurs affûts, 8,000 fusils, 600,000 cartouches, 1 million de poudre, etc., etc.

Dupont, général de division, chef de l'état-major de l'armée de réserve, au Ministre de la guerre.

Milan, le 14 prairial an 8 (3 juin 1800).

. . . . . (2) . . . .

Le général Lannes qui, par sa position à Chivasso, menaçait Turin et donnait à croire que toute l'armée prenait cette direction, a également marché par sa gauche. Il s'est porté le 12 (3), par Crescentino et Trino, sur Verceil, et il s'est rendu le 13, par Mortara, à Pavie, où il a devancé l'ennemi, qui marchait pour l'occuper.

Les Autrichiens avaient rassemblé dans cette place de grands approvisionnements en tous genres et une immense artillerie. Tout est tombé en notre pouvoir. D'après les premiers aperçus, on y a trouvé environ 200 bouches à feu, dont 30 de campagne sur leurs affûts, 600,000 cartouches, 1 million de poudre, 8,000 fusils, etc. (4) . . . . . A Milan, on nous a

---

(1) Ici le journal de Brossier est certainement en défaut. Ce n'est pas le 12 prairial, mais le 13 (2 juin) que Lannes entre à Pavie ; sa lettre au Premier Consul le prouve surabondamment. (V. p. 87.)

(2) Le début de la lettre est relatif au passage du Tessin et aux opérations de Lechi. (V. 31 mai, p. 64 et chap. IV, p. 122, note 2.)

(3) Il faut lire : le 11 et le 12. (V. la note 2, p. 87.)

(4) On lit dans le rapport du 3 juin, de Berthier au Premier Consul :

« . . . . . De son côté le général Lannes se portait sur Pavie. L'ennemi a abandonné cette ville en nous laissant 200 bouches à feu, qu'il n'a pas eu le temps d'embarquer sur le Pô, 8,000 fusils, 2,000 barils de poudre, des magasins immenses et un million de cartouches. . . . . »

Comparer aux chiffres donnés dans les autres rapports p. 87, 97, 100 et 115, et au compte rendu spécial fait par Lauriston sur l'arsenal de Pavie. (V. Annexe n° 1.)

D'après la relation autrichienne, Lannes prend à Pavie : « 191 canons, 9,000 fusils, une grande quantité de poudre et d'approvisionnements de toute sorte et l'hôpital de campagne dans lequel se trouvaient 2,000 malades et blessés ». (Œstreichische militärische Zeitschrift, t. XXVI, p. 253.)

également abandonné beaucoup d'objets utiles à l'armée, et 1800 hommes y sont restés aux hôpitaux. Je vous adresserai l'état détaillé de ces différentes prises, lorsqu'il sera dressé.

. . . . . . (1) . . . .

DUPONT.

*
* *

La ligne d'opérations continue à être menacée par quelques partisans.

Le général Carra-Saint-Cyr, au général Bonaparte, Premier Consul de la République.

Ivrée, le 13 prairial an 8 (2 juin 1800).

Citoyen Consul,

Je crois devoir vous rendre un compte exact de ce qui s'est passé ici, depuis votre départ :

Le 10, l'ennemi ne fit aucun mouvement.

Le 11, un corps assez considérable de cavalerie se porta sur la route de Chivasso à Ivrée et poussa des patrouilles jusqu'à deux lieues et demie de la ville, au delà du pont de Romano.

Le 12, il poussa ces patrouilles de cavalerie encore sur le pont de Romano et d'autres par le pont des Prêtres, sur les villages de Parella et de Samone, aussi à une lieue et demie de distance environ d'Ivrée. Je fus instruit qu'il faisait partir ses reconnaissances de Rivarolo, Saint-Georges, Aglié et environs, où il réunissait un corps de deux à trois mille hommes d'infanterie, quelques troupes de cavalerie et quatre pièces de canon. Les différents rapports, qui me parvinrent, tendant à me prouver que leur intention était de chercher à débloquer le fort de Bard, je redoublai d'activité, je renforçai mes postes et je poussai en personne, hier à midi, une forte reconnaissance au delà du pont des Prêtres, à une demi-lieue de leur avant-poste, mais ils ne se montrèrent point.

. Aujourd'hui, ils sont revenus par la même route et ont forcé deux faibles détachements de chasseurs à cheval à se replier sur les avant-postes de mon infanterie.

Si j'en croyais encore les rapports de mes espions, leur projet serait de tenter un coup de main sur Ivrée, mais j'ai peine à me le persuader. Ce qui est beaucoup plus certain, c'est qu'ils emploient tous les moyens pour soulever et armer les habitants des campagnes contre les Français. Déjà plusieurs soldats marchant isolément ont été par eux désarmés, déshabillés et plusieurs

_____

(1) Voir la fin de la lettre au 3 juin, p. 103.

assassinés. J'ai pensé qu'il fallait couper le mal dans sa racine ; la terreur était telle à Ivrée que la plupart des officiers municipaux avaient disparu ; plus j'étais faible (alors je n'avais pas encore reçu le second bataillon que m'a envoyé depuis le général Chabran) et plus je crus devoir déployer de vigueur. Je donnai deux heures à tous les habitants de la ville pour déposer toutes espèces d'armes qu'ils pouvaient avoir à leur disposition, à la maison commune ; je menaçai les contrevenants à ces ordres des punitions les plus graves, et de prendre, parmi les officiers municipaux, douze otages pour m'assurer de son exécution ; le désarmement s'est fait avec célérité et dans le plus grand calme, et cela a produit le meilleur effet. J'ai employé les fusils de munitions et les sabres de guerre à armer mes volontaires qui n'en avaient pas. La nuit dernière j'ai fait désarmer aussi le village de Paôu à trois quarts de lieue d'ici. Je me propose de continuer cette mesure pour différents villages reconnus pour être entièrement dévoués à l'ennemi mais toujours avec prudence et circonspection.

200 et quelques malades ont été évacués aujourd'hui sur Novare ; 230 autres sont établis au fort où l'approvisionnement en subsistance est à peu près terminé. Parmi les troupes que j'ai sous mon commandement, je ne puis guère compter que sur 400 hommes de la 12e de ligne, 300 hommes à choisir dans les 69e et 85e, car tout le reste sont des conscrits, et 80 hommes du 7e de chasseurs à cheval. Je ne peux donc pas me dissimuler, citoyen Consul, que le poste qui m'a été confié par le général en chef, ne soit très délicat et peut-être au-dessus de mes forces, mais puisse-t-il au moins me donner l'occasion de vous convaincre de mon sincère et entier dévouement.

Salut et respect.

CARRA-SAINT-CYR.

Rapport d'un affidé, qui m'est remis à l'instant, le 14 à 10 heures du matin.

Parti de cette ville le 13, il s'est rendu au village de Montalengo par des chemins de traverse où il a vu une patrouille de 35 dragons d'un régiment qui porte des chapeaux, venant de la route de Foglizzo ; ils se sont rendus au bourg Saint-Georges.

A la chapelle de Saint-Georges, un corps de garde avancé de 30 hommes d'infanterie, régiment de Toscane et 12 dragons.

Du côté de Saint-Just, un autre corps de garde avancé de 50 dragons.

Dans le bourg de Saint-Georges, 100 dragons avec des casques.

Dans le village d'Aglié, un piquet de 15 dragons avec le chapeau.

A Castellamonte, des patrouilles à cheval de temps à autre.

A Valperga, ayant passé sur une planche pour passer la rivière, il a vu une garde de 50 hommes d'infanterie, chasseurs de Cheitz, et 30 dragons.

A Courgne, une avant-garde de 15 dragons.

A Rivarolo, 250 dragons et 350 hommes d'infanterie de divers corps.

Au delà de la rivière, en descendant la colline et venant à Notre-Dame-d'Ozegna, une garde de 100 dragons, 200 fantassins et une pièce de canon, deux caissons et diverse artillerie.

A Notre-Dame-d'Ozegna, dans le couvent des moines, 300 hommes d'infanterie, Croates et hussards et **200** dragons; ils ont posté deux barques pour le passage de la rivière.

Par des informations prises dans le bourg de Rivarolo, il a pu savoir que l'ennemi tient un camp entre les villages de Valpiano et Leyni, sans savoir le nombre et que, dans les villages de Caselle, Saint-Maurice, Cirié, il existe des militaires, et que l'on fait aller leur nombre de **10,000** à **12,000** tout compris, avec **10** pièces de canon.

A Romano et à Strambino, les paysans sont toujours contraires aux républicains.

(Pas de signature.)

3 JUIN

Duhesme, dirigé sur Lodi avec les divisions Boudet et Loison, force le passage du Lambro à Melegnano.

Le Général en chef au général Dupont.

Milan, le 14 prairial an 8 (3 juin 1800).

Je viens de donner l'ordre au général Duhesme de partir sur-le-champ pour se rendre à Lodi avec son corps de troupes et une brigade de cavalerie. La 30e demi-brigade restera pour la garnison de Milan. Prévenez l'ordonnateur de ces dispositions.

Alex. BERTHIER.

Envoyez sur-le-champ à l'archidiacre deux passeports, l'un pour Gasparet Schiaffinali, prêtre, et l'autre pour Michaële Rosa, prêtre, qui vont du côté de Brescia porter des lettres à l'archevêque.   B.

Extrait du rapport des opérations militaires
du lieutenant général Duhesme.

Le 14, elles (les divisions Boudet et Loison) quittèrent leurs positions et marchèrent sur Melegnano, où elles rencontrèrent l'ennemi qui défendit assez longtemps le village, mais bientôt forcé, se retira derrière le Lambro et défendit le passage du pont avec deux pièces de canon. La défense de l'ennemi a été des plus opiniâtres, l'attaque de nos troupes des plus audacieuses. La 9e légère, accoutumée dès longtemps à connaître peu d'obstacle, battant la charge, les officiers généraux à la tête, força le pont.

L'ennemi, craignant pour son artillerie, fit charger sa cavalerie qui deux fois échoua vis-à-vis notre infanterie.

L'ennemi, non content de sa défaite, gagne la crête de la colline et défend encore cette position.

Le combat s'engage de nouveau avec acharnement surtout avec la légion de Bussy, qui déjà s'était mesurée avec le 11ᵉ d'hussards. Après deux heures de combat, nous restâmes maîtres du champ de bataille. La nuit s'approchant, le général y prit position.

Nous avons dans cette affaire, dont on n'a point parlé (1), tué beaucoup de monde à l'ennemi ; sa cavalerie surtout a beaucoup souffert ; nous avons fait 150 prisonniers, parmi lesquels 4 à 5 officiers de la légion de Bussy, mais tous blessés sérieusement. Nous avons à regretter quelques braves. La division Boudet a mérité les plus grands éloges.

Extrait du rapport des marches et opérations de la division Boudet.

Le 14, la division du général Loison et la mienne, réunies sous les ordres du lieutenant général Duhesme, eurent ordre de se mettre en marche sur la route de Lodi. La 9ᵉ légère forma l'avant-garde. Je me portai à la tête de son premier bataillon pour reconnaître la position de l'ennemi et je trouvai ses avants-postes en avant de Marignano (*sic*). Là, ils engagèrent une action qui devint assez chaude par l'opiniâtreté avec laquelle ils défendirent le pont construit sur la rivière Lambro, qui coupe le village.

L'ennemi fut débusqué et poursuivi jusqu'à Tavazano, où j'eus l'ordre du lieutenant général Duhesme de m'arrêter.

Les forces de l'ennemi dans cette affaire étaient de 1200 hommes d'infanterie et de 800 de cavalerie. Sa perte fut de 20 hommes tant tués que blessés, et celle du premier bataillon de la 9ᵉ légère de 11.

---

(1) Le combat du 3 juin semblerait en effet peu important, si l'on s'en rapportait aux deux citations suivantes :

« ..... Le 14 (3 juin), le corps commandé par le général Duhesme s'est porté sur Lodi, occupé par des postes ennemis qui se sont retirés à son approche..... » (*Rapport du 9 juin de Berthier au Premier Consul.*)

« Le 3 juin, dans l'après-midi, l'arrière-garde du feld-maréchal lieutenant Vukassevich fut attaquée et refoulée à Melegnano par les divisions Boudet et Loison. Il recueillit cette arrière-garde à Lodi, fit rompre le pont sur l'Adda, et se retira dans la nuit vers Crema. » (*Œstreichische militärische Zeitschrift*, t. XXVI, p. 251.)

**L'adjudant général Dalton, au Général de division,
chef de l'état-major de l'armée, à Milan.**

Tavazano, le 14 prairial an 8 (3 juin 1800).

Je vous prie, citoyen Général, de donner des ordres pour qu'il soit fourni de suite 50,000 cartouches à la division (1).

Le passage de la Sesia nous en a fait perdre une grande quantité. L'affaire d'aujourd'hui a consommé une grande partie de celles de la 9ᵉ et la quantité que je vous demande ne complétera guère la division qu'à 40 par homme.

Je vous envoie trois hussards pour les escorter.

Salut et respect.

W. DALTON.

P.-S. — A Ivrée nous avons donné 10,000 cartouches au général Watrin.

⁎⁎⁎

L'infanterie de Lannes rejoint sa cavalerie à Pavie.

**F. Watrin, général de division, au général Dupont,
chef de l'état-major général.**

Pavie, le 14 prairial an 8 (3 juin 1800).

D'après les ordres du général Lannes, la division que je commande, mon cher Général, vient d'entrer dans Pavie, où elle s'est emparée de plus de 200 bouches à feu en bronze, d'une quantité immense de poudre, fusils et munitions de bouche et de guerre de toute espèce. Le général Lannes, fait dresser l'état détaillé et vous le fera sûrement passer.

L'on doit cette prise importante aux marches forcées de la troupe, qui, après avoir longé et balayé le Pô, à Chivasso, Crescentino, Trino, et près de Casale, s'est rendue à grandes journées à Verceil et Mortara, et ne s'est arrêtée ni jour ni

---

(1) On lit en marge : Donné l'ordre en conséquence le 14 prairial.

nuit depuis cinq jours, que le temps nécessaire pour faire la soupe (1).

La 6e légère et un escadron du 12e d'hussards, aux ordres du général Gency, qui était resté pour garder le pont de la Dora-Baltea à Rondisson, nous rejoindront demain matin.

Depuis quatre jours l'ennemi fait filer ses gros bagages par Plaisance et du côté de Mantoue. Il continue toujours à bombarder Gênes.

Le chef d'état-major de la division vous a fait passer l'état de situation et des mouvements journaliers des troupes qui la composent. Vous avez dû être surpris de ne point voir porter sur le tableau la 28e de bataille, que vous m'aviez annoncé devoir faire partie de ma division, mais le général, n'ayant absolument que ma division sous ses ordres, a jugé à propos d'en faire un corps séparé, aux ordres du général Mainoni.

Salut et amitié.

F. WATRIN.

Rapport au Premier Consul sur l'état de l'arsenal de Pavie.

Milan, le 16 prairial an 8 (5 juin 1800).

Les Autrichiens ont abandonné dans le château de Pavie, ainsi que dans divers magasins aux environs de la ville, des objets très considérables et très importants, principalement *deux cents bouches à feu*, de différents calibres, des voitures et munitions d'artillerie.

Suivant l'état général ci-annexé, l'on peut former deux parties d'équipage, l'une pour siège et l'autre pour campagne.

L'équipage de siège pourra être composé de trente et une bouches à feu, dont dix mortiers; l'état est ci-joint. L'équipage de campagne sera composé de trente bouches à feu; l'état est aussi ci-joint (2).

A l'égard de l'équipage de siège, j'observe qu'il faudrait faire faire sur-le-champ deux crapauds pour mortiers de 12 pouces, ayant soin d'y mettre des liens de fer très forts, plus cinq petits crapauds pour mortiers de 6 pouces.

---

(1) Le corps Lannes semble être venu en 4 jours de Chivasso à Pavie. (V. note 2, p. 87.)

La longueur des étapes est approximativement la suivante, d'après la carte de Borgonio :

Chivasso à Crescentino par Rondisson : 23 kilomètres.
Crescentino à Verceil : 35 kilomètres.
Verceil à Mortara : 26 kilomètres.
Mortara à Pavie : 35 kilomètres.

La cavalerie de Lannes est venue le 2 juin, en une seule étape, de Verceil à Pavie. (V. p. 82 et 87.)

(2) Voir ces états à l'annexe n° 1.

Le général Marmont peut faire couler beaucoup de boulets pour le 8 piémontais qui, suivant moi, est un très bon calibre ; on approvisionnerait ces
pièces à raison de 1200 boulets par pièces. Il serait nécessaire aussi de faire
couler des bombes pour les mortiers de 6 pouces, pour compléter le nombre
de 1000 bombes par mortier.

Quant à l'équipage de campagne, j'observe qu'il faudrait faire monter, s'il
est possible, 5 des pièces de 16 courtes sur les affûts de siège supplémen-
taires. En faisant couler le nombre de boulets suffisants pour les différents
calibres, il existe assez de poudre en magasin pour confectionner les munitions nécessaires.

Il faudrait se pourvoir tout de suite de charrettes que l'on ferait couvrir ;
elles suppléeraient aux caissons, toutes les munitions des Autrichiens étant
dans de bonnes caisses et y en ayant beaucoup de vides. L'on peut monter sur-
le-champ, dans le château, un atelier considérable de cartouches d'infanterie.

Le château de Pavie renferme d'ailleurs toutes les localités nécessaires à
l'établissement d'ateliers de constructions en tous genres.

D'après le rapport des Français échappés des prisons de l'Autriche et de
ceux qui ont déserté, il est sûr qu'à Cremone il existe des magasins en tous
genres, si considérables qu'il sera impossible aux Autrichiens de les enlever
en peu de temps.

Alex. LAURISTON,
Aide de camp du Premier Consul.

<center> * *</center>*

Le quartier général, avec la cavalerie et les divisions
d'infanterie Monnier et Chambarlhac, est à Milan, dont
le château est bloqué. On presse le mouvement des
colonnes Bethencourt et Moncey qui sont encore à plusieurs étapes de Milan.

Les renseignements reçus montrent que Mélas a été
complètement surpris par la marche de l'armée de
réserve.

**Alex. Berthier, général en chef de l'armée de réserve,
au général Bethencourt.**

Milan, le 14 prairial an 8 (3 juin 1800).

Vous voudrez bien, citoyen Général, aussitôt après la réception du présent ordre, vous rendre le plus promptement pos-

sible à Milan, avec toutes les troupes et l'artillerie qui sont à vos ordres. Rien ne peut différer l'exécution de cet ordre (1).

Alex. BERTHIER.

Alex. Berthier, général en chef de l'armée de réserve, au général Dupont.

Milan, le 14 prairial an 8 (3 juin 1800).

Vous voudrez bien, citoyen Général, donner des ordres pour faire venir ici l'adjudant général Hulin pour commander la place de Milan sous les ordres du général Vignolle et le faire remplacer à l'avant-garde par un autre adjudant général.

Je vous salue.

Alex. BERTHIER.

Extrait de la Revue militaire autrichienne.

Pour ménager la ville et les habitants, il (le Premier Consul) envoya le lendemain (3 juin) l'adjudant général Didier, son aide de camp, au général Nicoletti pour lui proposer de suspendre toutes sortes d'hostilités du côté de la ville. Le général Nicoletti accepta cette proposition à la condition, cependant, que si les Français exécutaient le moindre travail ou entreprenaient le moindre mouvement de ce côté contre la citadelle, il pointerait impitoyablement ses batteries sur la ville (2).

Ordre du jour du 14 prairial.

Milan, le 14 prairial an 8 (3 juin 1800).

Tous les corps enverront sur-le-champ, au parc d'artillerie, établi au Lazaret à Milan, toutes les balles provenant des cartouches avariées.

Il est défendu à tout officier d'état-major de se servir de chevaux de troupes.

Il est ordonné à tout officier attaché soit à l'état-major général, soit aux états-majors des divisions, de porter les marques distinctives de leur grade et d'observer constamment la meilleure tenue militaire.

Pour le général de division chef de l'état-major général.

L'adjudant général,
Léopold STABENRATH.

---

(1) Bethencourt, immobilisé au siège du fort d'Arona, ne rejoignit pas l'armée. (Voir chap. IV, p. 141 et suivantes.)

(2) *Œstreischische militarische Zeitschrift*, t. XXVI, p. 251.

Le Premier Consul, aux Consuls de la République.

Milan, le 14 prairial an 8 (3 juin 1800).

Je vous envoie, citoyens Consuls, le bulletin de l'armée. Depuis huit jours, nous avons tous les soirs un orage d'une demi-heure, ce qui fatigue un peu les troupes.

Je vous salue affectueusement.

BONAPARTE.

Le Premier Consul, aux Consuls de la République.

Milan, le 14 prairial an 8 (3 juin 1800).

Vous trouverez ci-joint, citoyens Consuls, le bulletin de l'armée. Je vous envoie également copie d'une lettre du général Suchet. L'ennemi avait encore, le 7 et le 8, une partie de ses forces à Nice (1).

Je reçois votre courrier du 8. Vous pouvez annoncer publiquement que je serai de retour à Paris le 25 prairial (2).

BONAPARTE.

Bulletin de l'armée.

Milan, le 14 prairial an 8 (3 juin 1800), au soir

La division du général Lannes avait fait l'avant-garde depuis le Saint-Bernard jusqu'à Ivrée, et s'était avancée jusqu'à Chivasso, pour faire croire à l'ennemi que notre dessein était d'opérer la jonction avec le général Turreau, qui était entré à Rivoli et Suse. Pendant ce temps-là, l'armée filait par un côté opposé, et passait la Sesia et le Tessin.

Lorsque l'on fut suffisamment avancé, le général Lannes repassa la Dora-Baltea, passa à Crescentino, Trino, Verceil, d'où il reçut ordre de se porter sur Pavie, où il est entré ce matin. Il y a trouvé des magasins très considérables en vivres, 100 milliers de poudre, 1000 malades ou blessés autrichiens, 500 pièces de canon de bronze avec affûts, magasins à poudre, boulets, etc. On en attend demain l'inventaire de Pavie.

Le général Lechi, avec la légion cisalpine, s'est porté à Cassano (3).

---

(1) Voir la lettre de Suchet à la note 3, page suivante.

(2) *Correspondance de Napoléon*, n° 4863.

(3) Il semble qu'il s'agit ici de Cassano-Magnago, sur l'Arno, à 3 kilomètres nord-est de Gallarate. Lechi, qui avait passé le Tessin à Sesto, le 1er juin, se porte de là sur Varese. (V. chap. IV, p. 126.)

Le général Duhesme, avec le corps sous ses ordres, marche sur Lodi.

Le mouvement a été si brusque sur Milan, que le peuple de cette ville n'a su, que vingt-quatre heures avant leur entrée à Milan, que les Français étaient en Italie.

Quant au Premier Consul, on répand dans le peuple que ce n'est pas lui, mais un de ses frères, ce qui l'oblige de se montrer beaucoup au peuple.

Deux pièces de 12, que le général Chabran avait fait placer dans une église, ont fait brèche à l'enceinte du fort de Bard ; ce qui l'a forcé à capituler (1). On y a trouvé 18 pièces de canon. La garnison, forte de 400 hommes, est prisonnière de guerre et se rend en France.

Les deux lettres ci-jointes, une du lieutenant général Suchet et l'autre, interceptée à Pavie, de M. le prince de Hohenzollern, commandant le blocus de Gênes (2), font connaître parfaitement la position où se trouvent, à l'heure qu'il est, les deux armées en Italie.

Après la lecture de ces deux lettres (3), on se dit : Comment

---

(1) Les documents relatifs au siège et à la capitulation de Bard ont été publiés dans le t. Ier, p. 532 à 544. La capitulation était signée le 1er juin à 9 heures du soir.

Quelques jours après, Marescot demandait des ordres au sujet du fort :

Le général Marescot au général en chef Berthier.

Le 22 prairial an 8 (11 juin 1800).

Citoyen Général,

Je vous prie de vouloir bien me faire connaître vos intentions au sujet du fort de Bard. Faut-il le raser ou faut-il rétablir la brèche et les dégradations qui y ont été faites par notre artillerie ?

Dans l'un et l'autre cas il est indispensable que vous fassiez mettre 3 ou 4,000 francs à la disposition du citoyen Deschampsneufs, chef de bataillon du génie, chargé de ce fort et de celui d'Ivrée.

. . . .

MARESCOT.

(Livre d'ordres du général Marescot. — *Archives du génie.*)

(2) La lettre du prince de Hohenzollern n'a pas été retrouvée. C'est celle que Lannes a prise à Pavie le 2 juin et n'a pu faire traduire. (V. p 89.) Cette lettre est écrite le 2 juin devant Gênes. (Voir les lettres du Premier Consul, p. 115 et 116.)

(3) La lettre du général Suchet semble être une lettre écrite à Saint-Laurent-du-Var, le 7 prairial (27 mai) :

. . . .

« . . . . . Hier j'étais informé que quatre régiments, venant de Gênes, devaient arriver dans la nuit pour relever les onze bataillons de grenadiers qui avaient ordre de se rendre à

était-il possible que M. Mélas ne sût pas, le 5 prairial, les mouvements considérables qui se faisaient en Piémont, lorsque à cette époque il y avait dix jours que l'armée de réserve était entrée à Aoste? Mais ce qui paraît être le plus surprenant, c'est que M. le prince de Hohenzollern, commandant le blocus de Gênes, ignorait la force de l'armée de réserve, qu'il appelle un parti. Au moment où il écrivait, ce prétendu parti avait envahi le Piémont, la Lombardie, et pris tous les magasins de Pavie. M. Mélas a toujours soutenu que l'armée de réserve avait été appelée à Paris pour contenir le peuple (1).

Alex. Berthier, général en chef de l'armée de réserve, au Premier Consul.

Milan, le 14 prairial an 8 (3 juin 1800).

. . . . . . (2) . . . .

Le général Moncey et son corps sont arrivés hier au soir à Varese, où l'on a trouvé des magasins. Le général Bethencourt a passé le lac Majeur, il est à Angera. L'un et l'autre ont l'ordre de se rendre à Milan (3).

Turin ; ce mouvement me paraît aujourd'hui incertain et il se peut, comme on me le rapporte, que les régiments aient reçu dans la Rivière ordre de se rendre sur-le-champ en Piémont. Dans ce cas, les grenadiers pourraient bien me rester et tenter de nouvelles attaques.....

« ..... D'après ce récit (*attaque de la tête de pont du Var par les Autrichiens les 26 et 27 mai*), mon Général, d'après le soin que j'ai de reconnaître, par les nombreux déserteurs qui m'arrivent, les corps que j'ai devant moi, je suis fondé à vous assurer qu'il ne s'est encore opéré aucune diversion dans cette partie ; je m'en réjouis pour l'armée de réserve et pour la réussite de vos projets..... »

(1) Ce bulletin est publié dans le *Moniteur* du 20 prairial (9 juin) moins les deux derniers paragraphes. Il figure à la *Correspondance de Napoléon* sous le n° 4865.

(2) Les premières pages de ce rapport ont été citées à des dates différentes. Voir au 31 mai et au 1er juin, p. 62 et 77, note 1, pour le passage du Tessin, et au 2 juin p. 90, note 4, pour la prise de Pavie.

(3) Avant d'envoyer ce rapport à Paris, le Premier Consul, ayant reçu de nouvelles indications sur les mouvements de Bethencourt et de Moncey (V. au chap. IV, p. 141 et 153, les opérations de ces deux généraux), remplace cette phrase par la suivante :

« Le général Moncey est arrivé à Bellinzona. — La 44e, qui a passé le Simplon, est arrivée à Arona. »

La correction est de la main de Bourrienne.

La légion italienne (1) bloque la citadelle d'Arona; elle a l'ordre de se porter sur Brescia par les montagnes.

Je joins ici la capitulation du fort de Bard (2).

Alex. BERTHIER (3).

Dupont, général de division, chef de l'état-major général de l'armée de réserve, au Ministre de la guerre.

Milan, le 14 prairial an 8 (3 juin 1800).

. . . .
. . . . (4) . . .

L'ennemi qui nous a disputé la Sesia et le Tessin, se retire derrière l'Adda, vers Lecco et Lodi. Les principales forces de Mélas sont encore sur la rive droite du Pô.

Vous serez sans doute étonné, citoyen Ministre, d'apprendre que ce général est encore dans le Piémont et continue à agir dans la Rivière de Gênes, lorsque nous nous emparons de la Lombardie, mais le véritable but et la force de l'armée lui ont été dérobés avec tant de succès, et elle a marché avec tant de rapidité qu'il a dû être partout surpris et battu.

Le général en chef vient d'apprendre que le corps du général Moncey, qui a traversé le mont Gothard, est arrivé hier à Varese. Celui du général Bethencourt, qui a passé par le Simplon, est à Palanza. La réunion de toutes les forces de l'armée ne peut plus rencontrer d'obstacles, et le plan, non moins audacieux que savant, du Premier Consul, se trouve exécuté dans toutes ses parties (5).

DUPONT.

----

(1) Le Premier Consul fait mettre : la légion cisalpine.

(2) Dans la lettre insérée au *Moniteur*, on trouve la phrase suivante, qui ne figure pas sur l'original : « *Le chef. de bataillon Kyriener s'est particulièrement distingué à ce siège* ».

(3) Le rapport de Berthier, avec les modifications faites par le Premier Consul, est publié au *Moniteur* du 21 prairial (10 juin).

(4) Ce rapport a été cité partiellement. Voir notamment le passage du Tessin le 31 mai, p. 64, et l'entrée de Lannes à Pavie le 2 juin, p. 90.

(5) Ce rapport est publié dans le *Moniteur* du 22 prairial (11 juin).

4 JUIN

Duhèsme, avec la division Boudet, force le passage de l'Adda à Lodi.

Il reçoit l'ordre de marcher sur Orzinovi avec la division Loison, tandis que Boudet est mis sous les ordres de Murat. Celui-ci doit franchir le Pô à Plaisance, pendant que Lannes le passera en face de Castel-San-Giovanni.

L'armée manque d'artillerie, n'ayant que le peu de pièces qui ont pu passer sous le feu du fort de Bard.

L'adjudant général Paulet, au Général de division, chef de l'état-major général, à Milan.

> Lodi, le 15 prairial an 8 (4 juin 1800), à 9 heures du soir.

Citoyen Général,

Les divisions Boudet et Loison quittèrent ce matin, à 6 heures, les positions qu'elles occupaient au delà de Marignano, pour se diriger sur Lodi. A 9 heures la division Boudet entra dans la ville.

Les dispositions furent prises pour forcer le passage du pont, que nous trouvâmes coupé ; après une légère fusillade, l'ennemi qui n'avait laissé qu'un fort poste d'observation, commença sa retraite. On répara le pont et la 9e légère, avec les hussards du 11e régiment, essayèrent de suivre l'ennemi, qui se laissa faire quelques prisonniers. Nos reconnaissances ont été jusque près de Crema, que l'ennemi évacue, suivant les rapports de quelques déserteurs.

Le pont entièrement réparé, la division Boudet prit position ainsi qu'il suit :

Un bataillon de la 9e légère, à un demi-mille en avant du

pont, avec les hussards du 11e régiment ; les deux autres bataillons de cette demi-brigade sont à la tête du pont ;

. La 59e demi-brigade forme la réserve et se trouve bivaquée de ce côté-ci de la rivière (1) ;

La division Loison a son avant-garde à San-Martino, sur la route de Pizzighettone, derrière la Muzza. Le corps de bataille est bivaqué à Sesto (2) ;

Le 2e régiment de chasseurs est bivaqué en arrière de la ville.

---

(1) « Le 15, ma division marcha sur Lodi ; l'ennemi l'avait évacué et repassé l'Adda.

« Je me présentai, avec quelques détachements d'infanterie, en face du pont dont une arche était coupée. Il s'y engagea un léger feu de mousqueterie, sous la protection duquel on travailla au rétablissement du pont et l'ennemi, n'attendant pas qu'il fût achevé, abandonna l'autre rive.

« L'escadron du 11e de hussards fut chargé de sa poursuite et ramena une quinzaine de prisonniers. Je pris ensuite position avec une partie de ma division en avant de la tête du pont de Lodi et l'autre partie resta sur cette rive. »

(Rapport des marches et opérations de la division Boudet.)

(2) « Le 15, les divisions marchèrent sur Lodi. La division Boudet devait passer la rivière et celle de Loison, placée sur la droite en arrière de la ville, devait éclairer et garder les routes de Plaisance et Pizzighettone.

« L'ennemi avait coupé le pont et défendit le passage jusqu'à l'arrivée de notre artillerie. L'adjudant général Paulet l'ayant fait réparer, le général Duhesme fit passer trois compagnies de grenadiers, sous le commandement de son aide de camp Boyer, qui poursuivit l'ennemi sur la route de Crema, et lui fit quelques prisonniers. »

(Rapport des opérations militaires du lieutenant général Duhesme.)

« 15 *prairial.* — *Prise de Lodi.* — *Divisions Boudet et Loison.* — Le 11, les divisions Boudet et Loison, commandées par le général Duhesme, campent à Melegnano et le 15, à 6 heures du matin, elles en partent pour s'avancer sur Lodi. La division Boudet pénètre dans la ville et se dispose à forcer le passage du pont sur l'Adda ; il était coupé et l'ennemi occupait la rive opposée. Une nouvelle fusillade s'engage après laquelle celui-ci commence sa retraite. On s'occupe aussitôt de la réparation du pont, et la 9e légère, secondée du 11e d'hussards, poursuit l'ennemi, lui fait quelques prisonniers, et porte ses reconnaissances jusque sur Crema.

« Lodi renfermait des magasins considérables de fourrages, de farine, de sel et de salpêtre.

« Après cette affaire, la division Boudet plaça un bataillon de la 9e légère avec les hussards du 11e à un demi-mille en avant du pont, et la 59e demi-brigade bivouaqua à la droite de la rivière. Son avant-garde (lire : l'avant-garde de la division Loison) à Martino, sur la route de Pizzighettone en arrière de la Muzza ; son corps de bataille à Sesto et le 2e régiment de chasseurs en arrière de la ville..... »

(Journal de la campagne de l'armée de réserve, par l'adjudant-commandant Brossier.)

« Le 4, au matin, les divisions Boudet et Loison parurent devant Lodi. Elles avaient chassé l'arrière-garde du feld-maréchal lieutenant Vukassevich de la rive du fleuve et commencèrent la construction d'un pont. Vukassevich avait de très bonne heure battu en retraite vers Soresina. Comme les Français s'avançaient aussi vers Crema, il repartit dans l'après-midi pour Cremone. Ainsi qu'il l'avait fait dans toutes ses marches en retraite, il s'efforça, dès son arrivée qui eut lieu tard dans la nuit, de sauver derrière l'Oglio les importants approvisionnements d'équipement, les malades transportables et les magasins de vivres. Il posta son avant-garde à Casalbuttano et assura ses communications avec la forteresse de Pizzighettone. »

(OEstreichische militärische Zeitschrift, t. XXVI, p. 254.)

J'ai l'honneur de vous faire passer la note des magasins de cette place qui consistent en :

Un magasin de fourrage contenant. . .   15,000 rations.
Un magasin de farine assez considérable
   que nous n'avons pas eu le temps de
   bien faire examiner.
Un magasin de tabac estimé . . . . . .   14,000 (1).
Un de sel blanc estimé . . . .   5,600 —
Un de sel noir estimé . . . .   10,372 —
Un de salpêtre de. . . . .   2,990 —

Il se trouve dans les caisses publiques, savoir :

A la caisse générale. . . 167 (2) argent.   118 (2) papier.
A la municipalité 140   658

Le général Loudon, qui a passé hier dans cette ville, a emporté des caisses ce qui suit : 3,000, papier et 600, argent.

Voilà, mon Général, l'état exact des magasins (3).

Salut et respect.

PAULET.

Le Premier Consul au général Berthier (4).

Milan, le 15 prairial an 8 (4 juin 1800).

Donnez l'ordre, citoyen Général, au général Duhesme que, si l'ennemi n'a point armé Crema comme place de guerre, il

---

(1) « Rations » probablement.

(2) « Francs » probablement.

(3)   *Dupont, général de division, chef de l'état-major de l'armée*
       de réserve, au Ministre de la Guerre.

Milan, le 16 prairial an 8 (5 juin 1800).

Citoyen Ministre,

La ville de Lodi a été occupée hier par les troupes de la République ; nous sommes maîtres du passage important de l'Adda.

Le 14, les divisions Boudet et Loison, commandées par le général Duhesme, ont pris position près de Marignano, et, le lendemain, elles ont marché sur Lodi.

Le pont ayant été coupé par l'ennemi, il s'est engagé, de l'une à l'autre rive de l'Adda, un feu de mousqueterie qu'il n'a pas soutenu, et il a opéré sa retraite. Le pont a été réparé avec assez de célérité pour que la 9e légère et un escadron du 11e d'hussards aient pu atteindre son arrière-garde et lui faire des prisonniers.

Des reconnaissances ont été poussées jusqu'à Crema. On a trouvé à Lodi des magasins assez considérables de fourrages, de farines, de sel et de salpêtre.

Je vous salue, citoyen Ministre.

DUPONT.

(4) *Correspondance de Napoléon*, n° 4879.

aille jusqu'à Orzinovi pour tâcher de s'emparer de cette place, ce qui est possible dans le désordre où se trouve l'ennemi.

Si l'ennemi avait armé Orzinovi comme place de guerre, qu'il y eût mis bonne garnison et qu'il eût eu le temps de l'approvisionner, alors, qu'il arme le château de Soncino ou de Crema (celui des deux qui sera le plus en état), qu'il y mette 100 hommes de garnison avec un bon chef de bataillon et quatre pièces de la division Loison (1), et le fasse approvisionner.

Faites sentir au général Duhesme combien il serait intéressant d'avoir Orzinovi.

Donnez l'ordre au général Lapoype de faire filer le plus promptement possible toutes les troupes d'infanterie et de cavalerie venant du Saint-Gothard sur Milan.

Donnez l'ordre qu'on remplace l'escouade de canonniers de la garde qui sert deux pièces de 4 devant la citadelle. Ces pièces resteront sans attelage ; les attelages se rendront à Pavie pour prendre des pièces de 8 ou des obusiers. Par ces dispositions, le général Murat n'emmènera avec lui que l'obusier qu'a actuellement la garde ; il sera joint de Pavie à Casale (2) par les deux pièces que vont prendre les chevaux et les canonniers qui servent les deux pièces de 4 devant la citadelle (3).

BONAPARTE.

---

(1) Ces quatre pièces sont celles dont il est fait mention à la fin de la lettre du 30 mai de Berthier à Dupont et qui ont dû rejoindre la division Loison le 31 mai ou le 1er juin sur les bords du Tessin. Ce sont des pièces autrichiennes prises à Ivrée. (V. p. 53.)

La division Loison n'a pas encore reçu ses pièces françaises.

(2) Casalpusterlengo.

(3) Cette disette d'artillerie et l'utilisation des pièces prises à Pavie prouvent à quel point l'armée manquait de canons.

On a vu que Berthier disposait à Ivrée, le 26 mai, de six pièces passées sous le fort de Bard dans les nuits du 24 au 25 mai et du 25 au 26. (V. p. 20.)

Il est probable que le passage échoua les nuits suivantes ; il n'a été trouvé aucune trace des tentatives faites.

Il semble que l'armée n'avait encore, en arrivant à Milan, que ces six pièces réparties sans doute ainsi : deux de 4 et un obusier avec Murat, une pièce de 8 avec Boudet et un obusier et une pièce de 8 avec Lannes.

On verra une lettre du 8 juin où le Premier Consul demande des nouvelles de « l'artillerie du Grand-Saint-Bernard ».

Alex. Berthier, général en chef de l'armée de réserve, au chef de l'état-major.

Milan, le 15 prairial an 8 (4 juin 1800) (1).

Donnez l'ordre qu'on fasse passer sur-le-champ des cartouches à la 9e demi-brigade, qui est à Lodi, et qui doit en partir sur-le-champ ; 40,000 cartouches si cela est possible. Cette demi-brigade part demain matin avec le général Murat ; s'il n'y avait pas assez de cartouches ici il faudrait en prendre à Pavie.

Donnez l'ordre au commandant d'artillerie pour qu'on remplace l'escouade des canonniers de la garde des Consuls, qui sert deux pièces de 4 devant la citadelle.

. . . . . (2) . . . .

Vous sentez combien il est pressant que vous donniez ces ordres à l'officier d'artillerie qui commande ici en l'absence du général Marmont et que vous écriviez à l'officier qui commande l'artillerie à Pavie.

Envoyez une centaine d'exemplaires des proclamations ci-jointes, que vous ferez prendre à la municipalité, aux généraux pour qu'ils les fassent publier et afficher dans les lieux où ils se trouvent.

Mettez à l'ordre du jour de demain qu'il est expressément ordonné de faire armer de fusils tous les sous-officiers, que les corps qui manqueront d'armes fassent sur-le-champ leur demande pour en prendre à Pavie, de ceux qui ont été pris à l'ennemi. Donnez tous les ordres en conséquence.

Comme la route de la communication de l'armée a été ordonnée par le Simplon, il est utile que vous envoyiez un adjudant général pour s'assurer que les subsistances et les chevaux pour les courriers soient assurés depuis Varese jusqu'à Brieg, et qu'il y ait des barques toujours prêtes pour le passage du lac (3).

Alex. BERTHIER.

---

(1) Cette lettre, dont l'original est aux *Archives de la guerre*, n'est pas datée. Il a été facile de fixer le jour où elle a été écrite, par les prescriptions qu'elle renferme au sujet de la position de la 9e légère à Lodi et des pièces à prendre à Pavie.

(2) Reproduction littérale de l'ordre ci-dessus du Premier Consul.

(3) Du lac Majeur entre Laveno et Palanza.

Alex. Berthier, général en chef de l'armée de réserve, au chef de l'état-major général.

Milan, le 15 prairial an 8 (4 juin 1800).

Vous trouverez ci-joint copie des ordres que je viens de donner aux généraux Murat, Duhesme et Harville. Donnez tous les ordres de détail pour leur exécution, officiers du génie, pontonniers, sapeurs, etc. Prévenez l'ordonnateur en chef.

Alex. BERTHIER.

P.-S. — Envoyez sur-le-champ un officier d'état-major en poste pour porter l'ordre ci-joint au général Duhesme, et un autre pour porter celui au général Lannes (1).

Donnez les ordres pour qu'il ait à sa disposition les sapeurs, pontonniers et officiers du génie.   B.

Le général Marescot, au citoyen Dupont, chef de l'état-major.

Milan, le 15 prairial an 8 (4 juin 1800).

En conséquence des ordres du général en chef que vous m'avez transmis par votre lettre d'aujourd'hui, je viens, citoyen Général, d'envoyer deux officiers du génie au général Murat, à Plaisance, et trois au général Lannes, à Pavie ; c'est la seule partie des ordres du général en chef qu'il soit en mon pouvoir d'exécuter à la lettre (2).

Vous m'avez demandé 150 sapeurs pour le général Murat et autant pour le général Lannes. Vous avez oublié que sur les 500 sapeurs qui sont à ma disposition vous en avez laissé 50 à Genève, aux ordres du général Marmont, pour faire des

---

(1) Les lettres adressées à Duhesme, Lannes et Harville sont ci-dessous. La lettre à Murat n'a pas été retrouvée, mais ses prescriptions sont données en détail par la lettre de Berthier à Dupont, p. 113.

(2)   Milan, le 15 prairial an 8 (4 juin 1800).

Ordre aux citoyens Morio, Biers, de se rendre à Plaisance aux ordres du général Murat, avec des pontonniers et des sapeurs pour y jeter un pont sur le Pô;

Aux citoyens Kirgener, Tardivi, Boischevallier, la même destination pour Pavie où commande le général Lannes.

MARESCOT.

(Livre d'ordres du général Marescot. — *Archives du génie*.)

cartouches ; 130 au mont Saint-Bernard, au même général, pour les transports ; qu'il en est resté 100 environ aux ponts volants sur le Tessin ; qu'il y en a employés au blocus de la citadelle de Milan, à la carte de Verceil en ordonnance ; que plusieurs ont été tués ou blessés ; et que ce qui reste enfin disponible ici monte à 100 ou 120. J'en envoie la moitié au général Murat et l'autre au général Lannes.

Vous demandez 40 pontonniers pour le général Murat et autant pour le général Lannes. Des 100 que vous m'avez demandés par votre ordre du (1)..... pour être mis à ma disposition, et qui sont des bateliers et non des pontonniers, 30 seulement ont rejoint après la confection des ponts volants près de Galliate. L'adjudant général Berthier en a congédié une partie. Il n'en restait ici que 10 que je viens de faire partir pour Pavie.

Je viens d'écrire aux généraux Loison, Monnier et Chambarlhac, une lettre pressante au nom du général en chef pour en avoir d'autres (2). S'ils m'en envoient, je les ferai partir sur-le-champ ; au reste, j'ai recommandé aux officiers du génie de se servir, autant que possible, des bateliers et ouvriers du pays, qui, pour ces sortes de travaux, sont toujours ce qu'il y a de mieux. Les officiers du génie inviteront les généraux Murat et Lannes de vouloir bien faire les avances pour payer ces travaux qui exigent une certaine dépense à laquelle vous avez oublié de pourvoir par votre lettre.

Puisque dans cette circonstance vous ne me parlez pas des pontonniers qui viennent d'arriver à l'armée, c'est qu'appa-

---

(1) Lacune dans le texte.

(2)   . *Le général Marescot aux généraux de division Loison, Monnier et Chambarlhac.*

Milan, le 15 prairial an 8 (4 juin 1800).

Citoyen Général, en vertu de l'ordre du général en chef, je vous invite de vouloir bien adresser dans le plus court délai, à la maison où je loge, 25 volontaires ayant fait de la navigation, sachant le métier de pontonniers. Cette mesure, étant pour jeter des ponts sur le Pô, est de la plus grande urgence ; je vous prie d'y attacher autant d'importance que le général en chef en attache lui-même.

Salut et entière considération.

MARESCOT.

(Livre d'ordres du général Marescot. — *Archives du génie.*)

remment vous en avez envoyé travailler sur un troisième
point (1).

MARESCOT.

(Livre d'ordres du général Marescot. — *Archives du génie*.)

Alex. Berthier, général en chef de l'armée de réserve, au général Duhesme.

Milan, le 15 prairial an 8 (4 juin 1800).

Vous voudrez bien, citoyen Général, mettre provisoirement
tout ce qui compose la division du général Boudet, infanterie,
artillerie et chasseurs du 11e, à la disposition du lieutenant
général Murat, auquel j'ai ordonné de passer le Pô vers Plaisance.

Quant à vous, mon intention est qu'avec la division Loison
et la brigade de cavalerie que j'ai mise à votre disposition (2)
vous vous informiez si l'ennemi a armé et approvisionné la
petite place de Crema sur le pied d'une place de guerre.

---

(1)　　*Le général Marescot au général Dupont, chef de l'état-major
général.*

Milan, le 15 prairial an 8 (4 juin 1800).

Pour lui demander une réquisition à la municipalité pour les outils suivants :

　　　　3,000 pelles quarrées,
　　　　2,000 pelles rondes,
　　　　3,000 pioches,
　　　　1,000 pics à roc,
　　　　2,000 haches,
　　　　1,000 petites haches,
　　　　2,000 serpes,
　　　　　150 scies,
　　　　　200 masses de fer.

Demande une somme de 6,000 francs.

MARESCOT.

(Livre d'ordres du général Marescot. — *Archives du génie*.)

(2)　　*César Berthier, adjudant général, chef de l'état-major
de la division de cavalerie,
au général de division Dupont, chef de l'état-major général.*
(*Maison Castiglioni*.)

Milan, le 15 prairial an 8 (4 juin 1800).

　　Citoyen Général,

J'ai l'honneur de vous prévenir, citoyen Général, que, d'après les ordres du général en
chef, le général Murat vient de mettre à la disposition du général Duhesme le 2e et le
15e régiments de chasseurs à cheval.

Salut et respect.

César BERTHIER.

Dans le cas où l'ennemi ne l'aurait pas fait, vous occuperiez cette place.

Si, au contraire, l'ennemi avait armé et approvisionné Crema, alors vous vous contenteriez de pousser l'ennemi loin de Lodi et vous masqueriez, avec les troupes à vos ordres, Lodi et Pizzighettone par la rive droite de l'Adda.

Je vous préviens que la légion cisalpine, aux ordres du général Lechi, a ordre de filer par Côme et Lecco sur Brescia.

Vous voudrez bien me donner connaissance des nouvelles que vous pourrez avoir de l'ennemi. Je suis instruit que dans ce moment il abandonne Brescia. Tâchez d'avoir des renseignements bien sûrs sur l'état où se trouve la place de Pizzighettone et si l'ennemi a fait des ouvrages à la tête du pont du côté de la rive droite. Il n'y en avait pas de notre temps.

Alex. BERTHIER.

Le Premier Consul, au général Lannes, à Pavie.

Milan, le 15 prairial an 8 (4 juin 1800).

J'ai reçu, citoyen Général, votre lettre du 13 (1). Le général Marmont doit être rendu à Pavie avec les pontonniers. Jetez un pont entre le Tessin et Castel-San-Giovanni. Une autre division passera à Plaisance, où on jettera également un pont (2).

Je vous salue.

BONAPARTE.

Alex. Berthier, général en chef de l'armée de réserve, au général Lannes.

Milan, le 15 prairial an 8 (4 juin 1800).

Vous voudrez bien, citoyen Général, passer le Pô entre l'embouchure du Tessin et Porto-Morone et Castel-San-Giovanni. Vous ferez jeter un pont ou vous ferez construire des ponts volants, et lorsque votre passage sera effectué, vous vous porterez sur la position de Stradella ; vous aurez à vos

---

(1) La lettre de Lannes rendait compte de l'occupation de Pavie. (V. p. 87.)

(2) *Correspondance de Napoléon*, n° 4880.

ordres : 40 pontonniers, 150 sapeurs et 3 officiers du génie. L'état-major donne des ordres en conséquence.

Vous effectuerez votre passage le plus tôt possible.

J'ordonne au général Murat de passer le Pô à Plaisance. Le général Duhesme est à Lodi.

Le corps de Victor se portera sur le point où le passage du Pô sera effectué le premier.

Je vous prie, citoyen Général, de me donner souvent de vos nouvelles et de celles que vous pourriez avoir de l'ennemi.

Alex. BERTHIER.

Alexandre Berthier, général en chef de l'armée de réserve, au chef de l'état-major.

Milan, le 15 prairial an 8 (4 juin 1800).

J'ai ordonné au général Murat de partir sur-le-champ avec le 1er régiment de hussards, le 8e de dragons, le 2e et le 20e de cavalerie, les deux pièces d'artillerie servies par la garde du Consul et qui étaient avec la division, 40 pontonniers, la moitié des sapeurs avec deux officiers du génie, pour se rendre en toute diligence à Lodi, où il prendra la division Boudet que le général Duhesme mettra à sa disposition, et il se rendra le plus promptement possible à Plaisance où il passera le Pô soit en jetant un pont, soit avec un pont volant.

Je l'ai prévenu que le général Duhesme, avec la division Loison et une brigade de troupes à cheval à ses ordres, doit s'emparer de Crema, si l'ennemi ne l'a pas armé et dans le cas contraire masquer Lodi et Pizzighettone.

Le général Murat est prévenu que le général Lannes a l'ordre de passer le Pô, entre l'embouchure du Tessin et Porto-Morone, pour prendre la position de Stradella. Lorsque le général Murat aura passé le Pô, il se portera par Castel-San-Giovanni sur la position de Stradella.

Le général Murat est autorisé à demander au chef d'escadron Sezille, commandant l'artillerie à Milan, toutes les munitions dont il pourra avoir besoin.

Alex. BERTHIER.

Le Général en chef, au général Harville.

Milan, le 15 prairial an 8 (4 juin 1800).

Vous resterez à Milan, citoyen Général, avec le 5ᵉ et le 9ᵉ régiments de dragons, le 1ᵉʳ, le 2ᵉ et le 5ᵉ de cavalerie. Le général Murat a l'ordre de partir à l'instant avec le 1ᵉʳ de hussards, le 8ᵉ de dragons, les 2ᵉ et 20ᵉ de cavalerie.

Alex. BERTHIER.

* * *

Le Premier Consul appelle à Milan les colonnes du Simplon et du Saint-Gothard. — Il écrit le succès de sa manœuvre, qui vient de lui livrer, presque sans combat, la ligne d'opérations de Mélas.

Alexandre Berthier, général en chef de l'armée de réserve, au chef de l'état-major.

Milan, le 15 prairial an 8 (4 juin 1800), à 1 heure après-midi.

Ordonnez au général Gardanne de tâcher d'enlever la citadelle d'Aronna, avec les troupes aux ordres du général Bethencourt, ou du moins de la bloquer avec les troupes nécessaires ; le reste des troupes viendra à Milan.

Alex. BERTHIER.

Le Premier Consul, au général Moncey, lieutenant du général en chef de l'armée de réserve.

Milan, le 15 prairial an 8 (4 juin 1800).

Je reçois, citoyen Général, votre lettre du 13 (1). Faites filer à grandes journées en Lombardie votre cavalerie et toute votre infanterie, et rendez-vous de votre personne, le plus tôt possible, à Milan.

---

(1) Moncey écrit, le 13 prairial, de Bellinzona, deux lettres au Premier Consul. Dans la seconde, il annonce sa marche sur Côme et Lugano. (V. chap. IV, p. 154.)

Nous avons pris, à Pavie, le parc des Autrichiens, 300 pièces de canon, 200 milliers de poudre, etc.

Les troupes manœuvrent pour passer le Pò, à Plaisance et Castel-San-Giovanni, et pour couper l'armée autrichienne qui, le 8 prairial, était à Nice et, le 13, devant Gênes. Vous sentez donc combien il est nécessaire de brusquer votre mouvement sur la Lombardie (1).

BONAPARTE.

Le Premier Consul, au général Moreau.

Milan, le 15 prairial an 8 (4 juin 1800).

Je reçois, citoyen Général, votre lettre du 7 prairial. Nous sommes depuis trois jours à Milan ; l'armée ennemie était le 7 prairial à Nice. Le général Hohenzollern, qui bloque Gênes, ne se doutait de rien, et il y avait vingt-quatre heures que nous étions à Milan ; ceci est constaté par une lettre que nous avons interceptée, et dans laquelle il dit que nous sommes un parti de 3 à 4,000 hommes.

Nous nous sommes emparés de tous les hôpitaux des ennemis, de leurs magasins et d'une grande partie de leur parc de réserve qui était à Pavie. Vous voyez que cet état de choses va donner lieu à des événements assez intéressants.

Donnez-moi, je vous prie, par votre premier courrier, des nouvelles de Leclerc et Dessolle.

Je vous salue affectueusement (2).

BONAPARTE.

Le Premier Consul, au Ministre de la guerre.

Milan, le 15 prairial an 8 (4 juin 1800).

Nous sommes à Milan, citoyen Ministre. Nous avons trouvé à Pavie 300 pièces de canon sur leurs affûts, moitié de pièces de campagne, moitié de siège ; 200 milliers de poudre, 10,000 fusils neufs, une grande quantité d'approvisionnements de guerre de toute espèce, des magasins de tout genre.

Voici la situation de l'Italie :

---

(1) *Correspondance de Napoléon*, nº 4881.
(2) *Correspondance de Napoléon*, nº 4878.

L'ennemi a longtemps cru que nous n'étions au plus, que 7,000 à 8,000 hommes, que nous tentions une incursion pour lui faire quitter le blocus de Gênes et Nice; il a persisté dans cette idée jusqu'au 8 prairial.

Au combat de la Chiusella, leur cavalerie fit 7 ou 8 prisonniers; l'ennemi en tira des renseignements auxquels il refuse encore d'ajouter foi.

Le 13, le général Hohenzollern, qui commande le blocus de Gênes, paraissait, comme l'aurez vu par la lettre que j'ai envoyée aux Consuls, ne pas faire encore grand cas de nos forces. Le général Mélas écrivait à Pavie, à une femme qu'il a avec lui : « Je sais que l'on dit en Lombardie qu'une armée française « arrive; ne craignez rien, je vous défends de partir ». Douze heures après nous entrâmes dans Pavie.

Nous sommes à Lodi, l'avant-garde de Moncey arrive à Côme et l'on s'occupe à rassembler des bateaux pour passer le Pô.

Tous les hôpitaux de la Lombardie sont restés en notre pouvoir, nous y avons trouvé 5,000 à 6,000 malades ou blessés (1).

Une partie de la garnison de Savone, qui s'en retournait prisonnière, a été coupée et est venue nous rejoindre.

Vous sentez qu'il va se passer, dans peu de jours et rapidement, des événements bien importants et qui peuvent avoir une influence bien singulière sur la situation future de la maison d'Autriche.

Il faut porter actuellement toute votre attention :

Sur l'habillement des troupes, c'est le moment de rétablir les masses;

Sur la seconde armée de réserve ;

Remonter la cavalerie, lui fournir les choses dont elle peut avoir besoin, afin de faire sortir des dépôts ce tas d'hommes qui nous coûtent beaucoup et ne rendent aucun service.

Je ne vous recommande pas les fusils, puisque ce sera encore, trois ans après la paix, un objet à l'ordre du jour. Je ne regarderai pas la République comme consolidée tant qu'elle n'aura pas trois millions de fusils dans ses arsenaux.

Salut et amitié.

BONAPARTE.

Le Premier Consul, au général en chef Bernadotte.
(Armée de l'ouest.)

Milan, le 15 prairial an 8 (4 juin 1800).

Je ne vous dirai rien autre chose, mon cher Général, que nous sommes à Milan, que nous avons pris le parc de l'ennemi, 300 pièces de canon de siège et de campagne, tous ses hôpitaux et magasins.

Moreau se soutient toujours du côté d'Ulm.

---

(1) Cette première partie de la lettre était publiée dans le *Moniteur* du 23 prairial (12 juin). La lettre entière figure à la *Correspondance de Napoléon*, sous le n° 4875.

Prenez mort ou vif ce coquin de Georges. Si vous le tenez une fois, faites-le fusiller vingt-quatre heures après, comme ayant été en Angleterre après la capitulation.

Je vous salue et vous aime (1).

BONAPARTE.

Le Premier Consul, aux Consuls de la République.

Milan, le 15 prairial an 8 (4 juin 1800).

Je reçois, citoyens Consuls, votre courrier du 9. Vous pouvez être certains que je serai à Paris du 23 au 30 prairial. Vous pouvez même l'annoncer.

Vous trouverez ci-joint un petit bulletin de l'armée.

BONAPARTE.

Bulletin de l'armée de réserve.

Milan, le 15 prairial an 8 (4 juin 1800).

Le *Te Deum* a été chanté à la métropole de Milan pour l'heureuse délivrance de l'Italie des hérétiques et des infidèles.

Tous les hôpitaux des ennemis sont tombés au pouvoir de l'armée. Il y avait 1500 malades à Pavie et 1200 à Milan. Tous les jours on découvre de nouveaux magasins; on vient, entre autres, d'en découvrir à Pavie un de 5,000 paires de draps et de 10,000 fusils neufs.

Le général Duhesme a passé hier le Lambro. Après une petite affaire d'avant-poste, où il a tué une vingtaine d'hommes à l'ennemi, il est arrivé à Lodi; il a passé l'Adda et est à la poursuite de l'ennemi.

Les Autrichiens ont eu le talent d'indisposer tous les partis dans la Lombardie.·Leur rapacité est sans exemple; ils avaient enlevé jusqu'aux arbres.

Milan d'aujourd'hui ne ressemble plus à Milan du jour où l'ont quitté les Français. Les prêtres mêmes étaient très mécontents de voir les hérétiques anglais et les infidèles musulmans profaner le territoire de la sainte Italie. Ajoutez à cela qu'aucun n'était payé. Les Autrichiens s'emparaient de tout.

L'Université de Pavie a été détruite; on a appelé des Jésuites, auxquels on a confié les différents collèges pour l'instruction de la jeunesse.

Une chose bien remarquable, c'est que tous les individus qu'ils ont le plus persécutés sont ceux qu'on peut appeler les 89 de la Cisalpine.

On a vu plusieurs de ceux qui, dans les derniers temps, étaient les plus exaltés et les plus exclusifs, se concilier avec eux et prendre du service.

Les Autrichiens ont encore traité plus mal le Piémont que la Lombardie. On aurait dit que, craignant de se trouver obligés de rétablir le roi de Sardaigne, ils ne voulaient lui laisser que la terre et l'eau.

Ils ont inondé l'Italie de billets, espèce d'assignats qui perdent beaucoup.

Des individus qui avaient occupé des charges dans la République cisalpine, mais qui étaient connus par leur attachement à la maison d'Autriche, ont été

---

(1) *Correspondance de Napoléon*, n° 1877.

disgraciés et emprisonnés sans miséricorde. C'est en vain qu'ils alléguaient les services qu'ils avaient rendus à beaucoup de parents de personnes attachées à l'Empereur.

Tandis qu'ils jouissaient des États du roi de Sardaigne, ils ont laissé ce malheureux prince à Florence dans un état de misère : une mauvaise voiture, deux chevaux, quatre domestiques et à peine de quoi vivre.

Le caractère et l'ambition de Thugut se retracent dans tous les actes du gouvernement autrichien; parce que ce gouvernement avait obtenu quelques succès sur les armées françaises, il n'y a pas d'extravagances où il n'osât prétendre.

Les troupes françaises n'étaient plus que des barbets, leurs généraux des gens sans aucun talent. C'est surtout sur l'armée de réserve que s'exerçaient leurs plaisanteries, ils en avaient fait des caricatures : la cavalerie était montée sur des ânes; l'infanterie, composée de vieillards invalides et d'enfants armés de bâtons avec des baïonnettes au bout; l'artillerie consistait en deux espingoles du calibre d'une livre. Ils commencent à bien changer de langage, et le mécontentement paraît extrême parmi leurs troupes (1).

---

(1) Ce bulletin était publié au *Moniteur* du 21 prairial (20 juin). Il figure à la *Correspondance de Napoléon*, sous le n° 4882.

CHAPITRE IV

OPÉRATIONS DE LECHI, BETHENCOURT ET MONCEY

Mouvement de la légion italique par Varallo, Sesto-Calende, Côme, Lecco et Brescia. — Passage du Simplon par Bethencourt; blocus du fort d'Arona. — Passage du Saint-Gothard par Moncey; sa marche sur Milan par Bellinzona et Lugano. .

Pendant que l'armée de réserve se porte rapidement d'Ivrée sur Milan, les colonnes latérales exécutent leurs mouvements.

La légion italique de Lechi refoule les détachements ennemis de la haute vallée de la Sesia, se met en communication avec Murat et passe le Tessin à Sesto-Calende, puis l'Adda à Lecco. Elle reste éloignée de l'armée et va occuper Bergame et Brescia.

Bethencourt passe le Simplon le 26 mai, descend sur Domodossola et le lac Majeur et bloque le petit fort d'Arona.

Moncey franchit le Saint-Gothard les 28 et 29 mai, et, par Bellinzona, Lugano et Côme, arrive à Milan. Pendant qu'une de ses divisions rejoint l'armée, il reste chargé avec l'autre de la défense de la rive gauche du Pô.

I. — Opérations de Lechi.

La légion italique, arrivée le 24 ou le 25 mai à Gressoney (1), y reste immobile le 26. Elle est bientôt dirigée dans la vallée de la Sesia, où elle bat un corps autrichien à Varallo et descend jusqu'à Romagnano.

En liaison avec Dupont et Murat, elle continue son rôle de flanc-garde mobile à une étape au nord du gros de l'armée et passe le Tessin à Sesto-Calende.

Alexandre Berthier, général en chef de l'armée de réserve, au général Lechi, à Gressoney.

Verrès, le 5 prairial an 8 (25 mai 1800).

Vous voudrez bien, citoyen Général, aussitôt après la réception de cet ordre, faire vos dispositions pour vous rendre avec votre légion à Riva, en passant le Valdobbia et descendre le 8 le Val-Sesia jusqu'à Varallo ; vous aurez soin d'envoyer des patrouilles dans la journée du 9 à Crevacore, et jusqu'à Masserano, où elles rencontreront les patrouilles de l'armée.

Je vous salue.

Alex. BERTHIER.

Lechi, général de brigade, commandant la légion italique, au général divisionnaire Dupont, chef de l'état-major général de l'armée.

Gressoney, le 6 prairial an 8 (26 mai 1800), à 8 heures du matin.

Je viens de recevoir, mon Général, votre lettre, par duplicata, du 5 prairial, par laquelle vous m'ordonnez de faire un mouvement sur Riva et de descendre, le 8, le Val-Sesia

---

(1) Voir t. Iᵉʳ, p. 503, 504 et 505.

jusqu'à Varallo. Je partirai donc demain pour Riva, et soyez sûr, mon Général, que j'exécuterai le mouvement d'une manière à ne pas me compromettre. Le 9, j'enverrai les patrouilles à Crevacore et à Masserano, pour me rencontrer avec les patrouilles de l'armée.

Je ne sais pas, Général, où votre première lettre se soit égarée. Je vous observe aussi que je manque de la série des mots d'ordre, et qu'il faut que je recommence par le premier de prairial.

Je viens de recevoir un rapport d'un espion qui dépose : A Vocca, loin de Varallo quatre milles, il se trouve un corps de 400 Allemands qui poussent leurs découvertes jusqu'à Riva; et, dans Varallo, on dit réuni un autre corps plus considérable (1). Dans toute la vallée, on ne voit pas une pièce d'artillerie.

Le peuple attend les Français pour changer le système de son gouvernement et pour pourvoir à sa misère.

Orta, Omegna et Borgomanero sont garnis de troupes et on dit qu'on va former un chemin à l'entour du lac d'Orta, pour le passage de l'artillerie.

J'espère demain de vous donner des nouvelles plus détaillées. Je vous préviens, Général, que c'est la troisième lettre que je vous écris, depuis que je suis en route, sans avoir de réponse, ni savoir si elles vous sont parvenues.

Salut et considération.

LECHI.

On n'a point retrouvé le compte rendu de Lechi sur sa marche du 27 mai. — Le *journal de Brossier* indique seulement le mouvement :

« Le 7 (prairial), il (le général Lechi) traverse le mont Toro et le col d'Obbia et arrive à Riva.... »

---

(1) « ..... Le général autrichien Loudon, qui était à Domodossola, ... dès que ses communications avec le général de Briey, dans la haute vallée d'Aoste, furent coupées, avait donné l'ordre au colonel prince Victor Rohan de se rendre, avec le bataillon Louis Rohan, à Varallo, dans la haute vallée de la Sesia, pour couvrir ses derrières et l'informer rapidement de tout mouvement de l'ennemi dans la haute ou basse Sesia..... » (*OEstreichische militärische Zeitschrift*, t. XXVI, p. 243.)

Lechi, général de brigade, commandant la légion italique, au général divisionnaire Dupont, chef de l'état-major général (1).

Varallo, le 8 prairial an 8 (28 mai 1800).

Me voilà, mon Général, à Varallo. Mes reconnaissances rentrées, je suis parti de Riva à 7 heures du matin, j'ai rencontré l'ennemi à Scopello avec un poste de 60 hommes que j'ai culbutés et dont j'ai fait 32 prisonniers.

De Scopello jusqu'à Varallo l'ennemi avait des postes considérables, mais tout ces postes ont été forcés.

Sur la hauteur qui entre (*sic*) à Varallo l'ennemi s'était retranché avec une pièce de canon et 600 hommes ; il faisait un feu terrible par la position qu'il occupait. C'était déjà 7 heures du soir, je craignais l'arrivée de la nuit pour me placer dans un pays qui m'était inconnu ; je fis avancer le bataillon des grenadiers, les compagnies infernales et chasseurs. Je fis battre la charge ; aux cris de « Vive la République » les retranchements furent montés, la pièce de canon prise et l'ennemi poursuivi par la ville et au delà l'espace d'une demi-lieue toujours au pas de charge ; je ne pouvais pas arrêter mes légionnaires. La suite de cette journée heureuse est de 340 prisonniers, 2 officiers, 1 chirurgien, 80 morts, compris 1 officier, et plusieurs blessés ; aussi une pièce de canon et 4 mulets chargés de munitions (2).

J'ai à regretter la perte des braves Giuseppini, Cassolini, sous-lieutenants de grenadiers et de son sergent-major ; ils sont morts au pied des retranchements.

Je n'ai que 4 blessés et un cheval d'un de mes ordonnances, qui fut tué à mes côtés. Demain matin je crois que nous aurons plusieurs prisonniers à ramasser qui sont encore dispersés dans les alentours de Varallo.

---

(1) Le récit du journal de Brossier sur le combat de Varallo est la reproduction de la lettre de Lechi à Dupont.

Le 30 mai, Berthier adressait de Verceil au Premier Consul un rapport sur le combat de Varallo, qui n'est que le résumé de cette lettre. Ce rapport, envoyé à Paris, était publié dans le *Moniteur* du 16 prairial (5 juin).

(2) Dans son rapport du 3 juin au Ministre, Dupont faisait aussi un récit en termes presque identiques.

« ..... L'affaire de Varallo mérite surtout d'être citée pour la gloire de ces braves Italiens qu'anime l'amour de la liberté et de leur patrie ; ils y ont tué beaucoup de monde, fait 300 prisonniers et pris une pièce de canon..... »

J'ai envoyé de suite à Domodossola pour avoir des nouvelles du général Bethencourt et à Crevacore pour avoir aussi des nouvelles de notre armée, et demain j'y enverrai des patrouilles. On m'assure que l'ennemi est en force à Borgo-Sesia, et qu'il occupe Crevacore avec 1000 hommes et 3 pièces de canon. J'ai pris mes positions et, s'il hasardait de m'attaquer, il sera reçu d'une manière à ne pas être content.

Je dois me louer beaucoup des chefs des corps, de la bravoure de la troupe et particulièrement de la bonne discipline. On s'est battu dans la ville et rien n'a été pillé; aucun soldat n'est entré dans aucune maison.

Le chef de brigade Deyri, à la tête des grenadiers, a monté des premiers et sa bravoure mérite des égards du général en chef. Les officiers attachés à l'état-major, chef d'escadron Lechi, Brunetti, capitaine et Amodéo, sous-lieutenant, se sont particulièrement distingués.

Voilà, mon Général, heureusement ouverte notre campagne. La légion ne désire que des occasions pour montrer son dévouement à la France et pour montrer qu'elle est digne de se battre avec la brave armée française.

Salut et respect.

LECHI.

Lechi, général de brigade, commandant la légion italique, au général divisionnaire Dupont, chef de l'état-major général.

Varallo, le 9 prairial an 8 (29 mai 1800), à 2 heures après-midi.

Je reçois, mon Général, votre ordre pour me rendre à Romagnano où je recevrai des ordres du lieutenant général Murat (1).

Mes patrouilles sont rentrées de Crevacore et Masserano qui ont été quittés par l'ennemi dans la nuit.

Nous ramassons continuellement des prisonniers. J'espère, mon Général, que le rapport de la journée d'hier vous sera parvenu, vous l'ayant envoyé et par un paysan et par des ordonnances, par Crevacore et Masserano.

L'ennemi se retire sur le lac d'Orta où il se retranche. Les

---

(1) Cette lettre n'a pas été retrouvée.

généraux Loudon, Vukassevich et le prince de Rohàn s'y trouvent (1).

Agréez mes sentiments d'amitié et d'estime.

Salut et respect.

LECHI.

9 prairial. — Marche sur Romagnano. — Légion italique. — Le 9, il se porte sur Romagnano pour y attendre les ordres du général Murat, qui lui prescrivit de pousser une reconnaissance sur Arona (1), d'essayer de passer le Tessin à Sesto-Calende et de se porter de là sur Varese (2).

(Journal de la campagne de l'armée de réserve par l'adjudant-commandant Brossier.)

Lechi, général de brigade, commandant la légion italique, au général de division Dupont, chef de l'état-major général, à Novare.

Romagnano, le 10 prairial an 8 (30 mai 1800).

Je reçois, mon Général, votre ordre de me porter sur la rive droite du Tessin, à la hauteur de Sesto (3). Vos ordres seront ponctuellement exécutés et je vous rendrai compte dans la journée de demain de la suite de ma marche. Général, mes cartouches sont presque à la fin. Vous sentez la nécessité de ne pas manquer d'un tel objet; je vous prie de m'en faire passer dans le plus bref délai.

Je manque aussi de la série des mots d'ordre.

Salut et respect.

LECHI.

Lechi se porte, le 31 mai, de Romagnano à Borgo-Ticino (4).

Le 1er juin il passe le Tessin à Sesto-Calende.

---

(1) « Lechi s'avança sur Varallo et Borgo-Sesia et après un long combat le prince Victor Rohan se retira vers Borgo-Manero. » (*OEstreichische militärische Zeitschrift*, t. XXVI. p. 215.)

(2) Murat lui prescrit aussi, par une lettre du 29 mai, de se mettre en rapport avec Bethencourt. (Voir la lettre du 31, de Bethencourt au Premier Consul, p. 140.)

(3) Voir l'ordre du 30 mai de Berthier à Dupont au chap. II, p. 51.

(4) Aucun document n'a été trouvé pour cette journée, mais le mouvement exécuté ressort des lettres du 30 mai et du 1er juin

ARM
DE

Egalité

Général au
le.

Légion Italique

Le général de brigade Lechi, commandant la légion italique, au lieutenant-général Murat (1).

12 prairial an 8 (1ᵉʳ juin 1800) (2).

A 3 heures du matin, je me suis mis en marche de mon bivouac, entre Varallo-Pombia et Borgo-Ticino. J'ai été avec une forte reconnaissance jusqu'aux portes d'Arona, dont on défend l'entrée avec plusieurs barques canonnières. L'ennemi est renfermé dans le fort avec 3 ou 400 hommes, d'après ce que les habitants m'assurent (3).

D'Arona je me suis rendu à Castelletto, au bord du Tessin ; à mon approche, l'ennemi était disparu. Toutes les barques étaient de l'autre côté, approfondées dans l'eau. J'ai trouvé un bateau de pêcheur dans lequel mon adjoint, le capitaine Brunetti, avec trois chasseurs, a passé de l'autre côté. Les habitants, aux cris de : « Vive la République ! Vive nos compatriotes ! » ont relevé toutes les barques et nous ont passés à Sesto-Calende.

L'ennemi m'a abandonné les magasins, dont je vous en passe, mon Général, l'état signé et vérifié par le chef d'escadron Carosisolo et le commissaire des guerres, chargé de la police de la colonne.

Je vous joins aussi, mon Général, une note de toutes les barques qu'on a sorties de l'eau et qui seront à la disposition de l'armée.

----

(1) On n'a pas retrouvé le manuscrit de cette lettre, dont il n'existe aux *Archives de la guerre* qu'une copie « certifiée véritable par le chef de l'état-major général de cavalerie César Berthier », ce qui permet d'affirmer que le destinataire est le lieutenant général Murat, indication qui ne figure pas sur la copie.

(2) La date de la lettre n'est également pas reproduite sur cette copie. D'après le journal de l'adjudant Brossier (V. ci-après, p. 126), c'est le 12 prairial (1ᵉʳ juin) que la légion italique passe le Tessin.

(3) « ..... Vukassevich avait fait jeter un pont de bateaux à Sesto-Calende et avait ordonné au général Loudon de se retirer derrière le fleuve, après avoir fait occuper Arona.

. . . .

« Sur ces entrefaites, le colonel prince Victor Rohan, venant de Borgo-Manero, était arrivé à Sesto-Calende où le général Loudon, qui, le 30, avait traversé en bateau le lac Majeur à Angera, se joignit à lui. Le général Loudon laissa une garnison de 300 hommes, sous les ordres du capitaine en retraite Suden, dans le château situé sur le sommet d'une colline touchant à la ville d'Arona et susceptible d'une bonne défense.

« A peine Loudon était-il arrivé sur la rive gauche du Tessin, que l'avant-garde du général Lechi se montrait à Castelletto et se dirigeait vers Arona pour se relier avec la colonne du général Bethencourt ». (*Œstreichische militärische Zeitschrift*, t. XXVI, p. 247 et 248.)

On pourrait ainsi établir un pont, si on voulait, entre Castelletto et Sesto.

Je laisse 50 hommes de garde aux barques, et je pars à midi aussitôt que ma troupe sera rafraîchie, pour vous donner la main, comme vous venez de me l'ordonner.

J'ai fait former deux ponts volants sous la direction du citoyen Delfaubi.

Pour Varese, j'ai déjà fait partir une forte reconnaissance.

Tout ce qui existait dans les magasins je l'envoie à Buffalora, sous escorte, pour l'armée, vu que les barques canonnières existent encore sur le lac.

Je ne saurais pas assez, mon Général, vous peindre l'intérêt des habitants de ce pays, avec lequel ils nous ont reçus et aidés.

Tout le monde assure que le général Moncey est descendu de Bellinzona ; mes espions pourtant ne sont pas encore rentrés.

Aucune nouvelle du général Bethencourt.

Agréez mes sentiments d'estime et de respect.

Salut et considération.

LECHI.

Je laisse à Sesto seulement 12,000 rations de vivres et de fourrages pour la troupe qui doit passer.

Extrait du journal de la campagne de l'armée de réserve par l'adjudant-commandant Brossier :

12 prairial. — *Marche sur Varese.* — *Légion italique.* — En conséquence (1) il quitte le 12, à 3 heures du matin, le bivouac qu'il était venu occuper entre Borgo-Ticino et Varallo-Pombia, s'avance jusqu'aux portes d'Arona, où l'ennemi courut se renfermer à son approche avec 400 hommes. Il rétrograde de là à Castelletto, sur la rive droite du Tessin. L'ennemi lui échappe encore et il parvient avec le secours des habitants, qui relèvent les barques que les Autrichiens avaient submergées, à transporter sa division à Sesto-Calende, d'où il fait partir sur-le-champ une forte reconnaissance sur Varese. Par cette marche rapide et bien combinée, le général Lechi exécuta en totalité les intentions du général Murat, se mit en position de lui donner la main et ouvrit le chemin au général Moncey qui avait dépassé le Saint-

---

(1) En conséquence des ordres de Murat. Voir p. 124 le passage du journal de Brossier qui précède celui-ci.

Gothard et se trouvait déjà à Bellinzona à la tête du lac Majeur avec ses divisions, tandis que le général Bethencourt s'avançait par Domodossola sans rencontrer d'obstacles, puisque la vallée de Sesia était dégagée et que l'ennemi s'était concentré dans le fort d'Arona et sur les bords du lac d'Orta, qu'il ne pouvait plus quitter sans crainte d'être enveloppé.

La légion italique se porte de Sesto sur Cassano-Magnago le 2 juin (1), de là sur Varese, puis sur Côme, qu'elle quitte le 6 juin (2).

Après avoir forcé le passage de l'Adda à Lecco le 7 juin, elle se porte sur Bergame, puis sur Brescia où elle stationne.

Lechi, général de brigade, commandant la légion italique, au Général en chef.

Malgrate, le 17 prairial an 8 (6 juin 1800), à 9 heures du soir.

Je me trouve enrayé, mon Général, en face du pont de Lecco. J'y suis arrivé à 6 heures du soir ; la marche de Côme est très longue. Le pont est coupé (3) ; il est défendu par 500 hommes d'infanterie et 4 barques canonnières (4). A mon arrivée la canonnade et la fusillade a commencé et n'a cessé que dans ce moment.

Comme mes pièces se trouvent faibles vis-à-vis de leur artillerie, j'ai envoyé chercher des barques sur les lacs de Pusiano et Civate, et je tenterai de passer un peu plus bas, s'il me sera possible.

Mon Général, j'ai déjà écrit trois fois pour avoir de la munition soit de fusil, soit de canon. Mes soldats commencent à en manquer.

Salut et respect.

LECHI.

---

(1) Voir le bulletin de l'armée du 3 juin, chap. III, p. 100.

(2) Aucun document n'a été retrouvé sur cette période.

(3) Des fractions du corps Moncey avaient constaté la rupture du pont de Lecco le 4 juin. (V. chap. IV, p. 159.)

(4) Le général autrichien Dedovich, battant en retraite vers Cassano-d'Adda, avait reçu l'ordre d'envoyer un détachement d'infanterie pour défendre la rive gauche de l'Adda à Lecco, de concert avec la flottille du capitaine Mohr, sur le lac de Côme. (*Œstreischische militärische Zeitschrift*, t. XXVI, p. 250.)

Lechi, général de brigade, commandant la légion italique, au général en chef Alex. Berthier.

Lecco, le 18 prairial an 8 (7 juin 1800), à 11 heures du matin.

Mes dispositions, mon Général, ont réussi. Me voilà dans Lecco. Les barques, que j'avais fait transporter sur des chariots du lac de Annone, ont servi au passage de 300 hommes sur l'Adda, du côté de Olginate. Dans le moment que cette colonne attaquait par le flanc, mes canons, que j'avais fait placer en batterie dans la nuit, ont commencé à tirer sur la troupe qui défendait le pont, et sur les deux barques canonnières. L'épouvante de l'ennemi, se trouvant tourné, n'est pas explicable. Il s'est précipité à la fuite. Moi-même, à la tête de deux compagnies de grenadiers, j'ai passé l'Adda, où le pont était coupé, pour l'attaquer de front ; mais sa fuite précipitée ne nous a pas permis de lui faire payer sa résistance de hier. Il avait miné le pont avec 6 tonneaux de poudre.

La suite de cette affaire est 4 pièces de canons de..., 2 barques canonnières, une vingtaine de prisonniers, 799 sacs de farine, 6,000 carrés de bois, 5 caisses de mitrailles et une caisse de poudre.

L'ennemi a perdu une trentaine d'hommes entre morts et blessés.

Notre artillerie a si bien servi, qu'aux premiers coups de canon elle a tué 8 hommes sur une seule barque canonnière, et elle a coulé l'autre au fond. Le capitaine Montebruni commandait la batterie et mérite tous les éloges.

L'ennemi se sauve, une partie dans la vallée Sassina et l'autre sur Bergame.

Ma cavalerie passe sur les barques, et je vais les poursuivre, puisque mon infanterie ne peut pas les joindre.

On travaille au rétablissement du pont, qui sera en état pour tous les passages dans trois ou quatre heures.

Je vais prendre une position et je marcherai demain sur Bergame. Ma troupe est très fatiguée de la marche de hier, de la grandissime pluie et du tiraillement continuel de l'ennemi pendant toute la nuit.

Ma perte est d'un mort et huit blessés, entre lesquels un officier.

Le zèle montré par les officiers d'état-major : citoyen Lechi, chef d'escadron ; Brunetti, capitaine et Omodeo, sous-lieutenant, mérite tous vos égards, mon Général. Le capitaine des chasseurs Trolli, qui a commandé le passage de l'Adda et le transport des barques, a montré toute l'intelligence d'un brave et intrépide militaire (1).

J'attends vos ordres, mon Général.

Salut et respect.

LECHI.

Lechi, général de brigade, commandant la légion italique, au Premier Consul.

Bergame, le 20 prairial an 8 (9 juin 1800), à 4 heures du matin.

Citoyen Premier Consul,

Le peuple de Bergame ne nous a pas seulement reçu dans son sein avec des acclamations de joie, mais il veut donner encore des preuves d'attachement à ses compatriotes.

Grand nombre de soldats se trouvaient sans souliers, on les a chaussés ; sans chapeaux, on veut les coiffer ; et on veut nous donner des habits pour notre artillerie et chasseurs à cheval qui ne sont pas encore habillés. Si les Brescians en font de même, toute ma colonne sera habillée.

Il se trouve dans la caisse une somme d'argent dont j'ai demandé un mois de solde pour les officiers et deux décades pour les soldats. Ils se trouvent dans la plus grande nécessité, et vos ordres, mon Général, pour nous payer un mois d'appointements n'ont pas même été exécutés. J'espère que cette mesure, dictée par la nécessité, secondée par la bonne volonté des habitants, et dont j'en rendrai les comptes, ne sera pas contraire à vos intentions.

J'ai confirmé l'administration qui existait jusqu'à nouvel ordre, et j'ai publié les proclamations dont je vous en joins copie.

---

(1) *Alexandre Berthier au Premier Consul.*

Pavie, le 20 prairial an 8 (9 juin 1800).

..... Le général Lechi avait reçu l'ordre de s'emparer de Lecco. Le 18, il en avait trouvé le passage défendu par l'ennemi qui avait de l'artillerie et des barques canonnières. Il se détermina à transporter des barques sur des chariots pour passer l'Adda à la sortie du lac. Il fit passer ensuite une colonne de 300 hommes qui tourna l'ennemi tandis qu'un autre corps canonnait les barques canonnières qui défendaient le passage de Lecco. L'ennemi se voyant tourné se détermina à prendre la fuite. Nous lui avons pris 4 pièces de canon, 2 barques canonnières, des magasins et des munitions et fait une vingtaine de prisonniers.

La légion cisalpine a eu quelques hommes tués et une douzaine de blessés. Le capitaine des chasseurs Trolli, qui commandait le passage de l'Adda, le chef d'escadron Lechi, le capitaine Brunetti et le sous-lieutenant Omodeo, se sont particulièrement distingués.

Alex. BERTHIER.

L'évêque que j'ai été visiter et que j'ai assuré sur la protection du culte, vous présente ses respects : il nous sera utile.

Je marche sur Brescia, et je vous rendrai compte, mon Général, de mes opérations.

Salut et respect.

LECHI.

Lechi, général de brigade, commandant la légion italique, au Premier Consul de la République française.

Brescia, le 21 prairial an 8 (10 juin 1800), à 11 heures du matin.

Je suis entré, mon Général, dans Brescia, ce matin à 5 heures, avec mon avant-garde. Après l'incursion du général Loison dans Brescia (1), l'ennemi y est rentré et l'épouvante désolait ceux qui avaient crié : *Vive la République !*

Ce matin, le ci-devant commandant de la place autrichien y est entré à la pointe du jour avec une vingtaine de Tyroliens et une cinquantaine de brigands, mais il a disparu avant l'arrivée de l'avant-garde. Il s'est seulement contenté de laisser tuer par ses gens un pauvre habitant qui avait la cocarde.

Enfin, mon Général, je suis rentré dans ma patrie aux cris de : « Vive la République ! ». Le drapeau de la République est arboré sur le fort et sur les places de Brescia, et l'énergie républicaine reparaît dans les cœurs des Brescians. Quel moment heureux pour moi, mon Général ! Combien je vous dois !

Le général Loudon et le prêtre Filippi forcent les habitants des vallées Camonica et Sabbia à prendre les armes en masse contre nous, mais j'espère que leurs efforts n'auront aucune réussite. Ils sont à Borghe.

Le fort de Brescia est entièrement désarmé et réduit inhabitable.

Je ferai tout mon possible pour le réduire en état au mieux et l'approvisionner et je l'armerai avec les quatre pièces que j'ai prises à l'ennemi à Lecco.

Demain j'aurai les rapports sur la *Rocca d'Anfo*, et après demain je marcherai sur deux colonnes par la vallée Trompia et Sablia au lac d'Idro, et si les habitants, comme je l'espère, me seconderont, l'ennemi et les brigands n'entreprendront sûrement plus de faire armer contre nous nos mêmes compatriotes.

Salut et respect.

LECHI.

Lechi, général de brigade, commandant la légion italique, au Premier Consul de la République française.

Brescia, le 21 prairial an 8 (10 juin 1800).

Plusieurs membres de la Régence se sont sauvés, et depuis le départ du général Loison, Brescia était à l'anarchie.

J'ai confirmé provisoirement ceux qui existaient, et j'ai nommé le citoyen

---

(1) Loison avait occupé Brescia le 6 juin et l'avait évacué sans doute le 7 pour rejoindre Duhesme à Cremone le 8. (V. chap. V, p. 184 et 241.)

Sabatti, ex-directeur, et Dosis, ex-membre du Gouvernement, pour que le nombre des administrateurs provisoires soit complet. Le peuple les aime et leur caractère est connu par tous leurs compatriotes, qui ont toute confiance dans leur intégrité.

Salut et respect.

LECHI.

Lechi, général de brigade, commandant la légion italique, au général divisionnaire Lorge.

Brescia, le 26 prairial an 8 (15 juin 1800), à 11 heures de nuit.

Je reçois, mon Général, votre lettre de ce matin, de Lodi. Votre lettre d'hier me disant que vous seriez arrivé aujourd'hui à Brescia, je ne vous ai pas prévenu que le lieutenant général Duhesme occupe depuis avant-hier Cremone et que hier, par Pontevico, il m'a envoyé un officier d'état-major avec trente chasseurs à cheval pour me prévenir de cette nouvelle et il vient de me prévenir aussi par sa lettre que, d'après les ordres du général en chef, je me trouve directement sous ses ordres, et m'ordonne de prendre des positions sur la Chiese et l'Oglio, ce qui m'empêche d'occuper Lecco avec 150 hommes, puisque avec 1500 hommes je me trouverais occuper une ligne de 30 lieues, ayant l'ennemi qui me menace dans la vallée, de manière que nous sommes continuellement en alerte et cette nuit nous la passerons sous les armes. L'ennemi est aussi sur mon front quoique pas en grande force, mais toujours remarquable pour moi qui ai si peu de monde.

J'attends avec impatience le renfort des bataillons de ma légion, et je serai alors en cas, mon Général, de faire des mouvements et de balayer les brigands qui menacent cette ville.

Quant à Bergame j'ai eu aussi des rapports, mais ce ne sont que des paysans et je viens d'écrire ce matin au général Vignolle, commandant la Lombardie, pour qu'il y envoie un détachement et un commandant de place qui bride l'administration provisoire composée encore des individus qui servaient l'Empereur et qui nourrissent la méfiance dans les habitants. Cela exécuté et les vallées du Brescian purgées, je vous assure, mon Général, qu'il n'y a plus rien à craindre pour Bergame.

J'attends vos dispositions et vous me trouverez toujours prêt au bien de la chose et à l'exécution des ordres.

Agréez mes sentiments d'estime et de fraternité.

LECHI.

II. — Passage du Simplon par Bethencourt.

Bethencourt qui gardait les passages du haut Valais (1) avec la 44ᵉ demi-brigade, commence le passage du Simplon le 26 mai, puis continue sa marche vers Domodossola et le lac Majeur.

Bethencourt, général de brigade, au Premier Consul de la République française.

Davedro, le 6 prairial an 8 (26 mai 1800).

Citoyen Consul,

Je reçois, à 8 heures du soir, votre lettre du 4 courant (2). Je vous ai rendu, dans le temps, compte des motifs qui m'avaient fait tenir à Viége, point où aboutissent tous les passages propres, pour l'ennemi, à couper le Simplon par le haut Valais. Je disposais alors seulement de 900 hommes pour couvrir une si conséquente étendue de pays. Aussitôt l'avis reçu que le troisième bataillon de la 44ᵉ était arrivé à Brieg, je me suis porté sur le Simplon (3), où, n'ayant pas

---

(1) Voir t. Iᵉʳ, p. 362.

(2) Cette lettre du Premier Consul, écrite d'Aoste le 24 mai, prescrivait à Bethencourt de se porter, le 27, à Domodossola, en emmenant deux ou trois pièces de 4 et 2 à 300,000 cartouches. (V. t. Iᵉʳ, p. 509.)

(3) Les Français avaient plusieurs fois utilisé le Simplon et les renseignements sur ce passage ne manquaient pas au Ministère de la guerre.

Le 11 floréal an 8 (1ᵉʳ mai 1800), l'adjudant général Abancourt, chargé du bureau topographique militaire à l'armée du Danube, écrivait :

« De toutes les communications qui du Valais conduisent en Italie, le passage du Simplon, malgré les grandes difficultés qu'il offre, tant par les montagnes qu'il faut gravir que par les précipices au bord desquels on marche presque toujours, est, sans contredit, celui qui me paraît le plus commode pour le transport de l'artillerie.

« Dans la campagne dernière, les Français, avec beaucoup de peine il est vrai, sont parvenus à transporter de Brieg à Domodossola, 7 bouches à feu dont un obusier de 7 pouces. »

Dans son rapport du 6 mai 1800, sur les différents passages du Valais en Italie, le général Mainoni parle du Simplon « passage par lequel on peut faire marcher beaucoup de troupes, vivres, etc..... » (V. t. Iᵉʳ, p. 289.)

Mais les renseignements les plus détaillés étaient donnés par le rapport du sous-lieutenant Tourné, qui venait de reconnaître le Valais au mois de mars 1800. La comparaison entre le Simplon et le Grand-Saint-Bernard, ainsi que la description des traîneaux employés

trouvé d'accord dans les rapports que je recueillais à l'égard de la position de l'ennemi, je me suis déterminé à la reconnaître par moi-même.

Ce matin j'ai donc marché avec 200 hommes jusqu'à Davedro. Des reconnaissances faites dès l'arrivée m'ont appris que l'ennemi tient toujours ses anciennes positions ayant ses avant-postes au pont de Crevola. En conséquence de vos ordres, citoyen Consul, je fixe ici mon quartier général où je fais filer les deux bataillons de la 44e, forts d'environ 1200

---

en 1799 pour transporter l'artillerie, ont déjà été lues au tome Ier, p. 105. La reconnaissance même du col du Simplon aura sans doute ici quelque intérêt.

PASSAGE DU SIMPLON.

La route du Simplon offre quelques difficultés ; mais elle a cet avantage que, par là, vous arrivez au centre et dans une des belles parties de l'Italie. En voici la description :

En partant de Brieg, on s'élève sur une plaine inclinée, où suit quelques tournants, on arrive sur le flanc des premières montagnes, jusqu'à une petite chapelle où sont deux hommes de correspondance.

Le chemin tourne sur le flanc de la montagne ; il a 2 à 3 pieds de large, est coupé dans le roc, a des tournants et des ravins. Il est sur le penchant du précipice, au fond duquel est le torrent à 5 ou 600 pieds de profondeur. Après avoir tourné la montagne, on descend par un nouveau zigzag, jusqu'au pont appelé du Cantonsalh. C'est là qu'était le poste avancé, lorsque l'ennemi était maître du Simplon. Il était placé en face sur le côté opposé de la montagne ; il s'avançait en outre jusque le Roswald. Au milieu, entre les montagnes, est un espace profond presque circulaire ; c'est le point de réunion des deux torrents. A gauche, à l'est, est le Cantonsalh ; devant soi, au sud, est la montée du Simplon

Après avoir passé le pont, on remonte de nouveau par le sentier étroit sur le flanc des montagnes et sur le bord du précipice formé par le torrent. La route est ombragée de sapins ; elle monte sans cesse. Le lit du torrent s'élève avec elle ; on traverse ce dernier deux ou trois fois sur de petits ponts de bois. On passe au milieu des blocs de pierre ; on arrive ainsi à l'endroit appelé la Tavernette.

2 lieues. — Trois heures. — La Tavernette : 5 cavaliers.

C'est un espace assez plat, quoique montant, de 10 ou 12 toises de large, d'un demi-quart de lieue de long. Il ressemble à la plaine de Proz du Saint-Bernard, mais il est moins étendu dans tous les sens. Au milieu était une auberge, aujourd'hui brûlée. A l'extrémité, commence la dernière montée par où l'on arrive sur le plateau du Simplon.

Cette montée est droite et rapide. On n'arrive au torrent que par des zigzags sur un sentier très étroit ; on en compte à peu près une vingtaine. La hauteur totale est d'environ 50 toises. Vers le milieu est une espèce de hutte, où les Autrichiens étaient baraqués. Ils avaient placé dans le même endroit deux pièces de 3, qui enfilaient la gorge.

Le plateau de Simplon sur lequel on arrive est une plaine de 20 à 30 toises de large, bordée de chaque côté par les montagnes. Ici, la végétation cesse ; la terre est couverte de neige, excepté pendant deux ou trois mois.

1 lieue. — Deux heures. — L'hôpital : 10 fantassins.

Au milieu du plateau est un petit lac et l'origine du torrent de la Guima, dont le versant est de l'autre côté du passage. Plus loin, on arrive à une plaine plus basse, au milieu de laquelle est l'hôpital. C'est un établissement à peu près carré à deux étages ; chaque face, d'environ 40 pieds de long, pouvant loger une compagnie. Il n'y reste que les murailles.

La descente devient plus rapide ; elle règne toujours sur une plaine, sans passer au milieu, bordée par les montagnes et dont la direction tourne à gauche. Au bout d'une heure

hommes, et le premier de la 102ᵉ, s'élevant à peu près à 600 hommes.

Je vous observe, citoyen Consul, que depuis le Simplon jusqu'à Davedro des empêchements impossibles à lever s'opposent au passage, non pas seulement des pièces de 4, mais aussi des munitions de guerre à dos de mulets ; car, citoyen Consul, il faut être combattant sous vos ordres pour oser franchir des obstacles que tout homme, sans manquer à l'honneur, pourrait redouter, vu que l'ennemi avait rompu les ponts et détruit les chemins sur les bords des précipices, que nous avons dépassés au moyen de cordes tendues, indépendamment des encombrements causés par la chute de quartiers de rochers (1).

---

et demie de marche depuis l'hôpital, on arrive au village du Simplon. Les difficultés du passage du plateau sont la neige plus ou moins abondante qui le recouvre. La route qu'on y trace n'est qu'un sentier étroit sur lequel on tient difficilement et qui s'efface à tout instant. Pour peu qu'on s'en écarte, ou que la marche soit peu assurée, on risque de tomber dans la neige, souvent profondément. Souvent on est encore exposé aux dangers du froid, de la tempête ou de l'affaissement des forces dans ce passage long et pénible.

1 lieue 1/2. — Une heure et demie. — Village du Simplon : 2 compagnies.

Le village du Simplon n'est qu'un petit endroit de 12 à 15 maisons, où il ne reste qu'une trentaine d'habitants. Ils souffrent beaucoup de la disette. On a à peine de quoi manger habituellement. Il y a là 2 compagnies qui ont beaucoup souffert et qui n'avaient guère que du pain.

1/2 lieue. — Une demi-heure. — Poste avancé : 1 compagnie, 36 hommes de garde.

La plaine, après le village, descend encore pendant une demi-lieue. A l'extrémité sont quelques cabanes et une église ; on y place une compagnie. Devant, sont 3 postes avancés, l'un à l'entrée de la gorge, les autres en face de la montagne verte. Cette dernière fait face au vallon. On y monte par un sentier roide qui conduit à Ruden. A côté et à gauche est l'entrée de la gorge dans laquelle est le chemin qui conduit à Ruden, et, de là, à Domodossola. Cette route est plus rapide et plus escarpée que celle qui monte au Simplon ; on traverse deux fois le torrent sur des ponts de bois qu'il serait facile de couper, et très difficile de reconstruire à cause de leur longueur.....

. . . .

Le 10 germinal an 8 (31 mars 1800).

L'aide de camp du général Clarke.
Pʳᵉ TOURNÉ,
Sous-lieutenant.

(1)   *Quatremère Disjonval, chef d'état-major de l'expédition du mont Simplon, au citoyen Berthier, général en chef de l'armée de réserve.*

Pavie, le 3 messidor an 8 (22 juin 1800).

Citoyen Général en chef,

. . . .

C'est le 6 prairial que vous avez ordonné au général Bethencourt, chargé de conduire l'expédition par le Simplon, de commencer à en tenter le passage. La nature, pour ainsi dire, aux ordres du Premier Consul, même sur les lieux où elle domine avec le plus d'em-

Pour rendre à la troupe le chemin moins impraticable, je suis forcé d'ordonner qu'on travaille à détourner la rivière. De quelque célérité que j'use, il y a toute impossibilité que je me mette, avant le 9, en mesure d'attaquer l'ennemi, et de

---

pire, avait pris soin d'aplanir cette année, deux mois plus tôt que d'ordinaire, un obstacle qui ajoute beaucoup aux difficultés de ces routes si étroites et si scabreuses. La neige était disparue de dessus les chemins, mais sa chute en avalanches avait rompu les mêmes chemins en plusieurs endroits, et je me hâte de vous faire voir les Français conduits par un de ces éboulements à l'une des situations les plus extraordinaires qu'on puisse concevoir. Le général Bethencourt arrive avec environ 1000 hommes, tant de combat que de suite, à l'un de ces points où le passage n'est obtenu que par des pièces de bois dont une extrémité pose dans le rocher creusé, l'autre est supportée par une poutre en travers.

Cette espèce de pont avait été emporté par un éclat de roche parti de la plus grande élévation et qui avait tout entraîné dans un torrent, roulant au-dessous ses eaux avec le plus horrible fracas. Le général Bethencourt avait vos ordres : il déclara que nul obstacle ne devait arrêter, et aussitôt il fut résolu d'employer le moyen suivant :

Il ne restait de tout ce que l'art avait ici tenté pour vaincre la nature, que la rangée de trous dans lesquels avait été engagée l'une des extrémités de chaque pièce de bois. Un des volontaires les plus hardis s'offre à mettre les deux pieds dans les deux premiers trous, puis à tendre une corde à hauteur d'homme en marchant de cavité en cavité ; et, lorsqu'il est parvenu à fixer la corde jusqu'à l'autre extrémité de l'intervalle entièrement vide au-dessus de l'abîme, c'est le général Bethencourt qui donne l'exemple de passer ainsi suspendu par les bras à une corde même très peu forte. Et c'est ainsi que 1000 Français ont franchi un intervalle d'environ 10 toises, chargés de leurs armes, chargés de leurs sacs.

On les avait vus se servir de leurs baïonnettes, employer des crochets, pour pouvoir gravir des montagnes dont l'escarpement semblait avoir banni à jamais les humains.

Je crois vous les présenter ici, citoyen Général, luttant contre les plus affreux périls dans une attitude nouvelle, et je les crois bien dignes de la postérité lorsqu'ils sont ainsi suspendus entre le ciel et le plus effroyable abîme, par l'unique espoir de vaincre, par l'unique envie de vous obéir.

. . . .

Je reviens à nos combattants. Il est temps de vous rappeler, citoyen Général, que c'étaient des détachements de la 102ᵉ et de la 44ᵉ demi-brigade, auxquels se joignaient quelques compagnies de l'infanterie helvétienne. Les noms du général, des officiers de son état-major tant Français qu'Helvétiens, qui ont donné l'exemple d'une telle audace, sont déjà gravés sur le roc qui leur avait refusé le passage. Ils trouveront là, sans doute, le plus beau temple de mémoire. Mais ils y ont trouvé de plus cette force d'élan qui leur a fait ensuite renverser, surprendre les postes autrichiens avec tant de bonheur. Ceux-ci dormaient, pour ainsi dire, appuyés sur cette barrière. Avec quelle stupeur ils ont vu arriver les Français sur leur front, sur leur flanc, et descendre le Simplon, lorsqu'ils les croyaient loin de pouvoir même le gravir !

. . . .

On avait dit que le Simplon, à peine praticable pour des hommes, ne le serait jamais pour des chevaux ; et je l'ai passé la dernière fois suivi de 15 cavaliers montés, sans avoir été jamais contraint par une nécessité réelle de descendre de cheval.

On avait dit que le Simplon ne se prêterait jamais au passage de l'artillerie ainsi que des munitions, et le général Bethencourt a réussi à se faire suivre de deux pièces de 3, de quatre pièces de 4, de deux obusiers, et j'ai réussi, moi, à me faire suivre de deux pièces de 8.

. . . .

Salut et respect.

QUATREMÈRE DISJONVAL.

(*Archives du génie.*)

me faire suivre de la quantité de cartouches que vous ordonnez. Je ne prévois pas pouvoir, sans tourner l'ennemi, le débusquer des points retranchés qu'il occupe avec de l'artillerie, lorsque je n'en ai pas de mon côté. Ce n'est qu'en l'inquiétant sur ses derrières que je puis me promettre d'enlever ses positions. J'envoie, en conséquence, un officier qui connaît parfaitement la vallée de Saas, où j'ai trois compagnies de la 44e. Il se concertera avec le commandant des 1500 hommes qui doivent se trouver dans la vallée de Sesia. afin que le 10, à la pointe du jour, l'ennemi soit attaqué sur tous les points. Les distances et les mauvais chemins produisent ce retard.

Je rends compte au général Moncey de ces dispositions.

Salut et respect.

BÉTHENCOURT.

L'aide de camp du général Bethencourt, aux éditeurs du bulletin helvétique (1).

Domodossola, le 8 prairial an 8 (28 mai 1800). 5 h. 1/2 du matin.

. . . .

..... Le 27, à 8 heures du soir, la colonne se met en mouvement sur Crevola et, après avoir enlevé à la baïonnette un premier pont à 10 minutes de Crevola, ma troupe parvient à la pointe du jour sur les hauteurs qui dominent cette dernière position, en même temps qu'une deuxième colonne l'attaquait par derrière.....

Ce poste, qui est la clef de l'Ossola, a été enlevé à la baïonnette en cinq minutes.

L'ennemi s'est retiré au pas de charge jusqu'aux murailles de Domo et n'a dû son salut qu'en se retirant dans les trous qu'il a fait cet hiver à Ornavasso, en abandonnant un grand nombre de prisonniers, chevaux.....

On ne peut pas assez louer la 44e.

La *Revue militaire autrichienne* ne mentionne pas le

---

(1) *Bulletin helvétique* (devenu *Gazette de Lausanne*), 1800, mardi 3 juin, t. III, p. 235.

combat de Crevola dans la soirée du 27. Elle signale la marche en avant de Bethencourt le 28.

« ..... La colonne de Bethencourt atteint, le 27 mai, Varzo. Le lendemain matin, elle attaqua l'avant-garde du général Loudon (1), commandée par le colonel Le Loup, et la refoula jusqu'à Pallanzeno (2)..... »

Bethencourt, général de brigade, commandant une division du Valais, au Premier Consul de la République française.

Domodossola, le 9 prairial an 8 (29 mai 1800).

Mon Général,

Je suis toujours à Domodossola, ne pouvant pas avancer que je n'aie reçu des renforts, mais je ne laisse pas d'inquiéter l'ennemi par mes reconnaissances, poussées jusque sous ses retranchements (3), où on ne manque pas de brûler toujours quelques cartouches. Je joins ici copie de la lettre écrite au commandant de la légion italique, que je prie, ainsi que le général Chabert qui s'annonce d'Altdorf, de lier avec moi une communication, attendu qu'ils ont des moyens qui me manquent.

Je fais l'impossible pour que mon artillerie, arrivée au Simplon, puisse se rendre ici.

Je crois pouvoir vous assurer, mon Général, que si vous vouliez me confier deux demi-brigades de plus, un régiment de cavalerie, quelques pièces de bataille et une somme quelconque à employer au payement des espions, sans lesquels on ne peut guère se promettre de succès, surtout dans un pays étranger, je pourrais beaucoup contribuer à la défaite de l'ennemi. Je me trouve dans ce moment sans argent. Le peu

---

(1) Le général Loudon avait à Domodossola 5 bataillons et 1 escadron, qui ensemble atteignaient l'effectif de 3,837 hommes et 167 chevaux. (*OEstreichische militarische Zeitschrift*, t. XXVI, p. 243 et 246.)

(2) *OEstreichische militarische Zeitschrift*, t. XXVI, p. 245.

(3) Ces retranchements étaient à Miggiandone, d'après la *Revue militaire autrichienne*, t. XXVI, p. 250.

Les reconnaissances françaises, faites avant la campagne, les avaient signalés comme importants, sous le nom de retranchements d'Ornavasso. (V. t. Iᵉʳ, p. 287, 288, 289 et 302.)

que j'avais m'a servi pour l'espionnage et les guides. Mon éloignement du quartier général de l'armée, en retardant le payement de mes appointements, m'ôte la faculté de continuer cette espèce de dépense.

Salut et respect.

BETHENCOURT.

*Copie de la lettre écrite au général de brigade Lechi,
commandant la légion italique.*

Votre arrivée à Riva que j'ai apprise, mon cher Camarade, avec un vrai plaisir, m'avait été annoncée par le Premier Consul. Une marche hardie m'a heureusement ouvert l'entrée de Domodossola, mais étant obligé de garder mes derrières et mes flancs, les forces dont je puis ici disposer ne me permettent pas d'aller en avant autant que je le désirerais. Les renforts que j'attends journellement n'arriveront peut-être point assez tôt pour que je puisse marcher de front avec vous et avec la colonne du général Moncey, qui se trouve au delà du Saint-Gothard. Si, pour seconder vos opérations, vous croyez qu'il est important que j'avance sans tarder, dépêchez pour Domodossola 2,000 hommes que je vous renverrai à notre jonction ou dès que mes renforts me seront parvenus ; il serait bon que ces troupes reçussent des vivres pour cinq jours, car le transport des munitions de bouche et de mon artillerie ne peut s'effectuer sans la réparation du chemin du Simplon à Davedro.

Croyez, mon cher Camarade, au plaisir que j'éprouverais à faire votre connaissance et surtout sur le champ de bataille.

BETHENCOURT.

**Bethencourt, général de brigade, au Premier Consul
de la République française.**

Domodossola, le 9 prairial an 8 (29 mai 1800).

Mon Général,

La reconnaissance que j'ai poussée ce matin sur l'ennemi m'a convaincu qu'il s'était retiré des postes avancés de son camp retranché. Les patrouilles que j'ai ordonnées hier soir sur différents points, les divers détachements que j'ai fait arriver par échelons pendant la nuit, ont pu faire croire à l'ennemi que je réunissais des forces conséquentes pour l'attaquer ce matin. Au surplus, quel qu'ait été l'effet de cette manœuvre, il demeure certain que l'ennemi a reculé.

J'ai fait occuper les postes qu'il avait nuitamment abandonnés. Je prends les renseignements possibles afin d'être instruit de sa véritable position. Si les rapports qui m'ont indiqué qu'il y avait moyen de tourner la redoute qui couvre leur camp retranché sont justes, j'essaierai de les en chasser à la pointe du jour.

Mon peu de facultés me commande de marcher avec prudence, en avançant sans cavalerie et artillerie dans un pays entièrement ouvert. Comme je n'ai pas, mon Général, de communications assurées avec vous, je n'ose pas confier ici l'état de situation des troupes que je commande.

J'apprends à l'instant que mes deux petites pièces de canon arriveront aujourd'hui.

Je vous salue respectueusement.

Bethencourt.

P.-S. — N'ayant pu, vu la difficulté des routes, faire suivre des subsistances, je me trouve dans un embarras inquiétant; je prends néanmoins les mesures les plus capables d'assurer ce point essentiel. Je vous transmets, mon Général, copie d'une injonction qu'il m'a été urgent de faire touchant cet objet.

Au Commandant de la place de Domodossola.

Je vous donne, Citoyen, l'ordre de vous entendre avec l'administration de cette ville, pour que les moyens les plus sûrs de rassembler la quantité d'environ 1600 rations soient, sans tarder, mis à exécution. Vous agirez d'après les principes de la modération la plus mesurée; mais si ce procédé n'amène pas le résultat essentiellement indispensable, dites à l'administration que je serai forcé de me rappeler que le pays dont je suis le maître renferme des habitants qui osèrent, l'année dernière, s'armer contre les Français.

Bethencourt.

Bethencourt, général de brigade, commandant la division du Valais, au citoyen Lechi, général commandant la légion italique.

Piedimulera, le 11 prairial an 8 (31 mai 1800).

Citoyen Général,

Je viens d'arriver avec mon quartier général à Piedimulera et je continue ma route sur Ornavasso, que l'ennemi a évacué hier, à la pointe du jour, à la suite de la glorieuse affaire où vous devez si bien l'avoir frotté (*sic*), avant-hier, sur ma droite (1). Je pousse ce matin mon avant-garde à Palanza, et j'attends avec le reste de mes troupes et deux pièces de 3 qui m'ont rejoint, de vos nouvelles à Ornavasso, pour savoir où je dois diriger ma marche.

J'écris au lieutenant général Moncey, qui doit être à Bellinzona et à Lugano, et dont j'attends directement des nouvelles et des instructions. Tâchez de me donner le plus promptement de vos nouvelles.

Je vous salue, mon cher Camarade.

BETHENCOURT.

Le général de brigade Bethencourt, au Premier Consul de la République française.

Ornavasso, le 11 prairial an 8 (31 mai 1800).

Mon Général,

Je vous rends compte de la substance d'une lettre que je viens de recevoir du général Murat (2).

En m'annonçant que l'armée a effectué, le 9 au matin, le passage de la Sesia, il me prévient qu'il dirige sa marche sur Novare, où il compte entrer le soir même (3). Il me donne ensuite avis qu'il a intimé au général Lechi, qui doit se trouver à Romagnano, d'ouvrir une communication avec moi et de favoriser ma jonction de tous ses moyens. Il me transmet

---

(1) Lechi n'avait point livré de combat important le 29 mai. C'est dans la soirée du 28 qu'il avait enlevé les retranchements de Varallo (V. p. 122). Le 29, il s'était porté de Varallo sur Romagnano (V. p. 123 et 124). Il est cependant certain que c'est sa marche en avant qui forçait le général Loudon à abandonner la position d'Ornavasso et à passer le lac Majeur, le 30 mai, à Angera. (V. la citation de la *Revue militaire autrichienne*, p. 125, note 3.)

(2) Cette lettre n'a pas été retrouvée.

(3) Il y arrivait en effet. (V. sa lettre à Moncey, p. 37.)

également que le corps autrichien qui se tenait à Gattinara, Romagnano et Prato, a pris la route d'Arona.

Je vous observe, mon Général, qu'il me fait entendre que ce mouvement n'est pas directement assuré. Le général termine en me disant que l'ennemi opère, suivant les apparences, une retraite sur Alexandrie et Tortone. Il ajoute qu'il ne présume pas que les opposants aient le dessein de défendre le Tessin, qu'il pense avoir déjà été passé par mes troupes.

Ayant eu une connaissance parfaite de la position du camp retranché d'Ornavasso, que j'aurais tourné en attaquant nuitamment, ainsi que je l'avais décidé, mon avant-garde se mit en route à cet effet, mais elle arriva trois heures après l'évacuation que l'ennemi en avait effectuée. D'après ma réquisition, les habitants voisins de ce camp sont occupés à le détruire. Je compte aller coucher ce soir à Palanza (1).

Ma troupe, qui ne s'élève qu'à un petit nombre, est remplie de l'ardeur de combattre. Il est vrai que, jusqu'à présent, elle n'a manqué de rien, quoique je n'aie pas pu, faute de transports, tirer mes vivres de Martigny. J'ai soin, en avançant en Italie, de former en arrière des petits magasins où je puise mes subsistances quand je me trouve dans un pays qui ne peut en fournir.

Je vous salue respectueusement.

BETHENCOURT.

Bethencourt est immobilisé pendant toute la campagne devant Arona et attend en vain l'envoi de Pavie des pièces de gros calibre nécessaires pour attaquer ce petit fort (2). Cependant la 44° demi-brigade, au moins

---

(1) D'après le journal de Brossier, Bethencourt est le 2 juin à Palanza. (V. p. 157, note 1.)

(2) Une reconnaissance détaillée d'Arona avait été faite l'année précédente, quand cette place était entre les mains des Français.

Reconnaissance faite à la ville, au château et dans les environs d'Arona, par ordre, en date du 30 frimaire an 7 (20 décembre 1798), du citoyen Dabon, commandant en chef du génie à l'armée d'Italie.

VILLE.

La ville d'Arona est située sur le lac Majeur, qui en baigne l'enceinte au nord-est et au sud-est ; on y compte environ 1800 âmes.

La partie du côté du lac est close par un simple mur d'enceinte avec une banquette, un

en partie, rejoint l'armée à Milan et entre dans la composition de la division Gardanne. (Voir p. 173 et 191.)

---

parapet flanqué de quelques tours rondes et carrées, le tout à la manière du XII⁰ siècle.

Le reste de l'enceinte consiste en trois fronts :

1° Celui de D en G, à l'est, donne sur le lac, qui dans les grandes eaux vient baigner le pied du glacis ; dans les temps ordinaires il laisse à sec un espace d'environ 7 à 8 toises ; le parapet de ce front ne consiste qu'en un mur de pierrailles de 15 pouces d'épaisseur ; ce front est fort petit, et comme une partie en est fort élevée, le tout se flanque très mal ;

2° Le front GB a le corps d'enceinte précédé d'une espèce de tenaille, dont le parapet est passable. Le bastion B a été tracé avec assez d'intelligence pour être défilé des hauteurs qui sont vis-à-vis ; on y a pratiqué au milieu un parados ou grande traverse pour le couvrir des hauteurs dominantes qui sont au nord-est ; mais ce parados ne se trouve pas suffisamment élevé pour remplir son objet. Quant au chemin couvert, il est entièrement pris d'écharpe des hauteurs du côté nord-ouest à une fort petite distance ;

3° Il faut remarquer que le front BA, qui joint la ville au château, va très en montant d'E en A surtout la branche du demi-bastion A ; le fossé est marécageux ; le parapet du demi-bastion A est dégradé, comme la plupart des autres, par la terre qu'on en a enlevée pour faire les jardins qui sont dans ces ouvrages. Le chemin couvert est sans traverses et en passable état. Il n'y a d'ailleurs point de demi-lunes dans toute la place. Les ponts-levis exigent plusieurs réparations urgentes ; il y a deux poternes ; elles sont en ce moment murées. La partie de la ville au nord-ouest est fermée par le château.

CHÂTEAU.

Le château d'Arona est particulièrement connu sous le nom de la Rocca, à cause de sa position sur un rocher.

Il appartient à la maison Boromée ; elle n'entretenait en aucune manière les bâtiments ; il n'y logeait absolument personne depuis nombre d'années ; seulement deux ou trois soldats de cette maison y montaient journellement la garde à la porte d'entrée.

L'été dernier, les insurgés piémontais ayant menacé le pays, le roi employa environ 1,000 livres du Piémont à faire décombrer les avenues, à pratiquer des chemins pour gravir d'une enceinte dans l'autre, à refaire une partie des toits des bâtiments et à faire à neuf un pont-levis et quelques autres menues réparations.

Il fut décidé que les réparations faites à la partie du château qui est du côté de la ville, servant de ce côté d'enceinte au corps de place de la ville, serait pour le compte du roi ; quant à toutes les autres réparations faites au château, le roi, en les ordonnant, décida qu'elles seraient remboursées par qui de droit, se réservant par là la faculté de les faire payer à la maison Boromée.

La sommité sur laquelle est assis le château s'élève du côté du lac à plus de 120 pieds de hauteur, coupé à pic verticalement ; toute la partie du côté de la ville, formant l'esplanade, est sur une pente très rapide ; il en est de même du reste de l'enceinte, excepté au nord où cette sommité tient à la montagne voisine, et où les ouvrages de ce côté sont dominés d'une hauteur à 150 toises. Ce château a été construit avant l'invention de la poudre, c'est-à-dire que c'est un assemblage de vieux murs, de vieilles tourelles, d'ailleurs d'une grande épaisseur mais qui ne flanquent rien, avec des mâchicoulis et de petites banquettes bien étroites, bien élevés, précédés de parapets de 12 à 15 pouces d'épaisseur en maçonnerie en partie détruite par le temps.

On y a ajouté, dans un temps plus moderne, les chemins couverts et les glacis qu'on voit sur le plan, mais l'intérieur de ces chemins couverts et les banquettes sont tellement en pente du côté de la campagne que non seulement on n'y est pas à découvert mais qu'un homme a de la peine à y marcher ; et les communications y sont d'ailleurs en très petit nombre et de l'accès le plus difficile.

On trouve dans les différentes enceintes du château quelques emplacements tels que ceux cotés sur le plan 16, 29, 42, 39, que l'on avait préparés dans des temps plus modernes que celui de la construction, pour recevoir du canon. On y avait fait des parapets en terre, mais

Le général de brigade Bethencourt, au Premier Consul de la République française.

Belgirate, le 19 prairial an 8 (8 juin 1800).

Mon Général,

Tous les rapports ultérieurs à ceux que j'ai eu l'honneur de vous transmettre, confirment ce que ceux-ci vous annonçaient. D'après cela vous jugerez qu'avec la poignée d'hommes dont je dispose, deux pièces de 2 et deux pièces de 3, je ne puis faire beaucoup de mal à l'ennemi qui, journellement, exerce avec fureur des réquisitions en vivres et en argent sur les deux rives du lac.

---

par la suite ceux qui avaient des jardins dans les ouvrages voisins se sont servis des terres de ces parapets, qui n'existent plus aujourd'hui excepté celui 42, refait à neuf l'été dernier lors de l'insurrection. Cinq à six, tant canons que coulevrines, y sont encore aujourd'hui en batterie contre la ville. C'est toute l'artillerie qui existe dans la place, à quoi il faut ajouter un grand nombre de coulevrines et d'antiques armes à feu renfermées dans un bâtiment servant d'arsenal entre les casernes cotées 39 et la chapelle 41.

L'emplacement coté 29 nous a paru le plus propre à être occupé par de l'artillerie, en ce qu'il voit parfaitement tout ce qui peut venir sur le lac et par le chemin le long du lac.

Il n'y a point de souterrain ni de bâtiment à l'épreuve, ni même un seul local propre à mettre convenablement la poudre à l'abri.

Malgré quelques réparations faites l'été dernier aux bâtiments, ils sont encore dans un état pitoyable et en très petit nombre ; on pourrait au plus y loger 400 hommes en occupant la galerie servant d'arsenal. Il n'y a dans tous ces bâtiments que 3 cheminées dont celle de l'arsenal est murée, où il faudrait plus de 1200 hommes pour faire un service un peu exact dans toutes les enceintes qui ont un très grand développement.

Observations.

D'après ce que nous venons de dire sur la place et le château d'Arona, nous pensons que tout est à y faire et que rien n'y est à faire, sinon les réparations nécessaires pour que la ville et le château soient constamment à l'abri d'un coup de main. Or, c'est, à peu de chose près, ce que l'un et l'autre sont dans l'état actuel.

Deux tabliers de ponts-levis à faire, dont un au château.

Une flèche à changer.

Plusieurs barrières à construire.

Quelques réparations à faire aux jetées du côté du lac et au mur d'enceinte; quelques parapets et quelques banquettes à réparer, principalement au château aux endroits cotés 16, 22, 42 et 39.

Faciliter les communications de l'intérieur à l'extérieur des ouvrages, faire des réparations plus considérables aux bâtiments afin de les rendre propres à recevoir la troupe.

Telles sont à peu près les réparations qui nous paraissent nécessaires et dont le capitaine Lepot est chargé d'envoyer un projet estimatif détaillé, en s'occupant sur-le-champ de ce qui concerne la fermeture de la ville et du château.

RECONNAISSANCE EN AVANT D'ARONA.

Le chemin qui conduit à Arona, depuis Novare, est une grande route fort belle ; mais passé Arona, du moins une lieue plus en avant, les routes ne sont plus praticables pour les voitures ; on n'y va qu'à pied ou à cheval, quand on ne prend pas le lac. Les deux principales routes sont :

1° L'une qui conduit à Bellinzona en Suisse, frontière des Grisons. On s'embarque ordinairement sur le lac Majeur jusqu'à Locarne ; si l'on veut éviter cet embarquement, il faut cheminer sur la rive droite du lac Majeur. Mais on allonge beaucoup la route, et l'on rencontre, de temps en temps, des parties de chemins difficiles même pour les gens à pied. Cette route est peu fréquentée vu la commodité du lac;

2° La deuxième qui remonte également la rive droite du lac jusqu'à l'embouchure de la

Je viens de reconnaître et de faire préparer les points où je pourrais établir quatre batteries de deux pièces, chacune pour fermer parfaitement la place et empêcher que les canonnières puissent sortir. Envoyez-moi de suite quatre pièces de 8 (1), si vous n'avez pas du 12, avec un ou deux mortiers, et je vous réponds, mon Général, qu'avant vingt-quatre heures l'Autrichien est mon prisonnier. Si vous avez des difficultés pour envoyer ces pièces, ordonnez qu'on me les délivre et je les ferai prendre.

La République Helvétique ayant fait rétrograder les compagnies suisses que

---

Toccia, et qui remonte cette rivière jusqu'à Domodossola. Là, elle se divise en deux branches, dont l'une conduit dans le Valais, l'autre au mont Saint-Gothard.

Il faut remarquer qu'on peut venir de Bellinzona dans le Piémont en évitant Arona, en allant de Bellinzona à Domodossola par les montagnes, où il se trouve plusieurs routes, à la vérité difficiles mais praticables en tout temps pour les gens de pied et les chevaux, et de Domodossola dans la vallée de Sesia ; ou bien descendant jusqu'à Ornavasso pour se rendre à Borgomanero, au sud-est d'Arona, et de là à Novare. On peut prendre également cette dernière route à un mille d'Arona, au village de Meina, sur le bord du lac, passant ensuite par Invorio, d'où l'on tourne Arona pour gagner la route de Novare en allongeant fort peu la route.

En général, les montagnes aux environs du lac Majeur, quoique assez élevées, ne sont cependant que des montagnes de troisième ordre, par rapport aux grandes Alpes. Aucune grande route n'y est faite, mais les gens de pied et les mulets peuvent les traverser en tout temps et dans tous les sens, et il y a une foule de sentiers très fréquentés ; il faut encore remarquer que pour se rendre d'Arona à Bellinzona il n'y a aucune chaîne de montagne à traverser.

Ainsi :

1° En venant de la Suisse et des Grisons, l'infanterie et la cavalerie peuvent se transporter en tout temps sur Arona ;

2° On n'y peut de ce côté faire venir de l'artillerie que par le lac. Quatre barques canonnières sont établies sur ledit lac ; elles sont commandées par des officiers de la marine ;

3° L'infanterie et la cavalerie peuvent en tout temps tourner Arona et se porter dans le Piémont ;

4° Les travaux de campagne qu'on pourrait faire à l'avance, en avant d'Arona, seraient fort peu utiles, puisque l'ennemi aurait toujours la faculté de les tourner un peu plus en avant. Il serait impossible, à une lieue d'Arona, d'établir des batteries par la difficulté d'y amener et d'en retirer les pièces ;

5° Un des ouvrages les meilleurs à faire serait de s'emparer, par un bon ouvrage, de la hauteur en avant de la porte de secours qui domine le château au nord. Cette hauteur est à la distance de cette porte d'environ 150 toises ; le général d'Arçon ne manquerait pas d'y proposer une lunette à feu de revers, qui effectivement y serait bien placée ; reste à savoir si, dans les circonstances, on peut espérer d'avoir les moyens en tous genres d'entreprendre et de finir un ouvrage aussi considérable ; nous en doutons. Cependant, à cette distance, il faut un ouvrage capable de résister quelque temps par lui-même ;

6° Arona et son château dans l'état où ils sont, avec les réparations indiquées, remplit un objet utile, celui de recueillir tous les postes placés en avant, s'ils venaient à être forcés ; de ne pouvoir être pris sans canons, qu'il serait impossible de conduire en venant du nord sans être maître du lac ; de donner ainsi le temps à nos troupes d'aller à son secours. Enfin d'obliger l'ennemi pour se porter en Piémont de tourner cette place comme si elle était beaucoup plus forte.

(Archives du génie.)   *(Signature illisible.)*

(1) Cette demande sert de commentaire à la dernière phrase du rapport du 22 juin. de Quatremère Disjonval (V. p. 134, note 1) dans laquelle cet officier explique que des pièces de 8 ont passé le Simplon. D'après la lettre suivante, Bethencourt n'avait pas encore de pièces de siège le 13 juin. C'est donc après cette date que les pièces de 8, passées au Simplon, ont rejoint Bethencourt.

j'avais établies par échelons jusqu'à Domodossola pour protéger les convois de vivres et de munitions qui filent successivement, me force pour maintenir ce service de les faire remplacer par un détachement de cent cinquante hommes pris dans la 44e demi-brigade. Sans cette mesure, je suis certain, d'après les avis que j'ai reçus, de perdre ces convois.

Je vous salue respectueusement.

BETHENCOURT.

Quatremère Disjonval, adjudant général, chef d'état-major de la division du Simplon, au citoyen Berthier, général en chef de l'armée de réserve, en son quartier général, à Stradella.

Service militaire extraordinairement pressé.

Milan, le 24 prairial an 8 (13 juin 1800).

Citoyen Général en chef,

Les obstacles qu'apporte la permanence d'un point hostile au milieu de nos forces de tout genre, par la non-réduction du fort d'Arona, viennent de décider le général Bethencourt à m'envoyer reconnaître en cette ville si les canons de siège et les obusiers, que vous lui avez promis, y étaient rendus. Je trouve qu'il n'y a encore aucun avis de leur envoi par le commandant de Pavie. Je me propose de me rendre par cette place à votre quartier général, pour vous porter des éclaircissements sur cet article et sur plusieurs autres. Mais la crainte d'être arrêté dans ma course, ou par le manque de chevaux, ou par quelque autre accident, m'engage à vous instruire par la présente de toute l'urgence dont il est de faire partir les pièces promises, et à vous envoyer à l'appui le dernier rapport de l'ingénieur que vous nous avez adressé.

Salut et respect.

QUATREMÈRE DISJONVAL.

Marcelor, officier du génie, au général Bethencourt.

Mon Général,

J'ai l'honneur de vous donner avis qu'aussitôt après vous avoir quitté, j'ai trouvé le capitaine d'artillerie et que nous avons reconnu ensemble (comme je l'avais déjà fait avec vous) que le fort ne peut être pris sans le secours d'artillerie de gros calibre. Pour nous en convaincre entièrement, nous nous sommes approchés du fort aussi près que possible et voici en quelques mots ce que nous avons jugé qu'il serait le plus convenable de faire en comptant sur les deux pièces de siège et le mortier promis et sur les pièces de petit calibre maintenant à votre disposition.

Avec très peu de travail on placera avantageusement une pièce de 4 sur le revers de la montagne, entre le séminaire et le fort pour démonter la pièce qui défend l'approche du pont-levis entre la montagne et le lac et couper les chaines de ce même pont-levis que l'on voit parfaitement. Un rocher dérobera cette pièce pendant cette opération au canon de la partie supérieure du fort, par ce moyen les canonniers seront donc à couvert. Une fois la pièce démontée et le pont-levis baissé, quelques tirailleurs placés derrière le rocher susdit empêcheront facilement qu'elle ne soit remise en batterie.

Une pièce de siège serait portée sur le mamelon, en face du front du couchant; son objet serait de battre en brèche le donjon du fort. Un mortier serait également porté sur ce point et remplirait parfaitement son objet en inquiétant les canonniers et l'intérieur du donjon. L'ancienne batterie fournirait les terres nécessaires à l'épaulement de ces deux bouches à feu.

La seconde pièce de siège serait portée sur la crête de la montagne du midi; ses feux se réuniraient à ceux de la pièce précédente pour l'ouverture de la brèche au donjon; elle aurait le double avantage de plonger une pièce basse qui pourrait incommoder le soldat montant à la brèche et de n'être contre-battue par aucune du fort; du moins j'ai cru l'avoir remarqué.

Nous avons aussi reconnu des chemins pour faire arriver les pièces en batterie sans être vu de la place.

Je ne doute pas, mon Général, que d'après ces dispositions le fort ne songe à se rendre.

Je couche au séminaire. Demain avec le jour je continuerai ma reconnaissance, ou plutôt je me familiariserai avec le terrain. Si vous êtes toujours dans l'intention de venir demain, (ce que je désire beaucoup), vous serez dispensé, comme je l'ai été moi-même, d'aller jusque chez le chef de brigade. Vous pourrez prendre le chemin de Saint-Charles, et là je vous ferai voir en une heure ce que je viens d'avoir l'honneur de vous détailler, mais je vous prierai, mon Général, de vouloir bien donner vos ordres pour que l'on rassemble sur-le-champ 350 outils, dont 200 pelles, 100 pioches et 50 haches et serpes. L'expérience m'a presque toujours démontré que cette partie si essentielle dans un siège est bien loin d'être complète quand on attend au dernier moment pour s'en occuper.

J'ai l'honneur de vous saluer respectueusement.

MARCELOR,
Officier du génie.

1re Réponse de l'officier du génie, au Conseil de guerre, sur l'assaut à donner au fort d'Arona sur le lac Majeur (1).

Le blocus des ville et fort d'Arona ne peut être complet qu'autant que la rive gauche du lac sera garnie d'infanterie et d'artillerie depuis Sesto jusqu'à Magunio, attendu que l'ennemi, maître de cette rive, pourra toujours et en tout temps, avec ses chaloupes canonnières, opérer une descente soit avec artillerie, soit sans artillerie; or, comme les troupes destinées au blocus n'offrent pas les moyens nécessaires pour adopter cette disposition, qu'elles ne donnent, au contraire, que tout juste ceux de chicaner seulement ces chaloupes à leur sortie de dessous le fort, en plaçant deux pièces de canon: l'une sur la rive droite du lac, l'autre sur la rive gauche, pour réunir des feux croisés; que d'un autre côté, l'on n'a pas la certitude, comme on le verra dans

---

(1) Sans date (*Archives du génie*).

la seconde réponse, de s'emparer du bassin qui abrite ces chaloupes, sans que les troupes qui seraient destinées à cette opération ne courent de grands risques et dangers, on assure que le blocus des ville et fort d'Arona ne peut être complet avec les troupes maintenant employées devant le fort et aux alentours.

2ᵉ Réponse de l'officier du génie, au Conseil de guerre, sur l'assaut à donner au fort d'Arona sur le lac Majeur.

On pourrait pénétrer dans la ville d'Arona par le front du sud, après avoir éteint le feu des deux pièces qui flanquent le pont-levis et abattu celui-ci, opération qui ne peut se faire qu'en établissant deux batteries, dont l'une, de gros calibre, sur la montagne qui voit l'une de ces pièces en flanc et l'autre à revers ; la seconde de petit calibre, dans la plaine, pour ruiner le pont-levis. Mais la réussite de cette entreprise ne pourrait que tourner à notre désavantage en ce que la ville n'étant séparée du fort que par une haute muraille et un escarpement, des hommes placés sur ceux-ci fusilleraient avec succès tout ce qui se présenterait dans les rues, sans que l'assaillant puisse riposter ni prétendre à l'escalade du fort. Je ne parle pas de la résistance qu'auraient faite d'abord les troupes qui borderaient le parapet de la courtine où le pont se trouve établi.

Quant à se maintenir dans la ville, je n'en vois pas la possibilité, parce qu'il faudrait pour cela s'emparer des chaloupes canonnières, et il n'est point à à douter qu'aussitôt qu'elles seront instruites, par le canon, de notre entreprise sur la ville, elles ne prennent le large et ne joignent leurs feux à ceux du fort pour nous la faire abandonner. Si, dans le cas contraire, elles nous attendaient dans le bassin, le coup n'en serait que plus funeste pour nous, parce que : 1° pour aller les trouver, il faudrait traverser la ville et essuyer pendant tout ce trajet la fusillade du mur de séparation dont il a déjà été parlé ; 2° essuyer la mitraille des chaloupes en les abordant ; 3° continuer à recevoir à bout portant la fusillade du fort ; 4° enfin s'exposer à avoir sur ses derrières les tirailleurs qui ne manqueraient pas de descendre du fort à l'extrémité de la ville opposée à celle où se trouvent les chaloupes.

D'après cela, je regarde donc l'attaque de la ville comme autant hasardée que périlleuse.

Le petit front du nord offrirait la même facilité pour l'extinction du feu de la pièce qui le défend et la prise du pont-levis, mais il faudrait également recevoir la mitraille des chaloupes, la fusillade du fort, et après cela revenir sur ses pas, c'est-à-dire abandonner la ville qu'on aurait pu à peine atteindre à l'une de ses extrémités.

(Archives du Génie.)

Arona, compris dans les places cédées par la convention d'Alexandrie, est remis le 20 juin au général Bethencourt (Voir chap. IX).

III. — Passage du Saint-Gothard par Moncey.

Le corps Moncey, formé par Moreau le 10 mai, par prélèvement sur les troupes de l'armée du Rhin (1) et dont la composition avait été modifiée ultérieurement (2), se réunit dans la seconde quinzaine de mai dans la haute vallée de la Reuss ou vallée d'Urseren, entre Lucerne et les pentes nord du Saint-Gothard (3).

Le 19 mai, le Premier Consul prescrit à Moncey d'être le 28 mai au Saint-Gothard et lui indique le but de sa diversion vers Bellinzona et Lugano (4).

Moncey répond le 24 mai qu'il passera le Saint-Gothard le 28 et le 29 (5). Le même jour il fixe l'ordre de bataille de son corps dont l'effectif n'est encore que de 11,510 hommes (6) et qui comprendra deux divisions sous les ordres des généraux Lapoype et Lorge et une réserve de cavalerie (7).

Le Premier Consul écrit d'Aoste à Moncey le 24 mai, lui donnant avis du passage du Saint-Bernard et de la prise d'Ivrée, et lui prescrivant d'attaquer le 27 ou le 28 et de se faire suivre de beaucoup de munitions de guerre (8).

La 1ʳᵉ division commence le 28 le passage du Saint-Gothard.

---

(1) Tome Iᵉʳ, p. 353 et 354.
(2) *Ibidem*, p. 355 et 367.
(3) *Ibidem*, lettre de Moncey du 18 mai, p. 367 et 368.
(4) *Ibidem*, p. 429 et 130.
(5) *Ibidem*, p. 430.
(6) *Ibidem*, p. 431.
(7) *Ibidem*, p. 506, 507 et 508.
(8) *Ibidem*, p. 506.

Le général de division Lapoype, au lieutenant général Moncey, à Altdorf.

L'Hospital, le 8 prairial an 8 (28 mai 1800).

Le général Chabert, mon Général, m'écrit que sa brigade est arrivée, à 9 heures du matin, à Airolo, sans autres obstacles que ceux de la route qui est fort gâtée (1).

Il va prendre ses positions d'après les ordres que je lui ai donnés sur vos instructions.

Le général Digonnet va prendre le commandement de la brigade Chabert et celui-ci prendra celui de ma réserve.

Je serai demain matin, vers 10 heures ou même plus tôt, à Airolo et je prendrai avec Digonnet les dispositions convenables. Nous aurons, j'espère, quelques renseignements positifs sur l'ennemi ; je n'ai encore rien à vous marquer à ce sujet.

Le général Chabert, conformément à mes ordres, s'occupe à former des magasins ; mais je crois qu'il ne peut se procurer que du fourrage et de l'eau-de-vie (2).

J'espère, mon Général, que vous nous joindrez bientôt et que sous vos yeux et dirigés par vous, nous ferons de bonnes opérations.

Vous inspirez la confiance, vous échauffez le courage, vous rendez le service si agréable. Nous chanterons « *Où peut-on être mieux*, etc..... »

Salut et respect.

LAPOYPE.

---

(1) Le passage du Saint-Gothard avait été reconnu en détail. Citons notamment la reconnaissance faite en mars 1800 et attribuée à Dessole (V. t. Ier, p. 98) et la reconnaissance faite en mai 1800 par le capitaine du génie Boutin, sur l'ordre du général Moncey. (V. t. Ier, annexe 22, p. 688.)

(2)   ARRÊTÉ.

Altdorf, le 8 prairial an 8 (28 mai 1800).

Vu l'urgence et la nécessité indispensable d'assurer d'une manière stable et sûre les transports de subsistances sur toute la ligne depuis Flüelen jusqu'à Bellinzona ;
En conséquence,
Arrêtons qu'il sera établi de suite des vaguemestres particuliers pour surveiller, diriger et activer ces transports sur les points de Flüelen, Steigg, Wassen, Urseren, Airolo, Faido et Pollegio.
Arrêtons en outre que ces vaguemestres seront payés au compte du gouvernement français sur le pied de 6 francs par jour.

MONCEY et SOUVESTRE.

Ordre du jour.

8 prairial an 8 (28 mai 1800).

J'annonce avec plaisir à l'aile gauche (1) que le centre et la droite de l'armée de réserve ont débouché par le Saint-Bernard, qu'ils ont poussé vigoureusement l'ennemi, lui ont fait 400 prisonniers. C'est un courrier du Premier Consul Bonaparte et du général en chef Berthier qui m'en a apporté l'agréable nouvelle. L'aile gauche marchera sur les traces du centre et de la droite : Dans deux jours vous aurez l'ennemi à combattre, et dans deux jours, me confiant dans votre bravoure, je suis sûr de la victoire.

J'ai vu avec déplaisir, sur la route que j'ai traversée à la suite des colonnes, que le désordre, le pillage des magasins à fourrage avaient été à leur comble. Comment se fait-il que soldats et officiers ne sentent pas que le pillage des magasins les exposent à se voir privés de tout secours. J'espère que ces désordres ne se renouvelleront plus ; mais je dois nommer le 12e régiment de chasseurs et le 6e de dragons comme s'étant fait principalement remarquer dans le pillage des magasins à fourrage.

Il vient d'arriver à Altdorf 2,000 paires de souliers que j'envoie extraordinairement aux généraux de division, avec ordre de les distribuer (2).

MONCEY.

Le général de division Lapoype, au lieutenant général Moncey, commandant l'aile gauche de l'armée de réserve, à son quartier général, à Airolo (3).

Faido, le 10 prairial an 8 (30 mai 1800).

Je me suis rendu à Faido, mon Général, comptant y trouver le général Digonnet, mais il était parti et je suis à sa poursuite.

---

(1) Le corps Moncey était l'aile gauche de l'armée de réserve.

(2)   8 prairial an 8 (28 mai 1800).

Ordre au citoyen Guerrin, capitaine à la 1re de ligne, de prendre le commandement de la place d'Altdorf. Cet officier est spécialement chargé de maintenir le bon ordre et la discipline parmi les troupes de passage, d'assurer le départ des convois de munitions de guerre et de bouche, de manière qu'elles soient intactes à leur destination, sans que qui que ce soit puisse se permettre d'en changer la destination de tout ou de partie. Si le commandant de la place de Flüelen, port d'Altdorf, est inférieur en grade ou moins ancien que le citoyen Guerrin, il aura le commandement supérieur. (*Voir la carte d'ensemble au tome Ier.*)

MONCEY.

(3) Moncey avait son quartier général, le 29 mai, à Urseren.

Urseren, le 9 prairial an 8 (29 mai 1800).

Ordre au citoyen Joseph-Ferdinand Dessuland, capitaine au 1er bataillon de la 12e d'in-

L'ennemi a évacué tous ses postes, hier 9, à 3 heures du matin.

Il s'est retiré sur Bellinzona; peut-être est-il encore à Biasca, mais il a fait couper le pont, ce qui pourrait retarder notre marche de quelques heures, car nous n'avons point de pontonniers ni de charpentiers avec nous; cependant, nous y suppléerons.

De Faido à Biasca, il y a quatre heures de marche, et, de là, cinq heures pour arriver à Bellinzona.

Je ne pense pas que l'ennemi ait de bien grandes forces sur ce point. D'après les informations que j'ai prises, il avait environ 200 à 300 hommes, tant à Faido que dans les divers postes qu'il occupait dans la vallée, tels que ceux de la Dorane, la Capelle, le Cato, etc. Tout le monde s'accorde à dire que les Autrichiens n'avaient que cinq corps depuis les lacs Locarno et Lugano jusqu'ici. Ces corps sont : bataillon de Saint-Georges, Banats, Croates, Cornéville émigrés français ou du moins commandés par des Français (c'est de la cavalerie); je ne sais pas le nom des autres corps.

Nous manquons de pain et de cartouches. Je vous prie de hâter les transports de ces objets.

Salut et respect.

LAPOYPE.

Le général Digonnet rencontre le 3o mai l'ennemi au pont de la Mœsa avant d'atteindre Bellinzona.

Extrait de la Revue militaire autrichienne.

.....Le général Moncey, notamment, s'était avancé, par la route de Faido et de Biasca, dans la plaine et, avec une troisième colonne, sur la montagne. Après une sérieuse résistance, Dedovich (1) concentra ses troupes derrière le pont de la Mœsa, en avant de Bellinzona.....

---

fanterie légère, de continuer les fonctions de commandant de cette place et de ne la quitter que lorsqu'il en recevra l'ordre de moi ou de l'adjudant général, chef de mon état-major.

Cet officier préviendra le chef du bataillon auquel il appartient, du présent ordre, en lui en adressant la copie.

MONCEY.

(1) Dedovich avait à Bellinzona, 3,810 hommes et 167 chevaux. (*OEstreichische militärische Zeitschrift*, t. XXVI, p. 246.)

..... Vukassevich enjoignit au général Dedovich de se poster sur le mont Cenere. A peine ce général s'était-il mis en marche vers cet endroit que l'ennemi attaqua, le 30 dans l'après-midi, son arrière-garde au pont de la Mœsa. Le capitaine Czaar, du régiment de frontière Saint-Georges, défendit avec deux compagnies et un escadron de hussards les retranchements situés derrière le pont. Le lieutenant général Moncey fit en vain donner l'assaut, en vain il pointa 10 canons (1) sur les retranchements. Ce n'est que vers minuit seulement que le capitaine Czaar retira ses troupes des retranchements et les conduisit par Bellinzona sur le mont Cenere, où le général Dedovich avait déjà pris position (2).

*
* *

Moncey passe le Saint-Gothard le 29 ou le 30 mai pour venir à Airolo, puis à Faido.

Faido, le 10 prairial an 8 (30 mai 1800).

Arrêté.

Le général Moncey,

Vu le besoin de transport :

Considérant que l'aile gauche de l'armée de réserve a un besoin pressant de moyens de transport ;

Considérant que les chevaux et mulets promis par le commissaire du gouvernement helvétique à Lucerne n'ont été donnés qu'en partie ;

Considérant aussi que les Suisses sont nos alliés et nos amis et qu'ainsi ils ne doivent pas fournir tous leurs services sans une indemnité proportionnée à nos moyens en argent.

Arrête que tous les traîneaux et chevaux des vallées d'Urseren et Valentine sont mis en réquisition.

Art. 2. — Sont également mis en réquisition, pour le transport des munitions de guerre et de bouche toutes les personnes en état de porter à dos.

Si, dans les vingt-quatre heures, tous les moyens ci-dessus indiqués ne sont pas en activité, les villages et communes qui seraient en retard, seront traités militairement.

Afin d'indemniser sur-le-champ, il est mis d'abord six mille francs à la disposition du citoyen Schokke, commissaire helvétique qui en fera la distribution et en justifiera l'emploi.

Le commissaire des guerres et le chef de l'état-major de la division Lorge sont chargés, le premier, en s'entendant avec le commissaire helvétique, de suivre l'exécution des mesures ordonnées ; le deuxième, de faire fournir les

---

(1) Au sujet du nombre de canons de Moncey. (V. la fin de lettre du 2 juin de ce général au Premier Consul, p. 156.)

(2) *Œstreichische militärische Zeitschrift*, t. XXVI, p. 217.

escortes nécessaires ou les détachements qui deviendront indispensables si l'on est obligé d'employer la force.

Toutes les autorités civiles des vallées précitées sont personnellement responsables de tout retard qui contrarierait les présentes dispositions.

MONCEY.

Le 31 mai, Moncey occupe Bellinzona. Il continue sa marche vers le sud et le 2 juin son avant-garde rencontre à Varese les coureurs de Murat, effectuant ainsi sa liaison avec le gros de l'armée de réserve.

Le général Moncey, lieutenant du Général en chef de l'armée de réserve, commandant l'aile gauche, au général Bonaparte, Premier Consul de la République.

Bellinzona, le 12 prairial an 8 (1er juin 1800).

Général, Premier Consul,

J'ai l'honneur de vous rendre compte que, le 8 et le 9, une partie des troupes à mes ordres a passé le Saint-Gothard ; que l'ennemi se retirant devant nous, nous l'avons serré le 10 et le 11.

Hier au matin, nous avons occupé Bellinzona ; aujourd'hui, je tiens, par des postes avancés, Locarno et Lugano.

Des rapports me parviennent ; s'ils se confirment par ceux des partis que j'ai envoyés, je manœuvrerai demain de manière à tirer parti des circonstances.

L'officier porteur de ma lettre vous rendra un compte verbal sur les objets qui pourront vous intéresser ; c'est le général Lorge qui m'a indiqué cet officier. Le général Lapoype, dans une reconnaissance en avant de Bellinzona, a été blessé le plus heureusement possible pour lui ; une balle amortie l'a frappé au front, n'a fait que lui ouvrir la peau avec contusion.

Je vous renouvelle, Général Premier Consul, l'assurance de mon respectueux dévouement (1).

MONCEY.

---

(1) Cette lettre arrivait sans doute le 3 juin au quartier général à Milan (V. note 3, p. 102). Elle était envoyée à Paris et publiée dans le *Moniteur* du 23 prairial (12 juin)

Moncey, lieutenant du Général en chef de l'armée de réserve, commandant l'aile gauche, au général Bonaparte, Premier Consul de la République française.

Bellinzona, le 13 prairial an 8 (2 juin 1800).

Général, Premier Consul,

Ce matin, depuis la lettre que je vous ai adressée (1), j'ai donné l'ordre de pousser des partis jusqu'à Côme. A 2 heures, j'ai reçu une lettre du général Berthier qui m'engageait à faire filer des troupes sur Côme (2). Afin d'exécuter ce mouvement avec plus de sécurité, je porte toute ma première division à Côme, la seconde à Lugano, prête à se porter à gauche sur Chiavenna, si les forces des Grisons voulaient déboucher sur nos derrières, ou à se mettre en ligne si l'évacuation entière des Grisons s'effectue.

Deux bataillons ont été prendre poste au Saint-Bernardin pour assurer ainsi, de plus en plus, ma position. Ils sont à portée d'être appelés en ligne, au besoin.

Quatre bataillons occupent les débouchés des vallées de la Reuss et d'Urseren sur les Grisons (3).

Vous ne trouverez pas cette force hors des proportions, lorsque vous songerez que j'ai à couvrir Altdorf, où sont réunies l'artillerie et les munitions de guerre, et à protéger leur transport par une gorge de 25 lieues coupées d'une infinité de débouchés (4).

---

(1) Lettre non retrouvée.

(2) Cette lettre n'a pas été retrouvée. Elle avait sans doute été écrite le 31 mai, dans le même temps que les lettres à Lechi et à Bethencourt, pendant que Murat passait le Tessin à Turbigo. (Voir p. 69).

(3)   Bellinzona, le 13 prairial an 8 (2 juin 1800).

Le général Moncey nomme l'adjudant général Foy pour remplir provisoirement les fonctions de général de brigade, commandant la gauche de la division Lorge.

En conséquence, il prendra le commandement de toutes les troupes destinées à couvrir la vallée de la Reuss et celle d'Urseren ; il partira demain 14 et il placera les troupes suivant les instructions particulières que je lui donne.

Le général de brigade Quetard lui remettra tous les renseignements dont il était précédemment chargé.

MONCEY.

(4)   *La Commission exécutive de la République helvétique, au citoyen Moncey, lieutenant général.*

Berne, le 28 mai 1800.

Le citoyen Ruttiman, capitaine commandant les quatre premières compagnies d'infan-

Voici un compte sommaire de ma position :

J'ai eu treize jours pour rassembler les munitions de guerre et de bouche dispersées fort loin du point de réunion, pour me procurer des moyens de transport que je n'avais pas.

Tout a dû être d'abord rassemblé à Lucerne, tout a dû être transporté à Altdorf par le lac, excepté l'infanterie : les barques propres aux transports sont en petit nombre, premier retard.

Les différents services demandaient 2,000 chevaux qu'on nous avait fait espérer devoir être à notre disposition ; on n'a pu tenir parole. Arrivés devant Bellinzona, il a fallu renoncer à tirer des vivres du Gothard pour faire arriver les munitions de guerre et employer les chevaux au transport de l'artillerie ; nous nous procurons des vivres comme nous pouvons.

---

terie helvétique, appelées à faire le service sous vos ordres, a cru de son devoir de consulter le gouvernement sur la conduite qu'il devrait tenir lorsque, dépassant les frontières de la Suisse, l'armée que vous commandez ira en Italie forcer la paix par la victoire. Notre réponse, analogue aux circonstances où nous nous trouvons et au resserrement de nos moyens, a été que le service des quatre compagnies, sous les ordres du citoyen Ruttiman, devait se borner à l'intérieur de l'Helvétie.

Les motifs, citoyen Général, qui nous ont portés à prendre cette décision sont les suivants :

1° L'Helvétie n'ayant point de cartel avec l'Autriche relativement aux prisonniers, il en résulte que les Suisses, qui ont le malheur de tomber dans la captivité autrichienne, ne sont point envisagés comme prisonniers de guerre mais, par une explication aussi ridicule qu'elle est injuste, traités comme des rebelles et dès là exposés aux traitements les plus rigoureux. Par la même raison, ils ne sont point compris dans les échanges de prisonniers ;

2° Une partie des soldats, formant la troupe en question, a réservé dans son engagement qu'elle ne serait point employée hors du territoire helvétique, mais seulement pour la défense de la patrie en deçà de ses frontières ;

3° Enfin, la troisième considération, non moins forte que les deux précédentes, se fonde sur ce que le peu de troupes que l'Helvétie a sur pied est indispensablement nécessaire au gouvernement pour le maintien de la police et de l'ordre public.

Nous nous flattons, citoyen Général, que vous trouverez ces motifs suffisants, et que vous ne verrez dans l'ordre que nous avons donné au citoyen Ruttiman, que l'effet de la nécessité la plus indispensable.

Salut et considération.

Le Président de la Commission exécutive,
C. FRISCHING.

Par la Commission exécutive :
Le Secrétaire général,
MOUSSON.

En marge, Moncey a écrit :

Répondre que je n'ai jamais eu l'intention de faire sortir de l'Helvétie ces quatre compagnies par les motifs exprimés dans cette lettre et que je connaissais ; qu'elles sont dans les vallées de la Reuss et d'Urseren pour assurer nos convois. Annoncer que nous sommes d'hier à Bellinzona et d'aujourd'huy à Lucarno et Lugano.

En marge : *Répondu le 13 prairial.*   .

75 cartouches ont été distribuées à chaque homme ; le temps affreux qu'il a fait en a avarié un tiers. Les 1,500,000 que j'ai fait venir de Huningue doivent être à Altdorf, et nous arriveront, j'espère, en bon état ; tous les transports doivent être employés à nous les porter. Ensuite, l'artillerie sera mise en marche ; nous n'avons avec nous que deux pièces de 4, deux obusiers et cinq petites pièces au-dessous de 4.

Si je n'avais pas eu à protéger ces magasins, si j'avais pu tout mener avec moi, je me serais peu inquiété de mes derrières, et, renforcé de 3,000 hommes environ, j'aurais pu agir avec plus de décision.

Pour ne pas m'encombrer dans une gorge de 25 lieues, qui, souvent, n'a pas 30 toises de large, j'ai laissé ma grosse cavalerie le long du lac de Lucerne, jusqu'après mon passage ; depuis mon développement, je l'ai appelée à moi ; elle arrivera incessamment.

J'ai l'honneur, Général Premier Consul, de vous présenter mon respectueux hommage.

MONCEY.

Digonnet, général de brigade, au général de division Lapoype, à Bellinzona.

Lugano, le 13 prairial an 8 (2 juin 1800).

Je vous fais passer une lettre du général Murat qu'il écrit au général Moncey (1), adressée au premier commandant français ; je l'ai lue, et j'ai vu avec plaisir que nous avoisinions déjà Milan (2).

---

(1) Voir p. 75.

(2)　　　　　　　　　　*Ordre du jour.*
Bellinzona, le 13 prairial an 8 (2 juin 1800).

L'aile gauche de l'armée de réserve est prévenue que le centre et la droite de l'armée ont passé, le 11, le Tessin ; qu'à la suite de ce passage de rivière, Milan aura dû être occupé.

Bientôt, mes camarades, nous verrons l'ennemi. Nous sommes ici pour lui barrer le chemin de la retraite, c'est vous dire que vous devez être plus braves que tous, puisque vous aurez à combattre contre le désespoir d'un ennemi déjà vaincu par les dispositions du général Bonaparte.

MONCEY.

Les postes du général Murat étaient déjà ce matin à Varese. J'ai fait occuper cette ville. J'ai prévenu le général Murat que nous occuperions demain Côme (1). Pourquoi resterions-nous gênés, puisque nous pouvons facilement nous mettre mieux ?

J'ai été reconnaître la Tresa ; ce pays n'offre d'autres ressources que quelques fourrages.

J'attends le rapport de l'officier qui a été à Varese pour savoir s'il y aura trouvé des magasins.

On m'a assuré en avant de la Tresa que nous étions entrés hier au soir à Milan ; je n'en serais pas surpris, mais ça mérite confirmation (2).

Si vous voulez m'envoyer des pièces de 4, vous pourrez les envoyer à Magadino, pour y être embarquées jusqu'à Laveno ; de là, elles pourraient se rendre par la grand'route à Varese.

Je vous rappelle que la compagnie des carabiniers est à Locarno et que vous pourrez vous adresser au capitaine pour se pourvoir de barques.

Si je ne reçois pas d'autres ordres, je partirai demain avec ma brigade pour me rendre à Varese, où je me lierai avec la gauche du lieutenant général Murat. Je laisserai ici un bataillon jusqu'à l'arrivée des troupes du général Chabert.

Salut et respect.

Digonnet.

P. S. — Je vous préviens qu'il y a ici un hôpital où l'on peut disposer de 50 lits.

Le 4 juin, la division Lapoype est en avant de Côme, le quartier général de Moncey est à Lugano ; la division Lorge s'échelonne en arrière.

---

(1) 13 *prairial.* — *Réunion des troupes du général Moncey.* — Le 13, les divisions du général Moncey arrivèrent à Varese et à Côme, et le général Bethencourt à Palanza ; cette réunion complète les forces de l'armée et la lie en quelque sorte avec celle d'Helvétie et avec le Valais, de manière que le plan, non moins audacieux que savant, du Premier Consul ne peut plus trouver d'obstacles dans son exécution.

(2) La nouvelle était prématurée. Ce n'est que le 2 juin que les Français entrent à Milan. (V. p. 84).

Le général de division Lapoype, au lieutenant général Moncey, commandant l'aile gauche de l'armée.

Côme, le 15 prairial an 8 (4 juin 1800).

J'ai eu l'honneur de vous écrire, mon Général, pour vous annoncer que j'étais arrivé à Côme, où je n'avais pas trouvé le général Bethencourt et même aucune troupe, excepté 40 hommes des chasseurs de la 1re demi-brigade et deux compagnies que j'amenais avec moi.

Je me suis, par conséquent, trouvé un peu isolé, l'ennemi ayant encore des forces à Lecco et même un poste à Incino, à 3 lieues de Côme, entre cette ville et Lecco, près Cassano (1).

J'ai fait pousser, à 2 heures du matin, une reconnaissance de 60 hommes sur Incino et Lecco. Je n'ai pas encore de nouvelles.

J'ai reçu votre lettre dans laquelle vous me reprochez d'avoir oublié la division Lorge. Je répondrai à cela, mon Général, que la réquisition de 1200 paires de souliers que j'ai faite à Lugano ne peut point épuiser cette commune ; en second lieu, que j'ai laissé derrière moi la commune de Locarno qui n'a rien fourni en souliers et peu en subsistance ; cette commune est ou sera occupée par le général Lorge. Enfin, j'ai requis à Côme 6,000 paires de souliers ; nous partagerons avec le frère d'armes.

Je crois et j'espère que nous nous verrons ici aujourd'hui, et je vous attends avec empressement.

Le général Digonnet arrive, et je lui remets la lettre que vous lui avez adressée, contenant un ordre au général Bethencourt qui ne donne pas signe de vie. Je vous envoie copie de cet ordre certifiée, afin que vous puissiez la faire passer à ce général, si vous avez connaissance de sa position, ce que je ne crois pas. Je ne vous fais pas passer l'original, de peur qu'il ne s'égare ou qu'il ne vous rencontre pas.

J'ai placé la brigade du général Digonnet en avant de Côme ; il est à cheval sur les routes de Milan et Varese et s'étend jusqu'à Cantu. La brigade du général Chabert gardera les

---

(1) « Le général Dedovich reçut l'ordre de marcher sur Cassano en passant par Côme et Lecco, de chercher à faire sa jonction avec Vukassevich, derrière l'Adda..... »
(*Œstreichische militärische Zeitschrift*, t. XXVI, p. 250.)

débouchés du côté de Lecco; il se trouve à présent que votre ligne tient depuis Altdorf jusqu'à Milan.

Je reçois des nouvelles de la reconnaissance que j'ai envoyée sur Lecco.

L'ennemi y est encore, mais il a détruit une arche du pont; une sentinelle se montrait sur ce point. Il y a des chaloupes canonnières, et même on les a vu voguer sur le lac (1).

C'est toujours la légion de Cornéville qui est dans ce poste. Vous avez dû voir déjà un assez grand nombre de déserteurs de ce corps.

On assure que l'ennemi est à Chiavenna. Je ne sais s'il est fort sur ce point, mais, quoi qu'il en soit, il est très désagréable de laisser l'ennemi derrière soi ou sur ses flancs. J'espère que le général Foy les débusquera.

J'aurai des nouvelles à vous donner de Milan quand vous arriverez, car j'y ai envoyé un de mes aides de camp.

Salut et respectueuse amitié.

LAPOYPE.

Ordre du jour.

Lugano, le 15 prairial an 8 (4 juin 1800).

L'aile gauche est prévenue que nos troupes sont entrées à Pavie où elles se sont emparées du parc ennemi, consistant en 300 bouches à feu et contenant, de plus, 100 milliers de poudre.

Le quartier général sera demain à Côme.

MONCEY.

Compte rendu du général de division Lorge.

Lugano, le 16 prairial an 8 (5 juin 1800).

Demain, 17 du courant, trois bataillons de la 67e et un de la 12e légère avec de l'artillerie, seront disponibles à Côme.

Un bataillon de la 12e légère à Lugano, tenant par un fort détachement Porlezza et poussant des reconnaissances sur Gravedona.

Un bataillon de la 1re de ligne placé à Bellinzona, observant par quelques troupes le débouché du Val Misancina, faisant la police de Bellinzona et de l'intérieur de la vallée, de Tarence à Lugano, Mogadino et Locarno.

---

(1) Deux jours après, Lechi arrive en face du pont de Lecco dans sa marche vers Brescia. (V. p. 127). Il force le passage le 7 juin (V. p. 128.)

Deux bataillons de la 1ʳᵉ tenant les débouchés du Saint-Bernardin sur Chiavenna et Ilantz.

Les troupes de renfort arrivant successivement doivent rejeter ces dernières sur Lugano, comme il est dit dans l'instruction donnée à l'adjudant général Foy.

A mon départ, le citoyen Lacoste, officier intelligent, commandant la 12ᵉ légère, s'établira de sa personne à Lugano, chargé de faire filer les troupes sur Lugano, à mesure qu'elles arriveront, et d'y attendre l'adjudant général Foy.

La cavalerie se dirigera pour Ponte de la Tresa.

LORGE.

Le corps Moncey atteint peu à peu Milan : la division Lapoype y arrive le 5 juin (1) : le quartier général le 7 (2); mais le transport de l'artillerie et des cartouches ne s'opère qu'avec de grandes difficultés.

L'adjudant général Foy, au général Moncey.

Altdorf, le 16 prairial an 8 (5 juin 1800).

Mon Général, j'ai reçu votre lettre du 15 prairial, j'exécuterai de mon mieux les ordres qu'elle contient (3). Le plus grand désordre règne dans les transports; tout est tronqué, tout est désorganisé, ou plutôt rien n'a jamais été organisé. Les dépôts de munitions sont à peu près formés en échelons, mais les moyens de transport ne suivent pas la même progression et cela est ainsi, non seulement du lac Majeur à Altdorf, mais encore d'Altdorf à Lucerne, car le service des bateaux se fait fort mal, et on s'est occupé d'amener des pièces de 8 au lieu de cartouches d'infanterie.

Le général Gilly m'avait parlé de bâts, les habitants n'en ont pas et ils ne peuvent plus en faire, parce qu'ils manquent de son pour les rembourrer. Ainsi on ne s'en procurerait pas, même en les achetant.

Tout est au point, mon Général, que par les moyens ordinaires je ne vous procurerais pas 200,000 cartouches dans le délai de 6 jours que vous me prescrivez. J'ai donc dû avoir recours aux moyens extraordinaires :

1° Je demande au général Quétard de m'expédier de Lucerne ici, sous deux jours, par le moyen de chaloupes canonnières, un million de cartouches. Il y en a à peu près la même quantité éparpillée d'ici à Airolo; lorsque tout sera

---

(1) Voir la lettre de Berthier à Dupont, p. 172.

(2) Voir la dernière phrase du bulletin de l'armée du 7 juin, p. 221.

(3) La lettre du 15 prairial n'a pas été retrouvée. Foy avait été nommé le 13 prairial (2 juin) au commandement des troupes qui gardaient la ligne d'opérations de Moncey, au nord du Saint-Gothard. (V. p. 155, note 3.)

réuni sur le lac Majeur, l'armée aura dix-sept cent mille cartouches disponibles (car j'en compte 300,000 pour le déchet);

2° J'ai proposé au commandant de la réserve de cavalerie de charger de car-touches les chevaux de ses cavaliers. Le commandant a senti toute l'impor-tance de ma demande; quoiqu'il ait l'ordre de vous rejoindre à marches for-cées, malgré tous les inconvénients qui peuvent en résulter pour les chevaux, il a fait prendre à ses cavaliers 400 cartouches par homme;

3° Je place le peu d'infanterie que j'ai (environ 1000 hommes) en échelons d'ici à Urseren. Les soldats porteront les munitions dans leurs havre-sacs, ils laisseront dans leurs logements leurs effets et leurs armes. J'estime que chaque homme portera 300 cartouches. Ayant 300 hommes à chaque échelon et les faisant aller un jour et revenir l'autre, ce moyen me procurera par deux jours 90,000 cartouches à Airolo.

Pour transporter ensuite d'Airolo à Magadino, je donne l'ordre à la 1re de ligne de venir s'établir en échelons entre ces deux points. Il est possible que la 1re de ligne ne soit plus dans ses positions, et alors mon opération sera man-quée. Dans ce cas, mon Général, je vous prie de suppléer à l'insuffisance de mes moyens. Il doit y avoir des mulets et des chevaux de bâts entre les lacs d'Italie, on pourrait les former en compagnies et les faire aller à Airolo sous l'escorte de la cavalerie. Dans les montagnes, un mulet bâté porte plus que 6 chevaux ne traînent. A défaut de chevaux, il faut des troupes.

Pour faire faire à l'infanterie un service aussi pénible que le transport des munitions, je lui ai promis, en votre nom, que le premier argent donné au corps d'armée pour la solde serait pour elle et qu'on lui payerait une plus grande partie de sa solde arriérée qu'aux autres demi-brigades, en un mot, que vous ne manqueriez pas de lui témoigner votre reconnaissance. Tout ceci ne produira pas de bien grands résultats, la marche des convois sera lente. Il y aura des munitions avariées. Mais il m'est humainement impossible de faire davantage. D'ailleurs les moyens ordinaires, tels que les traîneaux, etc., iront toujours leur train.

J'ai l'honneur de vous répéter, mon Général, que si la 1re de ligne ne se trouve plus à Bellinzona ou au Bernardin, il sera nécessaire que l'on prenne des mesures efficaces pour transporter sur le lac Majeur ce qui arrivera à Airolo. Il est indispensable qu'un officier supérieur d'artillerie soit à Bellin-zona et à Magadino, pour recevoir les munitions et organiser le service.

Vous me donnez l'ordre de filer sur Milan quand les évacuations seront faites. Je dois vous observer, mon Général, que les évacuations ne seront jamais terminées, car, d'après l'ordre donné aux directeurs des arsenaux de l'Alsace, il arrivera toujours des munitions. Ainsi, je regarderai l'instant où j'aurai fait passer le Gothard à deux millions de cartouches comme celui où je devrai vous rejoindre. Je présume cependant que je recevrai des ordres de vous auparavant. Je n'ai pas de nouvelles de la 102e, du bataillon de la 91e, ni du bataillon de la 12e légère. Je laisserai à Lucerne et Altdorf l'ordre pour tous ces corps de se diriger sur Bellinzona et de là sur Milan. Des 6 compa-gnies de la 101e que je devais trouver ici, trois ont été retenues à Lucerne pour le service de la place. FOY (1).

_____

(1) *Vie militaire du général Foy*, par Girod de l'Ain, pièces justificatives, n° 14, p. 309.

Ordre :

Le général Moncey ordonne au capitaine Nadal, adjoint à l'état-major, de partir de suite pour se rendre à Altdorf, afin d'y remettre les dépêches dont il est chargé ; des chevaux lui seront fournis pour l'aller et le retour en payant, dans la République cisalpine, conformément au tarif d'Italie, et en Suisse, conformément au tarif de France fixé à trente sols par cheval et par deux lieues et à quinze sols de guide.

Il s'assurera si les 18 bouches à feu avec leur approvisionnement de guerre, destinés pour cette armée, ont passé le Gothard et sont en mouvement de ce point sur Lugano.

Il s'assurera si les 2,000,000 de cartouches destinées pour cette armée ont été expédiées d'Altdorf, quelle est la quantité qui a passé le Gothard et si tout ce qui a franchi ce point est en mouvement successif et assuré sur Ponte-Tresa ; il remplira sa mission le plus promptement possible pour venir me rendre compte.

Tout militaire employé à concourir au rassemblement des objets ci-dessus mentionnés lui donnera tous les renseignements qui pourront le mettre à même de me rendre un compte exact et précis.

MONCEY.

Moncey, lieutenant du Général en chef de l'armée de réserve, commandant l'aile gauche, au général Bonaparte, Premier Consul de la République (1).

Général Premier Consul,

Je devais avoir l'honneur de vous voir dans la journée à Pavie, mais des rapports qui m'arrivent du Gothard me retiennent ici : les cartouches s'encombrent dans la vallée d'Urseren, et principalement dans celle Levantine. J'avise aux moyens de les faire arriver ; des officiers ont été envoyés avec de l'argent, pour en hâter le transport ; je viens de me concerter avec le Conseiller d'État Petiet, afin de les faire prendre à Côme par les transports de Milan.

Un million de cartouches a passé le Gothard, un autre million le passe dans le moment.

Le 1er régiment de dragons, fort de 500 chevaux, est arrivé

_____

(1) Le Premier Consul passe la matinée du 9 juin à Milan (V. plusieurs lettres de lui à cette date au chap. VI), et quitte cette ville de façon à arriver à 2 heures à Pavie (V. sa lettre à Berthier, du 9 juin, p. 211). Moncey était arrivé à Milan depuis le 7. (V. le bulletin de l'armée, p. 211.)

ce matin bien fatigué ; le 22ᵉ de cavalerie, fort de 300, arrivera demain (1) ; les trois autres régiments de cavalerie (2), formant un total seulement de 6 à 700 hommes, seront ici incessamment.

Les deux bataillons de la 12ᵉ légère, entièrement réunis, sont employés, avec la 67ᵉ, au blocus de la citadelle.

Deux bonnes et fortes compagnies de la 44ᵉ, restées en arrière, partiront demain pour rejoindre leur demi-brigade, à la division Gardanne.

J'ai l'honneur, Général Premier Consul, de vous présenter mes hommages respectueux.

MONCEY.

Pendant que le gros de l'armée marche sur Alexandrie, Moncey est chargé d'occuper la Lombardie et de garder la ligne du Tessin contre une offensive possible de Mélas par la rive gauche du Pô (3). On ne lui laissera bientôt qu'un effectif restreint, car la division Lapoype sera appelée sur la rive droite pour appuyer les mouvements du gros de l'armée (4).

---

(1) Le 1ᵉʳ de dragons et le 22ᵉ de cavalerie faisaient partie de la division Lorge. (V. t. Iᵉʳ, p. 507.)

(2) Sans doute les 14ᵉ, 15ᵉ et 25ᵉ qui formaient la réserve de cavalerie du corps Moncey. (V. t. Iᵉʳ, p. 508.)

(3) V. chap. VI et VII.

(4) V. chap. VII, 11 juin.

CHAPITRE V

PASSAGE DU PO

Passage du Pô par Lannes et combat de San-Cipriano, le 6 juin. — Marche
du gros de l'armée vers Belgiojoso. — Prise de la tête de pont de Plaisance
par Murat, le 5 juin. — Passage du fleuve et combat de Plaisance, le 7. —
Occupation de Crema, Orzinovi et Brescia, par Loison. — Investissement de
Pizzighettone. — Prise de Crémone par Duhesme, le 7 juin. — Tentatives des
Autrichiens contre Verceil et Ivrée. — Le quartier général à Pavie.

---

5 JUIN

En exécution des ordres du 4 juin (1). Murat se porte
sur Plaisance.

Extrait du rapport des marches et opérations de la division Boudet:

Attaque de la tête de pont de Plaisance. — Le 16, ayant
reçu l'ordre de me ranger, avec ma division, sous les ordres
du lieutenant général Murat (2), je formai son corps d'armée
auquel étaient jointes deux brigades de cavalerie.

Nous nous portâmes sur la route de Plaisance.

L'escadron du 11ᵉ régiment de hussards, ayant eu l'ordre
d'éclairer notre marche, attendu la position de l'ennemi à

---

(1) V. p. 113.

(2) « ..... La division du général Boudet passa alors avec le général Murat et marcha
vers Plaisance ..... »

(*Rapport des opérations militaires du lieutenant général Duhesme.*)

Pizzighettone, rencontra les premières vedettes en avant de Fombio et les chassa jusqu'à l'avant-poste ennemi, placé au village qui précède la tête du pont. Là se livra une petite action dans laquelle les nôtres firent quatre prisonniers et poursuivirent le reste jusqu'à la tête du pont, d'où ils furent obligés de revenir, l'ennemi s'étant présenté en force et leur ayant tiré plusieurs coups à mitraille.

Ma division, qui avait forcé sa marche, arriva en face de la tête du pont de Plaisance, défendue par 12 pièces d'artillerie et 5 à 600 hommes d'infanterie.

Il y avait, en outre, de l'autre côté de la rive, une même quantité de bouches à feu qui prenaient en flanc tous les points sur lesquels on pouvait se présenter.

D'après les dispositions prises de concert avec le général Murat, je formai trois colonnes d'attaque. Celles de droite et de gauche étaient composées de la 9e légère et celle du centre des trois compagnies de grenadiers et du 1er bataillon de la 59e demi-brigade.

Les deux premières colonnes devaient longer la rivière et se porter sur les flancs de la tête du pont, tandis que celle du centre ne devait que se montrer et agir sur la position de l'ennemi, au moment qu'il aurait été ébranlé. La formidable artillerie qui nous était opposée eût rendu trop meurtrière une attaque de front.

Les colonnes de droite et de gauche opérèrent leurs mouvements, mais elles rencontrèrent sur les flancs de la tête du pont un feu d'artillerie extrêmement vif et auquel elles étaient obligées de présenter le front un quart d'heure avant d'aborder; elles essuyaient, en outre, le feu de l'autre rive qui les prenait en flanc. Une telle défense fit remettre l'attaque pour la donner pleinement dans un moment moins favorable à l'ennemi; ce devait être la nuit. Cela n'empêcha pas qu'une partie des troupes conduites par moi, le général Musnier et l'adjudant général Dalton, sur les différents points d'attaque, gagnèrent avec impétuosité, jusque sous la tête de pont, à petite portée de pistolet. De là, couvertes par quelques fossés et épaulements formés par la nature, elles firent un feu de mousqueterie si vivement, si heureusement servi contre ceux qui étaient dans la tête du pont, que l'ennemi a avoué lui-même que, par cette fusillade, il avait perdu 330 hommes.

La nuit était attendue et les dispositions étaient prises pour faire enlever la tête du pont, lorsque l'ennemi, après un feu soutenu et opiniâtre de toute son artillerie, évacua ses pièces avec une extrême précision, toujours protégé par ses canons de l'autre rive. L'instant que cessa le feu d'artillerie qui partait de la tête du pont fut saisi par un officier et cinq soldats qui, se trouvant très près, devancèrent les dispositions d'attaque que l'on prenait et entrèrent dans la tête du pont, où ils trouvèrent encore 80 hommes qu'ils firent prisonniers. Ceux-ci ne se voyant d'abord entourés que de six hommes, voulaient résister, mais l'audace et la fermeté de l'officier et des cinq soldats qui s'y étaient portés si vaillamment, en imposèrent assez longtemps pour qu'un renfort pût arriver pendant ce temps. L'ennemi, qui craignait sans doute qu'en attendant l'arrivée du corps qui défendait la tête du pont, les Français ne vînssent avec lui, aima mieux le sacrifier; il ouvrit le pont et laissa filer une partie des bateaux qui le soutenaient.

Je ne puis donner assez d'éloges à tous les militaires et officiers et soldats qui ont pris part à cette affaire. La constance avec laquelle la troupe supporta un feu de mitraille tel qu'il ne s'en est point vu, et l'intrépidité avec laquelle elle l'affronta, ont dû donner à nos ennemis une haute idée de sa valeur. La division perdit 500 hommes, tant tués que blessés, la plus grande partie par le feu du canon (1).

---

(1) *Alex. Berthier, général en chef de l'armée de réserve, au général Dupont.*

Milan, le 17 prairial an 8 (6 juin 1800), à 1 heure du matin.

Le général Murat a trouvé la tête du pont de Plaisance occupée; il s'est battu pour l'emporter. Il manque de munitions. Faites partir sur-le-champ, sous la surveillance d'un adjoint, 50,000 cartouches pour Lodi et Casal. Faites partir également des munitions pour l'obusier et pour la pièce de 8 du général Murat, qui a usé toutes celles qu'il avait. Vous sentez combien cela est pressé.   Alex. BERTHIER.

Le commandant de l'artillerie au chef de l'état-major général à Milan.

Milan, le 17 prairial an 8 (6 juin 1800).

Par une lettre que j'ai reçu de vous ce matin, citoyen Général, daté du 16 prairial, vous me mandez qu'il est indispensable que les munitions des pièces de 8 et d'obusiers, partent aujourd'hui, attendu que les pièces manquent de munitions. J'ai l'honneur de vous prévenir, citoyen Général, que je n'ai aucun de ces fers coulés de ces calibres pour en fabriquer; j'espère sous peu de jours en avoir, m'étant occupé hier avec le propriétaire des forges de Lecco, duquel je m'en suis bien fait promettre une quantité sous le plus court délai.

Salut et respect.   (*Illisible.*)

P.-S. — Envoyez-moi, s'il vous plaît, citoyen Général, l'escorte que je vous ai demandée pour conduire des cartouches, le convoi attendant après pour partir.

*Extrait du Journal de la campagne de l'armée de réserve,
par l'adjudant-commandant Brossier.*

17 prairial (1). — *Attaque et prise de la tête du pont de
Plaisance.* — *Division Boudet.* — *Lieutenant général Murat.*
— Le 17 prairial, à 3 heures du matin, la division Boudet,
sous les ordres du lieutenant général Murat, lève le camp de
Lodi, qu'elle occupait depuis le 14, et marche sur Plaisance.
Une forte tête de pont couvrait le pont et les avant-postes
ennemis étaient à 2 lieues en avant; ils se retirent d'abord
d'une lieue à l'approche des Français; mais, voulant tenir
dans cette seconde position, le combat s'engage, et ils sont
repoussés jusque dans leurs retranchements.

La division Boudet, formée aussitôt sur trois colonnes,
marche contre cette redoute qui, garnie de 12 canons, faisait
un feu bien soutenu et était, en outre, appuyée par plusieurs
batteries placées sur la rive droite du Pô. Ces obstacles ne
peuvent rien contre l'ardeur du soldat. Il s'avance intrépide-
ment vers les retranchements jusqu'à la portée du pistolet, et
y prend poste à la faveur de quelques avantages du terrain.

Il y eut alors un moment de repos, et l'on se proposait de
renouveler l'attaque à la faveur de la nuit qui approchait;
mais, un certain mouvement s'étant fait entendre dans les
ouvrages à 10 heures du soir, on y poussa quelques reconnaissances; l'une d'elles, commandée par le citoyen Caseau, chef
de bataillon de la 9e légère, et composée de six chasseurs,
s'avance jusqu'à la barrière et pénètre dans la redoute; il y
restait 80 hommes qui se préparaient à faire résistance, lorsque

---

(1) Il semble qu'il y a là un lapsus et qu'on doit lire 16 prairial (5 juin).

Dans le rapport du 9 juin, de Berthier au Premier Consul (*Moniteur* du 28 prairial), on
trouve deux indications contradictoires sur la date de l'attaque de la tête de pont de Plaisance :

« ..... Le 15, la division Boudet, réunie à la cavalerie, aux ordres du général Murat,
s'est portée sur la tête de pont de Plaisance..... »

« ..... Le 17, le général Murat s'est emparé de la tête de pont de Plaisance, défendue
par 5 à 600 hommes et une vingtaine de pièces de canon. Mais l'ennemi ayant coupé, du
côté de la ville, quelques bateaux du pont et défendant le passage avec 18 pièces, il fallut
chercher un autre passage..... »

C'est ce dernier texte qui a sans doute guidé Brossier dans la rédaction de son journal.

En réalité, c'est évidemment le 16 prairial (5 juin) qu'eut lieu la prise de la tête de
pont. (V. la suite des opérations de Murat pour le passage du Pô, p. 182, pour le 6 juin,
et p. 196, pour le 7 juin.)

l'arrivée d'un chef de la 59e, à la tête de quelques hommes, les intimident et les déterminent à mettre bas les armes.

La 9e légère a perdu 15 hommes tués, dont 2 officiers et 56 blessés, dont 2 capitaines ;

La 59e a eu 8 hommes tués et 22 blessés ;

La cavalerie n'a fait aucune perte.

Un conscrit, placé sur le point le plus rapproché de la redoute et sous un feu perpétuel de mousqueterie et de mitraille, a consommé plus de 100 cartouches, conservant un sang-froid qui ne s'est pas démenti un seul instant.

L'ennemi a tiré, pendant la nuit et le jour suivant, de la rive opposée, dans la tête du pont ; on lui a riposté par des obus ; il a coulé plusieurs bateaux qui faisaient partie du pont, a blessé deux canonniers et démonté une pièce de 8.

Extrait de la Revue militaire autrichienne (1).

Tandis que ces troupes autrichiennes se trouvaient encore en marche vers Plaisance (2), le général Murat, avec sa cavalerie et la division Boudet, était arrivé dès le 5, à midi, à Casalpusterlengo, venant de Lodi, et s'était précisément dirigé du côté de Plaisance.

La vieille tête de pont était très endommagée, en partie à cause des inondations du fleuve et en partie par la vétusté et la pluie. On n'avait commencé que le 3 juin à remettre cet ouvrage fortifié en état de défense.

---

(1) Œstreichische militärische Zeitschrift, t. XXIX, p. 20 à 22.

(2) Mélas avait senti l'importance de Plaisance :

« ..... Mais comme l'ennemi poursuivait sans interruption sa marche, le généralissime autrichien abandonnant tous les avantages acquis, était obligé de rallier son armée à Alexandrie ou à Plaisance et de se porter résolument à la rencontre de l'ennemi pour lui livrer bataille.

« La possession de Plaisance était donc devenue absolument nécessaire aux Impériaux. Le régiment de dragons de Lobkovitz et le bataillon d'Ottochan, le premier venant de Turin, le second de Casale, furent mis en marche, le 1er juin, pour cette destination. De plus le général Skal, qui commandait un petit corps d'observation de Valenza à Turin, dut envoyer 2 escadrons de hussards et 3 bataillons d'infanterie Reisky à Plaisance. Le feld-maréchal-lieutenant comte O'Reilly reçut le commandement de Plaisance et de toutes les troupes mises en route sur cette ville. Le général Gottesheim reçut également l'ordre de se rendre à Plaisance, en passant par Bobbio. Toutefois, c'est seulement le 5 juin qu'il partit de Gênes pour sa nouvelle destination.

« Le 4e bataillon de Bannats, détaché précédemment de Gênes, avait été chargé de surveiller le Pô, depuis le confluent de ce fleuve avec le Tessin jusqu'à celui du Tanaro. Enfin, le général Mosel, avec la chancellerie de guerre, se trouvait lui-même à Plaisance, et disposait, pour l'occupation de la tête de pont et de la citadelle, de 2 compagnies seulement du régiment de Neugebau et de 2 compagnies de chasseurs tyroliens, au total 400 hommes. Pour la surveillance du Pô, vers Crémone, il y avait encore 1 officier et 50 chasseurs montés de Bussy. »

(Œstreichische militärische Zeitschrift, t. XXIX, p. 19 et 20.)

Dans cette tête de pont on créa trois plates-formes, chacune pour deux canons; l'entrée fut garnie de cavaliers espagnols. En même temps, le fossé qui entourait l'ouvrage fut approfondi et le parapet élargi. Par un travail acharné on obtint que cette tête de pont pouvait, dès le 5 juin, se défendre contre une attaque subite. Dans l'attente anxieuse des renforts en marche, le général Mosel chargea une compagnie d'infanterie et trente chasseurs d'occuper cet ouvrage et se prépara à s'opposer de toutes ses forces à la marche de l'ennemi par le feu de ses canons.

Afin de se garder contre une surprise, il posta le détachement de chasseurs tyroliens en dehors de l'ouvrage et envoya les chasseurs à cheval de Bussy vers Casalpusterlengo. Ces derniers découvrirent bientôt l'ennemi qui marchait en deux colonnes sur Plaisance. Ces patrouilles, ainsi que le détachement de chasseurs, se retirèrent alors dans la tête de pont.

L'avant-garde ennemie, rendue plus audacieuse par le silence qui s'était fait à son approche dans la tête de pont, s'avança à 2 heures jusqu'à 300 pas de l'ouvrage.

Mais à ce moment elle fut accueillie par une violente fusillade. Les Français reculèrent. Boudet fit alors avancer ses canons (1) et bombarda la tête de pont. Cependant une batterie impériale de 16 canons, qui se mit en position sur la rive droite du Pô, réduisit au silence l'artillerie ennemie qu'elle prit en flanc. Murat fit plusieurs tentatives pour prendre la tête de pont d'assaut. Mais la fusillade qui partait de l'ouvrage et la canonnade venant de la rive droite du Pô, firent échouer ses attaques.

Les défenseurs conservèrent pendant huit heures la tête de pont. Mais la relève des hommes très fatigués, et en particulier des canonniers, n'eut pas lieu, parce qu'aucun des renforts attendus n'arriva. Le général Mosel se vit donc forcé d'abandonner la tête de pont à 10 heures de la nuit.

Les canons furent transportés sur la rive droite, et au milieu du pont on enleva dix pontons. Ensuite la garnison fut transportée sur l'autre rive dans de petits bateaux tenus prêts à cet effet.

Par suite de la perte de 120 tués et blessés, le général Mosel ne possédait plus que 280 hommes.

* *
*

Duhesme porte une brigade de la division Loison au delà de l'Adda, vers l'Oglio (2), tandis que l'autre brigade est dirigée sur Pizzighettone.

L.-H. Loison, général de division, au Général en chef.

Orzinovi, le 16 prairial an 8 (5 juin 1800).

J'ai l'honneur de vous rendre compte, mon Général, que

---

(1) Un obusier et une pièce de 8. (V. p. 20 et p. 167, note 1.)
(2) V. l'ordre donné par le Premier Consul le 4 juin, p. 107.

j'occupe, avec ma brigade de gauche, les places de Crema et Orzinovi (1) que l'ennemi a abandonné ce matin.

J'ai poussé mes avant-postes à Pompiano, sur la route de Brescia et sur celle de Pizzighettone, près de laquelle place se trouve le général Broussier avec sa brigade, auquel j'ai donné l'ordre de tâter s'il était possible de s'en emparer ou de la resserrer en cas d'impossibilité (2).

Le général Duhesme me prévient que je dois dorénavant correspondre directement avec vous; il prétexte un prétendu refus d'exécuter ses instructions. Cette allégation est d'autant plus fausse qu'à son arrivée à Crema, les instructions qu'il m'avait donné à Lodi étaient exécutées.

Je n'avais pas cru jusqu'à ce jour, mon Général, devoir me plaindre du général Duhesme, avec lequel il est très difficile, pour ne pas dire impossible, de servir.

Je laissais aux généraux faisant partie de son corps d'armée le soin de vous instruire des dégoûts qu'ils éprouvaient avec ce général. J'espère, mon Général, qu'en attendant, jusqu'à ce que vous ayez statué sur cette plainte, vous n'aurez aucune plainte sur le service de ma division.

J'oubliais de vous dire que les habitants nous reçoivent par-

---

(1) « ..... La division Loison reçut ordre de se diriger sur Crema et de s'emparer d'Orzinovi. La brigade Broussier longeant l'Adda fut envoyée pour faire le blocus de Pizzighettone..... »
(*Rapport des opérations militaires du lieutenant général Duhesme.*)

« ..... La division Loison marchait sur Crema, Orzinovi et Brescia; 1500 hommes avaient été détachés de cette division pour être dirigés par le général Broussier sur Pizzighettone..... »
(*Rapport de Berthier au Premier Consul, Pavie, 9 juin.*)

« ..... Celle-ci (la division Loison) ne conserva que peu de temps sa position et entra le 16 (5 juin) à Crema, que l'ennemi avait évacué..... »
(*Journal de la campagne de l'armée de réserve, par l'adjudant-commandant Brossier.*)

(2) « ..... Nous avons laissé le feld-maréchal-lieutenant Vukassevich le 4 juin à Crémone. Il avait placé son arrière-garde à Casalbuttano et du côté de Crema, où le général Loison était arrivé, il avait légèrement occupé Castelleone. Le 5, Loison s'empara d'Orzinovi et de Chiari et envoya des patrouilles du côté de Brescia. Du côté de Pizzighettone il envoya seulement de fortes patrouilles de cavalerie, qui furent chassées par la canonnade de la place. Le feld-maréchal-lieutenant Vukassevich, qui était resté ce jour-là en étroite communication avec Pizzighettone, s'occupait très activement, à Crémone, d'évacuer tous les biens du Trésor et en particulier le très important approvisionnement d'équipement..... »
(*Œstreichische militärische Zeitschrift*, t. XXIX, p. 16).

tout avec allégresse et qu'ils sont prêts à se lever en masse au premier appel.

J'ai l'honneur d'être, avec respect.

LOISON.

P.-S. — Si nous n'avions pas tâtonné avant-hier à l'attaque sur Lodi, nous eussions, d'après le rapport des déserteurs, pris 500 hommes, mais je vous avoue que nous marchons en tremblant.

Alex. Berthier, général en chef de l'armée de réserve, au chef de l'état-major.

Milan, le 16 prairial an 8 (5 juin 1800).

Vous donnerez l'ordre aux 3e et 9e régiments de dragons et au 3e de cavalerie de partir sur-le-champ pour se rendre à Lodi, où ils seront aux ordres du général Duhesme et feront partie de la brigade du général Champeaux.

Donnez l'ordre à 10 pontonniers de se rendre sur-le-champ auprès du général Broussier devant Pizzighettone, afin d'établir un pont ou au moins deux trailles entre Pizzighettone et le Pô.

Je vous salue.

Alex. BERTHIER.

* *

L'arrivée des premières troupes de Moncey à Milan permet à Berthier de pousser en avant le corps de Victor et de former une nouvelle division sous les ordres de Gardanne.

Alex. Berthier, général en chef de l'armée de réserve, au chef d'état-major.

Milan, le 16 prairial an 8 (5 juin 1800).

Vous ferez prendre position à l'infanterie de la division du général Lapoype (1) sur la route de Pavie. La cavalerie ira au lazareth ; vous en préviendrez le général d'Harville.

Alex. BERTHIER.

---

(1) La division Lapoype arrivait le 5 juin à Milan ; elle était le 4 à Côme. (V. chap. IV, p. 158.)

**Alex. Berthier, général en chef de l'armée de réserve,
au général chef de l'état-major.**

Milan, le 16 prairial an 8 (5 juin 1800).

Vous donnerez les ordres pour que le général Victor parte demain 17 à la pointe du jour pour se rendre à Lodi; il prendra position entre Lodi et Casal (1).

Donnez les ordres pour que l'infanterie et la cavalerie de la division du général Lapoype prennent les armes demain à 1 heure après-midi pour passer ma revue à 2 heures; vous choisirez un local dans les environs de son camp, soit sur le rempart, soit sur la route.

A 1 heure, vous passerez une première revue pour voir qu'il ne manque rien; vous me ferez prévenir chez le Premier Consul quand tout sera prêt.

Alex. BERTHIER.

**Alex. Berthier, général en chef de l'armée de réserve,
au général Dupont.**

Milan, le 16 prairial an 8 (5 juin 1800).

Vous donnerez tous les ordres pour former la division du général Gardanne en la composant de tout ce qui arrivera de la 44ᵉ⎫
101ᵉ⎬demi-brigades (2);
102ᵉ⎭

elle se réunira à Milan; les détachements de ces corps passeront sous les ordres du général Gardanne à mesure qu'ils arriveront (3).

---

(1) Casalpusterlengo.

(2) La 44ᵉ et une partie de la 102ᵉ avaient passé le Simplon. (V. chap. IV, opérations de Bethencourt, rapport de Quatremère Disjonval, p. 131, note 1.)

Trois compagnies de la 44ᵉ et plusieurs bataillons des 101ᵉ et 102ᵉ faisaient partie du corps Moncey. (V. t. Iᵉʳ, p. 367, 368, 431 et 507.)

La 102ᵉ ne rejoignit pas Gardanne.

On verra l'effectif de cette division sur la situation du jour de la bataille de Marengo au début du chapitre IX.

(3)   *Alex. Berthier, général en chef de l'armée de réserve,
au chef d'état-major.*

Milan, le 11 prairial an 8 (6 juin 1800).

Le général de brigade Dumoulin sera employé à la division du général Gardanne aussitôt qu'il sera revenu de la mission dont il a été chargé à Verceil.

Alex. BERTHIER.

(V. à la note 1 de la page 176 le motif de l'envoi du général Dumoulin à Verceil.)

Donnez les ordres pour qu'il ait un commissaire des guerres, des agents des administrations, son artillerie composée de 6 pièces (1).

Alex. BERTHIER.

Le Premier Consul, aux Consuls de la République (2).

Milan, le 16 prairial an 8 (5 juin 1800).

Je reçois, Citoyens Consuls, votre courrier du 9. Je vous envoie le bulletin de l'armée (3), copie d'une lettre du général Suchet (4), de deux du général Saint-Hilaire (5), d'une du général Moncey (6) ; je crois utile de faire imprimer ces quatre pièces. Ainsi, vous voyez que la situation des choses est telle, que, le Pô passé, la réunion avec Masséna se trouvera faite, et

---

(1) En fait, la division Gardanne n'eut que deux pièces pendant toute la campagne. (Voir les rapports de Gardanne et de l'adjudant général Dampierre, les 13 et 14 juin.)

(2) *Correspondance de Napoléon*, n° 4883.

(3) Voir la pièce suivante.

(4) La lettre de Suchet est écrite à Nice, le 10 prairial (30 mai). Il rend compte des combats des 26, 27, 28, 29 et 30 mai :

Le 26, le général Garnier chasse l'ennemi du col de la Valette.

Le 27, Garnier s'empare de la Madone d'Utel, pendant que le général Mesnard échoue dans une tentative de passage du Var à Saint-Martin.

Le 28, Suchet fait attaquer la tête de pont du Var, sans pouvoir l'enlever ; mais l'ennemi abandonne ses positions dans la nuit et évacue Nice.

Le 29, les Français passent le Var, entrent dans Nice, et poursuivent l'ennemi jusqu'à la Turbie et Lescarenne.

Le 30, ils marchent sur le col Nègre, Braus, Sospel et Menton. Les Autrichiens se retirent par les deux routes de Tende et de Vintimiglia.

Suchet estime le corps qui lui est opposé à 15 ou 16,000 hommes, parmi lesquels il signale la présence du « corps de grenadiers hongrois, l'élite de l'armée ennemie ; d'ordinaire il attaque avec impétuosité, mais ces colonnes sont tellement dégoûtées qu'aussitôt qu'elles auront été battues par vous, vous en aurez bon marché. Ils marchent toujours réunis et composent près de 3,000 à 3,500 hommes ». (*Rapprocher ce renseignement de la crise finale de la bataille de Marengo, où les grenadiers hongrois sont mis en déroute par la charge de quelques escadrons de Kellermann.*)

(5) La première lettre du général Saint-Hilaire est écrite à Antibes, le 4 prairial (24 mai). Il rend compte qu'il s'est réuni au général Suchet avec toutes les colonnes mobiles de la 8e division militaire et avec toute la cavalerie de l'armée. Il n'a pas de nouvelles de Masséna, qu'il pense débloqué et avec lequel il espère se réunir bientôt du côté de Novi ou de Tortone.

La seconde lettre du général Saint-Hilaire est datée de Nice, le 10 prairial (30 mai). Il rend compte de l'enthousiasme de l'armée et de la « presqu'assurance du débloquement de Masséna ».

(6) La lettre du général Moncey est celle du 12 prairial (1er juin), écrite de Bellinzona et rendant compte du passage du Saint-Gothard. (V. p. 153.)

l'armée sera dans une position à ne plus exiger ma présence. Je vous le répète, et vous pouvez l'annoncer, du 25 au 30 prairial je serai à Paris.

BONAPARTE.

Bulletin de l'armée de réserve (1).

Milan, le 16 prairial an 8 (5 juin 1800).

Le général en chef Berthier a fait investir par le corps du général Duhesme la place de Pizzighettone et fait occuper Crema (2).

Le Premier Consul a réuni tous les évêques et curés, et leur a fait connaître ses intentions de maintenir l'organisation religieuse comme elle était lorsqu'il commandait à Milan. Il leur a fait prêter promesse de fidélité.

D'après la lettre du général Suchet, l'ennemi n'a commencé son mouvement d'évacuation du côté de Nice que le 9 prairial.

Le peuple de Milan paraît très disposé à reprendre le ton de gaieté qu'il avait du temps des Français. Le général en chef et le Premier Consul ont assisté à un concert qui, quoique improvisé, a été fort agréable.

Le chant italien a un charme toujours nouveau. La célèbre Billington, la Grassini et Marchesi sont attendus à Milan. On assure qu'ils vont partir pour Paris pour y donner des concerts (3).

*
* *

La ligne d'opération de l'armée est en butte aux tentatives des partis ennemis au point que l'artillerie, en retard, ne peut rejoindre l'armée.

Le Commandant de la place de Verceil, au général Dupont, chef de l'état-major général de l'armée, partout où il sera (4).

Olcenengo, le 16 prairial an 8 (5 juin 1800).

Citoyen Général,

Ce que j'ai prévu vient d'arriver. Depuis que je commande cette place, j'ai

---

(1) Ce bulletin était publié dans le *Moniteur* du 23 prairial (12 juin), ainsi que les lettres de Saint-Hilaire, de Suchet et de Moncey. Il figure à la *Correspondance de Napoléon* sous le n° 4886.

(2) Berthier adressait, le 5 juin, une proclamation au peuple cisalpin. (V. *Moniteur* du 23 prairial (12 juin).

« Le peuple français, pour la seconde fois, brise vos chaînes.....

« Citoyens de la Cisalpine, courez aux armes, formez votre garde nationale et mettez vos villes à l'abri des incursions des troupes légères de l'ennemi..... »

(3) La Grassini était dirigée sur Paris pour rehausser l'éclat des fêtes du 14 juillet. (Le Premier Consul à Berthier, Milan, 21 juin 1800. — *Corresp. de Napoléon*, nº 4937.)

(4) Sur l'adresse :

J'invite les commandants de place à ne pas perdre de vue la présente.

Leur confrère, B.

toujours demandé de la troupe pour la défendre. Je dis ensuite que les deux officiers, à qui j'ai demandé des hommes, sont dans ce moment très coupables. Dans ce cas, ce sont le chef de la 30ᵉ demi-brigade et l'officier commandant le détachement de la 96ᵉ demi-brigade. Pareille faute ne doit pas être perdue de vue, et vous allez voir à quoi cette désobéissance nous a conduit.

Par ma lettre d'hier, vous devez voir que je n'ai que 45 hommes de garnison ; 16 hommes de garde, autant en marche pour les différentes réquisitions, ce qui fait 32 hommes. Avec le reste je me suis défendu et j'ai fait une retraite très honorable où je me suis retiré jusqu'à ce village ; je me suis battu avec les 13 hommes restant, j'en ai perdu 2 qui sont morts.

Dès ce moment, je vais me poster sur le chemin de San-Germano, et réunir autant qu'il sera possible de soldats isolés, ou me réunir à la première troupe qui passera pour prendre de rechef la place de Verceil, qui m'a été prise hier au soir entre 8 heures et 9 heures.

50 cavaliers avec autant d'infanterie sont entrés au déclin du jour, se sont emparés de la garde de la municipalité forte de 16 hommes, ensuite ils se sont saisis de celle qui garde les prisonniers (1). C'est dans ce moment que je me suis présenté avec le fond de la garnison, montant à 13 hommes ; il m'en reste 11.

Je vais faire mon possible de faire tenir la présente à la municipalité de Verceil, pour vous la faire passer. Ils me paraissaient tous beaucoup honnêtes mais peu véridiques.

Crainte que je ne puisse avoir des forces dans la partie où je suis, tâchez de m'en faire parvenir.

Enfin, j'attends vos ordres, soit à Verceil ou entre le chemin de San-Germano à Verceil.

Je suis avec respect.

BERNHARD.

Rapport verbal d'un courrier du Premier Consul venant de Verceil.

Milan, le 16 prairial an 8 (5 juin 1800).

Dit qu'étant près de sortir de la ville de Verceil un jeune homme de la ville a couru après lui, en lui criant : Cachez-vous, vous êtes perdu, les Autrichiens

---

(1) *15 prairial. — Verceil surpris par l'ennemi.* — Pour porter l'armée sur le Pô, avec plus de rapidité et en plus grand nombre, on n'avait laissé que de faibles garnisons dans les villes conquises. Verceil était du nombre et n'avait qu'environ 30 hommes pour se garder. L'ennemi passait de temps à autre le Pô, entre Casale et Trino, et faisait quelques incursions sur la rive gauche.

Le 15, entre 8 et 9 heures du soir, il se porta clandestinement sur Verceil, au nombre de 50 hommes de cavalerie et pareil nombre d'infanterie, s'empara de la garde près la municipalité et délivra 300 prisonniers autrichiens ; mais il se retira vers les 3 heures du matin sur l'avis qu'il eut qu'un corps français marchait d'Ivrée pour rejoindre l'armée et allait arriver.

Le général Dumoulin fut détaché sur-le-champ de Milan, avec les forces suffisantes pour éclairer le pays dans cette partie, et le général Chabran, dont les troupes étaient disponibles depuis la capitulation du fort de Bard, étendit sa ligne sur la gauche du Pô, entre Ivrée et Verceil.

(*Journal de la campagne de l'armée de réserve,* par l'adjudant-commandant Brossier.)

ir . an 8. / prairial.
1800

sont ici. Qu'effectivement, s'étant caché, il vit les Autrichiens au nombre de 60 à cheval, qui sont entrés à cheval dans le corps de garde de la municipalité, qu'un volontaire a tiré dessus, qu'il en a blessé un. Les Autrichiens ont délivré 300 de leurs prisonniers. Que le commandant s'étant mis à la tête de 30 hommes, qui composaient toutes ses forces, voyant qu'il ne pouvait repousser l'ennemi, il croit qu'il s'est caché comme lui. Que les Autrichiens étaient encore à 3 heures du matin à la porte de Verceil, du côté d'Ivrée ; qu'ils disent que l'armée arrive au nombre de 15,000 hommes ; que lui, courrier, il s'est déguisé en bourgeois et a passé au milieu d'eux pour porter des dépêches au Premier Consul.

Le général Carra-Saint-Cyr, au général Dupont, chef de l'état-major général de l'armée.

Ivrée, le 16 prairial an 8 (5 juin 1800), au soir.

Je vous préviens, Général, que suivant les rapports qui m'arrivent aujourd'hui, l'ennemi se renforcerait du côté de Saint-Georges, Rivarole, Felette et . . . . . (1). Ce corps d'avant-poste a pris sa ligne derrière l'Orco ; il vient d'y jeter un pont et semble vouloir menacer ce point ; ce matin il a délivré 250 prisonniers à Verceil et enlevé une partie des 25 hommes qui s'y trouvaient cantonnés. Il fait des courses jusqu'à Santhia et même plus près de ce côté-ci.

Les habitants de la campagne sont très disposés à se soulever et au premier échec il faut s'attendre à les voir en armes. Je ne puis agir pour le désarmement qu'avec beaucoup de circonspection, parce qu'au moment où je ferai une opération de cette nature, je pourrais être attaqué sur plusieurs points et mes forces ne sont pas assez importantes pour les disséminer.

J'écris au général Chabran pour l'instruire des nouveaux avis qui me parviennent. En attendant, toute ma troupe est prête à tous événements. J'ai dû, mon cher Général, rendre compte de notre position parce qu'il me paraîtrait triste de voir les communications de l'armée entièrement interceptées, et cela pourrait être l'intention de l'ennemi.

L'artillerie (1) ne peut pas passer par la route indiquée, elle est obligée d'attendre une forte escorte pour passer par Verceil.

Je tiendrai le général en chef au courant de tout ce qui me parviendra ; mais, peu facile à m'inquiéter, je commence à craindre que l'ennemi ne cherche à nous couper entre Bard et Ivrée ou d'Ivrée à Novare.

Salut fraternel.

CARRA-SAINT-CYR.

---

(1) Nom illisible.

(2) Il semble qu'il s'agit ici de la majeure partie de l'artillerie de l'armée qui n'avait pas pu passer sous le feu des défenseurs de Bard. Mise en route après la capitulation de ce fort, c'est-à-dire sans doute le 2 juin, elle arrive à Ivrée le 3 ou le 4.

Cette hypothèse se vérifie dans la suite de cet ouvrage par plusieurs documents qui font ressortir la très petite quantité d'artillerie dont disposent les divisions.

6 JUIN

Une partie de l'infanterie du corps de Lannes franchit le Pô en face de San-Cipriano et repousse les Autrichiens qui tentent de s'opposer au passage.

Le Lieutenant général Lannes, commandant l'avant-garde, au Général en chef.

Stradella, le 17 prairial an 8 (6 juin 1800).

La 28e demi-brigade a passé le Pô, ce matin à 4 heures, avec deux ou trois compagnies de la 40e. Si nous n'eussions été retardés par l'établissement du pont volant, toute l'avant-garde aurait passé dans quatre heures. A 10 heures, l'ennemi est venu nous attaquer, comme je faisais prendre position au général Mainoni. Les Autrichiens avaient de 4 à 5,000 hommes d'infanterie, la plus grande partie venant de Gênes (1). Ils étaient fiers encore de leurs victoires ; ils ont foncé sur nous à la baïonnette et forcé le centre de notre ligne. Aussitôt, j'ai détaché un bataillon de la 28e, commandé par l'adjudant général Noguès, sur la droite, pour prendre l'ennemi en flanc. Ce mouvement l'a dérouté ; il a été chassé jusque dans le village de Stradella, où il s'est rallié, et d'où il est de nouveau revenu à la charge. Enfin, nous avons (*sic*) resté pêle-mêle depuis 10 heures du matin jusqu'à 9 heures du soir, heure à laquelle l'ennemi a été chassé à plus de 3 lieues de Stradella, sur la route de Plaisance.

Le combat a été des plus vifs. L'ennemi, outre son infanterie, avait 1500 hommes de cavalerie et 7 pièces de canon ; il a laissé 600 morts sur le champ de bataille ; il a eu 300 blessés, et nous lui avons fait un nombre égal de prisonniers ; il

---

(1) Cette troupe, dont le récit autrichien donne la composition (V. plus loin p. 180), ne venait pas de Gênes mais de Turin et Valenza. (V. 5 juin, note 2, p. 169.)

a perdu, en outre, deux caissons chargés de munitions et un troupeau de bœufs et de moutons.

Nous avons eu, au plus, 12 tués et une quarantaine de blessés. Je dois vous parler de la conduite du brave adjudant général Noguès : quoique incommodé, encore et beaucoup, des blessures qu'il a reçues à Châtillon, il a montré autant d'activité que d'intelligence et de courage. Je demande pour lui le grade de général de brigade (1).

Le général Mainoni a fait preuve du plus grand sang-froid. Le chef de brigade de la 28ᵉ et tous les chefs de bataillon, ainsi que les adjoints du général Boissière se sont particulièrement distingués.

Je ne connais pas de soldats plus braves que ceux de la 28ᵉ. Quoique forcés plusieurs fois, ils n'ont pas perdu la tête un seul moment.

Si j'avais pu faire passer deux pièces de canon et la cavalerie, j'aurais marché sur Plaisance (2).

Salut et respect.

LANNES.

F. Watrin, général de division, au général en chef Berthier.

Vescovera, le 19 prairial an 8 (8 juin 1800).

J'ai l'honneur de vous rendre compte des opérations et mouvements de ma division depuis le 17 de ce mois.

Le 17, à 3 heures du matin, la 28ᵉ passa le Pô sur un pont volant sans éprouver la moindre résistance ; une partie de la 40ᵉ traversa aussi ce fleuve ; ce corps de troupes, aux ordres du général Mainoni, avait pris position le long des digues et des marais, en arrière de San-Cipriano, et s'y gardait très militairement, en attendant que les autres troupes eussent opéré leur passage qui éprouvait beaucoup de lenteur.

Sur les 3 heures du soir, les régiments autrichiens de Reiszky et Croattes, d'environ 2,000 hommes, soutenus par

---

(1) Pour la blessure de l'adjudant général Noguès, voir le tome Iᵉʳ, p. 416 et 418. Noguès fut fait général de brigade le 28 juillet 1800.

(2) On lit en marge de cette lettre l'annotation suivante de Berthier : « Je prie le citoyen Bourrienne de me renvoyer cette lettre aussitôt que le Premier Consul l'aura lue ».

4 pièces d'artillerie (1) et 50 cavaliers de Bussy qui arrivaient de Voghera, ont attaqué avec vigueur les troupes sur la rive droite du Pô. L'attaque a été d'abord soutenue avec vigueur par la 28ᵉ de bataille.

L'ennemi, beaucoup supérieur en nombre, commençait à entamer le centre, lorsque environ 500 hommes de la 40ᵉ, qui venaient de débarquer, s'y portèrent. Alors, l'affaire devint extrêmement chaude. On tomba avec acharnement sur l'ennemi, dont l'on tua au moins 200 hommes, restés sur le champ de bataille, et à qui l'on fit près de 200 prisonniers, et l'on enleva deux caissons d'artillerie. La déroute de l'ennemi a été on ne peut plus complète, et je dois à la vérité de dire que c'est au général Mainoni et à la bravoure des 28ᵉ et 40ᵉ qu'on doit le succès de cette journée ; la perte de l'ennemi peut être d'à peu près 800 hommes.

. . . . . (2) . . . .

F. WATRIN (3).

Extrait de la Revue militaire autrichienne (4).

Le général major Molitor qui, sur ces entrefaites, était arrivé à Casteggio avec 2 escadrons de dragons de Lobkowitz, annonça, le 6 au matin, au feld-maréchal-lieutenant O'Reilly, que les Français qui, durant les jours derniers, avaient un camp important à Belgiojoso, avaient passé le fleuve avec 1200 hommes à Bosco (près du confluent du Tessin avec le Pô) et que, pour ce motif, le régiment d'infanterie Reiszky et les dragons de Lobkowitz ne pouvaient plus

---

(1) Comparer à la lettre précédente pour l'effectif de l'ennemi, le nombre de pièces, les pertes subies et surtout pour l'heure à laquelle s'est produite l'attaque des Autrichiens.

(2) La suite de cette lettre a trait aux opérations de la division Watrin le 7 juin et le 8 juin (combat de Broni). On la lira à ces dates, p. 208, note 2 et p. 219.

(3) Le combat de San-Cipriano est aussi décrit dans le rapport de Berthier au Premier Consul, daté du 9 juin de Pavie ; dans un rapport d'ensemble fait par Dupont au Ministre, le 17 juin, et dans le journal de Brossier. Ces récits, calqués à peu près sur le rapport de Watrin, ne sont pas reproduits ici.

D'après le journal de Brossier, c'est « la crue considérable des eaux du fleuve qui contrariait la manœuvre de deux ponts volants qu'on avait établis ».

On lit aussi dans ce journal: « . . . . . Le général Gency, avec le premier bataillon de la 6ᵉ légère, qui venait de débarquer aussi, se porte aussitôt sur le point d'attaque et alors le combat devient extrêmement vif. . . . . ».

Dans le même journal on trouve mentionnée la position prise par les troupes françaises après le combat : « . . . . . Cependant les premières positions furent reprises dans la crainte d'être tourné pendant la nuit, si l'ennemi recevait du renfort. . . . . ».

(4) Œstreichische militärische Zeitschrift, t. XXIX, p. 22 et 25 à 27.

venir à Plaisance, et devaient se borner à défendre la région où ils se trouvaient.

. . . .

Cependant, le général Lannes, le jour même (le 6) où Murat parut devant Plaisance (1), avait fait passer le Pô, près de Bosco, à 3 bataillons de la division Watrin, qui refoulèrent des rives du fleuve le faible cordon autrichien et cherchèrent à opérer leur jonction avec la brigade Monnier (2) qui passait le Pô, à Albaredo, et était en marche sur Cipriano. Là, se trouvaient le régiment d'infanterie Reiszky avec le bataillon d'Ottochan et une division des dragons de Lobkowitz. Le reste de ces dragons se trouvait à Stradella et occupait la route jusqu'à Casteggio.

A peine Monnier était-il arrivé à Cipriano, et avait-il couvert ses ailes et son front par les marais voisins, que se produisit le combat, commencé par les Autrichiens avec 6 canons. Le général Monnier se borna à conserver sa position jusqu'à l'arrivée des renforts; ensuite, il voulut tourner les Autrichiens afin de les rejeter sur Stradella.

A ce moment, un grand désordre régnait là et sur toute la route, entre Plaisance et Casteggio, parmi les troupes impériales. Il était causé par la perte de Plaisance et par l'augmentation de danger provenant du nouveau passage du fleuve. Afin de donner le temps au feld-maréchal-lieutenant O'Reilly d'échapper au danger avec son parc d'artillerie, il fallait tenir à Cipriano. Le colonel prince Taxis, des dragons de Lobkowitz, se rendit donc avec le reste du régiment, à Cipriano, afin de défendre cette localité aussi longtemps que possible. Monnier, qui n'avait aucun canon, ne pouvait répondre au feu des Autrichiens; cela l'obligea à abandonner sa position.

Le colonel Taxis saisit cette occasion pour charger avec ses dragons. Mais le général Gency, qui venait précisément de passer le fleuve avec sa brigade, fit sa jonction avec le général Monnier et fit tourner le combat à l'avantage des Français. Tandis que Gency cherchait à tourner Cipriano, Monnier entrait dans la localité.

Cependant l'ennemi ne réussit pas dans ses desseins. Le régiment d'infan-

---

(1) Le narrateur autrichien semble avancer que Murat arrive le 6 juin devant Plaisance; cependant les pièces citées établissent que l'attaque de la tête de pont eut lieu le 5. (V. p. 165 à 170.)

Un peu plus loin, on lit que la nouvelle de la prise de Plaisance arrive aux défenseurs de Cipriano dans cette même journée du 6 juin, tandis que les rapports officiels de Murat indiquent nettement que cet événement n'eut lieu que le 7. (V. p. 196 à 204.)

On a vu p. 168, note 1, que le rapport de Berthier, fait le 9 juin, fait une double erreur sur la date de cette même attaque de pont, qui n'était vieille que de quatre jours.

C'est donc aux seules pièces originales, écrites au jour le jour, que l'on doit accorder une entière confiance.

Dans le cas particulier, elles classent clairement les événements aux dates ci-après :

     5 juin. Attaque et prise du pont de Plaisance par Murat;

     6 juin. { Passage du Pô à Cipriano par Lannes;
              { Murat demeure en face de Plaisance;

     7 juin. Passage du Pô à Nocetto et prise de Plaisance par Murat.

(2) Dans toute cette citation, l'auteur autrichien écrit Monnier; c'est Mainoni qu'il faut lire.

terie Reiszky défendit très héroïquement Cipriano et le colonel prince **Taxis** chargea de nouveau la colonne du général Gency. Ce n'est qu'à la nuit tombante, après que le feld-maréchal-lieutenant O'Reilly eut atteint Broni, que le combat se termina par l'évacuation de Cipriano. Un bataillon du régiment de Reiszky avec un escadron des dragons de Lobkowitz furent laissés à Stradella, tandis que le feld-maréchal-lieutenant O'Reilly, avec le reste de ses troupes, s'établissait à Broni.

★
★ ★

Murat reste en face de Plaisance et cherche à passer le Pô dans les environs de cette ville.

Extrait du rapport des marches et opérations de la division Boudet.

Le 17, l'ennemi continua toute la journée un feu d'artillerie qu'il dirigeait sur les positions qu'il présumait occupées par nous. Deux pièces d'artillerie de ma division avec deux obusiers servis par les canonniers de la garde des Consuls ripostèrent et eurent plusieurs coups heureux (1).

Pendant ce temps, le général Murat qui, d'accord avec moi, avait décidé le passage du Pô, expédia les adjudants généraux Dalton et Berthier, l'un sur la gauche et l'autre sur la droite du fleuve, afin de tâcher de réunir des bateaux pour opérer le passage.

L'adjudant Dalton parcourut le fleuve à une distance de 10 milles environ, et, par une activité et une intelligence particulières, il fit remonter une douzaine de petites barques au village de Nocetto, distant d'une lieue de la tête du pont de Plaisance (2).

---

(1) La division Boudet a les deux pièces qu'elle a reçues à Ivrée, le 26 mai (V. p. 20). La garde des Consuls a un obusier amené de Milan et un obusier pris à Pavie le 5 juin. (V. l'ordre du 4 juin du Premier Consul, p. 107.)

(2) *Division Boudet. — Rapport du 17 prairial.*

Plaisance, le 18 prairial an 8 (7 juin 1800).

La journée a été employée à faire des préparatifs pour passer le Pô. Nous avons porté des reconnaissances sur notre gauche, vers l'Adda, jusqu'à Maccastorno, où nous avons trouvé des patrouilles de la division Loison, et on s'est procuré une quinzaine de bateaux.

Sur la droite, il y a eu des reconnaissances de faites vers le Tessin ; nulle part on n'a trouvé l'ennemi.

L'ennemi a tiré quelques coups de canon dans la journée sur la tête du pont.

L'adjudant général,
W. DALTON.

Dans la nuit, ayant à présumer que l'ennemi chercherait
à évacuer, nous voulûmes nous en assurer afin de profiter de
tous les instants pour harceler sa marche et découvrir tous
ses mouvements. Alors, on simula un passage aux environs
de la tête du pont.

L'ennemi riposta par un feu d'artillerie vif et soutenu qui
mit hors de combat plusieurs hommes de la 59ᵉ.

Vers les 11 heures, il envoya un ·parlementaire demander
qu'on ne tirât plus des obus parce qu'ils avaient déjà incendié
une maison de la ville de Plaisance, dont la neutralité devait
être respectée. Il fut répondu que le point sur lequel nous
tirions était celui de notre attaque et celui-là même où l'ennemi dirigeait son feu ; qu'ainsi, la proposition était singulière
et ne pouvait être écoutée, qu'au préalable ils ne consentissent
eux-mêmes à ne plus tirer.

Extrait de la Revue militaire autrichienne (1).

..... Toutefois, avant le point du jour, le feld-maréchal-lieutenant comte
O'Reilly arrivait à Plaisance avec 2 escadrons de hussards et espérait, le jour
suivant, rassembler d'autres troupes à Plaisance. Le général Mosel céda donc
le commandement de ce point important au feld-maréchal-lieutenant O'Reilly,
et suivit la caisse et la chancellerie de guerre, que dès le début du combat il
avait envoyé à Parme.

. · . . . .

Comme l'ennemi passait ainsi le fleuve sur ses derrières (2), le feld-maréchal-lieutenant O'Reilly se trouvait donc dans un grand embarras, qui était
encore augmenté par le fait qu'une réserve d'artillerie, partie d'Alexandrie
pour se rendre à Borgoforte en passant par Tortone, Stradella, Plaisance et
Parme, afin de se joindre à la réserve principale, se trouvait précisément, le 6
au matin, en marche de Castel-Giovanni sur Plaisance.

Sur la rive gauche de l'Adda, Loison s'écarte du gros
de l'armée en se portant sur Brescia, pendant que Duhesme marche vers Crémone et que. Broussier s'établit
en face de Pizzighettone.

---

(1) *Œstreichische militärische Zeitschrift*, t. XXIX, p. 22 et 23.

(2) Passage de Lannes à San-Cipriano.

**Alex. Berthier, général en chef de l'armée de réserve,
au Premier Consul.**

Pavie, le 18 prairial an 8 (7 juin 1800).

Citoyen Consul,

Je reçois à l'instant une lettre du général Loison, datée de Brescia, du 17 prairial (1), où il a poursuivi vigoureusement M. de Loudon, qui n'a échappé qu'en sacrifiant son escorte. Le général Loison a fait 50 prisonniers, pris vingt milliers de poudre et éparpillé et détruit tout le reste du corps Loudon. Vous trouverez ci-joint la proclamation de M. de Loudon aux habitants de Brescia.

Le général Loison quitte Brescia pour se reporter sur Crémone. J'aurais désiré qu'il ait mis une garnison dans la citadelle, ce qu'il n'a pas osé prendre sur lui; mais l'arrivée de la légion italique à Brescia y suppléera (2).

Le général Loison me mande avoir été bien reçu des Brescians (3) et qu'il a poursuivi les Autrichiens fort loin, sur la route de Pizzighettone.

Dévouement et respect.

Alex. BERTHIER.

---

(1) La lettre de Loison n'a pas été retrouvée.

(2) La légion italique arrive le 10 juin à Brescia. (V. p. 130.)

(3)   *Copie traduite du rapport qui a été fait
        par plusieurs Brescians soussignés, échappés de Brescia.
                le 15 prairial an 8 (4 juin 1800).*

Les soussignés, interrogés sur les événements qui ont eu lieu depuis le 2 juin jusqu'au 4 dudit, déposent ce qui suit :

La retraite des bagages autrichiens s'effectuant sans relâche, et les nouvelles de l'armée française, qui s'approchait de Brescia, se répandant confusément, les autorités constituées du régime impérial, et principalement la Commission de police avec tous ses dignes ministres et plusieurs autres nobles, parmi lesquels M. l'évêque, conçurent la plus grande frayeur.

Dans la nuit du 2 au 3, la nouvelle de la défaite des Autrichiens ne laissant plus de doute, c'est alors qu'on résolut d'abandonner la ville, après avoir nommé une Commission provisoire composée des nommés : Cesare Bargnani, Rusca Borghetti, Folotta, Maggi, Suardi Basiletti.

Cette Commission, chargée des fonctions qui appartenaient aux autorités ci-dessus désignées, décida, à 11 heures du soir du même jour, avec l'approbation du commandant de la place, de mettre en liberté les républicains qui, depuis plusieurs mois, étaient détenus dans les diverses prisons.

Tous les amis de la liberté, voyant avec transport une pareille détermination et ne dou-

Extrait du rapport du 9 juin, de Berthier au Premier Consul.

« ..... Le général Loison arriva le 17 à Lograto, où il apprit que le général autrichien Loudon cherchait à soulever les habitants de Brescia contre les Français ; il marcha sur-le-champ sur cette ville dont il s'empara ; le général Loudon ne s'est sauvé que par le courage de son escorte, qui a été exterminée (1). On a trouvé dans la place 30 milliers de poudre et beaucoup de magasins. Nous avons fait 60 prisonniers. »

Extrait de la Revue militaire autrichienne (2).

Mais Loison partagea ce jour-là (6 juin) sa division. Une partie investit Pizzighettone et l'autre se dirigea sur Brescia. Dans cette ville se trouvait le général Loudon avec seulement un escadron de hussards Erdödy. Comme de nombreux traînards de la brigade Dedovich continuaient à passer par Brescia, il avait déjà sauvé réellement 200 hommes et les avait envoyés à Mantoue. Lorsque le 6, vers midi, l'ennemi s'avança sur la ville, le général Loudon se retira par la montagne vers Barghe, dans le val Sabbia, après avoir perdu 11 hommes dans cette retraite qui fut, au début, inquiétée par l'ennemi.

Arrivé à destination, il entreprit de couper la route se dirigeant vers le Tyrol par Rocca d'Anfo, et dans ce but de rassembler les paysans. Mais Loison, informé du faible effectif des Autrichiens dans cette région et de la prochaine arrivée du général Lechi, venant de Bergame, fit occuper Brescia avec quelques bataillons seulement et donna au reste de ses troupes l'ordre de partir le 6, au soir, sur Crémone en passant par Orzinovi.

---

tant plus que l'armée française n'arrivât dans la journée à Brescia, attendaient son entrée avec la plus grande impatience.

Mais le 4, une si flatteuse espérance fut détruite par l'arrivée du général autrichien Loudon, qui ordonna par une proclamation que toutes les communes fourniraient des compagnies organisées et bien armées, et qu'on dût leur donner pour chefs des personnes reconnues capables, étant destinées à une entreprise qu'il allait diriger contre la soi-disante incursion d'une petite colonne ennemie.

D'après une telle proclamation, les patriotes brescians connaissant la scélératesse des brigands et des mal intentionnés qui allaient seconder les intentions de l'ennemi, et voyant le parti républicain abattu par les mauvaises nouvelles qu'on avait l'art de répandre, s'occupèrent des moyens de prendre la fuite. Mais nous voulûmes nous assurer par nous-mêmes des progrès de l'armée française pour pouvoir retourner dans notre patrie, munis de pièces authentiques qui constatent ces avantages et hâter le moment de briser le joug avilissant qui nous opprime.

Voilà ce que nous déposons, animé du feu sacré de la patrie et du désir de voir régner le système républicain.

BARCOLINI, VIGNANI, GUIDUROLI.

(1) 17 *prairial. — Expédition sur Brescia. — Division Loison.* — Le 17, le général Loison, laissant à Crema trois bataillons de sa division, se porta sur Orzinovi et de là sur Brescia, où il faillit enlever le général Loudon, qu'il força de fuir dans les montagnes laissant derrière lui son escorte qui fut toute prise ou tuée.

(*Journal de la campagne de l'armée de réserve*, par l'adjudant-commandant Brossier.)

C'est par erreur que ce journal indique que Loison occupe Orzinovi seulement le 6 juin. On a vu, p. 170, la lettre de ce général écrite le 5 à Orzinovi.

Le 6, il marche sur Brescia.

(2) *OEstreichische militärische Zeitschrift*, t. XXIX, p. 17.

Extrait du rapport des opérations militaires du lieutenant général Duhesme.

Le 17, le général Duhesme arriva à Crema, comptant y rassembler la division Loison et marcher avec elle sur Crémone, mais il n'y trouva que trois bataillons de cette division, le général Loison ayant cru devoir se porter d'Orzinovi sur Brescia. Ce départ non prévu et auquel le général Duhesme ne pouvait s'attendre, aurait pu retarder le mouvement projeté; mais, sentant l'avantage de s'emparer de Crémone avant l'évacuation des magasins, ayant rassemblé trois bataillons de la 58e demi-brigade, et 400 chevaux, il marcha de suite sur Castelleone, où son avant-garde, trouvant l'ennemi, le culbuta et lui fit une trentaine de hussards prisonniers et un officier (1).

Alexandre Berthier, général en chef de l'armée de réserve, au général Duhesme.

Milan, le 17 prairial an 8 (6 juin 1800) (2).

Je vous préviens, citoyen Général, que le général Lannes a effectué le passage du Pô vis-à-vis Belgiojoso et qu'il prend la position de Stradella. Le général Murat cherche à passer, soit au-dessus, soit au-dessous de Plaisance.

Il est très essentiel que le général Broussier fasse établir la traille ou un pont sur l'Adda, entre Pizzighettone et le Pô.

Si vous avez jugé, d'après la position de l'ennemi, qu'il vous fût possible d'enlever les magasins immenses de Crémone, il faudrait passer le Pô vis-à-vis cette ville et venir à Plaisance enlever tous les magasins d'artillerie que l'ennemi évacue, et vous marcheriez sur Stradella, où nous serons. Si votre passage ne pouvait pas s'effectuer à Crémone, il se ferait

---

(1) « .... Vukassevich, restant fidèle au principe de ne s'engager dans aucun combat sérieux, retira son arrière-garde, le 6, vers San-Martino et donna l'ordre au lieutenant-colonel Barco, avec deux escadrons, une compagnie de chasseurs Le Loup et 50 hommes de Trautenberg, de venir à Crémone avec mission de n'abandonner cette ville qu'en cas d'extrême nécessité; il plaça comme soutien le général Doeller à San-Giacomo et marcha avec le reste de ses troupes sur Bozzolo.... »

(*Œstreichische militärische Zeitschrift*, t. XXIX, p. 17.)

(2) L'original porte 17 floréal, ce qui ne peut être qu'un lapsus.

à celui que le général Broussier établira entre Pizzighettone et le Pô, dans le cas où nous aurions besoin de vous.

Si, après avoir pris, soit Orzinovi, soit Soncino, vous ne croyiez pas qu'il soit possible d'aller à Crémone, vous reviendriez à Lodi, en laissant des garnisons, soit à Orzinovi, soit à Soncino. Le général Broussier restera toujours pour le blocus de Pizzighettone. Mais j'espère que vous pourrez faire votre beau mouvement sur Crémone et Plaisance, ce qui est soumis aux circonstances.

Donnez-moi fréquemment de vos nouvelles. Je serai cette nuit à Pavie et le Premier Consul y sera demain (1).

Je vous salue.

Alex. BERTHIER.

P.-S. — Vous trouverez ci-joint un renseignement qui vous sera utile lorsque vous serez à Crémone (2).

(*Archives du général Comte Duhesme.*)

Alex. Berthier, général en chef de l'armée de réserve, au Premier Consul.

Milan, le 17 prairial an 8 (6 juin 1800).

Citoyen Consul,

Je vous envoie une lettre que je reçois du général Loison. Vous voyez que l'ennemi a été assez aimable pour nous abandonner Orzinovi (3). Il est bien essentiel de faire armer cette place importante. J'attends vos ordres à Pavie.

Attachement et respect.

Alex. BERTHIER.

---

(1)   *Alex. Berthier, général en chef de l'armée, au général Dupont,*
chef de l'état-major général.

Milan, le 17 prairial an 8 (6 juin 1800).

Le chef de l'état-major donnera des ordres pour envoyer deux de mes courriers, l'un porter une lettre au général Duhesme à Crema et l'autre une au général Broussier devant Pizzighettone, par Casal.

Alex. BERTHIER.

(2) Le renseignement annoncé n'a pas été retrouvé.

(3) V. 5 juin, p. 170. Cette lettre ne parvient à Berthier que postérieurement à l'envoi de la lettre précédente à Duhesme.

Broussier, général de brigade (1), au général en chef Berthier.

Au bivouac sous Pizzighettone, le 17 prairial an 8 (6 juin 1800).
à 2 h. 1/2 après minuit.

Mon Général,

Depuis mon arrivée sous Pizzighettone, je me suis occupé des moyens d'établir un pont entre Pizzighettone et le Pô, à Macastorno; je n'ai pu y réunir encore que trois petites barques qui ne peuvent contenir que 40 hommes tout au plus entre elles trois. L'ennemi a emmené toutes les barques qui étaient sur l'Adda; il en occupe la rive gauche par quelques postes d'infanterie et de cavalerie. J'éprouve les plus grandes difficultés pour établir même une traille. Je n'ai point d'officier du génie; veuillez bien m'en envoyer. L'ennemi a occupé Géra. J'y ai envoyé cette nuit une forte patrouille que je ferai retirer au jour.

Salut et respect.

BROUSSIER.

Le général Marescot, au citoyen Haxo, capitaine du génie.

Milan, le 17 prairial an 8 (6 juin 1800).

Je vous prie, mon cher Camarade, de vous rendre dans le plus court délai devant Pizzighettone. Vous inviterez le général Broussier, qui doit commander le blocus de cette place, de vous fournir des bateliers, soit de ceux qu'il pourrait tirer de ses troupes, soit de ceux qu'il pourra vous procurer dans le pays par voie de réquisition. Vous établirez deux ponts volants sur l'Adda, l'un au-dessus de l'autre, au-dessous de la place, à la distance de 1500 à 2,000 toises.

Je vous préviens que vos premiers soins doivent être employés à l'établissement du pont volant au-dessous de la place, parce que ce pont ne doit pas servir seulement pour le corps d'investissement, mais encore pour la communication de l'armée.

MARESCOT.

(Livre d'ordres du général Marescot. — *Archives du génie*.)

Le général Marescot, au citoyen Prost, capitaine du génie.

Milan, le 17 prairial an 8 (6 juin 1800).

Je vous prie, mon cher Camarade, de vous rendre dans le plus court délai devant la place de Pizzighettone. Vous aiderez le général Broussier dans la

---

(1) Broussier (Jean-Baptiste), né à Ville-sur-Saulx (Meuse), le 10 mai 1766, avait été capitaine au 3e bataillon de la Meuse, le 6 septembre 1791; chef de bataillon, le 15 février 1791; chef de brigade, le 3 février 1799; général de brigade, le 15 février 1799.

Il devint général de division le 1er février 1805 et mourut le 13 décembre 1814.

disposition de ses troupes pour l'investissement de cette place. L'objet principal de votre mission est d'examiner si l'ennemi a travaillé aux fortifications, quel espèce d'ouvrage il y a fait et en général quel est l'état actuel de cette forteresse. Aussitôt que vous aurez terminé cette reconnaissance, vous rejoindrez le quartier général qui se dirige sur Pavie.

MARESCOT.

(Livre d'ordres du général Marescot. — *Archives du génie*.)

Informé que Lannes a franchi le Pô dans la matinée (1). Berthier dirige en toute hâte les dernières divi-

---

(1) Le Premier Consul avait dicté une lettre au général Saint-Hilaire et un ordre du jour à l'armée, avant de connaître le passage de Lannes.

Le Premier Consul au général Saint-Hilaire.

Milan, le 17 prairial an 8 (6 juin 1800).

Je pense, citoyen Général, que le général Suchet est aujourd'hui loin de Nice. Ainsi je vous expédie par un courrier extraordinaire les nouvelles de l'armée, afin que vous les lui fassiez passer.

Nous sommes maîtres de la Lombardie jusqu'à l'Oglio. Nous avons pris tous les magasins, tous les hôpitaux, tous les parcs de réserve de l'ennemi. Rien que dans le parc de Pavie nous avons trouvé plus de 200 pièces de canon, 200 milliers de poudre et 10,000 fusils neufs.

Nous occupons la rive gauche du Pô, depuis Crémone, et l'on manœuvre pour passer ce fleuve que l'ennemi paraît vouloir défendre. Nous sommes maîtres du pont de Plaisance, hormis les trois derniers bateaux du côté de cette ville, que l'ennemi a coupés.

BONAPARTE.

Le Premier Consul à l'armée.

Milan, le 17 prairial an 8 (6 juin 1800).

Soldats,

Un de nos départements était au pouvoir de l'ennemi, la consternation était dans tout le midi de la France.

La plus grande partie du territoire du peuple ligurien, le plus fidèle ami de la République, était envahie.

La République cisalpine, anéantie dès la campagne passée, était devenue le jouet du grotesque régime féodal.

Soldats, vous marchez..... et déjà le territoire français est délivré! La joie et l'espérance succèdent dans notre patrie à la consternation et à la crainte.

Vous rendrez la liberté et l'indépendance au peuple de Gênes; il sera pour toujours délivré de ses éternels ennemis.

Vous êtes dans la capitale de la Cisalpine.

L'ennemi épouvanté n'aspire plus qu'à regagner ses frontières; vous lui avez enlevé ses hôpitaux, ses magasins, ses parcs de réserve.

Le premier acte de la campagne est terminé.

Des millions d'hommes, vous l'entendez tous les jours, vous adressent des actes de reconnaissance.

Mais aura-t-on donc impunément violé le territoire français? Laisserez-vous retourner

sions de l'armée vers ce point de passage et porte le
quartier général à Pavie.

Victor Perrin, général de division, lieutenant du Général en chef, au Général en chef.

Lodi, le 17 prairial an 8 (6 juin 1800), 5 heures du soir.

La division Chambarlhac entrait à Lodi (1) au moment où
votre ordre de la diriger sur Stradella par Belgiojoso m'a été
remis; elle partira dans une heure pour se rendre le plus
promptement possible à cette nouvelle destination.

J'ai l'honneur de vous saluer.

VICTOR.

P.-S. — Les cartouches se brûleront bientôt; les soldats en
ont bien peu.

Alex. Berthier, général en chef de l'armée de réserve, au chef de l'état-major (2).

Milan, le 17 prairial an 8 (6 juin 1800).

Le général Monnier partira le plus tôt possible ce soir pour
se rendre à Belgiojoso par Pavie pour passer le Pô et rejoindre le général Lannes sur la position de Stradella; il
mènera avec lui la 19e, la 30e et la 70e; il rendra la 30e à sa
division, de l'autre côté du Pô quand il la rencontrera (3).

---

dans ses foyers l'armée qui a porté l'alarme dans vos familles?..... Vous courez aux
armes!..... Eh bien! marchez a sa rencontre, opposez-vous à sa retraite, arrachez-lui
les lauriers dont elle s'est parée, et, par là, apprenez au monde que la malédiction du
destin est sur les insensés qui osent insulter le territoire d'un grand peuple.
Le résultat de tous nos efforts sera *gloire sans nuage et paix solide.*

Le Premier Consul,

BONAPARTE.

Ce bulletin était publié dans le *Moniteur* du 25 prairial (14 juin). Il figure à la *Correspondance de Napoléon* sous le n° 4887.

(1) Victor avait quitté Milan le jour même avec la division Chambarlhac, en exécution
de l'ordre de Berthier du 5 juin. (V. p. 173.)

(2) On a rétabli l'en-tête qui devait figurer sur l'original. Les *Archives de la guerre*
ne possèdent que la minute, laquelle est écrite de la main de Berthier, sur une feuille du
papier de correspondance du Premier Consul. On peut donc considérer cet important ordre
stratégique comme dicté, ou tout au moins inspiré, par le Premier Consul; il ne figure pas
dans la *Correspondance de Napoléon.*

(3) La 30e appartient à la division Boudet, dont elle a été détachée au moment de
l'entrée à Milan, pour le blocus de la citadelle (V. 3 juin, p. 94). C'est seulement avec la

ARMÉE. DIVISION.

de *Réserve*

Enregistré

N.°

Juin 1800

...cial

...re du Sou...

...n, Lieut.ᵗ du G.ᵃˡ en chef

... au moment où votre

...Belgioioso m'a été remis.

...rendre le plus promptement

...l'honneur de vous Saluer

...t, vos Soldats ne sont

Le général Gardanne partira avec toute la 44e, compris les grenadiers, et toute la 101e pour se rendre à Pavie et passer le Pô vis-à-vis Belgiojoso (1).

Le général Lapoype fera le blocus de la citadelle avec la 1re d'infanterie légère, la 29e et la 91e.

Demain 18, le général Lapoype sera relevé du blocus de la citadelle par la division du général Lorge qui arrive de Côme et il partira à midi, s'il est relevé, pour se rendre en toute diligence à Pavie (2).

9e légère et la 59e que Boudet attaque la tête de pont de Plaisance le 5 juin (V. p. 166 et 169) et s'empare de cette ville le 7 juin. (V. p. 197 à 204.)

La 72e, qui fait partie de la division Monnier, avec la 19e légère et la 70e, a passé le Grand-Saint-Bernard plusieurs jours après l'armée. (V. t Ier, annexe no 10, p. 629; annexe no 13, p. 645; annexe no 14, p. 649; annexe no 16, p. 657; lettre du Premier Consul du 22 mai, p. 467.) Cette demi-brigade rejoint bientôt sa division. (V. lettre suivante de Berthier, p. 192.)

(1) 17 prairial. — *Dispositions prises par le général en chef.* — Le 17, le général en chef fit les dispositions suivantes : le général Gardanne prit le commandement d'une division qui fut formée des 44e, 101e et 102e demi-brigades. La division Chambarlhac eut ordre de se rendre de Milan à Lodi et d'étendre sa ligne jusqu'à Casal, pour donner la main à la division Chabran, et le général Lapoype s'empara du blocus du château de Milan. (*Journal de la campagne de l'armée de réserve,* par l'adjudant-commandant Brossier.)

(2)   *Dupont, général de division, chef de l'état-major général de l'armée de réserve, au général de division Lapoype.*

Milan, le 17 prairial an 8 (6 juin 1800).

L'intention du général en chef, citoyen Général, est que vous releviez sur-le-champ les troupes qui forment le blocus de la citadelle de Milan, par les troupes composant vote division, savoir : la 1re légère, la 29e et la 91e de ligne. Cette opération doit être exécutée sans perdre une minute de temps. Vous vous concerterez à ce sujet avec le général Moncey.

Vous serez relevé demain au blocus par les troupes de la division Lorge, qui arrivent de Côme, et vous partirez aussitôt après pour vous rendre à Pavie avec votre division, et vous passerez le Pô, vis-à-vis Belgiojoso, pour vous réunir à l'armée sur la position de Stradella.

Les deux régiments de troupes à cheval que vous avez amené, ont également ordre de partir sous le commandement du général de brigade Duvignau.

Je vous salue.

DUPONT.

Dupont, général de division, chef de l'état-major général de l'armée de réserve, au général de division Moncey, lieutenant général du général en chef.

Milan, le 17 prairial an 8 (6 juin 1800).

Je vous préviens, Général, que le général Lapoype vient de recevoir l'ordre de relever sur-le-champ les troupes qui forment le blocus de la citadelle de Milan, par celles composant sa division, savoir : la 1re légère, la 29e et la 91e de ligne.

Je vous donne également avis que la 41e demi-brigade, à laquelle les trois compagnies de grenadiers doivent être réunies, et tout ce qui existe de la 101e demi-brigade, viennent

La cavalerie du général Lapoype partira à 2 heures (1) du matin pour Pavie, aux ordres du général Duvignau.

L'adjudant général Dampierre sera attaché au général Gardanne; le général de brigade Dumoulin sera employé avec lui, du moment où sa mission sera finie sur Verceil.

Alex. BERTHIER.

**Alex. Berthier, général en chef de l'armée de réserve,
au chef de l'état-major général.**

Milan, le 17 prairial an 8 (6 juin 1800).

Vous partirez ce soir pour vous rendre à Pavie avec tout l'état-major (2).

Vous donnerez l'ordre que les chefs d'administrations partent demain aussi pour Pavie en laissant à Milan les agents nécessaires pour assurer le service.

Nous partirons ensemble aussitôt l'après-dîner.

Donnez l'ordre au petit bataillon cisalpin qui est à Biella de de se rendre à Romagnano pour y aider à établir le passage sur la Sesia. De là, il prendra les ordres du général Vignolle pour se rendre à Milan, où il sera complété.

Envoyez un officier d'état-major à Novarre, au-devant du général Chabran et de la 72e demi-brigade, pour que, de Verceil, elle se dirige directement par Mortara sur Pavie.

Alex. BERTHIER.

---

d'être mises à la disposition du général divisionnaire Gardanne, qui a ordre de passer le Pô.

Je vous salue.
DUPONT.

Ci-joint l'ordre donné au général Lapoype, afin que vous veuillez bien le lui remettre. Les deux régiments de troupes à cheval, arrivés avec le général Lapoype, passent avec le général Duvignau.

(1) Ce chiffre 2 est écrit très lisiblement sur le registre de Berthier (*Archives de Gros-Bois*). Sur la minute on peut aussi lire 1 heure ou 11 heures.

(2)   *Le général Marescot aux officiers et adjoints du génie.*

Milan, le 17 prairial an 8 (6 juin 1800).

Je vous préviens, mes chers Camarades, que le quartier général se transporte demain à Pavie et que vous devez vous y rendre.

MARESCOT.

(Livre d'ordres du général Marescot. — *Archives du génie*.)

Alex. Berthier, général en chef de l'armée de réserve, au chef de l'état-major.

Milan, le 17 prairial an 8 (6 juin 1800).

Je vous prie, citoyen Général, de me remettre, avant la revue, l'état de situation de toutes les troupes aux ordres du général Lapoype, infanterie, cavalerie et artillerie.

Le général Murat me mande qu'il n'a point encore les pontonniers, ni les sapeurs, ni les ingénieurs, que je vous ai donné l'ordre de lui faire passer (1). Par quelle fatalité tous les ordres partis de l'État-Major éprouvent-ils un retard si préjudiciable au bien du service?

Le chef de la 30e est, dit-on, arrivé avec 500 hommes, et vous ne m'en rendez pas compte. Il est indispensable que je sois exactement informé de tout ce qui se passe dans l'armée.

Alex. Berthier.

Le Premier Consul, au général Lannes.

Milan, le 17 prairial an 8 (6 juin 1800).

Le général Berthier, citoyen Général, se rend à Pavie. Le général Victor, le général Monnier, avec leur division, le corps qu'a amené le général Lapoype, tout part pour Pavie, afin de passer le Pô et de vous appuyer.

Le général Murat s'est emparé de la tête du pont de Plaisance, de ce côté-ci; il a fait une centaine de prisonniers à l'ennemi, qui paraît avoir beaucoup de bagages et d'artillerie de l'autre côté. Le pont que l'ennemi avait à Plaisance est entier, hormis les trois dernières barques du côté de Plaisance que l'ennemi a eu le temps de couper. Si vous pouvez faire un mouvement sur Plaisance, de manière à nous mettre en possession du pont, vous sentez combien cela nous serait utile, puisque nous aurions deux débouchés au lieu d'un, et que le pont de Plaisance, avec peu de réparations, nous servirait de suite.

Il me tarde beaucoup qu'il y ait 20,000 rations à Stra-

---

(1) V. la lettre de Marescot du 4 juin, p. 109.

della (1). L'armée ennemie a évacué Nice le 9 prairial, moitié par le chemin de Tende et moitié par celui de Vintimiglia. Le général Suchet est à leurs trousses et leur a fait 1900 prisonniers dans différentes affaires.

BONAPARTE.

Je ne crois pas que l'ennemi puisse avoir, dans ce moment-ci, plus de 10,000 hommes d'infanterie sur le Tanaro et puisse en avoir 20,000 avant le 20 ou le 21 (2).

Le Premier Consul, au général Lechi (3).

Milan, le 17 prairial an 8 (6 juin 1800).

Je donne l'ordre, citoyen Général, que l'on vous envoie sur-le-champ des cartouches (4).

Nous avons passé le Pô et nous occupons la position de Stradella; ainsi, l'armée ennemie se trouve coupée.

Apprenez-moi bientôt que vous avez arboré l'étendard de la République à Bergame et à Brescia (5).

BONAPARTE.

Alex. Berthier, général en chef de l'armée de réserve, au chef de l'état-major.

Milan, le 17 prairial an 8 (6 juin 1800).

Vous trouverez ci-joint un arrêté dont vous surveillerez l'exécution. Vous donnerez des ordres en conséquence aux généraux Vignolle et Pino.

Je vous salue.

Alex. BERTHIER.

---

(1) Les *Archives de la guerre* ne possèdent que la copie de cette pièce, dont l'original appartient à la famille Lannes. Il semble qu'il y a eu erreur dans la copie et qu'on doive lire :

« Il me tarde beaucoup qu'il y ait 20,000 *hommes* à Stradella. »

C'est le résumé de toute la manœuvre du Premier Consul. 20,000 hommes à Stradella, c'est ce qu'il rêve depuis trois mois; c'est Mélas coupé de l'Autriche. 20,000 rations à Stradella ne signifie rien le 6 juin.

(2) *Correspondance de Napoléon*, n° 4888.

(3) *Correspondance de Napoléon*, n° 4889.

(4) V. p. 127, la lettre de Lechi du 6 juin.

(5) Lechi entre à Bergame le 8 juin (V. p. 128 et 129) et à Brescia le 10 (V. p. 130).

Alex. Berthier, général en chef de l'armée de réserve.

Milan, le 17 prairial an 8 (6 juin 1800).

ARRÊTE :

ART. 1er. — Il sera établi à Milan un dépôt où seront rassemblés les soldats cisalpins qui, dans ce moment, ne font pas partie de la légion cisalpine organisée à Bourg, et ceux qui voudraient prendre du service dans les troupes cisalpines.

ART. 2. — A mesure qu'il y aura un nombre d'hommes suffisant, il sera formé une compagnie, ensuite un bataillon et successivement plusieurs bataillons.

ART. 3. — Les officiers et sous-officiers seront choisis parmi ceux qui ont déjà servi dans les troupes cisalpines.

ART. 4. — Le général cisalpin Pino est chargé du commandement et de l'organisation. Les nouveaux bataillons seront sous les ordres du général Vignolle, commandant à Milan.

ART. 5. — Le général Vignolle proposera les mesures nécessaires pour l'établissement et la solde des nouveaux bataillons à mesure qu'ils se formeront.

ART. 6. — Il sera nommé un commissaire des guerres chargé de l'enregistrement et de la comptabilité de l'administration du dépôt.

ART. 7. — La formation des bataillons sera la même que celle adoptée pour les bataillons formés à Bourg.

Alex. BERTHIER.

7 JUIN

Murat franchit le Pô. s'empare de Plaisance, et repousse un détachement autrichien qui tente de le déloger de cette ville. Le rétablissement du pont de bateaux donne à l'armée un second point de passage sur le Pô.

Joachim Murat, lieutenant général, au Général en chef.

Plaisance, le 18 prairial an 8 (7 juin 1800).

Je m'empresse de vous apprendre, mon Général, le passage du Pô et la prise de Plaisance.

Nous avons, à ce qu'on me dit, fait 600 prisonniers; il y en a autant dans les hôpitaux. Les magasins sont immenses. Soixante pièces de canon filent sur Stradella, escortées seulement par 150 (*sic*) hommes; s'ils m'échappaient, ils n'échapperont pas au général Lannes. Quinze cents chariots marchent sur Parme; 600 hommes qui ont couché hier à Parme étaient destinés à venir renforcer la garnison de Plaisance.

La ville a été enlevée de vive force. Environ 80 hommes de cavalerie n'ont eu que le temps de se jeter dans le fort, qui doit se trouver encombré par les chirurgiens, gardes-magasins et autres employés qui s'y sont précipités avec tous leurs bagages.

Je m'empresse de vous faire passer une dépêche du général Mélas, expédiée par un courrier extraordinaire et une infinité d'autres lettres qui vous donneront des renseignements utiles. On nous assure que Gênes est définitivement pris (1). Je vous donnerai d'autres détails ce soir; je vais

---

(1) Ces lettres, fort importantes, étaient parties de Turin dans la soirée du 5 juin. On les lira au 8 juin, jour où elles parviennent au Premier Consul et déterminent des ordres de sa part. (V. en note p. 227 à 231.)

Il parait probable que Murat ne les a pas fait traduire avant de les envoyer à Berthier.

tâcher de communiquer sur-le-champ avec le général Lannes. Je vais écrire à Loison.

Le pont sera fini ce soir (1).

Salut et respect.

MURAT.

Joachim Murat, lieutenant général, au général en chef Berthier.

Plaisance, le 18 prairial an 8 (7 juin 1800).

Je vous ai annoncé, mon Général, que 6 à 700 hommes, partis à marche forcée d'Ancône, se portaient sur Plaisance, et qu'ils étaient destinés à faire la garnison de la citadelle. Eh bien ! mon Général, à peine mes postes étaient-ils établis, à peine avions-nous eu le temps de reconnaître la ville, qu'on est venu m'annoncer que ma grand'garde, placée sur la route de Parme, était attaquée.

Je suis aussitôt monté à cheval ; j'ai fait avertir les généraux ; en un clin d'œil, tout le monde a été à son poste. Je me suis mis à la tête des deux bataillons de la 59e demi-brigade, et avec le général Boudet, les grenadiers en tête, com-

---

On a vu (p. 89) qu'à l'état-major de Lannes personne ne savait l'allemand ; il est possible qu'il en fût de même à l'état-major de Murat. En tout cas, ce général semble avoir des doutes sur la capitulation de Gênes, dont la nouvelle était cependant donnée d'une façon officielle dans la seconde lettre de Mélas au comte Tige. (V. p. 227, note 3.)

(1)   *Alex. Berthier, général en chef de l'armée de réserve, au Premier Consul.*

Pavie, le 18 prairial an 8 (7 juin 1800), à 11 h. 1/2 du soir.

Citoyen Consul,

Je reçois à l'instant une lettre du général Murat qui me mande qu'il a passé le Pô et pris Plaisance, qu'il a fait 600 prisonniers et qu'il y en a autant dans les hôpitaux. Il me marque que 60 pièces de canon filent sur Stradella, escortées seulement par 50 (*sic*) hommes, que 1500 chariots marchent sur Parme.

La ville a été enlevée de vive force ; environ 80 hommes de cavalerie n'ont eu que le temps de se jeter dans le fort qui doit se trouver encombré par les chirurgiens, gardes-magasins et autres employés qui s'y sont précipités avec tous leurs bagages.

Le général Murat m'annonce qu'il m'enverra cette nuit un courrier pour m'apporter des lettres interceptées.

Un agent du duc de Parme, qui est envoyé près de vous pour vous complimenter, suit mon courrier ; il vous dira des choses intéressantes.

J'ai peine à croire à la nouvelle de la capitulation de Gênes. Si elle était vraie, nous aurions bientôt l'ennemi sur les bras.

Je pense que votre présence sera nécessaire ici pour les dispositions que nous aurons à faire demain.

Respect et attachement.

Alex. BERTHIER.

Le général Murat dit avoir intercepté une lettre du général Mélas, où il est parlé de la capitulation de Gênes.   B.

mandés par l'adjudant général Dalton ; la colonne a été formée
en masse et au pas de charge. Nous nous sommes portés sur
l'ennemi qui, déjà, faisait replier ma grande garde avec ses
canons ; j'ai fait détacher quelques tirailleurs sur mes flancs.
La fusillade est devenue générale ; leur premier coup de canon
m'a enlevé quatre hommes. Ce coup, loin de déconcerter les
braves grenadiers de la 59e, n'a fait qu'irriter leur courage ;
ils se sont précipités sur les colonnes ennemies, qui ont pris
aussitôt la fuite, mais ses canons soutenaient leur retraite.
La nuit les favorisaient. Voyant enfin qu'ils allaient m'échapper, j'ai ordonné au brave 11e de hussards de les charger. Le
brave chef d'escadron Ismert a exécuté son mouvement avec
tant d'impétuosité que l'ennemi a été entièrement culbuté ;
nous les avons tous fait prisonniers, pris leurs deux pièces de
canon, leurs caissons attelés et un drapeau. Tout ce qui n'a
pas été pris est perdu dans les vignes ; je les ferai ramasser demain par des patrouilles. Parmi les prisonniers sont
29 officiers et un major. Je rentre à l'instant ; mes postes
sont établis ; le plus grand ordre règne ici.

Je dois des éloges particuliers à l'adjudant général Dalton.
Le général Musnier est entré, ce matin, le premier dans la
ville, à la tête des carabiniers de la 9e légère ; le général
Boudet a montré ce soir la plus grande bravoure. Toutes les
troupes se battent comme des enragées. Le résultat de la
journée est : 1000 prisonniers les armes à la main, 600 dans
les hôpitaux et 100 Français trouvés (1).

Murat.

**Alex. Lauriston, aide de camp du Premier Consul,
au général Bonaparte, Premier Consul de la République française.**

Plaisance, le 18 prairial an 8 (7 juin 1800).

Citoyen Consul,

J'ai trouvé le général Murat maître de Plaisance, à la
suite d'une journée des plus brillantes, dont le résultat est :
1000 prisonniers, parmi lesquels un major et 18 officiers, plus
2 pièces de canon de 4 pouces, 2 caissons et un drapeau.

---

(1) Dans son rapport au Premier Consul, fait à Pavie le 9 juin, Berthier reproduit en
grande partie les détails donnés par les deux lettres de Murat. Deux phrases seulement
sont à retenir : « ..... Le général Murat se procura quelques barques qui lui servirent
à faire passer la 9e et la 59e..... Il s'occupe à faire rétablir le pont de Plaisance ».

Une partie de ces prisonniers a été faite sur un bataillon qui cherchait à se jeter dans le fort.

Comme le combat n'a cessé qu'à la nuit, il a été impossible au général Murat de reconnaître le fort; mais, d'après tous les renseignements, il paraît qu'il n'y a que peu de monde et beaucoup de canons.

Le général Murat ayant eu avis que, ce matin, les Autrichiens avaient fait partir de Plaisance 60 pièces de canon escortées seulement par 150 hommes d'infanterie et 60 de cavalerie qui se dirigeaient sur Stradella, du côté du général Lannes, a envoyé à leur poursuite un fort détachement de cavalerie qui se portera principalement sur Ripalta (1), seul point par lequel ils pourraient trouver un débouché. Ce général pense qu'il ne peut quitter Plaisance qu'avec la plus grande précaution, tant à cause du fort et du pont qu'il faut garder, que par rapport à l'avis qu'il a reçu de la marche de deux bataillons venant de Parme pour se jeter dans le fort et au-devant desquels il compte aller, lorsqu'il aura des données certaines sur leur arrivée.

Le pont sera fait demain à midi.

Le général Murat vous demande avec instance le 12e régiment de chasseurs à cheval et une demi-brigade en remplacement de la 30e. Le 8e de dragons a passé le Pô avec moi sur la barque.

Beaucoup de lettres ont été interceptées, entr'autres une du général Mélas à l'Empereur, portées par un courrier extraordinaire. Ces lettres ont été envoyées au général Berthier.

Le général Murat a épuisé ses fonds pour le passage; il vous en demande tant pour les dépenses extraordinaires que que pour le payement des chevaux de prise.

Il écrira demain au duc de Parme pour le prévenir de notre entrée dans Plaisance comme amis.

Comme le général Murat pourra avoir demain quelque connaissance de la marche du général Lannes, je ne le quitterai qu'après avoir eu de plus grands renseignements.

Salut et respect.

Alex. LAURISTON.

_____

(1) Rivalta-Trebbia.

Extrait du rapport des marches et opérations de la division Boudet.

Le 18, la division se mit en marche à 2 heures du matin pour Nocetto. Aussitôt arrivée, la 9e commença le passage sur les bateaux qui avaient été réunis. Quelques vedettes ennemies se retirèrent à l'approche des troupes qui passèrent successivement sans rencontrer aucun obstacle. Le général Musnier, commandant la 1re demi-brigade, avait l'ordre de réunir ses troupes de l'autre côté et d'attendre le passage entier de la division; mais, ayant appris que l'ennemi venait de recevoir un renfort considérable et en attendait encore un qui venait par la route de Parme, il se porta précipitamment en avant sur Plaisance. Il y rencontra la cavalerie ennemie qui voulut charger ses troupes, mais il se forma en colonnes serrées, et les carabiniers, tout en criant qu'ils voulaient venger la journée de la veille, marchèrent, la baïonnette en avant, sur cette cavalerie, l'enfoncèrent et la dispersèrent. Alors, une seule opération était à faire, et le moment pressait : c'était de pénétrer dans la ville en même temps que les ennemis eux-mêmes. Le général Musnier jugea ce mouvement et le fit exécuter avec une telle rapidité, que l'ennemi, qui avait le projet et les moyens de s'opposer à cette entrée, ne put se reconnaître. Nos troupes parcoururent en un instant toutes les rues, chargeant et enlevant tout ce qui se présentait.

Dans cet intervalle, j'avais exécuté mon passage avec les grenadiers de la 59e et je rassemblais les corps pour seconder l'attaque du général Musnier. Je me rendis à l'entrée de la porte de Plaisance et m'y trouvai au moment que l'action s'engageait. Aussitôt, j'envoyai mon aide de camp auprès du général Musnier pour l'avertir de tenir ses troupes réunies, afin que l'ennemi ne pût profiter de l'éparpillement inévitable qu'occasionne la poursuite dans une grande ville ; mais cette mesure devint nulle, parce que l'ennemi, dans un désordre parfait, s'était retiré de toutes parts dans la citadelle, d'où il fit pendant très longtemps un feu très actif. Le résultat de cette opération fut 1200 prisonniers et 150 morts ou blessés; la 9e légère perdit une vingtaine d'hommes, tant tués que blessés. On doit des éloges particuliers au général Musnier, qui a su profiter du seul instant favorable pour enlever Plaisance, dont la prise sans cette action eût pu coûter très cher.

La 9⁰ demi-brigade légère s'y est particulièrement distinguée ; il est difficile de montrer plus d'audace et d'intrépidité.

J'avais laissé à la tête du pont de Plaisance le 3ᵉ bataillon de la 59ᵉ, commandé par le chef de bataillon Pastre. Ce chef, s'étant aperçu que l'ennemi retirait les pièces qu'il avait sur le bord du fleuve, résolut de l'empêcher de les sauver. Le pont était coupé ; il n'avait aucun moyen de passer ; alors, il se met à la tête d'une douzaine de nageurs, officiers et soldats, et se jettent à l'eau. Par malheur, ils atteignent un endroit de la rivière où l'eau tournait, et presque tous sont entraînés dans le gouffre ; un officier et six soldats sont noyés. Le citoyen Pastre est retiré de l'eau sans connaissance ; il doit la vie à un des siens. Cette action mérite d'être relevée honorablement par le dévouement de ses auteurs et le but qu'ils se proposaient.

La division, réunie à Plaisance, fut placée, une partie au blocus de la citadelle et l'autre sur les glacis de la porte de Saint-Lazare, route de Parme, par où devait arriver le renfort que l'ennemi attendait. On s'occupa en même temps à rétablir le pont. Une crue d'eau rendait la réparation très difficile. L'officier du génie y mit une activité particulière ; mais ses efforts devinrent nuls par un accroissement continu des eaux, qui finit par rendre l'ouvrage trop difficile. Alors, on établit très promptement deux ponts-volants, et le passage de la cavalerie s'effectua.

On fut également obligé de joindre plusieurs bateaux à Nocetto, où avait passé la division, pour en faire un pont-volant qui pût servir au passage de l'artillerie ce qui eut lieu en surmontant toute espèce d'obstacles.

L'escadron du 11ᵉ de hussards, commandé par son chef Ismert, qui avait opéré son passage sur les 4 heures, eut ordre de se placer en avant de Plaisance, route de Parme, afin d'éclairer tout ce qui se présenterait sur ce chemin.

A 5 heures du soir, les vedettes avancées de cet escadron aperçurent un corps d'ennemis qui les repoussa. L'ennemi avait avec lui deux pièces d'artillerie, dont il se servit continuellement contre nos hussards, lesquels se réunirent et firent leur retraite, toujours à portée de la mitraille, et l'exécutèrent dans un ordre parfait.

A peine fûmes-nous prévenus, le lieutenant général Murat

et moi, de l'approche de l'ennemi, que je rassemblai les troupes pour marcher à sa rencontre. Trois compagnies de grenadiers de la 59ᵉ furent établies en colonnes sur la grand'-route. L'adjudant général Dalton fut chargé de les conduire, tandis qu'un bataillon de la 59ᵉ, partagé sur la droite et sur la gauche du chemin, s'avançait pour prendre l'ennemi en flanc, après avoir jeté ses tirailleurs en avant.

Les grenadiers, impatients, dirigés par l'adjudant général Dalton, n'attendirent pas que les flanqueurs eussent dépassé leur ligne; ils se précipitèrent sur l'ennemi au pas de charge, la baïonnette en avant. Celui-ci tira sur leur colonne plusieurs coups de canon qui mirent une vingtaine d'hommes hors de combat, mais il ne put soutenir le choc terrible de nos grenadiers. Il battit en retraite devant eux, quoiqu'il fût fort de 1000 hommes et de son artillerie. On le poursuivit avec la même ardeur qu'il avait été attaqué.

La nuit tombait; je fis donner l'ordre au 11ᵉ de hussards de se rendre pour charger l'ennemi. Je me mis à leur tête après avoir réuni tout ce qu'il y avait de cavalerie disponible, ordonnances et gendarmes, et je chargeai l'ennemi qui, en totalité, mit bas les armes. Le résultat fut la destruction, tant pris que tués, du corps qui était venu nous attaquer, la prise de deux pièces d'artillerie et de deux drapeaux.

Deux obusiers, servis par les canonniers de la garde des consuls, tirèrent avec beaucoup de succès dans la colonne ennemie.

Je dois des éloges particuliers à la conduite de l'adjudant général Dalton et à celle des grenadiers qu'il a dirigés. Il est rare d'avoir vu un courage plus marquant que celui qui fut déployé dans cette action. La troupe s'y est également très distinguée.

Le résultat des avantages remportés sur l'ennemi dans les différentes affaires, du 16 au 18, fut : 2,000 prisonniers, 50 hommes tués ou blessés et la prise de 13 pièces de canon, de 2 drapeaux, des magasins considérables et de 30 grands bateaux chargés de vivres qui étaient destinés à l'approvisionnement de l'armée ennemie et qui furent du plus grand secours à la nôtre.

Je dois payer au lieutenant général Murat la légitime rétribution de gloire qu'il mérite dans celle que s'est acquise ma division aux différentes actions qu'elle a engagées sous ses ordres.

Extrait du Journal de la campagne de l'armée de réserve, par l'adjudant-commandant Brossier.

18 prairial. — *Prise de Plaisance.* — *Lieutenant général Murat, division Boudet.* — Le 18, à la pointe du jour, la division se mit en marche pour aller passer le Pô, au hameau de Nocetto, où l'on avait réuni une vingtaine de barques. La 9ᵉ légère, les grenadiers de la 59ᵉ, l'artillerie et le 11ᵉ d'hussards passèrent les premiers.

Le général de brigade Musnier, à la tête de la 9ᵉ, se porte en avant et prend position à deux milles de Plaisance, sur la grande route de Crémone, portant ensuite une reconnaissance un mille plus avant ; il apercevait environ 1500 chariots qui filaient sur la route de Parme, sous la protection de quelque cavalerie et il apprend par plusieurs rapports qu'un régiment autrichien du général Ott, arrivait aussi par la même route.

Il se détermine aussitôt à marcher sur la ville et porte un bataillon à sa gauche, sur la route de Parme, pour attaquer le convoi. Il approchait de la porte Saint-Lazare et faisait une marche de flanc, à laquelle la chaussée rompue en cet endroit l'obligeait, lorsque deux escadrons de cavalerie ennemie s'avancent au grand trot ; il reste immobile et sa bonne contenance en impose tellement à l'ennemi qui n'ose pas l'attaquer.

Enfin la tête de sa colonne pénètre dans la ville, et il envoie sur-le-champ un détachement pour occuper la porte Saint-Antoine, située à l'extrémité opposée ; elle y arrive au moment où le régiment autrichien Klébeck s'y présentait par la route de Stradella.

Le bataillon que Musnier avait envoyé à l'attaque du convoi désespérant de l'atteindre, et ayant aperçu le régiment autrichien, venait à sa rencontre en dehors de la ville ; en sorte que celui-ci pris en flanc, tandis que le détachement le chargeait en tête, fut entièrement pris ou dispersé. Le surplus de la division Boudet appuya les mouvements du général Musnier, vint camper près de la ville et cerna le fort où 50 cavaliers s'étaient retirés à l'approche du bataillon de gauche.

A peine les postes étaient-ils établis que le général Murat est informé que sa grande garde, postée en avant du village de Saint-Lazare, sur la route de Parme, est attaquée par le corps qui venait au secours de Plaisance, et dont le général Musnier avait eu connaissance le matin. Les ordres les plus prompts sont donnés à l'instant, et le général Murat se porte en avant à la tête de la 59ᵉ, commandée par le général Boudet. Les grenadiers faisaient l'avant-garde sous les ordres de l'adjudant général Dalton ; la colonne est formée en masse et au pas de charge. Elle rencontre l'ennemi qui avait déjà fait ployer l'avant-garde ; quelques tirailleurs sont détachés sur les flancs et bientôt la fusillade devient générale. Le premier coup de canon de l'ennemi avait emporté quatre hommes et ce coup était devenu, pour les intrépides grenadiers de la 59ᵉ, le signal de la charge la plus impétueuse.

La déroute se met dans les rangs ennemis et ils fuyaient à la faveur de la nuit et protégés par leur artillerie, lorsque le 11e d'hussards fond sur eux et achève de les culbuter; tous furent tués ou pris.

Deux pièces de canon, leurs caissons attelés et un drapeau, 1000 prisonniers parmi lesquels 25 officiers, 600 hommes dans les hôpitaux et 100 Français délivrés, sont les trophées de cette journée.

De si brillants succès sont dus à la bravoure réfléchie du général Boudet, à la conduite savante du général Musnier, à l'intrépidité de l'adjudant général Dalton et à l'impétuosité des troupes qui se sont signalées à l'envie.

Parmi les traits particuliers de courage, on remarque la conduite du citoyen français Loiselet, conscrit de la 59e, qui a pris un drapeau, rivalisant aussi d'audace avec ses vieux camarades.

L'armée française n'a eu que 13 blessés et 3 tués, mais le citoyen Ribouleau, lieutenant, est du nombre de ces derniers, et l'armée perd en lui un soldat d'une bravoure éprouvée et d'un mérite reconnu.

Le matin de ce même jour, 60 pièces d'artillerie filèrent de Plaisance sur Tortone; le général Murat était bouillant du désir de s'en emparer. Il aurait porté par cette audacieuse action un coup bien funeste à l'ennemi. Occupé sans relâche aux événements qui se passèrent aux environs de Plaisance, il ne put mettre à exécution ce projet digne de sa valeur, et il se flattait que le général Lannes serait plus heureux; mais ce général eut à soutenir, après le passage du Pô, divers combats qui ne lui permirent pas d'arriver assez tôt à Stradella, où il aurait pu intercepter cet important convoi.

Extrait de la Revue militaire autrichienne (1).

Tandis que le feld-maréchal-lieutenant O'Reilly donnait aussitôt l'ordre à cette réserve de retourner sur ses pas et prenait des mesures pour la sauver (2), Murat était arrivé avant le jour avec toutes ses forces à Nocetto et sans trouver d'obstacle avait, au moyen de 20 bateaux, transporté ses troupes sur la rive droite du Pô, à Rancarolo. Le général Musnier commandait l'avant-garde. Il établit un bataillon sur la route de Crémone et avec les deux autres se dirigea sur Plaisance.

Le feld-maréchal-lieutenant O'Reilly ne pouvait morceler sa faible troupe pour occuper toutes les directions. Il décida de tenir tête à l'ennemi jusqu'à ce que la réserve d'artillerie ait eu le temps de se sauver.

A ce moment le régiment de Klébeck, avec 600 hommes, arriva de Bobbio à Plaisance (3). Le feld-maréchal-lieutenant O'Reilly l'envoya immédiatement

---

(1) Œstreichische militärische Zeitschrift, t. XXIX, p. 23 à 25.

(2) Il s'agit de la réserve d'artillerie dirigée d'Alexandrie sur Borgo-Forte et marchant le 6 juin de Castel-San-Giovanni sur Plaisance. (V. p. 183.) L'auteur autrichien place au 6 juin le combat et la prise de Plaisance, comme le passage du Pô par Lannes à San-Cipriano (V. p. 181.) Il semble hors de doute qu'il y a là une erreur que réfutent les documents publiés ici. (Se reporter à la note 1, p. 181.)

(3) Le régiment d'infanterie Klebeck, de la brigade Gottesheim, était parti de Gênes, dès le 4 juin, et avait marché sur Plaisance par le chemin le plus court.
(Œstreichische militärische Zeitschrift, t. XXIX, p. 120.)

sur la route de Parme et lui adjoignit un escadron de hussards Nauendorf. Avec le reste de ses troupes et les deux batteries de cavalerie, il surveilla la route de Stradella afin de couvrir le parc d'artillerie.

Le major Frühauf voulait marcher avec le régiment Klébeck en avant de la porte de Parme. Mais le général Musnier tenait déjà la route, et était sur le point d'entrer en ville. Une fusillade meurtrière s'engagea donc en cet endroit. La porte fut emportée d'assaut, perdue et reprise de nouveau. Sur ces entrefaites, Murat avait envoyé de nouveaux renforts au général Musnier et le major Frühauf ne put s'opposer plus longtemps à la marche de l'ennemi. Il occupa rapidement la porte de Rivalta afin d'assurer sa retraite. Murat fit cerner le régiment sur la droite, afin de le faire prisonnier. Le major Grafen, des hussards de Nauendorf, s'opposa, il est vrai, avec ses deux escadrons aux efforts de l'ennemi, mais, à la longue, il ne put tenir contre une pareille supériorité numérique. Pressées de tous côtés, les troupes se mirent enfin un peu en désordre.

La plus grande partie du régiment Klébeck fut rejetée dans la ville, le reste se retira en partie sur la Trebbia, à San-Nicolo, et en partie vers Bobbio (1). Les chasseurs tyroliens, restés pour la défense de la ville, et les deux compagnies de Neugebau ne furent plus en mesure de résister à l'ennemi qui s'avançait de tous côtés, et se réfugièrent dans la citadelle. Le capitaine Harrucker, avec une compagnie de Neugebau, avait occupé cette dernière et dirigeait une violente canonnade en partie sur les Français accourant vers le pont et en partie sur les troupes qui poursuivaient le feld-maréchal-lieutenant O'Reilly dans sa retraite sur la Trebbia.

Le tumulte dans la ville s'était à peine apaisé, qu'on entendit une vive fusillade du côté de Parme. Ce bruit était causé par un bataillon du régiment d'infanterie Thurn, qui avait été envoyé de la Toscane pour renforcer l'armée, et était parti, le 6 au matin, de Fiorenzola pour Plaisance.

Instruit du danger qui menaçait la garnison, il s'était dirigé du côté de Nura et Montalto, lorsqu'il s'était heurté à une réserve que Murat avait laissée sur la route de Parme. Sans hésiter, le bataillon attaqua l'ennemi et le repoussa jusqu'aux portes de Plaisance. Murat envoya alors à sa réserve une demi-brigade et un régiment de hussards de renfort, et, de la sorte, ce brave bataillon fut arrêté. Poursuivi par les hussards ennemis, il se retira vers Parme avec une perte de 300 hommes.

La ville de Plaisance resta au pouvoir des Français. Les Autrichiens occupaient bien la citadelle, mais la garnison, au lieu des 600 hommes nécessaires, n'en comptait que 250, et il ne paraissait pas possible qu'elle put seulement tenir huit jours.

Le feld-maréchal-lieutenant O'Reilly se retira avec le reste de ses troupes vers Castel-Giovanni. Mais, par crainte que la route de Tortone n'eût été coupée par le corps ennemi qui avait passé le Pô à Bosco, il poursuivit son chemin sans arrêt, avec le parc d'artillerie, par Stradella jusqu'à Broni, et

---

(1) Ces débris du régiment Klébeck furent recueillis par le reste de l'infanterie de Gottesheim, premier bataillon d'Ogulin et bataillon du corps de Jellachich. Cette infanterie s'établit entre Bobbio et Travo, en attendant une nouvelle destination.
(*Œstreichische militärische Zeitschrift*, t. XXIX, p. 120.)

échappa presque miraculeusement. Comme Crémone était encore occupée par les Autrichiens et que Plaisance était menacée du côté de Parme et de Bobbio, Murat n'osa pas pousser au loin la poursuite.

*
* *

Le passage du Pô à Belgiojoso se poursuit avec une extrême lenteur. La nouvelle du passage de Murat à Nocetto arrive au quartier général et détermine un ordre du Premier Consul pour assurer la jonction des deux avant-gardes sur la rive droite du Pô.

Alex. Berthier, général en chef de l'armée de réserve, au Premier Consul.

Pavie, le 18 prairial an 8 (7 juin 1800).

Citoyen Consul,

Je vous envoie le rapport que m'a fait le général Lannes sur l'affaire qu'il a eue hier contre un corps qui venait, partie du côté de Gênes, partie du côté de Plaisance (1).

Le général Lannes, qui vient d'arriver ici, m'assure qu'il est impossible de faire un pont; mais il assure que le pont volant qui marche avec une traille peut porter 600 hommes. Il n'a pas encore pu passer de cavalerie, parce que le Pô étant bas (2), la traille arrive bien loin du bord et qu'il faut sauter dans l'eau. Le général Marmont s'occupe de parer à cet inconvénient.

Dans ce moment, on s'occupe à établir une nouvelle traille près de l'embouchure du Tessin, à sa rive gauche.

Toute l'infanterie du général Lannes a passé; mais il a encore son artillerie de ce côté, ainsi que sa cavalerie. Le général Marmont assure que, dans deux heures, la cavalerie et l'artillerie seront passées. En attendant, toute l'infanterie de la division Chambarlhac va passer.

---

(1) Combat de San-Cipriano. (V. p. 178.)

(2) Dans la soirée du 7 il y a une crue du Pô. (V. le rapport des marches et opérations de la division Boudet, p. 201, et la première lettre de Berthier du 8 juin, p. 224.)

Je n'ai aucune nouvelle du général Murat ; mais le général Lannes assure avoir entendu une canonnade de son côté toute la nuit et ce matin (1).

Le général Lannes n'a aucune nouvelle que l'ennemi marche sur lui du côté de Voghera (2) ; mais il croit qu'il y a à Plaisance un corps de 4 à 5,000 hommes, tant infanterie que cavalerie, y compris le corps qu'il a battu hier et qu'il a poursuivi de ce côté.

Votre intention est-elle que le général Lannes se porte sur Plaisance du moment que la division Chambarlhac aura pris position à Stradella ?

Le général Lannes pense qu'il ne peut marcher sur Plaisance à moins d'avoir toute sa division.

J'attends vos ordres.

Dévouement et respect.

Alex. Berthier.

Le Premier Consul, au général en chef Berthier.

Milan, le 18 prairial an 8 (7 juin 1800).

Je reçois, citoyen Général, votre lettre du 18 (3). Vous trouverez ci-joint une proclamation que je vous prie de mettre à l'ordre de l'armée (4).

Les moments sont bien précieux ; doublez les moyens de passage. Il est très essentiel de marcher contre le corps qui est à Plaisance, afin d'y faire sa jonction avec le général Murat ; d'ailleurs, ce sera un corps éloigné du champ de bataille.

Avant de partir, j'attendrai l'arrivée d'un de vos courriers et d'un du général Murat.

A l'instant arrive le courrier du général Murat, qui est parti à 10 heures du matin de Nocetto (5).

---

(1) Le matin avait eu lieu le combat aux portes de Plaisance. (V. p. 196 à 205.)
La nuit précédente les Autrichiens avaient canonné la tête de pont occupée par les Français. (V. p. 183.)

(2) L'original porte « Borguezo », ce qui est sans aucun doute une erreur du secrétaire. On a rétabli ici le nom de Voghera, qui est indiqué par le contexte.

(3) Lettre précédente.

(4) Ordre du jour du 6 juin. (V. p. 189, note 1.)

(5) Cette lettre de Murat n'a pas été retrouvée. Elle devait annoncer la réussite du pas-

Vous voyez combien il devient urgent de marcher au secours du général Murat.

Si, cependant, le corps apprenait en route que le général
Murat est maître de la tête de pont du côté de Plaisance, il se
contenterait de lui envoyer une patrouille et retournerait
prendre la position de Stradella.

J'expédie à l'instant un courrier au général Murat, pour lui
donner quelques instructions en cas qu'il n'ait pas pu forcer le
corps ennemi devant Plaisance. J'attendrai son retour (1).

Je vous salue.

BONAPARTE.

**Alex. Berthier, général en chef de l'armée de réserve,
au Premier Consul.**

Pavie, le 18 prairial an 8 (7 juin 1800).

Citoyen Consul,

A mon arrivée ici, je me suis porté sur le point où nous
passons le Pô, à la hauteur de Belgiojoso. J'y ai trouvé un
pont volant mal établi et ne pouvant servir qu'à l'infanterie,
le ponton n'arrivant qu'à 60 toises du bord, à cause des bas-
fonds. On s'est occupé toute la journée à établir un second
pont volant, sur lequel on doit faire passer cette nuit de l'artillerie et de la cavalerie. Le passage du Pô éprouve ici de
grandes difficultés; il faudrait plus de 50 bateaux pour faire
un pont, et nous n'en avons que huit ou dix. A 8 heures du
soir, au moment où j'ai quitté le Pô, il y avait de passé toute
l'infanterie de l'avant-garde du général Lannes (2) et environ
3,000 hommes de la division Victor.

---

sage du Pô, car, parti à 2 heures du matin (V. rapport de Boudet, p. 200), Murat devait
être à 5 ou 6 heures à Nocetto, et à 10 heures le passage devait être achevé, au moins
pour la 9ᵉ légère.

(1) *Correspondance de Napoléon*, nᵒ 4891.

(2) « ..... Le 18, les troupes de la division ont continué à passer le fleuve et, sur les
5 heures du soir, j'envoyai une reconnaissance qui, après avoir repoussé les faibles avant-
postes que l'ennemi avait à San-Cipriano et Buffalora, avait pénétré jusqu'à un mille de
Stradella, d'où elle rétrograda, ayant ordre de n'engager aucune affaire..... »

Watrin à Berthier, Vescovera, 8 juin. (V. le début de la lettre au 6 juin, p. 179, et la
fin au 8 juin, p. 219.)

« ..... La journée du 18 a été employée à faire passer le reste des troupes du général
Lannes, de l'autre côté du fleuve, sur un pont volant..... »

(*Rapport du 17 juin de Dupont au Ministre.*)

Le deuxième ponton était près d'être terminé et devait commencer à passer l'artillerie et la cavalerie à 10 heures du soir ; on commencera par celles de l'avant-garde.

En rentrant, je trouve la lettre que vous me faites passer du général Murat ; nous ne pouvons rien ajouter aux mesures que nous avons prises pour accélérer le passage.

J'ordonne au général Lannes de faire un mouvement demain, avant le jour, sur Plaisance ; je lui prescris que s'il apprenait en route que le général Murat fût maître de la tête du pont du côté de Plaisance, il doit se contenter de lui envoyer des patrouilles et de retourner prendre position à Stradella (1).

Le général Broussier me mande qu'il a passé l'Adda (2).

Je vous envoie une lettre du général Duhesme (3) ; vous verrez qu'il ne sait pas ce qu'est devenu le général Loison ; il présume qu'il est allé sur Brescia.

La division Gardanne et celle du général Monnier passeront successivement le Pô demain.

Je crois utile que vous soyez ici demain de bonne heure pour décider la position de l'armée d'après les mouvements de l'ennemi.

Dévouement et respect.

Alex. BERTHIER.

Le Premier Consul, au général Murat.

Milan, le 18 prairial an 8 (7 juin 1800).

Je reçois à l'instant, citoyen Général, la lettre que vous écrivez au général Berthier, de Nocetto.

Le général Lannes a passé le Pô hier matin, à Stradella, avec toute sa division. Il a eu une affaire assez chaude avec un corps de troupes dont partie venait de Gênes et partie de Plaisance. Il lui a fait 200 prisonniers, tué du monde, et l'a poursuivi jusqu'à 9 heures du soir, à 3 lieues, sur le chemin de Plaisance.

Ce corps ne peut être à Plaisance que dans la journée. Il

---

(1) Exécution des ordres du Premier Consul contenus dans la lettre qui précède.

(2) Voir la lettre de Broussier du 7 juin, p. 212.

(3) Voir p. 212.

est possible que vous soyiez, dans ce moment-ci, maître de
Plaisance, parce qu'une partie des troupes qui étaient dans
cette place étaient celles qui composaient ce corps. Vous
aurez fait quelques prisonniers qui vous auront fait connaître
la force de l'ennemi à Plaisance.

Le général Lannes va marcher sur Plaisance pour arriver
à votre position. Manœuvrez de manière à vous joindre le
plus tôt possible (1).

BONAPARTE.

Bulletin de l'armée de réserve (2).

Milan, le 18 prairial an 8 (7 juin 1800).

Le général Loison, après avoir passé l'Adda à Lodi, s'être emparé de Crema,
a passé l'Oglio, dans la journée du 16, et s'est emparé d'Orzinovi, place entre
Brescia et le Pô, qui a une enceinte régulière bastionnée, avec une contre-
scarpe.

Après avoir poursuivi l'ennemi sur le grand chemin de Brescia, le général
Loison a fait une contre-marche et s'est porté sur Crémone, pour s'emparer
des nombreux magasins que l'ennemi a dans cette place, y passer le Pô et se
joindre au corps du général Murat qui est à Plaisance (3).

Le 16, dans la journée, le général Murat s'est porté sur Plaisance. L'ennemi
a défendu la tête de pont avec une grande quantité d'artillerie.

A 11 heures du soir, le général Murat a occupé la tête de pont et a fait prisonnier un piquet de 100 hommes, qui étaient restés pour protéger le passage.
Nous nous sommes emparés de tout le pont sur le Pô, hormis deux ou trois
bateaux du côté de Plaisance, que l'ennemi a eu le temps de couper.

Le 17, à 4 heures du matin, le général Lannes a engagé une canonnade sur
différents point du Pô, y a attiré les forces de l'ennemi. Pendant ce temps, il
a passé ce fleuve au village de Belgiojoso, a occupé sur-le-champ la célèbre
position de Stradella, et, par là, la seule route qui restait à l'ennemi pour ses
communications se trouve interceptée.

Cependant l'ennemi, sentant l'importance de la position de Stradella, a
réuni ses différents postes et a attaqué le général Lannes avec la plus grande
impétuosité. La 28ᵉ demi-brigade s'est couverte de gloire. L'ennemi a été mis
en déroute, a laissé 200 morts, 300 prisonniers, autant de blessés, quelques
caissons ; il a fait sa retraite sur Plaisance.

Le corps du général Victor, la cavalerie, les divisions du général Monnier et
du général Gardanne passent le Pô dans ce moment-ci.

---

(1) *Correspondance de Napoléon*, nᵒ 4892.

(2) Ce bulletin était publié dans le *Moniteur* du 25 prairial (14 juin) avec les bulletins
des 17, 19 et 20 prairial. Il figure à la *Correspondance de Napoléon* sous le nᵒ 4893.

(3) Il n'est pas question du général Duhesme, dont Loison n'est cependant que le subor-
donné.

L'armée française sera réunie en grande partie, dans la journée de demain, dans la position de Stradella.

Il ne reste plus de ressources à M. Mélas qu'une bataille, sans autre retraite qu'une des forteresses de Tortone ou d'Alexandrie.

Le général Murat a passé ce matin le Pô à Nocetto.

La citadelle de Milan a une garnison de 1500 hommes (1), partie Piémontais et partie de la légion de Rohan. M. de Rohan y est enfermé (2).

Pizzighettone n'a que 1000 hommes de garnison (3), parmi lesquels beaucoup d'individus de la légion de Rohan et de Bussy. On est fondé à espérer d'avoir ces deux places sans siège.

Peschiera est très mal armé. On approvisionne à force Mantoue, qu'on assure l'être très mal.

Le général Moncey vient d'arriver à Milan. L'avant-garde de sa division vient d'y arriver aussi (4).

★
★ ★

Pendant que Broussier complète le blocus de Pizzighettone. Duhesme s'empare de Crémone après un combat assez vif contre l'arrière-garde de Vukassevich.

---

(1) D'après la *Revue militaire autrichienne*, la garnison de Milan est de 2,816 hommes. (V. tome XIX, p. 151.)

(2)   *L'adjudant général Hulin, commandant la place de Milan,*
     au citoyen Bonaparte, Premier Consul de la République française.

Milan, le 18 prairial an 8 (7 juin 1800).

Citoyen Consul,

Un troisième déserteur, sorti ce soir à 6 heures environ de la citadelle de cette place, se trouve parfaitement d'accord dans son rapport avec les deux autres sortis ce matin.

Il a confirmé que la force de la garnison était de 3,600 à 3,700 hommes, compris 60 cavaliers; que les corps étaient: 2 bataillons de Nuport, 1 bataillon de Belgiojoso, 1 bataillon piémontais du régiment de Verceil et 1 bataillon de Rohan; que le sel et le bois commençaient à manquer, qu'il y a des vivres pour six semaines, que le nombre des pièces est de 60, qu'elles sont toutes en batterie sur les remparts et que le prince Louis Rohan se trouve dans la citadelle. Ce déserteur a ajouté que plus de la moitié des soldats de la garnison sont Français, tous décidés à déserter à la première occasion favorable. Le commandant de la place ne se fie pas du tout à eux; il les fait surveiller de très près et punit avec la plus grande sévérité, pour la moindre des choses qui lui déplait en eux.

Tels sont les renseignements que j'ai eus et dont j'ai cru devoir vous donner connaissance.

Salut et respect.

HULIN.

(3) D'après la *Revue militaire autrichienne*, la garnison de Pizzighettone est de 800 hommes. (V. t. XXIX, p. 151.)

(4) L'avant-garde de Moncey était arrivée à Milan depuis le 5 juin, d'après la lettre de ce jour de Berthier à Dupont. (V. p. 172.)

Broussier, général de brigade, au général en chef Berthier.

Mon Général,

Le passage de l'Adda a été effectué à 7 heures du matin (1). J'avais de mauvaises barques; j'en ai envoyé chercher de meilleures de l'autre côté. Dix hommes avec mon aide de camp m'ont amené deux bateaux au moyen desquels je peux faire passer 100 hommes à la fois.

Ce passage s'est effectué à Macastorno.

L'ennemi n'a point fait de résistance; il s'est retiré sur Crémone.

Je fais passer un bataillon et demi et la moitié de ma cavalerie; le bataillon cernera le fort; un demi-bataillon avec la cavalerie se portera sur la route de Crémone pour observer et poursuivre l'ennemi.

A 2 heures après-midi, je ferai tirer de ce côté-ci sur la ville par une pièce qui changera de position après deux coups tirés.

Ce soir, j'occuperai Géra et j'y établirai mes deux pièces (2).

La colonne du général Duhesme n'a pas encore paru; vous pouvez communiquer avec lui actuellement.

Salut et respect.

BRÓUSSIER.

Le lieutenant général Duhesme, au Général en chef.

Mon Général,

Tout est préparé pour le mouvement de Crémone, et je m'y porte, quoique je n'aie que trois bataillons d'infanterie, sans leurs grenadiers. Depuis hier, je ne puis avoir des nouvelles du général Loison; l'officier d'état-major qui fut lui porter

---

(1) Cette opération est l'exécution de l'ordre de Berthier, du 6 juin, d'établir un passage sur l'Adda, entre Pizzighettone et le Pô. (V. p. 186.)

(2) La division Loison avait reçu quatre pièces autrichiennes prises à Ivrée. (V. p. 53, note 2, et p. 107, note 1.)

... quoique je n'ai
... grenadiers
... voir des nouvelles
de ... d'État major
des ...
Que ... point ...
à l'...
... il étoit ... depuis
... hui ... avec ...
et ... pour Austia.
... le préfet.
... le faire ...
... d'être ... couturier
... hier ...
... que trouver 3 petites
... pour faire
... frais d'...
... au poste de Dragon
... Duchesne

des ordres à Orzinovi hier ne le trouva point. Son adjudant
général ne sut dire où il était ; depuis 2 heures du matin, il
était parti avec ses troupes, et l'on présumait que c'était pour
Brescia. Je lui envoie ordre sur ordre. Je profite encore de
votre courrier pour le faire prévenir. Je suis bien malheureux
d'être ainsi contrarié.

Quant au général Broussier, hier, il me mandait qu'à peine
a-t-il pu trouver trois petites barquettes ; il fera ce qu'il
pourra pour faire passer quelques hommes, et je ferai
observer Pizzighettone de mon côté par un parti de dragons.

J'ai l'honneur de vous saluer.

DUHESME.

Extrait du rapport des opérations militaires du lieutenant général Duhesme.

Le 19 (1), le général Duhesme, à la tête des trois bataillons
de la 58ᵉ demi-brigade et 500 chevaux, commandés par l'adjudant général Paulet, se porta sur Crémone, tandis qu'un parti
de cavalerie, commandé par son aide de camp Ordonneau,
en longeant Pizzighettone, devait attaquer la gauche de l'ennemi par Acquanegra, et essayer de pénétrer dans Crémone
pendant l'affaire.

L'avant-garde, commandée par le citoyen Boyer, aide de
camp du général Duhesme, rencontra l'ennemi à 2 milles de
Crémone. L'affaire s'engagea vivement. Après trois heures de
combat opiniâtre, l'ennemi fut forcé à la retraite. Sa cavalerie,
voulant la couvrir, tenta plusieurs charges, mais elles furent
reçues par les braves du 5ᵉ régiment de dragons et du 2ᵉ de
chasseurs qui les repoussèrent vigoureusement et leur firent
des prisonniers.

---

(1) Il semble qu'il y a là un lapsus et qu'il faut lire : le 18 prairial (7 juin). Le passage
du même rapport, qui précède celui-ci, indique que Duhesme arrive à Crema le 17 prairial (6 juin), rassemble les trois bataillons de la 58ᵉ et marche « de suite » sur Castelleone,
qui est au tiers du chemin entre Crema et Crémone. (V. p. 186.)

La lettre ci-dessus de Duhesme est catégorique : « Tout est préparé pour le mouvement
de Crémone et je m'y porte..... ». Cette lettre est écrite dans la matinée du 18, puisque
Berthier la reçoit à Pavie dans la journée. (V. p. 209, note 3.)

La *Revue militaire autrichienne* et le journal de Brossier donnent aussi le 7 juin
comme date de la prise de Crémone. (V. p. 217, et même page, note 1.)

Le rapport de l'adjudant général Paulet est moins explicite. (V. p. 215.)

L'infanterie ennemie, profitant de la bravoure de sa cavalerie, se retira en assez bon ordre, en arrière de la rivière, sur la route de Mantoue, où elle trouva un renfort d'infanterie et 600 chevaux.

La position devenait délicate; nos bataillons, extrêmement faibles et ayant à attaquer une infanterie retranchée, parurent un moment indécis à la vue d'une nombreuse cavalerie qui se trouvait en bataille au débouché du pont, et qui, par plusieurs charges, avait déjà repoussé le détachement du 2e de chasseurs.

L'adjudant général Paulet, sentant alors combien il était nécessaire de lui donner de la confiance, fit approcher la cavalerie, composée d'une partie des 5e et 9e régiments de dragons, chasseurs des 2e et 3e, 4e et 22e de cavalerie.

Le 5e régiment de dragons qui se trouvait à la tête de cette colonne, essuya pendant longtemps une grêle de balles. Son sang-froid, sa contenance, l'envie qu'il témoignait de charger, donna de l'assurance à l'infanterie. Le général Duhesme, saisissant ce moment, donna l'ordre à son aide de camp Boyer de forcer le passage du pont et de déboucher dans la plaine.

Le brave 5e régiment de dragons, qui venait d'avoir plusieurs officiers hors de combat, que je regrette de ne pouvoir nommer, sonnant alors la charge, culbuta la cavalerie ennemie qui, trois fois parvenue à se rallier, donna trois fois à ce brave régiment l'occasion de se montrer.

Malgré l'échec que venait de recevoir la cavalerie autrichienne, les chasseurs du Loup, au nombre de 400, commandés par le brave major irlandais M. Burke, qui avait reçu l'ordre du général Barco de ne point battre en retraite, soutint avec intrépidité l'effort de notre infanterie.

Les dragons du 5e régiment et chasseurs du 2e avaient une nouvelle gloire à acquérir, et, chargeant avec audace l'infanterie autrichienne, firent prisonniers les chasseurs du Loup et leur brave major Burke.

Le général Duhesme, instruit alors que l'ennemi était en force dans la ville et occupé à piller ses magasins, donna l'ordre à l'adjudant général Paulet d'y entrer de vive force à la tête de la cavalerie. Après plusieurs charges dans la ville, il réussit à faire 200 prisonniers et força le reste qui cherchait à se sauver à se noyer dans le Pô qu'ils ne purent traverser.

La nuit mit fin à la poursuite de l'ennemi qui se retira à San-Pietro-Giacomo.

Nous avons fait dans cette journée, 800 prisonniers, 80 chechevaux et 10 à 12 officiers. Des magasins immenses en vivres, habillement, armes, équipement, sont tombés en nos mains. Nous avons trouvé 1500 Autrichiens dans les hôpitaux et beaucoup d'officiers; leur état permettant l'évacuation, ils furent envoyés à Milan. Le général Duhesme rend les témoignages les plus avantageux aux officiers de toute arme, aux braves de la 58e. Le citoyen Dommanget, chef d'escadron du 5e régiment de dragons (1), s'est montré digne en tout de commander à ce brave régiment.

Les capitaines Levavasseur et Deschamps, adjoints, et l'adjudant général Paulet se sont distingués; l'aide de camp Boyer à l'avant-garde a fait des prodiges d'audace et de valeur. Je regrette, citoyen Consul, de ne pouvoir vous faire connaître tous les noms des officiers qui se sont distingués; le général Duhesme doit vous en rendre compte.

L'adjudant général Paulet, au Général de division, chef de l'état-major général, à Stradella.

Plaisance, le 23 prairial an 8 (12 juin 1800).

J'ai eu l'honneur de vous rendre compte, mon Général, des différentes affaires que nous avons eues. Le général Duhesme, revenant du quartier général, m'a dit que vous ne les aviez pas reçues; je ne le conçois pas. Il serait nécessaire que vous donniez vos ordres, pour que l'on m'accusât réception de mes lettres; cette mesure me mettrait à même de punir les ordonnances qui font indignement leur service. Depuis que j'ai l'honneur de correspondre avec vous, je n'ai pas reçu la moindre réponse.

Dans ma dernière, qui sûrement vous parviendra, je vous marquais que le général Duhesme arriva à Crema le 18 (2), où il ne trouva que trois bataillons de la division Loison. Ce général s'était porté d'Orzinovi sur Brescia, où il faillit prendre le général Loudon qu'il força à fuir dans les montagnes, laissant derrière lui son escorte qui fut toute prise ou tuée.

Le général Loison ne pouvait plus être à temps pour faire le mouvement sur Crémone. Le général Duhesme ne le voyant pas arriver, se porta alors en personne sur Crémone.

L'ennemi avait poussé ses avant-postes jusqu'à Castelleone; les nôtres pélu-dèrent avec eux et enlevèrent une quinzaine de hussards et un officier, tandis

---

(1) Dommanget était capitaine du 4e escadron du 5e de dragons.

(2) C'est le 17 prairial (6 juin) que Duhesme était arrivé à Crema, d'après le rapport des opérations et d'après la lettre écrite le même jour par Berthier. (V. p. 186 et 187, note 1.)

216 CAMPAGNE DE L'ARMÉE DE RÉSERVE EN 1800.

qu'un parti de cavalerie, commandé par le citoyen Ordonneau, aide de camp du général, longeant Pizzighettone venait attaquer la gauche des Autrichiens par Acquanegra.

Cet officier les occupa assez longtemps pour donner à l'avant-garde, commandée par le citoyen Boyer, aide de camp du général Duhesme, le temps d'arriver pour forcer les Autrichiens à combattre.

L'affaire s'engagea vivement ; l'avant-garde des Autrichiens, formée des chasseurs du Loup, était soutenue par 6 ou 700 hussards, partie du régiment de Barco, partie des chevau-légers de Bussy. L'infanterie ennemie ébranlée, la cavalerie autrichienne, voulant couvrir sa retraite, chargea le détachement du 15ᵉ de chasseurs qu'elle força à se replier.

Le citoyen Boyer, s'avançant alors à la tête d'un escadron du 5ᵉ régiment de dragons et des chasseurs repoussés, chargea la cavalerie ennemie, lui tua beaucoup de monde, prit une soixantaine de chevaux et profita du désordre qu'il avait mis dans la légion de Bussy et les hussards, pour mettre en pleine déroute l'infanterie et faire prisonnier le capitaine commandant des chasseurs du Loup et toute sa compagnie.

Le général Duhesme envoya alors son adjudant général, le citoyen Paulet, s'emparer de la ville ; il y arriva à temps pour empêcher le détachement autrichien, qui y était envoyé, de piller les magasins et pour les faire prisonniers. La nuit mit fin à la poursuite de l'ennemi.

. . . . . . (1) . . . .

L'aide de camp du général en chef, le citoyen Bruyère, était à la tête des différentes charges de notre cavalerie. Nous avons eu deux officiers de dragons blessés et quelques dragons ; cette affaire nous a valu 2 à 300 prisonniers.

Nous avons trouvé dans la place un magasin immense d'effets d'habillement. La division Loison a été habillée et équipée en belle bufflèterie, gibernes, sabres, etc. Nous avons fait filer à la division Boudet les culottes et souliers nécessaires et suffisamment pour le complet de sa division. La brigade Broussier a été équipée et habillée. J'ai fait transporter beaucoup de souliers à Plaisance et le plus que j'ai pu d'effets.

Les magasins de vivres étaient très conséquents, mais d'une mauvaise qualité. Les farines venant de la Hongrie infectaient.

J'ai trouvé 1400 malades dans les 5 hôpitaux de la ville. J'ai évacué, aussitôt mon arrivée, tous ceux qui étaient dans le cas de l'être, et les ai dirigés sur Milan.

Pendant la nuit, j'ai été instruit qu'une barque remplie de souliers filait sur Mantoue. J'ai de suite envoyé un détachement de dragons pour aller à sa poursuite. Les hussards d'escorte l'ont vivement défendue, mais nos dragons ont fini par la chasser et forcer à coups de fusil les mariniers d'amener la barque, qui peut en contenir 30 à 40,000 paires. Elle est arrivée à Plaisance, suivant mes rapports. Le citoyen Ordonneau, aide de camp du général, qui commandait ce parti, a promis une gratification aux dragons, qui regardaient cela comme bonne prise pour eux. Je vous serais obligé, Général, de nous mettre à même de satisfaire nos dragons et de leur donner une gratification.

_____

(1) Ce passage a trait aux opérations du 8 juin. (V. p. 240, note 2.)

Nous avons laissé à l'hôpital plusieurs officiers autrichiens de cavalerie et de hussards qui ont sûrement expiré à cette heure et qui avaient été blessés dans l'affaire. Je vous envoie ci-joint la parole d'honneur d'un officier de dragons qui, quoique blessé légèrement, ne pouvait pas être évacué. Quant aux autres officiers, je ne pouvais pas en exiger puisqu'ils étaient presque sans vie.

Le général Duhesme a été on ne peut plus satisfait de la valeur des officiers de tout grade et soldats. Le 5ᵉ régiment de dragons s'est particulièrement montré et mérite des éloges. Tout le monde a fait ce qu'on ne pouvait qu'attendre des militaires français (1).

J'ai l'honneur de vous saluer.

L'adjudant général,
PAULET.

Il est urgent, mon Général, que vous nous adressiez des cartouches.

Le fort de Pizzighettone a fait hier une sortie qui nous en a beaucoup fait brûler. Nous avons repoussé l'ennemi avec perte.

Extrait de la Revue militaire autrichienne (2).

Le 7, au matin, le feld-maréchal-lieutenant Vukassevich retira son infanterie sur l'Oglio, vers Marcaria. Le même jour, à 4 heures de l'après-midi, Loison (3) s'avança sur Crémone. A peine le lieutenant-colonel Barco fut-il instruit de cette marche qu'il se rendit avec ses 2 escadrons et 150 fantassins à la rencontre de l'ennemi et attaqua l'avant-garde avec une telle furie que Loison crut que tout le corps du feld-maréchal-lieutenant Vukassevich se trouvait encore à Crémone. Il fit donc avancer ses batteries et fit marcher une forte colonne d'infanterie le long du Pô, vers la place. Mais dès que Loison se fut rendu compte de la faiblesse des troupes qu'il avait devant lui, il avança plus énergiquement et obligea enfin le lieutenant-colonel Barco à reculer.

L'avant-garde française parvint en combattant constamment jusqu'à San-Salvatore et s'y établit. Loison occupa Crémone où il s'empara d'un magasin de céréales et d'un important approvisionnement d'équipement.

Barco se retira sur Piadena, mais le général Doeller resta à Bozzolo et le général Festenberg à Marcaria.

Le feld-maréchal-lieutenant Vukassevich envoya son infanterie au camp de Custadone et la confia tout entière, avec une division de dragons de Wurtemberg, au feld-maréchal-lieutenant Minkvitz, qui commandait à Mantoue. La garnison de cette place se composait seulement de recrues et de convalescents de divers régiments, et comprenait en tout 1500 hommes. Le général Dedovich arriva avec ses troupes à Mantoue après avoir laissé le bataillon Carneville à Peschiera comme garnison.

---

(1) Le journal de Brossier, qui a été presque copié sur le rapport de l'adjudant général, Paulet, n'est pas reproduit ici. Il donne la date du 18 prairial (7 juin) pour le combat et la prise de Crémone.

(2) *OEstreichische militärische Zeitschrift,* t. XXIX, p. 18.

(3) En réalité, le général Loison n'était pas, de sa personne, à la prise de Crémone ; mais les troupes qui livrèrent ce combat faisaient partie de sa division. Loison n'arriva à Crémone que le lendemain. (V. p. 241.)

CHAPITRE VI

BATAILLE (1) DE MONTEBELLO

Occupation du défilé de Stradella. — Crue du Pô ; lenteur et difficultés du passage. — Nouvelle de la capitulation de Gênes. — Pénurie d'artillerie. — Bataille de Montebello, le 9 juin. — Surveillance de la rive gauche du Pô. — Organisation de la marche stratégique vers l'Ouest.

8 JUIN

Lannes prend l'offensive et s'établit sur la chaussée de Plaisance à Alexandrie, après avoir repoussé depuis Stradella jusqu'au delà de Broni l'arrière-garde ennemie.

F. Watrin, général de division, au général en chef Berthier.

Vescovera, le 19 prairial an 8 (8 juin 1800).

. . . . . . (2) . . . .
Le 19, à 2 heures du matin, le lieutenant général Lannes m'ordonna de me diriger sur Stradella (3), où l'on ne ren-

---

(1) Ce n'est pas ici qu'on a la prétention de décider si Montebello est une « bataille » ou un « combat ». Dans le répertoire des *Victoires de l'armée française*, 1214-1885, édité officiellement par le Ministère de la guerre en 1886 (Imprimerie nationale), on lit, p. 24 : *Bataille de Montebello*. C'est d'ailleurs l'appellation que lui donne le Premier Consul dès le 10 juin. (V. p. 286.)

(2) Le début de la lettre se rapporte aux opérations des 6 et 7 juin et a été déjà cité p. 179 et 208, note 2.

(3) On doit remarquer, en effet, que l'ordre donné le 7 juin par Berthier à Lannes, en exécution des instructions du Premier Consul (V. p. 208 et 209), ne prescrivait que d'aller à Stradella. Lannes dépasse Stradella, occupe Broni, franchit le torrent Scuropasso, et s'arrête à Vescovera, à 6 kilomètres environ de Stradella.

contra que l'arrière-garde des Autrichiens qui avaient filé hier au soir et toute la nuit avec beaucoup d'artillerie et des chariots emmenés de Plaisance (1). Un bataillon de la 28e, conduit par son excellent chef de brigade, les a poursuivis jusqu'à Broni et leur a fait 200 prisonniers. Le citoyen Maucune, mon aide de camp, chef de bataillon, y a été blessé à la tête des tirailleurs; cet officier, d'un rare mérite, d'une audace peu commune, avait été déjà blessé à notre dernière affaire de la Chiusa (2). Nous n'avons eu qu'une dizaine de blessés (3).

Nous avons notre droite au Scuropasso (4) et notre gauche à Cigognola. Les reconnaissances n'ont pas encore rencontré l'ennemi. J'en fais partir une de cavalerie qui a ordre de ne rentrer que lorsqu'elle l'aura vu (5).

_____

(1) C'était le parc de réserve des Autrichiens, d'environ 60 canons, dirigé par Mélas d'Alexandrie vers Plaisance et Borgo-Forto (V. p. 183), que le feld-maréchal O'Reilly faisait rétrograder en toute hâte vers Alexandrie (V. p 204). Cet important convoi passait donc, le 7 au soir, sur la chaussée encore libre, à 3 ou 4 kilomètres de la division Watrin bivouaquée depuis le 6 au soir vers San-Cipriano (V. p. 181, note 3), et quelques heures avant que celle-ci ne vienne occuper Stradella et Broni. Il échappait donc d'une part à Murat, et d'autre part à Lannes, par une chance extraordinaire.

(2) La Chiusella. (V. p. 10.)

(3) Le rapport de Berthier au Premier Consul, écrit à Pavie le 9 juin, rend compte du combat de Broni en termes presque identiques. Cependant on remarque une légère différence dans l'heure indiquée comme celle du départ:

« Le 19, à 3 heures du matin, la division étant passée avec son artillerie, la brave 28e s'est portée sur Broni..... »

L'artillerie de Lannes avait, en effet, commencé son passage sur le second pont volant le 7 juin, à 10 heures du soir. (V. la seconde lettre de Berthier au Premier Consul, p. 209.)

Le rapport du 17 juin, de Dupont au Ministre de la guerre, relate en termes semblables le combat de Broni, mais porte à 250 le chiffre des prisonniers.

Il semble que les souvenirs de l'Empereur l'ont trompé, tant au point de vue de l'heure du combat que de l'initiative de l'attaque, quand il a dicté à Sainte-Hélène les lignes suivantes :

« Le 8 au soir, les coureurs ennemis vinrent observer les Français qui avaient passé le Pô et étaient bivouaqués sur la rive droite: ils les crurent peu nombreux et une avant-garde de 4 à 5,000 Autrichiens vint les attaquer; mais toute l'avant-garde et une partie de l'armée française avaient déjà passé. Le général Lannes mena tambour battant cette avant-garde ennemie, et à la nuit il prit position devant l'armée autrichienne qui occupait Montebello et Casteggio. »

(*Mémoires de Napoléon. — Correspondance de Napoléon*, t. XXX, p. 381.)

(4) Dans la lettre de Watrin, de même que dans celle de Berthier (V. p. 226), le nom de ce torrent est écrit Chiparzio ou Schipasio ; la carte de Borgonio porte Schirpazio. On a rétabli ici le nom qui figure sur les cartes italiennes actuelles au 25,000e et au 100,000e, pour faciliter le travail des lecteurs qui voudraient suivre le détail des opérations de Lannes.

(5) « ..... Dans la matinée (du 7) le feld-maréchal-lieutenant O'Reilly, qui avait déjà

S'il se retire sur Tortone ou Alexandrie, il doit passer la
Scrivia sur un bac à Castelnuovo. S'il a plu de ce côté-là
comme de nos côtés, ce torrent ne peut se passer, et nous
pourrions y acculer l'ennemi.

Salut et respect.

F. WATRIN.

*Extrait du journal de la campagne de l'armée de réserve,
par l'adjudant-commandant Brossier.*

19 *prairial.* — *Occupation de Stradella et de Broni.* — Le 19, le général
Lannes donne ordre au général Watrin de s'emparer de Stradella. Il y marche
aussitôt avec la 28e et la 1re compagnie de carabiniers de la 6e légère, mais il
ne rencontre que l'arrière-garde des Autrichiens, qui avaient filé pendant la
nuit sur Voghera et Tortone avec les 60 pièces de canon qui étaient parties le
18 de Plaisance.

Un bataillon de la 28e les poursuit jusque par delà Broni et leur fait 200 prisonniers. La division Watrin suit ce bataillon et prend position : sa droite
appuyée au torrent nommé Scuropasso, son centre à Vescovera et sa gauche à
Cigognola. Le citoyen Maucune, aide de camp du général Watrin, fut blessé à
Broni ; il l'avait été déjà à l'affaire de la Chiusella.

La nouvelle de la reddition de Gènes se confirmait de jour en jour ; le
général Masséna, enfermé dans cette place, l'avait défendue avec une opiniâtreté et un courage sans exemple, mais ne voyant point arriver les secours
qu'il attendait de l'armée de réserve et ne pouvant avoir connaissance de
ses succès, se trouvant d'ailleurs réduit aux horreurs de la plus affreuse
famine et voulant sauver le reste de ses valeureux soldats, il s'était vu forcé à
la remettre aux Anglais et aux Autrichiens, le 16 prairial, deux heures avant
que ces derniers n'en levassent le blocus, conformément aux ordres qu'ils
venaient de recevoir de leur gouvernement.

On ignorait aussi les articles de l'honorable capitulation de Masséna, par
laquelle le vaincu semble dicter des lois au vainqueur et l'on était loin d'espérer qu'il eût conservé la faculté de combattre (1).

---

dirigé le parc de réserve vers Alexandrie, évacua Stradella et Broni et prit position à Casteggio..... »

(*Œstreichische militärische Zeitschrift,* t. XXIX, p. 27.)

La *Revue militaire autrichienne,* en plaçant ce mouvement le 7 juin, au lieu du 8,
continue l'erreur déjà signalée et qui donnait le 6 juin, et non le 7, comme date de la
prise de Plaisance par Murat. (V. p. 204, note 2.)

(1) Ce récit du journal de Brossier est fait après la campagne. En réalité, la nouvelle de
la capitulation de Gènes est connue le 8 juin à l'armée de réserve, sans que rien n'ait pu
la faire pressentir auparavant. C'est une lettre de Mélas à son gouvernement, saisie le
7 juin à Plaisance par les troupes de Murat, qui fait connaître cet événement. On apprend

Cependant les troupes ennemies employées au blocus de Gênes allaient renforcer l'armée autrichienne et lui donner une supériorité manifeste en nombre sur l'armée de réserve. Il était donc important de lui livrer bataille avant la réunion de ses forces.

Les divisions des généraux Murat, Victor et Lannes se trouvant placées sur la rive droite du Pô, le Premier Consul et le général en chef se rendirent à Broni (1).

*
* *

Une active correspondance, établie entre Pavie et Milan, permet au Premier Consul de donner des instructions précises pour la suite des opérations. Le courrier de Mélas, intercepté la veille à Plaisance et traduit à Milan, lui donne des renseignements exacts sur la position des Autrichiens. Malgré la crue du Pô qui retarde beaucoup le passage des troupes, le Premier Consul ordonne de porter le 9 juin l'avant-garde dans la direction de Voghera.

Le Premier Consul, au général Berthier (2).

Milan, le 19 prairial an 8 (8 juin 1800), 4 heures du matin.

Je reçois, citoyen Général, votre lettre du 18 (3). Le général Dumoulin observant l'ennemi à Casale (4), il est nécessaire que vous envoyiez des espions et un parti de cavalerie pour l'observer du côté de Valenza, afin d'être à temps instruit de tous ses mouvements.

---

en même temps que l'armée de Masséna n'est pas prisonnière de guerre et peut reprendre la campagne, puisque la lettre de Mélas expose les principales clauses de la capitulation. (V. cette lettre p. 227, note 3.)

(1) Ils ne se rendent en réalité à Broni que le 10 juin. (V. p. 289.)

(2) *Sur l'adresse:* « Au Général en chef, à Pavie. — Le Premier Consul. »

(3) Première lettre de Berthier du 7 juin. (V. p. 206.)

(4) Le général Dumoulin a été envoyé de Milan du côté de Verceil, pour repousser les partis autrichiens qui inquiétaient la ligne d'opérations. (V. p. 176, note 1, et 192.)

Faites établir un troisième ponton intermédiaire et envoyez voir si l'on ne pourrait pas rétablir celui de Parpanese. Nous avions un pont au delà du Tessin ; voyez à faire établir dans cet endroit un cinquième ponton.

J'ai envoyé, hier à midi, Lauriston du côté du général Murat (1) ; j'attendrai son retour pour partir.

Vous vous serez assuré, avant de faire partir le général Lannes (2), que l'ennemi n'est pas en mesure pour attaquer aujourd'hui le général Victor, et qu'il n'est pas arrivé à Voghera.

Toute la division du général Lannes est bien loin d'être nécessaire pour attaquer Plaisance. Ordonnez donc que ses demi-brigades restent en échelons, de manière à pouvoir venir au secours du général Victor.

Tenez pour bien sûr que, le 20 au plus tard, Stradella sera attaquée par 20,000 hommes.

Si le général Lannes pousse avec toute sa division sur Plaisance, vous ne l'aurez pas le 22. Ordonnez-lui d'envoyer sur Plaisance une avant-garde, et de se tenir, avec le reste de sa division, très à portée de Stradella (3). Il doit, d'ailleurs, apprendre à Castel-San-Giovani des nouvelles du général Murat.

Faites reconnaître, du côté où sont vos pontons, une position concentrée qui puisse servir de retraite. Il doit y avoir des maisons, des canaux, des chaussées. S'il y a une île, faites-y mettre deux ou trois pièces de canon de siège, afin de protéger le plus possible votre passage (4).

Le passage du Gravellone et le pont de Pavie méritent aussi que vous fassiez faire quelques reconnaissances et pré-

---

(1) Le rapport envoyé de Plaisance par Lauriston, dans la soirée du 7 juin (V. p. 198), n'est pas encore parvenu au Premier Consul.

(2) Cela s'applique au mouvement ordonné (V. p. 208 et 209), et non exécuté, de Lannes vers Plaisance.

(3) Ces recommandations du Premier Consul, sa lettre à Berthier (V. p. 207) et les lettres de Berthier du 7 juin (V. p. 206 et 208) montrent que le but poursuivi était seulement d'occuper Stradella, pour couper la retraite des Autrichiens et se relier à Murat. La marche de Stradella vers l'ouest, dans la matinée du 8, semble donc due à la seule initiative de Lannes ou de ses subordonnés.

(4) Comment ne pas voir ici une première ébauche de l'île de Lobau et du passage du Danube en 1809 ?

parer des emplacements pour y mettre quelques pièces de canon (1).

Je vous salue.

BONAPARTE (2).

Je reçois votre seconde lettre du 18 (3).

Alexandre Berthier, général en chef de l'armée de réserve, au Premier Consul.

Pavie, le 19 prairial an 8 (8 juin 1800).

Citoyen Consul,

J'ai l'honneur de vous rendre compte que le Pô a tellement augmenté pendant la nuit qu'un de nos ponts volants ne peut plus nous servir; le second, sur lequel on passe l'artillerie et les chevaux, passe encore; mais on craint qu'il en soit comme le premier si le Pô continue à augmenter.

Il n'y a de passé dans ce moment que l'infanterie et l'artillerie du corps du général Lannes, environ 200 chevaux et près de 4,000 hommes d'infanterie de la division Chambarlahe.

Les divisions Monnier et Gardanne sont à attendre leur tour, ce qui sera long, et, dans le cas où le Pô monterait encore de 2 pieds, il faudrait que nous allions le passer à Plaisance.

Il paraît que les forces que l'on avait envoyées à Plaisance et que le général Murat a battues avaient été détachées de Gênes et venaient par Bobbio (4).

S'il était vrai que Gênes eût capitulé, ce qui ne se dit pas encore assez publiquement pour ne pas laisser des doutes, il y aurait, je pense, des dispositions à faire qui rendent votre présence ici nécessaire.

---

(1) Le Gravellone est un canal sur lequel passe la route de Pavie à Valenza, à 2 kilomètres du pont de Pavie.

En exécution de cet ordre, Marescot reconnaît en détail la façon de défendre Pavie du côté de l'ouest. (V. son rapport, p. 274.)

(4) *Correspondance de Napoléon*, n° 4895.

(3) V. p. 208.

(4) Ce renseignement était exact, d'après le récit de la *Revue militaire autrichienne* (t. XXIX, p. 23 et 120). C'était l'infanterie de la brigade Gottesheim. (V. p. 204, note 3 et p. 205).

Le général Victor et le général Lannes n'ont aucun rapport sur les mouvements de l'ennemi.

J'ordonne au général Lannes de prendre position à Stradella, de s'éclairer sur la route de Voghera (1). Il a dû faire partir, vers la pointe du jour, un corps pour se mettre en communication avec le général Murat (2). Quand la division du général Victor aura passé, elle se portera également à Stradella.

Je désirerais connaître vos intentions pour donner des instructions ultérieures au général Loison et au général Murat.

A l'instant, je reçois une lettre du général Lechi, en date du 18, de Lecco; il a attaqué l'ennemi et forcé le passage; il a pris quatre pièces de canon de 4, deux barques canonnières, fait une vingtaine de prisonniers et environ 800 sacs de farine et des munitions (3).

Le général Vignolle me mande que deux bataillons de la légion italique, forts de 700 hommes, arrivent aujourd'hui à Milan; votre intention est sûrement qu'ils rejoignent la légion.

Dans le moment, je reçois votre lettre du 19, à 4 heures du matin (4); je vais donner des ordres pour augmenter le nombre de nos pontons; mais ce sera long et difficile par le peu de moyens que nous avons.

Le général Murat m'envoie à l'instant une dépêche (5) par laquelle il me mande qu'à peine avait-il eu le temps de prendre sa position à Plaisance, qu'il a été attaqué par un corps d'environ 1000 hommes, venant à marches forcées d'Ancône, qu'il a attaqué ce corps qu'il a complètement culbuté, que tout a été fait prisonnier, qu'il a pris deux pièces de canon, leurs caissons et un drapeau. Parmi les prisonniers, il y a 29 officiers et un major. Le général Murat me demande de l'infanterie; il paraît vouloir faire des mouvements sur Parme, tandis que c'est ici où toute l'armée doit être réunie.

---

(1) V. la lettre suivante.

(2) Lannes était en effet parti à la pointe du jour, comme on l'a vu par le rapport de Watrin, p. 219. Mais, arrivé à Stradella, il avait pris sur lui de ne pas marcher vers l'est, pour rejoindre Murat, mais de se diriger vers l'ouest à la poursuite des troupes autrichiennes.

(3) V. chap. IV, p. 128.

(4) Lettre précédente.

(5) Seconde lettre de Murat du 7 juin. (V. p. 197.)

Vu la longueur et la difficulté du passage ici, et l'ennemi pouvant attaquer en forces d'un moment à l'autre, notre position à Plaisance ne serait-elle pas plus sûre?

Je vous envoie quelques lettres que me fait passer le général Murat (1).

Dévouement et respect.

Alex. BERTHIER.

Alex. Berthier, général en chef de l'armée de réserve, au général Lannes.

Pavie, le 19 prairial an 8 (8 juin 1800).

Il est à présumer, citoyen Général, que nous serons attaqués aujourd'hui ou demain sur les positions de Stradella, par les principales forces de l'ennemi.

En conséquence, vous devez vous rendre à Broni, sur la route de Voghera, ayant devant vous le petit torrent de Scuropasso (2). Vous pousserez des reconnaissances en avant vers Casteggio, pour avoir des nouvelles des mouvements que l'ennemi peut faire vers Voghera. Vous vous ferez éclairer sur votre route pour être assuré que l'ennemi ne passe pas entre Broni et Casanova de Lonati. Dans cette position, vous couvrez parfaitement le passage de notre pont volant. Le gé-

---

(1) Il s'agit des lettres autrichiennes interceptées la veille à Plaisance. (V. p. 196 la lettre de Murat et la note 1.)

Il paraît probable que Berthier les transmet au Premier Consul comme Murat les lui a transmises, sans pouvoir en prendre connaissance, faute de traducteur. En tout cas, on vient de voir (p. 224) qu'il émet des doutes, dans la même lettre, sur la prise de Gênes.

Ces lettres autrichiennes sont plus loin p. 227 à 230.

(2) Cette lettre de Berthier ne semble pas avoir déterminé le mouvement de Lannes, qui a dû agir de sa propre initiative en dépassant Stradella. En effet:

1° La position prise par Lannes, de Vescovera à Cigognola, est sur la rive gauche du Scuropasso, c'est-à-dire *au delà* de ce torrent. Elle ne correspond donc pas à l'ordre d'avoir ce torrent devant soi, c'est-à-dire de rester sur la rive droite :

2° Cet ordre à Lannes est écrit en même temps que la lettre précédente de Berthier au Premier Consul et après la réception de la lettre envoyée par celui-ci de Milan, à 4 heures du matin. Cet ordre peut donc être écrit vers 8 heures du matin et parvient au plus tôt entre 10 et 11 heures à Stradella. Il ne détermine donc pas la marche vers Broni, puisque Lannes, parti de San-Cipriano à 2 heures du matin, semble, d'après le rapport de Watrin (V. p. 219), avoir poursuivi l'ennemi sans arrêt de Stradella à Broni et Vescovera. C'est probablement en ce dernier point, ayant déjà dépassé le Scuropasso, qu'il reçoit l'ordre de Berthier.

néral Victor se portera à Stradella, où se réuniront successivement les autres divisions.

Si l'ennemi vous attaquait avant que je sois moi-même à Stradella, le général Victor commanderait comme le plus ancien lieutenant général.

Le général Murat a été attaqué de nouveau hier au soir à Plaisance par 1000 hommes qu'il a tous fait prisonniers et auxquels il a pris un drapeau, deux pièces de canon avec leurs caissons.

Il est essentiel que vous envoyiez des espions pour savoir ce qui se passe à Voghera, à Castel-San-Giovanni et à Bobbio.

Alex. BERTHIER.

Le Premier Consul, au général en chef Berthier.

Milan, le 19 prairial an 8 (8 juin 1800).

J'ai reçu, citoyen Général, pendant la nuit, vos différentes lettres (1).

Le général Murat m'a envoyé à Milan le courrier intercepté à l'ennemi (2). Je m'occupe à le faire dépouiller ; il renferme des détails très intéressants.

Une lettre de Mélas au Conseil aulique (3), en date du 5 juin,

---

(1) Les deux lettres du 7 juin, dont le Premier Consul a déjà accusé réception dans sa lettre écrite le 8, à 1 heures du matin. (V. p. 222 et 224.)

(2) Murat n'avait pas envoyé à Milan le courrier intercepté. Il l'avait adressé à Berthier à Pavie dans la nuit du 7 au 8 (V. p. 196 et 197, note 1); Berthier le renvoyait dans la matinée du 8 au Premier Consul, à Milan. (V. p. 226.)

(3)   *Le général Mélas à M. le comte Tige, général de cavalerie,*
                  propriétaire d'un régiment de dragons
et vice-président au suprême Conseil aulique de guerre de S. M. I. R. A., à Vienne.

Turin, le 5 juin 1800.

Monsieur le Comte,

J'ai laissé au blocus de Gênes le corps de M. le général feld-maréchal-lieutenant baron d'Ott, jusqu'à l'approche du corps de M. le général feld-maréchal-lieutenant baron d'Elsnitz, pour marcher ensuite avec toutes mes forces réunies contre l'ennemi qui a pénétré par l'Allemagne. Cette opération a eu pour l'armée les suites les plus favorables.

La capitulation de Gênes, commencée le 2 juin par le général en chef Masséna, a été terminée hier. Cette place a dû être évacuée ce matin par l'ennemi. La garnison armée sera escortée jusqu'aux avant-postes ennemis et là pourra servir de nouveau.

Tous les prisonniers autrichiens, faits par les Français pendant l'opération sur les côtes de Gênes, seront rendus et pourront également reprendre du service.

Le général en chef Masséna a quitté Gênes dans la nuit du 4 au 5, et a fait voile pour les côtes ennemies sur une frégate anglaise. La première colonne de la garnison ennemie est sortie ce matin ; les troupes stationnées auprès de la ville en ont pris possession, ainsi

de Turin, me fait connaître que, dans la journée du 4, Masséna a capitulé. Son armée n'est point prisonnière de guerre; elle est en marche pour joindre le général Suchet. Il paraît, cependant, que Masséna s'est embarqué sur une frégate pour se rendre plus promptement à Nice.

Le général Mélas avoue également, dans ses lettres (1), que

---

que des forts, et les Anglais sont entrés dans le port. Je vous enverrai l'état de toutes les munitions de guerre qui ont été trouvées dans Gênes, ainsi que les articles de la capitulation, dès que M. le général Ott me les aura fait passer. Je n'ai pour le moment rien de plus à vous marquer, si ce n'est que la plus grande partie de la garnison ennemie sera conduite par mer à sa destination.

L'ennemi a attaqué hier soir la division de M. le général feld-maréchal-lieutenant Kaim, du côté d'Avigliana. Il avait repoussé les troupes sous les ordres du général Lamarseille, en s'emparant du col de Thion et du village de Saint-Ambroise. Il a été repoussé avec une perte considérable et nous a laissé 11 officiers et 257 soldats. M. le général feld-maréchal Kaim se loue beaucoup de la conduite de M. le major Mesko et surtout de celle du lieutenant-colonel Gajoli, qui conduisit son bataillon contre l'ennemi à la baïonnette, et reprit le village d'Ambrosio avec une rare bravoure.

Sur l'Orco tout est toujours tranquille et l'ennemi n'a pas pénétré plus avant.

Du côté du col de Tende, nos avant-postes sont de l'autre côté de Limon.

M. le général feld-maréchal-lieutenant Elsnitz, d'après son rapport du 2 de Dolceaqua, opère sa retraite par Ormea, où il espère arriver le 6.

M. le feld-maréchal-lieutenant Vukassevich était le 3 à Lodi, et espérait, si l'ennemi ne se présentait pas trop en force, se soutenir encore quelque temps sur l'Adda. Ce général n'a pu sauver la flottille du lac Majeur; cependant il espère que le capitaine Mohr mettra tous ses soins à sauver celle du lac de Côme.

D'après son rapport, je devrais croire que les projets de l'ennemi sont encore douteux. Cependant, s'il se dirigeait sur lui, il se retirera sur Mantoue, en observant Pizzighettone, pendant que je rassemblerai toutes mes forces disponibles et j'espère bientôt porter le coup décisif.

M. le général Skal continue à observer le Pô, et je suis un peu plus tranquille sur la sûreté de ce fleuve, ainsi que sur l'approvisionnement bientôt terminé des places fortes en objets d'artillerie.

Je suis avec une considération sans bornes, de Votre Excellence le très obéissant serviteur.   MÉLAS,
                                                    Général de cavalerie.

(Cette lettre est écrite dans la soirée du 5 juin. En effet, dans une autre lettre écrite le même jour, à 5 h. 1/2 du soir (V. p. 229, note 1), Mélas mentionne seulement les pourparlers pour la capitulation de Gênes et n'en sait pas les résultats. La présente lettre est donc écrite après à 5 h. 1/2 du soir.)

(1)   *M. Hartzer, aide de camp du général Mélas, à Mme Mélas.*
                                                    Turin, le 4 juin 1800.
        Excellence,

Nous attendons avec impatience la nouvelle que Masséna a capitulé, et cependant aujourd'hui, 9 heures du soir, elle n'est point encore arrivée.

Nous avons appris ce matin, par un caporal, que Masséna a envoyé le général Andrieu avec plein pouvoir de capituler; et nous espérons que la capitulation aura lieu aujourd'hui et que le prince Sulkowsky, qui est parti comme courrier pour Gênes, en apportera la nouvelle à son Excellence demain à midi.

Son Excellence reste avec le quartier général dans cette ville jusqu'à ce que le feld-maréchal-lieutenant Elsnitz soit arrivé des montagnes.

L'ennemi a attaqué son aile droite avec 6,000 hommes et l'a chassé du col de Tende et le baron d'Elnitz n'a pas pu faire sa retraite sur le col de Tende, parce qu'un de ses généraux de brigade a été culbuté an col de Braus, et par là le chemin lui a été coupé (1). Il a

---

du col de Braus. Si le général feld-maréchal-lieutenant Elsnitz ne veut pas engager de combats, il faut qu'il fasse un grand détour pour sortir de la montagne.

L'ennemi, faible de ce côté-ci, est assez tranquille ; on a aujourd'hui entendu une canonnade du côté de Milan ; probablement que le général feld-maréchal-lieutenant Vukassevich défend le passage. Le 2 de ce mois l'ennemi n'était pas encore à Pavie et on n'a encore aucune nouvelle qu'il ait passé le Pô en aucun endroit.

Son Excellence jouit de la meilleure santé.

M. le colonel comte de Rodatsky vous baise les mains.

De votre Excellence.....

HARTZER,
Aide de camp.

(1)   *Le général Mélas à M. le comte de Tige, à Vienne.*
         (*Expédiée par estafette le 5 juin, 5 h. 1/2 du soir.*)

Turin, le 5 juin 1800.

Monsieur le Comte,

Comme M. le général Gorrupp ne pouvait plus défendre le col de Tende et était déjà arrivé hier à Coni, dont il doit prendre le commandement, que par là le chemin par ce col était fermé au général feld-maréchal-lieutenant Elsnitz, j'ai laissé à ce dernier la liberté de gagner les plaines du Piémont par le chemin qu'il croirait le plus convenable, et j'attends son rapport. Jusqu'à ce que je l'aie reçu, je ne puis rien entreprendre avec les deux divisions Kaim et Haddick, qui sont toujours dans les positions que je vous ai indiquées.

Comme d'ailleurs M. le général feld-maréchal-lieutenant Ott m'écrit du 2 juin, que dans le moment même où l'ordre de lever le blocus de Gênes arrivait à Sestri, le général en chef Masséna se montrait enclin à une capitulation, et dans cette vue avait envoyé à Sestri le général Andrieux comme plénipotentiaire ; que les conférences avaient commencé le même jour à Riverola, de concert avec le colonel de Pest et avec le capitaine de pavillon Bevern, du côté des Anglais ; qu'elles devaient continuer le 3 ; que le susdit général feld-maréchal-lieutenant croyait devoir retarder son départ encore de quelques jours, pour attendre la fin des négociations qui pouvaient amener la capitulation.

Je me suis déterminé d'autant plus aisément à lui donner cet ordre, que l'arrivée de M. le baron d'Elsnitz pouvait, nonobstant cela, être retardée de quelques jours, que pendant ce temps la tête du pont de Plaisance sera gardée avec plus de troupes, que le Pô continuera à être soigneusement observé pour prévenir toute tentative de l'ennemi de passer ce fleuve, et que la chute vraisemblable de Gênes nous permet d'espérer que les choses tourneront d'une manière plus favorable.

M. le général feld-maréchal-lieutenant baron Vukassevich m'a envoyé un officier qui est arrivé ce matin. Ce général m'annonce qu'il était le 2 à Melegnano, et que pour que son rapport ne soit pas pris par l'ennemi, il me l'enverra par la rive droite du Pô. Je ne l'ai pas même reçu.

Le fort de Bard se défend toujours vigoureusement. Les peines de l'ennemi pour s'en emparer ont jusqu'à présent été inutiles. La conservation de ce poste est pour nous d'un avantage certainement très considérable, car l'ennemi n'a pu mener avec lui, par la vallée d'Aoste, que des pièces de montagne.

J'ai recommandé la forteresse de Ceva aux soins de M. le général feld-maréchal-lieutenant Elsnitz, et celle de Savone à ceux du général feld-maréchal-lieutenant Ott.

Je suis, avec une considération sans bornes, de votre Excellence le très obéissant serviteur.

MÉLAS,
Général de cavalerie.

opéré sa retraite par Oneille. Le général Mélas dit qu'il espère qu'il arrivera à Ormea le 18 prairial.

M. Elnitz n'a avec lui que 6,000 hommes de sa division et 3,400 de la division de Morzin ; total : 9,400 hommes, sur lesquels il doit laisser 1000 hommes à Coni, 1000 hommes à Savone et 300 à Ceva.

M. le général Hohenzollern restera à Gênes.

M. le général Ott, avec 9,000 hommes, reviendra par la Bocchetta et Ovada sur Alexandrie (1).

Ainsi, il paraît que ce ne sera pas avant le 23 ou le 24 du mois que l'ennemi pourra réunir ses forces à Alexandrie, et qu'alors même, il n'aurait que les forces suivantes :

---

(1)   *Le général Mélas à M. le général major de Mosel, à Plaisance.*

Turin, le 5 juin 1800.

Alexandrie est actuellement le seul et unique point d'où l'armée puisse tirer ses subsistances, jusqu'au changement, vraisemblablement très prochain, des circonstances.

Le complément du magasin d'Alexandrie en farine et fourrage et avec un peu de riz, est donc un objet d'une importance extrême, que je vous ai recommandé depuis quelque temps et cela plusieurs fois et de la manière la plus expresse, mais dont je n'ai, jusqu'à présent, vu aucun effet, puisque d'après les derniers rapports d'Asti et d'Alexandrie et d'après ma conviction personnelle ici à Turin, ces trois magasins sont totalement épuisés de provisions et que le magasin d'Alexandrie, en farine et en fourrage, n'a pu encore être une seule fois complété.

L'armée qui est ici, augmentée par l'arrivée prochaine du corps sous les ordres de M. le général Elsnitz et par le corps de M. le général feld-maréchal-lieutenant Ott, qui le dirige par la Bocchetta sur Alexandrie, doit tirer tous ses vivres de cette place ; mais avec de pareilles mesures, l'un et l'autre éprouveront un manque total, et si l'ennemi passait subitement le Pô et par là coupait, même pour peu de temps, la communication entre Plaisance et Alexandrie, cette place et l'armée seraient sans ressources et exposée à ne pouvoir plus être nourrie et approvisionnée. Il y avait à Crémone, d'après les derniers rapports, un magasin considérable de vivres et je crois pouvoir espérer que les magasins de Crémone, de Milan et Lodi auront été mis en sûreté sur la rive droite du Pô.

Ainsi, il ne doit plus manquer de vivres et si, comme je n'en doute pas et d'après l'avis que je vous en avais donné il y a plusieurs jours, vous avez rassemblé tous les moyens de transport de l'armée sur la droite du Pô, et requis de tous côtés, sans aucune espèce de considération, les transports du pays, il ne vous manquera pas de moyens pour l'approvisionnement nécessaire.

Je dois donc, dans ces circonstances, vous recommander de la manière la plus pressante, le transport le plus actif d'au moins 1200 quintaux de farine et 2,500 mesures d'avoine par jour à Alexandrie, et je vous prie en même temps de me donner le plus tôt possible des éclaircissements tant sur cet objet que sur ce que sont devenus les magasins de Milan, Pavie et Lodi, sur les mesures prises pour compléter l'approvisionnement de Mantoue et des autres places fortes sur cette ligne, et sur les moyens dont, conformément à mes ordres, on s'est servi pour sauver les vivres qui étaient chargés sur le Pô. Jusqu'à présent je n'ai pas reçu une syllabe sur ces importants objets.

MÉLAS.

Division Elsnitz	7,000	hommes.
Division Ott...............	9,000	—
Division Haddick qui est dans ce moment-ci sur l'Orco.	6,000	—
TOTAL.....	22,000	hommes.

Faites pousser vivement des partis et écraser toutes les troupes que vous rencontrerez.

L'avant-garde peut pousser jusqu'à Voghera.

Faites passer la cavalerie et l'artillerie, de manière que toutes les divisions soient complètes, ayant leurs cartouches et tout en règle.

Quoique ma voiture soit attelée et que la moitié de mes guides soient partis, j'attendrai le retour de votre courrier pour partir.

BONAPARTE (1).

Le Premier Consul, au Général en chef.

Milan, le 19 prairial an 8 (8 juin 1800).

Je vous envoie, citoyen Général, copie de la traduction des lettres de Mélas (2). Vous verrez la situation de son armée.

---

(1) *Correspondance de Napoléon*, n° 4896.

(2) Bourrienne raconte dans ses *Mémoires* (t. IV, p: 111) que c'est lui qui a traduit, dans la nuit, les lettres interceptées à Plaisance.

En les envoyant à Berthier, il lui écrit :

« Le Premier Consul me charge, mon cher Général, de vous envoyer les papiers ci-joints interceptés. Ils sont tous traduits ; vous verrez qu'il n'y a rien de nouveau ni de bien intéresssant.

« 19 prairial.　　　　　　　　　　　　　« BOURRIENNE. »

Outre les lettres déjà citées, ces papiers comprenaient la lettre suivante, écrite en français avec beaucoup de fautes d'orthographe :

Coni, le 3 juin 1800.

Mon cher ami,

Je vous remercie pour votre chère dernière du 26 du mois dernier, que j'ai reçu seulement par le dernier courrier.

Nos affaires de ce côté, comme je l'avais prévu, ont pris une mauvaise tournure, et si Gênes ne tombe pas bientôt je vous avoue que je ne sais pas comme nous nous en tirerons.

Vous verrez, par la feuille ci-jointe, la position de nos troupes dans le comté de Nice.

Le général Gorrupp, qui était sur le col de Braus, fut forcé par la majorité de la force et vu la grandeur de la position qu'il était obligé de défendre avec une poignée de monde, harassé de fatigue et de faim, fut renversé de sa position le 1er du courant, et obligé de descendre dans la vallée de la Roya.

Naturellement il ne pouvait rester dans le fond et le brave général a eu la bonne idée

Il espère que le général Elsnitz sera, le 17, à Ormea ; ce qui ferait : le 18 à Ceva, le 19 à Salicetto, le 21 au soir, fort tard et harassé de fatigues, à Acqui, en supposant qu'il prenne cette route (1). Je compte que le général Ott sera parti de Gênes le 17 au matin. Il sera, le 20 au soir, à Alexandrie ou à Voghera (2). Le général Haddick, en supposant

---

de se retirer sur le col de Tende, pour pouvoir, selon les circonstances, se rejoindre avec moi.

De là, il a reçu les ordres de se rendre ici ; ce qui était d'autant plus nécessaire que je n'avais plus de garnison et qu'on avait retiré d'ici toutes les troupes qui y étaient pour l'expédition de la Rivière. Par conséquent de cette manœuvre le général Elsnitz est obligé de quitter sa position entre Vintimiglia et Saorgio.

Dans ces circonstances il ne lui reste que deux partis à prendre qui sont de se retirer sur Savone, le long de la mer, ou bien de prendre la route qui d'Oneille vient par la Piève sur Ormea ; jusqu'à présent je n'ai aucune de ses nouvelles.

Mes soupçons, par rapport à l'armée de réserve, n'étaient que trop fondés, quoique personne ne voulait y ajouter foi. Berthier est venu par la vallée d'Aoste et par la vallée du Rhône dans celle du Domodossola et de là sur le lac Majeur.

Le général Flavigny, qui était vis-à-vis de moi à Barcelonette, est descendu du côté de Suze. Celui-là n'a tout au plus que 3,000 hommes et ne peut entreprendre grand'chose d'important.

Mais, dans le moment, je reçois la nouvelle que Lecourbe, avec un corps venu de l'Allemagne, descend par le Saint-Gothard sur Bellinzona, de façon que si Gênes ne se rend pas, il est impossible de prévoir comment les choses tourneront.

Quant à moi, pauvre diable, je suis destiné à être bloqué et enfermé par conséquent.

Mon cher ami, je vous prie de dire bien des choses de ma part à votre respectable père et que je le prie de me faire l'amitié de se charger de mes bagages, de mon cocher et de mes chevaux. J'espère et attends cela de son ancienne amitié et que j'ose y joindre la prière de donner à mon cocher 20 francs par mois. J'espère que, un jour ou l'autre, je le lui rendrai. Si je suis tué, la vente de mes deux chevaux seront pour satisfaire aux avances qu'il voudra bien faire pour moi.

Adieu, mon cher ami, conservez-moi votre amitié et je vous embrasse mille et mille fois du plus profond d'un cœur qui est tout à vous.

Votre véritable et sincère ami,

MARQUI,

Qui compte sur votre amitié et celle de votre respectable père pour la commission de mes bagages dont je lui aurai des obligations infinies.

(1) Elsnitz était en avance d'un jour sur les prévisions de Mélas et arrivait le 6 juin (17 prairial) à Ceva.

Il ne descendit pas la vallée de la Bormida, mais celle du Tanaro, et était le 7 juin à Carru, le 8 à Cherasco, le 9 à Alba, le 10 à Asti et le 11 (22 prairial) à Alexandrie. (Œstreichische militärische Zeitschrift, t. XXIX, p. 12 et 123.)

Ses troupes y arrivaient « complètement épuisées », et de tout son corps on ne pouvait mettre en ligne pour la bataille que 11 bataillons de grenadiers, formant 4,000 hommes. (Ibidem, t. XXIX, p. 136.)

Le calcul du Premier Consul était donc absolument exact pour le jour où Elsnitz rallierait Mélas et pour l'état de ses troupes.

(2) Ott avait fait partir de Gênes une de ses divisions dès le 5 juin (16 prairial), lendemain de la capitulation, et l'autre le 6. (V. p. 265, note 1.) Il les réunissait le 7 à Novi et marchait sur Voghera qu'il atteignait le 8. (V. p. 265.)

Le Premier Consul se trompait donc de vingt-quatre heures dans ses prévisions.

qu'il ait quitté sa position de l'Orco avec le quartier général, ne peut pas être à Alexandrie avant le 22 (1). Ces trois divisions réunies, après les pertes qu'elles ont essuyées en blessés, tués, prisonniers, malades, ne forment pas plus de 18,000 hommes, Hongrois et Autrichiens, et 2,000 Piémontais. Je ne comprends point la cavalerie.

La division du général Lannes, qui est forte de 8,000 hommes, compris sa brigade de cavalerie, peut se mettre en marche demain pour Voghera.

La division Victor l'appuierait, ainsi que les divisions Monnier et Gardanne, ce qui, compris la cavalerie, vous formerait 23 ou 24,000 hommes.

Le général Murat et le général Duhesme, qui, à eux deux, ont 10,000 hommes, suivraient également le mouvement. Ainsi, vous presseriez Mélas avec ce corps d'armée. Le général Moncey, avec les Italiens, aurait un corps au delà de l'Oglio. Un corps bloquerait la citadelle de Milan. Un troisième corps, pour la défense du Tessin, longerait la rive gauche du Pô, toujours à la hauteur de l'armée, ce qui faciliterait les moyens de passer d'une rive à l'autre ; et, enfin, en cas que l'ennemi passât le Pô, ce corps d'armée fuirait devant lui, se réunirait avec tout ce qu'il pourrait y avoir de troupes arrivées à Milan, pour défendre le Tessin.

Je serai bientôt à Pavie ; nous nous concerterons ensemble pour ce mouvement.

Pour cette nuit, ordonnez aux généraux Lannes et Victor de prendre, le premier, une bonne position à Voghera ; le second, à une lieue et demie en arrière. Donnez au général Victor toute la cavalerie que vous avez. Vous sentez qu'il est essentiel qu'ils aient leurs cartouches, qu'ils en aient même à leur suite, et qu'ils aient leur approvisionnement complet.

---

(1) Le calcul du Premier Consul se vérifiait exactement. La division Haddick, venant des bords de l'Orco, et la division Kaim, opposée à Turreau dans la vallée de la Dora-Riparia, après avoir laissé une garnison à Turin, devaient se réunir dans la nuit du 8 au 9 juin à Moncalieri, être le 9 à Villanova, le 10 à Asti et le 11 juin (22 prairial) à Alexandrie. (*OEstreichische militärische Zeitschrift*, t. XXIX, p. 13.)

Un second ordre, donné le 7 juin par Mélas à la nouvelle du passage des Français à Plaisance et San-Cipriano, prescrivit aux généraux Kaim et Haddick de se mettre en route le 7 juin au lieu du 8. (*Ibidem*, p. 123.)

Il semble cependant que ces divisions n'arrivaient à Alexandrie que dans la journée du 11 juin. (*Ibidem*, p. 136.)

Les généraux Monnier et Gardanne n'ont point d'artillerie ; il est nécessaire qu'on puisse leur en donner de celle qu'on a trouvée à Pavie, n'importe de quel calibre.

On n'entend point parler du général Chabran, de la 72e (1), ni de toute l'artillerie du Saint-Bernard (2). Si le passage du Pô nous avait retardé de manière que vous ne fussiez pas prêt pour ces mouvements, contentez-vous de faire prendre une position à l'avant-garde à Casteggio.

Envoyez l'ordre au général Chabran de filer avec toutes les troupes qu'il a à ses ordres à Verceil, en envoyant à Casale des patrouilles pour prendre langue. Il laissera une bonne garnison au château de Bard et dans la citadelle d'Ivrée.

Je vous salue.

BONAPARTE.

S'il se présente des troupes entre Voghera et Stradella, qu'on les attaque sans ménagement (3) ; elles sont, à coup sûr, inférieures à 10,000 hommes.

———

(1) La 72e est une demi-brigade destinée à la division Monnier, mais partie de Dijon avec 15 jours de retard sur l'armée.

(2) « L'artillerie du Saint-Bernard » signifie évidemment l'artillerie qui a passé au Saint-Bernard. Si l'on n'entend pas parler de cette artillerie le 8 juin, et si elle est encore en arrière avec la division Chabran, c'est qu'elle n'a pu passer ni sous le feu du fort de Bard, ni par le sentier d'Albard.

Le Premier Consul écrit « toute l'artillerie du Saint-Bernard ». Aucune pièce n'a sans doute pu passer après le 26 mai, et l'armée de réserve n'a disposé, depuis deux semaines qu'elle est en Piémont et en Lombardie, que des six pièces passées dans les nuits du 24 au 25 et du 25 au 26 mai, et qui ont été distribuées le 26 de la façon suivante : cavalerie de Murat, deux pièces de 4 ; division Watrin, une pièce de 8 et un obusier ; division Boudet, une pièce de 8 et un obusier. (V. t. Ier, p. 522, note 1 et t. II, p. 20.)

Le fort de Bard capitule le 1er juin (Ibid., p. 539 et 540), mais Chabran reste plusieurs jours pour le remettre en état de défense (Ibid., p. 542, dernier §). Il ne se met pas en marche avant le 6 juin.

Quant à l'artillerie, elle part sans doute aussitôt après la chute du fort, c'est-à-dire le 2 juin, est à Ivrée le 2, à Santhia le 3, à Verceil le 4.

On a vu, p. 177, note 2, que la route d'opérations de l'armée n'était pas assez sûre pour que l'artillerie pût continuer sa route. Le 8 juin, à la veille de livrer bataille, on n'a point encore de ses nouvelles.

En tout cas, l'armée de réserve utilise, au moins pendant quelques jours, les canons pris à Pavie.

On a vu que la garde des Consuls avait pris deux pièces à Pavie, le 4 juin. (V. p. 107.)

Duhesme a écrit : « Nous avions..... trouvé dans les magasins des Autrichiens à Lodi et dans leur réserve d'artillerie à Pavie, les moyens de faire une nouvelle campagne..... ». (Essai historique sur l'infanterie légère, p. 139.)

D'après Marmont, on n'aurait pris que peu de pièces à Pavie : « ..... J'organisai une batterie de cinq bouches à feu autrichiennes, dont je renforçai l'artillerie de l'armée..... ». (Mémoires du duc de Raguse, t. II, p. 123.)

(3) L'Empereur ne se souvenait plus avoir donné cet ordre, quand il dictait à Sainte-

Prenez des renseignements. Nommez une municipalité à Pavie; j'en ai nommé une bonne à Milan (1).

Alex. Berthier, général en chef de l'armée de réserve, au Premier Consul.

Pavie, le 19 prairial an 8 (8 juin 1800), à midi et demi.

Citoyen Consul,

Je donne l'ordre au général Marmont de donner quatre pièces d'artillerie à la division Monnier et quatre à la division Gardanne; mais il m'observe qu'il n'a pas un cheval à sa disposition (2); il faudrait en envoyer de Milan.

Le Pô monte toujours; on me fait craindre que les ponts volants ne puissent plus passer. Je vous ai écrit ce matin qu'il y en avait déjà un qui ne pouvait plus servir. Le pont de Plaisance doit être raccommodé; je pense qu'il faudrait nous en servir, du moment où les moyens de passage nous manqueront ici. J'envoie 50 gendarmes avec un adjudant général pour éclairer la route de Pavie à Valenza (3).

Hélène, à propos de la bataille de Montebello : « ..... Le général Lannes était en position et attendait à chaque instant des renforts : il n'avait pas intérêt d'attaquer; mais le général autrichien, à la pointe du jour, engagea la bataille..... ». (*Mémoires de Napoléon. — Correspondance de Napoléon*, t. XXX, p. 381.)

En réalité, Lannes prend l'offensive le 9, par ordre du Premier Consul. (V. les lettres de Berthier reproduisant les termes mêmes de celles du Premier Consul, p. 236 et 237.) Il se heurte à Casteggio à un ennemi supérieur en nombre et bien pourvu d'artillerie, alors qu'il n'a que quelques canons.

Le succès a justifié l'offensive du 9 juin; mais on doit retenir quand même le principe donné par l'Empereur à Sainte-Hélène : Lannes, attendant des renforts, n'avait pas intérêt à attaquer et devait attendre l'ennemi sur la position de Stradella.

(1) *Correspondance de Napoléon*, n° 4898.

(2) Il s'agit donc de pièces prises à l'arsenal de Pavie. L'artillerie française, arrêtée par le fort de Bard, n'a donc pas encore rejoint l'armée.

Cette phrase n'est pas, comme on pourrait le croire, une réponse à l'ordre donné par le Premier Consul dans la lettre qui précède, laquelle n'est pas encore reçue par Berthier. La réponse est dans la lettre suivante.

Le Premier Consul et Berthier ont en même temps songé à donner des canons autrichiens aux divisions qui n'ont point d'artillerie.

(3)   19 prairial, 10 h. 1/2 du soir.

Ensuite des ordres du général en chef, je me suis porté successivement, ai reconnu et fait reconnaître les endroits appelés Gropello, Zinascho-Novo, Dorno et les environs de Saint-Nazare.

J'ai appris, de personnes sûres, qu'il y a trois jours une patrouille ennemie a poussé une reconnaissance jusqu'à Gropello, que depuis ce temps il n'a pas paru d'Autrichiens au delà du Pô; qu'à Valenza le pont a été rompu, qu'il n'en subsiste que la moitié et qu'au moyen

Le général Marmont fait mettre 4 pièces de 16 (1) sur le pont de Gravellone.

J'apprends à l'instant qu'un parti ennemi s'est présenté à Broni, que la 28ᵉ l'a attaqué et chassé (2).

Je vous attends ce matin ; car, s'il est vrai que Gênes se soit réellement rendu, je présume que vous aurez de nouvelles dispositions à faire.

Respect et dévouement.

Alex. BERTHIER.

Le général Dupont, qui revient du passage sur le Pô, m'annonce qu'il n'y a qu'un seul pont qui serve et que la 96ᵉ demi-brigade n'est pas encore passée. Le général Marmont fait ce qu'il peut pour réunir les moyens de passer. La crue du Pô nous contrarie horriblement.

Alex. Berthier, général en chef de l'armée de réserve, au Premier Consul.

Pavie, le 19 prairial an 8 (8 juin 1800).

J'ai reçu vos deux lettres (3), citoyen Consul, et la dernière sur le bord du Pô, où j'étais occupé à activer le passage. La crue précipitée de ce fleuve rend le service des ponts volants

---

de barques sans trailles, on fait cependant entrer des grains, que les lieux circonvoisins apportent en grande quantité, dans cette ville ; que cette partie du pont est gardée par un piquet de cavalerie et deux pièces de canon ; que la ville est défendue par une artillerie nombreuse ; qu'on y faisait courir le bruit qu'il arrivait de la partie d'Alexandrie 18.000 à 20,000 hommes pour le 18 de ce mois. Il paraît que la majorité de la ville est bien disposée pour les Français.

Ces détails m'ont été donnés par un homme qui a quitté Valenza le 15. Il ajoute qu'on disait que Gênes s'était rendu le 14 aux Anglais et qu'on en célébrait, ce jour-là même, la réjouissance à Alexandrie.

Vis-à-vis le Carré (sic, peut-être Cairo ou Corana), le Pô se passe sur des bateaux sans trailles ; ce passage est défendu faiblement.

Vers le village de Cervesina on passe aussi le Pô au moyen de bateaux. Une pièce de canon et un poste de cavalerie.

On assure que les magasins de Valenza sont évacués sur Alexandrie où on a dû jeter 100 bœufs requis dans les provinces de Tortone, Alexandrie, Voghera et Valenza.

(Pas de signature.)

(Archives de Gros-Bois. — Fonds Maréchal, IX, A. XIV.)

(1) Il s'agit de pièces de 16 prises à Pavie, car l'armée de réserve n'avait pas d'artillerie de ce calibre.

(2) Le combat de Broni a eu lieu dans la matinée, pour que le compte rendu arrive à Pavie à midi et demi. (Voir la note 2, p. 226.)

(3) Les deux lettres précédentes p. 227 et 231.

extrêmement difficile. Depuis deux jours, on est occupé à les placer et à les déplacer. Il reste encore à passer ce soir l'artillerie de la division Chambarlhac, le 21ᵉ de chasseurs, les divisions Monnier, Gardanne et Lapoype et leur artillerie.

Je me suis déterminé à faire partir ce soir pour Plaisance le 12ᵉ de chasseurs et le 6ᵉ de dragons, afin qu'ils passent le Pô et me rejoignent demain à Stradella (1).

J'ordonne au général Murat de laisser ce qu'il jugera nécessaire pour bloquer la citadelle et garder le pont et de me rejoindre avec le reste de ses forces, infanterie et cavalerie.

Le passage n'est pas assez avancé pour que je me porte sur Voghera ; je me contenterai de porter mon avant-garde à Casteggio, soutenue par le corps du général Victor. Je rassemblerai les autres divisions à Broni et à Stradella. J'espère que, après-demain, nous serons assez réunis pour attaquer l'ennemi à Voghera et partout où il sera en force.

Je vous ai mandé que je ne pouvais donner d'artillerie aux divisions Monnier et Gardanne, faute de chevaux (2).

J'ai vu, avec bien de la peine, que Masséna a pensé à capituler au moment même où l'ennemi recevait l'ordre de lever le blocus de Gênes. Je compte passer demain du côté de la rive droite du Pô, et établir mon quartier général à Stradella ou à Broni. Je désirerais savoir si vous avez donné des ordres au général Duhesme.

Attachement et respect.

Alex. BERTHIER.

Alex. Berthier, général en chef de l'armée de réserve, au général Lannes.

Pavie, le 19 prairial an 8 (8 juin 1800).

Il est ordonné au général Lannes (3) de partir demain matin avec le corps à ses ordres pour prendre position à Casteggio, sur le torrent de Coppo. Il sera soutenu par le corps du général Victor. Il doit attaquer sans ménagement tout ce qu'il rencontrera.

---

(1) Belgiojoso à Plaisance, 44 kilomètres ; Plaisance à Stradella, 34 kilomètres.

(2) Cette phrase indique que cette lettre est écrite postérieurement à la lettre précédente. C'est la réponse au Premier Consul. (V. p. 234.)

(3) L'exécution de cet ordre amène le lendemain la bataille de Montebello.

J'ai des renseignements que toutes les forces que l'ennemi peut présenter entre Casteggio et Stradella sont inférieures à lui.

Mon intention est que le général Lannes prenne position à Casteggio sans pousser l'ennemi plus loin, ne voulant l'attaquer à Voghera qu'après-demain, où j'espère que toutes mes forces seront réunies.

Je vous salue.

Alex. Berthier.

Le Premier Consul, au général en chef Berthier.

Milan, le 19 prairial an 8 (8 juin 1800).

Je reçois dans l'instant, citoyen Général, votre lettre de midi (1). Lauriston, qui arrive de Plaisance, me dit que le pont est entièrement fini.

Je vous ai fait connaître, par mes deux derniers courriers, la vraie situation de l'ennemi. Vous ne devez avoir aucune espèce d'alarmes.

Il serait très essentiel que vous me fissiez passer très exactement le rapport de tous les prisonniers, afin de connaître à quelle division ils appartiennent.

Il serait, par exemple, très essentiel de savoir si le parti ennemi, qui s'est présenté à Broni, était du corps du général Ott qui était, il y a trois jours, devant Gênes, ou de celui du général Haddick.

L'essentiel est qu'on ne se laisse point surprendre; que l'avant-garde, à la pointe du jour, soit sous les armes pour éclairer le terrain.

S'il se présente demain un corps contre Stradella, comme cela est possible, qu'on l'attaque en grand, afin d'en avoir 2,000 ou 3,000 prisonniers (2).

Il est certain que ce corps ne peut être que faible.

---

(1) Lettre qui commence par : Je donne l'ordre au général Marmont..... (V. p. 235.)

(2) Cet ordre est bien différent de celui donné par la lettre précédente, qui prescrivait d'attaquer sans ménagement l'ennemi qui se présenterait « entre Voghera et Stradella » et de pousser « l'avant-garde à Casteggio ». (V. p. 234.)

Tandis qu'ici il ne s'agit que de défensive, le premier ordre amenait la marche en avant de Lannes et la bataille de Montebello. (V. la citation des *Mémoires de Sainte-Hélène*, p. 234, note 3.)

Faites connaître aux généraux Victor et Lannes une partie des nouvelles que je vous ai communiquées. Le général Lapoype est parti ce matin et doit être arrivé. Le général Lorge arrive.

Je ne suis point d'opinion que vous fassiez passer vos troupes par Plaisance; cela mettrait la troupe sur les dents et cela serait susceptible de mille inconvénients. Le Pô baissera; d'ailleurs, avec une traille, l'on passe bien du monde dans vingt-quatre heures.

Ce qui rend votre position belle, c'est qu'à tout événement le corps qui est à Stradella a sa retraite naturelle sur Plaisance.

Je dis à Vignolle qu'il fasse partir les 800 Italiens, qui sont arrivés ce matin, pour Plaisance, où ils se trouveront sous les ordres du général Murat.

Je n'ai point de nouvelles du général Duhesme; je ne sais pas s'il est arrivé à Crémone; si j'ai des nouvelles dans la nuit qu'il y soit arrivé, je lui écrirai directement qu'il envoie 500 hommes et 500 chevaux du côté de Parme, où il arriverait à temps pour prendre 1000 chariots qui composent les bagages de l'armée ennemie.

Murat attend ce soir deux bataillons du régiment de Thurn; il en a pris un ce matin. S'il pouvait prendre ces deux bataillons ce serait un très beau succès.

On a intercepté à Plaisance un courrier venant de Mantoue, qui pourrait porter des dépêches assez intéressantes; on est après à les traduire (1).

Je vous salue.

BONAPARTE (2).

*
* *

La division Loison franchit le Pô à Crémone, ce qui assure à l'armée de réserve un troisième point de passage.

---

(1) Ce courrier n'a pas été retrouvé.
(2) *Correspondance de Napoléon*, n° 4897.

Alex. Berthier, général en chef de l'armée de réserve, au Premier Consul.

Pavie, le 19 prairial an 8 (8 juin 1800), à 11 h. 1/2 du soir.

Citoyen Consul,

Le général Broussier me mande qu'il a investi Pizzighettone ; que, s'il avait quatre pièces de siège, il espérerait s'en rendre maître. J'ordonne au général Marmont de les lui envoyer (1).

Le général Duhesme m'écrit qu'il est entré à Crémone, pris des magasins immenses, fait quelques prisonniers, et qu'il s'occupe de passer le Pô.

Dévouement et respect.

Alex. BERTHIER.

Extrait du journal de la campagne de l'armée de réserve par l'adjudant-commandant Brossier.

...Le lendemain 19 (2), une forte reconnaissance poussa ses avant-postes (de l'ennemi) jusqu'à Bozzolo et fit quelques prisonniers, pendant que le citoyen Ordonneau, s'étant emparé de quelques barques, commence le passage du Pô, après

---

(1)   *Le général Marescot au capitaine Prost, à Pizzighettone.*

Pavie, le 20 prairial an 8 (9 juin 1800).

J'ai communiqué, mon cher Camarade, votre lettre d'hier au général en chef, à qui elle a fait beaucoup de plaisir.

En conséquence, le général Marmont, commandant de l'artillerie, va envoyer à Pizzighettone quatre pièces de 16 et deux mortiers. De mon côté je vous envoie 50 sapeurs commandés par un lieutenant. Je vois par votre lettre qu'il est possible que vous soyez bientôt maître de cette place importante. Je suis persuadé que le Premier Consul attachera beaucoup de prix à cette conquête qui vous fera beaucoup d'honneur.

Si vous êtes trop occupé, réunissez-vous avec le camarade Haxo, qui doit avoir bientôt terminé ses deux ponts volants. Aidez-vous l'un l'autre. Si vous étiez trop chargés de travail, je vous enverrais un officier du génie de plus. Écrivez-moi souvent.

Ce que vous aurez promis au maître charpentier, dont vous me parlez, lui sera payé exactement. Concertez-vous sans cesse avec l'officier d'artillerie commandant.

MARESCOT.

(Livre d'ordres du général Marescot. — *Archives du génie.*)

(2) Ce passage est la reproduction presque textuelle du rapport fait le 12 juin par l'adjudant général Paulet au général Dupont (V. p. 216) et du rapport des opérations militaires du lieutenant général Duhesme. Le rapport de Duhesme indique le 20 prairial comme jour du passage du Pô à Crémone, de même qu'il donne le 19 pour le combat de Crémone. On a déjà signalé cette erreur p. 213, note 1.

avoir débusqué les postes autrichiens qui défendaient la rive droite et les avoir obligés à se retirer sur Guastalla.

Le même jour, le général Loison revint de l'expédition sur Brescia, passa le fleuve (1) et marcha sur Plaisance, où il arriva le lendemain (2).

⁎⁎

Le Premier Consul fait connaître en France les succès remportés par l'armée de réserve.

Le Premier Consul, au général Suchet.

Milan, le 19 prairial an 8 (8 juin 1800).

Vous trouverez ci-joint, citoyen Général, différents imprimés qui vous feront connaître la situation de l'armée.

Nous avons passé le Pô à Stradella et Plaisance. Nous sommes maîtres d'Orzinovi, Crema, Brescia, Crémone. Mélas est sans communication. Ses parcs, ses magasins, ses hôpitaux, ses courriers, tout est pris.

Un courrier, intercepté ce matin à Plaisance, nous apprend que Gênes a capitulé. La garnison n'est point prisonnière de guerre; ainsi, elle doit être réunie à vous lorsque vous recevrez ce courrier.

Elsnitz est arrivé hier, 18, à Ormea. J'imagine que vous êtes à sa piste.

Le général Gorrupp, que vous avez poussé à Braus, a seul pu gagner le col de Tende. Il commande à Coni, dont son corps forme la garnison.

Si le corps du général Masséna vous a joint, vous devez être fort. Je vais me mettre à la poursuite de l'ennemi, qui a le projet de se réunir sur Alexandrie. Il est possible que, lorsque j'arriverai, il ne soit pas en mesure et qu'il recule, soit du côté de Turin, soit du côté de la rivière de Gênes (3).

---

(1) A Crémone.

(2) V. au 9 juin, p. 282.

(3) L'hypothèse de la retraite de l'armée autrichienne sur Gênes reparaît dans la lettre suivante et dans le bulletin de l'armée du même jour, p. 244. Il était naturel de prêter cette idée à Mélas, et celui-ci songeait un instant à exécuter ce mouvement. (V. la *Revue militaire autrichienne*, t. 29, p. 142.)

Le Premier Consul, maintenant qu'il a atteint la ligne d'opérations de l'ennemi, n'a

Il est difficile que je vous donne des instructions positives, parce que je ne connais ni vos forces, ni ce qui est arrivé ; mais votre seul but doit être celui-ci : tenir en échec *un corps égal au vôtre* (1).

Une fois que vous aurez la tête sur Ceva, vous aurez indirectement, par les habitants du pays, des nouvelles de l'armée, ce qui vous mettra à même de manœuvrer pour la rejoindre.

Je vous salue.

BONAPARTE (2).

Le Premier Consul, aux Consuls.

Milan, le 19 prairial an 8 (8 juin 1800).

J'ai reçu, citoyens Consuls, votre courrier du 13. Vous trouverez ci-joint une proclamation du commandant de la Lombardie (3) ; vous y verrez les événements qui ont eu lieu en Italie ; ils sont strictement vrais (4).

L'armée ne se trouvait qu'à trois journées forcées de Gênes ; l'ordre de lever le blocus avait été donné par Mélas. Au reste, je ne connais cet événement que par les lettres du général Mélas à Vienne, dont vous trouverez ci-joint les originaux et copie de la traduction. Je désire que vous les fassiez toutes imprimer dans le *Journal officiel*, c'est-à-dire les deux lettres du général Mélas à M. le comte de Tige, celle de Mélas à M. de Mosel, celle au lord Grenville, celle de

---

qu'une crainte, c'est de voir son adversaire lui échapper. Son but est de lui barrer les chemins de retraite, ce qui l'amènera finalement à la manœuvre du 14 juin : envoi au nord et au sud des divisions Lapoype et Desaix.

(1) Ces mots sont soulignés dans la minute.

Il semble que c'est en s'appuyant sur ce texte que Masséna, ayant rejoint Suchet dans la Rivière, crut devoir assiéger Savone et garnir la crête de l'Apennin, sans descendre dans la vallée de la Bormida et sans chercher à venir prendre part à la bataille décisive.

(2) *Correspondance de Napoléon*, n° 4899.

(3) Bulletin signé par Vignolle. (V. p. 244.)

(4) Cette phrase doit-elle laisser croire que les autres bulletins ne sont que relativement vrais ?

Malgré l'affirmation du Premier Consul, on peut trouver quelques différences entre la réalité des événements et le récit de Vignolle. Le motif auquel il attribue la capitulation de Gênes est, en tout cas, fort bien imaginé (V. p. 245), quand ici même le Premier Consul déclare ne connaître cet événement que par la lettre de Mélas.

M. Hartzer, aide de camp, et celle du commandant de Coni (1).

Je vous enverrai, par le premier courrier, des lettres parti culières qui vous feront connaître l'inquiétude extrême dans laquelle se trouve cette armée; elle se trouve absolument coupée (2). Il serait possible qu'elle fût obligée de se concen-trer à Gênes.

Vous trouverez ci-joint le petit bulletin de l'armée (3).

BONAPARTE (4).

---

(1) Ces six lettres sont publiées dans le *Moniteur* du 26 prairial (15 juin). On en a vu cinq plus haut p. 227 à 231. La lettre de W. Bentink à lord Grenville, écrite à Turin le 4 juin, donne les mêmes renseignements que celles de Mélas et de Hartzler.

(2) En 1746, le maréchal de Maillebois, commandant l'armée franco-espagnole sous la direction de l'Infant, s'était trouvé dans une situation semblable à celle de Mélas. Il s'en était tiré avec une très grande habileté.

Les Franco-Espagnols, battus le 16 juin 1746 à Plaisance, se trouvèrent au mois de juillet investis, entre le Pô, l'Adda et le Lambro, par l'armée austro-sarde. Maillebois, ayant ainsi perdu sa ligne de retraite naturelle vers la France, exécuta une manœuvre savante, pour s'ouvrir le chemin du Tortonais :

Dans les premiers jours d'août, un corps austro-sarde passe le Pô à Parpanèse, entre les embouchures de l'Olona et du Lambro, et essaye de forcer le passage du Lambro pour attaquer Maillebois, pendant qu'un autre corps est sur l'Adda, vers Pizzighettone, et qu'une masse centrale est sur la rive gauche du Pô, vers Plaisance.

Maillebois concentre ses forces sur le bas Lambro, vers Orio, ce qui amène son adver-saire à remonter vers le nord pour tenter le passage du Lambro dans sa partie supérieure, vers San-Angelo. Maillebois, ayant ainsi obtenu le résultat remarquable de scinder les Austro-Sardes en deux masses séparées par le Pô et distantes de plus d'une étape, exécute l'audacieuse opération de surprendre lui-même le passage du fleuve entre ces deux fractions pour regagner Stradella et Tortone.

Le point choisi pour le passage est entre l'embouchure du Lambro et celle du Tidone; cette dernière rivière offre l'avantage de donner une bonne ligne de défense contre le corps autri-chien de Plaisance, et la distance est telle que l'armée, une fois passée, n'est qu'à une forte étape de Stradella, point important à tenir pour s'assurer la route d'Alexandrie.

Dans la nuit du 8 au 9 août 1746, on commence le passage ; trois ponts sont jetés avant midi et l'armée avec 4,000 chariots, 1000 chariots de vivres, 4,000 mulets et 60 canons, passe dans la journée du 9 et la nuit suivante.

Le 10 août, l'armée se met en marche à la pointe du jour et atteint Stradella dans la nuit, pendant que l'arrière-garde, composée de trois brigades d'infanterie et de deux bri-gades de cavalerie, livre un combat sanglant aux Autrichiens sur le Tidone, et se retire le soir en bon ordre à Castel-San-Giovanni.

Le 12, Maillebois est à Voghera, ayant réussi une des opérations de guerre les plus savantes et en même temps les plus audacieuses qu'on puisse trouver dans l'Histoire.

(Consulter la *Guerre de la succession d'Autriche*, par le lieutenant général de Vault, annotée par le colonel Arvers, t. Ier, chap. VIII.)

(3) Bulletin de l'armée de réserve, p. 244.

(4) *Correspondance de Napoléon*, n° 4891.

Bulletin de l'armée de réserve.

Milan, le 19 prairial an 8 (8 juin 1800).

Le général Loison s'est porté d'Orzinovi sur Brescia. Le général Loudon, qui était dans cette ville, n'a eu que le temps de se sauver tout seul.

La légion cisalpine, commandée par le général Lechi, s'est emparée de la flottille que l'ennemi avait sur le lac Majeur, a passé l'Adda à Lecco, s'est porté sur Bergame, a fait 50 prisonniers et pris 4 pièces de canon.

Le général Murat, étant parvenu à réunir 5 à 6 bateaux sur le Pô, a passé ce fleuve à Nocetto, s'est emparé de vive force de Plaisance et a fait un grand nombre de prisonniers. Le 19, à la pointe du jour, un corps ennemi s'étant présenté pour entrer dans le château de Plaisance, il l'a enveloppé et l'a fait prisonnier en entier.

Le général Murat a trouvé à Plaisance tous les magasins de l'armée et a intercepté un courrier de M. Mélas, avec des dépêches extrêmement intéressantes. Il a fait plus de 2,000 prisonniers.

Les dépêches du général Mélas à la cour de Vienne annoncent qu'au moment même où l'ordre arrivait à M. Ott de lever le blocus, le général Masséna envoyait un parlementaire pour capituler. Il paraît, par la lettre du général Mélas, qu'il a rendu Gênes, mais que son armée n'est pas prisonnière de guerre.

Le général Elsnitz, qui a évacué Nice, n'a pas pu effectuer sa retraite par le col de Tende. Le général Suchet l'ayant chassé du col de Braus, il a gagné les sources du Tanaro, et était, le 17 au soir, à Ormea. Par les lettres interceptées du général Mélas, il paraîtrait qu'Alexandrie est mal approvisionnée. La rapidité avec laquelle l'armée a passé la Sesia, le Tessin et le Pô, fait l'étonnement des Italiens et des ennemis mêmes. Les combats de la Chiusella, du Tessin, de Stradella, de Plaisance, leur persuadent que ce n'est point une armée de recrues, ni une armée de plaisance.

La position du général Mélas est extraordinaire. L'armée française est à cheval sur le Pô, occupant Stradella et le Tessin.

Il y a des personnes qui croient que, si les premiers événements ne lui sont pas favorables, le général Mélas se réfugiera dans Gênes (1).

Bulletin sur les événements militaires, imprimé par ordre du commandant militaire de Lombardie.

Milan, le 19 prairial an 8 (8 juin 1800).

Partageant les sollicitudes que doit avoir le brave peuple cisalpin pour des événements de guerre qui l'intéressent à tant de titres, je m'empresse à lui donner la nouvelle des victoires que l'armée remporte sur tous les points.

---

(1) Ce bulletin est publié dans le *Moniteur* du 25 prairial (14 juin) avec ceux des 17, 18 et 20 prairial. Il figure à la *Correspondance de Napoléon* sous le n° 4900.

Le général Lannes, qui a passé le Pô entre Belgiojoso et Stradella, le **17** à **4** heures du matin, a été attaqué par une division ennemie, venant partie de Plaisance, partie d'Alexandrie, et l'a culbutée ; **200** Autrichiens sont restés sur le champ de bataille et **300** sont restés prisonniers.

Le **16**, le général Murat s'est emparé de la tête de pont du Pô, vis-à-vis de Plaisance, et a fait **100** prisonniers.

Il s'est emparé de tout le pont, hormis les trois derniers bateaux, que l'ennemi a eu le temps de couler bas.

Le **17** (1), à **10** heures du matin, il a passé le Pô à Nocetto, s'est porté sur Plaisance, est entré dans la ville au pas de charge, s'est emparé des immenses magasins de l'ennemi et d'une partie de son parc de réserve attelé. Il a trouvé plusieurs hôpitaux avec une grande quantité de malades.

Le **18**, au matin (2), un corps ennemi de **1000** hommes, venant à marches forcées d'Ancône et de la Toscane, s'est présenté devant Plaisance. Le général Murat l'a fait entourer et l'a fait prisonnier. Il a pris une pièce de canon et un drapeau. Ainsi, le général Murat a fait dans cette circonstance plus de **2,000** prisonniers. Un courrier expédié à Vienne par le général Mélas a été pris ainsi que toute sa correspondance.

Les bagages qui se trouvaient à Plaisance, portés par plus de **1000** chariots, se sont retirés sur Parme et Modène, escortés seulement par **150** hommes. Sans doute les citoyens de Bologne et Modène les arrêteront.

Le camp volant, aux ordres du général Loison, après avoir occupé Crema et Orzinovi, ayant appris que M. Loudon était retourné à Brescia, y avait rassemblé des traîtres, qui ont trahi le peuple pour servir la cause de la tyrannie et des barbares, marcha rapidement sur Brescia où il est entré le **17**.

Il a pris prisonnière toute l'escorte du général Loudon et un convoi assez considérable de poudre.

Loudon s'étant sauvé du côté de Crémone, il s'est mis sur-le-champ à sa poursuite où il a dû se joindre au corps du général Duhesme.

Le général Lechi, à la tête de la brave légion cisalpine, a forcé le passage du pont de Lecco, a pris **4** pièces de canon et a fait quelques prisonniers. Il s'est emparé de toute la flottille que l'ennemi avait sur le lac de Côme.

Le général Turreau, instruit que le général autrichien Kaim s'était avancé au delà du village de Saint-Ambroise, a marché à lui, l'a repoussé et lui a fait quelques prisonniers. Après quoi, il est venu prendre sa position d'observation entre Suze et Rivoli.

Le général en chef Masséna s'étant aperçu que l'ennemi avait garni d'artillerie tous les retranchements du blocus, de manière qu'avec un corps moins nombreux que celui qu'il avait dans Gênes, il l'empêchait cependant d'entrer en campagne, a proposé un arrangement au général autrichien Ott, par lequel il est sorti avec toute son artillerie, montant à **20** pièces de canon, sa garnison et tous les patriotes italiens qui étaient dans Gênes, pour se rendre à Oneille, où se trouve le général Suchet, et marcher en Piémont.

Le général Suchet s'étant aperçu que l'intention du général Elsnitz, qui était dans le comté de Nice, était de faire sa retraite par le col de Tende, l'a

---

(1) Il faut lire 18 prairial [7 juin]. (V. p. 196).

(2 Lisez : le 18, au soir. (V. p. 197.)

gagné de vitesse dans la journée du 11, l'a culbuté de sa position du col de Braus, a rejeté au delà de la Roya le général major Gorrupp, ce qui a obligé le général Elsnitz à faire sa retraite par Ormea. Toute la partie de la Rivière de Gênes jusqu'à Savone est reconquise par l'armée républicaine.

Le second corps, aux ordres du général Moncey, qui a passé par le Saint-Gothard, vient d'arriver.

Ainsi le drapeau cisalpin est aujourd'hui arboré dans presque toute l'étendue du territoire, hormis dans les départements voisins de l'Adriatique, où il y a peu de troupes impériales.

Citoyens de Bologne, de Reggio, de Modène, aurez-vous besoin des colonnes françaises pour chasser cette poignée de fuyards. Le Premier Consul Bonaparte vous ordonne de prendre les armes, d'arborer sur vos clochers les trois couleurs italiennes et de faire connaître aux barbares que leur dernière heure est sonnée. L'infortunée Italie renaît à l'indépendance et que l'espoir soit désormais dans toutes les âmes. C'est ainsi que vous serez dignes de vos aïeux.

VIGNOLLE (1).

---

(1) Ce rapport était publié dans le *Moniteur* du 26 prairial (15 juin).

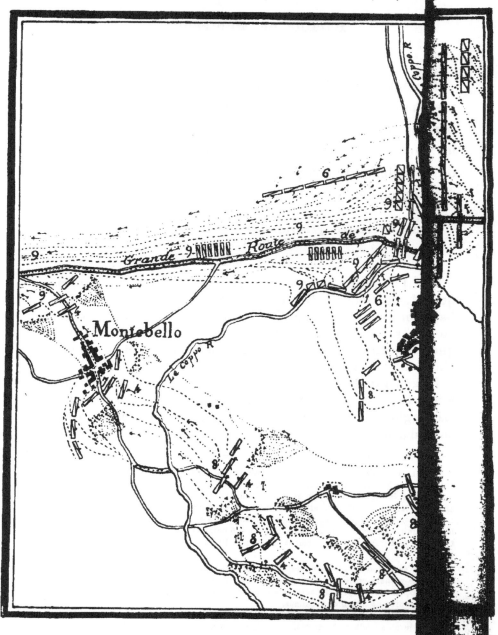

1 Première position des Français.
2 Marche de la division Watrin.
3 Troupes françaises en retraite.
4 Marche de la brigade aux ordres du général Riva
5 Marche de la division Chambarlhac.

9 JUIN

Bataille de Montebello.

———

Lannes rencontre à Casteggio un corps autrichien marchant sur Plaisance. Soutenu par la division Chambarlhac il parvient, après un combat violent, à enlever les hauteurs situées au sud de Casteggio et à s'emparer de ce village. Il fait poursuivre les Autrichiens au delà de Montebello.

Alex. Berthier, général en chef de l'armée de réserve, au Premier Consul.

Broni, le 20 prairial an 8 (9 juin 1800).

J'ai l'honneur de vous rendre compte qu'ayant appris que M. le Général Ott était parti de Gênes avec trente bataillons et qu'il était arrivé hier à Voghera (1), j'ai ordonné au général Lannes de quitter sa position de Broni pour attaquer l'ennemi au point où il le rencontrerait (2) et au général Victor de le soutenir avec son corps.

Le général Watrin a rencontré les premiers postes ennemis à San-Giuletta; les forces principales de l'ennemi occupaient Casteggio et les hauteurs qui étaient à sa droite ayant beaucoup d'artillerie en position. Il présentait une force d'environ

———

(1) D'après la *Revue militaire autrichienne*, les divisions Vogelsang et Schellenberg, qui formaient le corps du maréchal Ott, étaient parties de Gênes, la première le 5 juin avec 9 bataillons, la seconde le 6 juin avec 11 bataillons. (*Œstreichische militärische Zeitschrift*, t. XXVI, p. 292.) Ott atteignait Voghera, le 8 juin, avec ces 20 bataillons (*Ibidem*, t. XXIX, p. 120), et y ralliait le général O'Reilly. Le général Gottesheim, qui avait également quitté Gênes le 5 juin, avait pris avec 5 bataillons la route de Bobbio. (*Ibidem*, t. XXVI, p. 292.) Les renseignements reçus par Berthier étaient donc, en grande partie, exacts.

(2) Le second ordre de Berthier à Lannes, daté du 8 juin (V. p. 237), prescrivait à Lannes de prendre position à Casteggio, d'attaquer l'ennemi qui serait entre Stradella et Casteggio, et de ne pas dépasser Casteggio. Il ne semble pas qu'il y ait eu le 8 juin d'autres ordres de Berthier à Lannes.

Lannes rencontre l'ennemi à quelques kilomètres à l'est de Casteggio, livre bataille, et poursuit jusqu'au delà de Montebello, à 3 kilomètres à l'ouest de Casteggio.

18,000 hommes. La 28ᵉ demi-brigade, la 6ᵉ, la 22ᵉ et la 40ᵉ, après avoir enlevé l'avant-garde ennemie, attaquent la ligne de front en cherchant à tourner sa droite. L'ennemi s'est montré opiniâtre à tenir ses positions. Jamais on n'a fait un feu plus vif; les corps se sont réciproquement chargés à plusieurs reprises.

Un bataillon de la 40ᵉ, qui s'abandonna à un mouvement rétrograde, donna quelque avantage à l'ennemi. Alors le général Victor fit avancer la division Chambarlhac. La 24ᵉ attaqua la gauche de l'ennemi, la 43ᵉ, où était le général Victor, tournait les hauteurs de sa gauche, tandis que la 96ᵉ perça le centre de l'ennemi qu'elle culbuta et décida la victoire.

Le village de Casteggio a été pris et repris plusieurs fois, ainsi que plusieurs positions. Le brave 12ᵉ régiment d'hussards, qui luttait seul contre la cavalerie ennemie, a fait des prodiges. L'ennemi a été poursuivi jusques auprès de Voghera.

Le résultat de cette journée nous donne 6,000 prisonniers et 5 pièces de canon avec leurs caissons. L'ennemi a eu plus de 2,000 hommes tués ou blessés; nous en avons eu environ 500, parmi lesquels se trouvent le chef de la 22ᵉ demi-brigade et mon aide de camp Laborde, blessé légèrement à la tête.

Je vous ferai connaître les noms des braves qui se sont particulièrement distingués.

Tous les corps méritent des éloges.

Je vous salue.

Alex. BERTHIER (1).

Le général Watrin, au général Dupont (2).

Montebello, le 21 prairial an 8 (10 juin 1800).

D'après les ordres du lieutenant général Lannes, la division que je commande est partie hier, à 6 heures du matin, de la

---

(1) Ce rapport est publié dans le *Moniteur* du 28 prairial (17 juin).

(2) *F. Watrin, général de division,*
au général en chef Alexandre Berthier.

Montebello, le 21 prairial an 8 (10 juin 1800).

Mon Général,

J'ai l'honneur de vous envoyer le rapport de l'affaire de Casteggio.

Je vous prie de vouloir bien m'autoriser à recevoir de suite comme officiers les divers

position qu'elle occupait à Broni, pour venir attaquer l'ennemi, placé à Casteggio et sur les hauteurs en avant de ce
bourg.

La 6e légère, conduite par le général Gency, a trouvé les
avant-postes autrichiens à la villa de San-Giuletta, et les a
repoussés jusqu'à Rivetta Gandolfi (1). L'ennemi, déployant
alors des forces considérables et nous faisant un feu bien vif
d'artillerie et de mousqueterie, je mis en bataille deux bataillons de la 6e légère sur la droite de la route, avec ordre de
tourner les pièces de l'ennemi, tandis que l'autre bataillon et
la 40e, conduite par le général Malher, s'empareraient des

---

sujets pour qui je vous demande de l'avancement, et dont je vous adresse la liste nominative. Les corps, ayant perdu bien des officiers, en ont le plus grand besoin.

Si vous avez un bon chef de bataillon à me donner pour la 22e de bataille, je vous prie
de me l'envoyer de suite, ainsi que la nomination du capitaine Dupuy qui commande actuellement cette brigade.

Salut et respect.

F. WATRIN.

De la main de Berthier : Demander au général Watrin s'il n'y aurait pas un capitaine
assez distingué dans ce corps pour être promu à ce grade.   Alex. BERTHIER.

40e demi-brigade de bataille. (Division Watrin.)

État des sous-officiers proposés pour être promus à des sous-lieutenances.

NOMS.	GRADES.	OBSERVATIONS.
COLIBAUX.	Adjudant sous-officier.	Je prie le général en chef de vouloir bien accorder à tous ces militaires les grades qui sont demandés pour eux. Tous se sont distingués par leur bravoure et leurs talents dans les diverses affaires que la division a eues avec l'ennemi, principalement à la prise d'Ivrée et aux combats de la Chiusella et de Casteggio.
COURTOIS.	Id.	
RACLLIN.	Id.	
ROBERT.	Sergent-major.	
LAVIGNE.	Id.	Je demande aussi au général en chef le grade de capitaine pour le citoyen Millet, lieutenant de grenadiers, qui, à l'affaire de Casteggio, a sauté avec son sabre sur trois Autrichiens qui emmenaient prisonniers un de ses grenadiers et l'a retiré de leurs mains après en avoir sabré deux. Cet officier joint à la bravoure beaucoup de talents et de moralité.
VALOIS.	Id.	
GUYOT.	Id.	
		Le Général de division,
		F. WATRIN

De la main de Berthier : Renvoyé au chef d'état-major. Accordé s'il y a des places
vacantes.   Alex. BERTHIER.

(1) Aujourd'hui Rivetta di Casteggio, à 2 kilomètres à l'est de Casteggio, sur le ruisseau
S. Zeno. (Carte italienne au 25,000e.)

hauteurs de Casteggio pour tourner ce bourg. Le mouvement de la 40e étant trop long, et, m'apercevant que les Autrichiens étaient en force sur les hauteurs, je détachai de suite un bataillon de la 22e pour s'en emparer, tandis que le reste de ce corps restait en bataille des deux côtés de la route avec l'artillerie consulaire (1), celle de ma division (2) et un escadron du 12e de hussards.

Le bataillon de la 22e marchait au pas de charge sur l'ennemi qui tenait ferme dans les montagnes, lorsque, accablé par un nombre bien supérieur de troupes, il fut obligé de se retirer. Notre gauche était déjà tournée. Mais la 40e de bataille qui arrivait en ce moment, est tombée sur l'ennemi avec vigueur, et l'a forcé d'abandonner les hauteurs dont il s'était rendu maître. Ces positions furent vivement attaquées par nos troupes et défendues avec opiniâtreté par l'ennemi. La

---

(1) L'artillerie de la division Watrin comprend une pièce de 8 et un obusier, qui lui ont été donnés le 26 mai à Ivrée. (V. p. 20.)

La composition de l'artillerie consulaire est plus difficile à établir. Dans la répartition, faite le 26 mai, des six pièces parvenues au delà de Bard, Berthier donne à Murat deux pièces de 4 qui doivent être servies « par l'escouade des guides à cheval du Premier Consul ». (V. p. 20.)

Mais ces pièces sont restées devant le château de Milan, tandis que leurs canonniers et leurs attelages ont été prendre des pièces autrichiennes à Pavie. (V. l'ordre du Premier Consul, p. 107.) De Pavie cette artillerie devait rejoindre Murat devant Plaisance. (Ibid.) Eut-elle contre-ordre et fut-elle dirigée sur Belgiojoso, pour marcher avec la première division de l'armée parvenue sur la rive droite du Pô ? Cette hypothèse est fort vraisemblable.

Dans tous les cas, la garde n'avait pas encore été rejointe par l'artillerie qui lui était régulièrement affectée, comme le prouve le début de la lettre du 10 juin du Premier Consul à Merlin. (V. p. 285.)

Dans tous les cas, il paraît presque certain que Lannes ne dispose que de quatre pièces à la bataille de Montebello.

(2) Extrait du rapport du commandant d'artillerie de la division Watrin :

Affaire de Montebello, le 20 prairial an 8 (9 juin 1800).

Le chef de bataillon Pernety, commandant l'artillerie de cette division, rend compte que la première compagnie du 2e régiment d'artillerie à cheval et le détachement d'artillerie consulaire, commandée la première par le lieutenant Martin, le second par le lieutenant Marin, se sont couverts de gloire.

Un canonnier de la première compagnie du 2e régiment d'artillerie à cheval, le citoyen Raynal, attaché à une pièce de 4, la pointa si adroitement au moment où l'ennemi, qu'elle inquiétait et empêchait de profiter du désordre où était notre infanterie, venait d'établir en face une pièce pour déloger la nôtre, qu'il démonta aussitôt.

L'infanterie reprit l'offensive, et les canonniers qui servaient la pièce de 4 coururent dessus la pièce ennemie et s'en emparèrent.

Au quartier général à San-Giuliano, le 27 prairial an 8 (16 juin 1800).

Le chef de l'état-major général d'artillerie,

Al. SENARMONT.

28ᵉ de bataille arrive alors, et, la réunissant avec les 22ᵉ et 40ᵉ, je parviens à entrer dans Casteggio par les derrières, et à chasser entièrement, de ce bourg et des hauteurs, les Autrichiens qui les ont abandonnés dans le plus grand désordre, laissant le champ de bataille couvert de leurs morts et de leurs blessés.

Pendant ce temps-là, le lieutenant général Lannes s'emparait du bourg par la grande route et le général Gency repoussait, avec la 6ᵉ légère, l'ennemi qui tenait encore sur sa droite.

Il y avait déjà cinq heures que nous étions aux prises avec l'ennemi, lorsque la division Chambarlhac arriva ; alors, toutes les troupes réunies sont tombées sur l'ennemi avec fureur et l'ont poursuivi jusqu'à Voghera.

Cinq pièces de canon, trois caissons, environ 5,000 prisonniers, parmi lesquels plusieurs colonels et officiers de marque, sont tombés en notre pouvoir.

Cette journée a détruit à l'ennemi près de 10,000 hommes (1) du corps des généraux autrichiens Ott et Vogelsang ; il a eu une quantité considérable de morts et de blessés. Notre perte peut être de 3 ou 400 tués ou blessés (2).

Les 6ᵉ légère, 22ᵉ, 40ᵉ et 28ᵉ de bataille et l'artillerie se sont couverts de gloire. Il a fallu disputer le terrain pas à pas ; l'ennemi est revenu plusieurs fois à la charge. Les généraux de brigade Malher, Gency et l'adjudant général Noguès se sont particulièrement distingués. Une infinité de traits de bravoure ont illustré ce combat, qui a duré depuis 11 heures du matin jusqu'à 8 heures du soir.

Le citoyen Schreiber, chef de la 22ᵉ de bataille, a été blessé ; il s'est conduit avec beaucoup d'intrépidité et de sang-froid, de même que les chefs de brigade Maçon et Legendre, les chefs de bataillon Dauture, Michel et Fertel (3).

Je vous demande, mon Général, de l'avancement pour les

---

(1) *Sic*, d'après la copie certifiée conforme qui est aux *Archives de la guerre*. L'original appartient à la famille de Bellune.

(2) Comparer les chiffres des tués, blessés, prisonniers et canons pris aux chiffres donnés par la relation autrichienne, p. 269.

Les prisonniers autrichiens furent dirigés sur Milan : « Plus de 3,000 Autrichiens faits prisonniers dans cette journée (de Montebello) sont arrivés aujourd'hui à Milan ». (*Il Corriere Milanese*, 12 juin 1800 ; passage cité dans Trolard : *De Rivoli à Marengo*, t. II, p. 99.)

(3) Tous les trois sont chefs de bataillon à la 40ᵉ demi-brigade.

citoyens Dupuy, capitaine à la 22e; Millet, lieutenant des grenadiers de la 40e; Chamorin, capitaine, et mon aide de camp Laborde, capitaine adjoint aux adjudants généraux; Cocher, capitaine aide de camp du général Malher, et Eichman, lieutenant adjoint aux adjudants généraux (1). Ces officiers, ainsi que les citoyens Saint-Omer et Sainte-Claire, capitaines à la 6e légère, sont restés constamment à la tête des troupes, ont eu leurs habits percés de balles et ont chargé avec vigueur l'ennemi à qui ils ont fait une grande quantité de prisonniers. Il est encore bien des traits de bravoure que je recueille et que je me ferai un devoir de vous faire connaître : officiers et soldats, tous se sont surpassés à l'envi.

---

(1)   *F. Watrin, général de division,*
        au général en chef Alexandre Berthier.

                          Montebello, le 21 prairial an 8 (10 juin 1800).

    Mon Général,

    Je vous prie d'accorder le grade de chef de bataillon au citoyen Cocher, capitaine aide de camp du général de brigade Malher. Cet officier est constamment à la tête des troupes qu'il encourage par son exemple et qu'il dirige aux combats avec beaucoup de fermeté. Il a le premier monté au fort d'Ivrée, et, dans toutes les affaires que la division a eues avec l'ennemi, il n'en est pas une où il ne se soit particulièrement distingué.

    Je vous demande aussi le même grade pour le citoyen Laborde, capitaine adjoint aux adjudants généraux, qui se signale toujours par de nouvelles actions d'éclat.

    Je vous demande aussi le même grade pour le citoyen Chamorin, capitaine et mon aide de camp. Ce grade lui avait été donné à Capoue par le général Macdonald, et le Premier Consul lui a promis qu'il le confirmerait à la première affaire où il se distinguerait. Cet officier marche toujours à la tête des tirailleurs et hier, avec deux compagnies de la 40e qu'il conduisait, il a tourné un bataillon ennemi à qui il a fait mettre bas les armes.

    Je vous prie, mon Général, de nommer capitaine au 14e régiment de chasseurs à cheval le citoyen Eichman, lieutenant au même corps et adjoint aux adjudants généraux. Cet excellent officier est d'une rare bravoure et d'un mérite distingué. Il a été blessé de trois coups de mitraille à l'affaire de la Chiusella, en s'emparant du pont à la tête des carabiniers de la 6e légère. Hier, avec une compagnie de carabiniers du même corps, il a tourné l'ennemi et a fait 600 prisonniers.

    J'ose espérer, mon Général, que vous ne refuserez pas de donner un avancement aussi juste et aussi mérité à des officiers d'état-major qui se montrent aussi dignes de leurs emplois, et qui, dans des terrains aussi fourrés que ceux de l'Italie, sont souvent dans le cas de diriger isolément des têtes de colonnes.

                          Salut et respect.
                                        F. WATRIN.

        Avancements demandés par le général de division Watrin.

    1° Le grade de chef de bataillon pour le citoyen Cocher, capitaine aide de camp du général de brigade Malher ;

    2° Le même grade pour le citoyen Laborde, capitaine adjoint aux adjudants généraux ;

    3° Le même grade pour le citoyen Chamorin, capitaine aide de camp du général de division Watrin ;

    4° Le grade de capitaine au 14e régiment de chasseurs à cheval pour le citoyen Eichman, lieutenant au même corps et adjoint aux adjudants généraux.

Les lieutenants généraux Lannes et Victor vous rendront sans doute un compte plus détaillé des troupes sous leurs ordres.

Salut et respect.

WATRIN.

Le général Rivaud, au général Chambarlhac (1).

Montebello, le 21 prairial an 8 (10 juin 1800).

J'ai l'honneur de vous rendre un compte détaillé succinctement des événements militaires qui ont eu lieu dans la journée d'hier dans la brigade que je commande.

Je partis le 20 à 11 heures du matin, à la tête des 43e et 96e demi-brigades de Stradella, où ma brigade avait bivouaqué. Je marchai sur Broni pour soutenir l'attaque formée par l'avant-garde commandée par le général Lannes. Dès que j'eus dépassé Broni, je reçus ordre de presser le pas et je marchai au pas de course avec ma brigade pendant une heure.

Arrivé à 2 heures devant Casteggio, où un combat très vif s'était engagé depuis une heure, je reçus ordre du lieutenant général Victor de me porter sur la gauche de Casteggio et d'y attaquer, avec la 43e, un groupe de montagnes sur lesquelles 3,000 Autrichiens étaient avantageusement postés et y avaient deux pièces de canon et un obusier.

Je jetai le premier bataillon sur ma gauche et le deuxième bataillon sur ma droite en tirailleurs et je marchai avec le troisième bataillon en colonne au centre. Dans cet ordre je formai mon attaque; je contins d'abord l'ennemi qui repoussait très vivement quatre bataillons des 22e, 28e et 40e et menaçait de s'emparer du chemin de Casteggio à Broni et couper ainsi la retraite aux troupes de l'avant-garde du géné- Lannes. Je fis rallier ces quatre bataillons, mais ils se trouvèrent trop fatigués pour reprendre l'avant-garde; ils marchèrent derrière afin de me soutenir si j'en avais besoin.

Je continuai mon attaque de la montagne à la gauche de

---

(1) On n'a pas retrouvé le rapport du général Herbin, commandant l'autre brigade de la division Chambarlhac (24e légère). Cette lacune est en partie comblée par le journal de Brossier qui donne le récit des mouvements de cette demi-brigade (V. p. 257) et par le rapport de Berthier du 12 juin. (V. p. 261.)

Casteggio (1) et faisant toujours marcher le troisième bataillon en colonne, au centre des deux autres en tirailleurs. J'emportai la position et j'y fis 50 prisonniers que j'envoyai de suite sur les derrières.

Je poursuivis l'ennemi qui se retira sur un autre coteau et j'éprouvai une nouvelle résistance très vive; mais malgré le feu de l'infanterie et celui du canon et de l'obusier de l'ennemi, je marchai toujours à la tête du troisième bataillon en colonne et sur le centre de l'ennemi sans tirer un coup de fusil, pendant que les deux autres bataillons de la 43ᵉ attaquaient en tirailleurs à droite et à gauche; j'emportai de nouveau la position, j'y tuai beaucoup de monde; j'y fis quelques prisonniers. Dans cet ordre de bataille, j'ai successivement enlevé six montagnes, coteaux ou mamelons sur lesquels l'ennemi se retirait, et je suis parvenu jusqu'au château de Jordone (2) qui a été cerné et attaqué par deux compagnies du 3ᵉ bataillon; il a été forcé, on y a tué 150 hommes et pris un pareil nombre; une pièce de canon qui m'incommodait fort sur mon centre a été tournée par des compagnies du 2ᵉ bataillon et la pièce a été prise. J'ai continué de marcher en avant et de chasser l'ennemi qui s'affaiblissait par des pertes considérables en tués, en blessés et en prisonniers.

Enfin, à 8 heures du soir, je me suis arrêté à 3 milles en avant de Montebello et à 6 milles du point d'où j'étais parti. Je n'avais plus devant moi rien qui résistât et je n'apercevais plus d'ennemis. J'ai réuni mes trois bataillons de la 43ᵉ, à quelques hommes égarés près, et je me suis retiré sur ma droite pour me concentrer avec le reste de la division. Je me suis établi en avant du village de Montebello où j'ai bivouaqué et passé la nuit.

Les trois bataillons se sont battus avec beaucoup de valeur dans cette action, où ils ont rendu un service important à l'armée; les conscrits ont rivalisé de courage avec les vieux soldats.

_____

(1) Les points les plus élevés sont à 150 mètres au-dessus du niveau de la mer; la plaine est à 90 mètres.

(2) Peut-être une maison située à 500 mètres environ au sud-est de Casteggio, et appelée Casa il Giardina sur la carte actuelle au 25,000ᵉ.

Pendant qu'avec la 43e j'exécutais les opérations dont je viens de vous rendre compte, les 1er et 2e bataillons de la 96e ont reçu ordre de marcher sur la grande route de Voghera par le village de Casteggio. Dès que ces deux bataillons ont eu passé le village de Casteggio, le chef de brigade Lepreux les a formés en colonnes serrées par pelotons et a marché à leur tête malgré un feu violent d'artillerie qui a emporté beaucoup d'hommes. Ces deux bataillons ont battu le pas de charge, marché en avant avec beaucoup d'intrépidité, et repoussé, un mille, l'artillerie et la cavalerie ennemies. Le chef de bataillon Leriget s'est distingué dans une charge par l'ardeur et le courage qu'il a imprimés au bataillon qu'il commande; le capitaine de grenadiers de ce bataillon a été grièvement blessé.

Après cette charge les deux bataillons ont été jetés en tirailleurs à droite et à gauche de la route de Casteggio à Voghera et ont repoussé l'ennemi sur tous les points. La nuit a arrêté la poursuite et on n'a pu rallier ces deux bataillons que ce matin à la pointe du jour, tant ils étaient acharnés à poursuivre l'ennemi.

Dans cette journée, ces deux bataillons ont rendu des services importants, en arrêtant sur la grande route les efforts de l'ennemi qui gagnait beaucoup de terrain sur Casteggio. Le 3e bataillon de la 96e est resté en arrière à l'entrée de Casteggio avec quelques pièces d'artillerie (1).

Je ne puis préciser, mon Général, le nombre des hommes que nous avons tués ou blessés ou pris à l'ennemi; mais j'estime que ma brigade a tué et blessé 1500 hommes, en a pris environ autant et une pièce de canon. Je n'ai pas encore l'état des hommes que nous avons perdus mais, d'après les différents rapports, ma brigade a eu 300 hommes en tués et blessés. J'en ferai former l'état exact et je vous le ferai passer; je vous ferai également connaître les hommes qui se sont particulièrement distingués; tous se sont conduits parfaitement. Les chefs de brigade et de bataillon ont donné l'exemple et ont bien conduit leurs corps. On doit rendre à ma brigade la justice qui lui est due; c'est qu'elle a servi dans cette bataille

---

(1) Voir la note 1 de la page 250.

d'une manière distinguée et qu'elle a rendu les plus grands services. Les généraux Victor, Lannes et Watrin ont vu ce qu'elle a fait et lui ont donné des éloges.

RIVAUD.

Extrait du Journal de la campagne de l'armée de réserve, par l'adjudant-commandant Brossier.

20 prairial. — Bataille de Montebello. — Lieutenants généraux Lannes et Victor. — Divisions Watrin et Chambarlhac.
. . . . . . (1) . . . .

Une intrépidité peu commune se fit remarquer sur ce dernier point (Casteggio), où l'ennemi, voulant réparer sa défaite, fit des efforts extraordinaires, se ralliant derrière son artillerie à mesure qu'il était poussé. Celle des Consuls la suivait constamment à 30 pas de distance et faisait ou recevait un feu épouvantable.

La cavalerie autrichienne, bien supérieure en nombre et couverte par une haie épaisse, où elle s'était ménagé des issues, fondit avec impétuosité sur la cavalerie française qui la chargea à son tour avec un acharnement sans exemple et parvint à la repousser. A l'entrée du bourg, un choc de même nature s'engagea, et il ne fut ni moins violent ni moins heureux que le premier.

Enfin, cette colonne chassa l'ennemi de Casteggio par la grande route, tandis que les quatre bataillons, secourus par le général Rivaud, s'étant réunis aux corps dont ils faisaient partie, le poursuivirent par la gauche, le forçant à rentrer dans le bourg et l'en débusquèrent aussi.

L'ennemi, chassé de Casteggio, veut y rentrer et prend position sur la grande route, auprès du moulin qui se trouve à demi portée de fusil du second pont; trois pièces d'artillerie lançaient un feu perpétuel de mitraille. Les troupes françaises, que l'ardeur de vaincre élevait au-dessus d'elles-mêmes, s'élancent trois fois sur l'ennemi et trois fois sont repoussées.

Enfin, il y avait cinq heures que les deux armées étaient

---

(1) Le début est la reproduction, presque littérale, des rapports de Watrin et de Rivaud.

aux prises, lorsque la division Chambarlhac acheva de décider le succès de la bataille.

Par ordre du général en chef, la 24e légère et la 96e de bataille s'avancent sous le commandement du général Victor.

L'avant-garde de la 24e légère s'était déjà portée en avant pour soutenir les deux bataillons de la 6e, aux ordres du général Gency; alors, la 6e légère et le 3e bataillon de la 96e passent le Coppo, au-dessous du bourg, à l'effet de tourner les pièces et d'envelopper l'ennemi, et les 1er et 2e bataillons de la 96e se réunissent à l'attaque centrale.

L'ennemi, justement effrayé de ce mouvement, veut battre en retraite, pour éviter d'être pris en flanc sur sa gauche par la 6e légère, réunie à la 24e. Attaqué en même temps de front par le général Lannes et les deux bataillons de la 96e, chargé, en outre, par les troupes à cheval, il se débande et fuit en déroute.

Cependant, le général Rivaud continuait à combattre autour et dans le village de Montebello les corps autrichiens qui faisaient une vigoureuse résistance. Enfin, il parvient à leur faire abandonner le village, leur livre un dernier combat, sur la gauche de la grande route, et leur fait éprouver une perte considérable.

A ce moment, les troupes françaises, qui venaient de forcer le passage si difficile du moulin, près Casteggio, se réunissent à celles commandées par le général Rivaud, et, toutes ensemble, poursuivent l'ennemi sur le chemin de Voghera, jusqu'à 8 heures du soir. Elles ne s'arrêtent qu'à 3 milles en avant de Casteggio et lorsque la nuit dérobe l'armée autrichienne à leur vue.

Le général de division Watrin a montré, dans cette affaire, comme dans toute sa marche depuis le passage du Grand-Saint-Bernard, que les talents militaires, réunis à un grand courage, peuvent changer le sort des combats. Les généraux de brigade Malher, Mainoni, Gency et Rivaud ont fait passer dans l'âme de leurs troupes l'ardeur guerrière dont ils sont animés.

L'adjudant général Noguez, à peine remis des blessures qu'il a reçues à Châtillon, s'est particulièrement distingué.

Le citoyen Huard, capitaine du génie, a été légèrement

blessé. Il est constamment resté à la tête de la colonne du centre et n'a pas peu contribué à diriger les troupes.

Le citoyen Lucien Watrin a fait prisonnier, au milieu de la mêlée, un colonel autrichien. Bien jeune encore, il a déjà fourni une longue carrière de gloire.

Les citoyens Chamorin, aide de camp du général Watrin; Cocher, aide de camp du général Malher; Laborde, Joannon, Biaumé et Eichmann, officiers d'état-major, se sont élancés au milieu des plus grands dangers, partout où les ordres des généraux les appelaient.

L'artillerie des divisions (1) a rivalisé d'intrépidité et d'activité avec celle des Consuls.

Les chefs de brigade Schreiber, Maçon, Legendre et Lepreux ont fait, à la tête de leurs troupes, des prodiges de valeur, ainsi que les chefs de bataillon Dauture, Michel, Fertel et Leriget.

La conduite du citoyen Dupuis, capitaine à la 22e demi-brigade, et du citoyen Millet, lieutenant de grenadiers à la 40e. a mérité les éloges particuliers du général Watrin.

Le citoyen Millet sauva un jeune soldat de la 28e, pris par trois Autrichiens, en sabra deux et fit le troisième prisonnier. Il a singulièrement contribué, en outre, à conserver les hauteurs de Casteggio et à rallier les troupes.

Le citoyen Duval, lieutenant de la 8e compagnie du 2e bataillon de la 40e, se trouvant enveloppé par un peloton d'ennemis, parvint, avec l'aide de 4 cavaliers, à se dégager de leurs mains, et fit mettre bas les armes à 25 Autrichiens.

Les sous-officiers Gimont, Lavigne et Lainé ont prouvé, par leur valeur, qu'ils sont dignes d'un grade supérieur.

On a vu un jeune tambour, nommé Gabriel Coctil, natif de Romagny, s'élancer seul au milieu des champs, marcher en avant, battre la charge, et attirer à lui un peloton de braves qui débusquèrent l'ennemi d'une des hauteurs qu'il occupait.

Trois hommes ont fait mettre bas les armes, dans le bourg de Casteggio, à 60 Autrichiens. Les noms de ces valeureux soldats sont restés ignorés.

---

(1) D'après cette phrase, la division Chambarlhac aurait eu aussi de l'artillerie.

Il faut remarquer que le journal de Brossier est ait après la campagne. Les rapports faits le soir et le lendemain de la bataille, parlent peu de l'action de l'artillerie et n'indiquent pas que la division Chambarlhac en ait amené sur le champ de bataille.

Bulletin de l'armée de réserve (1).

Stradella, le 21 prairial an 8 (10 juin 1800).

Le 20, le Premier Consul est parti de Milan pour se rendre à Pavie; il n'y est resté qu'une heure, est monté à cheval et a passé le Pô pour rejoindre l'avant-garde, qui déjà était aux prises avec l'ennemi (2).

Le général Ott était arrivé de Gênes à Voghera en trois marches forcées, avec un corps de 15,000 hommes qui bloquaient cette place. Il avait été renforcé par un corps de 4,000 à 5,000 hommes, qui avait été destiné par le général Mélas à défendre le Pô. L'avant-garde de cette armée et celle de l'armée française se rencontrèrent sur les midi. L'ennemi occupait les hauteurs en avant de Casteggio. On s'est battu toute la journée avec la plus grande opiniâtreté.

Le général Victor a fait donner la division Chambarlhac d'une manière extrêmement heureuse.

La 96e, par une charge à la baïonnette, a décidé le succès de la bataille encore incertain. L'ennemi a laissé 3,000 morts ou blessés, 6,000 prisonniers et 5 pièces de canon. La déroute a été entière. Le 12e de hussards s'est couvert de gloire. Nous avons eu 600 tués ou blessés.

---

(1) Ce bulletin est publié dans le *Moniteur* du 28 prairial (17 juin). Il figure à la *Correspondance de Napoléon* sous le n° 4905.

(2) Il semblerait, d'après ce bulletin, que le Premier Consul a rejoint l'avant-garde pendant la bataille de Montebello. De là à dire que c'est lui qui a l'honneur de la victoire il n'y a qu'un pas. Ce pas est franchi par Maret qui écrit le 15 juin : « ..... Le Premier Consul..... a complètement battu le corps du lieutenant général Ott..... ». (V. p. 290, note 1.)

En réalité, le Premier Consul arrive à Pavie à 2 heures de l'après-midi, d'après sa lettre du 9 juin à Berthier. (V. p. 272.) S'il en part à 3 heures, il arrive à Stradella au plus tôt à 5 heures (23 kilomètres et traversée du Pô), et ne peut pas être à Casteggio (16 kilomètres de Stradella) beaucoup avant 7 heures.

Il paraît évident que le Premier Consul n'a pas rejoint l'avant-garde, mais s'est arrêté le 9 à Stradella, où il n'est arrivé que dans la soirée. Le rapport de Berthier (V. p. 247) qui lui rend compte de la bataille en est une preuve.

On lit dans les *Mémoires de Napoléon* : « Le Premier Consul, à la première nouvelle de l'attaque de l'ennemi contre l'avant-garde française, était accouru sur le champ de bataille ; mais à son arrivée, la victoire était décidée..... ». (*Corresp. de Napoléon*, t. XXX, p. 381.)

Bourrienne, secrétaire du Premier Consul, a écrit dans ses *Mémoires* (t. IV, p. 111) « J'ai lu dans plusieurs ouvrages que c'était le Premier Consul qui avait gagné la bataille de Montebello. C'est une erreur..... Ce ne fut que le 13, qu'en marchant sur la Scrivia, le Premier Consul passa dans Montebello et vit le champ de bataille ».

Il paraît que M. le général Mélas a évacué Turin et concentre toutes ses forces à Alexandrie.

L'ennemi a été poursuivi au delà de Montebello.

Le général Watrin a montré du talent et un enthousiasme qui enlève les troupes (1).

La bataille de Montebello a porté l'épouvante et le découragement dans les partisans de l'Autriche. Ils voient que les événements qui vont avoir lieu n'ont plus pour but la conservation de l'Italie, mais la retraite de l'armée autrichienne.

Un général ennemi a été tué; plusieurs généraux ont été blessés.

Le général en chef Masséna doit avoir joint le général Suchet, être arrivé le 16 à Oneille et va bientôt aussi déboucher en Piémont (2).

Alex. Berthier, général en chef de l'armée de réserve, au Premier Consul.

Casteggio, le 23 prairial an 8 (12 juin 1800).

Bataille de Casteggio, le 20 prairial. — Je m'empresse, citoyen Consul, de vous rendre un compte plus détaillé de la bataille de Casteggio.

J'avais appris que le général autrichien Ott avait passé la Scrivia avec les troupes qui formaient le blocus de Gênes et s'était rendu à Voghera. J'ordonnai au général Lannes de partir de Broni dans la matinée du 20 et d'attaquer l'ennemi partout où il le rencontrerait; au général Chambarlhac de suivre ce mouvement et aux généraux Monnier et Gardanne d'effectuer promptement le passage du Pô avec leurs divisions. Nous n'avions encore au delà de ce fleuve que les corps des généraux Lannes et Victor, 300 chevaux et quelques

---

(1) Victor, Chambarlhac et Watrin sont nommés dans ce bulletin de l'armée de réserve. Un seul des généraux de division présents à la bataille ne l'est pas, c'est Lannes, le futur duc de Montebello!

L'Empereur a plus tard écrit dans ses *Mémoires*, à propos de cette bataille : « ..... Le général Lannes était couvert de sang..... » (*Corresp. de Napoléon*, t. XXX, p. 381), affirmation qui n'est d'ailleurs confirmée par aucun document.

(2) Suchet avait dépassé Oneille. Il était le 6 juin à Albenga, le 7 à Finale et le 8 à Millesimo. Mais, au lieu de déboucher en Piémont, il faisait le siège de la citadelle de Savone. Il était rejoint par le général Gazan, amenant par la route de la Corniche une partie de la garnison de Gênes, que la capitulation laissait libre.

pièces d'artillerie (1); mais je sentais l'importance de remplir vos intentions en attaquant sans délai l'ennemi fatigué d'une marche pénible.

L'avant-garde du corps commandé par le général Lannes a rencontré les avant-postes autrichiens à San-Giuletta et les a repoussés jusqu'à Rivetta que l'ennemi occupait en force avec beaucoup d'artillerie. Deux bataillons de la 6e légère se portent sur la droite pour tourner l'artillerie ennemie, tandis que le 3e bataillon et la 40e demi-brigade s'emparent des hauteurs de Casteggio, afin de tourner ce bourg. La droite de l'ennemi cherche à déborder ces corps; le général Watrin s'en aperçoit et détache sur-le-champ un bataillon de la 22e avec ordre de gagner les hauteurs; des forces supérieures pressent ce bataillon de tous côtés et l'obligent à un mouvement rétrograde. Mais la 40e de ligne, en marchant par sa gauche, enlève bientôt à l'ennemi tous les avantages qu'il avait obtenus. Au même instant la 28e arrive, le général Watrin la réunit aux 22e et 40e, tourne Casteggio et parvient à en chasser l'ennemi. Tandis que ce mouvement s'exécutait, le général Lannes s'emparait du bourg par la grande route et le général Gency était aux prises avec l'ennemi qui tenait avec opiniâtreté dans la position qu'occupait la gauche.

L'avant-garde se battait depuis quatre heures, le terrain était disputé pied à pied, les positions importantes étaient tour à tour prises et reprises; jamais combat ne fut plus opiniâtre.

La réserve, commandée par le général Victor, reçoit l'ordre d'appuyer l'avant-garde. La 24e et un bataillon de 500 hommes commandé par le citoyen Delpuech se portent sur la droite, tandis que le général Herbin, avec trois compagnies de carabiniers, charge avec vigueur la gauche de l'ennemi. Les 43e et 96e, commandées par le général Rivaud, s'ébranlent à leur tour et marchent au pas de charge. La 24e tourne l'ennemi par la gauche, gagne les hauteurs, enlève deux pièces de canon et fait un grand nombre de prisonniers (2). La 96e charge avec impétuosité le centre sur la grande route et par-

---

(1) Voir la note 1, p. 250.

(2) Tous les rapports font l'éloge des troupes sans restriction. On doit donc considérer comme inexact l'acte infâme signalé par le capitaine Coignet, d'après lequel la 24e légère

vient à le percer au milieu d'une grêle de mitraille. Bientôt plusieurs parties de la ligne ennemie commencent à plier; les généraux Victor et Lannes profitent de ce moment, l'ordre est donné à tous les corps de charger à la fois. L'ennemi cède sur tous les points, le désordre et l'épouvante sont dans ses rangs, sa déroute est complète; il est poursuivi dans sa fuite jusqu'à Voghera.

Cette bataille a duré depuis 11 heures du matin jusqu'à 8 heures du soir. Les conscrits y ont rivalisé d'ardeur avec les vieux soldats; le 12e régiment de hussards, le seul qui ait donné, a fait des prodiges de valeur, il a chargé tour à tour l'infanterie et la cavalerie ennemie. L'artillerie des Consuls a rendu les plus grands services; toujours en avant de l'infanterie, elle a tiré avec cette précision et cette justesse qui caractérisent le sang-froid uni à la valeur.

Nous avons fait dans cette journée plus de 5,000 prisonniers, tué ou blessé plus de 2,000 hommes et pris 6 pièces de canon avec leurs caissons. Le général autrichien O'Reilly a été blessé.

L'ennemi avait 15,000 hommes d'infanterie et 2,000 de cavalerie.

Nous avons à regretter 60 hommes tués et 400 blessés. Au nombre de ces derniers est le citoyen Schreiber, chef de la 22e de ligne.

Parmi les braves qui se sont particulièrement distingués on nomme l'adjudant général Noguès qui avait déjà été blessé dans la vallée d'Aoste; mon aide camp Laborde qui a chargé avec la 96e; le sous-lieutenant Montbrun, aide de camp du général Lannes, les chefs de brigade Macon et Legendre, les chefs de bataillon Dauture et Michel; les citoyens Puisségur, Colin, Pisiere, Dupuis, capitaines; Chamorin, aide de camp du général Watrin; Cocher, aide de camp du général Malher; le citoyen Vincent, lieutenant; le citoyen Charbonier, sous-

---

« ayant été poussée au feu par le général Lannes, commença par fusiller ses officiers. Les soldats n'épargnèrent qu'un lieutenant. Je ne sais pas au juste quel pouvait être le motif de cette terrible vengeance..... ».

Cet incident invraisemblable a été supprimé dans la nouvelle édition des *Cahiers* du capitaine Coignet. On sait d'ailleurs que cet ouvrage doit être consulté avec circonspection. Le passage ci-dessus a été reproduit dans Trolard, *De Rivoli à Marengo et Solferino*, t. II, p. 121.

lieutenant; les citoyens Paulot, Cardinal, Baillet, Berthe, Philipot, Ponce, sergents; les citoyens Saint-Pis, caporal et Lieu, chasseur.

Alex. Berthier (1).

Extrait de la relation des mouvements et des combats des différents corps composant l'armée de réserve (2).

. . . .

Ses avant-postes (de l'ennemi) étaient à San-Giuletta; ils furent repoussés jusqu'à Rivetta par la 6e légère, qui les y rencontra à 10 heures du matin.

L'artillerie des Consuls et celle de la division Watrin marchaient après cette demi-brigade, ayant en tête celle des Autrichiens. Le lieutenant général Lannes se mit en bataille sur la droite de la route; la 6e formait l'avant-garde, la 40e et la 22e formaient le corps de bataille, dont la droite était soutenue par un escadron du 12e de hussards; la 28e était en réserve.

Le lieutenant général Lannes envoya le général Gency avec deux bataillons de la 6e légère pour tourner l'artillerie de l'ennemi, tandis que le troisième bataillon et la 22e attaquaient en front le village de Casteggio.

La 40e fut placée à gauche, sur les hauteurs en face de celles de Casteggio. pour observer et contenir l'ennemi; elle devint le pivot de l'attaque déterminée par le lieutenant général Lannes.

La 6e légère attaqua avec une vivacité qui l'emporta un peu loin; elle fut ramenée par l'ennemi et vint se rallier sur l'alignement de la 22e, dont un bataillon fut détaché pour arrêter les Autrichiens.

Le lieutenant général Lannes fit alors avancer sur le centre, par les deux côtés de la grande route, les deux autres bataillons de la 22e qui chassèrent l'ennemi jusque au delà du premier pont de Casteggio.

L'escadron du 12e de hussards suivit ce mouvement par la grande route.

Cependant le bataillon de la 22e, qui avait été envoyé contre l'ennemi lorsqu'il poursuivait la 6e légère, était pressé à son tour et obligé à la retraite. La 28e ayant reçu l'ordre de se mettre en ligne à droite de la 22e, rejette l'ennemi une deuxième fois en arrière.

La division Chambarlhac, aux ordres du lieutenant général Victor, était en marche et commençait à déboucher. Le lieutenant général Lannes alors se détermine à faire usage de toutes ses forces et à poursuivre l'ennemi; mais il avait aussi reçu des renforts, et prenant position partie sur les hauteurs en

---

(1) Ce rapport était publié dans le *Moniteur* du 3 messidor (22 juin) en même temps que le rapport du 26 prairial (15 juin) sur la bataille de Marengo.

(2) Cette relation n'est pas signée. Elle est, en beaucoup de passages, presque identique au journal de Brossier, dont elle paraît une première rédaction; c'est pour ce motif qu'elle n'a pas été citée jusqu'ici. Les pages qui concernent la bataille de Montebello contenant des détails qui ne sont pas dans les autres rapports, il a paru intéressant de les publier.

arrière de Casteggio, partie autour du village, il oppose encore une vive résistance.

(NOTA. — Le lieutenant général Victor donna à ce moment une grande preuve de générosité. Il laissa au lieutenant général Lannes, qui avait engagé l'affaire depuis le matin, la libre disposition de ses troupes).

Une colonne d'environ 3,000 hommes et soutenue par une batterie de deux pièces de canon et un obusier, menaçait de couper la retraite de la gauche, en gagnant du terrain sur la route de Casteggio vers Rivetta.

Le lieutenant général Victor envoya la 24e légère au centre, pour renforcer sur ce point important, car une fois maître du défilé et des ponts de Casteggio, la ligne de l'ennemi était coupée. Elle s'avance en colonnes jusqu'au deuxième pont, mais elle trouve là trois escadrons ennemis qui l'attaquent en front et par les flancs, et l'obligent à la retraite. Ce fut en ce moment qu'eut lieu une belle charge de l'escadron du 12e de hussards, qui se précipite avec une grande bravoure sur les escadrons ennemis et les force à repasser au delà du deuxième pont.

L'infanterie profite à l'instant de cet avantage. La 22e force le passage et s'établit de l'autre côté du pont. La 6e légère passe le Coppo plus bas, tourne le flanc de l'ennemi, le met en désordre et lui fait 1800 prisonniers.

La 96e, du corps du lieutenant général Victor, vint aussi prendre position à côté de la 22e, malgré un feu de mitraille et de mousqueterie extrêmement vif. L'escadron du 12e de hussards par son audace et sa contenance en impose à 1500 hommes de cavalerie et oblige l'ennemi à se retirer en arrière d'un cimetière où il avait placé de l'artillerie, et qui était son point d'appui.

La gauche de l'ennemi était forcée et prise. La 6e et la 96e continuèrent leur marche sur Montebello.

En même temps la 40e força la gauche de Casteggio, et la 43e, du corps du lieutenant général Victor, tournant de plus loin encore la position de la droite de l'ennemi, se dirige de même par Montebello ; en sorte que l'infanterie autrichienne, qui n'avait plus la grande route pour sa retraite, fut en un instant dispersée. Presque tout ce qui se trouvait entre Casteggio et Montebello fut pris ; la cavalerie eut de la peine à se frayer un passage.

Les troupes réunies des deux divisions poursuivirent les fuyards jusqu'à Voghera et ne s'arrêtèrent que lorsque la nuit leur déroba leurs ennemis.

Le résultat de cette journée fut de près de 6,000 prisonniers, environ 1500 tués ou blessés, du côté des Autrichiens ; le général O'Reilly est au nombre de ces derniers.

Du côté des Français la perte a été de 60 hommes tués et 400 blessés ; le chef de la 22e brigade Schreiber est au nombre des derniers.

. . . . (1) . . .

Extrait de la Revue militaire autrichienne (2).

Le feld-maréchal-lieutenant Ott avait, dès le 7 juin, rallié à Novi les divi-

---

(1) La suite contient des éloges qui sont, à peu de chose près, calqués sur ceux qu'on a lus dans le rapport de Berthier et dans le journal de Brossier, p. 258 et 262.

(2) *Œstreichische militärische Zeitschrift*, t. XXIX, p. 120 à 129.

sions Vogelsang et Schellenberg (1), lorsqu'il apprit que les Français avaient passé le Pô. Toutefois, dans l'opinion que ce n'était pas encore le gros de l'armée de réserve française qui avait passé le fleuve, et qu'il parviendrait en réunissant toutes les troupes autrichiennes qui se trouvaient dans la région, à battre les forces françaises arrivées jusqu'alors, et même à atteindre Plaisance (2), il décida de partir ce jour-là même pour Voghera.

Mais à la suite des pluies des jours précédents, la Scrivia avait tellement grossi qu'il n'était pas possible de la traverser. Le général major Brigido, qui commandait à Tortone, fit bien construire deux ponts, l'un avec des voitures et l'autre avec des radeaux, mais tous les deux furent emportés par la violence du courant et tout passage fut empêché ce jour-là (3).

Ce n'est que le 8 juin, la rivière étant devenue plus tranquille, que le feld-maréchal lieutenant Ott put la traverser (4). Il s'avança ce jour-là jusqu'à Voghera, envoya son avant-garde à Casteggio et plaça son corps en ordre de bataille. Le feld-maréchal-lieutenant comte O'Reilly commandait l'avant-garde, qui se composait de 6 bataillons et de 4 escadrons. La première ligne, sous les ordres du feld-maréchal-lieutenant Vogelsang et du général major Gottesheim, comptait 9 bataillons ; la seconde ligne, sous les ordres du feld-maréchal-lieutenant Schellenberg et du général major Sticker, en avait 11 ; 6 escadrons de dragons de Lobkowitz constituaient la réserve.

Le général major Gottesheim avait, à son départ de Gênes, divisé sa brigade en deux parties. Il envoya son infanterie sur Plaisance, par le

---

(1) Ces deux divisions faisaient partie du corps qui bloquait Gênes.

La capitulation de cette ville avait été signée le 4 juin, à 7 heures du soir. (*Œst. milit. Zeitschrift*, t. XXVI, p. 289.) La division Vogelsang était partie le 5 par la Bochetta, en même temps que le général Gottesheim, par Bobbio ; la division Schellenberg était partie le 6 avec le maréchal Ott. (*Œst. milit. Zeitschrift*, t. XXVI, p. 292.)

(2) La mission donnée au maréchal Ott était d'aller occuper le tête de pont de Plaisance. (*Œst. milit. Zeitschrift*, t. XXIX, p. 12.)

(3) Sans cette crue de la Scrivia, Ott serait venu le 7 juin à Casteggio, et aurait sans doute attaqué Lannes à Vescovera. Celui-ci n'avait pas de soutien, car la division Chambarlhac ne passait le Pô que dans la journée du 8. Un succès assez vraisemblable d'Ott, entre Vescovera et Stradella, aurait arrêté le passage du Pô, à Belgiojoso, et forcé Lannes à se retirer sur Plaisance. Mais, même dans cette éventualité, la réunion de Lannes avec Murat suffisait pour assurer la possession de la chaussée de Stradella, et le pont de Plaisance permettait de faire passer le reste de l'armée de réserve sur la rive droite du Pô.

(4) Le récit du baron de Crossard, officier d'état-major dans la division Vogelsang, n'est pas conforme à celui de la *Revue militaire autrichienne* :

« ..... J'étais fort embarrassé sur les moyens de passage, quand j'aperçus une longue colonne de chariots du pays qui venaient de la traverser (la Scrivia). Ces chariots, montés sur quatre roues peu élevées, présentent un long et large tablier ; l'administration militaire les envoyait à Alexandrie ; je n'hésitai pas à les arrêter, et en les fixant les uns aux autres avec la chaîne dont chacun était muni, j'établis un pont très capable de porter de l'infanterie. La colonne arriva ; l'artillerie et la cavalerie passèrent à gué, les autres troupes se servirent du pont.

« Pendant que le passage s'était effectué, la nuit était survenue ; l'espèce de digue que formaient les chariots qui n'avaient point assez d'espace entre eux, avait fait gonfler les eaux du torrent ; leur violence rompit les chaînes. Cet accident n'atteignit heureusement que le dernier bataillon..... » (*Mémoires militaires et historiques*, par le baron de Crossard, t. II, p. 281. Paris, Migneret, 1829.)

chemin le plus court passant par Bobbio (1), tandis qu'avec 3 escadrons de hussards de Nauendorf il prit la direction de Bochetta (2).

. . . .

Le feld-maréchal-lieutenant Ott ne pouvait compter être renforcé par la colonne du feld-maréchal-lieutenant prince Hohenzollern, car les soldats, qui avaient été prisonniers de guerre dans Gênes et qui avaient été laissés pour former la garnison de cette place, n'étaient pas capables de faire le service en campagne à cause de leur épuisement extraordinaire.

. . . .

Les premiers avant-postes des Autrichiens se trouvaient à San-Giuletta. Le général Watrin, qui commandait la tête des forces françaises, les refoula après un court combat jusqu'à Rivetta. Le feld-maréchal-lieutenant Ott venait d'arriver avec sa première colonne à midi à Casteggio, lorsqu'il apprit que l'ennemi s'avançait.

Les deux adversaires étaient partis presque à la même heure (à 9 heures du matin) du point où ils se trouvaient et ils avaient les mêmes intentions. Il semble seulement que le feld-maréchal-lieutenant Ott n'était pas instruit de tous les détails du passage du Pô par l'armée de réserve française; sans cela, il aurait évité un combat aussi inégal (3). Plaisance était perdue, il est vrai;

_____

(1) Une partie de l'infanterie de Gottesheim (régiment de Klébeck) est détruite devant Plaisance, le 7 juin. Le reste s'immobilise sur la route de Bobbio à Plaisance et n'est d'aucune utilité. (V. 7 juin, p. 205 et même page note 1.)

C'est Mélas qui avait ordonné de diriger la brigade Gottesheim par Bobbio sur Plaisance pour en occuper le pont et le château. (*OEst. milit. Zeitschrift*, t. XXVI, p. 260.)

(2) Gottesheim n'a que ces 3 escadrons sur le champ de bataille.

Les troupes du général Ott se montent donc à 26 bataillons et 13 escadrons.

(3) Dans cette relation, écrite cependant vingt-trois ans après la campagne, le narrateur autrichien se trompe absolument sur l'effectif des troupes françaises ayant combattu à Montebello. Il estime que les divisions Monnier et Gardanne ont pris part à la bataille et décrit leurs mouvements (V. ci-dessous p. 268 et 269), tandis que ces divisions étaient encore sur les rives du Pô.

Les rapports de Berthier, de Watrin et de Rivaud (V. p. 247, 248 et 253), ne peuvent laisser aucun doute à ce sujet. Les seules troupes françaises présentes sur le champ de bataille de Montebello sont le corps Lannes et la division Chambarlhac.

Outre la division Watrin (6e légère, 22e et 40e de bataille), le corps Lannes comprend la 28e de bataille et la brigade de cavalerie Rivaud, dont un seul régiment, le 12e d'hussards, est présent. (V. p. 248 et 262.) La division Chambarlhac a 3 demi-brigades, les 24e légère, 43e et 96e de bataille.

Ces demi-brigades sont toutes à 3 bataillons. (V. t. Ier, annexes 6, 7, 10.) Les forces françaises se composent donc de 21 bataillons et 4 escadrons, tandis que les Autrichiens ont 26 bataillons et 13 escadrons.

L'effectif de la division Watrin était de 5,165 hommes, le 10 mai; celui de la 28e, de 1500; et celui de la division Chambarlhac de 7,810. (V. t. Ier, annexe n° 17, p. 666 et 668.) On n'a pas retrouvé de situations de l'armée depuis son entrée en Italie; mais on peut admettre que des corps marchant depuis vingt-cinq jours, ayant passé par le Grand-Saint-Bernard et par le sentier d'Albard, ayant combattu à Aoste, à Châtillon, à Montestrutto et à la Chiusella, avaient vu diminuer sensiblement leur effectif.

Le 12e de hussards qui avait 596 hommes le 10 mai, n'en comptait plus que 310 le 9 juin. (V. la situation de la cavalerie le 11 juin, p. 300.)

On a vu (p. 233) que le 8 juin le Premier Consul estimait la force de la division Watrin

mais toutefois la croyance que le feld-maréchal-lieutenant Ott ne pourrait pas s'ouvrir en combattant un passage jusqu'à cette ville n'était pas encore devenue une certitude. C'est uniquement à cause de cette considération que le premier coup fut tiré à Casteggio (1).

Ott fit occuper les hauteurs situées au sud de Casteggio par la division Vogelsang et la petite ville elle-même par 6 bataillons de la division Schellenberg; il plaça ensuite, à gauche de Casteggio, le régiment de dragons Lobkowitz à couvert derrière une haute haie vive, dans laquelle des intervalles ouverts furent ménagés, et 5 bataillons de la division Schellenberg comme réserve à Montebello. Il résolut d'opposer à l'ennemi une vigoureuse résistance, s'il ne pouvait prendre l'offensive.

Le feld-maréchal-lieutenant O'Reilly ayant fait occuper les hauteurs à droite de Rivetta par quelques bataillons, avait arrêté l'ennemi par le feu de son artillerie, sur la route devant Rivetta et donné ainsi aux colonnes en arrière le temps de prendre leurs positions.

Le général Watrin chercha avec 4 bataillons à s'emparer de ces hauteurs et avec 2 autres à tourner le petit village sur la droite. Les deux avant-gardes se trouvaient donc engagées dans une vive fusillade et canonnade, tandis que les troupes de soutien se déployaient successivement.

Après une énergique résistance d'une demi-heure, les bataillons autrichiens, placés sur les hauteurs, commencèrent à céder devant la supériorité numérique de l'ennemi. Déjà les Français tournaient Rivetta par les hauteurs et obligeaient à la retraite le feld-maréchal-lieutenant O'Reilly, qui était aussi très pressé sur le front, lorsque le général major Gottesheim, qui avait rassemblé ses 6 bataillons (2) sur les hauteurs au sud de Casteggio, s'avança au pas de course contre les assaillants et reconquit les hauteurs perdues. Le feld-maréchal-lieutenant Ott fit avancer le régiment de dragons de Lobkowitz avec

---

à 8,000 hommes, y compris sa brigade de cavalerie. La division Chambarlhac ne devait pas arriver à 6,000 hommes.

D'après la situation de l'armée de réserve à la date du 14 juin, pièce publiée en 1805 dans la relation faite par Berthier (V. annexe n° 8), la division Watrin a 5,083 hommes, la division Chambarlhac 5,287, le 12ᵉ de hussards 400 ; soit un total de 10,770 hommes. En ajoutant les pertes du 9 juin, on arrive tout au plus au chiffre de 11,000 pour les combattants de Montebello. En tout cas, le corps Lannes et la division Chambarlhac ne devaient pas compter ensemble, le jour de la bataille, plus de 12,000 à 13,000 hommes.

Jomini porte à 16,000 hommes l'effectif autrichien. (*Histoire des guerres de la Révolution*, t. XIII, p. 255.) On a vu que Berthier l'estimait à 18,000 hommes. (V. p. 248.)

En réalité, il semble donc certain que la supériorité numérique était du côté des Autrichiens, qui avaient aussi très probablement un grand avantage comme artillerie. (V. p. 250, note 1 et p. 268.)

(1) « ..... Le quartier-maître général Zach était arrivé seul à Voghera. Il proposa d'éviter toute espèce d'engagement. Cet avis était sage: le général Ott s'y refusa. « Mes avant-postes sont attaqués, dit-il, je marche à leur secours..... » Ott, plus hussard que général, voulut se battre..... » (*Mémoires militaires*, du baron de Crossard, t. II, p. 282.)

(2) Ces six bataillons du général Gottesheim font partie de la division Vogelsang. Les trois autres bataillons de cette division les rejoignent peu après au sud de Casteggio.

Quant aux bataillons de la brigade Gottesheim, ils étaient restés le 7 au soir sur la route de Bobbio à Travo. (V. p. 205, note 1.)

une batterie de cavalerie, pour recevoir le feld-maréchal-lieutenant O'Reilly et il reprit ainsi ses premières positions.

Mais la division Monnier et tout le corps du général Victor (1) étaient arrivés sur ces entrefaites et avaient mis le général Lannes en mesure d'ébranler la position autrichienne par une seconde attaque renforcée. Monnier reçut l'ordre d'attaquer l'aile gauche des Autrichiens, tandis que Victor avec la division Chambarlhac devait attaquer la droite (général Gottesheim) et la rejeter sur Casteggio. Le général Watrin resta au centre et derrière lui la division Gardanne (2) fut placée comme réserve. Le général major Gottesheim accueillit par une fusillade meurtrière le général Rivaud (3), qui commandait l'avant-garde de la division Chambarlhac. Toutefois Rivaud déploya 3 bataillons en tirailleurs et les fit marcher sur le flanc droit du général major Gottesheim. Lui-même avec le reste de sa brigade attaqua la position de front. Ce plan réussit. Pressé de tous côtés, Gottesheim se retira en combattant de colline en colline, jusque sur les hauteurs de Casteggio, où se trouvait le feld-maréchal-lieutenant Vogelsang, avec 3 bataillons et 2 batteries, qui recueillit les fuyards.

Le général Watrin s'était emparé de Rivetta et s'était mis en marche sur Casteggio. Le colonel prince Taxis, avec ses dragons, inquiéta cette marche et l'arrêta jusqu'à ce que le feld-maréchal-lieutenant Schellenberg, passé à gauche de Casteggio avec 6 bataillons et 16 canons, pût recevoir le général Watrin. Le combat devint alors général.

Il devint bientôt manifeste que le gros de l'armée de réserve française se trouvait devant Casteggio. Les suppositions erronées faites jusqu'alors et d'après lesquelles une faible partie seulement de l'armée de réserve française avait passé le Pô, pour masquer la marche du corps principal sur Mantoue, furent réfutées par l'évidence (4).

Il fallut abandonner l'espoir que le corps du feld-maréchal-lieutenant Ott pût arriver à Plaisance. Ott se prépara donc à la retraite. Sur ces entrefaites, le feld-maréchal-lieutenant Vogelsang, sur les hauteurs de Casteggio, avait repoussé cinq attaques consécutives de la division Chambarlhac. Toutefois son flanc droit ayant été tourné, il fut obligé de se retirer au delà du Coppo (le ruisseau qui coule à Casteggio), sur Montebello. Sous la protection de 32 canons et de la cavalerie, le feld-maréchal-lieutenant Ott retira peu à peu son infanterie et traversa le Coppo. Casteggio resta occupé par l'ancienne avant-garde afin de couvrir la retraite.

Bonaparte donna l'ordre à toutes ses troupes de marcher sur Casteggio. Le

---

(1) On a vu qu'en réalité la division Monnier n'était même pas sur le champ de bataille, et que le corps Victor se réduisait aux trois demi-brigades de la division Chambarlhac.

(2) La division Gardanne n'avait pas achevé de passer le Pô. (V. p. 273.)

(3) Ribaud dans le texte allemand.

(4) Ce renseignement sur l'armée française était le seul résultat que la bataille de Montebello donnait à l'armée autrichienne.

C'était d'ailleurs un renseignement absolument erroné, puisque le maréchal Ott croyait avoir combattu le gros de l'armée de réserve à Casteggio et comptait quatre divisions présentes sur le champ de bataille, quand en réalité Monnier et Gardanne étaient encore sur les rives du Pô et que Watrin et Chambarlhac avaient été seuls engagés.

feld-maréchal-lieutenant O'Reilly, aussitôt après que la division Schellenberg eut passé le Coppo, avait envoyé en arrière tous ses canons en conservant seulement une batterie. Il attendit avec une froide résolution le choc de l'armée ennemie. Bonaparte donna l'ordre au général Monnier de passer le Coppo, au-dessous de Casteggio, et fit avancer la réserve sous les ordres de Gardanne pour s'emparer de Casteggio. Après un combat opiniâtre, le feld-maréchal-lieutenant O'Reilly abandonna la petite ville et, sous la protection des canons en position sur la rive gauche du Coppo, il battit en retraite et passa le ruisseau sur le pont de pierres qui existait à cet endroit. Afin de préserver sa retraite de tout accident important, le feld-maréchal-lieutenant Ott décida de défendre aussi longtemps que possible la rive gauche du Coppo. Les Français se jetèrent, il est vrai, sur le pont, mais le feu à mitraille des Autrichiens fut si meurtrier qu'il rendit vains trois efforts consécutifs de l'adversaire, jusqu'à ce qu'enfin le général Gency (de la division Monnier) passa le Coppo en dessous de Casteggio, avec 5 bataillons et 1 régiment de hussards et décida ainsi le succès (1).

Le feld-maréchal-lieutenant Ott fit renforcer par le régiment de dragons de Lobkowitz et 2 bataillons Spleny, le feld-maréchal-lieutenant O'Reilly qui maintenant formait l'arrière-garde, et continua sa retraite par Voghera vers la Scrivia. Jusqu'à Voghera le feld-maréchal-lieutenant O'Reilly fut constamment inquiété par les Français ; il prit enfin position à Ponte-Curone, tandis que le feld-maréchal-lieutenant Ott rassemblait ses troupes dans le camp de Castel-Novo. Les pertes des Autrichiens étaient de :

> 659 morts dont 6 officiers ;
> 1,445 blessés dont 53 officiers ;
> 2,171 prisonniers dont 45 officiers.

Au total 4,275 hommes, 94 chevaux et 2 canons de 3 livres. Les pertes des Français ne s'élevaient, d'après leurs bulletins, qu'à 600 hommes ! (2).

*
* *

Le Premier Consul part de Milan le jour de la bataille de Montebello. Avant de quitter cette ville, il donne un ordre très important pour organiser la marche de l'armée par les deux rives du Pô et assurer en même temps la sécurité de la ligne d'opérations en organisant

---

(1) C'est en effet le général Gency, qui passe le Coppo au nord de Casteggio. Il fait ce mouvement avec la 6e légère, qui appartient à la division Watrin.

(2) Les rapports cités ne font même mention que de 400 ou 500. On n'a retrouvé aucune pièce pouvant faire présumer un autre chiffre de pertes.

la défense du Tessin face à l'Ouest et de l'Oglio face à l'Est, de façon à être maître de la zone comprise entre ces deux rivières et le Pô.

Le Premier Consul, au Général en chef.

Milan, le 20 prairial an 8 (9 juin 1800).

Vous trouverez ci-joint, citoyen Général, des lettres du général Suchet (1). Vous y verrez que, depuis la prise de Braus, à l'évacuation de la ligne de Vintimiglia, il a fait 1500 prisonniers à l'ennemi.

Je ne vois pas d'inconvénient que le général Murat passe encore toute la journée d'aujourd'hui à Plaisance.

Je n'ai reçu aucune nouvelle du général Duhesme, ni de Loison; donnez-lui l'ordre de se rendre à Plaisance; il servira de réserve (2).

Il ne faut penser à aucune espèce de siège jusqu'à ce qu'il y ait eu une bataille. Quatre pièces ne sont rien s'il n'y a 1000 coups par pièce (3), et le général Marmont ne peut pas les envoyer sans désorganiser son équipage de campagne.

Il faut penser à la défense du Tessin, à celle de l'Oglio ou de l'Adda, et enfin du pont de Plaisance. Il faut charger le général Moncey de toutes ces opérations.

Le général Lorge, avec les 2,000 cisalpins de Lechi, un

---

(1) Le Premier Consul reçoit deux lettres de Suchet, une du 1er juin, l'autre du 3.

Dans la lettre écrite à Sospello, le 1er juin, Suchet rend compte que l'ennemi a évacué le col de Braus et Sospello et veut tenir sur la ligne de Vintimiglia, qu'il a fortifiée. Suchet estime que Mélas attendra le Premier Consul « à Novi, sa gauche à Savone et sa droite à Plaisance, et vous livrera bataille dans les plaines de Pozzolo ». Dans un post-scriptum, écrit le 2 juin à 4 heures du matin, on lit le succès de la journée du 1er : l'Aution a été enlevé ; les Français occupent Saorgio et Fontan ; Suchet va marcher sur le col de Tende, pendant que l'ennemi se retire sur Dolceaqua.

Le 3 juin, Suchet écrit de Tende : Broni et Breglio ont été pris et on attaque le col de Tende. Les Autrichiens en déroute se retirent dans la Rivière de Gênes. Suchet espère être le 4 juin à Pève avec son avant-garde.

(2) Cette prescription détermine l'ordre du même jour de Berthier à Duhesme. (V. p. 281.)

(3) Le 8 juin, à 11 heures 1/2 du soir (V. p. 240), Berthier avait rendu compte qu'il allait envoyer quatre pièces à Broussier, pour faire le siège de Pizzighettone.

Dans sa lettre du 9 (V. p. 281), Berthier ordonne à Duhesme de se contenter de faire bloquer cette place.

bataillon de la 12e légère, deux bataillons de la 67e et 400 chevaux, des premiers qui arriveront du Rhin, formerait un camp volant destiné à couvrir Brescia et Crémone. Il manœuvrerait selon les circonstances, pourrait se tenir entre la Chiese et Orzinovi. Ce corps serait successivement renforcé à mesure que la queue du général Moncey arriverait.

Un second corps, composé des 1600 cisalpins partis ce matin pour Plaisance, un bataillon de la 12e légère et un de la 1re, serait chargé de bloquer Pizzighettone et le château de Plaisance. Un général de brigade commanderait ce corps, se tiendrait, avec le quart en réserve à Codogno, pour pouvoir, selon les circonstances, se porter au secours de Pizzighettone ou de Plaisance.

Un troisième corps, composé de : un bataillon de la 12e, un de la 1re et un de la 27e, formerait le blocus de la citadelle de Milan.

Enfin, un bataillon, avec 200 hommes de cavalerie, se tiendrait sur le Tessin, pour observer Buffalora jusqu'à Sesto, et se tiendrait en communication avec le général Bethencourt (1).

Il resterait toujours à garder la partie du Tessin entre Pavie et Buffalora. Il faudra qu'une des petites divisions La-

---

(1)   *Alex. Berthier, général en chef de l'armée de réserve,*
            au chef de l'état-major.

                                        Pavie, le 20 prairial an 8 (9 juin 1800).

Je vous prie de m'envoyer, d'ici à une heure, un état de situation des troupes, d'après la répartition d'aujourd'hui, y compris toutes les troupes du général Moncey et celles du général Bethencourt.

                                                            Alex. BERTHIER.

        Alex. Berthier, général en chef de l'armée de réserve,
            au chef de l'état-major.

                                        Pavie, le 20 prairial an 8 (9 juin 1800).

Je vous prie, citoyen Général, de me faire connaître quelles sont les troupes qui arrivent successivement au quartier général.

Il est arrivé hier beaucoup de cavalerie sans que j'en aie été instruit. Aussitôt qu'un corps arrive, je dois connaître sa force et l'état dans lequel il se trouve.

Dans l'état de situation que vous me faites ce matin, vous y comprenez comme en marche plusieurs corps qui sont arrivés depuis hier au soir, comme le 1er d'hussards, etc.

Vous portez à la division Chambarlhac 292 hommes de chasseurs, tandis que le général Victor me mande qu'il n'a pas un homme.

L'objet le plus essentiel pour les opérations militaires, est que j'aie sous les yeux l'état de situation très exact des présents sous les armes.

                                                            Alex. BERTHIER.

(*Archives de Gros-Bois*, A. IX.)

poype ou Gardanne file sur la gauche du Pô (1), en se tenant toujours à la hauteur de l'armée, de manière à pouvoir se replier si l'ennemi passait le Pô (2) et disputer le Tessin, de manière à donner à l'arrière-garde le temps d'arriver.

Il sera donc nécessaire d'avoir toujours une division une journée en arrière de l'armée, en réserve, et d'avoir sur le Pô quelques barques suivant les mouvements de l'armée, qui puissent établir la communication aussi rapide que possible entre une division qui restera sur une rive et l'armée (3). S'il était possible d'avoir une petite barque et d'y mettre une pièce de 3, cela pourrait être de la plus grande utilité.

Je serai à Pavie à 2 heures après-midi ; je vous prie de m'y attendre (4).

J'ai fait demander au commandant de la Lombardie, en

---

(1) C'est la division Lapoype qui reçut cette mission. Voir la lettre de ce général, p. 273.

(2) La reconnaissance faite dans la journée du 8 juin, sur la route de Pavie à Valenza (V. p. 235 note 3), fait craindre, au Premier Consul comme à Berthier, que Mélas ne prépare un mouvement par la rive droite du Pô.
Berthier envoie de nouvelles reconnaissances :

> *Alex. Berthier, général en chef de l'armée de réserve,*
> *au chef de l'état-major.*
>
> Pavie, le 20 prairial an 8 (9 juin 1800).

Envoyez sur la route de Valenza un officier de l'état-major avec une patrouille de gendarmerie qui ira à quatre lieues.

> Alex. BERTHIER.

> *Alex. Berthier, général en chef de l'armée de réserve,*
> *au chef de l'état-major (*).*
>
> Pavie, le 20 prairial an 8 (9 juin 1800).

Je vous prie d'envoyer une patrouille de 5 à 6 gendarmes sur la route de Pavie à Voghera, au passage du Pô (**), pour prendre des informations.

> Alex. BERTHIER.

(*) L'original n'indique pas le destinataire. On a rétabli cette indication avec de grandes probabilités d'exactitude.

(**) La route de Pavie à Voghera franchit le Pô à Bastida.

(3) Il y a une analogie frappante entre cette marche par les deux rives du Pô et le mouvement de la grande armée vers Vienne, en 1805, par les deux rives du Danube, le corps Mortier restant relié au gros de l'armée par une flottille.

(4) C'est donc par erreur que l'on voit dans certains auteurs que le Premier Consul quitte Milan le 7 juin, et rejoint le même jour l'avant-garde à Broni. (V. Œst. milit. Zeitschrift, t. XXIX, p. 27.)
En réalité, il quitte Milan le 9 et est le 10 à Stradella. (V. ses lettres à cette date, p. 285 et suivantes.)

payant ou autrement, une centaine de chevaux (1); tâchez aussi d'en trouver à Pavie. Cette ville, qui s'est toujours plus mal comportée, mérite moins d'égards que Milan.

BONAPARTE (2).

Le général de division Lapoype (3), au lieutenant-général Moncey.

Pavie, le 20 prairial an 8 (9 juin 1800).

Nous n'avons pas encore passé le Pô, mon Général. La division Gardanne n'a pas terminé son passage. Même le général Berthier me retient ici avec ma division pour couvrir

---

(1)   *Aux officiers municipaux de Milan.*

Le 20 prairial an 8 (9 juin 1800).

Le Premier Consul, Citoyens, désirerait avoir sur-le-champ 100 chevaux d'artillerie avec leurs harnais. Cette levée sera payée comptant; elle ne doit conséquemment exiger aucune mesure violente, mais seulement la plus grande célérité. Je vous prie de vouloir bien faire tous vos efforts pour remplir les intentions du Premier Consul et de me faire part dans la matinée, si cela est possible, des dispositions que vous aurez prises.

Je seconderai et ferai appuyer les mesures que vous prendrez à ce sujet.

Vous pouvez compter, Citoyens, que dans cette circonstance, comme dans toutes celles où vous croirez devoir vous adresser à moi, je concourrerai avec plaisir à aplanir les difficultés que vous pourrez rencontrer, et à faciliter toutes vos opérations.

Salut et fraternité.

PETIET.

Au Premier Consul.

Le 20 prairial an 8 (9 juin 1800).

Il est parti cet après-midi 50 chevaux harnachés. Il en partira 50 autres ce soir; ils sont adressés à Pavie au général Marmont ou à l'officier d'artillerie qui le remplace.

Les harnais ne sont pas très commodes, mais ils pourront servir jusqu'à ce que ceux que je fais faire soient finis; Gassendi m'a remis un modèle d'après lequel les bourreliers de Milan s'occupent de 100 harnais complets.

PETIET.

(Registre de correspondance du citoyen Petiet, conseiller d'État, détaché près le Premier Consul.)

(2) *Correspondance de Napoléon*, n° 4902.

(3) La Poype (Jean-François de), né à Lyon (Rhône) le 31 mai 1758, avait été second enseigne du régiment des gardes françaises le 6 avril 1777, enseigne le 15 novembre 1778, sous-lieutenant en second le 27 août 1780, sous-lieutenant en premier le 21 novembre 1784, et avait donné sa démission le 1er juillet 1787. Il devint lieutenant-colonel du 2e bataillon des volontaires nationaux de Seine-et-Oise le 19 octobre 1791, colonel du 104e de ligne le 16 mai 1792, maréchal de camp le 1er septembre 1792, et général de division le 15 mai 1793. Il était suspendu de ses fonctions le 27 octobre 1795 et rappelé à l'activité le 17 septembre 1797.

Il fut retraité le 4 septembre 1815 et mourut le 27 janvier 1851.

Il signe Lapoype. On a conservé ici cet orthographe, qui est employé dans la correspondance des autres généraux et qui figure aussi sur les en-têtes imprimés des lettres de ce général.

Pavie, du côté de Valenza, dans le cas où l'ennemi tenterait d'y passer le Pô.

J'espère que ce court délai que nous éprouvons vous mettra à même de nous rejoindre avant l'attaque, et vous donnera le temps de me faire passer la 67e demi-brigade, qui nous serait bien utile (1).

Je ne sais rien sur les mouvements de l'ennemi. On assure que Gênes est au pouvoir des Autrichiens par une honorable capitulation de Masséna. Cependant, j'élève encore des doutes sur la vérité de cette nouvelle (2).

D'abord, on dit la capitulation du 13, et nous sommes au 20. N'aurions-nous pas été attaqués? L'ennemi, en trois marches, arrive facilement de Gênes à Voghera.

En second lieu, si Masséna a fait une honorable capitulation, il n'était pas réduit aux dernières extrémités, et, dans ce cas, ayant connaissance de la marche de l'armée, par quel hasard aurait-il faibli dans une circonstance aussi importante?

En troisième lieu, il y a diverses versions sur cette reddition qui ne s'accordent point. En conséquence, j'espère.   ⋅

J'attends de vos nouvelles, mon Général, avec bien de l'empressement; mais ce que je désire par-dessus tout, c'est que vous vous réunissiez à nous et ne nous abandonniez plus.

Recevez l'assurance de ma respectueuse amitié.

LAPOYPE.

P.-S. — Notre ami Digonnet me prie de le rappeler à votre souvenir. Rappelez-moi à celui de votre état-major.

J'attends avec impatience la rentrée de nos deux compagnies, dont l'une est restée à Locarno et l'autre à Côme.

L. P.

Le général Marescot, aux généraux Dupont, chef d'état-major et Marmont, commandant l'artillerie.

Pavie, le 20 prairial an 8 (9 juin 1800).

Je viens, mon cher Général, de visiter le pont et la chaussée de Gravellone. Voici les réflexions que j'ai faites sur la manière de défendre l'approche de Pavie de ce côté.

---

(1) La 67e demi-brigade faisait d'abord partie de la division Lorge. (V. t. 1er, p. 507.)

(2) Berthier, cantonné dans la même ville de Pavie, savait la capitulation de Gênes depuis la veille. (V. p. 227, la lettre du Premier Consul qui annonce cette nouvelle au général en chef.)

Cette avenue est coupée d'un grand nombre de ponts et bordée de marécages qui en rendent la défense très facile. Un bataillon et deux ou trois pièces de canon de petit calibre sont en état d'arrêter très longtemps une colonne ennemie cinq ou six fois plus forte. Il sera nécessaire de tenir à une lieue en avant de Gravellone un petit corps d'observation de 30 à 40 cavaliers, afin d'être prévenu à temps de l'arrivée de l'ennemi.

Le retranchement, que les ennemis ont construit en avant du pont de Gravellone, ne peut nous être utile. Il est d'un abord facile et demanderait 12 à 1500 hommes pour sa garde. Le grand pont sur le Gravellone ne peut être bien défendu par une troupe et par de l'artillerie placées immédiatement derrière, parce que la rive droite de ce bras du Tessin est couverte en cet endroit par des arbres touffus qui en faciliteraient l'approche à l'ennemi.

Les marécages, qui sont sur la rive gauche, ne nous permettraient pas de nous étendre autant que lui. La véritable défense de ce point est derrière le second pont.

Là il est possible de déployer de l'infanterie et trois pièces de canon, que l'on placerait sur la chaussée, dans la prairie qui est à droite et sur un chemin latéral qui arrive à ce point sur la gauche. L'ennemi serait obligé de défiler sur la chaussée devant ce feu croisé de toutes parts.

Si l'on a la nouvelle d'un corps ennemi considérable, il faut se tenir prêt à couper le câble du pont de Gravellone, à briser s'il se peut le pont lui-même, et à retenir les bateaux sur la rive gauche. Il me paraît inutile de créneler les maisons qui sont en avant du pont ; elles sont garnies d'un assez grand nombre de croisées pour faciliter le feu des tirailleurs que l'on y jetterait et qui ne devraient y tenir que le temps nécessaire pour faciliter la rupture du pont.

Depuis le premier pont jusqu'au fort Boriro, la route est coupée par d'autres ponts qui seront autant d'occasions de chicane où l'ennemi perdrait beaucoup de temps et de monde.

L'ancienne enceinte du fort Boriro, quoique démolie, pourrait faire encore une certaine résistance, à cause de son relief assez considérable, pour faire un bon parapet, et de son fossé marécageux, large et plein d'eau.

Tous ces obstacles étant forcés, il resterait encore le corps de place défendu, dans cette partie, par le Tessin. Avec un tonneau de poudre on ferait au besoin sauter la partie du grand pont qui a été déjà autrefois brisée par nous. Deux ou trois pièces de gros calibre, placées sur les remparts, arrêteront longtemps les progrès de l'ennemi.

J'ai voulu par ces détails, mon cher Général, vous faire voir avec quelle facilité un commandant un peu ferme pourrait, avec un seul bataillon, s'opposer aux attaques d'une colonne ennemie de 5 à 6,000 hommes.

MARESCOT.

(Livre d'ordres du général Marescot. — *Archives du génie.*)

Le Premier Consul, au Ministre de la guerre.

Milan, le 20 prairial an 8 (9 juin 1800).

Le général Moncey, citoyen Ministre, est arrivé de sa personne à Milan. Nous avions compté qu'il m'amènerait les deux tiers du nombre d'hommes compris dans l'état de situation que vous m'avez remis (1). Il n'en a pas le tiers (2), et la moitié de ce tiers est composée de corps sur lesquels on peut bien peu compter.

Vous aurez vu, par les lettres de Mélas, que, le même jour que l'ordre de lever le blocus arrivait au général Ott, le général Masséna, forcé par le manque absolu de vivres, a demandé à capituler. Il paraît que le général Masséna a 10,000 combattants; le général Suchet en a 8,000 : si ces deux corps se sont, comme je le pense, réunis entre Oneille et Savone, ils pourront entrer rapidement en Piémont par le Tanaro, et être fort utiles dans le temps que l'ennemi sera obligé de laisser quelques troupes dans Gênes.

La plus grande partie de l'armée est, dans ce moment, à Stradella. Nous avons un pont à Plaisance et plusieurs trailles vis-à-vis Pavie. Orzinovi, Brescia, Crémone sont à nous (3).

Toutes leurs places doivent être mal approvisionnées. Je ne vois pas encore comment M. Mélas s'en tirera : ou il viendra attaquer à Stradella, et il sera battu et perdu, et, pendant ce temps-là, le corps de Suchet arrivera aux sources du Tanaro; ou il viendra passer le Pô, la Sesia et le Tessin, et il n'aura pas un résultat plus heureux. Sa position est assez originale, et, si Gênes avait pu tarder soixante-douze heures, on aurait pu compter ceux qui seraient échappés de cette armée.

Dès l'instant que les événements militaires qui vont avoir lieu auront assis les affaires dans ce pays, je partirai pour Paris.

Je vous salue affectueusement (4).

BONAPARTE.

---

(1) L'état remis le 13 mai au Premier Consul par le ministre Carnot, à Lausanne (V. t. Ier, p. 354), porte le corps Moncey à 18,714 fantassins, ou 24 bataillons et 2,803 cavaliers.

(2) La lettre du Premier Consul à Berthier du 9 juin (V. p. 271), indique que le nombre des bataillons, réellement amenés par Moncey, n'est que de neuf.

(3) Ce paragraphe et le précédent, depuis : « Vous aurez vu..... » sont publiés dans le *Moniteur* du 25 prairial (14 juin), comme une lettre du *Premier Consul aux deux Consuls.*

(4) « Affectueusement » est ajouté de la main du Premier Consul.

Je pars dans une heure pour passer le Pô et me rendre moi-même à Stradella (1).

Le Premier Consul, aux Consuls.

Milan, le 20 prairial an 8 (9 juin 1800).

Je n'ai point reçu, citoyens Consuls, de courrier depuis celui du 13. Je suis en retard de deux courriers. Vous trouverez ci-joint le bulletin de l'armée.

Je vous salue affectueusement.

BONAPARTE.

Bulletin de l'armée de réserve (2).

Milan, le 20 prairial an 8 (9 juin 1800).

Le général Duhesme a occupé Crémone; il y a trouvé des magasins très considérables. Ce sont ceux dont il est question dans la lettre du général Mélas à M. Mosel, qui étaient encore intacts à Crémone.

Un courrier extraordinaire intercepté, venant de Mantoue et se rendant à Turin, nous a remis les états de situation d'artillerie et d'hôpitaux militaires (3).

Le général Elsnitz a été vivement entamé dans sa retraite de Nice. Le général Suchet lui a fait 1500 prisonniers dans les journées des 13 et 14. Le général Gorrupp a été cerné, a perdu toute son artillerie, s'est retiré à Coni avec peu de monde, et a pris le commandement de cette place.

Le général Suchet a dû faire sa réunion avec le corps d'armée qui était dans Gênes, du côté d'Albenga; il se trouvera alors avec un corps très considérable.

Les pluies continuelles fatiguent beaucoup l'armée. Le Pô a considérablement augmenté, ce qui retarde un peu les opérations.

*
* *

Murat, qui est resté le 8 à Plaisance, quitte cette ville avec la division Boudet dans la soirée du 9, pour rejoindre le gros de l'armée. La division Loison le remplace à Plaisance pour garder le pont et bloquer la citadelle.

----

(1) *Correspondance de Napoléon*, n° 4901.

(2) Ce bulletin est publié dans le *Moniteur* du 25 prairial (14 juin) avec ceux des 17, 18 et 19 prairial. Il figure à la *Correspondance de Napoléon*, sous le n° 4903.

(3) Ces états n'ont pas été retrouvés.

Joachim Murat, lieutenant général, au Premier Consul de la République française, le général Bonaparte.

Plaisance, le 20 prairial an 8 (9 juin 1800).

J'ai reçu cette nuit, mon Général, les deux lettres que vous m'avez fait l'honneur de m'écrire (1). J'avais également senti l'importance d'opérer une jonction avec le général Lannes et de conserver la position de Plaisance, afin d'y faire construire le pont.

Vous êtes sans doute instruit, dans ce moment, de l'accident arrivé hier au pont, qui allait être fini dans deux heures. La moitié fut emportée par le gonflement des eaux; mais il reste des bateaux tout préparés, et j'espère qu'aujourd'hui, à midi, il sera prêt.

Sans votre lettre (2), je me portais ce matin sur Stradella, abandonnant Plaisance avec regrets, craignant un coup de main de l'ennemi.

Le général O'Reilly était venu ici de Tortone sans troupes. La division de Vukassevick et celle de Gottesheim devaient se rendre à Plaisance et y former sa division; la première devait venir de Mantoue et l'autre de la Rivière du Levant. Il paraît que cette dernière a des postes à Ripalta (3), d'après le rapport de la reconnaissance d'hier. Je viens d'y en envoyer encore aujourd'hui une seconde; et, si j'apprends que véritablement le général Gottesheim occupe cette position, je n'hésiterai pas à marcher contre lui, si, toutefois, je prévois pouvoir le battre avec succès.

Je n'ai aucune nouvelle de la division Vukassevich. Le général Mosel s'est retiré par Parme; mais je n'ai pu le faire

---

(1) L'une de ces lettres est celle écrite le 7 juin. (V. p. 209.)

(2) L'autre lettre du Premier Consul devait sans doute ordonner à Murat de rester avec toute la division Boudet à Plaisance, tant qu'il n'y serait pas relevé par Duhesme et la division Loison. Il revenait sur cette idée le 9 juin. (V. p. 270.)

Le Premier Consul, toujours très prudent, tenait, avant tout, à conserver Plaisance, point capital de sa ligne d'opérations, point de passage plus sûr que Belgiojoso, point de retraite en cas d'échec à Stradella.

(3) Rivalta-Trebbia, à 13 kilomètres au sud-ouest de Plaisance, sur la route de Bobbio. Ces postes appartenaient évidemment à la brigade Gottesheim; on a vu p. 205, note 1, que les débris du régiment Klébeck, battu le 7 juin à Plaisance, et le reste de la brigade Gottesheim s'étaient arrêtés entre Bobbio et Plaisance.

poursuivre à cause de l'affaire que j'ai eu le soir à mon arrivée à Plaisance.

Si le général Duhesme emploie bien sa cavalerie, les 3,000 chariots chargés, partis de Plaisance et très faiblement escortés, doivent être nécessairement enlevés (1).

Je n'ai pu atteindre le convoi d'artillerie qui était parti le 18 au matin pour Stradella, quoique la cavalerie que j'y ai envoyé s'y soit portée au grand trot ; il doit être nécessairement pris, puisqu'il se trouve entre le général Lannes et moi (2).

Il m'est arrivé hier au soir une barque portant onze pièces de canon de gros calibre et en bronze. J'en attends vingt-cinq autres qu'un officier fait descendre dans ce moment-ci ; elles sont toutes chargées d'avoine et de farine. Cinq autres, également chargées, ont ordre de remonter le Pô ; elles se trouvent à 4 milles d'ici, du côté de Crémone.

Je ne connais pas encore bien positivement quels sont les magasins qu'on a pu trouver dans la ville. Je viens d'ordonner à l'administration d'en faire au commissaire des guerres Saint-Cricq une déclaration exacte, ainsi que de tous les effets appartenant aux Autrichiens.

Je vais faire manutentionner le plus de pain qu'il me sera possible et faire rétablir la tête du pont.

Tout le monde m'assure que la citadelle ne peut avoir de vivres que pour quatre ou cinq jours.

J'ai fait évacuer sur Milan tous les malades autrichiens, au nombre de 500, qui se trouvaient à l'hôpital et en état de marcher.

Mon Général, je n'ai pas assez de monde pour pouvoir faire quelque chose. Si j'avais eu avec moi beaucoup de cavalerie et de l'artillerie légère, j'en aurais inondé tous les États de Parme et de Modène, enlevé les convois de l'ennemi et poussé des partis jusque sur Bologne. Tout ce pays est absolument abandonné ; je vous prie donc, mon Général, de me donner encore des troupes en infanterie et cavalerie, et de me mettre par là à même de rendre quelques services. Je n'ai d'autre

---

(1) Il ne semble pas que Duhesme ait pris ce convoi.

(2) On a vu p. 220, note 1, que cette artillerie avait échappé à Lannes.

ambition que celle de conserver votre amitié et votre estime.

Je viens d'écrire aux généraux Duhesme et Victor; ils se trouvent, l'un à Stradella, l'autre à Castelleone.

L'épouse du général O'Reilly est ici, dans mon logement. J'ai eu pour elle tous les égards que l'on doit au beau sexe, quoiqu'elle soit passablement laide. Son mari venait de Tortone; il n'a eu que le temps de se sauver avec 25 hommes de cavalerie. J'ignore absolument la route qu'il a prise.

Je ne vous écris pas, mon Général, je craindrais de vous faire de la peine, ainsi qu'au général Berthier, persuadé, d'ailleurs, qu'il vous communique toutes mes lettres.

Salut et respect.

J. MURAT.

P.-S. — J'ai un second drapeau à vous envoyer.

Je reçois à l'instant l'ordre du général en chef de me porter sur Stradella (1); je vais partir à l'instant (2).

Le général O'Reilly se trouve à Ripalta (3) avec ses troupes que j'ai chassés de Plaisance. Le 12e chasseurs et le 6e dragons arrivent à l'instant (4), vont passer le Pô et suivre mon mouvement (5).

Extrait du Rapport des marches et opérations de la division Boudet.

Le 19 et le 20, ma division tint position à Plaisance et y fut relevée le 20 par celle du général Loison.

Le 20, je commençai à 4 heures du soir à mettre ma divi-

---

(1) L'ordre de Berthier n'a pas été retrouvé; mais la lettre du 8 juin au Premier Consul (V. p. 237) indique ses intentions : Murat devait rejoindre Lannes en ne laissant à Plaisance que la garnison nécessaire pour bloquer la citadelle et garder le pont, ce qui était conforme à l'indication donnée par le Premier Consul, le 8 juin : « ..... Murat et Duhesme..... suivraient le mouvement..... » (V. p. 233.)

(2) Il est 9 heures du matin. (V. ci-dessous, note 5.) D'après le journal de la division Boudet, le départ n'eut lieu qu'à 4 heures du soir.

(3) Murat était mal renseigné. O'Reilly n'était pas à Rivalta. Il combattait le jour même à Casteggio. (V. p. 265 à 269.)

(4) Ces deux régiments étaient partis le 8 juin au soir de Belgiojoso où les moyens de passage étaient insuffisants. (V. p. 237.)

(5) Sur l'adresse :
Service militaire très pressé.
Au général Bonaparte, Premier Consul de la République française,
à Pavie.
Parti de Plaisance à 9 h. 1/4 du matin.
Cette lettre arrive à Pavie après que le Premier Consul a quitté cette ville, car une autre main a ajouté sur l'adresse : *à Stradella.*

sion en marche, me dirigeant sur Castel San-Giovanni. La citadelle de Plaisance, occupée par l'ennemi, ne permettait point le passage par la porte Saint-Antoine; on fut obligé de prendre un chemin détourné qui longe presque la rive du Pô.

L'ennemi, quoique plus éloigné, restait toujours à portée de tirer sur les troupes qui passaient et il fit un feu continuel, mais la nuit vint couvrir notre marche à la vue de la citadelle, et il n'y eut dans ce passage que trois hommes et deux chevaux qui furent atteints.

Alex. Berthier, général en chef de l'armée de réserve, au général Duhesme.

Pavie, le 20 prairial an 8 (9 juin 1800).

J'ai reçu, citoyen Général, la lettre que vous m'avez fait remettre par votre aide de camp. Vous vous rendrez à Plaisance avec la division Loison, où vous serez en réserve et attendrez de nouveaux ordres. Vous exécuterez cet ordre par le chemin qui sera le plus facile. Arrivé à Plaisance vous y ferez le blocus de la citadelle et garderez notre pont.

Pizzighettone restera bloqué. Nous ne pouvons penser à aucun siège avant une bataille, à moins que l'on ne puisse l'enlever d'un coup de main, si réellement l'ennemi s'est retiré dans la petite enceinte. Je ferai incessamment relever les troupes du général Broussier (1).

Si vous n'avez pas pu passer le Pô, vous pouvez revenir à Plaisance par la rive gauche, en passant l'Adda.

Faites-moi prévenir de votre arrivée à Plaisance et envoyez-moi l'état de situation des troupes que vous aurez (2).

Alex. BERTHIER.

Rendez-vous à Plaisance le plus promptement possible.
B.

(Archives de M. le général comte Duhesme.)

Au reçu de l'ordre de Berthier, Duhesme se porte

---

(1) Broussier reçoit dès le lendemain l'ordre de venir à Plaisance. (V. p. 295.)

(2) V. la réponse de Duhesme le 10 juin, p. 294.

avec la division Loison (1) à Plaisance et arrive dans cette ville dans la soirée du 9 juin ou dans la nuit du 9 au 10 (2).

« ..... Le général Loison, arrivant alors de Brescia, fit passer sa division et marcha sur Plaisance où il arriva le 20 (9 juin)..... »

(Rapport de l'adjudant-général Paulet, au général Dupont. Plaisance, 23 prairial [22 juin].)

« ..... Le général Loison, arrivant alors de Brescia, fit passer sa division et marcha sur Plaisance, où il arriva dans la nuit du 21..... »

(Rapport des opérations militaires du lieutenant général Duhesme.)

« ..... Le même jour (19 prairial), le général Loison revint de Brescia, passa le fleuve et marcha sur Plaisance où il arriva le lendemain..... »

(Journal Brossier. V. plus haut, p. 241.)

⁂

L'ordonnateur en chef rend compte que l'armée a vécu sur le pays, en procédant par réquisition.

Dubreton, commissaire ordonnateur de la garde des Consuls, ordonnateur en chef de l'armée de réserve, au Ministre de la guerre, à Paris.

Pavie, le 20 prairial an 8 (9 juin 1800).

Vous attendez sans doute, citoyen Ministre, le compte que je vous dois de mon administration, depuis l'instant où l'armée de réserve s'est élancée victorieusement dans les plaines de l'Italie ; ce compte je vous l'eusse rendu plus tôt, si les mouvements successifs, les marches rapides qu'elle a faites, ainsi que les obstacles résultants des localités, me l'eussent permis. Chaque jour, vous le savez, harcelant vivement l'ennemi qui se repliait devant elle, elle occupait une position nouvelle. Le passage du Tessin ne l'a point arrêté ; celui du Pô est même déjà effectué et l'armée est aujourd'hui en ligne et en présence de l'ennemi.

---

(1) On a vu p. 241 que Loison avait passé le Pô à Crémone la veille 8 juin, sans doute dans la soirée.

(2) Duhesme écrit le 10 juin à Berthier : « ..... Je suis arrivé hier à Plaisance..... ». (V. p. 294.)

Les rapports, que j'eusse pu vous adresser dans ce mouvement général, eussent été incomplets, ceux que je recevais moi-même étant très rares, très peu détaillés et toujours retardés par les difficultés presque insurmontables de routes que nous parcourions. J'avais d'ailleurs l'avantage d'administrer sous les yeux du Premier Consul, à qui, ainsi qu'au général en chef, j'ai rendu des comptes fréquents et journaliers.

J'ai lieu d'espérer que l'un et l'autre auront été satisfaits de nos efforts et de notre zèle.

En effet, citoyen Ministre, le service des vivres a été constamment assuré ; les troupes ont régulièrement reçu leur subsistance, quoiqu'elles eussent à traverser un pays déjà fatigué, presque épuisé même par le séjour de l'armée autrichienne et quoiqu'elles défilassent toutes sur un même point.

Je dois des éloges à cet égard à l'activité et au zèle des commissaires des guerres et des administrateurs ; c'est à leurs soins vigilants que nous devons ces heureux résultats, qu'il était difficile d'espérer. *Le Premier Consul, qui a pu lui-même juger les difficultés, m'a fait l'honneur de m'en témoigner sa satisfaction.*

Depuis l'occupation de Milan, où l'ennemi *nous a laissé quelques magasins, nos ressources se sont agrandies ; le service se fait avec plus de facilité.* Plusieurs autres points, également abandonnés par l'ennemi, nous ont présenté quelques ressources encore en ce genre ; elles sont utilisées pour les divisions avec fidélité, avec économie. En un mot, citoyen Ministre, *le pays nourrit l'armée et pourvoit à ses besoins.* Je veille à ce que le plus grand ordre se maintienne ; sans lui les plus belles ressources s'évanouissent et la détresse succède bientôt à l'abondance.

Le service des transports se fait par le moyen des voitures de réquisition. Il serait sans doute plus régulier, plus avantageux pour l'armée, que cette partie de l'administration fut organisée comme elle doit l'être ; mais nous avons été obligés de laisser nos équipages au delà des monts et l'organisation de ce service que je sollicite du général en chef est retardée, parce que chaque jour l'armée marche et que des intérêts plus grands encore exigent son attention et l'emploi de nos moyens pécuniaires.

Le service des hôpitaux, toujours si intéressant dans toutes ses parties, excite toute notre attention, toute notre vigilance. Nous avons formé dans chaque place importante des *établissements aussi commodes que les localités l'ont permis* et ils sont, en grande partie, pourvus de tout ce dont ils peuvent avoir besoin. Nos moyens ont néanmoins été jusqu'à ce moment peu nombreux. La plus grande partie est encore au delà du Saint-Bernard. Nous y suppléons par des réquisitions que nous frappons dans le pays.

Les ambulances sont assez bien pourvues en matières ; *il est pressant d'y attacher un plus grand nombre d'officiers de santé ;* les inspecteurs de ce service se plaignent de n'avoir point assez de collaborateurs. *Le besoin de ceux de première classe se fait surtout sentir.* Veuillez, citoyen Ministre, peser ces observations. L'intérêt de nos blessés n'exige-t-il pas qu'il y ait plutôt surabondance que disette d'officiers de santé ? Je pense qu'il est indispensable que vous en fassiez désigner principalement parmi ceux de première et deuxième classes et qu'ils rejoignent promptement l'armée.

L'habillement réclame aussi tous nos soins. Les marches de l'armée ont principalement détruit sa chaussure. Je m'occupe de la renouveller. J'ai continué aux compagnies *Masson et Reynaud la faculté de fournir à l'armée les effets* d'équipement et d'habillement qui lui sont nécessaires, aux mêmes prix que ceux de leur traité. Elles me font à cet égard les plus vives réclamations ; je les crois fondées, mais j'exige avant tout qu'elles se concilient l'intérêt du Gouvernement en opérant de prompts versements.

Telle est, citoyen Ministre, la situation actuelle des principaux services. Tous ils captivent mes soins, ma surveillance, et j'emploie tous les moyens qui sont en mon pouvoir pour subvenir aux besoins de l'armée.

Les difficultés ne m'effraient point ; avec du courage et de l'ordre, j'espère les surmonter et justifier toujours la confiance du Premier Consul et la vôtre (1).

Salut et respect.

DUBRETON.

_____

(1) En marge de ce rapport on lit l'annotation suivante qui semble écrite à Paris :

« Compte en général satisfaisant sur tous les services. Demande qu'on envoie des officiers de santé. »

CHAPITRE VII

CONCENTRATION DE L'ARMÉE

Le quartier général à Stradella. — Duhesme garde le pont de Plaisance. — Moncey et Chabran surveillent la rive gauche du Pô. — Concentration du gros de l'armée entre Voghera et Stradella. — Nouveau groupement des divisions. — Marche vers Tortone. — Incertitude sur la position de l'ennemi. — Combat de Marengo, le 13 juin. — Marche de Desaix sur Rivalta. — Second combat de Crémone.

---

10 JUIN

Le Premier Consul a passé le Pô. Il ne doute pas qu'il y ait une bataille générale le 12 juin, et prend des mesures en conséquence.

Le Premier Consul, au citoyen Merlin (1).

Stradella, le 21 prairial an 8 (10 juin 1800).

Le citoyen Merlin se rendra à Pavie; il y verra le général Marmont. Il s'informera :

1° Des 18 pièces d'artillerie qui devraient être arrivées depuis longtemps (2), savoir : 6 de la division Boudet, 6 de la

---

(1) Merlin était aide de camp du Premier Consul.

(2) Il s'agit sans doute de l'artillerie arrêtée par le fort de Bard. On a vu p. 234, note 2, qu'il paraît probable qu'un petit nombre de pièces seulement avaient pu passer sous le feu du fort. Il y en avait six à Ivrée le 26 mai, soit à peu près l'artillerie de la division Watrin.

garde, 6 de. . . . . (1). Il lui fera sentir qu'il est indispensable que nous ayons ces pièces dans la journée de demain, parce que, si nous n'avons pas bataille demain, il y en aura une générale après-demain à la pointe du jour;

2° Les 2 pièces de canon qui avaient été envoyées pour la division Gardanne et la division Monnier ne sont pas arrivées (2); faire sentir combien cela est essentiel;

3° Il a été pris 5 pièces de canon à la bataille de Montebello, elles manquent de canonniers et d'attelages; prendre des mesures telles qu'elles puissent servir après-demain (3).

On a demandé 100,000 cartouches pour l'avant-garde : elles ne sont pas encore arrivées. Il en faudrait au moins 400,000 ou 500,000, que l'on pourrait diriger sur *Serravalle* (4).

Il faudrait également deux ou trois milliers de boulets de canon, de différents calibres (5), afin de pouvoir subvenir à la

---

Celle de la division Boudet aurait dû passer aussitôt après les pièces de la division Watrin, puisque ces deux divisions formaient à Ivrée la tête de colonne.

Il paraît donc certain que le passage des pièces sous le feu du fort n'avait pas été continué ou n'avait pas réussi après le 26 mai, c'est-à-dire après le départ de Berthier.

L'artillerie n'avait pu passer qu'après la capitulation de Bard, c'est-à-dire le 2 juin. Elle avait dû séjourner à Ivrée, où elle était encore le 5 juin, attendant une escorte pour continuer sa route sur Verceil. (V. la lettre de Carra-Saint-Cyr, p. 177.)

Elle pouvait être au plus tôt le 6 à Santhia, le 7 à Verceil, le 8 à Mortara, le 9 à Pavie et le 10 à Stradella, en supposant qu'elle ait trouvé une escorte. Il semble qu'elle rejoint l'armée le 12. Consulter à cette date l'ordre du jour de la division Boudet, daté de Ponte Curone. (V. p. 323.)

(1) Lacune dans le texte. Sans doute division Chambarlhac.

(2) Ces pièces venaient de l'arsenal de Pavie. (V. p. 234 et 235.)

(3) Cette disette d'artillerie et cette utilisation des canons autrichiens prouvent encore que l'artillerie de l'armée n'avait pas rejoint depuis Bard.

(4) L'original porte le nom de Serravalle très lisible et souligné.

Ce point est à mi-distance entre Alexandrie et Gênes.

Il semble donc que le Premier Consul, persévérant dans son idée du 8 juin (V. p. 241, note 3, p. 243 et 244), supposait à Mélas l'intention de se porter d'Alexandrie sur Gênes, et d'y rallier le corps de Hohenzollern, soit avant de livrer bataille, soit après un échec dans la journée du 12. Le Premier Consul comptait atteindre sa ligne de retraite et lui livrer bataille vers Serravalle. On a vu que Suchet estimait aussi que l'engagement décisif aurait lieu vers Novi et Pozzolo, qui sont à quelques kilomètres au nord de Serravalle. (V. p. 270, note 1.)

(5) Parmi ces différents calibres, il semble qu'il y ait des pièces de 3, d'après la lettre de Saint-Vincent. (V. la note suivante.) Le fait semble étonnant, puisque l'armée de réserve n'en avait pas amené de France (V. t. Iᵉʳ, p. 256, 316 et 663), et que, d'autre part, il n'en existait pas dans les pièces prises à Pavie. (V. annexe n° 1.)

La division Watrin avait pris deux pièces de 3 autrichiennes au combat de Chatillon, le

consommation dans la bataille générale qui aura lieu après-demain (1).

Il avait été ordonné que la traille de Casatisma (2) à Corti (3) fut établie dans la journée; elle ne l'a point été. Quand le sera-t-elle?

Il fallait également faire rétablir la traille qui, de Voghera, va à Pavie, de Sommo (4) à Bastida (5); cela pourrait-il être fait dans la journée de demain? Il y a à Pavie différents détachements des corps de cavalerie et d'infanterie; en prendre l'état et faire que tous ces détachements rejoignent leurs corps dans la journée de demain. Tous ces détachements pourraient passer la traille de Casatisma; le chemin est meilleur et cela est plus court.

---

18 mai, mais elles avaient été employées à la batterie d'Albard et ne semblent pas avoir suivi l'armée.

On est ainsi amené à penser qu'il s'agit de pièces piémontaises de 4, qui revenaient au 3 français. (V. annexe n° 1.)

(1) *Le commandant d'artillerie en cette place,*
au général de division, chef de l'état-major général de l'armée de réserve.

Pavie, le 21 prairial an 8 (10 juin 1800).

En conséquence des ordres du général Marmont, j'ai l'honneur de vous adresser, citoyen Général, deux convois de munitions de guerre, que je vous prie de diriger relativement aux besoins de l'armée.

Ils comprennent :

83,000 cartouches d'infanterie ;
510 cartouches à boulets de 4 ;
60 cartouches à boulets de 3 sabotés ;
140 cartouches à boulets de 3 roulants.

Salut et respect.

Auguste SAINT-VINCENT.

Saint-Vincent, commandant l'artillerie à Pavie,
au citoyen Courtoisier, chef du personnel.

Pavie, le 21 prairial an 8 (10 juin 1800).

Je vous prie de commander un caporal et deux canonniers, lesquels partiront de suite, pour escorter un convoi de cartouches d'infanterie. Ce sous-officier se rendra avec son convoi à Broni, où il recevra de nouveaux ordres du chef de l'état-major général de l'armée. Les cartouches remises aux commandants de division d'artillerie, il rétrogradera sur Pavie avec son détachement, les voitures et attelages.

Auguste SAINT-VINCENT.

(2) Casatisma, sur la rive droite du Pô, à 5 kilomètres au nord de Casteggio, est écrit Casa de Pisma, sur la carte de Bacler d'Albe, et Casa de Tisma sur celle de Borgonio.

(3) Corti ou Mezzana Corti, sur la rive gauche du Pô, à 8 kilomètres au sud de Pavie.

(4) Sommo, sur la rive gauche du Pô, à 9 kilomètres au sud-ouest de Pavie.

(5) Bastida-Pancarana, sur la rive droite du Pô, à 12 kilomètres au nord-est de Voghera, est appelée Rafada Pancarana, sur la carte de Bacler d'Albe.

A-t-on nouvelle de la 72e (1)? La faire passer par le plus court chemin pour rejoindre le général Monnier.

Prendre des renseignements sur tous les corps, infanterie, cavalerie, artillerie, qui seraient arrivés à Pavie et presser tout le monde pour que l'on soit à son poste après-demain.

Le citoyen Merlin ira de là voir le général Lapoype, reconnaître sa position (2); il lui fera connaître qu'il serait possible qu'il reçut dans la journée de demain l'ordre de passer à la traille de Casatisma ou à celle de Sommo; il faut donc que ces trailles soient bien établies.

Il apportera la situation exacte de la division Lapoype et il s'informera s'il ne serait pas annoncé quelque bataillon ou détachement arrivé à Milan et qui serait sur le point de rejoindre.

Il s'informera avec exactitude s'il n'y a rien de nouveau du côté de Verceil et de Valenza (3); il passera à la traille de

---

(1) La 72e demi-brigade devait faire partie de la division Monnier. (V. t. Ier, p. 202, 207, 649 et 657.) Elle n'était à Dijon que vers le 16 ou 18 mai (*Ibidem*, p. 649) et passait sans doute le Grand-Saint-Bernard à la fin du mois de mai, ayant quinze jours de retard sur le gros de l'armée.

(2) Lapoype couvrait Pavie dans l'hypothèse d'une offensive ennemie, débouchant de Valenza sur la rive gauche du Pô. (V. p. 272 et 273.)

(3) Les craintes d'une offensive de Mélas, par la rive gauche du Pô, avaient dû être augmentées par la lettre suivante, reçue sans doute dans la soirée du 9 juin :

Charles Dumoulin, général de brigade, au général en chef Alex. Berthier.

Verceil, le 20 prairial an 8 (9 juin 1800), à 11 heures du matin.

J'ai profité de la remise de deux prisonniers que j'avais à faire à l'ennemi, pour observer ses dispositions. J'ai passé la nuit sur les bords du Pô. Il se fait véritablement un mouvement sur Casale; toute la nuit on a travaillé à la construction de deux ponts; ils seront achevés dans le jour, l'un à Frasinetto et l'autre à Casale. Devant cette dernière place, il existe une tête de pont garnie de 14 canons, et l'on m'assure qu'il est arrivé considérablement d'artillerie dans la place.

A juger par le nombre des feux que l'ennemi a faits cette nuit, sur le bord du Pô depuis Casale jusqu'à Monté, moitié chemin de Casale à Valenza, on peut l'estimer à 10,000 hommes.

Il paraît qu'ils ont faim. J'ai donné la chasse à quelques détachements d'hussards qui venaient enlever les denrées dans les campagnes et j'ai arrêté une centaine de sacs de blé de Turquie que les paysans leur faisaient passer.

D'un autre côté, j'ai fait reconnaître la ligne ennemie depuis Chivasso, longeant l'Orco, jusqu'à Courgne. Des espions portent sa force à 8,000 hommes, mais gardant l'offensive (*sic*). Ayant brûlé tous les ponts sur cette rivière, ils se contentent d'envoyer des émissaires pour soulever les paysans.

Dans ma position, mon Général, je ne puis qu'observer; je le ferai. L'ennemi est un peu étonné de me trouver continuellement sur sa ligne et c'est peut-être ce qui l'a empêché d'établir des postes d'interruption sur la nôtre; nos communications sont toujours libres.

Casatisma et aura soin d'être de retour dans toute la journée
de demain.

BONAPARTE (1).

Le Premier Consul, au citoyen Petiet, conseiller d'État.

Broni, 21 prairial an 8 (10 juin 1800).

J'apprends avec plaisir que les 100 chevaux que je vous ai
demandés arrivent (2) ; c'est une chose fort essentielle.

Nous avons eu hier une affaire fort brillante. Sans exagération, l'ennemi a eu 1500 tués ; on peut supposer deux fois
autant de blessés ; nous avons fait 4,000 prisonniers et pris
5 pièces de canon (3). C'est le corps du lieutenant général
Ott, qui est venu de Gênes à marche forcée ; il voulait rouvrir
la communication avec Plaisance (4).

Faites mettre la somme de 50,000 francs à la disposition du
citoyen Gassendi, directeur du parc d'artillerie. Nous avons
un grand besoin de cartouches d'infanterie et de munitions
à canon de tous les calibres.

Voyez le général Vignolle pour prendre les mesures afin
que les prisonniers qui vont à Milan ne s'échappent point (5).

Point d'inconvénient à ce que l'on prenne tout ce qui est
Français pour l'incorporer dans nos corps.

J'ai des gens qui sont allés à trois milles de Turin sans rencontrer un poste de 15 hommes ;
çà et là 4 ou 5 miliciens piémontais qui gardent les villages.

On dit que les Autrichiens ont désarmé la garde nationale de Turin, et que la rareté des
vivres y excite une grande fermentation.

Tout est parfaitement tranquille dans cette province.

La division Chabran couche ici aujourd'hui ; elle marche très lentement, car un adjoint
est venu au-devant d'elle il y a trois jours croyant la trouver à Novare.

Je vous salue, mon Général.

Ch. DUMOULIN.

(1) *Correspondance de Napoléon*, n° 4904.

(2) V. la seconde lettre de Petiet du 9 juin, p. 273, note 1.

(3) Comparer tous ces chiffres à ceux des divers rapports sur la bataille de Montebello,
p. 248, 251, 262, 269, et à ceux du bulletin de l'armée p. 259.

(4) Outre le succès matériel, la bataille de Montebello a donc fourni au Premier Consul
un renseignement *assez précis* sur la situation d'une *partie* seulement de l'armée
ennemie.

On a vu qu'il n'en avait pas été de même pour les Autrichiens, qui n'avaient recueilli
qu'un renseignement inexact. (V. p. 268, note 4.)

(5) Ces prisonniers, au nombre de 3,000, arrivent à Milan le 12 juin. (V. p. 251,
note 2.)

Prenez des mesures pour nous faire des souliers, car nous sommes tous pieds nus.

BONAPARTE.

P.-S. — Comme je n'ai pas le temps d'expédier un courrier, je vous prie d'écrire aux Consuls et de leur donner ces nouvelles (1).

Le Premier Consul, montant à cheval après avoir dicté cette lettre, m'a ordonné de la signer.

BOURRIENNE (2).

Le Premier Consul, aux Consuls.

Stradella, le 21 prairial an 8 (10 juin 1800), à 11 h. 1/2 du soir.

J'ai reçu, citoyens Consuls, vos courriers des 14 et 15. Je vous prie de faire imprimer la lettre ci-jointe du général Masséna et la capitulation de Gênes (3).

Je vous salue fraternellement.

BONAPARTE.

---

(1) Petiet écrit le même jour, 10 juin, de Milan au consul Cambacérès, transcrivant le paragraphe relatif à la bataille de Montebello, puis le post-scriptum avec quelques modifications. Il ajoute :

« L'armée continue sa marche sur Tortone et Alexandrie.

« La division de l'armée du Rhin est arrivée en entier ; il y en a déjà une portion au delà du Pô.

« Je saisis avec bien de l'empressement, citoyen Consul, cette occasion de vous renouveller les hommages de mon respectueux et fidèle attachement.

« Mes respects au consul Le Brun.

« PETIET. »

La lettre de Petiet est publiée dans le *Moniteur* du 27 prairial (16 juin).

Elle était arrivée la veille à Pavie et le Ministre de la guerre avait reçu de Maret la lettre suivante, qui donne au Premier Consul la gloire de la victoire de Montebello et dans laquelle le nombre de pièces prises à l'ennemi subit une légère augmentation :

Le Secrétaire d'État au Ministre de la guerre.

Paris, le 26 prairial an 8 (15 juin 1800).

Le Premier Consul a quitté Milan le 20, est arrivé à Pavie, a complètement battu, le lendemain 21, le corps du général Ott, qui venait pour rétablir la communication avec Plaisance. Les ennemis ont eu 1500 tués et 3,000 blessés. Nous avons fait 4,000 prisonniers et pris 8 pièces de canon.

Ce glorieux événement, joint à la prise de Crémone et de Plaisance et à celle des immenses magasins de Pavie, donne une grande confiance à l'armée.

(2) Cette lettre a été insérée dans la *Correspondance de Napoléon* sous le n° 4906, après avoir subi quelques modifications de forme dont l'utilité semble très contestable. Elle est citée ici avec son texte primitif.

(3) Masséna avait obtenu l'autorisation d'envoyer le chef de bataillon Graziani pour porter au Premier Consul la nouvelle de la capitulation. Mais les Autrichiens dirigèrent cet officier vers Casale en passant par Novi et Alexandrie, et ce n'est que le 9 juin qu'on

Le général en chef Masséna, au général Bonaparte, Premier Consul de la République.

Gênes, le 18 prairial an 8 (7 juin 1800).

J'ai l'honneur de vous rendre compte de l'évacuation de la place de Gênes, conformément à la convention ci-jointe (1); j'espère que vous la trouverez digne de la résistance opiniâtre de la brave garnison qui s'y trouvait renfermée. Nous n'avons pas jusqu'ici perdu un seul pouce de terrain. Partout nous avons conservé une supériorité constante, et, sans le défaut de subsistances, nous eussions tenu éternellement dans Gênes. Aujourd'hui j'ai donné aux soldats les trois dernières onces de ce que nous appelions du pain, et qui n'était qu'un mauvais mélange de son, de paille d'avoine et de cacao, sans froment. Nous avons mangé tous nos chevaux.

La mortalité, causée par la famine, était à son comble dans le peuple et dans les troupes. La faim et le bombardement ont excité des mouvements insurrectionnels, toujours étouffés dès leur naissance. C'est dans l'espoir de vous voir arriver à notre délivrance que j'ai poussé si loin la rigueur des mesures qui pouvaient nous mettre à même de vous attendre. Mais la machine tombait en dissolution, et il a fallu songer à se retirer pour ne pas tout perdre, et pour conserver à la République les restes d'un corps de troupes dont la constance n'a pu être altérée par des peines, des fatigues et des privations jusqu'alors inouïes. Les forces physiques leur ont entièrement manqué et il ne me restait plus que des squelettes ambulants. L'officier qui porte mes dépêches pourra vous dire à cet égard tout ce qui a été fait et souffert pour vous conserver Gênes.

Je vais avec la garnison joindre le centre de l'armée, et y agir conformément aux instructions que je vous prie de m'y envoyer. C'est de là que je vous donnerai de mes nouvelles.

Salut et respect.

MASSÉNA.

---

lui laissa passer le Pô, après quoi il dut gagner Verceil, puis Milan. (*OEst. milit. Zeitschrift*, t. XXIX, p. 119.)

Ce fait explique l'arrivée à Stradella, dans la soirée du 10 juin, de l'envoyé de Masséna apportant la nouvelle officielle de la capitulation.

La prise du courrier de Mélas à Plaisance le 7 juin, suivie de la traduction de ses lettres le 8 juin à Milan, avait fait connaître deux jours et demi plus tôt la reddition de Gênes au Premier Consul.

(1) Les clauses principales de la convention, signée le 4 juin, sont les suivantes :

La garnison française sort de Gênes avec armes et bagages pour rejoindre l'armée d'Italie.

8,110 hommes prennent la route de terre et se dirigent vers Nice. Le reste des troupes valides et les convalescents sont transportés par la flotte anglaise à Antibes et nourris pendant le trajet.

L'artillerie et les munitions appartenant aux Français sont de même transportées à Antibes ou au golfe Jouan.

Tous les prisonniers autrichiens faits par les Français sont rendus.

La population de Gênes sera approvisionnée dans le plus court délai.

L'artillerie et les munitions appartenant à la ville de Gênes sont remises aux alliés.

*_**

La division Boudet. partie de Plaisance dans la soirée du 9 juin (1), rejoint l'armée dans la journée du 10.

« Le 21, ma division était rendue sur les bords de la Trebbia. Le gonflement de la rivière empêchait de la passer à gué et nous ne pûmes nous servir que d'une barque, la seule qui se trouva, ce qui prolongea notre passage jusqu'au jour. Dès qu'il fut exécuté, ma division suivit son chemin jusqu'à Stradella.

« Pendant la route nous eûmes connaissance de la bataille de Broni, livrée et gagnée la veille par les généraux Watrin et Chambarlhac, et nous eûmes en même temps l'ordre de forcer la marche; ma division se porta en arrière de Casteggio. »

(*Rapport des marches et opérations de la division Boudet.*)

Rapport de la division Boudet du 21 prairial (10 juin).

La division s'est mise en mouvement dans la nuit et s'est rendue sans s'arrêter dans ses positions entre Broni et San-Giuletta.

Il a été porté des reconnaissances de cavalerie et d'infanterie à deux milles sur la gauche, qui n'ont rien rencontré.

Il est rentré de ce côté 6 déserteurs qui ont rendu leurs armes.

A San-Giuletta, le 22 prairial an 8e.

Certifié véritable :

L'adjudant général,

W. DALTON.

Lapoype, en exécution des ordres reçus (2), prend des dispositions pour surveiller toute la rive gauche du Pô entre la Sesia et le Tessin.

_____

(1) V. p. 281.

(2) V. la lettre du Premier Consul à Berthier, 9 juin, p. 271.

Le général de division Lapoype, au chef de l'état-major général de l'armée de réserve.

Pavie, le 21 prairial an 8 (10 juin 1800).

D'après les ordres du général en chef, citoyen Général, je viens de mettre en marche le 3e bataillon de la 1re légère, qui arrivera demain matin à Piève del Cairo, où doivent rester cinq compagnies de ce bataillon et deux se porteront à Lomello.

Ces compagnies pousseront des reconnaissances jusqu'à Frascarolo, très près de Valenza et éclaireront aussi les rives du Pô jusqu'à Sartirana et Brême.

Le général Digonnet se mettra en marche demain, lui-même avec les deux bataillons de la 29e de ligne, une pièce de 4 et un obusier; il se portera par Gropello jusqu'à Lomello, qui deviendra son point central.

Aussitôt que le 1er régiment de dragons sera arrivé, je lui enverrai deux escadrons, au moyen desquels il éclairera toutes les routes et les rives du Pô jusqu'à l'embouchure de la Sesia.

Le général Digonnet se charge, en outre, de surveiller, au moyen des espions, toutes les marches de l'ennemi.

Les deux bataillons de la 91e sous les ordres du général Chabert, restent pour couvrir Pavie en avant de San-Martino. Ce corps poussera des partis jusque sur les rives du Pô.

Je crois, citoyen Général, par ces dispositions, avoir rempli les intentions du général en chef.

Je vais rendre compte, au lieutenant général Moncey, des ordres que j'ai reçus et des dispositions que j'ai faites.

LAPOYPE.

Duhesme est à Plaisance avec une partie des troupes de Loison, pendant que le reste de cette division, sous les ordres de Broussier, couvre Crémone et bloque Pizzighettonne. Dans la journée du 10, ce dernier général reçoit l'ordre d'abandonner Crémone et de venir à Plaisance.

Le lieutenant général Duhesme, au Général en chef.

Plaisance, le 21 prairial an 8 (10 juin 1800).

Mon Général,

Conformément aux différents ordres et instructions que j'ai reçus (1) de vous, je suis arrivé hier à Plaisance, après avoir passé le Pô vers Crémone (2).

J'ai laissé au général Broussier le 5e régiment de dragons, fort de 180 chevaux, le 15e régiment de chasseurs, fort d'une centaine, et quatre compagnies de la 58e demi-brigade pour tenir en avant de Crémone, éclairer les routes de Mantoue et de Brescia et communiquer avec Orzinovi. Ce général a investi Pizzighettone des deux côtés avec le strict nécessaire et ménage, avec le surplus, une réserve qui, placée à Acqua-Negra, sera à portée de soutenir le blocus et Crémone.

Je viens de lui mander de nous envoyer le 15e de chasseurs si l'ennemi, qui a un corps en arrière de Bozzolo, ne le menace pas. Il s'occupe, en outre, de faire remonter tout ce qu'il pourra des différents magasins sur Plaisance.

J'ai fait porter, dès ce matin, le 9e régiment de dragons, le 3e de cavalerie et le détachement du 21e sur Stradella.

Le général Loison investit le fort, garde le pont de Plaisance avec deux bataillons et demi de la 58e, sous les ordres du général Gobert, à qui on laisse un escadron du 2e de chasseurs à cheval pour s'éclairer sur Modène et Bobbio.

Le général Loison, avec le reste de ses troupes, composé de deux bataillons de la 60e, six compagnies de grenadiers et trois escadrons du 2e de chasseurs à cheval, se portera sur Stradella.

Je n'ai pas encore pu obtenir des états de situation. Aussitôt que j'en aurai, je vous les enverrai.

J'ai touché à Crémone 3,177 livres de Milan qui étaient à la douane ; j'ai déjà donné au général Broussier 600 livres de

---

(1) V. p. 281 l'ordre du 9 juin de Berthier à Duhesme.

(2) V. p. 282 le passage du Pô à Crémone et la marche de Loison sur Plaisance par la rive droite du Pô, dans la nuit du 9 au 10 juin.

France pour ses frais extraordinaires et secrets; je vous donnerai l'emploi du surplus.

Je compte me rendre sur-le-champ auprès de vous.

J'ai l'honneur, mon Général, de vous saluer.

G. DUHESME.

De la main de Berthier :

Les dispositions ci-dessus me paraissent très bonnes et sont celles que le général Duhesme et le général Loison doivent exécuter dans ce moment. Elles remplissent tous les objets, couvrent Crémone, Pizzighettone, Plaisance, et nous envoient un renfort dont nous avons besoin.

Alex. BERTHIER.

(*Archives de M. le général comte Duhesme.*)

Broussier, général de brigade, au général de division Dupont, chef de l'état-major général.

Acquanegra, le 21 prairial an 8 (10 juin 1800), à 8 heures du soir.

Mon Général,

Je reçois à l'instant l'ordre de partir, ainsi que celui de laisser 300 hommes pour le blocus (1). Je donne de suite l'ordre à la cavalerie qui est à Crémone de passer le Pô dans cet endroit et de se porter de suite sur Broni, sans attendre l'infanterie, qui marchera bien plus lentement qu'elle.

Je suis obligé de réunir mes troupes à Malleo. De là, je me porterai sur Plaisance; c'est la route la plus courte. Je laisserai 300 hommes pour le blocus; mais, d'après les renseignements certains que j'ai, il sera difficile de tenir la rive gauche de l'Adda. Les 100 hommes que je laisserai de ce côté seront donc placés de manière qu'à la première attaque sérieuse, ils puissent repasser l'Adda, en emmenant avec eux le pont volant. Je laisserai le premier bataillon de la 13e légère, fort de 300 hommes, pour remplir vos intentions.

J'ai l'honneur de vous envoyer ci-inclus une réponse du commandant de Pizzighettone, à la première sommation que

---

(1) Ces ordres n'ont pas été retrouvés.

je lui ai faite (1) et la copie d'une sortie faite sur Géra ; vous y verrez qu'ils ont été repoussés vivement (2).

Salut et respect.

BROUSSIER.

La division Chabran, rendue disponible par la prise de Bard, surveille la rive gauche du Pô.

Chabran, général de division, au général Dupont.

Verceil, le **21** prairial an 8 (10 juin 1800).

N'étant ici que depuis hier (3), citoyen Général, je me suis adressé au général de brigade Dumoulin pour connaître les troupes et l'artillerie qui pouvaient y avoir passé depuis cinq jours. Il me répond qu'il n'est rien passé depuis le 17, que les troupes que j'ai amenées (4). Ma lettre de ce jour contient, à cet égard, tous les renseignements que je puis vous donner. Du moment que j'aurai reçu ceux du commandant de la place de Romano, je les transmettrai au commandant en chef.

Je me conformerai exactement aux dispositions de votre

---

(1) Cette pièce n'a pas été retrouvée.

(2)   *Rouzière, chef de bataillon,*
  au citoyen Castillon, chef de brigade (13ᵉ *légère*).

Géra, le **21** prairial an 8 (10 juin 1800).

L'ennemi vient de faire une sortie, citoyen Chef, et avait, malgré la résistance de mes gardes, pénétré sur mes flancs jusqu'aux casemates. J'ai fait sur-le-champ donner mes réserves au pas de charge et, dans un instant, il fut forcé de rentrer dans son fort. Nous lui avons fait 4 prisonniers grièvement blessés ; ils ont laissé 7 morts sur la place, 10 à 12 fusils et une caisse. Je n'ai eu qu'un chasseur de tué et un de blessé.

Le commandant autrichien vient de me faire demander les blessés par le billet que je vous joins. Je n'ai pas cru devoir en disposer ; j'attends vos ordres à ce sujet.

Je n'ai plus de cartouches ; je ne pourrai tenir davantage si l'on ne m'en envoie de suite.

Ils ont emporté plusieurs de leurs blessés. 5 à 6, qui s'étaient laissés couper, viennent de passer la rivière à la nage. J'envoie une patrouille de ce côté afin de tâcher d'en arrêter quelques-uns.

ROUZIÈRE.

(3) Chabran, arrivé le 9 juin à Verceil, avait sans doute fait étape à Ivrée et à Santhia. Il avait donc dû quitter Bard le 7 juin, cinq jours après la prise du fort, qui avait capitulé dans la soirée du 1ᵉʳ, et avait été occupé le 2.

(4) L'artillerie était sans doute passée le 17 (6 juin). (V. p. 285, note 2.)

lettre d'hier, que je reçois par le courrier qui vous rapporte la mienne.

La division a appris avec joie les succès de l'armée à Montebello et la prise de Crémone et de Plaisance.

Demain, deux bataillons cisalpins, arrivés aujourd'hui ici, partiront pour Novare et poursuivront, de là, leur route vers le quartier général.

Le 7e régiment de dragons, fort d'environ 200 hommes, est arrivé aujourd'hui ; il me demande séjour. Les chevaux m'ont paru si fatigués que j'ai cru devoir l'accorder.

Salut et fraternité.

CHABRAN.

11 JUIN

La division Gardanne et une partie de la cavalerie avec Murat sont à Voghera, ayant devancé le corps Lannes qui demeure à Montebello et la division Boudet qui est à San-Giuletta.

Tandis qu'on recueille quelques renseignements sur la retraite du maréchal Ott et sur la position de Mélas, de nouveaux moyens de passage sont aménagés sur le Pô à hauteur de Stradella; leur établissement fait espérer pour le lendemain l'arrivée de l'artillerie qui n'a pas rejoint depuis Bard.

La division Lapoype surveille la rive gauche du Pô de la Sesia au Tessin.

Amédée Gardanne, général divisionnaire, commandant l'avant-garde de l'armée de réserve, au général Dupont, chef d'état-major général.

Voghera, le 22 prairial an 8 (11 juin 1800).

Citoyen Général,

L'ennemi ne paraît point se préparer à faire aucune attaque; tous les rapports s'accordent à nous dire qu'il est hors d'état de le tenter dans le moment. Les gens du pays assurent qu'il est difficile de se faire une idée du désordre avec lequel leurs dernières troupes se sont retirées le soir du 20. Il y a tout à croire que, si la nuit et quelques escadrons de cavalerie n'avaient caché leur désordre, on aurait fait 2 ou 3,000 prisonniers des corps découragés et qui ne demandaient pas mieux de se rendre; presque tous les déserteurs et prisonniers s'accordent sur ce point.

Un déserteur de Mariassy a fait le rapport, ce matin à

3 heures, que l'ennemi était sous Tortone et n'avait qu'un poste de 50 hommes à pied et 10 à cheval à Ponte-Curone. C'est là tout ce que nous avons pu apprendre de certain sur la position qu'il occupe.

Une partie des patrouilles, que l'on a mise en mouvement d'après un ordre du Premier Consul, n'étant pas encore rentrée, je ne puis vous donner plus de détails sur les différents endroits qu'occupent les avant-postes de l'ennemi (1).

S'il y a quelque chose de nouveau, je vous le ferai savoir de suite (2).

Le général divisionnaire commandant l'avant-garde n'a pas un seul cavalier pour lui servir d'ordonnance. Il en a fait demander au général Kellermann en lui envoyant l'ordre du Premier Consul de faire des reconnaissances pour découvrir la position de l'ennemi; voici la lettre qu'il a reçue (3).

Vous devez juger qu'on ne peut se passer à l'avant-garde d'un corps de cavalerie pour en presser les opérations. Si vous pouviez aussi m'envoyer un obusier, la compagnie d'artillerie est dans le cas d'en faire le service (4).

L'adjudant général chef de l'état-major de la division,

DAMPIERRE.

---

(1) « ..... Le feld-maréchal-lieutenant Ott avait, sur ces entrefaites, fait passer le 10 juin son corps au delà de la Scrivia. La division Schellenberg campa devant Rivalta et la division Vogelsang à San-Giuliano. Le feld-maréchal-lieutenant O'Reilly établit son avant-garde à Castel-Novo-di-Scrivia et laissa le colonel Schusteck avec les troupes légères à Ponte-Curone, d'où il envoya ses extrêmes avant-postes en avant vers Voghera, à gauche vers Silvano et à droite vers Volpedo..... »

(*Œstreichische militärische Zeitschrift*, t. XXIX, p. 130).

(2) *L'adjudant général Dampierre,*
au général Dupont, chef de l'état-major de l'armée de réserve.

Voghera, le 22 prairial an 8 (11 juin 1800).

Citoyen Général,

Vous m'avez envoyé Mariotti. Quand je l'ai vu arriver, je croyais que c'était pour rester auprès de moi à poste fixe, d'après la demande que je vous en ai faite. J'ai bien un adjoint mais il m'est impossible de me passer de quelqu'un qui parle bien la langue du pays, que je n'entends pas assez bien pour prendre tous les renseignements que les paysans peuvent fournir. Vous ne pouvez pas me le refuser, Général, dans la position où je me trouve. L'adjudant général Pannetier a quelqu'un à vous proposer pour le remplacer.

A.-P. DAMPIERRE.

Je prie le général Dupont de faire droit à la demande du général Dampierre.

Salut et respect.

GARDANNE.

(3) Cette lettre n'a pas été retrouvée.

(4) Il semble que la division Gardanne n'a pas encore d'artillerie.

**César Berthier, adjudant général, chef de l'état-major
de la cavalerie, au général de division Dupont.**

Voghera, le **22** prairial an 8 (11 juin 1800).

J'ai l'honneur, citoyen Général, de vous envoyer l'état général de situation des troupes à cheval qui se trouvent can-
tonnées depuis Stradella jusqu'à Voghera, à l'époque du
22 prairial, sous les ordres du lieutenant général Murat. Le
nombre est l'effectif des combattants.

J'ai l'honneur de vous prévenir qu'il manque à plusieurs
régiments des cartouches et des pierres à feux. Demain, si
nous avons un instant, je vous enverrai un état répondant
à la lettre que vous m'avez adressée.

Excusez à la rapidité de nos marches, si je ne suis pas plus
exact.

Salut et respect.

César BERTHIER.

Le pain et la viande sont dus à la troupe à cheval pour
aujourd'hui et demain, et nous ne savons où en faire prendre.

Il n'existe pas d'ambulance pour la cavalerie.   C. B.

**État général de la situation de la cavalerie qui se trouve can-
tonnée depuis Stradella jusqu'à Voghera sous les ordres du
lieutenant général Murat, à l'époque du 22 prairial an 8
(11 juin 1800).**

DÉSIGNATION DES RÉGIMENTS.	NOMBRE D'HOMMES présents sous les armes.	TUÉS, BLESSÉS OU PRIS à la dernière affaire.	EMPLACEMENT ACTUEL.
1er régiment de hussards..	99	. . . .	Au camp sous Voghera.
11e régiment de hussards..	113	. . . .	Près Casteggio.
12e régiment de hussards ..	245	{ 65 à l'affaire du { 20 prairial ...	Sous Voghera.
12e de chasseurs à cheval..	229	. . . .	A Redavalle.
21e de chasseurs à cheval..	350	. . . .	Sous Voghera.
6e régiment de dragons...	350	. . . .	A Redavalle.
8e régiment de dragons...	384	. . . .	Sous Voghera.
9e régiment de dragons...	169	. . . .	A Montebello.
2e régiment de cavalerie..	215	. . . .	Sous Voghera.
3e régiment de cavalerie..	114	. . . .	A Broni.
20e régiment de cavalerie..	160	. . . .	Sous Voghera.
TOTAL	2,428		

Certifié par l'adjudant général, chef de l'état-major,
César BERTHIER.

F. Watrin, général de division, au général en chef Berthier.

Montebello (1), le 22 prairial an 8 (11 juin 1800).

Mon Général,

J'ai l'honneur de vous adresser M. de Weslschav (2), commissaire des guerres autrichien et en même temps commandant de Voghera. Il s'y était caché et s'est rendu prisonnier hier.

Cet officier vous donnera la note exacte de tous les généraux et corps sous les ordres du général Ott. Il vous remettra aussi la note de tous les divers magasins qu'il vous dira avoir été pillés par les habitants de Voghera. Il désire retourner chez lui.

Le pain nous manque. Le général Gardanne a enlevé celui que j'avais fait faire à Voghera pour ma division.

Je vous prie de donner ordre pour qu'on fasse de suite passer le Pô à celui qui nous est destiné, car nous n'avons aucune ressource. J'y envoie mon commissaire des guerres.

M. de Mélas est à Alexandrie; M. Ott s'est retiré en désordre sur Tortone; M. de Mélas est venu l'y voir.

Salut et respect.

F. WATRIN.

L'adjudant général, chef de l'état-major de l'avant-garde, au Général de division, chef de l'état-major général.

Montebello, 22 prairial an 8 (11 juin 1800).

Citoyen Général,

Votre lettre en date de ce jour (3) m'est parvenue à 4 heures précises du soir, au moment où le lieutenant général Lannes partait pour passer en revue les troupes de la division.

---

(1) Il semble que le gros du corps Lannes n'avait pas poursuivi l'ennemi beaucoup au delà de Montebello.

Cependant on lit dans le *Journal de Brossier :*

« .....22 *prairial* (11 *juin*). — Les troupes françaises victorieuses à Montebello, le suivirent dans sa retraite et furent incessamment jointes par les divisions Gardanne, Boudet et Monnier et par toute la cavalerie..... »

(2) Ce nom n'est pas écrit très lisiblement dans l'original.

(3) Cette lettre n'a pas été retrouvée.

J'ai pris l'état de l'armement et des présents sous les armes que vous trouverez ci-joint.

Je réponds à la seconde de vos questions :

Les sous-officiers sont armés ;

Chaque homme a 50 cartouches ;

On n'a pas reçu de pain pour le 22 ;

La viande a été distribuée pour aujourd'hui seulement.

Le commissaire des guerres de la division est parti dès hier pour procurer le pain que l'on dit être sur les bords du Pô et destiné pour la division.

L'ambulance de la division est arrivée ce matin à Montebello. Elle n'a fait aucun service dans la journée du 20 prairial, et les blessés n'ont été pansés que par les officiers de santé attachés aux divers corps de la division. Je me ferai informer des motifs qui ont pu retarder l'arrivée de l'ambulance et j'aurai l'honneur de vous en rendre compte.

Salut et respect.

ISARD.

L'adjudant général Dalton (1), **au général de division Dupont, chef de l'état-major de l'armée de réserve, à Stradella.**

San-Giuletta, le 22 prairial an 8 (11 juin 1800).

Le général de division me charge, mon Général, de vous prévenir que son artillerie, que l'aide de camp du général Marmont a annoncé devoir joindre la division ce soir, n'est pas encore arrivée. Il vous prie de donner des ordres pour qu'elle nous parvienne dans la nuit, afin que le général en chef et le Premier Consul, qui la croient arrivée, ne soient pas trompés dans leur attente.

Je vous envoie un état des présents sous les armes, des cartouches existantes et de celles manquantes à la division. Il en a été fourni environ 20,000 aujourd'hui, ce qui ne nous met au plus qu'au complet de *trente* par homme au lieu de *cin-*

---

(1) L'adjudant général Dalton est chef d'état-major de la division Boudet.
Cette division est à San-Giuletta depuis la veille (v. 10 juin, p. 292) et y reste le 11 juin.
« .....Le 22, ma division séjourna dans les positions prises la veille..... »
(*Rapport des marches et opérations de la division Boudet.*)

quante ; il nous en manque donc encore, pour le complet, soixante et quelques mille.

Salut et respect.

W. DALTON.

État des présents sous les armes dans les demi-brigades de la division Boudet, et des cartouches existantes.

NUMÉROS DES CORPS.	PRÉSENTS sous les armes.	CARTOUCHES existantes.	CARTOUCHES manquantes au complet de 50 par homme.	OBSERVATIONS.
9e légère	1,745	39,578	47,672	A raison de 50.
59e de ligne......	1,670	50,830	32,670	A raison de 50.
11e de hussards...	145	1,070	3,280	A raison de 30 coups par homme.
Artillerie	26	»	»	Il existe une pièce de 8 et un obusier de 6 pouces (1), pour lequel il y a 21 cartouches de calibre de 8, 4 charges à mitraille *id.*, 103 cartouches de calibre de 7 autrichiennes, 6 charges à mitraille *id.*, 36 obus et 3 charges à mitraille.
PRÉSENTS..	3,586			
TOTAL DES CARTOUCHES MANQUANTES.			83,622	

Certifié véritable.

L'adjudant général de la division Boudet,

W. DALTON.

Levasseur, adjoint à l'état-major général, au général de division Dupont, chef de l'état-major général, à Stradella.

Parpanèse, le 22 prairial an 8 (11 juin 1800), à 7 h. 3/4 du soir.

J'ai été forcé, citoyen Général, de faire changer l'ordre de marche des ponts volants que j'avais fait établir sur le Pô, devant le village de Parpanèse, et de renoncer à les faire marcher à la rame, vu le manque d'eau dans cet endroit. Après avoir fait de grandes recherches, j'ai enfin trouvé des ancres qui nous manquaient hier, pour former la traille qui, sous trois heures, sera entièrement finie. Alors, les deux ponts

(1) Le canon de 8 et l'obusier qui sont à la division Boudet sont les deux pièces qui lui ont été données provisoirement le 26 mai. (V. p. 20.)

On verra au chap. VIII, que la division Boudet a huit pièces le 14 juin. Son artillerie la rejoint le 12 juin. (V. p. 323.) Il est probable qu'il en est de même de la majeure partie de l'artillerie de l'armée.

dont je vous ai parlé ce matin seront prêts à recevoir, l'un, la cavalerie et les pièces d'artillerie, et l'autre l'infanterie, et marchant ensemble à moins d'une heure aller et revenir. La distance où ils sont établis est à 60 pas du pont de Parpanèse, en face d'une route qui conduit à San-Giovanni et à Stradella, qui est très praticable pour les voitures, etc.

Il m'est impossible de retourner ce soir près de vous, ainsi que vous me l'avez ordonné ce matin, parce que le gouverneur de Castel-San-Giovanni vient de recevoir un ordre du général en chef, en date d'hier 21, de faire établir deux autres ponts volants le plus près possible de ceux établis près de Parpanèse. A l'instant, je monte à cheval avec un membre de la municipalité pour aller à Arena, distance d'une lieue de Parpanèse, à demi route de Stradella. J'ai cru devoir rester pour faire accélérer la construction de ces deux ponts. On ne peut que se louer de la bonne volonté de la municipalité de San-Giovanni, mais les paysans ne sont pas de même. Il faut absolument la force pour les faire aller ; sans cela, il serait impossible de faire construire les deux ponts demandés. Comptez sur mon zèle pour l'exécution de l'ordre. Demain, je vous ferai part du résultat de ma nuit.

Je vous salue avec respect.

LEVASSEUR.

Le général de division Lapoype, au lieutenant général Moncey.

Pavie, le 22 prairial an 8 (11 juin 1800).

J'ai l'honneur de vous faire passer, mon Général, une copie de la lettre que j'ai écrite au chef de l'état-major général (1) pour lui rendre compte des dispositions que j'ai faites, d'après les ordres du général Berthier.

Il me paraît qu'il faut savoir, d'une manière précise, les mouvements de l'ennemi sur la rive droite du Pô, et, pour cela, j'envoie jusqu'à Valenza, et même à l'embouchure de la Sesia. Je ne conserve rien pour la garnison de la place de Pavie ; toute ma division est disponible et peut se porter, d'après vos ordres, sur tous les points, soit entre le Tessin et le Pô, soit de l'autre côté du Tessin.

---

(1) Lettre écrite la veille. (V. p. 293.)

Le général Bonaparte m'envoie un de ses aides de camp pour me prévenir de me tenir prêt à passer le Pô, peut-être dans la journée (1). Vous voyez comme tous les ordres se contredisent. D'après l'indication que l'on me donne, c'est sur le chemin de Pavie à Casatisma que je passerai le fleuve, au pont de Mezzana.

Le mouvement de Digonnet était achevé; sans quoi je l'eusse arrêté dans sa marche. Mais le bac qui devra me passer et qui n'est pas encore établi, me donnera le temps de faire revenir sa brigade aussitôt que l'ordre de passer le Pô me sera parvenu.

Les deux compagnies de la 1re légère n'ont point encore rejoint, et le général de Lort n'a pas fait relever la compagnie des carabiniers qui se trouve à Locarno. Celle de Côme, malgré l'ordre que vous aurez donné à Bonamy, y est restée. Jugez, mon Général, combien il est désagréable, surtout quand on est très faible, de se voir ainsi disséminé.

J'attends vos ordres et ceux de Bonaparte, que je vous communiquerai de suite.

Soyez assuré de ma respectueuse amitié.

LAPOYPE.

P.-S. — Digonnet sait que vous avez donné au général Lorge une gratification de 3,000 francs. Il vous prie de remarquer qu'il vous est aussi tendrement attaché que ce général, qu'il a autant que lui le désir de contribuer à votre gloire et à nos succès. Il ajoute que la guerre lui a peut-être été, jusqu'à présent, ainsi qu'à moi, aussi onéreuse qu'elle a pu l'être au général Lorge.

LAPOYPE.

* * *

L'arrivée à l'armée du général Desaix. les emplacements des différentes divisions et les missions qu'elles

---

(1) V. p. 288 la mission dont était chargé Merlin. Berthier envoie dans la soirée un officier au général Lapoype, pour lui donner l'ordre de passer le Pô dans la nuit du 11 au 12. (V. p. 313.)

ont à remplir, nécessitent un nouveau groupement de ces unités sous les ordres des lieutenants du général en chef.

Alex. Berthier, général en chef de l'armée de réserve, au chef de l'état-major général.

Stradella, le 22 prairial an 8 (11 juin 1800).

Organisation de l'armée au 22 prairial.

Le général Lannes commande :

La 28e demi-brigade aux ordres du général Mainoni.

La 6e légère.. . . . ⎫
La 22e de bataille.. ⎬ aux ordres du général Watrin.
et 40e   id.   . . ⎭

Le général Desaix :

La 9e légère.. . . . ⎫
30e de bataille.. . . ⎬ commandées par le général Boudet.
59e   id.   . . . ⎭

La 19e légère. . . . ⎫
70e de bataille. . . ⎬ commandées par le général Monnier.
72e   id.   . . . ⎭

Le général Victor :

La 24e légère.. . . ⎫
43e de ligne.. . . . ⎬ division du général Chambarlhac.
96e   id.   . . . . ⎭

La 101e de bataille. ⎫
    44e   id.   . ⎬ commandées par le général Gardanne.

Le général Duhesme :

La 1re légère. . . . ⎫
29e de ligne.. . . . ⎬ commandées par le général Lapoype.
91e   id.   . . . . ⎭

1re demi-brigade provisoire des dépôts d'Orient.
2e   id.

Enfin ce qui compose la division Chabran.

Réserve :

13e légère.. . . . . ⎫
58e de bataille. . . ⎬ division du général Loison.
60e   id.   . . . ⎭

Le général Moncey :

Toutes les troupes venant du Rhin qui ne font point partie de la division Lapoype.

L'état-major du général Desaix sera celui de la division Boudet.

L'état-major du général Victor sera celui de la division Chambarlhac; en attendant qu'on puisse attacher des adjudants généraux à ces lieutenants.

Le général Murat commande toute la cavalerie, même le 12e de hussards et le 21e de chasseurs. J'ai chargé ce général d'attacher un escadron pour le corps aux ordres du général Lannes, un pour le corps du général Desaix, un pour le corps du général Victor, une compagnie à la division Loison, un escadron au corps du général Duhesme.

Le général Murat me fera connaître les corps qu'il aura désignés pour les dispositions ci-dessus.

Donnez, je vous prie, les ordres pour l'exécution de cette nouvelle disposition. Prévenez le général Marmont, le général Marescot et l'ordonnateur en chef, mes lieutenants et chacun des généraux de division.

Je voudrais avoir, le plus tôt possible, un état de l'emplacement de toutes les troupes composant l'armée et du présent sous les armes.

Faites distribuer dans les différentes divisions les papiers publics ci-joints.

Envoyez le *Moniteur* à chaque division.

Alex. BERTHIER.

Jaochim Murat, lieutenant général, au Général de division, chef de l'état-major général, à Voghera.

Voghera, le 23 prairial an 8 (12 juin 1800).

Je m'empresse de vous faire connaître, citoyen Général, la nouvelle organisation de la cavalerie ainsi que les différents détachements attachés aux divisions.

Brigade du général Rivaud.

Le 11e, 12e d'hussards, 12e, 21e chasseurs.

Brigade du général Champeaux.

2e de chasseurs, 1er, 8e dragons.

Brigade du général Duvignau.

15ᵉ chasseurs, 7ᵉ, 9ᵉ dragons.

Brigade Kellermann.

La grosse cavalerie.

J'ai attaché à la division du général Desaix l'escadron du 1ᵉʳ régiment de hussards.

Au général Victor, le 3ᵉ de cavalerie (1).

A la division du général Duhesme, l'escadron du 7ᵉ de chasseurs.

Au général Lannes, un escadron du 5ᵉ régiment de dragons.

Au général Loison, une compagnie du 5ᵉ régiment de dragons.

Une compagnie du 5ᵉ régiment de dragons à l'état-major général.

Je dois cependant vous dire que je préférerais attacher à ces différentes divisions les escadrons détachés de grosse cavalerie, que de morceler le 5ᵉ régiment de dragons.

Salut amical.

MURAT.

---

(1) La division Gardanne, du corps Victor, reçoit une partie du 11ᵉ de hussards.

« Le 11ᵉ régiment de hussards a eu l'honneur de fournir 330 hommes commandés par le soussigné dans les premiers jours de prairial jusqu'au 26 du même mois. Cette troupe fut divisée en deux parties : une dans la division du général Boudet et l'autre dans celle du général Loison..... »

(Récits des combats de la Chiusella (V. p. 12, note 1) et de Plaisance (V. p. 201).

« .....Revenu à la grande armée le 23, à Tortone, j'ai reçu ordre de passer à la division Gardanne..... »

(*Rapport fait par le citoyen Ismert, chef d'escadron au 11ᵉ régiment de hussards.*)

Armée de réserve.

Composition et force de l'armée à l'époque du 22 prairial an 8 (11 juin 1800).

NOMS DES GÉNÉRAUX.	DÉSIGNATION des corps.	EMPLA-CEMENT.	FORCE.	TOTAUX.	OBSERVA-TIONS.
Avant-garde commandée par le général Lannes, lieutenant du général en chef.					
MAINONI, général de brigade....	28e bataille ...	....	1,577		
WATRIN, général divisionnaire...	6e légère ...	....	1,408		
GENCY... } généraux de brigade.	22e bataille...	....	1,527	6,648	
MALHER..	40e bataille...	....	2,136		
ISARD, adjudant général.......					
Deux divisions commandées par le général Desaix, lieutenant du général en chef:					
BOUDET, général divisionnaire...	9e légère....	....	1,833		
MUSNIER. } généraux de brigade.	30e bataille...	....	1,200	4,856	
GUÉNAND.	59e bataille...	....	1,823		
DALTON, adjudant général					
MONNIER, général divisionnaire..	19e légère....	....	673		
GIRARD, adjudant général.......	70e bataille...	....	1,410	3,983	
	72e bataille...	....	1,900		
Deux divisions commandées par le général Victor, lieutenant du général en chef:					
CHAMBARLHAC, général command.	24e légère....	....	2,171		
RIVAUD.. } généraux de brigade.	43e bataille...	....	2,326	6,564	
HERBIN..	96e bataille...	....	2,067		
DELORT, adjudant général.....					
GARDANNE, général divisionnaire.	44e bataille...	....	2,248		
DAMPIERRE, adjudant général....	101e bataille..	....	930	3,178	
Deux divisions commandées par le général Duhesme, lieutenant du général en chef:					
	1re légère....	....	852		
LAPOYPE, général commandant..	29e bataille...	....	1,032	2,814	
	91e bataille...	....	930		
CHABRAN, général divisionnaire..	1re demi-brigade, formée des dépôts de l'armée d'Orient,......	....	811		
BRENIER. } généraux de brigade.	2e id........	....	1,066		
SERIZIAT.	3e id........	....	987	3,182	
	12e bataille...	....	509		
	1re escadron du 7e chasseurs.	....	109		
Réserve :					
LOISON, général divisionnaire....	13e légère....	....	1,127		
GOBERT.. } généraux de brigade.	58e bataille...	....	2,079	5,301	
BROUSSIER					
MÉRIAGE, adjudant général.....	60e bataille...	....	2,098		

NOMS DES GÉNÉRAUX.	DÉSIGNATION des corps.	EMPLA-CEMENT.	FORCE.	TOTAUX.	OBSERVA-TIONS.
LORGE, général commandant....	12e légère....	......	900		
	1re bataille...	......	1,800	4,500	
	67e bataille..	......	1,800		
Division du général TURREAU, environ ....·..............	....	......	3,200	3,200	
Légion italique commandée par le général LECHI.............	....	......	1,704	1,704	
Corps de troupes sous les ordres de l'adjudant général (1) BETHENCOURT, environ........	....	......	500	500	
Troupes à cheval commandées par le général Murat, lieutenant du général en chef:					
	12e hussards..	......	340		
RIVAUD, général de brigade.....	21e chasseurs.	......	360		
	3e cavalerie ..	......	262		
CHAMPEAUX, général de brigade..	5e dragons...	......	214		
	9e dragons ...	......	150		
	2e chasseurs..	......	445		
	15e chasseurs.	......	243		
Brigade de cavalerie sous les ordres immédiats du général MURAT	1er hussards..	......	120	4,915	
	28e dragons..	......	443		
	2e cavalerie ..	......	258		
	20e cavalerie	......	197		
Brigade du général DUVIGNAU ...	6e dragons ...	......	393		
	12e chasseurs.	......	391		
Brigade du général DUMOULIN..	1er cavalerie..	......	121		
	5e cavalerie ..	......	127		
....	1er dragons...	......	370		
	11e hussards..	......	481		
Corps annoncés et non arrivés:				51,648	
	14e cavalerie..	......	150		
	15e cavalerie..	......	200		
Troupes envoyées de l'armée du Rhin....................	22e cavalerie..	......	250		
	25e cavalerie..	......	280		
	1 bat. de la 29e	......	600		
	1 b. de la 101e.	......	600	4,934	
	2 b. de la 102e.	......	1,200		
	11e cavalerie..	......	120		
Corps annoncés par le Ministre de la Guerre	18e cavalerie..	......	120		Fonds du 9e.
	9e dragons ...	......	280		
	19e dragons ..	... ..	190		
	15e chasseurs.	......	384		Fonds du 15e
TOTAL				55,982	

NOTA. — Ne sont pas compris dans la force de l'autre part, les détachements annoncés par le Ministre de la guerre et ci-après désignés, savoir:

      746 hommes de la 13e légère;
      2 compagnies de carabiniers de la même demi-brigade;
      360 hommes de la 70e de bataille;
      3e bataillon de la 19e légère;
      142 hommes à pied .. } volontaires.
      145 hommes à cheval. }

(1) Par erreur. Il était général.

*
* *

Berthier donne des ordres pour porter l'armée sur la Scrivia et dans la conviction que l'ennemi livrera bataille le 12, il fait venir la division Lapoype sur la rive droite. Il appelle toutes les forces disponibles et fait établir un pont fixe avec tête de pont à Mezzana-Corti sur la route de Pavie à Casteggio.

Alex. Berthier, général en chef de l'armée de réserve, au général Dupont.

Stradella, le 22 prairial an 8 (11 juin 1800).

Voyez dans vos bureaux, mon cher Dupont, d'où vient l'oubli qu'on a fait de prévenir le général Marmont que le quartier général était à Stradella.

J'avais donné l'ordre au général Marmont d'attacher deux pièces de 3 autrichiennes à la division Gardanne et deux pièces de 3 autrichiennes à la division Monnier. Envoyez un adjoint à Broni où sont ces quatre pièces pour qu'il les fasse conduire deux à chacune de ces divisions.

Le général Marmont a envoyé à Casteggio 40 hommes d'artillerie légère avec des chevaux haut le pied, pour servir et atteler les cinq pièces que nous avons prises dans l'affaire du Pô. Donnez des ordres à Casteggio pour qu'aussitôt que ces canonniers et ces chevaux seront arrivés à Casteggio, on les envoie à la division Lannes où sont les pièces.

Alex. BERTHIER.

Alex. Berthier, général en chef de l'armée de réserve, au général Lannes.

Stradella, 22 prairial an 8 (11 juin 1800), à 11 heures du soir.

Je crois nécessaire, citoyen Général, de porter l'armée sur la Scrivia pour nous rapprocher de l'ennemi. En conséquence, vous vous mettrez en mouvement demain 23, aussitôt après le corps du général Victor qui a l'ordre de se diriger sur Tortone. Le corps à vos ordres, composé de la 28e et de la division Watrin, marchera sur Castel-Nuovo-di-Scrivia [en deux colonnes] (1); celle de gauche marchera entre Tortone et Castel-Nuovo-di-Scrivia. Vous aurez soin de tenir la tête de vos colonnes toujours obliquement en arrière de la tête du corps du général Victor, qui se dirige sur Tortone, de manière qu'il attire d'abord toute l'attention de l'ennemi.

Le général Murat vous donnera une brigade de troupes à cheval.

Le corps du général Desaix, composé de la division Monnier et de la division Boudet, suivra le mouvement comme réserve.

Je vous salue.

Alex. BERTHIER (2).

La brigade de cavalerie à vos ordres éclairera toute la partie depuis Castel-Nuovo-di-Scrivia jusqu'au Pô.   B.

Alex. Berthier, général en chef de l'armée de réserve, au général Dupont.

Stradella, le 22 prairial an 8 (11 juin 1800).

Je vous préviens que je donne l'ordre à l'armée de marcher sur la Scrivia. Ordonnez au quartier général de partir demain à 10 heures du matin pour se rendre à Casteggio. Vous ferez bien de faire partir ce soir tous les officiers de l'état-major pour nous attendre à Voghera, où nous serons demain à 5 heures du matin.

Alex. BERTHIER (3).

---

(1) Les mots *en deux colonnes* ont été ajoutés ici pour l'intelligence du texte. Ils ne figurent pas sur le document existant aux *Archives de la guerre*, lequel n'est qu'une copie de l'original.

(2) Cet ordre et les suivants montrent nettement que la marche du 12 est décidée dès le 11 au soir.

On peut les rapprocher de cette assertion des *Mémoires de Napoléon* :

« *Le 12, dans l'après-midi*, le Premier Consul, surpris de l'inaction du général Mélas, conçut des inquiétudes..... il résolut donc de quitter Stradella et de se porter sur la Scrivia en forme d'une grande reconnaissance..... »

(*Corresp. de Napoléon*, t. XXX, p. 383.)

(3)   *Alex. Berthier, général en chef de l'armée de réserve, au chef de l'état-major.*

Stradella, le 22 prairial an 8 (11 juin 1800).

Je vous prie, citoyen Général, d'affecter un brigadier de gendarmerie et six gendarmes

Alex. Berthier, général en chef de l'armée de réserve, au chef de l'état-major.

Stradella, le 22 prairial an 8 (11 juin 1800), à 10 h. 1/2 du soir.

Donnez l'ordre au général Lapoype de laisser 200 hommes à Pavie pour garder le pont de Gravellone et la ville, ce qui suffira avec les autres détachements qui y sont. Ordonnez au général Lapoype de passer cette nuit le Pô avec toute sa division pour être au jour à Casteggio et suivre les mouvements de l'armée qui marche sur Tortone (1).

L'officier d'état-major qui portera cet ordre au général Lapoype ne le quittera que lorsqu'il aura entièrement passé le Pô, et il m'en viendra prévenir sur la route de Tortone. Il accélérera la marche du 1er régiment de dragons qui doit être réuni demain à l'armée de très bonne heure.

Alex. BERTHIER.

Alex. Berthier, général en chef de l'armée de réserve, au général Dupont.

Stradella, le 22 prairial an 8 (11 juin 1800), à 11 heures du soir.

Envoyez cette lettre (2) au général Lapoype par un autre officier que celui qui portera votre ordre.

Prévenez l'ordonnateur que l'armée marche demain en avant pour qu'il ordonne tout pour les ambulances. Prévenez les généraux Marmont et Marescot.

Alex. BERTHIER.

à l'escorte des équipages du général en chef, pour ne point les quitter de toute la campagne. Ils se rendront ce soir chez moi.

Alex. BERTHIER.

(1) On a vu, par les lettres de Lapoype à Dupont, le 10 juin (p. 293) et à Moncey le 11 (p. 304), combien sa division était dispersée. Il lui était donc impossible de passer le Pô dans la nuit du 11 au 12 juin.

La division Lapoype passe en partie dans la journée du 12 et en partie dans la nuit du 12 au 13. (V. p. 328.)

(2) Cette lettre n'a pas été retrouvée.

**Alex. Berthier, général en chef de l'armée de réserve,
au général Dupont.**

Stradella, le 22 prairial an 8 (11 juin 1800).

Ordre au bataillon italien qui est à Romagnano de se rendre
sur-le-champ vis-à-vis Verceil, sur la rive gauche de la Sesia,
pour en défendre le passage et y prendre position jusqu'à
nouvel ordre.

Ordre au général Dumoulin de partir de Verceil avec la
cavalerie à ses ordres pour rejoindre l'armée.

Ordre aux détachements des différents corps qui passent
à Verceil d'en partir sur-le-champ pour rejoindre leur corps
à Casteggio en passant par Pavie. Le commandant de la place
de Verceil y restera sans troupes, étant couvert par les nouvelles positions de la division Chabran (1). Il aura soin de
faire fermer les portes de la ville la nuit.

Alex. BERTHIER.

_____

(1) Chabran se portait, en effet, au sud de Verceil, surveillant la rive gauche du Pô,
entre Casale et Valenza.

*Chabran, général de division, au général de division Dupont,
chef de l'état-major général de l'armée.*

Sartirana, le 25 prairial an 8 (14 juin 1800).

Je reçus hier matin, citoyen Général, à 5 heures, à Cozzo, vos dernières dépêches. Leur
contenu était déjà exécuté, le général en chef m'ayant envoyé directement des instructions
pour tous les mouvements que vous me prescriviez.

Le bataillon cisalpin arrivera à Verceil dans la nuit du 23 au 24, à 2 heures du matin. Le
11º régiment d'hussards y arriva hier, ainsi que plusieurs détachements ; ils en partiront
aujourd'hui pour se rendre à Pavie.

J'ai retardé le départ de l'officier que vous m'avez envoyé pour envoyer au général en
chef le résultat de mes reconnaissances d'hier.

Le général en chef, par sa lettre du 21, me prévient que je dois correspondre avec le
lieutenant général Moncey ; par votre lettre du 22, vous me prévenez que la division que
je commande est sous les ordres du lieutenant général Duhesme ; veuillez bien me mander
où je puis correspondre avec ce dernier.

La force réelle de la division (à peine ai-je 1500 hommes pour le service) diminue
chaque jour. Deux compagnies de carabiniers de la 13º légère sont arrivées hier au soir
Je vous prie de m'autoriser à les garder quelques jours, ou de me les faire remplacer par
un corps de vieilles troupes.

Salut et fraternité.

CHABRAN.

Alex. Berthier, général en chef de l'armée de réserve, au général Duhesme.

Stradella, le 22 prairial an 8 (11 juin 1800).

Il est ordonné au général Duhesme de se rendre sur-le-champ à Plaisance (1), de prendre le commandement des troupes qui y sont, de celles qui sont à Crémone, Pizzighettone, Orzinovi et Brescia, et d'exécuter, avec ces forces, les instructions qu'il a reçues pour couvrir Crémone et Plaisance.

Alex. BERTHIER.

Il y a, à Brescia, 2,000 cisalpins commandés par le général Lechi.

(*Archives de M. le général comte Duhesme*)

Le général Marescot, au général en chef Berthier.

Pavie, le 22 prairial an 8 (11 juin 1800).

Citoyen Général,

En conséquence de votre lettre, nous avons été reconnaître, le général Marmont et moi, l'emplacement le plus avantageux à donner à un pont et à une tête de pont à placer sur le Pô entre Pavie et Casteggio.

Vous paraissez désirer que ce pont soit placé entre Mezzana-Corti et Bressina, voulant, sans doute, éviter le saillant du fleuve, à l'endroit où la route de Pavie à Casteggio vient le rencontrer. Vous avez été trompé par la carte de Borgonio, qui n'est plus vraie dans cette partie. Le Pô passe actuellement près de Mezzana-Corti, et en coupant droit vers Rea, il a abandonné la partie saillante vers Bressina-di-Ré, et ce saillant n'existe plus.

Nous avons donc jugé qu'il n'y avait rien de mieux que d'établir le pont à l'endroit où la route de Pavie à Casteggio arrive sur le Pô, à l'endroit où nous l'avons construit autrefois, et où les Autrichiens l'avaient il y a quelques jours. On profitera ainsi d'une route superbe, de pieux déjà frappés dans le fleuve pour la solidité du pont, et d'une tête de pont

---

(1) Duhesme a déjà reçu, le 9 juin, l'ordre de venir à Plaisance (V. p. 281) et est arrivé le jour même dans cette ville. (V. p. 294.)

construite par les Autrichiens, qui ne demandera qu'à être réparée, un peu accommodée et palissadée pour être d'une assez bonne défensive. Ailleurs, il eût fallu tout créer et percer un chemin nouveau à travers les champs, les rizières et les marais, et l'on aurait pu mettre à ce travail la diligence que vous paraissez désirer.

La tête de pont actuelle exige pour sa défense quatre ou cinq pièces de canon et 4 à 500 hommes. Si j'en ai le temps, j'ajouterai deux petits ouvrages qui augmenteront cette garnison de 100 à 150 hommes.

Il existe, en outre, une autre tête de pont au même point, sur la rive gauche. Effectivement, il semble, par la position respective des armées, que ce pont peut être attaqué par l'ennemi, également sur l'une et l'autre rive. Je vous prie de me dire si votre intention est qu'on mette en état de défense les deux têtes de pont. Dans ce cas, le travail sera, comme de raison, plus long.' Cette seconde tête de pont exigera à peu près la même artillerie et la même garnison que l'autre.

J'ai établi ce matin le peu de sapeurs que j'ai à ma disposition, ainsi que les officiers du génie. Le travail est commencé; mais, comme 100 ou 140 sapeurs ne peuvent suffire pour ce travail, j'ai été obligé de requérir en votre nom, sur l'une et l'autre rive, des travailleurs. Je vous prie de vouloir bien approuver cette réquisition. Dans les armées où j'ai servi, il était d'usage de donner aux communes des certificats du nombre de journées employées aux travaux de l'armée à valoir sur leurs contributions. Je vous prie de me faire connaître vos intentions à ce sujet.

Je vous renouvelle, citoyen Général, ma demande pour quelques fonds. Il y a douze ou quinze jours que ceux que vous avez affectés à mon service au commencement de la campagne sont épuisés, et, comme je ne touche pas d'appointements, je ne puis faire des avances.

Quelques paysans m'ont dit que l'ennemi fait un pont à Valenza.

MARESCOT.

Comme je présume que la tête de pont sera, sous peu de jours, en état de défense, je vous invite à y envoyer la troupe destinée à sa garde.

(Livre d'ordres du général Marescot. Archives du génie.)

*
* *

Pendant que l'armée se prépare à se porter en avant, la sûreté de la ligne d'opérations est assurée avec peu de troupes.

Vignolle, général de brigade, commandant à Milan et le blocus du château, au général Dupont, chef de l'état-major.

Milan, le 22 prairial an 8 (11 juin 1800).

Le général Moncey m'a confié, mon cher Général, le commandement du blocus du château et m'a laissé seulement pour cette opération un bataillon de la 12e légère et deux de la 67e de ligne, dont la force totale ne s'élève qu'à 1300 hommes (1). Le général Bonamy a emmené la compagnie de carabiniers, sans doute d'après l'autorisation du général Moncey. Ajoutez qu'il faut encore prendre sur ces trois bataillons le nombre d'hommes nécessaires au service de la place et les escortes de munitions, vivres, prisonniers de guerre.

La première disposition que j'ai faite à l'égard du blocus a été de le resserrer, de manière à employer le moins de monde possible, et à empêcher cependant qu'on ne puisse sortir du château ni y entrer. Le rapprochement que j'ai fait de la ligne de circonvalation, a occasionné hier une forte canonnade. Aujourd'hui, tous nos postes sont à l'abri du feu de la place par des épaulements que j'ai fait élever, et comme je les fais relever tous les matins, avant le jour, ils seront peu inquiétés.

Le plus grand nombre de mes troupes sont placées au faubourg des Ortolans, à la droite et à la gauche, et de manière à être garanties du feu de la place. Le bataillon de la 12e légère tient par sa droite la porte Verceline et bivouaque dans les fossés de ce faubourg ; il fournit quelques postes au débouché des rues et à la ligne qui, partant de la porte Verceline, se joint à celle établie par les troupes du faubourg des Ortolans, suivant l'une et l'autre le cours d'un ruisseau qui couvre le château, et jetant des sentinelles en avant de ce ruisseau. Les troupes du faubourg des Ortolans fournissent aussi quelques postes aux débouchés des rues vis-à-vis le château, et les postes se lient avec ceux fournis par le bataillon de la 12e légère. Voilà, mon cher Général, les seules dispositions que je puis faire avec le peu de troupes qui me sont restées.

Le général Moncey est parti ce matin pour aller s'établir sur le Tessin, conformément aux ordres que vous lui avez adressés, et ne m'a pas laissé un seul homme de cavalerie pour servir d'escorte aux prisonniers de guerre que vous m'annoncez. Ils sont en si grand nombre qu'il est indispensable que l'escorte,

---

(1) C'est par ordre du Premier Consul que Moncey ne laissait que trois bataillons pour le blocus du château de Milan. (V. la lettre du 9 juin, du Premier Consul à Berthier, p. 271.) Moncey modifiait seulement le choix de ces bataillons.

que vous leur aurez sans doute donnée à leur départ du quartier général, continue à les escorter, car vous sentez que je ne puis la fournir; j'ai déjà un détachement de 40 hommes d'infanterie et de quelques gendarmes qui escortent 800 prisonniers partis depuis quatre jours.

La nouvelle de la victoire que vous avez remportée me comble de joie ; le général Moncey l'a proclamée et elle a fait un bon effet.

J'éprouve les plus grandes difficultés pour l'organisation de la garde nationale qui, organisée, nous sera d'un grand secours. On craint ici les revenants plus qu'on ne les aime et c'est ce qui occasionne beaucoup de refus.

Dans cinq à six jours j'aurai organisé, j'espère, un bataillon de cisalpins de 500 hommes, et je leur ferai faire le service de la place.

Je n'écris pas au général en chef ; vous voudrez bien vous charger de lui communiquer ma lettre.

Je vous embrasse de cœur.

VIGNOLLE.

Vignolle, général de brigade, commandant la Lombardie, au général Dupont, chef de l'état-major général.

Milan, le 22 prairial an 8 (11 juin 1800).

Le général Moncey avant son départ pour Buffalora, mon cher Général, m'a envoyé la lettre que vous lui avez écrite hier, et par laquelle vous l'engagez à vous faire passer tous les moyens d'ambulance qu'il pourra rassembler (1). Je vous préviens que je me suis occupé avec empressement de cet objet important et que je viens de faire partir pour Pavie le linge à pansement, la charpie et les médicaments nécessaires pour le pansement de 800 blessés. Je ferai tout mon possible pour en faire partir successivement une plus grande quantité.

Les prisonniers de guerre ne sont point encore arrivés (2).

Les troupes du général Moncey, qui sont restées en arrière avec son artillerie, n'arrivent point. Quant à la 72ᵉ demi-brigade, elle doit être rendue au quartier général.

Il paraît que, si le général Chabran n'était pas retourné à Verceil, l'ennemi aurait été s'y établir; sans doute que l'établissement de son pont à Casale avait pour but cette opération. Maintenant nous sommes couverts de ce côté là et, dans le cas où l'ennemi s'y porterait en force majeure, Chabran et le général Moncey l'arrêteraient assez de temps pour vous donner celui de repasser le Pô et de prendre position sur le Tessin avec une partie de l'armée.

Je suis bien affecté de la reddition de Gênes! De quel avantage n'est-elle pour l'ennemi! Il peut maintenant, si vous lui en donnez le temps, prendre une ligne bien formidable, surtout si les troupes de Masséna sont rendues nulles, par quelque anicroche à son traité.

Le Premier Consul a écrit au citoyen Petiet que, sans exagération, vous

---

(1) Cette lettre n'a pas été retrouvée.

(2) Les prisonniers faits à Montebello le 9 juin, n'arrivent à Milan que le 12. Il y en avait « plus de 3,000 ». (V. note 2, p. 251.)

aviez fait 4,000 prisonniers (1). Il ne nous en arrivera donc point 6,000, et je vous préviens que je prendrai encore sur les 4,000 tous les Français qui désireront rentrer au service dans leurs anciens corps ou dans tout autre. Je prendrai aussi tous les Italiens qui désireront servir dans les troupes cisalpines que je m'occupe d'organiser.

Recevez, mon cher Général, l'assurance de mon attachement sans bornes.

VIGNOLLE.

Chabran, général de division, au lieutenant du général en chef Moncey.

Verceil, le 23 prairial an 8 (11 juin 1800).

Je reçois, citoyen Général, votre lettre de ce jour ; je m'empresse d'y répondre.

La force de l'ennemi à Casale s'est augmentée depuis hier ; je ne la connais pas précisément ; les affidés l'estiment de 5 à 600.

Toutes les barques qui étaient dans l'intervalle de Chivasso à Valenza, ont été conduites depuis plusieurs jours sous le canon de Casale (2). Le général Dumoulin, qui a été aujourd'hui à Buffalora pour avoir l'avantage de vous voir, vous aura sans doute instruit que l'ennemi avait menacé, ces jours derniers, d'y jeter un pont. Tous ses mouvements me font présumer qu'il a des projets par ce point. Si je parviens à les découvrir, je vous en instruirai de suite.

L'ennemi paraissait hier vouloir menacer Ivrée (3). Ce mouvement n'a pas eu de suite.

J'ai environ, avec moi, 2,000 combattants, je n'ose dire 1500 (ils sont presque tous conscrits), dont 100 chasseurs du 7e.

Mon artillerie est composée de deux pièces de 12, une de 8 et une de 4, avec quelques approvisionnements ; les canonniers me manquent pour les servir.

---

(1) V. la lettre du 10 juin, p. 289.

(2) En effet, Mélas faisait réunir des bateaux et construire un pont à Casale, pour induire le Premier Consul en erreur. (V. plus loin, une citation de la *Revue militaire autrichienne*, p. 340.)

(3) *Le général Carra-Saint-Cyr au général Dupont, chef de l'état-major général de l'armée.*

Milan, le 22 prairial an 8 (11 juin 1800).

Le général Chabran a cru, Général, devoir ne laisser que 700 hommes à Ivrée sous le commandement du chef de brigade Miquel qui m'a remplacé.

J'ai suivi la division du général Chabran jusqu'à Verceil, d'où je me suis dirigé ici, parce qu'on m'assurait que la division Monnier était chargée du siège de la citadelle. J'attends mes chevaux aujourd'hui, et demain j'espère rejoindre le quartier général ou la division Monnier ; déjà j'y serais si mes chevaux avaient pu aller aussi vite que mes désirs.

Je te prie, Général, de faire connaître au général en chef ces dispositions nouvelles, ainsi que mon empressement à retourner à mon nouveau poste et continuer à y mériter sa confiance et son estime.

Salut fraternel.

CARRA-SAINT-CYR.

J'ignorais que le général Bethencourt fît le blocus d'Arona. Je communiquerai avec lui. Je vous prie, citoyen Général, de lui en écrire.

Salut et fraternité.

CHABRAN.

Faites-moi passer vos ordres, citoyen Général ; ce sera avec bien du plaisir
que je les exécuterai.   CH.

J'ai reçu la lettre du général en chef.

J'apprends à l'instant, qu'à l'entrée de la nuit, l'ennemi a tiré le canon sur
toute ma ligne. J'ignore pourquoi.

12 JUIN

L'armée se porte sur la Scrivia. Les Autrichiens évitent le combat et se retirent dans la direction d'Alexandrie (1).

Extrait du Journal de la campagne de l'armée de réserve par l'adjudant-commandant Brossier :

23 *prairial*. — *Positions de l'armée française.* — L'armée se trouvait, le 23, sur la rive droite de la Scrivia, dans les positions suivantes :

La division Watrin et celle de Mainoni à Castel-Nuovo-di-Scrivia, sous les ordres du général Lannes (2). Les divisions Boudet et Monnier sous le commandement du général Desaix, en avant de Ponte-Curone, avec tous les corps de cavalerie commandés par le lieutenant général Murat, à l'exception de la brigade du général Kellermann et d'un régiment de dragons qui furent placés en avant de Tortone à côté des divisions Gardanne et Chambarlhac, conduites par le lieutenant général Victor (3).

---

(1) « ..... Son camp (du général Ott) a été établi à San-Giuliano et un corps d'observation a été placé à Castel-Nuovo-di-Scrivia. Il était dans cette position lorsque nous nous sommes portés, le 23, sur le bord de cette rivière. Il a fait aussitôt un mouvement rétrograde..... »

(*Rapport du 17 juin de Dupont au Ministre de la guerre.*)

(2) On a vu que les Autrichiens occupaient, le 10, Castel-Nuovo-di-Scrivia, et Ponte-Curone. (V. p. 299, note 1.)

On lit, dans une première rédaction du journal de Brossier : « L'avant-garde du lieutenant général Lannes, sous les généraux Watrin et Mainoni, occupait Castel-Nuovo, que l'avant-garde du général Ott ne défendit pas ». (V. plus loin le récit autrichien, p. 326.)

(3) Si l'on se reporte aux emplacements des divisions le 11 juin (V. p. 298), on voit que, dans la marche du 12, le corps Lannes est venu de Montebello à Castel-Nuovo, le corps Desaix de San-Giuletta à Ponte-Curone, et le corps Victor de Voghera à Tortone, faisant respectivement environ 20, 23 et 16 kilomètres.

Le mouvement du 11 sur Voghera et la marche nettement accusée du 12 vers la Scrivia, sont à rapprocher des *Mémoires de Napoléon.*

« Les 10, 11 et 12, le Premier Consul resta à la position de Stradella, employant ce

Le lieutenant général Moncey était resté avec une partie de ses troupes à Milan, chargé du blocus et de l'attaque du château. Le général Lapoype avait reçu, le même jour, 23, l'ordre de se rendre à marche forcée avec toute sa division auprès du général Desaix. Le lieutenant général Duhesme veillait sur Plaisance, observant l'ennemi qui, disait-on, faisait filer des troupes par Bobbio; il avait à sa disposition la division du général Loison qui occupait Castel-San-Giovanni, entre Stradella et Plaisance. Le quartier général suivait les mouvements et vint s'établir, le 23, de Stradella à Voghera.

. . . .

Le général Ott, voyant le mouvement de l'armée française sur la Scrivia, en fit un rétrograde, jeta 2,000 hommes dans la citadelle de Tortone et passa la Bormida, laissant une arrière-garde considérable entre Spinetta et Marengo.

Division Boudet. — Rapport du 23.

Ponte-Curone, le 23 prairial an 8 (12 juin 1800).

La division s'est mise en mouvement à 7 heures du matin, elle a quitté les positions de San-Giuletta et s'est portée en avant de Ponte-Curone.

Le pain présenté à la division, étant moisi et d'une très mauvaise qualité, n'a pu être accepté; on espère cependant pourvoir à sa subsistance. La viande est fournie pour les 23 et 24.

Sur les 83,622 cartouches qui manquaient à la division pour la compléter à 50 coups par homme, il n'en a été fourni que 30,000; elle en aurait donc besoin de 53,622.

La 30ᵉ demi-brigade s'est réunie à la division (1). Il a été

---

temps à réunir son armée, à assurer sa retraite par l'établissement de deux ponts sur le Pô, avec des têtes de pont. Plus rien ne le pressait; Gênes était tombée. Il envoya, par des affidés, à travers les montagnes, l'ordre au général Suchet de marcher sur la Scrivia, par le débouché du col de Cadibone.....

« .....L'armée du Premier Consul se fortifiait et se retranchait chaque jour dans sa position de Stradella..... »

(*Correspondance de Napoléon*, t. XXX, p. 381 et 383.)

Quelques lignes plus loin, l'Empereur montre l'armée quittant Stradella dans l'après-midi du 12, pour atteindre la Scrivia (10 kilomètres). (V. à ce sujet la note 2, p. 312.)

(1) La 30ᵉ demi-brigade était restée au blocus du château de Milan. (V. p. 91 et 199.)

donné à la division deux obusiers et quatre pièces de 8, servis par l'artillerie légère (1). L'obusier et la pièce de 8 qui tenaient à la division ont passé à celle du général Monnier (2).

W. DALTON.

« Le 23, la division Monnier et la mienne partirent sous les ordres du lieutenant général Desaix et furent destinées à faire la réserve de l'armée qui marcha ce même jour à l'ennemi, l'obligea de se renfermer dans le fort de Tortone et d'établir son corps d'armée sur cette ligne. Ma division, passant par Voghera, vint prendre position à Ponte-Curone. »

(*Rapport des marches et opérations de la division Boudet.*)

Rapport du général Duvignau.

- Le 23 prairial (12 juin), les divisions d'infanterie commandées par les géné-raux Boudet et ..... partirent dans la matinée des bivouacs qu'elles occupaient sur les côtés de la route, en arrière de Voghera, où elles avaient passé la nuit.

La cavalerie, sous les ordres du général Murat et composée des brigades du général Champeaux et de la mienne (celle du général Kellermann avait une autre direction), reçut l'ordre de se mettre en mouvement, vers 9 heures du matin. Ma brigade était composée du 12ᵉ régiment de chasseurs, du 6ᵉ dragons et du 9ᵉ *idem* (3). Je me mis donc en marche, la droite en tête, d'après les ordres que j'avais reçus, me dirigeant par Voghera. Je reçus, à environ une lieue de la ville, l'ordre de prendre le trot et de passer les colonnes d'infanterie des divisions Boudet et ....., ce que j'exécutai.

---

(1) Il ne semble pas qu'il puisse y avoir de doute. C'est l'artillerie qui arrive enfin.

Elle a été arrêtée jusqu'au 2 juin par la résistance du fort de Bard, puis le manque de sécurité de la ligne d'opérations a retardé sa marche pendant plusieurs jours du côté de Verceil. (V. p. 177.)

Il est *probable* qu'avec l'artillerie de la division Boudet arrivait aussi celle des autres divisions.

(2) Ainsi, le corps d'armée Desaix (divisions Boudet et Monnier), a 8 pièces le 12 juin.

On peut penser que le corps Victor (divisions Gardanne et Chambarlhac) n'en a pas plus, car la division Chambarlhac semble n'avoir pas d'artillerie le 9 juin, à la bataille de Montebello, et la division Gardanne n'a pas encore de canons le 11. (V. p. 299, note 1.)

Quant au corps Lannes, il a combattu à Montebello avec 4 pièces, en a pris 5 à l'ennemi et en reçoit peut-être quelques-unes le 12 juin.

Ces chiffres cadrent mal avec l'affirmation de Marmont : « L'artillerie de cette portion de l'armée, sur la rive droite du Pô, s'élevait à 11 bouches à feu savoir : 36 attachées aux divisions et 5 bouches à feu de réserve ». (*Mémoires du duc de Raguse*, t. II, p. 126.)

M. Thiers a aussi écrit que le 11 juin « on n'avait pas pu réunir plus de 40 pièces de campagne ».   (*Histoire du Consulat et de l'Empire*, t. Iᵉʳ, p. 425.)

(3) Comparer à l'organisation donnée par la lettre de Murat à Dupont, écrite le 12 juin de Voghera, et à celle indiquée par la situation du 11 juin. (V. p. 307 et 310.)

Arrivé au pont, non loin des murs de Voghera, je trouvai le général Murat ; il m'ordonna de faire ployer les manteaux, que la pluie avait fait prendre ; cela fut exécuté. Il se mit à la tête des deux brigades, marchant en colonne à distance de régiment et marchant quatre. Le général Murat nous fit traverser la ville de Voghera au trot, afin de défiler devant le Premier Consul, qui était à une fenêtre avec un officier autrichien venu en parlementaire (1), et auquel il faisait voir l'armée en marche.

La colonne ayant en entier évacué la ville, le général Murat m'ordonna de faire une halte pour reposer les chevaux ; ce que je fis. La brigade Champeaux qui marchait après la mienne, suivit le mouvement.

Ce fut pendant cette halte que le général Murat fit passer le 9e régiment de dragons dans la brigade de Champeaux et le remplaça dans la mienne par le 3e régiment de grosse cavalerie avec un détachement du 2e. Pendant cette halte, le Premier Consul et le général en chef Berthier passèrent, venant de Voghera et se dirigeant par Tortone. Je leur rendis les honneurs militaires.

La colonne commandée par le général Lannes marchait sur Castel-Nuovo, où il rencontra l'ennemi qu'il attaqua. Son canon se faisait entendre, et le général en chef jugeant qu'il était sur les bords de la Scrivia, me fit ordonner de communiquer sur ma droite avec le général, vers la rivière de Castel-Nuovo. J'envoyai de suite 25 chasseurs du 12e et un officier, éclairer cette partie et communiquer avec le général Lannes. Sur la gauche, je jetai de même un détachement du 6e régiment de dragons.

D'après l'ordre que j'en reçus, je me mis à marcher avec ma brigade et celle de Champeaux, suivant la route de Tortone. Je continuai ma marche jusqu'à environ une petite lieue de cette ville. Là, je reçus ordre de me mettre en bataille à cheval sur la route, ma brigade en première ligne et celle de Champeaux en deuxième ; j'exécutai cet ordre. Le 12e régiment de chasseurs se mit en bataille dans la plaine à droite de la route ; je fis suivre l'alignement à la gauche par le 6e régiment de dragons et le 3e régiment de cavalerie. La brigade de Champeaux se mit en bataille en deuxième ligne, à distance de ligne, aussi à cheval sur la route ; elle était alors composée du 2e régiment de chasseurs, 8e de dragons, 9e de dragons, et avait avec elle deux pièces de l'artillerie du Consul.

Nous restâmes en bataille jusqu'à la fin du jour, et après un long temps, le Premier Consul, retournant à Voghera, me donna ordre de bivouaquer dans le même ordre et sur le même terrain où j'étais en bataille ; cet ordre fut de suite et strictement exécuté.

A son passage, le général Murat, qui aussi retournait à Voghera, me donna

---

(1)   *Alex. Berthier, général en chef de l'armée de réserve, au chef de l'état-major général.*

Voghera, le 23 prairial an 8 (13 juin 1800) *

Vous donnerez des ordres, citoyen Général, pour que l'aide de camp du général Mélas reste à Voghera et y soit gardé à vue jusqu'à nouvel ordre par un officier et qu'on ait pour lui les égards qui peuvent lui être dus.

Alex. BERTHIER.

* L'original porte la date du 24 prairial. Sur le registre de Berthier (*Archives de Gros-Bois*), on lit la date du 23.

ordre d'envoyer aux vivres à Voghera et de faire fourrage aux environs. Sur-le-champ, j'appelai le général Champeaux, nous donnâmes les ordres nécessaires et sans perdre de temps les fourriers et les hommes de corvée partirent.

A peine furent-ils en marche que l'adjudant général César Berthier les fit rétrograder, et, comme chef d'état-major du général Murat, me dit d'envoyer à Tortone, pour y prendre les vivres. Sur l'objection que je fis, que la ville était occupée par l'ennemi, il me dit qu'il était convenu qu'on pouvait y envoyer et que je devais le faire. J'y envoyai mon aide de camp avec les fourriers et hommes de corvée; mais, loin d'y entrer, ils furent reçus à coups de fusils, obligés de rétrograder, et j'eus un dragon du 6e dangereusement blessé.

Il fallut donc penser aux vivres et se tourner d'un autre côté. J'envoyai dans les villages environnants, j'y trouvai des fourrages; j'avais fait faire des chariots de pain (que j'avais fait cuire la veille, du 22 au 23), du vin et des bœufs vivants. Ma brigade eut ses distributions; je dois à cet égard des éloges au capitaine Denizot, adjoint, que j'en avais chargé. La deuxième brigade fut moins heureuse.

Les postes de surveillance placés, le mot d'ordre donné, le détachement d'éclaireurs que j'avais envoyé vers la colonne du général Lannes rentra; l'officier me fit son rapport. Il avait vu le général Lannes qui avait délogé l'ennemi de Castel-Nuovo et avait passé la Scrivia. J'en rendis compte de suite au général Murat et au général en chef, vers qui un de ses aides de camp (le capitaine Berrurier) était déjà rendu, venant de Castel-Nuovo.

Le canon de Tortone tira quelques coups pendant la nuit du 23 au 24, qui se passa du reste dans la plus grande tranquillité.

. . . . (1) . . . .

. . . .

DUVIGNAU.

Extrait de la Revue militaire autrichienne.

« Lorsque le feld-maréchal-lieutenant Ott eut passé la Scrivia, il envoya les restes du régiment d'infanterie Reiszky et 300 hommes sortis guéris de l'hôpital militaire de Castel-Nuovo, comme renforts à Tortone, au général major Brigido, de telle sorte que ce général disposait de 700 hommes, comme garnison de la citadelle Victor, et se trouvait dans la possibilité de la défendre. Il ne pouvait assurer la défense de la basse forteresse, c'est-à-dire de Tortone même, parce que cela aurait provoqué un nouveau morcellement des forces impériales et n'aurait point pour cela empêché les Français de passer la Scrivia. L'objectif principal du généralissime autrichien était de rassembler le plus grand nombre possible de combattants pour le jour prochain de la lutte décisive. Pour cette raison Tortone ne fut pas occupé. »

. . . .

« Le feld-maréchal-lieutenant Ott avait, dès le 11 au matin, rassemblé ses deux divisions devant San-Giuliano et donné l'ordre au feld-maréchal-lieute-

---

(1) La suite du rapport est au 13 juin, p. 341.

nant O'Reilly de ne battre en retraite que lorsque l'ennemi s'avancerait réellement et de repasser la Scrivia. Afin d'éviter tout combat isolé le feld-maréchal-lieutenant Ott se retira le soir derrière la Bormida.

« Le 12 juin, à l'approche des colonnes ennemies, le colonel Schusteck passa la Scrivia à Castel-Nuovo où le feld-maréchal-lieutenant O'Reilly le recueillit et ensuite, avec toute son arrière-garde, prit position à Marengo. »

. . . .

« Aussitôt après que le colonel Schusteck, avec l'arrière-garde, eut repassé la Scrivia, le général major autrichien Brigido avait, à Tortone, fait tirer trois coups de canon comme signal indiquant à tous les postes extérieurs et à tous les hommes appartenant à la garnison, de rentrer dans la place. Après un délai de quelques heures, le lieutenant général Victor envoya son aide de camp à Tortone et fit proposer une convention pour épargner la ville. Mais le général major Brigido avait calculé les avantages qui en pourraient résulter pour les opérations ennemies et refusa la proposition.

« Cependant une troupe française essaya de pénétrer dans la basse forteresse. Mais le feu de la citadelle Victor tua le chef de cette troupe et plusieurs autres des plus audacieux. Le lieutenant général Victor écrivit donc au général major Brigido qu'il avait l'intention de placer 300 hommes de garnison dans la ville, et qu'il espérait que ces hommes seraient reçus. Le général major Brigido répondit : « qu'il pouvait protéger lui-même la ville et que ce n'est que dans le cas où il n'en serait plus capable qu'il entrerait en négociations ». Ainsi Tortone resta aux mains des Autrichiens. Toutefois Bonaparte ne fit aucune attention à cette place. »

(*Œstreichische militarische Zeitschrift*, t. XXIX, p. 131, 133 et 134.)

* * *

La division Lapoype passe lentement sur la rive droite du Pô. Au quartier général on craint toujours que Mélas ne s'échappe par la rive gauche ou par l'Apennin.

L'adjudant général, chef de l'état-major de la division Lapoype, au Général chef de l'état-major général de l'armée de réserve.

Pavie, le 23 prairial an 8 (12 juin 1800).

Mon Général,

Malgré toute mon activité, je n'ai pu répondre plus tôt à votre lettre d'hier (1) que j'ai reçue à 6 h. 1/2. Les troupes de la division, ayant fait divers mouvements, n'ont envoyé que ce soir les divers états que vous m'avez demandés.

---

(1) Il s'agit d'une lettre antérieure à celles dont il est question dans les ordres de Berthier à Dupont, le 11 juin. (V. p. 313.)

Ci-joint la force, sous les armes, des différents corps qui composent la division, ainsi que l'endroit où ils se trouvent actuellement.

L'ordre a été donné le **19** de ce mois, à tous les chefs de corps, de faire armer leurs sous-officiers ; ils y ont satisfait. Mais il y a **19** hommes des deux bataillons de la **29e** de ligne non armés et il leur manque **17** baïonnettes.

La **91e** de ligne a **50** cartouches par homme. Il manque à la **29e**, **455** paquets pour le complet de **50** ; on les prendra à Casteggio.

Les troupes ont le pain et la viande jusqu'au **24** inclus. Le pain pour les **25** et **26** suivra la division.

L'ambulance suit toujours le quartier général de la division.

J'ai l'honneur de vous observer aussi, mon Général, qu'il reste sur la force des présents, **100** hommes de chaque brigade pour faire le service de la place de Pavie ; on a choisi les malingres et c'est avec leurs armes et leurs cartouches que l'on pourra se compléter en guerre.

Salut et respect.

En l'absence du chef de l'état-major,

PERDIGAU,

Capitaine adjoint.

ARMÉE DE RÉSERVE
—

AILE GAUCHE.
—

1re *Division.*

Situation des troupes composant la 1re division de l'aile gauche de l'armée de réserve à l'époque du 23 prairial an 8 (12 juin 1800).

DÉSIGNATION DES CORPS.	NUMÉROS des BATAILLONS.	COMPAGNIES ou ESCADRONS.	PRÉSENTS SOUS LES ARMES.		HOMMES NON ARMÉS.	EMPLACEMENTS DES TROUPES.
			Officiers.	Sous-officiers et soldats.		
1re demi-brigade légère.........	3e	....	15	623	»	San-Martino.
29e demi-brigade de ligne.......	1er et 2e.	....	39	1,018	19	San-Martino.
91e demi-brigade de ligne.......	1er et 2e.	....	40	862	»	San-Martino.
2e régiment d'artillerie à pied...	»	3e compag.	2	45	»	San-Martino.
1er régiment de dragons.........	»	4e escadron.	»	430	»	Casteggio.
TOTAUX.................			96	2,978		

Certifié conforme aux différents états qui m'ont été remis par les chefs de corps de la division.

En l'absence du chef de l'état-major,

Le Capitaine adjoint,

PERDIGAU.

Le général de division Lapoype, au lieutenant général Moncey.

Pavie, le 23 prairial an 8 (12 juin 1800).

J'ai l'honneur de vous prévenir, mon Général, qu'une partie de ma division a déjà passé le Pô, que cette nuit le reste le passera. Je marche sur Tortone. Je ne sais rien sur la journée d'aujourd'hui.

Je vous salue.

LAPOYPE.

Alexandre Berthier, général en chef de l'armée de réserve, au général Dupont.

Voghera, le 23 prairial an 8 (12 juin 1800) (1).

Envoyez ce soir un adjoint à l'état-major auprès du général Lapoype pour savoir de lui s'il a quelques nouvelles des mouvements de l'ennemi sur la rive gauche du Pô. Cet adjoint doit être de retour avant 3 heures du matin.

Écrivez au général Duhesme qu'il doit envoyer beaucoup d'espions sur Bobbio pour savoir ce qui s'y passe; on dit que l'ennemi y fait filer des troupes pour marcher sur Plaisance.

Prévenez le général Loison qu'il doit rester jusqu'à nouvel ordre à Castel-San-Giovanni et qu'il doit envoyer des espions à Bobbio pour savoir ce qui s'y passe. Prévenez-le que si l'ennemi attaquait Plaisance en force il marcherait à son secours. Donnez-lui l'ordre d'envoyer le plus promptement possible à l'armée le 2e régiment de chasseurs qui est à ses ordres.

Ordonnez au général Marmont d'envoyer des cartouches au général Loison.

Faites distribuer l'eau-de-vie demain matin au jour à toute l'armée.

Envoyez un officier qui parle italien pour passer le Pô vis-à-vis Voghera et tâcher de nous rapporter des nouvelles des mouvements que l'ennemi pourrait faire sur la rive gauche

---

(1) L'original est daté du 23 prairial. L'enregistrement est fait sur le registre de Berthier (*Archives de Gros-Bois*) à la date du 24. D'après les prescriptions de la lettre, surtout celles qui concernent Lapoype, la lettre est certainement du 23.

du Pô du côté de Plaisance (1). Il est très essentiel que cet officier soit de retour demain à 4 heures du matin.

Vous ferez connaître au général Lapoype combien le retard qu'il met dans le passage de ses troupes peut nuire aux succès des opérations de l'armée.

Alex. BERTHIER.

Stradella, le 23 prairial an 8 (12 juin 1800).

Général,

J'ai pris ce matin le commandement de la place de Stradella. J'ai fait passer sur Broni toutes les voitures que la municipalité a requis pour transporter les munitions de guerre, etc , qui se trouvaient à Broni.

Il passe sans cesse des militaires de tous les corps qui voyagent isolément et qui ne savent où est leur demi-brigade. S'il était un effet de votre bonté de me faire parvenir un état de la position des différents corps ou demi-brigades, pour pouvoir les diriger, je vous serais infiniment obligé.

Je vous observerai que je suis ici sans troupe et n'ai pas un seul homme pour servir à la correspondance ; je fais ici les fonctions non seulement de commandant de place mais bien encore de commissaire des guerres et de municipalité.

Je fais, en outre, délivrer le logement et les vivres aux militaires isolés à Stradella, autant que faire se peut.

Salut et respect.

Le commandant de la place,

BALLANDIER.

Des hussards du 11e régiment me disent à l'instant qu'il passera demain, 24 courant, deux régiments de chasseurs à cheval, un régiment de dragons et plusieurs demi-brigades.   B.

*
* *

Duhesme, dont les troupes avaient évacué Crémone le 9 juin, reçoit l'ordre d'occuper de nouveau cette place. En conséquence il se dirige avec la brigade Broussier vers cette ville par la rive gauche du Pô, passe l'Adda et bat un parti autrichien à Spinade, tandis que Gobert bloque le château de Plaisance.

---

(1) L'original porte Plaisance, mais il paraît certain qu'il y a là une erreur de secrétaire et qu'il faut lire Valenza. Rendu à Voghera, Berthier a tout intérêt à savoir si Mélas débouche sur la rive gauche du Pô, à Valenza ; il n'a pas de grandes inquiétudes du côté de Plaisance, rive gauche.

Extrait du Rapport des opérations militaires
du lieutenant général Duhesme.

Le 23, le général Duhesme reçut l'ordre d'évacuer Crémone, de se porter de suite sur Plaisance, et de ne laisser que 300 hommes pour faire le blocus de Pizzighettone (1). Quoique le général Duhesme eût déjà fait habiller et équiper les divisions du général Loison et Boudet et plusieurs régiments de cavalerie, il laissait encore des magasins pleins d'effets et de vivres. Après avoir fait partir 50,000 paires de souliers, il abandonna Crémone dans la nuit.

A peine arrivé à Plaisance, il y reçut l'ordre de s'en emparer de nouveau (2). En conséquence, il donna ordre au général Broussier de rassembler sa brigade et de marcher sur Crémone. L'ennemi avait déjà profité de notre départ et défendit longtemps le passage de l'Adda (3). Après un combat assez vif il fut forcé de rentrer dans Pizzighettone que le général Broussier resserra de nouveau.

(*Rapport des opérations militaires du lieutenant général Duhesme.*)

Extrait du Journal de la campagne de l'armée de réserve,
par l'adjudant-commandant Brossier.

23 prairial. — Affaire à Spinade près Crémone. — Division Loison. — Brigade Broussier. — Un corps ennemi sorti de Mantoue s'était avancé jusqu'à Crémone, qu'il avait trouvé (on ne sait trop pourquoi) évacué par les troupes françaises et y était rentré. Ce mouvement pouvait être combiné avec la marche présumée des Autrichiens par Bobbio et aurait compromis la sûreté de l'armée, en donnant un point d'appui aux ennemis.

---

(1) Duhesme, avec une partie de la division Loison, avait quitté Crémone et était arrivé à Plaisance le 9 juin. (V. p. 282 et 294.)

Le général Broussier retirait les dernières troupes laissées à Crémone dans la journée du 10 juin (21 prairial). (V. p. 295.) La date du 23, donnée par le rapport de Duhesme, semble donc inexacte. Elle s'applique, non pas au mouvement de Crémone sur Plaisance, mais à la nouvelle marche de Plaisance sur Crémone.

(2) Il s'agit sans doute de la lettre de Berthier, du 11 juin, prescrivant à Duhesme de « couvrir Crémone et Plaisance ». (V. p. 315.)

(3) Broussier avait prévu, le 10 juin, que les 300 hommes laissés devant Pizzighettone seraient obligés de se replier sur la rive droite. (V. p. 295.)

Le général Duhesme résolut de reprendre cette place et de rompre ainsi la ligne qu'ils paraissaient vouloir établir. La brigade du général Broussier reçoit ordre de marcher sur Crémone avec une partie de la division Loison. Elle part de Plaisance le 23; l'ennemi s'était emparé des barques et des ponts volants de Castel-Nuovo sur l'Adda et semblait vouloir en disputer le passage à l'avant-garde. L'aide de camp Ordonneau se jette dans une barque avec 15 hommes de la 13e légère et traverse la rivière devant l'ennemi qui se décide à se retirer après un feu assez vif. Ordonneau débarque et s'empare des ponts volants. Les troupes passent aussitôt, se mettent à la poursuite de l'ennemi et le rencontrent à Spinade; une charge de cavalerie s'engage; il se replie jusques à Cava; on l'y poursuit et le feu recommence sur ce point et se continue jusques à la nuit. Alors le général Broussier fait prendre position à sa troupe, l'avant-garde à Cava, la ligne de bataille à Spinade et la réserve à la tête du pont de Castel-Nuovo.

Le général de brigade Gobert, au général de division Dupont, chef de l'état-major général de l'armée, à Voghera.

Plaisance, le 23 prairial an 8 (12 juin 1800).

Mon cher Dupont, j'étais en route pour me rendre à l'armée avec ma brigade, on m'a fait revenir ici avec une partie. Cet ordre me ferait plaisir si l'on avait envie de prendre le château de Plaisance, mais si c'est pour me faire assister à un blocus que j'ai fait et dont j'avais chargé un chef de bataillon, je suis sans doute bien inutile ici. Ce n'est pas à toi que je démontrerai l'utilité du pont de Plaisance pour l'armée, l'utilité du fort à cause des magasins immenses qu'il protège. Je pense qu'il faut le prendre, surtout quand il doit en coûter fort peu de chose. Nous avons eu 6 hommes tués aujourd'hui, quelques-uns les jours précédents et peut-être la prise du fort n'en coûterait pas autant. Fais-moi donner huit pièces de 12 ou de 16, deux obusiers et je te réponds que la place sera à nous avant quarante-huit heures et cela dérangerait-il beaucoup les opérations de l'armée de faire prendre, de Pavie, la route de l'armée à ces objets par Plaisance. Qu'on me donne seulement des affûts pour monter quelques pièces que nous avons ici et je me charge du reste.

Fais cela pour ton ami, c'est bien peu de chose et tu rendras un grand service à moi et à l'armée, en donnant les ordres nécessaires pour qu'on fasse filer ici les canons et les munitions que je demande. Tu pourrais donner l'ordre aussi qu'on nous envoie des outils pour ouvrir la tranchée.

Adieu, je t'embrasse et t'aime bien ; je t'aimerai encore plus si tu peux me fournir cette occasion d'être utile.

GOBERT (1).

On me donne avis qu'il descend un corps de troupes du côté de Bobbio pour faire lever le blocus du château ; je vais m'en assurer.

Le lendemain, 13 juin, Duhesme continue son mouvement et occupe de nouveau Crémone après un sanglant combat de cavalerie.

Le général Duhesme, au général en chef.

Crémone, le 24 prairial an 8 (13 juin 1800).

J'ai l'honneur de vous prévenir, mon Général, que nous sommes rentrés dans Crémone.

L'ennemi, ayant voulu tenir avec 600 chevaux, le général Broussier a fait faire plusieurs charges vigoureuses qui, exécutées par le 5e régiment de dragons et le 15e de chasseurs, lui ont mis 200 hommes et chevaux hors de combat dont la majeure partie sont prisonniers.

Je fais courir à droite et à gauche du Pô pour prendre des barques, où les Autrichiens évacuaient leurs magasins. J'en-

---

(1) Gobert (Jacques-Nicolas), né à la Guadeloupe le 1er juin 1760, avait été sous-lieutenant à l'École du génie le 1er janvier 1780, lieutenant en second le 1er février 1782, capitaine le 1er avril 1791, adjudant général chef de bataillon à l'armée du Nord le 8 mars 1793, général de brigade le 15 mai 1793.

Il avait été suspendu de ses fonctions le 30 juillet 1793, puis remis en activité comme chef de bataillon du génie, le 2 janvier 1795. Destitué le 1er septembre 1795, il était réintégré dans le grade de chef de bataillon du génie le 27 février 1796 et dans celui de général de brigade le 20 septembre 1799.

Il devint général de division le 27 août 1803, commanda des divisions territoriales et mourut des suites de blessures, le 17 juillet 1808, à Guaraman (Andalousie).

voie un parti à Brescia pour avoir des nouvelles du général Lechi.

L'adjudant général Paulet transmet tous ces rapports détaillés au chef d'état-major (1). Deux bataillons de la 58ᵉ arrivent.

Le général Gobert est à Plaisance; des bruits vagues semblent annoncer une menace de l'ennemi depuis Bobbio. Je me tiendrai en mesure pour courir à son secours par le plus court chemin, en passant le Pô vis-à-vis Crémone.

J'ai l'honneur, mon Général, de vous saluer.

DUHESME.

L'adjudant général Paulet, au général de division, chef de l'état-major général.

Crémone, le 24 prairial an 8 (13 juin 1800), dans la nuit.

J'ai l'honneur de vous rendre compte, mon Général, que, d'après les ordres du général Duhesme, les troupes se sont mises en marche, dans la nuit du 23 au 24, pour se porter sur Crémone. L'ennemi s'était avancé vers Pizzighettone et voulait défendre le passage de l'Adda; quelques décharges ont suffi pour chasser l'ennemi.

Le 24, nos troupes se sont portées sur Crémone. L'ennemi, fort de 600 hommes de cavalerie, nous attendait sur la route de Mantoue. Le général Broussier, après l'avoir ébranlé par

---

(1) Le général Broussier envoyait aussi un rapport qui n'a pas été retrouvé. Il était accompagné de la lettre suivante, qui est datée, évidemment par erreur, du 11 prairial, et à laquelle il faut supposer la date du 24 ou 25 prairial.

Broussier, général de brigade, au général de division Dupont,
chef d'état-major général.

11 prairial an 8 (31 mai 1800).

Mon Général,

J'ai l'honneur de vous envoyer ci-inclus le rapport des deux affaires qui ont eu lieu sur l'Adda et à Crémone : ces deux affaires sont assez sérieuses pour mériter une place dans vos rapports et sur les papiers publics; l'intérêt des corps qui s'y sont distingués le demande. Permettez-moi, mon Général, d'être leur interprète près de vous que nous aimons et regrettons tous de bon cœur.

Salut et respect.

BROUSSIER.

P.-S. — Le général Berthier m'a renvoyé près de vous pour mon affaire qu'il a accordée. J'espère que vous voudrez bien me l'expédier demain matin : j'aurai l'honneur de vous voir.

quelques coups de canon, donna l'ordre au 5e régiment de dragons et au 15e de chasseurs de charger.

L'action fut très chaude, et les troupes se sont battues, de part et d'autre, avec acharnement. Nos dragons et chasseurs ont pris 200 et tant de chevaux, une centaine de prisonniers et blessé la plupart des cavaliers ennemis. M. Curtius, colonel de la légion de Bussy, a reçu trois coups de sabre de l'aide de camp du général Broussier; le colonel Barko a été blessé; plusieurs officiers sont restés sur le champ de bataille. L'état-major chargeait à la tête des dragons; le citoyen Boyer, aide de camp du général Duhesme, le citoyen Ordonneau et le citoyen Exelmans, aide de camp du général de brigade Broussier, étaient à la tête de la cavalerie.

Ce corps de cavalerie est presque entièrement détruit, et, parmi ceux qui restent, on en compte peu qui s'en soient tirés sans blessure. Nos troupes ont suivi l'ennemi pendant 2 lieues; il a pris position à Bozzolo, où il avait de l'infanterie.

Nous avons trouvé les magasins presque évacués, mais nous avons repris des barques chargées de culottes, vestes et guêtres.

Nous n'avons perdu qu'une trentaine d'hommes, et quelques-uns balafrés, mais légèrement.

Ma première vous donnera des détails sur la position de nos troupes; je suis excessivement pressé, et je cherche à rattraper des barques qui descendent le Pô.

J'ai l'honneur de vous saluer.

PAULET.

Extrait du Rapport des opérations militaires du lieutenant général Duhesme.

Le 25 (1), les trois bataillons de la 58e marchèrent sur Crémone et 4 à 500 chevaux du 5e régiment de dragons et 2e de chasseurs chassèrent devant eux les partis que l'ennemi avait envoyés pour reconnaître notre force. L'ennemi occupait la ville avec l'infanterie. 600 chasseurs de Bussy, soutenus par 600 chasseurs de Toscane, étaient en bataille en arrière de la ville, sur la route

---

(1) Le manuscrit porte la date du 25 prairial (14 juin). Il y a là une erreur manifeste. Les deux rapports de Duhesme et de Paulet, ainsi que le *Journal de Brossier*, donnent la date du 24 (13 juin), pour la reprise de Crémone.

Le passage du *Journal de Brossier* relatif à ce combat, est la reproduction des récits déjà lus.

de Mantoue (1). A notre approche, les chasseurs de Bussy essayèrent une charge sur notre cavalerie; mais le feu de deux pièces de canon chargées à mitraille et masquées par un peloton de dragons, les arrêta et leur fit rebrousser chemin.

Le général Duhesme profita de ce moment de désordre pour faire charger sa cavalerie. Les officiers de son état-major, à la tête des dragons des 5e et 9e et chasseurs du 2e régiment, chargèrent l'ennemi avec une audace remarquable, tantôt vainqueurs, tantôt repoussés. La victoire fut longtemps indécise, mais nos braves la décidèrent enfin en notre faveur. L'ennemi partout culbuté se rallia quatre fois et quatre fois fut enfoncé (2).

M. de Curtius, commandant en second la légion des émigrés, et le général Barko voulant réparer l'honneur de la cavalerie autrichienne, imitant notre exemple et se mettant à la tête de leurs troupes, cherchèrent à ramener la victoire et chargèrent en enragés. Le combat s'engagea avec un acharnement inconcevable. M. de Curtius, cherché longtemps par les officiers de l'état-major, qui tous briguaient l'honneur d'un combat singulier, fut enfin rencontré par l'aide de camp du général Broussier, le citoyen Exelmans, qui lui donna trois coups de sabre et le fit rouler dans la poussière. M. le général Barko eut le même sort; blessé et culbuté, il ne dut son salut qu'à la grande poussière qui le déroba aux recherches. Nos cavaliers, mêlés avec les Autrichiens, firent deux lieues ensemble, se sabrant toujours; enfin, n'en pouvant plus, et leurs sabres changés en scies, ils s'arrêtèrent près de Carettolo.

Nous avons pris à l'ennemi, dans cette glorieuse affaire, 300 chevaux et détruit le régiment émigré de Bussy. Ceux qui ne sont pas restés sur le champ de bataille se sont renfermés dans Mantoue, où ils y ont caché leur défaite.

Le général Duhesme a les témoignages les plus avantageux à rendre de tous les officiers et soldats, et particulièrement de son état-major qui était à la tête des charges.

L'aide de camp Exelmans s'est particulièrement distingué. L'aide de camp Ordonneau a été blessé. Le 5e régiment de dragons, le citoyen Domanget, chef d'escadron, à sa tête, déjà connu par les affaires précédentes, n'avait plus rien à ajouter à sa gloire, et le général Duhesme, en le citant comme un des meilleurs régiments de l'armée, a rendu hommage à la vérité. Les 2e régiment de chasseurs et 9e de dragons se sont conduits d'une manière distinguée.

Je regrette, citoyen Consul, de ne pouvoir vous faire connaître les traits particuliers de valeur; ils étaient si communs que tous ceux qui se sont trouvés à cette affaire ont acquis également des droits à votre estime.

L'infanterie ennemie n'a pas voulu essuyer le sort de sa cavalerie et s'est retirée le mieux qu'elle a pu.

Le général Duhesme, laissant alors le commandement de Crémone au général Broussier, se porta sur Plaisance pour hâter la reddition du château qui eut lieu le surlendemain.

---

(1) Le *Journal de Brossier* ajoute : « Sur la route de Mantoue, en avant du petit pont qui est près de la porte de la ville ».

(2) On lit dans le *Journal de Brossier* : « .....L'ennemi..... se rallie trois fois, recharge avec avantage et fait même quelques prisonniers; mais la réserve de cavalerie, marchant par quatre sur la grande route et avec beaucoup d'ordre, le renverse et lui prend 200 chevaux; elle poursuit sa victoire jusqu'à la l'ève de San-Giacomo. »

*
* *

De Milan, Petiet dirige sur l'armée des approvisionnements de toute sorte.

Le citoyen Petiet, conseiller d'état près le Premier Consul, au Premier Consul.

Milan, le 23 prairial an 8 (12 juin 1800).

J'ai fait part aux Consuls, conformément à vos ordres, de
la bonne nouvelle que vous avez bien voulu m'annoncer (1).

Je ferai donner à Gassendi 50,000 francs. Il en a déjà reçu
24,000, d'après la demande qu'il m'en avait faite le 20.

On trouvera ici 5 à 600 chevaux pour l'artillerie, qu'on
offre de vendre ou de louer. Je préfère le second parti, attendu
qu'il doit en arriver 1400 de France.

J'ai chargé le commandant du train d'artillerie de m'amener
les hommes qui peuvent disposer de ces chevaux.

Vignolle fait le triage des prisonniers. On fera partir tout
ce qui sera allemand en deux convois : l'un dirigé sur le
Saint-Gothard, l'autre sur le Simplon. Le commandant des
cisalpins fournira les escortes, notre garnison de Milan étant
beaucoup trop faible pour pouvoir rien détacher.

On travaille à faire des souliers ; tous les cordonniers de
Milan s'en occupent (2). J'envoie un de mes jeunes gens à

---

(1) V. la lettre du 10 juin, dans laquelle le Premier Consul annonce à Petiet la victoire
de Montebello et le charge d'en transmettre la nouvelle aux consuls. (V. p. 289, et p. 290.
note 1.)

(2) *Le citoyen Petiet, conseiller d'État détaché près le Premier Consul,
aux officiers municipaux de la commune de Milan.*

Milan, le 23 prairial an 8 (12 juin 1800).

Je vous prie, Citoyens, d'employer votre autorité et vos soins pour faire faire sur-le-
champ trente mille paires de souliers pour l'armée. Cette fourniture sera acquittée sur-le-
champ et à mesure des livraisons ; l'argent sera pris dans les caisses publiques, et le montant en sera imputé sur la contribution qui sera réglée par le Premier Consul.

Le moyen d'accélérer cette fourniture serait de mettre tous les cordonniers en réquisition et de régler le nombre de paires que chacun aurait à fournir dans cinq jours.

Cet objet est de la plus grande urgence ; je réclame pour son exécution toute votre solli-
citude.

Salut et fraternité.

PETIET.

(Registre de correspondance du citoyen Petiet, conseiller d'État détaché près le Premier
Consul.) (*Archives du Comité de l'artillerie.*)

Genève pour activer l'arrivée de ceux qui ont été promis par la Compagnie Masson et qui sont en chemin.

J'ai visité les hôpitaux, ainsi que tous les édifices où l'on peut en établir; il y a, dans ce moment, 1400 malades français et 800 autrichiens; il y a place pour 6,000 malades, et les fournitures nécessaires. En faisant partir les prisonniers, on évacuera les malades étrangers qui seront transportables.

La municipalité de Milan met beaucoup de zèle et de bonne volonté à seconder nos agents. Elle désirerait qu'on réglât une indemnité à chacun de ses membres, la plupart ne vivant que de leur état, qu'ils sont obligés d'abandonner. Je crois qu'on pourrait leur accorder à chacun 500 francs de Milan par mois, ce qui ne ferait guère que 400 francs de France. Ils demandent à être autorisés à rappeler les juges qui ont été renvoyés par les Autrichiens, mais ils sont convenus que, dans le nombre, il y en avait qui n'étaient ni assez éclairés, ni assez bien famés pour mériter la confiance publique. Je leur ai recommandé de faire des listes et de ne présenter que des hommes dont les talents, l'expérience et les mœurs soient bien connus, et d'éviter surtout de désigner des révolutionnaires trop exaltés.

Le million tant attendu est à la fin arrivé, mais avec 400,000 francs de moins qui ont été payés sur la route à divers corps qui l'ont exigé; le payeur a emporté le reste au quartier général. Tous les corps qui ont passé par ici ont reçu un acompte sur leur solde. Ce qui a été perçu dans les caisses publiques a été employé à ces acomptes.

J'attends avec bien de l'impatience de vos nouvelles et de vos nouveaux succès.

PETIET.

(Registre de correspondance du citoyen Petiet, Conseiller d'État, détaché près le Premier Consul. — *Archives du Comité de l'Artillerie.*)

13 JUIN

Dans les journées des 12 et 13 juin, le Premier Consul semble avoir été dans une grande incertitude sur la direction prise par l'armée autrichienne.

Le Général de division, chef de l'état-major général, au Ministre de la guerre.

Sous Tortone, le 24 prairial an 8 (13 juin 1800).

Nous sommes entrés hier soir dans la ville de Tortone.

L'ennemi se rassemble sous Alexandrie. Il est incertain s'il recevra la bataille; mais nous allons le forcer à prendre un parti (1).

La bataille de Montebello est plus importante qu'elle n'avait d'abord paru; elle a pour nous les suites les plus heureuses.

Salut et inviolable attachement.

Dupont.

P.-S. — Étant presque toujours à cheval, je suis forcé de différer quelquefois le compte que je vous dois de nos opérations.

---

(1) Une situation analogue s'était déjà présentée sur le même terrain.

En septembre 1745, le maréchal de Maillebois, commandant l'armée franco-espagnole, avait débouché de la rivière de Gênes et s'était porté dans la plaine entre Scrivia et Bormida, en face d'Alexandrie. Les Autrichiens, venant du Milanais, et les Sardes, venant de la haute vallée du Tanaro, s'étaient concentrés entre Alexandrie et Valenza.

Les Austro-Piémontais se trouvaient donc dans la position de Mélas, tandis que Maillebois occupait le même terrain que le Premier Consul en 1800. Les deux armées restèrent environ un mois en face l'une de l'autre sans s'attaquer.

Maillebois ayant dirigé un corps espagnol sur Pavie, pour menacer le Milanais, les Autrichiens passent le Pô et se portent vers Milan. Maillebois reste ainsi sur le Tanaro, en face des seuls Sardes.

Ceux-ci sont retranchés sur la rive gauche du Tanaro, entre Bassignana et Monte-Castello. Maillebois et l'Infant attaquent cette forte position le 27 septembre 1745; leurs troupes passent le Tanaro à gué et mettent en déroute l'armée du roi de Sardaigne. La bataille de Bassignana force celui-ci à se replier sur Casale et Valenza.

(Consulter la *Guerre de la succession d'Autriche*, par le lieutenant général de Vault, annotée par le colonel Arvers, t. 1er, chap. 6.)

A défaut de documents contemporains, on peut lire les récits faits après la campagne.

« Le 24 prairial (13 juin), à 3 heures du matin, veille de la bataille de Marengo, on apprit, par le général Chabran, que l'ennemi n'avait fait aucune disposition et que son pont de Casale était toujours ployé (1).

« Bonaparte avait donc toujours le temps de revenir sur ses pas et de repasser le Pô, si l'ennemi se décidait à effectuer l'opération.

. . . .

« Le 24 prairial, à 8 heures du matin, on apprend à Castel-Nuovo-di-Scrivia, que l'ennemi a réuni toutes ses forces à Alexandrie, et qu'il n'a point de postes à San-Giuliano, ni dans la plaine. Cet avis augmente l'incertitude et le besoin d'être promptement éclairé sur ce qu'il médite.

« Avait-il passé le Pô depuis les dernières nouvelles? S'était-il mis en mouvement sur Gênes? Se dirigeait-il sur Acqui? L'une de ces conjectures était probable, puisqu'il devait craindre une bataille générale, dont la perte eût entraîné celle de son armée, en lui coupant toute retraite, et qu'en effet il refusait le combat dans la plaine de San-Giuliano, malgré l'avantage qu'elle présentait pour le développement de sa nombreuse cavalerie et de son immense artillerie.

« Toute la cavalerie légère de l'armée française reçoit sur-le-champ l'ordre de battre la plaine; l'armée la suit, mais sans autre but que celui de pénétrer les projets de l'ennemi, et sans penser à engager une affaire sérieuse dans le champ de Marengo..... »

(*Relation de la campagne de* 1800, *faite en* 1803 *au ministère de la guerre* (2). — *Mémorial du Dépôt de la guerre*, t. IV, p. 291 et 292.)

« Dans ce mouvement (du 12 juin) on n'obtint aucune nouvelle de l'ennemi; on n'aperçut que quelques coureurs de cavalerie qui n'indiquaient pas la présence d'une armée dans les plaines de Marengo. Le Premier Consul ne douta plus que l'armée autrichienne ne lui eût échappé.

« Le 13, à la pointe du jour, il passa la Scrivia et se porta à San-Giuliano, au milieu de l'immense plaine de Marengo. La cavalerie légère ne reconnut pas d'ennemi; il n'y eût plus aucun doute qu'il ne fût en pleine manœuvre, puisque, s'il eût voulu attendre l'armée française, il n'eût pas négligé le bon champ de bataille que lui offrait la plaine de Marengo, si avantageuse au développement de son immense cavalerie. Il parut probable que l'ennemi marchait sur Gênes..... »

(*Mémoires de Napoléon*. — *Correspondance de Napoléon*, t. XXX, p. 384.)

---

(1) V. la lettre de Chabran, du 11 juin, p. 319.

(2) Cette relation a été faite officiellement par ordre du Premier Consul, sous la direction de Berthier, ministre de la guerre. Quoique rédigée à une époque bien rapprochée de la campagne, elle ne doit pas être consultée avec une confiance absolue; mais ce passage semble donner une impression réelle de l'incertitude du quartier général dans la journée du 13 juin.

Cette relation, ayant déplu à l'Empereur, ne fut pas publiée sous l'Empire. Voir à ce sujet la notice du maréchal de camp de Castres, à la fin du chapitre VIII.

D'après la *Revue militaire autrichienne*, le Premier Consul aurait été induit en erreur par un espion.

« Déjà le quartier-maître général autrichien général Zach, avait au moyen d'un espion, qui servait des deux côtés, mais sur la fidélité duquel il pouvait se fier, fait parvenir de Turin de faux renseignements au généralissime français. Après le combat de Casteggio, cet homme revint du quartier général français en apportant en notes plusieurs points sur lesquels le Premier Consul. désirait être renseigné. Les deux plus importants étaient :

a) L'armée autrichienne passe-t-elle le Pô à Valenza ou à Casale ?

b) Hohenzollern vient-il de Gênes, quand et par quel chemin ?

Le général Zach imagina le stratagème suivant : Il persuada à l'espion de donner au généralissime français l'assurance « que l'armée autrichienne, effrayée par les pertes éprouvées à Casteggio, passerait le Pô et s'ouvrirait un chemin sur Pavie ». Afin de donner plus de créance à cette indication, Mélas fit construire un pont à Casale et rassembler plusieurs bateaux à Valenza, afin que des nouvelles identiques puissent arriver au quartier général ennemi par d'autres espions. En outre, cet espion devait faire remarquer au Consul « que s'il voulait se mettre rapidement à la poursuite de l'armée impériale sur Salé, il pourrait tomber sur ses derrières et la mettre en déroute ». Le général Zach lui donna en outre un itinéraire supposé pour le corps du feld-maréchal-lieutenant Hohenzollern, venant de Gênes, dans lequel était marqué jour par jour l'endroit où il devait se trouver.

Bonaparte était inquiet de savoir d'une façon précise les mouvements des Autrichiens, par la raison qu'il voulait les rencontrer en disposant du plus de forces possibles. Il lui importait donc énormément de savoir s'il pourrait faire venir ou non la division Lapoype sur la rive droite du Pô, ou bien s'il devait s'affaiblir en faisant un détachement du côté de Gênes. Toutefois, soit hasard ou résultat des faux renseignements de cet espion, Lapoype resta avec sa division sur la rive gauche du Pô (1). De même le généralissime autrichien connut la marche du lieutenant général Desaix.

Dans ces conditions on prit des dispositions pour attaquer l'ennemi du côté de Garofoli et de Salé. Le feld-maréchal-lieutenant Ott avait passé la Bormida et l'armée maintenant réunie se trouvait entre Alexandrie et la Bormida, campée sur deux lignes. Seul le feld-maréchal-lieutenant O'Reilly restait de l'autre côté de la Bormida, à Marengo, comme arrière-garde. »

(*Œstreichische militärische Zeitschrift*, t. XXIX, p. 137 à 139.)

---

(1) En réalité, Lapoype est sur la rive droite du Pô, le 13. (V. p. 350.) Le 14, il est d'abord dirigé vers la rive gauche, sans doute d'après un faux renseignement, puis rappelé vers Voghera. En tout cas, il reste éloigné du champ de bataille. (V. p. 364.) Ce résultat est dû probablement aux nouvelles erronnées habilement envoyées par l'état-major autrichien.

Les corps de Lannes (division Watrin) et de Victor (divisions Gardanne et Chambarlhac) débouchent dans la matinée du 13 sur la rive gauche de la Scrivia sans rencontrer l'ennemi. Le corps de Desaix (divisions Monnier et Boudet) et la division Lapoype sont maintenues sur la rive droite de cette rivière.

Alex. Berthier, général en chef de l'armée de réserve, au général Lannes (1).

Voghera, le 24 prairial an 8 (13 juin 1800), 5 heures du matin.

Nous n'avons pas eu de rapport de vous cette nuit, citoyen Général, ce qui me fait penser qu'il n'y a rien de nouveau, autre que ce que vous avez écrit hier au Premier Consul. Son intention est que vous attaquiez et que vous culbutiez tout ce qui est devant vous. Le général Victor se porte du côté de San-Giuliano (2). La réserve du général Desaix est en avant de Ponte-Curone.

Alex. BERTHIER (3).

« ..... A 1 heure après-midi, les divisions Gardanne, Victor et Lannes se réunissent à San-Giuliano et prennent quelques instants de repos..... ».

(Relation de la campagne de 1800, faite en 1803 au ministère de la guerre. — *Mémorial du dépôt de la guerre*, t. IV, p. 292.)

Rapport du général Duvignan.

. . . . . (4) . . . .
Le 24, à l'aube du jour, je fis monter à cheval tous les régiments des deux lignes; deux heures après, on mit pied à terre, on fit la soupe et on la mangea.

---

(1) Le corps Lannes est arrivé le 12 à Castel-Nuovo-di-Scrivia. (V. p. 321.)
(2) Victor passe la Scrivia en aval de Tortone, à Ova, d'après le rapport de Berthier. (V. p. 425.) Il masque la citadelle de Tortone.
(3) *Correspondance de Napoléon*, n° 4907.
(4) Le début de ce rapport a été lu plus haut. (V. p. 323.)

Vers les 5 h. 1/2, le général en chef Berthier passa et fit sonner à cheval. Un officier du 1er régiment d'hussards, attaché au général Murat, vint me demander le rapport de la nuit; je le lui remis. Un deuxième m'apporta l'ordre de me mettre en marche avec les deux brigades; je formai donc la colonne et je la mis en mouvement; je la dirigeai par un chemin de traverse sur Castel-Nuovo, laissant Tortone à gauche.

Arrivé à Castel-Nuovo, l'adjudant général César Berthier vint me joindre, me fit tourner la ville et passer la Scrivia au gué. Sur l'autre rive, je trouvais le général Murat; nous nous mîmes en bataille. Il vit un instant les régiments et me donna ordre de me mettre en marche, par le bois que nous avions devant nous. Arrivé à Salé, village sur la route de San-Giuliano, nous trouvâmes le Premier Consul qui déjà y était rendu; il était midi.

Je reçus l'ordre de me rendre à San-Giuliano avec la cavalerie et de hâter sa marche. L'ennemi était à Marengo, il occupait le village, celui de Spinetta, la rive de la Bormida, et avait son armée à Alexandrie. Je forçais donc la marche. Le général Murat me joignit et marcha à notre tête jusqu'à San-Giuliano. J'avais sur la droite et sur la gauche des éclaireurs des régiments à mes ordres; ceux du 12e de chasseurs s'aventurèrent trop et partie d'entre eux furent pris par l'ennemi.

A 3 heures de l'après-midi nous nous trouvâmes dans les belles plaines de San-Giuliano, les seules que nous ayons rencontrées dans toute l'Italie où la cavalerie puisse être employée utilement; nous vîmes devant nous le village de Marengo et nous brulâmes du désir d'y être bientôt.

Des divisions d'infanterie aux ordres des généraux Lannes, Chambarlhac, Gardanne et Victor étaient déjà rendues sur le terrain avec plusieurs régiments de cavalerie, le 12e de hussards entre autres. La brigade de Kellermann et les autres divisions et l'artillerie nous suivaient.

Le général Murat nous fit mettre en bataille à droite de la route de San-Giuliano à Marengo, sur deux lignes.

(Ce fut là que le beau 1er régiment de dragons rejoignit la brigade de Champeaux.)

. . . . (1) . . . .

DUVIGNAU.

Victor et Lannes continuent leur marche vers Alexandrie. La division Gardanne, qui forme l'avant-garde, s'engage contre les Autrichiens dans la soirée et enlève très facilement le village de Marengo.

Le général Gardanne, au général Dupont.

Marengo, le 26 prairial an 8 (15 juin 1800).

Le 24 prairial à 6 heures du soir, l'avant-garde, forte d'environ 2,000 hommes, reçut l'ordre d'attaquer le village de

---

(1) V. la suite p. 347.

Marengo, défendu par 4,000 hommes et sept pièces de canon.

Mes dispositions furent bientôt prises. J'attaquai le village de front, tandis que l'adjudant général Dampierre y entrait par la gauche avec 400 hommes, malgré les efforts de l'ennemi. Sa résistance fut vaine; en moins d'une heure, culbuté de toutes parts, il fut obligé de s'enfuir dans le plus grand désordre, en nous abandonnant deux pièces de canon et quelques centaines de prisonniers. Nous poursuivîmes l'ennemi jusque sous le feu des retranchements de la Bormida et de la tête du pont d'Alexandrie, où le combat finit à 10 heures du soir (1).

Le chef de la 101ᵉ demi-brigade a eu un cheval tué sous lui; un commandant de bataillon de la 44ᵉ et plusieurs autres officiers de ces deux corps furent blessés dangereusement ou restèrent sur le champ de bataille.

L'avant-garde bivouaqua à portée de canon des retranchements, sa gauche appuyée à la Bormida et la droite s'étendant au delà du chemin d'Alexandrie à Marengo (2). . . . .

GARDANNE.

L'adjudant général Dampierre, au général Mathieu-Dumas (3).

Alexandrie, le 27 prairial an 8 (16 juin 1800).

. . . .

C'est avec cette prétendue division (division Gardanne) que nous fûmes chargés d'attaquer le village de Marengo le soir du 24. On me donna un piquet de 500 hommes pour l'attaquer par la gauche, pendant que les grenadiers l'attaqueraient par la droite. Mes 500 hommes (ou, pour mieux dire, 3 ou 400 qui me restaient, après les détachements de tirailleurs ou de garde d'artillerie fournis) emportèrent le village avant qu'aucune autre attaque eût commencé. Deux pièces de canon et quelques caissons furent le fruit de la rapidité de cette attaque. Trop d'ardeur dans la poursuite, et le peu de jour qui restait pensèrent nous être fatals. Nous nous avançâmes

(1) On lit dans le rapport du citoyen Ismert, chef d'escadron au 11ᵉ régiment de hussards, attaché à la division Gardanne : « .....Le 24, nous nous sommes battus sur la droite jusqu'à 10 h. 1/2 du soir..... »

(2) La suite a trait à la bataille du 14. (V. p. 374.)

(3) *Revue de Paris,* du 15 juin 1900, p. 803.

jusqu'au pied des retranchements de la Bormida. Le jour qui nous quittait ne permettait pas aux autres divisions de combiner une attaque capable de forcer des retranchements qui avaient plutôt l'air d'une ville que d'un ouvrage de campagne. Après nous être rapprochés à portée de pistolet, au milieu d'une pluie de balles et de mitraille, il fallut se retirer à 9 heures du soir et aller asseoir le bivouac à la portée du canon des retranchements. . . . .

DAMPIERRE.

Le général Rivaud, au général Dupont.

Marengo, le 26 prairial an 8 (15 juin 1800).

Le 24, ma brigade, composée des 43e et 96e demi-brigades de ligne (1), formant environ 4,000 hommes, a appuyé l'avant-garde, commandée par le général Gardanne, et s'est successivement portée jusqu'à Marengo et Spinetta, où, étant arrivée à 10 heures du soir, elle s'y établit militairement et y a passé la nuit.

Ce même jour, l'avant-garde de l'armée, commandée par le général de division Gardanne, forte d'environ 5,000 hommes, a attaqué l'ennemi à 4 heures du soir à San-Giuliano (2) et l'a repoussé jusqu'à la Bormida. Ma brigade a soutenu cette attaque en suivant de près l'avant-garde et en faisant des manœuvres dans la plaine qui ont reçu les éloges du lieutenant général Victor.

L'ennemi a conservé, le soir du 24, non seulement une tête de pont sur la Bormida, mais a maintenu les avant-postes entre la Bormida et notre avant-garde très près de la Bormida.

. . . . (3) . . .

RIVAUD (4).

---

(1) Le général Rivaud fait partie de la division Chambarlhac.

(2) On doit lire : Marengo.

(3) La suite du rapport à trait à la bataille du 14. (V. p. 375.)

(4) Rivaud la Raffinière (Olivier Macoux), né à Civray le 10 février 1766, avait été capitaine d'une compagnie franche à l'armée du Nord, le 15 août 1792; sous-lieutenant au 11e régiment de dragons, le 1er mars 1793; chef de bataillon provisoire, le 27 juillet 1793; adjudant général chef de brigade, le 27 septembre 1793, et général de brigade le 15 décembre 1798.

Il devint général de division le 16 mai 1802, commanda des divisions militaires sous l'Empire, fut fait baron en 1807, comte en 1814, et devint inspecteur général d'infanterie sous la Restauration. Admis à la retraite en 1830, il mourut le 19 décembre 1839.

Le lieutenant général Victor, au général en chef Berthier.

Spinetta, 27 prairial an 8 (16 juin 1800).

Le 24 du courant, la division commandée par le général Gardanne, s'est portée de San-Giuliano à Marengo pour attaquer les ennemis réunis dans ce village au nombre de 3,000 hommes d'infanterie, soutenus de quatre pièces de canon. Elle s'est dirigée en deux colonnes sur les routes de San-Giuliano et de Spinetta. L'attaque a été formée aux débouchés de ces deux routes, les ennemis étant en ordre de bataille ; elle a été engagée par une canonnade, suivie d'une fusillade assez vive. Nos bataillons, marchant au pas de charge, ont rompu les ennemis, et les ont forcés à se retirer en désordre jusque sur le pont de la Bormida, laissant en notre pouvoir deux pièces de canon, leurs caissons et environ 100 prisonniers. Quelques tirailleurs ont été portés sur la rive droite de la Bormida ; mais le feu de trente pièces de canon les ont forcés à se retirer (1).

La division Gardanne s'est aussitôt établie sur une ligne parallèle au courant de la Bormida, la droite appuyant au ruisseau de Marengo, la gauche à celui de San-Carlo.

La division Chambarlhac est venue se placer en seconde ligne sur le même front (2).

. . . . (3) . . . . . .

VICTOR.

---

(1) Dans le journal de Brossier, le combat du 13 est nommé « combat de Spinetta » et est décrit en termes presque identiques à ceux des rapports de Gardanne et de Victor. On y lit en plus que la division Gardanne était « forte seulement de 2,000 hommes et *deux pièces de canon* », et que « en moins d'une *demi-heure*, le village de Marengo est emporté ». L'effectif autrichien est estimé à 5,000 hommes et à 7 ou 8 pièces de canon.

(2) « La nuit du 24 au 25 prairial fut très calme, on entendit toute la nuit, sur la rive gauche de la Bormida, le bruit du mouvement de l'ennemi. Il est certain que les postes étaient sur le qui-vive. Le général Victor, s'attendant à être attaqué au point du jour, plaça lui-même les troupes et établit son quartier général au presbytère de la Spinetta. » (Renseignements fournis par le général Quiot, aide de camp de Victor à Marengo. — *Mémoires du duc de Bellune*. Pièces justificatives, p. 132.)

A côté de l'assertion du général Quiot : « la nuit fut très calme », il est utile de rappeler que Marmont a écrit, au sujet de la même nuit : « Un nouvel orage survint. » (*Mémoires du duc de Raguse*, t. II, p. 127.)

C'est ainsi que les Mémoires développent le scepticisme de ceux qui tentent de faire de l'histoire.

(3) La suite de ce rapport a trait à la bataille du 14. (V. p. 383.)

Milan, le 30 prairial an 8 (19 juin 1800).

Mon cher Général (1),

Après l'affaire du 25, je n'eus que le temps de vous en apprendre le résultat; je me proposais de vous en donner les détails; mais je n'ai pu le faire encore, parce que le général m'a envoyé porter la nouvelle de l'armistice et faire cesser les hostilités sur toute la ligne des avant-postes depuis Plaisance jusqu'à Brescia. J'en arrive à l'instant.

Vous avez déjà vu, sans doute, le récit officiel de ce qui s'est passé. Je crois devoir cependant vous faire l'exposé succinct de ce dont j'ai été le témoin et dont je puis vous garantir l'exactitude.

. . . .

Le lendemain (13 juin), la droite et le centre de l'armée se dirigea par Castel-Nuovo, pour éviter Tortone. Nous suivîmes ce mouvement. Nous étions à 1 heure à San-Giuliano. L'armée, composée des deux divisions Victor et Lannes, se mit en bataille. Le général Murat conduisait la cavalerie. Le général Chambarlhac faisait la réserve.

On marcha sur le village de Marengo en très bel ordre. L'ennemi était aussi fort que nous. Il avait de plus une nombreuse artillerie. Il fit un feu très vif; mais enfin il fut forcé de céder et poussé très vivement jusqu'à la Bormida.

Le général m'avait ordonné de me porter en avant pour voir ce qui se passait et lui en rendre compte. Je m'avançai à la droite de la division Victor; j'entrai avec les tirailleurs dans le village de Marengo au moment où il fut emporté.

La nuit arriva et fit cesser le feu. Je revins rejoindre le général à Garofoli (2). La plaine de San-Giuliano, théâtre de plusieurs combats qui y ont eu lieu, est entièrement ruinée (3).

---

(1) On ne sait pas exactement quel est l'auteur de ce rapport, ni à quel général il est adressé. (V. la note 1, p. 347.)

(2) Ce nom est écrit avec des orthographes très différentes. On trouve souvent Garofolo ou Garafolo. La carte de Borgonio porte Garofola; celle de Bacler d'Albe, Garofoldo. Dans la correspondance de Napoléon, on a écrit Garoffoli. On a adopté ici l'orthographe Garofoli, qui est celle de la carte d'état-major italienne.

(3) Voir à ce sujet la note 2 de la p. 366.

En rentrant le soir dans ce mauvais quartier général (1) quoiqu'on n'eût presque rien pris de la journée, il fallut se coucher par terre sans souper. La marche a été si rapide que les provisions n'avaient pu suivre. D'ailleurs, l'administration de cette armée ne paraît pas être des plus actives, ni des mieux organisées; elle n'a point fait merveille..... (2).

Rapport du général Duvignau.

. . . . . . (3) . . . .
Le Premier Consul arriva; le général en chef le joignit ainsi que les lieutenants généraux; l'attaque fut concertée et décidée.

Les divisions d'infanterie commandées par les généraux Chambarlhac, Gardanne, Lannes, sous les ordres du général Victor, se mirent en marche vers Spinetta et Marengo, et les autres généraux suivirent aussi les mouvements qui furent ordonnés.

Alors l'adjudant général Berthier vint me donner de la part du général Murat l'ordre de traverser la route et de marcher avec ma brigade sur la gauche et à la hauteur des colonnes des généraux Gardanne et Chambarlhac, afin de les soutenir au besoin sur-le-champ par un mouvement à gauche. Quoique en ordre inverse, je traversais la route et fus même obligé d'attendre que le troisième bataillon de la 43e demi-brigade eût passé; je me remis la droite en tête, en colonne par peloton et marchant à distance.

Je soutins la tête de ma colonne à hauteur de celle d'infanterie tant que le terrain me le permit. L'infanterie et l'artillerie suivaient une grande route ferrée, et ma cavalerie était obligée de marcher dans des terrains coupés; plusieurs fois je marchais en bataille et au trot, éclairant toujours ma gauche et faisant fouiller les maisons, les bouquets de bois, et quelque peu de cavalerie ennemie qui se trouvait sur ma gauche se retira à mesure que j'avançai. Le terrain devint de plus en plus coupé de fossés larges, profonds et d'un difficile accès, de défilés où il fallait que deux régiments passassent par homme; à peine reformé, ce qui était fort long, des vignes où il fallait se faire jour avec le sabre, tant elles étaient enlacées, présentaient de nouveaux obstacles.

Tous les accidents de terrain retardèrent la marche de la brigade; joignez à cela la fatigue des chevaux qui étaient sans avoine depuis beaucoup de jours. Il fallait prendre le trot pour regagner une hauteur; j'y parvins cependant et j'y étais lorsque le feu commença à Spinetta. Après un combat opiniâtre l'en-

---

(1) La mission donnée à l'auteur du rapport, son retour à Garofoli, indiquent qu'il est officier d'ordonnance de Berthier ou du Premier Consul. En rapprochant ce texte du passage des *Mémoires du duc de Rovigo* cité plus loin, p. 361, on est porté à croire que le rapport est de Lauriston, mais on n'en a pas la preuve.

(2) Voir la suite au 14 juin, p. 411.

(3) Le passage qui précède a été lu plus haut, p. 341.

nemi battu se retira de Spinetta (1) ; il fut suivi à Marengo ; je suivis les colonnes toujours sur le flanc gauche.

L'adjudant général Berthier vint pendant ce temps me demander ce qu'était un peloton de cavalerie que l'on voyait galoper dans la plaine ; c'était un peloton de mes éclaireurs poursuivant quelques tirailleurs ennemis.

Je continuai ma marche toujours en manœuvrant sur le flanc gauche des colonnes, lorsque deux bataillons se trouvant séparés sur la gauche et marchant en flanqueurs, allaient, par leur marche lente, se trouver à découvert et plus soutenus. Un adjudant, que j'avais envoyé au général Gardanne, me rapporta l'ordre de les soutenir ; je le fis, cela me retarda ; alors Marengo était vigoureusement attaqué.

L'ennemi fit sa retraite par la grande route, regagnant son pont sur la Bormida, toujours poursuivi. Je reçus ordre d'avancer, j'avançai de suite au trot ; ce fut mon aide de camp qui m'apporta cet ordre du général Victor. Des fossés me forcèrent à un défilé. L'ennemi était toujours en retraite.

Un cavalier vint me dire, sans savoir de quelle part, de me porter sur la droite : d'immenses fossés s'opposaient à l'exécution d'un tel ordre avec célérité. (D'ailleurs est-ce ainsi que des ordres se donnent ?) Enfin, un officier de l'état-major du général Victor vint me donner l'ordre d'avancer promptement et dans ma direction. Je le fis autant que je le pus, eu égard au terrain qui ne laissait pas dix toises planes sans qu'il y eût un grand fossé plein d'eau. Enfin, ayant trouvé un passage, je joignis le général en chef et le général Victor, qui auraient désiré que je fusse arrivé plus tôt, mais qui en reconnurent l'impossibilité physique.

(NOTA. — Les chefs des 12e régiments de chasseurs et 6e de dragons peuvent attester tous les faits.)

Enfin, je rencontrai un aide de camp du général en chef Berthier, qui venait me dire que je devais prendre les ordres du lieutenant général Victor et que je faisais partie du corps qu'il commandait. Jusque-là je savais bien que j'étais sous les ordres supérieurs du général Murat, commandant toute la cavalerie ; je savais que j'avais reçu, pendant toute la soirée du 24, des ordres du général Gardanne et du général Victor, mais je ne savais pas positivement sous les ordres immédiats de qui j'étais.

Instruit par cet aide de camp du général en chef et voyant les autres corps de troupe prendre des positions, j'allai donc chercher les ordres du lieutenant général Victor. Après l'avoir cherché longtemps avec la plus grande difficulté, je le trouvai à Spinetta. Là, il m'ordonna de placer le 6e régiment de dragons en arrière de Marengo, près de la 43e demi-brigade, et le 12e régiment de chasseurs dans la plaine à gauche, par des postes et des grand'gardes portées en avant de mon front ; sur la droite, d'éclairer du côté de Tanaro ; et, après avoir placé une grand'garde de dragons sur la route, pour soutenir une grand'-garde de grenadiers de la 43e demi-brigade qui gardait deux pièces de canon en avant de Marengo, d'aller reconnaître le terrain et placer, en un mot, tous les postes convenables pour être bien gardé.

Je le quittai pour aller exécuter ses ordres. Je rejoignis le 12e régiment de

---

(1) Nul autre récit ne mentionne la défense de Spinetta par les Autrichiens.

chasseurs (il était 10 heures du soir) et je le plaçai ; je réunis ensuite le 6ᵉ régiment de dragons, que j'allai bivouaquer comme le général Victor l'avait ordonné. Je partis de là pour aller établir les postes et reconnaître le terrain sur la droite, vers Tanaro. C'est dans cette reconnaissance que je fis ma malheureuse chute ! . . . . (1) . . . . .

DUVIGNAU.

Extrait de la Revue militaire autrichienne.

Tandis que dans le camp autrichien on faisait tous les préparatifs de la bataille qui, le lendemain, devait décider du sort de l'Italie, et tandis que tous les équipages de l'armée étaient rassemblés dans un parc au nord de la ville d'Alexandrie, une violente canonnade éclata tout à coup le 13 juin vers 5 heures du soir, du côté de Marengo. Elle provenait de l'attaque du lieutenant général Victor contre le feld-maréchal-lieutenant O'Reilly qui, avec l'arrière-garde, occupait Marengo.

Le général de division Gardanne devait exécuter cette attaque. Il partagea sa division en deux parties. Avec la plus importante, il s'avança tout droit sur la route de San-Giuliano. La partie la plus faible sous les ordres du colonel Dampierre devait seconder, de Spinetta, l'attaque principale. Avec la division Chambarlhac, Victor suivait sur la route. Gardanne attaqua avec une telle énergie, que le feld-maréchal-lieutenant O'Reilly, qui ne voulait se laisser entraîner à aucun combat sérieux, fut bientôt repoussé jusqu'à la tête de pont et que l'ennemi se trouva avec lui à proximité de cet ouvrage.

Le général Zach donna immédiatement l'ordre au régiment d'infanterie Spleny, qui campait près de la route, de traverser le pont afin d'exécuter une sortie hors de la tête de pont. Il fit également mettre en position, devant le camp lui-même, 3 batteries de campagne qui, avec les pièces de la tête de pont, obligèrent le général Gardanne à renoncer à son attaque.

Ce dernier s'établit, à la faveur de la nuit, à Pedrebona, tandis que le lieutenant général Victor conduisait la division Chambarlhac à Marengo. Les Autrichiens pouvaient donc passer de nouveau, sans être inquiétés, la tête de pont. Mais le canal de Fontanone et Marengo, où la colonne principale devait se former, étaient entre les mains de l'ennemi.

Cet événement, qui n'était pas dans les calculs, devait naturellement avoir une influence sensible sur la bataille elle-même, puisque la lutte devait ainsi commencer le lendemain avant le déploiement des forces de l'armée autrichienne. Il était à prévoir que l'ennemi défendrait le plus sérieusement possible la position de Marengo, si facilement abandonnée, et que seul un combat sanglant pourrait faire reconquérir ce que l'on avait perdu.

Avec cette perte de Marengo se trouvait également perdue une partie du temps nécessaire pour les mouvements du combat proprement dit. Au contraire, Bonaparte gagna ainsi l'avantage très important de pouvoir, pendant la défense des lignes de Marengo, contre lesquelles les Autrichiens devaient diriger leurs premières attaques, rassembler ses divisions et attendre le développement des projets de l'adversaire (2).

---

(1) Voir la suite de ce rapport au chap. IX.
(2) *Œstreichische militärische Zeitschrift*, t. XXIX, p. 143 à 145.

⁎

A midi, le corps de réserve, qui est vers Ponte-Curone, est disloqué. Desaix est envoyé au sud avec la division Boudet pour couper à Mélas la route de Gênes ; il ne peut passer la Scrivia, et s'arrête sur la rive droite de cette rivière en face de Rivalta. La division Monnier passe la Scrivia et rejoint le gros de l'armée vers Garofoli (1).

Pendant ce temps Lapoype vient servir de réserve vers Ponte-Curone (2).

**L'adjudant général Dalton, au général Dupont,
chef de l'état-major général de l'armée.**

Ponte-Curone, le 24 prairial an 8 (13 juin 1800).

Je vous préviens, mon Général, que nous n'avons pu obtenir à Voghera, que 20,000 cartouches qui, jointes aux 30,000 que nous avons reçues dans la journée d'hier et à 13,000 que nous avons en réserve, font 63,000 sur 83,622 dont nous avions besoin pour compléter la division à 50 coups par homme. Vous voyez qu'il nous en manque encore 20,000, non compris ce qu'il serait nécessaire que nous ayons en réserve.

La division part à l'instant pour se diriger sur Serravalle.

Je vous prie, mon Général, de m'en en faire passer le plus tôt possible, autant que vous pourrez.

Salut et considération.

W. DALTON.

---

(1) Des officiers de la division Monnier, interrogés en 1803, au moment de la rédaction d'une relation officielle de la bataille de Marengo, dirent qu'ils étaient « partis le matin (du 14 juin), de Torre-di-Garofoli, où ils avaient passé la nuit. »(*Mémorial du dépôt de la Guerre*, t. IV, p. 271.)

(2) Aucun document n'a été trouvé relativement au mouvement de la division Lapoype, le 13 juin, mais il résulte de celui du 12 et de la position occupée dans la matinée du 14.

On sait que cette division avait passé le Pô le 12 et dans la nuit du 12 au 13 (V. p. 328). On la retrouve à Ponte-Curone le 14, à 10 heures du matin. (Voir la lettre de Lapoype à Moncey, le 15 juin, p. 364.)

Division Boudet. — Rapport du 24.

Rivalta, le 25 prairial an 8 (14 juin 1800).

Le lieutenant général Desaix donna ordre à la division de partir de Ponte-Curone pour se rendre par Sarezano à Rivalta et se diriger ensuite sur Serravalle. Il était déjà midi (1) lorsque la division reçut cet ordre; elle se mit en marche de suite, mais il survint des pluies très abondantes qui rendirent la route très défectueuse. La 9ᵉ légère avec le 1ᵉʳ de hussards, qui marchaient en tête, arrivèrent sur les bords de la Scrivia sur les 5 heures. On tenta le passage de cette rivière qui était très grosse en ce moment et on ne put parvenir à passer quelques hommes d'infanterie qu'en leur faisant prendre la queue des chevaux. Douze hommes furent entraînés en un instant; on les sauva avec peine, mais ils perdirent leurs armes. Le général se trouva forcé de la faire camper sur la rive droite. Les 30ᵉ et 59ᵉ de ligne étaient restées sur la montagne de Sarrezano, sous les ordres du général de brigade Guénand, pour protéger l'artillerie qu'on eut beaucoup de peine à faire passer et ce ne fut qu'à l'aide de vingt paires de bœufs qu'on réussit à la faire arriver sur les bords de la Scrivia à 9 heures du matin.

Pendant la nuit on s'était occupé à rétablir une barque et à passer la 9ᵉ légère. On se servit de ce moyen pour toute l'infanterie; des découvertes furent envoyées dès le soir et pendant la nuit sur Serravalle, par les deux rives de la Scrivia; on reconnut que l'ennemi occupait ce poste; les découvertes nous apprirent aussi que quelques troupes républicaines occupaient Novi (2).

L'adjudant général,

W. DALTON.

---

(1) Ce renseignement est d'une importance capitale.

C'est donc par erreur que quelques auteurs ont cru que Desaix était parti de Ponte-Curone dans la matinée du 13. (V. entre autres : *La Bataglia di Marengo*, par le capitaine Pittaluga, p. 28. Alexandrie, Gazzotti, 1898.)

L'ordre, reçu à midi, a dû être donné vers 11 heures, au moment où les reconnaissances de cavalerie (V. p. 339) et le mouvement de l'armée ont donné la certitude que les Autrichiens ne sont pas dans la plaine entre Scrivia et Bormida.

(2) Ce fut Savary qui fut chargé de la reconnaissance sur Novi.

« .....Je poussai jusqu'à Novi. Aucun détachement n'avait paru. Je rentrai à Rivalta dans la nuit du 14 au 15 juin..... » (*sic.* — Lire du 13 au 14 juin).

(*Mémoires du duc de Rovigo*, t. Iᵉʳ, p. 264.)

*Extrait du rapport des marches et opérations
de la division Boudet.*

Le 24, ma division, séparée de celle du général Monnier et
restée avec le lieutenant général Desaix, eut ordre de se
porter à Rivalta et de s'étendre jusqu'à Serravalle. Pour faire
le trajet de Ponte-Curone au bord de la Scrivia, je fus obligé
de passer par la gauche de Tortone, passage difficile et mon-
tueux et d'autant plus pénible qu'alors il pleuvait abondamment. Une autre difficulté fut le gonflement des eaux de la
Scrivia. La nuit qui survint ne nous permit de faire passer
qu'une compagnie de carabiniers dont plusieurs, emportés
par le courant, perdirent leurs armes et ne durent leur salut
qu'au hasard. Dans la nuit, ceux qui avaient passé furent
prendre position à Rivalta où se rendit aussi le général
Desaix. Pendant ce temps on s'occupa de pourvoir aux
moyens de passer la Scrivia dès le lendemain de très bonne
heure, dans le cas que la rivière ne serait pas plus
guéable (1).

* *
*

Pendant que le gros de l'armée de réserve marche à
la rencontre de l'ennemi, la sécurité de la zone où passe
la ligne d'opérations est assurée avec peu de troupes et

---

(1) La position de la division Boudet dans la soirée du 13 est très nettement établie par
ce document et par celui qui précède.

La 9ᵉ légère est sur la rive droite de la Scrivia, en face de Rivalta ; une seule compagnie a pu passer la rivière avec le général Desaix. Les 30ᵉ et 59ᵉ de bataille sont aux
environs de Sarrezano.

Le capitaine Pittaluga est donc bien près de la réalité quand il écrit : « La tradition la
plus accréditée veut que, dans la nuit du 13 au 14 juin, la division Boudet ait cantonné
dans les villages de Sarrezano et Carbonaro, situés au sud-est de Tortone, et que, le matin
suivant, elle ait repris sa marche, se tenant sur les hauteurs de Monguardone et de
Piaggi. » (*La Bataglia di Marengo*, Alexandrie, 1898.)

Le même auteur n'est plus d'accord avec les documents cités ici, quand il fixe, dans un
croquis, le point de passage de la Scrivia à Villavernia au lieu de Rivalta.

d'après les instructions données le 9 juin par le Premier Consul (1).

La division Loison garde les points de passage du Pô, contre une offensive qui viendrait du sud, sert de réserve sur la rive droite et est prête à se porter au besoin sur la rive gauche.

Moncey place quelques bataillons sur le Tessin pour le défendre, face à l'ouest, contre une marche de Mélas. tandis qu'il dirige le général Lorge sur l'Oglio pour s'opposer à une offensive venant de l'est.

La route du Saint-Gothard qui relie l'armée de réserve à Moreau est fort inquiétée par des partisans ennemis et n'est que très faiblement défendue.

L. H. Loison, général de division, au général de division Dupont.

San-Giovanni, le 24 prairial an 8 (13 juin 1800).

J'occupe, avec le corps, particulièrement sous mes ordres (2), Castel-San-Giovanni (3), mon cher Général, et ai établi mes avant-postes à Trevos, Monte-Bolzone, afin d'être instruit des mouvements que l'ennemi pourrait faire à Bobbio. J'ai donné au général Gobert l'ordre de prendre, pour la défense du pont de bateaux de Plaisance, une position qui puisse réunir l'avantage d'en défendre l'approche et de pouvoir être secouru par moi. Il doit pousser ses avant-postes à Castel-del-Bosco, parallèlement aux miens et se garder sur la route de Parme.

Je ne crois pas à un mouvement de l'ennemi sur Plaisance.

---

(1) V. p. 271.

(2) Loison avait envoyé le général Broussier à Crémone avec les 3 bataillons de la 58ᵉ. (V. p. 334.) Une fraction de la 13ᵉ légère bloquait Pizzighettone. Le général Gobert assiégeait le château de Plaisance.

Loison ne devait avoir avec lui qu'une partie des 13ᵉ légère et 60ᵉ de bataille.

(3) Il semble que Loison défendait tout particulièrement les ponts volants que Levasseur avait fait établir à Parpanèse le 11 juin. (V. p. 303.)

Cependant, s'il le tentait, il serait bien urgent d'être maître du château, ce qui faciliterait singulièrement la défense du pont de bateaux et permettrait de lui opposer plus de troupes. Le général Gobert n'aurait besoin pour ce coup de main que de huit pièces de 16 ou 12 et de deux obusiers, et dans l'espace de quarante-huit heures au plus tard, il s'en emparerait (1).

Vous me marquez bien que le général Marmont doit m'envoyer des cartouches. J'eusse préféré que vous m'eussiez indiqué où je devais les prendre ; j'aurais eu, du moins, la certitude d'en avoir ; il ne m'en reste pas deux par homme.

Je n'ai pas une pièce de canon. Ordonnez qu'il m'en soit envoyé ; vous savez que j'ai laissé celles attachées à ma division au château d'Orzinovi (2).

J'enverrai sur Bobbio des émissaires et vous tiendrai instruit des mouvements de l'ennemi. Je désire bien ardemment être employé sous les yeux du général en chef et surtout être débarrassé du général Duhesme qui, par ses idées, voit les ennemis où ils ne sont pas et prend ses rêves pour des réalités.

Dans le cas où l'ennemi marcherait sur Plaisance, je vous avertirais de suite et marcherais au secours de Gobert, chargé de la défense du pont.

Salut amical.

O. LOISON.

Je désirerais vous voir et vous parler de ce qui ne peut s'écrire.

Ordre.

Buffalora, le 24 prairial an 8 (13 juin 1800).

Ordre au commandant des deux compagnies de la 1re de ligne, qui ont dû arriver aujourd'hui à Galarate, se rendant à Buffalora, par ordre du général Bethencourt, de partir, à la réception du présent ordre, pour se rendre à Sesto, remontant le Tessin et sur le bord du lac Majeur, par le grand chemin

---

(1) V. la lettre du général Gobert, du 12 juin, p. 331.

(2) Les pièces laissées à Orzinovi sont quatre pièces autrichiennes prises à Ivrée et données à la division Loison (V. p. 53 et 107). Cette division n'a pas encore, le 13 juin, les pièces qu'elle avait en Suisse.

de Gallarate à Sesto, où elles resteront jusqu'à nouvel ordre, sous celui du général Bethencourt (1).

Ce commandant marchera à la tête des deux compagnies avec armes et bagages en bon ordre et discipline, et fera en sorte d'être rendu le plus matin possible à Sesto.

MONCEY.

(*Livre d'ordres du général Moncey.*)

Moncey, lieutenant du Général en chef de l'armée de réserve, au général Bonaparte, Premier Consul de la République française.

Milan, 25 prairial an 8 (14 juin 1800).

Général Premier Consul,

J'ai l'honneur de vous envoyer copie d'un rapport que j'adresse aujourd'hui au général en chef Berthier (2).

J'aurai celui de vous envoyer demain ma reconnaissance du Tessin, de Vigevano au dégorgement du lac Majeur. J'ai envoyé un officier du génie, pour reconnaître le Tessin de Vigevano à Pavie; mon rapport contiendra ma manière de voir sur sa défense.

Le camp volant du général Lorge est en mouvement pour couvrir Brescia et Crémone. Sur les trois bataillons que je lui devais donner, deux sont partis; le troisième, je le lui enverrai, lorsque j'en aurai un de disponible. J'ai complété ses 400 chevaux avec la réserve qui est toute arrivée (3).

Le général Bonnamy est arrivé d'hier à Plaisance avec un bataillon; le second que je dois lui donner pour compléter sa brigade, je le lui enverrai, dès que j'en aurai un de disponible (4).

---

(1)   *Ordre.*

Buffalora, le 24 prairial an 8 (13 juin 1800).

Ordre au chef de bataillon Roussot de partir de suite pour Sesto, afin de faire évacuer sur Buffalora l'avoine qui s'y trouvera et connaître les subsistances en tout genre qui peuvent y être rassemblées.

MONCEY.

(2) Lettre ci-après, p. 356.

(3) Lorge est le 14 juin à Lodi, le 15 à Crema, le 16 à Crémone. (V. chap. 9.)

(4) Son arrivée rend disponible, le 15 juin, les troupes de la division Loison. (V. chap. 9.)

J'ai l'honneur, Général Premier Consul, de vous présenter mes hommages respectueux.

MONCEY.

Moncey, lieutenant du Général en chef de l'armée. au général en chef Berthier.

Milan, le 25 prairial an 8 (14 juin 1800).

Citoyen Général,

L'adjudant général Foy (1) me rend compte, le 19 prairial, d'Altdorf, que l'ennemi a un corps de 5,000 hommes, de Feldkirck à Coire (2).

Voici les noms des régiments :

Peterswardin, infanterie ;

Kaiser, infanterie ;

Un régiment d'infanterie à parement rouge, dont on ignore le nom ;

Le corps franc Strozcky-Odonel ;

Granitz, hussards.

Le chef de la 1re ligne écrit, du 18 prairial, de la position d'Andeer, qu'il occupait à cette époque avec deux de ses bataillons, qu'il a été attaqué le 17 ; que l'affaire a duré tout le jour, et qu'enfin il est parvenu à repousser l'ennemi jusqu'à Thusis ; il lui a fait quelques prisonniers, blessé et tué beaucoup de monde. Six de nos grenadiers ont été blessés, un officier tué.

L'ennemi a occupé Tavanaze avec ses avant-postes ; Ilanz avec cinq compagnies ; Thusis et Reichenau avec de fortes réserves. Il occupe, de plus, le Val-San-Pedro et Splongen ; il pousse des patrouilles jusqu'au confluent de la Sernt et de la Lenth ; de plus, les paysans de ces contrées sont armés.

D'après cet exposé, il est nécessaire que le Premier Consul prononce si les vallées de la Reuss, Urseren, Leventine et, par conséquent, le Gothard doivent être gardés, ou s'il faut, en en retirant les troupes, les abandonner. Dans le premier cas, il faut prononcer encore si c'est l'armée de réserve ou celle du Rhin qui doit être chargée de cette défensive ; dans le second,

---

(1) L'adjudant général Foy commandait les troupes gardant les vallées de la Reuss et d'Urseren. (V. p. 151, note 1 et p. 160.)

(2) V. la carte générale du tome 1er.

il sera nécessaire de faire refluer sur les derrières l'immense quantité de munitions que le Ministre de la guerre fait arriver continuellement à Lucerne.

La position de l'ennemi, sa tentative indiquent assez qu'il est disposé à prendre la position du Gothard que nous abandonnerons et que déjà il aurait occupée, si je n'avais laissé des troupes en arrière pour la barrer; au reste, ces troupes sont peu nombreuses; elles se réduisent à un bataillon de la 29e, à un de la 101e, formant, les deux, une totalité de 1000 hommes, distribués sur tous les débouchés des vallées de la Reuss et Urseren.

Les deux bataillons de la 1re de ligne, qui, comme je vous l'ai dit, ont eu à soutenir, le 17, un combat, occupent les débouchés qui tombent sur Bellinzona et sont d'une force de 1200 hommes.

Déterminé par vos ordres pressants de pourvoir à la défense du Tessin, que l'ennemi menaçait de passer en jetant des ponts sur le Pô; de porter des forces entre Brescia et Crémone; d'en envoyer à Pizzighettone et Plaisance; d'en porter de suite de Buffalora; de laisser trois bataillons à Milan pour le blocus du château (1); ne pouvant remplir toutes vos intentions sans appeler deux bataillons sur quatre de mes derrières, ces deux bataillons de la 1re de ligne ont reçu l'ordre d'arriver promptement. Je désire que l'ennemi ne soit pas tenté de prendre les postes que nous aurons abandonnés.

Du 3e bataillon de la 91e, du 3e de la 12e légère, des deux de la 102e, annoncés déjà depuis longtemps, il n'en est pas question; arriveront-ils? je l'ignore.

J'attends vos décisions avec la plus vive impatience; et dites-moi catégoriquement : Je veux qu'on garde le Gothard, qui comprend les vallées de la Reuss, Urseren et Leventine; ou, je veux qu'on l'abandonne.

Salut et fraternité.

MONCEY.

P.-S. — J'ai oublié de vous rappeler, dans le cours de mon rapport, que le général Moreau, par sa dépêche du 8 prairial, me mande qu'effectivement 5 ou 6,000 hommes sont dans les

(1) Se reporter à l'ordre du Premier Consul, du 9 juin, p. 271.

Grisons ; que si ce corps s'augmente, alors il fera un détachement pour rappeler celui de l'ennemi.

Toutes ces circonstances réunies, Général, me font désirer un ordre impératif de votre part ; car il n'est pas aimable d'être chargé de faire arriver de l'artillerie et des munitions de guerre par un pays qui doit être couvert et de savoir que le bruit propagé que les troupes que j'ai en arrière devraient être arrivées, se soutienne toujours.

Vignolle, général de brigade, commandant Milan et le blocus de la citadelle, au général Dupont, chef de l'état-major général.

Milan, le 25 prairial an 8 (14 juin 1800).

Plusieurs rapports parvenus du côté des Grisons portent, mon cher Général, que l'ennemi a un corps d'environ 5,000 hommes dans ce pays-là. J'ai vu même un officier qui, venant d'Altdorf, a failli être fait prisonnier après le passage du Gothard par des patrouilles autrichiennes.

Le général Moncey a bien couvert par quelques troupes cette principale communication. Mais il est incertain si elles sont encore aux débouchés où il les a placées, ce qui lui cause de l'inquiétude, ayant encore des bagages, de l'artillerie et des munitions en arrière.

N'y a-t-il pas aussi à craindre, mon cher Général, que le prince de Reuss, que l'on dit commander ce corps de troupes dans les Grisons, informé de la situation actuelle de l'armée autrichienne dans le Piémont, ne cherche à descendre de ces montagnes pour intercepter entièrement nos communications par le Gothard et le Simplon, et faciliter par ces points la retraite de Mélas qui, dans e cas, passant le Pô, se dirigerait par Arona, qui est encore au pouvoir des Autrichiens, ainsi que le lac Majeur qu'ils gardent par des barques canonnières. Dans toutes les hypothèses, il est important de garder en force le Gothard, et le général Moreau devrait bien rendre ce service à l'armée de réserve ; il paraît qu'il y met à cet égard un peu d'égoïsme.

Vous êtes sans doute informé que les Autrichiens sont rentrés en nombre à Crémone et ont forcé, de concert avec leurs partisans du pays, les patriotes à s'enfuir. Les prêtres ont joué, dit-on, dans cet acte un rôle principal.

L'ennemi était aussi hier à Crema, mais le général Lorge, allant s'établir sur l'Adda avec sa division, les en aura bientôt chassé.

Les trois bataillons italiens, arrivés hier à Milan, sont partis ce matin pour rejoindre leur légion à Brescia. Ils ont éprouvé, en passant en Piémont, beaucoup de désertions ; leur force que, d'après ce qu'on m'avait assuré, j'avais marquée au général en chef être de 1400 hommes, n'est plus que de 1100.

Le Premier Consul m'ayant dit avant son départ de Milan que, si j'avais besoin de fusils pour les bataillons que j'organise, je pourrais en envoyer prendre à Pavie, de ceux abandonnés par les Autrichiens, je vais y envoyer un officier, avec un ordre de Gassendi, pour qu'il m'en soit fait un envoi de 1500 dont j'ai un besoin indispensable.

Salut et amitié inviolable.

VIGNOLLE.

*
* *

Le Premier Consul passe la nuit à Torre-di-Garofoli, attendant des renseignements sur les mouvements de son adversaire.

« Dès que la nuit est venue et que les divisions ont établi leur bivouac, Bonaparte part en toute hâte pour se rendre au quartier général à Voghera, et recevoir des nouvelles de tous les points de l'armée, mais particulièrement du général Desaix envoyé en reconnaissance sur Novi et Gênes ; du général Chabran, placé en observation sur le Pô ; et du général Suchet, qui devait avoir eu, dans Acqui, des agents sûrs dont on attendait le retour. Il apprend, à moitié chemin, à Torre-di-Garofoli, qu'aucun mouvement n'a eu lieu sur la rive gauche du Pô, au corps du général Chabran ; il est informé que la Scrivia grossit de manière à rendre le passage difficile ; il se décide à fixer dans ce hameau son quartier général. »

(*Relation de la bataille de Marengo rédigée en* 1803, par Berthier.)

« Cet ordre donné (de brûler les ponts de la Bormida), Bonaparte part pour se rendre au quartier général à Voghera, où il devait recevoir les rapports de tous les postes de son armée et ceux des espions ; il espérait par les mouvements de l'ennemi, deviner ses véritables pensées ; mais, à peine arrivé à Torre-di-Garofoli, il reçoit des nouvelles de Rivalta et du Pô. Il s'arrête dans cette ferme le reste de la nuit. »

(*Relation de la bataille de Marengo rédigée en* 1805, par Berthier.)

L'occupation facile de Marengo, et la retraite des Autrichiens sur la rive gauche de la Bormida, font penser au Premier Consul que Mélas se dérobe encore à la bataille et va se porter soit au nord vers Valenza, soit au sud vers Novi ou Acqui.

« On sut, par les prisonniers faits dans ce combat (du 13), que le matin M. de Mélas avait envoyé un détachement sur Acqui, mais que le corps d'armée était encore sous Alexandrie. Dès lors, on put croire qu'il voulait tomber sur le général Suchet, puis, en s'appuyant sur Gênes, Alexandrie et Turin, voltiger entre ces places, nourrir la guerre dans ces contrées, et prendre conseil des circonstances pour améliorer sa position.

« Pouvait-on croire, en effet, qu'une armée de 50,000 hommes eût cédé, presque sans combat, le village de Marengo, si son projet était de se battre sur la rive droite de la Bormida, pour se frayer un passage à travers l'armée française ? »

(*Relation de la bataille de Marengo rédigée en* 1803, par Berthier.)

« Bonaparte se confirme dans son idée que, puisque l'ennemi, au lieu de l'attendre dans la plaine de Marengo, avait laissé prendre le village, c'est qu'il était décidé à suivre un des trois partis dont il a été fait mention. » (Marcher sur Valenza, Gênes ou Acqui.)

(*Relation de la bataille de Marengo rédigée en* 1805, par Berthier) (1).

« Le Premier Consul était resté fort tard à parcourir les lignes de son armée. Il rentrait lorsqu'il reçut le rapport de la reconnaissance que j'avais poussée jusqu'à Novi. Il m'a fait l'honneur de me dire depuis qu'il avait eu de la peine à se persuader que les Autrichiens n'eussent pas cherché à lui échapper par une route qui n'était pas observée, et qui leur offrait une retraite plus sûre, puisqu'elle les éloignait de Masséna, qui avait repris les hostilités.

Une circonstance particulière contribuait à lui faire paraître la chose plus invraisemblable. Il s'était tenu à cheval, à ses vedettes, une bonne partie de la nuit, et n'avait aperçu qu'un petit nombre de feux ennemis. Il n'avait plus douté dès lors que les Autrichiens ne fissent un mouvement, et avait ordonné au général Desaix de se porter avant le jour à Novi avec la division Boudet. »

(*Mémoires du duc de Rovigo*, t. Ier, p. 266.)

La croyance du Premier Consul à la retraite de Mélas a pu être augmentée par ce fait qu'il semble avoir été convaincu, dans la soirée du 13, que le pont sur la Bormida était détruit, si l'on s'en rapporte aux relations officielles faites après la campagne et aux Mémoires de Marmont, de Savary et de Bourrienne.

« L'avant-garde reçoit l'ordre de repousser les postes ennemis au delà de la Bormida, et, s'il est possible, d'en brûler les ponts. »
(*Relations de la bataille de Marengo rédigées en* 1803 *et* 1805, par Berthier. — V. *Mémorial du Dépôt de la Guerre*, t. IV, p. 292 et 293.)

« Ses coureurs (de Victor) arrivèrent sur la Bormida à la nuit tombante ; ils mandèrent que l'ennemi n'y avait point de pont (2) et qu'il n'y avait qu'une simple garnison à Alexandrie ; ils ne donnèrent point de nouvelles de l'armée de Mélas..... Le Premier Consul était fort inquiet..... »
(*Mémoires de Napoléon. — Corresp. de Napoléon*, t. XXX, p. 384.)

---

(1) V. à la fin du chap. VIII, une notice sur la rédaction de ces deux relations au dépôt de la guerre, et sur les corrections faites par l'Empereur.

(2) Un auteur, qui a étudié la topographie du champ de bataille, fait remarquer « que l'unique pont étant établi au fond d'un rentrant du fleuve, entre des rives plutôt élevées et étant couvert par des ouvrages improvisés et par des abatis, et aussi par la fumée des canons, on doit conclure qu'il pouvait difficilement être aperçu par les troupes françaises, d'autant plus que l'heure était tardive ». (*La Bataglia di Marengo*, capitano Pittalugga. Gazzotti, Alexandrie, 1898.)

« ..... Arrivé près de la Bormida, je reconnus une tête de pont construite sur la rive droite, et occupée par l'ennemi ; la rivière, à ce point, fait un coude, et, contre tous les principes, la tête de pont étant placée à un saillant de la rivière (1), je pouvais la prendre dans le revers en m'enfonçant dans le rentrant. Je crus que nous ferions une attaque prochaine de cette tête de pont, et, pour la favoriser, je pris avec moi huit pièces de canon, afin d'en battre obliquement la gorge ; mais je fus reçu par le feu d'une batterie à embrasure, construite sur la rive gauche, qui m'obligea à me retirer, après avoir perdu plusieurs hommes et avoir eu plusieurs pièces démontées. Ayant pris position en arrière, j'allai trouver le général Gardanne pour savoir ce qu'il comptait entreprendre. Je le trouvai dans un fossé, et n'ayant pris aucune mesure ni pour attaquer la tête de pont ni pour empêcher l'ennemi d'en sortir et de déboucher. Là-dessus, je le quittai, n'ayant aucun ordre à lui donner et la nuit étant voisine.

. . . .

(Le lendemain matin) le Premier Consul, étonné de cette nouvelle (l'attaque générale de l'ennemi), dit qu'elle lui paraissait impossible : « Le général Gardanne m'a rendu compte, ajouta-t-il, de son arrivée sur la Bormida, dont il avait coupé le pont ». « Le général Gardanne, lui répondis-je, vous a fait un faux rapport ; j'ai été hier soir plus près que lui de la tête de pont et je lui ai proposé de tenter de s'en emparer ; mais il s'y est refusé, quoique j'eusse disposé du canon pour le soutenir ; et la tête de pont n'ayant pas été enlevée ni bloquée par nos postes, l'ennemi a pu déboucher à son aise pendant cette nuit (2), sans être aperçu. Ainsi vous pouvez hardiment croire à la bataille. »
(*Mémoires du duc de Raguse*, t. II, p. 127.)

« ..... Il (le Premier Consul) avait ordonné qu'on rejetât de l'autre côté de la rivière tout ce qui l'avait passé, et, qu'à quelque prix que ce fût, on détruisît un pont qui pouvait nous être si funeste, annonçant même l'intention de s'y porter de sa personne, si les circonstances l'exigeaient. Un de ses aides de camp, le colonel Lauriston, fut chargé de suivre l'opération et de ne revenir que lorsqu'elle serait accomplie.

« L'action s'engagea : on se canonna toute la journée (3), mais l'ennemi tint ferme ; on ne put l'obliger à retirer le pont. Lauriston vint rendre compte de l'état des choses. Le Premier Consul, exténué de fatigue, ne l'entendit pas ou comprit mal ce que son aide de camp lui rapportait, car Lauriston, auquel il reprocha souvent dans la suite la fausse sécurité qu'il lui avait donnée, répondit constamment que, loin d'avoir à se reprocher une faute aussi grave, il était au contraire accouru le prévenir que ses ordres n'avaient pu s'exécuter..... »
(*Mémoires du duc de Rovigo*. t. Ier, p. 265.)

---

(1) L'examen de la carte ne justifie pas l'affirmation de Marmont. (V. aussi la note 2, p. 360.)

(2) Tout au contraire, les Autrichiens qui devaient d'abord partir de leur camp à minuit, ne se mirent en marche qu'à 8 heures du matin. (V. plus loin, p. 447, l'extrait de la *Revue militaire autrichienne*.)

(3) D'après les rapports sur le combat du 13, l'engagement ne commence qu'à 4, 5 ou 6 heures du soir. (V. p. 342 à 349.)
Cette erreur matérielle doit rendre un peu suspectes les autres affirmations de ces Mémoires. On ne doit pas oublier que Savary, aide de camp de Desaix, n'était pas le 13 sur le champ de bataille, mais à Rivalta.

« Le Premier Consul coucha, le 13, à Torre-di-Garofoli. Il donna le soir l'ordre d'envoyer un officier d'état-major reconnaître si les Autrichiens avaient un pont sur la Bormida. J'étais présent lorsqu'on vint fort tard lui faire un rapport d'après lequel il *n'en existait pas*. Cet avis tranquillisa le Premier Consul, il se coucha fort content. Mais, lorsque le lendemain le canon se fit entendre de grand matin, et qu'il apprit que les Autrichiens avaient débouché dans la plaine et qu'on se battait, il témoigna le plus grand mécontentement de la fausseté du rapport de l'officier d'état-major, l'accusa d'être un lâche et de ne pas s'être assez avancé ; il parla même de le faire mettre en jugement. On parvint à calmer le Premier Consul, et je tais aujourd'hui par discrétion le nom de cet officier..... »

(*Mémoires de Bourrienne*, t. IV, p. 120.)

CHAPITRE VIII

BATAILLE DE MARENGO

Dispositions du Premier Consul dans la matinée du **14**. — Les divisions Lapoype et Boudet éloignées du champ de bataille. — Effectif de l'armée de réserve. — Rapports des généraux commandant les troupes françaises : Gardanne, Rivaud et Victor, Watrin et Lannes, Monnier et Boudet, Murat et Kellermann ; extraits de quelques mémoires. — Rapports de Berthier et de Dupont. — Bulletin de l'armée et journal de Brossier. — Relations autrichiennes. — Relations faites après la campagne par ordre de Napoléon.

---

14 JUIN

Bataille de Marengo.

Le Premier Consul, dans les premières heures du 14, ne reçoit aucun renseignement sur l'armée autrichienne.

Le combat de la veille lui a donné la conviction que Mélas refuse la bataille et se dérobe par une marche de flanc. Aucun mouvement n'est signalé du côté d'Alexandrie avant 8 heures du matin (1). Le Premier Consul

---

(1) Il paraîtrait que le Premier Consul fût averti à 8 heures, par le capitaine Deblou, du 2e chasseurs à cheval, officier de correspondance du général Murat : « Le 25 prairial an 8 (Marengo), à 8 heures précises du matin, il instruit le Premier Consul des dispositions de l'ennemi et le prévient qu'il y aura une affaire majeure et décisive dans cette journée ». (Extrait des états de service du capitaine Deblou. *Mémoires du duc de Bellune*, p. 432.)

Il semble probable, si ce renseignement a vraiment été donné au Premier Consul, que

demeure donc persuadé que Mélas marche sur Valenza au nord ou sur Gênes au sud.

En conséquence, vers 9 heures du matin, il envoie la division Lapoype sur la rive gauche du Pô (1). C'est ainsi que cette réserve se trouve éloignée du champ de bataille.

A peu près en même temps il expédie l'ordre à Desaix de marcher de Rivalta dans la direction du sud vers Pozzolo-Formigaro. (V. p. 394.)

Rapport du 24 au 25.

Bivouac près Tortone, le 25 prairial an 8 (14 juin 1800).

Les reconnaissances de la nuit n'ont rien produit de nouveau ; celles du côté de Castel-Nuovo-di-Scrivia ont été sans rencontrer l'ennemi et celles du côté de la montagne sur notre gauche n'ont pu être poussées aussi loin qu'on le désirait, les chemins en rapprochant de la montagne étant tous coupés de fossés.

Un déserteur a été trouvé de ce côté sans pouvoir nous donner de renseignements.

Un dragon du 9e régiment a eu le bras cassé en allant à Tortone pour les distributions qui n'ont pu avoir lieu.

Le Général de brigade,

CHAMPEAUX.

Le général de division Lapoype, au lieutenant général Moncey.

Castel-Nuovo-di-Scrivia, le 26 prairial an 8 (15 juin 1800).

Nous n'avons pas pris part à l'affaire d'hier, mon Général, l'ordre de me rendre sur Valenza m'étant parvenu à 10 heures à Ponte-Curone.

---

celui-ci n'y attacha pas une très grande importance et qu'il attendit des nouvelles plus certaines.

Gardanne n'est attaqué qu'à 9 heures, à Pedrebona (V. p. 374). La relation autrichienne donne l'heure de 8 heures comme celle indiquée pour le départ. (V. p. 447.)

Ce n'est donc qu'à 10 heures environ que le Premier Consul doit savoir qu'il est attaqué par des forces importantes.

(1) Cet ordre a dû être donné vers 9 heures du matin, puisque Lapoype le reçoit à 10 heures à Ponte-Curone. — Torre-di-Garofoli à Ponte-Curone : 14 kilomètres environ.

ARMÉE DU RHIN.

Division

LIQUE
ÇAISE.

ÉGALITÉ

No.
a classer

di Serie le 26 Prairial de l'an 8.

Division Lapoype

Le combat s'étant engagé, et l'ennemi nous ayant pressé, on m'a dépêché des courriers et des officiers d'état-major pour me faire revenir. Mais le courrier ne m'a atteint qu'à 6 h. 1/2, et j'étais déjà sur le pont volant avec une partie de ma division (1).

Je n'ai pu arriver que fort tard à Voghera et, de là, je me rends par Castel-Nuovo-di-Scrivia à l'armée qui doit être au bord de la Bormida (2).

L'ennemi a été battu complètement, après nous avoir repoussés pendant trois heures.

Plusieurs demi-brigades sont abîmées : les 40e, 24e, 96e, etc. Plusieurs régiments : 12e de chasseurs, 1er et 6e de dragons.

Mais l'ennemi a perdu deux fois plus que nous, et sans compter 5 à 6,000 prisonniers. Plusieurs de ses régiments à cheval ont aussi beaucoup souffert.

Renvoyez-nous notre compagnie de carabiniers, notre com-

---

(1) Sur quel pont volant peut être Lapoype?

Il semble que ce doit être celui de Bastida, par lequel il est venu de Pavie le 12 juin et qu'il ne nomme pas, précisément parce que c'est celui qu'il connaît.

Ce passage est à 22 kilomètres environ de Ponte-Curone et les chemins sont sans doute médiocres, ce qui peut expliquer le temps employé à faire ce trajet.

Voghera est bien sur le chemin qui ramène de Bastida à Castel-Nuovo-di-Scrivia.

On ne s'étonnera pas que, pour aller de Ponte-Curone à Valenza, Lapoype ait fait le grand détour de passer à Bastida, si l'on songe qu'il n'y avait en amont ni pont ni moyen de passage assuré, de quelque nature qu'il fût.

La *Revue militaire autrichienne* mentionne cependant l'existence d'un mode de passage préparé sur la Scrivia et le Pô.

« .....Dans le cas où Mélas voudrait passer avec l'armée sur la rive gauche du Pô, à Valenza ou à Casale, le Premier Consul avait, dès le 13 au matin, donné l'ordre de construire deux ponts volants sur la Scrivia, au nord de Castel-Nuovo ; il avait également fait rassembler une quantité de bateaux et de radeaux pour que ses divisions pussent rapidement traverser le fleuve. » (*Œstreichische militärische Zeitschrift*, t. XXIX, p. 146.)

L'existence de ponts volants est également mentionnée dans le rapport de Berthier. (V. p. 426.)

En tout cas, le passage commencé par Lapoype semble bien le passage du Pô, et le point est forcément à l'est de Voghera, puisqu'il passe le soir par cette ville en marchant vers Castel-Nuovo.

(2) Si le pont volant, vers lequel s'est dirigé Lapoype, n'est pas absolument déterminé, les positions de la division dans la matinée et la soirée sont fixées par cette lettre d'une manière très exacte. Lapoype est à Ponte-Curone jusqu'à 10 heures du matin ; le soir, très tard, il est à Castel-Nuovo-di-Scrivia.

Il y a donc erreur absolue dans le tableau de la « Position des Français en Italie le jour de la bataille » sur lequel on lit : « Division Lapoype à Pavie ». Ce tableau accompagne la « Carte générale de la campagne de l'armée de réserve en Italie en l'an 8 ». On le trouve aussi dans les *Mémoires de Napoléon* (*Correspondance de Napoléon*, t. XXX, p. 387) et dans beaucoup d'autres ouvrages. (V. l'annexe n° 9.)

pagnie de chasseurs ; vous nous aviez promis des forces, et rien n'arrive.

Je vous salue ; aimez-nous toujours.

LAPOYPE.

P.-S. — Le brave général Desaix a été tué hier.

*
* *

La bataille de Marengo, dans ses grandes lignes, peut se résumer en quelques mots :

Pendant que le Premier Consul croyant Mélas en retraite, éloigne deux divisions du gros de l'armée vers 9 ou 10 heures du matin, détachant Lapoype au nord et Desaix au sud pour arrêter les Autrichiens sur les routes de Milan et de Gênes, ceux-ci passent la Bormida dans la matinée du 14 (1) et attaquent l'armée française (2).

---

(1) V. la carte du champ de bataille, à la fin du chap. VIII. Cette carte a été faite au Dépôt de la guerre quelques mois après la campagne, d'après des levés faits sur le terrain. Elle accompagnait les relations officielles de 1803 et de 1805, et portait des dispositifs de troupes pour les différents moments de la bataille.

(2) Ce n'est pas la première fois que les Français combattent à Marengo.

A deux reprises différentes, pendant l'année 1799, l'armée d'Italie s'est engagée contre les alliés dans la plaine de San-Giuliano, entre la Scrivia et la Bormida, entre Tortone et Alexandrie.

La coïncidence est assez curieuse pour qu'on fasse ici un récit sommaire des combats de Marengo, des 16 mai et 20 juin 1799 :

Dans le premier, les armées ne sont pas orientées comme en 1800. Les Français venant d'Alexandrie, sont face à l'est. Il offre cet intérêt particulier que le général des troupes françaises est Victor, le même qui commande l'avant-garde du Premier Consul le 14 juin 1800.

Dans le second combat, les positions des armées adverses sont identiques à celles de 1800 ; les Français viennent des bords de la Scrivia, et repoussent les Autrichiens jusqu'à la Bormida. Une division, arrivant dans la soirée à San-Giuliano et Cassina-Grossa assure aux Français le succès jusque-là incertain. La bataille du 14 juin 1800 semble calquée sur le combat du 20 juin 1799.

Premier combat de Marengo. — 16 mai 1799.

Moreau, général en chef de l'armée d'Italie depuis le 27 avril 1799, après avoir replié ses troupes sur le Pô supérieur, vers Turin, vient de se porter du côté d'Alexandrie et borde la rive gauche de la Bormida.

Les alliés, sous le commandement de Souvarow, sont dans la position suivante dans la soirée du 15 mai :

Karatchï a un détachement russe en avant de Marengo et un corps autrichien à

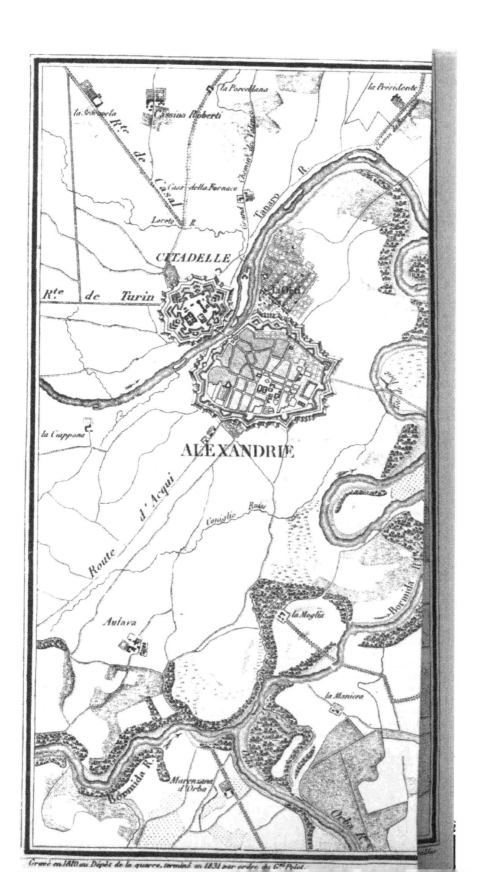

la Porcellana

la Présidente

la Serravela

Cassina Roberti

Ca.ss: della Fornace

Loreto R.

Tanaro R.

CITADELLE

Rte de Turin

BORMIDA

ALEXANDRIE

la Ciappona

Route d'Acqui

Consiglio

Rusca

Bormida R.

Aulara

la Moglia

la Maniera

Bormida R.

Marenzana d'Orba

Orba R.

Gravé en 1810 au Dépôt de la guerre, terminé en 1831 par ordre du Gal Pelet.

Victor, avec les divisions Gardanne et Chambarlhac, résiste longtemps à Marengo et sur les bords du Fontanone à l'attaque de la principale colonne autrichienne. Lannes avec la division Watrin le soutient à Marengo et au nord

Marengo. Lusignan, avec 7 bataillons et 6 escadrons autrichiens est à San-Giuliano. Mélas est à Garofoli avec 18 bataillons 1/2, formant les divisions Frölich et Kaim. Bagration a 10 bataillons, 6 escadrons et 2 régiments cosaques vers Novi. Souvarow est à Salé.

Le mouvement ordonné pour le 16 mai porte toutes les troupes alliées vers le nord, pour repasser sur la rive gauche du Pô. C'est pendant l'exécution de cette marche de flanc que les Austro-Russes doivent faire face à l'ouest pour repousser la reconnaissance offensive de la division française Victor.

(Voir la *Campagne de* 1799 *en Italie et en Suisse* par le général russe Milioutine.)

« Le 24, le 25 et le 26 (prairial), je rassemblai l'armée sur la Bormida, ayant appris que la grande armée abandonnait son projet de marche contre l'armée de Naples et se rapprochait de moi. Je voulus m'en assurer et ayant fait jeter un pont sur la Bormida, je chargeai le général Victor de faire une forte reconnaissance vers Tortone, de culbuter l'avant-garde et de voir ce que nous avions devant nous..... Notre reconnaissance, faite avec environ 1200 chevaux, 6 pièces d'artillerie et 7 ou 8 bataillons..... (*Rapport de Moreau, général en chef de l'armée d'Italie, au Directoire.* Carmagnola, 22 mai 1799.)

« Dans la nuit du 27 (16 mai), la division Victor effectue son passage ; nos troupes emportèrent rapidement les villages de Marengo, Spinetta et San-Giuliano, replièrent tous les avant-postes ennemis et lui firent 300 à 400 hommes prisonniers ; mais l'armée autrichienne, forte de 26,000 à 30,000 hommes, se montrant déployée derrière le village de San-Giuliano, ne permit pas de pousser plus loin nos avantages. Le général Victor ordonna la retraite et vint prendre position sur la Bormida. Ce mouvement s'exécuta avec tout l'ordre possible ; pas une bouche à feu, pas un caisson ne restèrent en arrière et nous emmenâmes nos prisonniers ; la nombreuse artillerie de l'ennemi nous a occasionné quelques pertes, mais elle n'a pas un seul instant ébranlé nos troupes. Les généraux Gardanne et Colli se sont particulièrement distingués dans cette affaire. »

(*Bulletin historique des opérations de l'armée d'Italie pendant le mois de floréal an 7*, par Dessole.)

Un plan conservé aux Archives de la guerre, fournit quelques détails intéressants : La gauche de la division Victor s'est étendue bien au delà de Castel-Ceriolo, dans la direction de Piovera. Cette gauche et le centre ont dû, dans la marche en retraite, se retirer par Marengo, à cause des « marais impraticables » du Fontanone. L'infanterie française a passé la Bormida sur un pont de bateaux à l'est d'Alexandrie, la cavalerie a passé à gué à quelques centaines de toises en amont.

Deuxième combat de Marengo. — 20 juin 1799.

Moreau, ayant sous ses ordres directs les divisions Grouchy et Grenier, environ 12,000 hommes, débouche de Gênes le 17 juin. Son but est d'immobiliser Souvarow du côté d'Alexandrie, pendant que Macdonald, venant de l'Italie méridionale, arrivera dans le bassin du Pô.

Mais Souvarow le prévient, marche avec le gros de ses forces au-devant de Macdonald, qu'il va battre sur les bords de la Trebbia, les 17, 18 et 19 juin. Il a chargé le général autrichien Bellegarde, avec 14,500 hommes, de faire le siège d'Alexandrie et de Tortone.

Moreau, descendant les deux rives de la Scrivia, a, le 18 juin, la division Grouchy à Novi et la division Grenier à Serravalle.

A son approche, les Autrichiens (général Alkany) lèvent le siège de Tortone dans la nuit du 18 au 19 et se retirent dans la plaine de San-Giuliano.

Le 19, Moreau appelle Grouchy sur la rive droite de la Scrivia et, faisant face à l'est,

de ce village. La garde à pied des Consuls appuie la droite de Watrin. La division Monnier, restée d'abord en réserve, vient prolonger la ligne et s'empare de Castel-Ceriolo.

---

marche sur Voghera pour atteindre Souvarow. Mais Bellegarde, qui veut livrer bataille pour retarder Moreau, fait renforcer Alkany par la Marseille. Moreau est obligé d'arrêter son mouvement et de faire face à l'ouest. Grouchy campe dans la soirée sur la rive droite de la Scrivia; son avant-garde est à Rivalta, sur la rive gauche. Une brigade de Grenier est à Castel-Nuovo-di-Scrivia; le reste de la division entre Voghera et Tortone.
(Consulter les *Archives de la Guerre, Armée d'Italie*, 1799, et la *Campagne de* 1799 *en Italie et en Suisse*, par le général russe Milioutine.)

Le 20 juin, Grouchy attaque les Autrichiens et les bat, avec l'aide de la division Grenier, restée pendant la matinée sur la rive droite de la Scrivia.
Les rapports des généraux et les croquis des ingénieurs géographes donnent à ce combat le nom de San-Giuliano ou de Cassina-Grossa.

Le général de division Grouchy au général en chef.

Marengo, le 3 messidor an 7 (21 juin 1799).

« Mon Général, en exécution de vos ordres, qui me prescrivaient de chasser l'ennemi avec ma division, des positions qu'il occupait à Pozzolo, Quatro-Cascine, et San-Giuliano, je dirigeai, dès 3 heures du matin, le général Garreau, avec ma brigade de gauche, renforcée par la 26e légère qui arrivait de Serravale, sur Pozzolo. Je fis soutenir cette attaque par l'avant-garde, aux ordres de l'adjudant général Serras, que j'envoyai sur le chemin dit della Levata; je plaçai la brigade de droite aux ordres du général Colli, à la hauteur de Pademima, les corps étant ainsi à portée de se soutenir au besoin. Après avoir chassé l'ennemi de Pozzolo, la brigade de Garreau et le corps de Serras devaient se porter, Serras sur San-Giuliano et attaquer l'ennemi sur son flanc gauche; Garreau, sur ses derrières, et la brigade de Colli de front. Cette disposition permettait d'espérer d'enlever tout ce qu'il avait à San-Giuliano.

« Mais, à 8 heures du matin, voyant que Garreau ne m'avait pas encore donné de ses nouvelles, et craignant qu'un plus long retard dans l'attaque de San-Giuliano ne nuisit à vos projets, calculant d'ailleurs Garreau plus fort qu'il ne le fallait pour enlever Pozzolo, je me décidai à marcher sur San-Giuliano, avec la brigade de Colli et l'avant-garde de Serras, auquel je donnai ordre de commencer le mouvement qui devait le porter sur la gauche de San-Giuliano.

« Arrivé à Garofoli, je trouvai l'ennemi, qui avait repoussé jusque-là le 6e hussards, qui avait été en reconnaissance à San-Giuliano. Je dégageai ce régiment, et chassai l'ennemi de San-Giuliano, le poursuivant jusqu'à l'entrée de Cassina-Grossa. Serras m'avait parfaitement secondé en arrivant, ainsi qu'il le fallait, au moment où j'attaquais San-Giuliano. A Cassina-Grossa, je trouvai l'ennemi très en force et avec beaucoup d'artillerie. Cependant, Garreau ayant enlevé Pozzolo et m'ayant joint après mon attaque de San-Giuliano, j'attaquai sur quatre points Cassina-Grossa et je l'enlevai, mais ma gauche, se laissant un peu emporter par son ardeur, déboucha de Cassina-Grossa et poursuivit au loin les Autrichiens. Ayant reçu de nouveaux renforts, entre autres 4 bataillons de grenadiers hongrois, ma gauche dut céder quelque terrain et rentrer dans Cassina-Grossa : alors j'étais de 7 bataillons moins fort que l'ennemi, dont l'artillerie et la cavalerie étaient aussi infiniment supérieures en nombre à la mienne.

« Le général Grenier, arrivant en ce moment avec sa division, nous fûmes à même de reprendre le dessus; la charge fut battue sur toute notre ligne et l'ennemi, successivement

Victor, manquant de munitions, est obligé de reculer : son mouvement entraîne la retraite de toute l'armée, qui se replie sur San-Giuliano en perdant une partie de sa faible artillerie.

Lapoype et Desaix ont été rappelés sur le champ de bataille : le premier reçoit l'ordre trop tard : Desaix arrive à la fin de la journée à San-Giuliano avec la division Boudet, au moment où l'armée française semble entièrement vaincue.

L'artillerie de Boudet, réunie aux quelques pièces encore intactes, arrête les premières troupes autrichiennes : Desaix les attaque avec une grande vigueur, et Kellermann profite d'un instant favorable pour les charger avec le peu de cavalerie dont il dispose. Une panique inexplicable s'empare de l'armée autrichienne, dont aucun élément n'oppose une résistance sérieuse et qui

---

chassé de Spinetta, de Marengo et des diverses Cassines où il essaya de tenir. Il fut jeté jusque sur la Bormida et poursuivi pendant plus de deux lieues. Il était 10 heures du soir que nous étions encore à sa suite.

« Nous prîmes position, occupant Spinetta et Marengo, d'où je vous écris. L'ennemi avait cherché à tourner notre gauche, mais il y fut si bien reçu, qu'une partie des troupes qu'il y envoya fut faite prisonnière.

« Les résultats de l'affaire sont la prise de 5 pièces de canon, 8 caissons, 2,000 prisonniers et autant de tués ou blessés. Vous avez été témoin, Général, de la valeur et de l'excellente conduite des troupes ; toutes se sont distinguées. L'infanterie chargée plusieurs fois par la cavalerie, l'a toujours attendue à 15 pas et ne s'est jamais laissé entamer par elle. Les autres armes se sont également bien comportées.

« Je dois vous demander de l'avancement pour le capitaine Wagner, qui a commandé le bataillon de la 20ᵉ et a mérité d'être élevé au grade de chef de bataillon, ainsi que de l'aide de camp du général Colli, le capitaine Hache, et le capitaine adjoint Lacroix, qui, par leur ancienneté en grade, comme par leurs services, sont dignes de cette récompense.

« Dans une reconnaissance que je viens de faire sur les bords de la Bormida, j'ai perdu le capitaine Colla, un de mes aides de camp, qui a été tué d'un boulet de canon. »

Emm. GROUCHY,
Général divisionnaire.

Malgré cette victoire, le mouvement de Moreau doit échouer. En effet, il apprend, le 21 juin, la défaite de Macdonald à la Trebbia, qui rend impossible la jonction avec ce général. Après être resté plusieurs jours entre la Scrivia et la Bormida, sans oser passer cette rivière pour attaquer de nouveau Bellegarde, il se retire sur Gênes, pendant que Souvarow revient à Alexandrie.

recule en désordre jusqu'au pont de la Bormida, en éprouvant des pertes considérables.

Les forces engagées s'élevaient à peu près pour les Autrichiens à 3o,ooo hommes, et pour les Français à 22,000 pendant l'après-midi et à 28,000 environ quand Boudet rejoint le soir ; mais les premiers disposaient de plus de 100 canons (1), tandis que le Premier Consul n'avait qu'une quinzaine de pièces pendant la plus grande partie de la journée (2).

On trouvera ici la discussion de trois points historiques très controversés :

Où était Desaix le matin du 14 ?. — A-t-il reçu l'ordre de venir sur le champ de bataille ou a-t-il rallié l'armée de sa propre inspiration ?

Quelle a été l'importance dans la bataille de la charge de cavalerie du général Kellermann ? L'a-t-il exécutée par ordre ou sans ordre ?

La droite française a-t-elle formé pivot à Castel-Ceriolo ou a-t-elle battu en retraite avec le reste de l'armée ?

---

(1) Peut-être de 200.

La relation autrichienne porte l'artillerie de Mélas à 92 pièces de réserve, en plus des canons de ligne. (V. plus loin, p. 416.)

Le nombre de ces canons de ligne n'est pas déterminé, mais il paraît probable que chacun des 47 bataillons présents sur le champ de bataille en avait au moins un, et peut-être deux, puisque l'armée autrichienne ramenait, quelques jours plus tard, 270 pièces d'Alexandrie à Mantoue, d'après la constatation faite par Loison, les 20 et 22 juin, à Plaisance. (V. chap. IX.)

(2) Des lettres des jours précédents et des rapports sur la bataille, il semble ressortir que Chambarlhac avait 5 pièces ; Monnier, 2 ; Gardanne, 2 : Watrin 3 ou 4 ; Boudet 8 ; la cavalerie, 2. En ne comptant pas celles de Boudet, le Premier Consul ne disposait donc que de 14 ou 15 pièces jusqu'à 5 heures du soir.

Dans une brochure anonyme, écrite en 1828 et attribuée à Kellermann, on lit : « Napoléon pressait Mélas avec moins de 20,000 hommes, 12 pièces de canon et un approvisionnement de combat incomplet ». (*Réfutation de M. le duc de Rovigo*, ou *La Vérité sur la bataille de Marengo*.)

Le récit de la bataille se trouvera fait en détail :

1° Par les rapports des généraux commandant les troupes françaises, écrits le lendemain ou le surlendemain de la bataille ;

2° Par les rapports d'ensemble faits à l'états-major de l'armée de réserve ;

3° Par les relations autrichiennes.

Les premiers rapports se suivent ici dans l'ordre suivant :

Situation de l'armée de réserve le 14 juin ;

Rapport du général Gardanne ;
— de l'adjudant général Dampierre, de la division Gardanne ;
— du chef d'escadron Ismert, commandant la cavalerie de la division Gardanne ;
— du général Rivaud, de la division Chambarlhac ;
— du commandant de l'artillerie de la division Chambarlhac ;
— du général Victor.

Rapport du général Watrin ;
— du commandant de l'artillerie de la division Watrin ;
— du général Lannes.

Rapport du général Monnier.

Extrait du journal des marches et opérations de la division Boudet.

Rapport du général Murat ;
— du général Kellermann.

Extrait des mémoires de Marmont.

On trouvera dans les notes des extraits d'une relation du général Quiot, aide de camp du général Victor, des mémoires de Bourrienne et de Savary et de la *Campagne de 1800*, par le duc de Valmy.

Situation de l'armée de réserve, le 25 prairial, avant la bataille de Marengo (1).

LIEUTENANTS GÉNÉRAUX.	GÉNÉRAUX commandant les divisions.	DÉSIGNATION de l'arme.	NUMÉROS des corps.	FORCE des corps.	TOTAUX par division.	EMPLACEMENT des divisions et observations.
		Infanterie.				
	GARDANNE....	De ligne.....	44e	1,748	3,638	
			101e	1,890	(2)	
	CHAMBARLHAC.	Légère......	21e	1,801	5,287	
		De ligne....	43e	1,901		Ces cinq divisions, présentant une force de 22,938 hommes, formèrent la ligne de bataille à Marengo.
			96e	1,586		
	MONNIER	Légère......	19e	914	3,611	
		De ligne....	70e	1,460		
			72e	1,210		
	WATRIN	Légère......	6e	1,114	5,083	
		De ligne....	22e	1,255		
DESAIX			28e	998		
			40e	1,716		
LANNES	BOUDET......	Légère......	9e	2,014	5,316	
		De ligne....	30e	1,430		
			59e	1,872		
VICTOR	LOISON	Légère......	13e	1,127	5,301	A Plaisance.
		De ligne....	58e	2,079		
			60e	2,095		
MONCEY	LAPOYPE....	Légère......	1re	850	3,162	Reçut à Ponte-Curone, pendant la bataille, l'ordre de retourner sur la rive gauche du Pô et d'y prendre position.
		De ligne....	29e	1,632		
			91e	980		
DUHESME	LORGE........	De ligne....	67e	1,800	4,400	Devant Créma.
		Légion italique	»	2,600		
	GILLY.......	De ligne....	1re	1,800	3,300	Devant la citadelle de Milan.
			102e	1,500		
	CHABRAN.....	3 demi-brigad. formées des bataill. supp. de l'armée d'Orient	1re	811	3,373	Sur la rive gauche du Pô.
			2e	1,066		
			3e	987		
		De ligne....	12e	509		
	TURREAU.....	....	»	»	1,000	Devant Turin.
	BETHENCOURT.	....	»	»	500	Devant Arona.
		TOTAL de l'infanterie active....		44,277		

---

(1) Cette situation existe aux *Archives de la Guerre*; elle n'est pas signée. Elle est reproduite dans le *Journal de Brossier* (exemplaire de la Bibliothèque du Ministère de la guerre, A. II, d. 147).

Une autre situation parut dans la *Relation de la bataille de Marengo*, rédigée au Dépôt de la guerre et publiée en 1805. Elle ne diffère de celle-ci que par la forme et quelques détails pour certains effectifs. On l'a reproduite dans les *Mémoires de Napoléon* (*Corresp. de Napoléon*, t. XXX, p. 386). Elle est publiée à la fin de ce volume, à l'annexe n° 8.

On trouvera à l'annexe n° 9 le tableau des positions des armées françaises et autrichiennes, tel qu'il a été publié dans la *Relation de la bataille de Marengo*, parue en 1805, et dans les *Mémoires de Napoléon*.

(2) « ..... La division Gardanne, où l'on m'envoya adjudant général, ne forme pas,

LIEUTENANTS GÉNÉRAUX.	GÉNÉRAUX commandant les divisions.	DÉSIGNATION de l'arme.	NUMÉROS des corps.	FORCE des corps.	TOTAUX par division.	EMPLACEMENT des divisions et observations.
		Report........................			44,277	
		Corps annoncés par le Ministre :				
	6e légère....	Une comp. de carabin^{rs}		80		
	13e légère....	Détachement.........		896		
	19e légère....	3e bataillon.........		400	3,468	
	70e de ligne..	Détachement.........		360		
	Légion italique	Détachement.........		1,732		
		TOTAL de l'infanterie.........			47,745	
		Garde des Consuls.				
		Grenadiers à pied.....		800		Toute la garde des Consuls fit partie de la ligne de bataille de Marengo.
		Grenad.à chev. et chass.		360	1,232	
		Artillerie légère		72		
		Troupes à cheval.				
MURAT, commandant toute la cavalerie	HARVILLE ...	Cavalerie	1er	120	550	Ces différents corps de troupes à cheval étaient en ligne à Marengo.
			3e	120		
			5e	110		
			20e	100		
			21e	100		
	KELLERMANN.	Dragons	1er	450	1,551	Le 12e hussards et le 21e de chasseurs n'ont pas donné le jour de la bataille, ils ont attendu les ordres à Spinetta (1).
			6e	345		
			8e	328		
			9e	428		
	RIVAUD	Chasseurs....	12e	340	699	
			21e	359		
		Hussards	1er	120	420	
			12e	300		
	CHAMPEAUX ..	Cavalerie	2e	182	1,112	En marche de Milan pour rejoindre l'armée.
	DUVIGNAU....		14e	150		
			15e	300		
			22e	200		
			25e	280		
		Chasseurs....	2e	400	850	A Plaisance avec le lieutenant général Duhesme.
			15e	450		
		Hussards	11e	420	420	
		TOTAL des troupes à cheval actives.....			5,602	

à bien dire, une bonne brigade ; elle ne compte qu'environ *deux mille* hommes ; le 2e bataillon de la 44e demi-brigade n'a plus que 120 hommes au drapeau..... » (L'adjudant général Dampierre au général Mathieu-Dumas, Alexandrie, 16 juin 1800. *Revue de Paris* du 15 juin 1900, p. 803.)

Le rapport de Gardanne sur le combat du 13, porte aussi son effectif à 2,000 hommes. (V. p. 342.)

(1) Au lieu de Spinetta, il faut lire : Salé.

LIEUTENANTS GÉNÉRAUX.	GÉNÉRAUX commandant les divisions.	DÉSIGNATION de l'arme.	NUMÉROS des corps.	FORCE des corps.	TOTAUX par division	EMPLACEMENT des divisions et observations.
		Report......................			5,602	
		Corps de troupes à cheval annoncés par le Ministre de la guerre :				
		Cavalerie....	11e	120	240	
			18e	120		
		Dragons.....	7e	370	800	
			9e	280		
			19e	150		
		Chasseur	15e	384	384	
	TOTAL des troupes à cheval........				7,026	

Artillerie et génie.

MARMONT, commandant l'artillerie..................	Artillerie à pied..........		1,466	
	Artillerie à cheval..........		283	
MARESCOT, command. le génie.	Pontonniers, sapeurs, etc...		269	
TOTAL de l'artillerie.............			2,018	

Récapitulation.

DÉSIGNATION des troupes.	EN LIGNE à Marengo.	DEVANT LES PLACES sur les rives droite et gauche du Pô.	CORPS EN MARCHE pour se rendre en Italie.	TOTAUX
Infanterie................	22,938	21,339	3,468	47,745
Troupes à cheval	3,220	2,382	1,424	7,026
Garde des Consuls	1,232	»	»	1,232
Artillerie et génie........ ..	618	1,400	»	2,018
TOTAUX	28,008	25,121	4,892	58,021

Le général Gardanne, au général Dupont.

Marengo, le 26 prairial an 8 (15 juin 1800).

. . . . (1) . . . .

.....C'est dans cette position qu'elle (l'avant-garde) fut attaquée le 25, à 9 heures du matin, par la première ligne de l'armée ennemie, forte d'environ 15,000 hommes, qui s'avan-

---

(1) Le début du rapport a trait au combat de Marengo du 13. (V. p. 312.)

çait en bon ordre, sous la protection d'une nombreuse artillerie.

Je n'ai rien à ajouter à ce qu'a dû dire le général Victor sur la manière dont l'avant-garde disputa le terrain pied à pied à un ennemi si supérieur.

L'adjudant général (1), qui avait reçu ordre de faire tenir la gauche, n'ayant point exécuté ce mouvement de retraite, se trouva isolé avec moins de 200 hommes, à l'extrémité de cette gauche; il eut à lutter pendant plusieurs heures contre un ennemi qui le pressait de toutes parts; enfin, après avoir perdu plus de la moitié de son monde et fait beaucoup de mal à la droite de l'armée ennemie, qui fut obligée de se former sous son feu, il fut fait prisonnier de guerre à 6 heures du soir avec le petit nombre d'hommes qui auraient été en état de combattre, si des munitions et des armes eussent pu seconder leur courage.

On sait trop le service que l'avant-garde a rendu à la fin de la journée, pour que je me permette de rien ajouter aux éloges du Premier Consul et du général en chef.

Officiers et soldats, tous ont fait leur devoir.

GARDANNE.

L'adjudant général Dampierre, au général Mathieu-Dumas.

Alexandrie, le 27 prairial an 8 (16 juin 1800).

. . . . . (2) . . . .

Mon petit détachement, qui était affaibli par le feu de l'ennemi, le fut encore plus par la désertion de 100 et quelques hommes de la 101e, qui allèrent rejoindre leur brigade. C'est avec 200 ou 300 hommes de la 44e demi-brigade que je fus chargé de défendre la gauche de l'armée, n'ayant d'autre aide qu'une seule pièce de canon, qui ne tirait point faute de munitions (3), et un peloton de chasseurs.

L'ennemi attaqua la droite vers les 9 heures et, une demi-heure après, le feu s'étendait sur toute la ligne. J'avais placé la moitié de ma petite troupe dans

---

(1) L'adjudant général Dampierre. (V. le rapport suivant.)

(2) Le début de ce rapport a trait au combat du 13. (V. p. 343.)

(3) Des deux pièces de sa division, Gardanne en avait donné une à Dampierre. Le manque d'artillerie et la disette de munitions sont un des points capitaux de cette bataille; les rapports officiels n'en parlant point, il a fallu la publication des documents originaux pour les faire connaître.

une espèce de retranchement que forment les fossés d'une cassine sur le bord de la Bormida. L'autre moitié s'étendait sur la droite, dans des ravins qui couvraient les hommes jusqu'à la tête ; j'étais à cheval entre ces deux corps.

L'ennemi vint se former à une très petite portée de fusil de nous ; l'irrégularité du ravin nous procurant des feux de flanc pendant son déploiement, nous l'avons beaucoup incommodé : nous voyions tomber des hommes dans ses rangs à chaque décharge.

Nous tînmes dans cette position pendant la déroute de la droite, qui eut lieu à 3 heures ; il était 7 heures du soir que nous tenions encore.

Enfin, battus par six pièces de canon ou obusiers à mitraille, entourés par tout le régiment des hussards de Nauendorf, par plusieurs régiments d'infanterie, sans cartouches, sans artillerie, n'entendant plus le feu de notre droite, nous avons été obligés de nous rendre au prince qui sert dans le régiment de Nauendorf. Voyant que nos soldats ne tiraient plus, il s'avança, et nous fîmes une sorte de capitulation pour conserver les armes aux officiers.

Il n'a pas tenu à ce prince autrichien qu'elle ne fût tenue, mais, pendant qu'il était occupé à distribuer des coups de plat de sabre à ses hussards, pour faire respecter un officier, on en pillait un autre. Un de ces hussards est venu auprès de moi, m'a pris mon sabre qu'on m'avait laissé ; un autre m'a tiré une épaulette ; j'ai tellement tenu l'autre qu'ils n'ont pas pu l'avoir. C'étaient comme des filous ; aussitôt qu'un officier paraissait, tous se sauvaient ; mais il était impossible de retrouver ni le voleur ni les effets.

. . . .

J'ai été au désespoir, en apprenant le succès de la journée, de ne pas avoir pu tenir une demi-heure de plus. J'aurais fait perdre beaucoup de monde à l'ennemi dans sa retraite précipitée et, quoique je puisse dire qu'il n'est pas un soldat de notre détachement prisonnier qui n'ait fait périr un ennemi, j'ai regretté de ne pas avoir pu doubler encore leur nombre sur les bords de la Bormida.

J'ai perdu la moitié de mon monde (d'après un relevé fait depuis, j'ai 194 hommes de blessés sur mes 300). Presque tous les officiers étaient blessés ; j'en soutenais deux qui ne pouvaient plus se porter au moment de notre reddition. Mon cheval a été blessé à la cuisse et à l'oreille, et, par une bizarrerie inconcevable, les fuyards de l'armée française pillaient mes effets arrivés de la veille, tandis que les Autrichiens me dévalisaient.

. . . .

DAMPIERRE.

(*Revue de Paris* du 15 juin 1900, p. 804 à 806.)

Rapport fait par le citoyen Ismert, chef d'escadron,
au 11ᵉ régiment de hussards.

. . . .

Le 25 (14 juin), le général Victor nous a envoyés sur la gauche, pour couvrir nos flancs entre la Lemme et l'Orba, et inquiéter ceux de l'ennemi. J'ai manœuvré dans cette partie en exécutant de petites charges de temps à autre, jusqu'à 11 h. 1/2, où je fus contraint de repasser la Lemme (1). Là, j'ai trouvé un faible bataillon de la 43e commandé par son chef. Un aide de camp du général Victor est venu nous dire de nous maintenir dans cette position.

Vers les 2 heures, l'ennemi nous força, par sa supériorité, à la retraite. Son artillerie et son infanterie faisaient un grand ravage; nous étions sans canons et sans munitions. Nous la fîmes donc (la retraite) par 400 toises. Les ennemis nous assaillirent de tous côtés sans nous entamer. Leur cavalerie, qui avait coupé la retraite, exécuta une charge sur nous; les obstacles qu'elle avait à traverser mirent un peu de désordre dans ses rangs. J'en profitai et exécutai une charge vigoureuse; je parvins à percer leur ligne et je ralliai ma troupe à 4 ou 500 toises de cette dernière action.

Pendant que l'ennemi était occupé de notre infanterie, que je ne pouvais plus secourir, je donnai des ordres pour faire ramasser tous les fuyards. Cette recherche m'a procuré une cinquantaine de fantassins, un capitaine du 2e de cavalerie et douze hommes qui menaient des vivres, lesquels m'ont servi très utilement. J'ai divisé mes hussards en trois parties : la droite commandée par le capitaine Sainte-Marie, la gauche par le capitaine Briche et le centre, où j'avais placé les cavaliers du 2e et l'infanterie, fut sous ma direction.

La cavalerie ennemie, devenue plus audacieuse par la petite capture qu'elle venait de faire, vint pour me charger. Mon infanterie embusquée fit une décharge sur elle et de mon côté je fis faire une légère charge et retirer mon infanterie. L'ennemi, devenu plus circonspect, m'a suivi, mais sans acharnement.

Le brave capitaine Briche a reconnu une colonne de cavalerie qui débouchait sur ma gauche, venant de San-Carlo. Cet officier intelligent s'est éloigné aussitôt de moi, afin d'attirer l'ennemi le long de la Lemme pour ne pas lui laisser le temps de se reconnaître. Cette petite manœuvre a parfaitement réussi. De mon côté, j'ai profité de tous les avantages des positions et je me suis retiré jusqu'à San-Giuliano.

A deux milles de distance, j'ai jugé par la canonnade que l'ennemi était repoussé.

J'ai fait faire une charge par les cavaliers du 2e et l'ennemi s'est replié en ordre. Le capitaine Briche m'a fait son rapport le lendemain, dans lequel il a porté la cavalerie ennemie à environ 400 hommes; de mon côté j'en ai compté 600 et plus.

Dans cette journée mémorable, j'ai eu beaucoup à me louer du courage et de la bravoure des officiers, sous-officiers et soldats qui étaient sous mon commandement et particulièrement du capitaine Noël, qui s'était déjà distingué à l'affaire de Romano et qui, dans cette journée du 25, a été blessé et a eu un cheval tué. Le capitaine Briche mérite également les plus grands éloges pour son sang-froid, son courage héroïque et ses talents militaires. Le capitaine Sainte-Marie s'est parfaitement conduit.

Je ne dois pas oublier de faire une mention honorable de l'intrépidité des

---

(1) Le confluent de la Lemme et de l'Orba est à 15 kilomètres au sud de Marengo. Il paraît probable qu'Ismert commet une erreur et qu'au lieu de « la Lemme » il faut lire « le ruisseau de Bosco », lequel, d'ailleurs, est relié à la Lemme par des canaux. Avec cette modification, on s'explique très bien l'opération du 11e de hussards dans la matinée.

citoyens Charpentier, Paton et Moreau, maréchaux des logis (ce dernier, le plus ancien de ce corps, s'est signalé antérieurement dans plusieurs autres reconnaissances et depuis il s'est encore illustré au dernier passage du Mincio en prenant une pièce de canon à l'ennemi); Patrin, brigadier; Truchot (ce cavalier a remonté son capitaine dont le cheval était tué et a continué à se battre à pied); Deshayes, Bitry et Morat, hussards, ont fait des prodiges de valeur et ont contribué, avec les braves ci-dessus désignés, aux succès que nous avons eus dans cette campagne.

ISMERT,

Chef d'escadrons au 11ᵉ hussards,
actuellement au 2ᵉ carabiniers.

Le rapport fait par le chef d'escadrons Ismert sur la conduite qu'a tenue la partie du 11ᵉ hussards sous ses ordres à l'armée de réserve, est très sincère. Je me fais un nouveau plaisir d'en assurer le témoignage.

Le général de division,

BOUDET.

Je certifie la véracité de cette relation honorable pour le 11ᵉ hussards et pour le chef d'escadrons qui a rendu des services très importants en Italie.

Général DUPONT,

Chef d'état-major général.

(*Historique du 11ᵉ hussards.*)

Le général Rivaud, au général Dupont.

Marengo, le 26 prairial an 8 (15 juin 1800).

. . . . (1) . . . .

.....Le 25, dès 3 heures du matin, l'ennemi s'est mis sous les armes, un tiers de son armée entre la Bormida et Alexandrie, et les deux autres tiers derrière Alexandrie. Son armée était d'environ 28,000 hommes d'infanterie et 7,000 de cavalerie, avec une artillerie formidable. Il est resté dans cette situation, attendant d'être attaqué, jusqu'à 8 heures du matin. Voyant alors que notre armée ne faisait aucun mouvement, Mélas, commandant l'armée autrichienne, a pensé que Bonaparte avait jugé trop dangereux d'attaquer de front une position qui avait devant elle la Bormida, à son centre la place d'Alexandrie, et derrière, le Tanaro. Mélas a supposé que Bonaparte avait détaché une partie de son armée pour passer le Tanaro sur notre droite, afin de tourner sa position et, de là, lui faire abandonner; il s'est, en conséquence, décidé

---

(1) Le début du rapport a trait au combat du 13. (V. p. 344.)

à attaquer de suite la portion d'armée que Bonaparte laissait devant lui, espérant l'écraser par le nombre et battre ensuite la portion détachée (1).

A 9 heures du matin, Mélas a formé son plan d'attaque, et, pour lui donner plus d'impétuosité, il a placé à l'avant-garde 3,000 grenadiers; il a fait déboucher ses colonnes par ses ponts de la Bormida et a commencé, sur la division de Gardanne, l'attaque la plus vive. Les Français ont reçu le combat avec beaucoup de valeur, et des feux d'artillerie, de peloton, de bataillon se sont fait entendre tout à coup à 500 pas au delà de Marengo.

J'ai, d'après les ordres du lieutenant général Victor, mis ma brigade sous les armes, et j'ai établi ma ligne, la droite au village de Marengo, le centre en avant de Spinetta, et la gauche proche d'un ruisseau nommé l'Orba; ma brigade était en plaine rase, et, cependant, je n'avais pas une seule pièce d'artillerie (2) pour répondre à celles, très nombreuses, de l'ennemi qui, déjà, me tuait beaucoup d'hommes; je n'avais, derrière ma gauche, que quatre escadrons de cavalerie, formant environ 400 hommes. Le général Victor sentit, comme moi, l'importance du village de Marengo, qui, formant un angle saillant très aigu dans la plaine, offrait à l'ennemi l'avantage de découvrir toute notre armée sans être aperçu, et de diriger contre nous telle portion de ses forces qu'il aurait cru nécessaire pour nous accabler sur un point faible.

A peine l'attaque était-elle commencée depuis une demi-heure, que, déjà, la petite division de Gardanne était accablée par le nombre et cédait pied à pied du terrain à l'ennemi. Pour conserver l'importante position de Marengo, je plaçai sur le front du village le 1er bataillon de la 43e et je donnai ordre au commandant de se défendre avec acharnement. A peine ce bataillon fut-il placé, que les troupes de Gardanne, repoussées, se jetèrent en désordre sur ce village et que ce bataillon eut à soutenir tout l'effort de l'ennemi. Mélas

---

(1) L'idée, que Rivaud prête au généralissime autrichien, est sans doute très logique. En réalité, Mélas était décidé depuis la veille à prendre l'offensive sur la rive droite de la Bormida. (Consulter les relations autrichiennes, p. 439 et 443.)

(2) L'artillerie de la division Chambarlhac, comprenant 5 pièces (V. p. 382), était donc placée avec l'autre brigade (24e légère).

avait dirigé ses principales forces sur ce village, qui formait
le centre de sa ligne et qui lui offrait trois belles routes pour
déboucher dans la plaine. Un corps de 3,000 grenadiers formait son avant-garde, et, à l'aide de trente pièces d'artillerie,
il culbutait tout ce qu'il rencontrait. Comme le 1er bataillon
de la 43e aurait été accablé par le nombre, malgré sa valeu-
reuse résistance, à midi, je le fis soutenir par le 2e de la même
demi-brigade.

L'ennemi, à son tour, augmente ses forces et ses attaques
sur le village, qui continua d'être tenu par nos troupes, mais
dont les cartouches commençaient à manquer. A 1 heure, je
me portai moi-même au secours du village avec le 3e bataillon
de la 43e et le 3e de la 96e; j'appuyai ma droite au village et
je prolongeai ma gauche en offensive sur l'ennemi. Je fus aussitôt chargé par les 3,000 grenadiers qui formaient l'avant-
garde et qui venaient de repousser en désordre nos troupes
dans le village; j'arrêtai l'ennemi par des feux de peloton très
nourris, et je le fis rétrograder; il revint aussitôt à la charge,
renforcé de troupes fraîches; j'arrêtai encore cet effort et
voulus avancer sur l'ennemi; un ravin m'arrêta à dix pas de
là; alors, il s'engagea une fusillade extrêmement vive, à bout
portant; elle dura un gros quart d'heure; les hommes tombaient comme grêle de part et d'autre; je perdis dans cet
instant la moitié de ma ligne; ce ne fut plus qu'un champ de
carnage; tout ce qui, dans ma brigade, était à cheval, fut tué
ou blessé; les chefs de bataillon, les capitaines furent atteints
dangereusement; mes ordonnances furent tués; mon aide de
camp eut la cuisse droite traversée d'une balle; je fus moi-
même blessé à la cuisse par un biscaïen; la plaie était horrible; mais je sentais que, si je cédais, l'ennemi s'emparerait
du village, déboucherait dans la plaine avec sa cavalerie et
son artillerie et prendrait toutes les troupes qui avaient déjà
pris part au combat et qui étaient en désordre dans la plaine.

L'ennemi, désespéré de n'avoir pu m'ébranler avec son
infanterie, forma une charge de cavalerie; mais cette troupe
vint s'arrêter devant le feu de mes bataillons; n'ayant pu
franchir le ravin, elle se culbuta en désordre sur elle-même,
et perdit une soixantaine d'hommes.

De nouvelles troupes étant venues renforcer l'ennemi, il
tenta une quatrième charge, tant sur moi que sur une pre-

mière ligne du général Lannes qui arrivait au combat. Les troupes de Lannes furent ébranlées et plièrent; mes deux bataillons plièrent également. Je jugeai que tout était perdu si l'on ne ralliait pas; malgré que déjà ma blessure me fît beaucoup souffrir, je me portai au centre de mes deux bataillons, j'arrêtai les tambours qui fuyaient, je les mis en avant, je leur fis battre la charge; mes troupes s'arrêtèrent; je les remis face en tête, et, sous le feu très vif de l'ennemi, je les reportai en avant; je culbutai les grenadiers qui, déjà, passaient le ravin, et je fis replier l'ennemi à son tour, jusqu'à 300 pas du village; alors, les troupes du général Lannes, s'avançant également sur le front du village, le combat fut rétabli. Il était alors 2 heures après-midi. Les deux autres bataillons de la 96e agissaient sur la gauche et étaient dirigés par le général Victor. Ayant la cuisse très enflée, et ne pouvant plus tenir à cheval, je profitai de cette heureuse situation des choses, pour me retirer du combat et me rendre à l'ambulance pour me faire panser.

Les bataillons de la 43e et le 3e de la 96e qui ont agi sous mes yeux se sont très bien conduits dans cette affaire. Les quatre chefs de bataillon ont été blessés, 45 autres officiers et 700 sous-officiers et soldats ont été tués ou blessés. Lorsque j'aurai reçu les détails de ce qui s'est passé dans le reste de la journée, je donnerai un rapport plus circonstancié dans lequel je ferai connaître les noms des braves qui se sont particulièrement distingués et qui méritent de l'avancement (1).

---

(1) *Le général de brigade Rivaud, au général en chef Berthier.*

Milan, le 1er messidor an 8 (20 juin 1800).

Mon Général,

J'ai l'honneur de vous demander le grade de chef de bataillon pour le citoyen Favre, mon aide de camp, qui est capitaine depuis huit ans, qui a fait les neuf campagnes de la Révolution dans les armées les plus actives et est mon adjoint ou aide de camp depuis six ans.

A l'affaire du 20, devant Montebello, l'aide de camp Favre a conduit une colonne de la 43e avec le plus grand courage, il a partout repoussé l'ennemi et a rendu de très grands services.

A la bataille de Marengo, le 25, le général Rivaud a soutenu, avec deux bataillons, trois charges d'infanterie faites sur lui et une de cavalerie; pendant qu'il était à la droite de sa ligne, son aide de camp Favre était à la gauche où, par son sang-froid et son courage, il a beaucoup contribué à maintenir les militaires à leurs rangs et à les porter en avant. Au

D'après les rapports ultérieurs reçus le lendemain, les six bataillons de ma brigade ont eu 82 officiers tués ou blessés et 1900 sous-officiers et soldats (1).

RIVAUD.

Résumé du Rapport du citoyen Demarçay, chef de bataillon qui commande l'artillerie de la division Chambarlhac.

Après avoir décrit les mouvements de l'artillerie dans les deux journées, cet officier annonce en résultat :

1º Que l'ennemi s'est emparé de quatre bouches à feu servies par la 4ᵉ compagnie du 5ᵉ régiment d'artillerie à cheval ; qu'une pièce de 4 commandée par le citoyen Michel, lieutenant de ladite compagnie, s'est sauvée (2).

Cette compagnie a eu cinq canonniers blessés dont trois ont perdu des membres ;

2º Que le 1ᵉʳ bataillon du train a perdu trois hommes. Le capitaine commandant ce bataillon, le citoyen Paillard dont il fait l'éloge, disant qu'il s'est montré avec zèle et bravoure et le citoyen Sabathier, lieutenant, ont eu leurs chevaux blessés du même coup.

Les citoyens Lausanne, Legret et Pisson, soldats du train, méritent une récompense, surtout le premier, pour avoir sauvé leur pièce, étant abandonnée des canonniers ;

3º Qu'ayant pris le commandement de l'artillerie de la division Monnier, composée d'une pièce de 8, un obusier, servis par une escouade et demie de la 5ᵉ compagnie du 1ᵉʳ régiment

---

même instant où le général Rivaud a reçu un biscaïen à la cuisse, son aide de camp Favre a eu une cuisse traversée par une balle, ce qui l'a forcé à quitter le combat.

Cet aide de camp, mon Général, mérite sous tous les rapports l'avancement que je sollicite pour lui et qu'a déjà demandé le lieutenant général Victor.

Salut et respect.

RIVAUD.

Vu et demandé par moi, général en chef,

    Alex. BERTHIER.

(1) Ce rapport, tiré des *Archives de la Guerre*, a déjà été publié dans la *Campagne de 1800*, par le duc de Valmy, p. 255.

(2) La division Chambarlhac avait donc cinq pièces.

Provenaient-elles de l'arsenal de Pavie ou de l'artillerie française venant du Grand-Saint-Bernard et de Bard? Aucun document ne permet de résoudre cette question.

d'artillerie à pied et de deux pièces de 3 piémontaises (1) servies par une escouade de la 10ᵉ compagnie du 6ᵉ régiment d'artillerie à pied, le tout commandé par le citoyen Douvernelle, premier lieutenant de la 1ʳᵉ, ces quatre bouches à feu, supérieurement servies par ces deux détachements, ont fait plier la gauche de l'ennemi; mais l'infanterie ayant, dans ses différents mouvements, laissé cette batterie sans appui, la cavalerie ennemie l'a chargée et prise avec l'officier et les canonniers qui la servaient.

Un canonnier, le citoyen Renaud, de la 5ᵉ compagnie du 1ᵉʳ régiment d'artillerie à pied, qui s'est déjà distingué au fort de Bard et qui pointait l'obusier, s'est distingué par son adresse et sa bravoure; en visitant les batteries de Bard, le général en chef lui promit les grenades d'or; le général Marmont en réitère la demande. Le lieutenant d'artillerie romaine, le citoyen Bruggi, a été blessé mortellement le 25. Le chef de bataillon Demarçay a eu un cheval tué sous lui.

(Extrait du rapport envoyé le 16 juin 1800, de San-Giuliano, par Sénarmont, chef de l'état-major général de l'artillerie.)

Le lieutenant général Victor, au général en chef Berthier.

Spinetta, le 27 prairial an 8 (16 juin 1800).

. . . . (2) . . . .

Le 25, à 9 heures du matin, l'armée autrichienne, réunie sous les murs d'Alexandrie, s'est dirigée en trois colonnes : celle de droite, remontant la Bormida, sur Frugarolo; celle du centre, par la grande route de Tortone sur Marengo et celle de gauche sur Castel-Ceriolo, pour nous attaquer.

Les deux premières colonnes ont attaqué le général Gardanne par un feu d'artillerie auquel la nôtre a répondu avec avantage; la fusillade la plus terrible s'est ensuite engagée; elle s'est soutenue de part et d'autre avec un acharnement incroyable pendant près de deux heures, après lesquelles la

---

(1) Les pièces de 3 piémontaises venaient d'être prises aux Autrichiens par la division Monnier dans sa première marche sur Castel-Ceriolo. (V. le rapport de Monnier, p. 392.)

La pièce de 8 et l'obusier avaient été donnés à la division Monnier par la division Boudet, le 12 juin. (V. p. 323.) Ces deux pièces faisaient partie des six arrivées le 26 mai à Ivrée et ayant pu passer sous le feu du fort de Bard.

(2) Le début du rapport a trait au combat du 13. (V. p. 345.)

division Gardanne, pressée par un ennemi bien supérieur, a cédé ce premier champ de bataille en ordre d'échelons pour prendre une ligne oblique se liant par la droite au village de Marengo, et par la gauche à la Bormida, pour battre de revers les deux communications qui le traversent.

Là, un combat plus meurtrier encore que le premier s'est engagé, l'intervalle qui nous séparait des ennemis n'était que de quelques toises; toutes les armes étaient en action; des charges d'infanterie et de cavalerie soutenues d'un feu des plus violents se sont multipliées pendant près de deux heures. Les ennemis cédaient déjà du terrain, lorsqu'une partie de leur réserve vint à leur secours; leur colonne de gauche s'avançait sur Castel-Ceriolo; le général Lannes la reçut avec la vigueur qui lui est familière.

Je fis alors remplacer les bataillons de nos troupes qui avaient le plus souffert, par ceux de la division Chambarlhac; le combat fut aussitôt rétabli et devint en un instant plus opiniâtre et plus sanglant; les ennemis sont repoussés une seconde fois; on les poursuit la baïonnette aux reins; ils reçoivent de nouveaux secours en infanterie et en cavalerie; nos troupes, après une forte résistance, se retirent quelques pas, soutiennent les efforts de l'ennemi jusqu'à ce qu'un tiers au moins de nos forces aient été mises hors de combat et que le reste ait manqué de munitions de guerre (1).

---

(1) Le lieutenant général baron Quiot, qui était aide de camp du général Victor à Marengo, fit, en 1815, une relation de cette bataille, sur la demande du duc de Bellune, fils du maréchal.

Son récit, absolument conforme au rapport de Victor, contient, en plus, quelques détails sur le commencement du mouvement de retraite :

« .....Leurs rangs (des Français) étaient considérablement éclaircis; les restes de leur artillerie étaient sans approvisionnements et les soldats avaient épuisé leurs cartouches. Quelques tirailleurs, manquant de munitions, abandonnent en désordre le champ de bataille. Les Autrichiens, encouragés par ce succès, chargent avec plus d'impétuosité; leur cavalerie et de gros corps d'infanterie parviennent à déborder l'armée française..... » (*Mémoires du duc de Bellune*, pièces justificatives, p. 425.)

Le grenadier Coignet, de la 96ᵉ (division Chambarlhac) a donné quelques renseignements vécus :

« A force de brûler des cartouches, il n'était plus possible de les faire descendre dans le canon de notre fusil. Il fallut pisser dans nos canons pour les décrasser, puis les sécher en y brûlant de la poudre sans la bourrer.

Nous recommençâmes à tirer et à battre en retraite, mais en ordre. Les cartouches allaient nous manquer, lorsque la garde consulaire arriva avec 800 hommes chargés de cartouches dans leurs sarraux de toile; ils passèrent derrière les rangs et nous donnèrent des cartouches. Cela nous sauva la vie..... » (*Cahiers du capitaine Coignet*, p. 105.)

Ce moment critique commandait des dispositions rétrogrades, pour éviter la confusion inévitable presque toujours dans les dangers de ce genre; je les ordonnai, et elles ont été exécutées avec calme et dans le plus grand ordre, sous le feu de l'ennemi, auquel nos troupes répondaient avec beaucoup de valeur. La retraite fut ainsi effectuée par bataillons formés en colonnes d'attaque jusqu'à la plaine de San-Giuliano (1), où le général Desaix arrivait avec le corps à ses ordres.

Celui-ci a aussitôt repris l'offensive; nos troupes, encouragées par cet exemple et celles de la droite, commandées par le général Lannes, se sont reportées en avant au pas de charge, ont mis l'ennemi en fuite et lui ont pris des canons et des prisonniers (2). La victoire s'est enfin décidée pour nous et les divisions Gardanne et Chambarlhac ont pris position sur le champ de bataille.

Depuis bien longtemps, il ne s'est vu une affaire aussi sanglante; les ennemis, ivres d'eau-de-vie et désespérés de leur position, se battaient en lions; nos soldats, connaissant la nécessité d'une défense vigoureuse, ont fait des prodiges de valeur; toutes les troupes se sont couvertes de gloire.

Les généraux Gardanne et Rivaud; les chefs de brigade Ferey, de la 24e légère; Bisson, de la 43e, et Lepreux, de la 96e de ligne; les aides de camp Fabre, Quiot, Boudignon et Thomières se sont particulièrement distingués; les officiers, en général, ont donné l'exemple du courage et de l'ordre.

---

(1) Le général Quiot, dans sa relation, décrit cette retraite :

« Les corps qui se trouvent au centre se retirent par échiquier, étant appuyés par deux colonnes serrées en masse et prêtes à former le carré dans le besoin; notre faible cavalerie, également aux ailes, secondée par les colonnes d'infanterie, éloignaient ces corps qui nous serraient de trop près et les obligeaient à nous suivre à pas lents..... »

Le même officier indique la disposition adoptée par les Autrichiens pour la poursuite :

« ..... leur cavalerie, chargent nos bataillons et cherchent à les déborder : l'infanterie avançait toujours en ordre de bataille et sur deux lignes, étant précédée de 80 pièces de canon qui vomissaient dans les rangs des Français une grêle de boulets et d'obus. » (V. plus loin la relation autrichienne, p. 451.)

(2) Le général Quiot donne quelques détails sur la retraite des Autrichiens :

« L'armée ennemie ayant son aile droite découverte et craignant d'être prise de flanc et de revers, veut faire un mouvement pour refuser sa droite et la porter au village de la Spinetta; elle est attaquée dans son mouvement par les troupes des généraux Victor et Lannes; elle veut résister, mais c'est en vain, elle est forcée et mise dans une déroute complète. Pour protéger sa retraite, la cavalerie exécute plusieurs charges, mais infructueusement; elle fut toujours repoussée et culbutée pêle-mêle avec son infanterie, dans le ruisseau fangeux qui, partant de Marengo, se jette dans la Bormida. »

L'ennemi a perdu, dans cette journée, un tiers au moins de ses forces ; les campagnes sont couvertes de ses morts ; la quantité de ses blessés est énorme. Notre perte est aussi très sensible ; sur les rapports qui m'ont été faits, on compte plus de 3,000 hommes hors de combat. Parmi les blessés, sont : le général Rivaud et son aide de camp ; l'aide de camp Boudignon ; trois chefs de bataillon ; environ soixante officiers particuliers ; beaucoup d'autres de ces derniers ont été tués.

Le général Kellermann, commandant la cavalerie attachée à la gauche de l'armée, a déployé, dans cette bataille, autant d'intrépidité que de connaissances militaires ; plusieurs charges, faites à propos, ont puissamment secondé mes dispositions et ont fait un grand mal à l'ennemi.

Il est une infinité de traits distingués que je recueillerai pour vous en adresser le tableau. Je regrette de ne pouvoir les faire connaître de suite au public ; il y verrait des hommes qui honorent leur patrie (1).

Salut et respect.

VICTOR.

Le général Watrin, au général Berthier.

Spinetta, 26 prairial an 8 (15 juin 1800).

L'ennemi ayant attaqué le corps de troupes aux ordres du général Victor, sur les 8 heures du matin, j'ai reçu ordre du lieutenant général Lannes de quitter la position que j'occupais en avant de San-Giuliano pour me porter sur le point d'attaque, près de la Bormida. J'ai formé ma division en bataille, entre Spinetta et Marengo, la droite vers Castel-Ceriolo et la gauche, un peu sur la gauche de la route d'Alexandrie à Tortone. La 28e et la 40e sont restées en réserve à la hauteur et sur la gauche de Spinetta.

La 6e légère et la 22e de bataille, en se déployant entre Marengo et Castel-Ceriolo, ont repoussé avec impétuosité un corps nombreux d'infanterie et de cavalerie ennemi qui avait déjà fait de rapides progrès dans cette partie, et l'ont forcé de repasser le ruisseau entre Marengo et la Bormida. Quoique

---

(1) Ce rapport a déjà été publié dans la *Campagne de* 1800 *par le duc de Valmy,* p. 260.

accablées par un feu terrible de mousqueterie et d'artillerie, elles ont longtemps maintenu, dans cette position, l'ennemi, à qui elles ont tué et blessé beaucoup de monde. M'apercevant que l'ennemi se présentait en force à Castel-Ceriolo et lui voyant déployer une forte colonne sur ma droite, j'ai fait porter un bataillon de la 22ᵉ vers Castel-Ceriolo pour soutenir la 6ᵉ légère qui allait être tournée par le corps ennemi qui débordait en entier notre droite. Le général Lannes fit seconder ce mouvement par la 28ᵉ, qu'il porta de suite sur ce point, tandis que la 40ᵉ soutenait avec vigueur plusieurs charges de cavalerie que l'ennemi lui faisait sur la grande route de Marengo.

Les troupes ont pris et repris ces positions et se sont longtemps maintenues, quoique criblées par l'artillerie ennemie. Alors, le général Lannes m'envoya l'ordre de me replier en ordre et toujours à la même hauteur de la gauche de l'armée qui opérait le même mouvement de retraite. Vous avez été vous-même, mon Général, témoin de la bravoure avec laquelle les troupes ont soutenu et repoussé les diverses charges que l'ennemi a souvent tentées contre elles jusqu'à San-Giuliano, où elles se sont réunies au corps de troupes du général Desaix.

Vous-même, mon Général, avez conduit à l'ennemi les troupes à qui vous avez de suite fait reprendre l'offensive, et vous connaissez les succès éclatants qu'elles ont obtenus. Je ne pourrais vous dire le nombre de prisonniers qui a été fait par la division ; les troupes les laissaient en arrière et ne s'occupaient que de repousser l'ennemi avec impétuosité. Trois pièces de canon et plusieurs caissons d'artillerie sont tombés en notre pouvoir, ainsi que deux drapeaux, dont l'un, enlevé par le citoyen Lignère, hussard au 12ᵉ régiment, d'ordonnance auprès de moi, vous a été remis, et l'autre vous a été porté par un officier de l'état-major du général Lannes. La déroute de l'ennemi a été on ne peut plus complète, et la nuit nous a empêchés de le poursuivre plus avant.

Les 6ᵉ légère, 22ᵉ, 40ᵉ et 28ᵉ de bataille ont soutenu leur réputation bien connue d'audace et de sang-froid. Les généraux de brigade Malher et Mainoni, se battant avec intrépidité à la tête de leurs troupes, ainsi que l'adjudant général Isard, ont été blessés. Leurs blessures ne sont pas dangereuses.

Le citoyen Valhubert, chef de la 28e, le général de brigade Gency, le chef de brigade Legendre se sont particulièrement distingués, ainsi que le chef de bataillon..... (1), mon aide de camp, qui, quoique déjà blessé, est venu, malgré moi, à cette affaire, où il a eu deux chevaux tués sous lui. Tous les officiers du corps d'état-major se sont signalés par leur bravoure ; il n'en est pas un de ces derniers qui n'ait eu plusieurs chevaux de blessés ou leurs habits percés de balles. Les chefs de bataillon Fertel et Soubières sont blessés. L'artillerie, dont une partie des pièces a été démontée, s'est couverte de gloire.

La division, d'après les rapports des chefs de corps, a eu 13 officiers tués, 83 blessés et près de 2,000 hommes tués ou blessés ou pris ; elle a beaucoup souffert du feu de l'ennemi, à qui elle a pris ou blessé une immense quantité d'hommes.

Pardon, mon Général, du désordre qui règne dans mon rapport, mais il provient de la douleur que me cause la mort de mon frère, Lucien Watrin, capitaine-adjoint aux adjudants généraux, qui a été emporté d'un boulet en chargeant à la tête de la 22e de bataille. Ce bien brave officier faisait concevoir les plus belles espérances.

Salut et respect.

WATRIN.

Résumé du Rapport du citoyen Pernety, chef de bataillon qui commande l'artillerie de la division Watrin.

Il rend compte :

1° Que le citoyen Marin, lieutenant d'artillerie de la garde des Consuls, commandant une pièce de 8, s'est parfaitement conduit et a eu son cheval tué.

Deux soldats du train ont été blessés et 7 chevaux tués ;

2° Que le lieutenant Énillot, son adjoint, commandant deux pièces de 6 (2), a montré beaucoup de présence d'esprit et de courage.

---

(1) Lacune dans le texte.

(2) Ces pièces de 6 semblent être des pièces piémontaises de l'arsenal de Pavie, puisque l'armée de réserve n'avait pas de canons de ce calibre.

La division Watrin avait, depuis le 26 mai, une pièce de 8 et un obusier. (V. p. 20.) Si on lui a donné des pièces piémontaises, c'est sans doute parce que le reste de l'artillerie de l'armée de réserve n'avait pas encore rejoint l'armée.

Deux soldats du train ont été blessés ;

3° Que la 2e compagnie du 2e régiment d'artillerie à cheval s'est conduite avec la plus grande bravoure.

Le capitaine Lechoux a eu son cheval blessé et lui-même l'a été légèrement au pied.

Elle a eu 3 hommes tués et 13 blessés.

(Extrait du rapport envoyé le 16 juin 1800, de San-Giuliano, par Sénarmont, chef de l'état-major général de l'artillerie.)

Le général Lannes, au général Berthier.

Spinetta, 26 prairial an 8 (15 juin 1800).

L'ennemi a attaqué hier matin, vers les 8 heures, les troupes du lieutenant général Victor, et, après une fusillade d'environ deux heures, il a débouché en grand nombre sur sa droite. J'envoyai de suite les 22e et 40e demi-brigades pour le prendre en flanc ; ce mouvement réussit parfaitement bien, et tout ce qui se trouva devant ces deux dernières demi-brigades fut culbuté et repoussé jusqu'à la Bormida. Les canons établis à la tête du pont qu'occupait l'ennemi forcèrent nos troupes à se retirer hors de portée.

Deux colonnes d'infanterie et de cavalerie vinrent encore à la charge ; elles furent reçues comme la première fois, c'est-à-dire culbutées avec impétuosité.

Après une canonnade et une fusillade de huit heures, l'ennemi enfonça le centre et força les troupes du lieutenant général Victor à battre en retraite. Dans ce moment-là, je me trouvai presque enveloppé par les troupes ennemies qui enfonçaient le centre, et, voyant que la gauche avait plié tout à fait, j'ordonnai la retraite.

Vous avez été témoin, citoyen Général, de la manière avec laquelle elle s'est opérée ; il n'y a pas eu un seul moment de désordre ; je me suis retiré par échelons, sous un feu d'artillerie des plus vifs et chargé par une cavalerie formidable à plusieurs reprises. Je n'avais pas un seul canon (1) ni un

---

(1) Une pareille affirmation paraît surprenante, puisque la division Watrin a plusieurs pièces. (V. p. 388.) Cette artillerie aurait-elle été prise au moment de la retraite comme celle des divisions Chambarlhac et Monnier ? (V. p. 382, 383 et 393.)

homme à cheval pour soutenir ma retraite, et, malgré cela, elle s'est terminée dans le plus grand ordre.

Vous avez ordonné que les troupes que je commande attaquassent de nouveau l'ennemi, en soutenant la droite du général Desaix. Je n'ai jamais vu de troupes attaquer avec plus de courage et de sang-froid. Tout ce qui s'est trouvé devant elles a été repoussé et culbuté une seconde fois jusqu'au delà de la Bormida. Nous lui avons fait beaucoup de prisonniers, pris trois pièces de canon et deux caissons, et sa perte en tués et blessés est incalculable.

De notre côté, nous avons eu environ 1800 hommes blessés ou pris par l'ennemi; mais le nombre des prisonniers est très petit; 14 officiers ont été tués et 83 blessés; environ 300 sous-officiers et soldats ont été également tués dans cette journée. Parmi les officiers supérieurs blessés, se trouvent les généraux Malher, Mainoni et le citoyen Valhubert, chef de brigade de la 28e.

Citoyen Général, la bravoure des troupes à mes ordres s'est tellement soutenue pendant la bataille, qu'il m'a été impossible de désigner aucun corps en particulier, tous ayant combattu avec un courage invincible. Néanmoins, je dois vous dire que la 28e a montré un sang-froid des plus rares dans tous les divers mouvements en présence de la cavalerie ennemie; et cela est dû au brave chef qui la commande et au citoyen Taupin, chef de bataillon de ce corps.

Le général de brigade Gency et le citoyen Macon, chef de la 6e demi-brigade légère, se sont également parfaitement bien conduits. Le capitaine Watrin, adjoint aux adjudants généraux, a été tué au moment de la retraite.

Je vous ai demandé, Général, le grade de général de brigade pour l'adjudant général Noguès, officier distingué, et qui s'est fait remarquer de toute l'armée. Mes aides de camp m'ont bien servi; je vous demande le grade de lieutenant pour le citoyen Montbrun et celui de sous-lieutenant pour le citoyen Dubois.

L'artillerie des Consuls, commandée par le citoyen Marin, lieutenant, a fait beaucoup de mal à l'ennemi; elle a arrêté une colonne pendant près de deux heures. Je vous demande, pour ce brave officier, le grade de capitaine. Un hussard, du 12ᵉ régiment, d'ordonnance auprès du général de division Watrin, a enlevé un drapeau de vive force à l'ennemi (1).

Je vous salue respectueusement.

LANNES.

Rapport du général de division Monnier, au général en chef.

Castel-Ceriolo, le 26 prairial an 8 (15 juin 1800).

La division arriva hier sur le champ de bataille, à 2 heures après-midi (2); elle fut dirigée sur notre droite, où l'ennemi s'avançait en force. La 19ᵉ, conduite par le général Cara-Saint-Cyr, se porta à droite, s'avança en colonne serrée sur le village de Castel-Ceriolo; elle l'enlevait de vive force (3),

---

(1) Ce rapport a déjà été publié dans la *Campagne de 1800 par le duc de Valmy*, p. 264.

(2) On a vu, p. 350, note 1, que la division Monnier avait passé la nuit du 13 au 14 vers Torre-di-Garofoli.

Le *Journal de Brossier*, dans le récit de la bataille du 14, affirme que Monnier et Boudet ont marché ensemble vers le sud :

« .....Les divisions Boudet et Monnier, sous les ordres du lieutenant général Desaix, avaient marché le 24 (13 juin), sur Serravalle par Rivalta. Là, elles avaient reçu l'ordre de se porter sans retard à Torre-di-Garofoli. La division Monnier, qui tenait la tête de cette colonne, avait accéléré sa marche et venait d'arriver sur le champ de bataille. Elle est aussitôt dirigée sur Castel-Ceriolo, où elle se réunit aux divisions Gardanne, Chambarlhac et Watrin..... »

Le *Journal de Brossier* a commis là une erreur, qui n'a été reproduite, d'ailleurs, dans aucune des relations postérieures, sauf dans la *Revue militaire autrichienne*. (V. p. 448.)

On a vu, au 13 juin, dans le journal de la division Boudet :

« Le 24, ma division, *séparée de celle du général Monnier* et restée avec le lieutenant général Desaix, eut ordre de se porter à Rivalta..... » (V. p. 352.)

On lit, dans le rapport de Dupont du 17 juin, au récit de la bataille du 14 :

« La division Monnier, qui *était campée à Garofoli*, est alors arrivée sur le champ de bataille. » (V. p. 423.)

Il paraît donc presque certain que la division Monnier était vers Torre-di-Garofoli, dans la matinée du 14.

De ce point, on compte environ 10 kilomètres jusqu'à Castel-Ceriolo, ou 8 kilomètres jusqu'au point où se livrait le combat vers 2 heures.

Monnier est donc parti de Torre-di-Garofoli vers 11 heures ou midi.

D'après cette donnée, il semble probable que, dans la matinée, le Premier Consul ne juge pas l'attaque de Marengo et de Castel-Ceriolo comme une offensive importante de toute l'armée de Mélas. Ce n'est que vers 11 heures que le déploiement des Autrichiens lui montre clairement la situation et qu'il appelle sur le champ de bataille la division Monnier, sa réserve immédiate et les deux divisions détachées au sud et au nord. Boudet, prévenu vers 1 heure, arrive vers 4 heures, à San-Giuliano (V. note 3, p. 395); Lapoype n'est rejoint qu'à 6 heures du soir par le courrier du Premier Consul et ne peut pas arriver dans la journée. (V. p. 365.)

(3) Carra-Saint-Cyr a 700 hommes. Voir son rapport à la note 2, p. 392.

tandis que la 70e, commandée par le général Schilt, qui suivait à hauteur son mouvement sur sa gauche, menaçait de
prendre à revers le centre de l'ennemi. Les colonnes, nombreuses en infanterie et cavalerie, ne purent résister à notre
choc impétueux; elles se replièrent dans le plus grand désordre
dans les marais en avant de la Bormida, en nous abandonnant deux pièces d'artillerie (1) et trois caissons.

Notre attaque dégagea la droite; mais l'ennemi, qui s'était
renforcé sur son centre, ayant obligé les troupes qui soutenaient notre gauche à se replier, nos deux colonnes se trouvèrent enveloppées dans le village et dans la plaine; elles se
défendirent avec vigueur; l'ennemi ne put jamais les entamer.
Après une heure de résistance, n'ayant pas été secourues,
elles se dégagèrent et firent leur retraite dans le plus grand
ordre sur San-Giuliano, où l'armée se ralliait; elles prirent
leur rang de bataille à gauche de la division Chambarlhac (2).

L'attaque ayant recommencé, elles attaquèrent, réunies à la
garde des Consuls (3), conduite par l'adjudant général Léopold Stabenrath, et à la 40e, les colonnes nombreuses qui
longeaient sur notre droite et manœuvraient pour nous envelopper; elles les chargèrent avec vigueur, les culbutèrent et
les obligèrent à la retraite la plus précipitée. La 24e légère

---

(1) Ces deux pièces sont reprises quelques heures après par les Autrichiens. Voir le
rapport du chef de bataillon Demarçay, p. 383.

(2) Ce rapport du général Monnier, daté du lendemain de la bataille, établit donc nettement que sa division a abandonné Castel-Ceriolo et a battu en retraite vers l'est, en suivant le mouvement de recul de toute l'armée.

Le plan, fait peu de temps après la campagne, par les ingénieurs géographes et joint au
Journal de Brossier, donne aussi une indication très précise. Dans la *Nouvelle position
de l'armée française*, la division Monnier est figurée à l'extrême droite de la ligne française placée entre San-Giuliano et Cassina-Grossa.

Dans une lettre du 21 octobre 1800, Carra-Saint-Cyr écrit au Ministre:

« A la bataille de Marengo, à la tête de 700 hommes de la 19e légère, j'ai enlevé le
village de Ceriolo, à la face de l'armée ennemie, au moment même où l'armée était en
retraite; *j'ai opéré la mienne en ordre*, soutenu seulement par la 70e de ligne; il n'en a
pas été question dans les différents rapports, mais ma conduite n'en a pas moins été
connue de toute l'armée..... »

Il est donc certain que c'est après coup, dans le silence du cabinet, que l'on a imaginé de
présenter la bataille sous un autre jour, en faisant de la retraite un mouvement prémédité
s'exécutant autour du pivot de Castel-Ceriolo, que la division Monnier n'abandonne pas.
(Consulter la notice du lieutenant général de Castres, à la fin de ce chapitre, p. 458).

(3) « Une charge de cavalerie dirigée par le général Bessières à la tête des grenadiers et
chasseurs à cheval de la garde consulaire, déterminait la retraite de l'aile gauche autrichienne. » (Relation du général Quiot, aide de camp du général Victor. *Mémoires du duc
de Bellune*, pièces justificatives, p. 427.)

soutenait l'attaque. A 8 heures, nous rentrâmes de vive force à Castel-Ceriolo. L'ennemi se retira par la route d'Alexandrie.

Deux bataillons de la 72⁰, qui étaient restés en réserve, combattirent à gauche avec les troupes de la division du général Boudet. Le 3⁰ essuya, au centre, trois charges de cavalerie sans être ébranlé.

La conduite des 19⁰, 70⁰ et 72⁰ est digne des plus grands éloges ; elles prouvèrent, hier, que les braves ne savent que vaincre, mais qu'ils ne comptent jamais le nombre des ennemis qu'ils ont à combattre.

La perte de l'ennemi est incalculable ; le champ de bataille était couvert de morts, de blessés, d'armes et de chevaux. Nous lui enlevâmes deux pièces de canon et quatre caissons ; sa cavalerie souffrit considérablement. Les généraux de brigade Carra-Saint-Cyr et Schilt dirigèrent leurs troupes avec autant de talent que de sang-froid.

J'ai vu les adjudants généraux Girard et Delage et l'aide de camp, chef d'escadron Demoly, se montrer avec distinction à la tête des colonnes.

J'ai perdu deux pièces d'artillerie (1). Il manque aux appels d'aujourd'hui de 8 à 900 hommes sur les trois demi-brigades, mais il rentre toujours quelques hommes (2).

MONNIER.

Extrait du Rapport des marches et opérations de la division Boudet.

Le 25 (3), à 2 heures du matin, le lieutenant général Desaix me fit parvenir l'ordre de faire une forte reconnaissance d'infanterie et de l'appuyer même d'une brigade jusqu'à Serra-

---

(1) D'après le rapport du chef de bataillon Demarçay, qu'on a vu plus haut, p. 383, la division Monnier a perdu les 4 pièces qui formaient son artillerie. Deux d'entre elles étaient des pièces piémontaises que cette division avait prises aux Autrichiens quelques heures auparavant. (V. p. 392.)

(2) Ce rapport n'a pas été trouvé aux *Archives de la Guerre.* Il est tiré des pièces justificatives de la *Campagne de 1800 par le duc de Valmy*, p. 271.

(3) On a vu (p. 351 et 352) que le soir du 24 prairial (13 juin), la division Boudet était arrivée en face de Rivalta et qu'une crue de la Scrivia n'avait permis de faire passer qu'une compagnie de carabiniers sur la rive gauche de cette rivière.

valle, si je croyais que cette force fût nécessaire. J'avais envoyé, dès le soir, un détachement de 30 cavaliers du 3ᵉ régiment, conduit par le capitaine adjoint à l'état-major de la division (L'Hérilier) (1), et j'observai au lieutenant général Desaix que je croyais nécessaire d'attendre préalablement le rapport de ce détachement. Il m'approuva et changea l'ordre qu'il m'avait donné.

Au point du jour, l'eau ne permettait pas encore de passer à gué, mais une barque avait été établie avec le secours des bateliers qu'un détachement avait enlevés à Tortone pendant la nuit. La troupe passa promptement et vint prendre position à Rivalta. Vers les 10 heures du matin, l'eau était baissée, et l'artillerie put passer la rivière au gué (2).

Dans cet intervalle, le général Desaix avait envoyé au quartier général pour savoir quelles dispositions devaient suivre l'action de la veille. Il reçut l'ordre (heureusement très tard) de se porter à Pozzolo-Formigaro, position intermédiaire, d'où nous pouvions nous porter, il est vrai, mais avec trop de temps, sur Alexandrie ou sur les débouchés de Gênes, en cas que l'ennemi eût tenté sa retraite de ce côté (3).

Ma division n'était qu'à 1 mille de Rivalta, quand un aide de camp du général en chef (4), expédié par le Premier Consul, vint à la hâte me porter l'ordre de marcher sur San-Giu-

---

(1) Voir le rapport de la division Boudet, du 13 juin, p. 351.

(2) Ce texte fixe d'une façon très précise la position de la division Boudet le 13 au soir et le 14 au matin et le point où elle a franchi la Scrivia.

Il semble donc que l'on doit écarter toutes les hypothèses, peu justifiées, des auteurs qui indiquent que le passage a eu lieu à Castellar-Ponzano, ou plus en amont.

(3) Cet ordre est sans doute donné par le Premier Consul, le 14 dans la matinée, alors qu'il considère comme certain que Mélas se dérobe à la bataille et cherche à s'échapper par le nord ou par le sud. Il est probable qu'il est envoyé à peu près en même temps que l'ordre à Lapoype de marcher sur Valenza, vers 9 heures du matin, ou peut-être seulement vers 10 heures, alors que le combat s'engage en avant de Marengo et que le Premier Consul ignore encore l'importance de l'attaque de Mélas.

L'ordre du Premier Consul parvient à Desaix à Rivalta et la division Boudet se met en marche sur Pozzolo-Formigaro vers midi. Les souvenirs de Savary semblent donc l'avoir trompé quand il écrit : « Nous quittâmes la position de Rivalta; nous marchâmes sur Novi; mais à peine *le jour commençait à poindre* que nous entendîmes une canonnade redoublée s'ouvrir au loin, en arrière de notre droite. (*Mémoires du duc de Rovigo*, t. Iᵉʳ, p. 266.)

(4) L'aide de camp Bruyère. (*Mémoires du duc de Rovigo*, t. Iᵉʳ, p. 267.)

liano (1), et, de là, sur Marengo, où les deux armées ennemies étaient à se battre depuis le point du jour (2).

Ma division, précipitant sa marche, fut bientôt rendue à
San-Giuliano (3). Elle y fut témoin du désordre qui commen-

---

(1) Un historien a donné le texte de cet ordre :

« Le Premier Consul avait écrit de Torre-di-Garofoli au général Desaix dans la matinée
du 14 : « Je croyais attaquer l'ennemi, il m'a prévenu. Revenez, au nom de Dieu, si
vous le pouvez encore ». Ce billet a été vu entre les mains du général Desaix, au moment
où il le recevait, par un jeune Hongrois, attaché comme ordonnance à ce général. C'est le
général de Faverges qui a recueilli le fait de la bouche du témoin oculaire. »
(Campagne de 1800, par le duc de Valmy, p. 176.)

Si l'authenticité des termes de ce billet paraît discutable, le sens de l'ordre est absolument vraisemblable ; il correspond exactement à la situation stratégique de l'armée française. Le Premier Consul est surpris en pleine manœuvre et prévenu par l'offensive des
Autrichiens, qu'il comptait atteindre le soir ou le lendemain, dans leur marche de flanc vers
le nord ou le sud.

(2) Les rapports précédents sont explicites ; les Autrichiens n'ont attaqué Gardanne que
vers 8 ou 9 heures du matin.

(3) Ce journal des marches et opérations de la division Boudet, qu'on a lu par fragments dans tout cet ouvrage, semble rédigé sinon au jour le jour, au moins peu de temps
après la campagne ; il paraît avoir été écrit avec une grande sincérité. Son récit doit donc
être admis comme véridique. Desaix a été appelé sur le champ de bataille par un ordre du
Premier Consul. Ainsi disparaîtront sans doute toutes les légendes écrites sur ce sujet.

Mentionnons celle qui nous dépeint « Bonaparte assez heureux, pour rencontrer dans le
lieutenant auquel il confia l'exécution de cet ordre imprudent, cette étincelle du génie, qui
fit ramener à temps sur le champ de bataille une division indispensable..... »

En effet « Le général Desaix..... descend de cheval et, penché contre terre, prête une
oreille attentive. Toute incertitude cesse pour lui, des coups de canon répétés et distincts
se succèdent et le bruit vient du nord. La résolution de marcher sur le canon est aussitôt
arrêtée par le général..... » (Etude sur le général Desaix, par Martha Beker, p. 438
et 441.)

Au lieu de nous montrer Desaix penché contre terre sur la route de Rivalta à Novi, un
autre auteur l'a supposé sur les collines de la rive droite de la Scrivia.

« ..... Le général français pointe sa lunette, et dirigeant son regard loin, loin, du côté
d'Alexandrie, aux alentours de laquelle il sait qu'une bataille est possible, il est frappé par
le continuel scintillement d'armes, qui atteste qu'il y a là beaucoup de troupes..... Le
Sultan Juste réfléchit un peu, puis la décision est prise. La haute qualité militaire de
l'initiative l'a emporté, dans son esprit, sur l'obéissance absolue. Il conduira sa division
où le canon gronde, où l'on meurt pour la France.....

« Il descend des hauteurs, décidé à passer la Scrivia pour atteindre au plus vite le champ
de bataille.....

« ..... Si Desaix n'avait pas eu cet éclair d'initiative, peut-être les aides de camp de
Bonaparte ne l'auraient pas trouvé..... Il n'est pas niable que c'est uniquement à l'initiative de Desaix, éprouvée déjà dans plus d'une circonstance, que l'on fut redevable que la
division Boudet put rejoindre, ce soir-là, le champ de bataille. » (La bataglia di Marengo,
par le capitaine Pittaluga, p. 59 à 61.)

On doit citer aussi le récit écrit en 1828 par Savary, aide de camp de Desaix, en con-
statant qu'il ne s'accorde pas avec le journal de la division Boudet.

« Nous prîmes aussitôt les armes et quittâmes la position de Rivalta ; nous marchâmes
sur Novi, mais, à peine le jour commençait à poindre que nous entendîmes une canonnade

çait à régner dans l'armée, le désordre qu'occasionnaient, d'une part, la marche d'un grand nombre de blessés et de camarades qui les conduisaient en obstruant tout le passage et, de l'autre, l'encombrement des charrettes et la foule des domestiques, des vivandiers et des mauvais soldats qui se joignent communément à ceux-ci.

Je plaçai sur la gauche de la grande route ma première brigade, dont une partie déployée et l'autre en colonne serrée.

J'ordonnai aussi à ma deuxième brigade la même disposition sur la droite du chemin (1).

Le lieutenant général Desaix et moi, considérant la position de l'armée, nous décidâmes à faire porter en avant ma première brigade, composée de la 9e légère. L'ordre fut donc donné pour ce mouvement, dont l'exécution devait au moins rappeler le courage des troupes qui se retiraient, et par suite, les faire retourner.

Je me portai donc en avant et jusque sous le front de l'en-

---

redoublée s'ouvrir au loin, en arrière de notre droite. Le pays était plat ; nous ne pouvions apercevoir qu'un peu de fumée. Le général Desaix, étonné, *arrêta sa division* et m'ordonna d'aller rapidement reconnaître Novi. Je pris cinquante chevaux, que je lançai à toute bride sur la route ; j'atteignis promptement le lieu où j'étais envoyé. Tout était calme et dans l'état où je l'avais laissé la veille ; personne n'y avait encore paru. Je remis mon détachement au galop et je rejoignis le général Desaix.

« Je n'avais été que deux heures à exécuter ma mission. Elle pouvait influer sur les combinaisons de la journée ; je courus annoncer au Premier Consul que tout était tranquille à Novi, que le général Desaix avait supendu son mouvement et attendait de nouveaux ordres..... »   (*Mémoires du duc de Rovigo*, t. IV, p. 266.)

Le journal des marches et opérations de la division Boudet (V. p. 394) et le rapport daté de Rivalta le 14 juin (V. p. 351) fixent d'une façon certaine l'emplacement de la division Boudet dans la matinée du 14 : l'infanterie passe la Scrivia en barque à Rivalta dans les premières heures du jour et l'artillerie passe à gué à 10 heures.

Les autres mouvements de la journée peuvent être reconstitués avec quelque vraisemblance. Desaix attend les ordres du Premier Consul qu'il a fait demander. Puis la division Boudet se met en marche vers Pozzolo-Formigaro, sans doute vers midi. Vers 1 heure arrive le second ordre du Premier Consul ; la division fait demi-tour et marche vers San-Giuliano qu'elle atteint entre 4 et 5 heures.

(1) D'après Savary, aide de camp de Desaix « ses troupes, qui comptaient neuf bataillons, étaient formées sur trois lignes, un peu en arrière du petit village de Marengo (*sic*), près du grand chemin de Tortone à Alexandrie ». (*Mémoires du duc de Rovigo*, t. Ier, p. 273.)

Cette disposition peut se concilier avec celle indiquée par le journal de Boudet, les deuxième et troisième lignes correspondant, dans chaque demi-brigade, aux fractions en colonne serrée.

Dans le plan de la bataille fait par les ingénieurs géographes de l'armée, les neuf bataillons de la division Boudet sont figurés sur une seule ligne.

nemi, à portée de sa mousqueterie, laquelle se rapprochant sensiblement, m'obligea de faire jeter des tirailleurs en avant, afin de retarder sa marche. Cette brigade, commandée par le général Musnier, exécuta plusieurs mouvements à la vue de l'ennemi, et ses manœuvres se firent avec une fermeté et une sécurité assez grandes pour qu'il soit permis de leur attribuer cette confiance qui parut renaître parmi les troupes éparses qui fuyaient. La contenance vigoureuse que tint la brigade sous le feu de l'artillerie et de la mousqueterie de l'ennemi donna le temps à ma deuxième brigade, composée de la 30ᵉ et de la 59ᵉ demi-brigade, commandée par le général de brigade Guénand, de s'établir sur la droite, et aux autres corps de l'armée qui avaient combattu le matin et opéraient leur retraite, de venir prendre position derrière elle (1).

Pendant que je contenais, avec la 9ᵉ légère, l'ennemi sur son front, et que je protégeais le ralliement de l'armée, le Premier Consul tenait son conseil, où se trouvait le général en chef, le lieutenant général Desaix et autres généraux rassemblés sous le feu le plus fort de l'artillerie ennemie (2). Ils s'occupaient à préparer un grand mouvement, capable d'assurer la victoire.

Bonaparte harangua les troupes, et, dans cet intervalle, le général Desaix fit réunir toute l'artillerie de sa division en

---

(1) Ainsi, la position de la division Boudet est nettement indiquée : les 30ᵉ et 59ᵉ demibrigades sont à la droite du chemin, c'est-à-dire au nord de ce chemin, la 9ᵉ légère seule est au sud.

Kellermann, au contraire, dans un récit publié en 1834, place toute la division Boudet au sud du chemin. (V. p. 404, note 2.)

Il est évident que c'est au journal de la division Boudet que l'on doit ajouter foi.

Dans le plan de la bataille fait par les ingénieurs géographes de l'armée, la division Boudet est figurée d'une façon absolument conforme aux indications du journal des marches et opérations, la 9ᵉ légère au sud du chemin, la 59ᵉ au nord, puis la 30ᵉ; cette ligne est environ à 1000 toises à l'ouest de San-Giuliano.

Quant au dispositif adopté dans chaque demi-brigade, il était le suivant d'après le général Quiot, aide de camp de Victor :

« La 9ᵉ légère, ayant deux bataillons en ordre de bataille à la gauche de la route de San-Giuliano à Spinetta, et le 3ᵉ à 200 pas en deuxième ligne. Les 30ᵉ et 59ᵉ demi-brigades étaient à la droite de la route, également en ordre de bataille et 8 pièces de canon placées par le général Marmont pour battre la route, et toute la cavalerie que l'on put réunir formaient l'aile gauche. Voilà les dispositions que prit le général Desaix pour attendre l'ennemi et assurer la victoire, ayant masqué la majeure partie de ses troupes derrière les haies. » (*Mémoires du duc de Bellune*, pièces justificatives, p. 426.)

(2) Ce conseil de guerre est mentionné dans les *Mémoires de Marmont*. (V. plus loin, p. 409.)

avant du front de ma deuxième brigade (1). Il s'engagea alors
une canonnade dans laquelle l'ennemi avait une trop forte
supériorité par le nombre de ses pièces pour que la partie
pût être égale (2). Chaque instant voyait enlever des files de
nos troupes, dont l'impatience augmentait pour en venir aux
mains.

J'étais beaucoup plus avancé que le reste de ma ligne avec
ma première brigade, et je n'aurais pas tardé à avoir un engagement sur tout le front de la 9ᵉ légère, lorsque le général
Desaix m'envoya l'ordre de faire retirer mes troupes par
échelons. Cette manœuvre devenait, à la vérité, indispensable, si l'attaque générale était retardée ; mais elle compro-
mettait aussi les tirailleurs que j'avais en avant ; j'ordonnai
cependant le mouvement, en ne le faisant exécuter qu'à pas
très lents, et je me rendis très promptement auprès du lieutenant général Desaix pour lui présenter mes observations.
L'attaque allait commencer, et le général Desaix, connaissant
les dispositions que j'avais faites sur le front de l'ennemi,
me chargea alors d'arrêter la marche rétrograde, ce que je
fis en me reportant sur le front de ma première brigade, qui
s'était retirée de 200 pas au plus.

Je pourrais observer ici que ce mouvement rétrograde
nous devint favorable, car l'ennemi, qui s'en aperçut, redou-
blant d'espoir, se porta en avant avec plus d'audace, et la

---

(1) Voir la composition de cette artillerie dans l'extrait des *Mémoires de Marmont*,
p. 409. Les deux rapports placent cette batterie au nord de la route.

(2)   *Résumé du Rapport du citoyen Duport, chef de bataillon,*
               qui commande l'artillerie de la division Boudet.

L'artillerie de cette division, commandée par le chef de bataillon Duport, était servie
par la 4ᵉ et une partie de la 3ᵉ compagnies du 2ᵉ régiment d'artillerie à cheval.

Le citoyen Conrad, lieutenant de cette compagnie, à peine en batterie, a eu une jambe
emportée par un boulet de canon ; il tombe, se relève et s'assied pour observer l'effet de
ses pièces sur l'ennemi. En même temps, passe l'aide de camp du général Desaix, le
citoyen Savary ; Conrad lui crie : — Commandant, écoutez ! — Tout à l'heure, répond
l'aide de camp, on va vous faire emporter, prenez patience. — Ce n'est pas cela, répond
Conrad, cela viendra quand cela pourra ; faites-moi le plaisir de dire à mes canonniers de
tirer un peu plus bas.

La 4ᵉ compagnie du 2ᵉ régiment d'artillerie à cheval a eu 4 hommes de blessés et
1 cheval ; la 3ᵉ a eu 3 chevaux tués et 1 blessé.

Au quartier général, à San-Giuliano, le 27 prairial an 8 (16 juin 1800).

                           Le chef de l'état-major général d'artillerie,
                                    Al. SENARMONT.

surprise qu'il y éprouva en se voyant ensuite chargé, nous fut avantageuse (1).

Le lieutenant général Desaix se rendit à ma première brigade, formant la gauche de l'armée, et me dit de me porter à ma deuxième, qui occupait le centre, en me chargeant de percer celui de l'ennemi et de l'enfoncer avec assez de rapidité pour le séparer entièrement et déranger par là son plan d'opérations.

Toute la ligne se mit en mouvement au pas de charge, et ma division formait le premier front. Ma brigade de gauche, composée de la 9e légère, eut à combattre devant elle les grenadiers hongrois qui venaient d'être réunis par le général Mélas, afin que ce corps d'élite pût poursuivre avec avantage la victoire qu'il regardait déjà comme assurée pour lui. Ce corps de grenadiers était soutenu d'une très forte cavalerie qui débordait les ailes de ma première brigade ; leur résistance fut très opiniâtre ; mais la valeur de la 9e légère la rendit nulle (2), et une heureuse charge de notre cavalerie couronna cette attaque.

L'habile et valeureux Desaix l'avait dirigée, et il n'eut pas le bonheur de jouir de nos succès. La mort venait d'enlever ce grand capitaine à ses frères d'armes. Il recommanda, par ses dernières paroles, de cacher son sort, dans la crainte que

---

(1) « .....La division du général Desaix occupait le point le plus rapproché de l'ennemi, qui s'avançait en colonnes serrées, profondes, le long de la route d'Alexandrie à Tortone, qu'il laissait à gauche. Il était près de nous joindre et nous n'étions plus séparés que par une vigne que bordait le 9e régiment d'infanterie légère, et un petit champ de blé dans lequel entraient déjà les Autrichiens. Nous n'étions pas à plus de cent pas les uns des autres ; nous distinguions réciproquement nos traits.

« La colonne autrichienne avait fait halte à la vue de la division Desaix, dont la vue lui était si inopinément révélée. La direction qu'elle suivait la portait droit sur le centre de notre première ligne. Elle cherchait sans doute à en évaluer le nombre avant de commencer le feu. La position devenait à chaque instant plus critique..... »

(*Mémoires du duc de Rovigo*, t. Ier, p. 274.)

(2) D'après d'autres récits, cette phase de la bataille ne se passa pas d'une façon aussi simple. La 9e légère commença par être repoussée et par reculer.

« .....C'est à ce point de Cassina-Grossa que le corps de Desaix vint heurter et se briser contre la masse formidable de l'armée autrichienne. Le 9e d'infanterie légère, qui marchait déployé, ne put soutenir le choc de la colonne hongroise, qui chargeait en tête.

« Il s'arrête, il chancelle, *se retire en hâte* et entraîne la ligne avec lui ; la colonne ennemie s'abandonne inconsidérément à sa poursuite, dépasse à la course le général Kellermann et lui prête un flanc sans défense..... » (*Réfutation de M. le duc de Rovigo* ou *La vérité sur la bataille de Marengo, par un ami de la Vérité*, p. 12. Ouvrage attribué au général Kellermann. Rosier 1828.)

V. plus loin, l'*Extrait des Mémoires de Marmont*, p. 409.

cette nouvelle produisit quelque alarme et ne nuisit à la victoire (1).

A différentes reprises, la cavalerie ennemie tenta de tourner et d'entourer la 9e légère; mais elle fut reçue de manière à être découragée.

C'est absolument à la contenance et aux actes de valeur de ce corps qu'on doit les avantages marquants qui ont été remportés sur la gauche et surtout la prise de l'artillerie et des prisonniers. La cavalerie y a également contribué avec beaucoup d'à-propos et de courage.

Ma deuxième brigade, composée de la 30e et de la 59e demi-brigade et dirigée par moi, enfonça avec une audace, une force et une rapidité étonnantes le centre de l'armée ennemie et la coupa en deux. Cette brigade eut continuellement à défendre à la fois son front et ses flancs et ses derrières contre l'artillerie et la mousqueterie et contre différents corps de cavalerie. Ces derniers particulièrement vinrent à la charge plusieurs fois pour attaquer nos derrières; mais l'ordre parfait de colonnes serrées dans lequel s'étaient maintenus nos bataillons, quoique traversant des vignes et autres obstacles, non seulement rendit la tentative de la cavalerie inutile, mais encore lui occasionna une perte considérable.

La résistance de l'ennemi, dans certaines positions, fut terrible. On se fût amusé inutilement à vouloir le chasser par la mousqueterie. Les charges à la baïonnette purent seules le débusquer, et elles furent exécutées avec une prestesse et une intrépidité sans exemple. Assurément, on ne peut donner assez d'éloges à cette brigade, en partie composée de conscrits qui ont rivalisé de courage et de fermeté avec les plus anciens militaires (2).

---

(1) Au sujet des dernières paroles que Desaix a prononcées ou n'a pas prononcées, voir la note 3, p. 420, et les extraits des différents auteurs.

(2) *Les chefs des 30e et 59e demi-brigades de ligne au général Dupont, chef de l'état-major général.*

Lobi, le 29 prairial an 8 (18 juin 1800).

Nous vous transmettons, Citoyen général, le précis historique de la division Boudet à la bataille du 25 dans la plaine d'Alexandrie, que nous avons demandé officiellement au général de brigade Guenand qui nous commandait. Nous nous flattons que ce rapport, qui est la vérité toute nue, aura votre assentiment et nous vaudra la récompense que nous demandons, celle de sa publicité.

Salut et respect.

MUGNIER.   VALTERRE.

Dans la charge à la baïonnette, deux drapeaux ont été pris, l'un par le citoyen Coqueret, capitaine de grenadiers de la 59e, et l'autre par le citoyen Georges Amptil, fusilier et conscrit de la 30e demi-brigade, lequel poursuivit et tua celui qui le portait et l'enleva à la vue d'un peloton qui cherchait à le ravoir (1).

Ainsi, je puis et je dois dire à la gloire de ma division que, par son extrême courage, elle a eu le bonheur de contrebalancer les avantages obtenus par nos ennemis jusqu'à son arrivée et de concourir de la manière la plus efficace à fixer de notre côté l'illustre victoire de Marengo, victoire qui doit tenir une première place dans nos annales, tant par la valeur plus qu'héroïque qui l'a arrachée que par les grands intérêts qui y étaient attachés (2).

Le général Murat, au général Berthier.

Garofoli, 27 prairial an 8 (16 juin 1800).

J'ai l'honneur de vous faire parvenir, mon Général, les différents rapports que je reçois des généraux de brigade, commandant les brigades de la cavalerie à la bataille de Marengo (3). J'essayerais en vain, si vous n'en aviez été témoin, de vous peindre la bravoure et l'intrépidité de toute la cavalerie ; il n'y a pas eu d'escadron qui n'ait eu à soutenir, dans

---

(1) Berthier demande pour Amptil un fusil garni d'argent. (V. note 1, p. 429.)

(2) Le général Boudet adressait, de Lobi, le 18 juin, au général en chef Berthier, un rapport qui est en grande partie la reproduction textuelle de ce journal. On y lit, en plus, quelques éloges particuliers :

« ..... Les généraux de brigade Guenand et Musnier ont dirigé les troupes avec un dévouement particulier. Le général Guenand a reçu une balle à l'aine droite dont l'effet fut amorti par l'argent qu'il avait dans la poche de sa montre.

L'adjudant général Dalton, mérite particulièrement d'être cité par le sang-froid et la connaissance avec laquelle il a dirigé différents points d'attaque.

Le chef de brigade Labassé, de la 9e légère ; Valterre, de la 30e; Mugnier, de la 59e, ont marqué une intrépidité digne des plus grands éloges. Ce dernier a reçu deux légères blessures.

Mes aides de camp et officiers d'état-major, nous ont aussi parfaitement secondé par leur activité. L'un d'eux, le citoyen Bagnet eut son cheval tué d'un coup de boulet.

Enfin, Général, je crois devoir vous assurer que les plus grands éloges doivent être rendus à tous les officiers et soldats de la division. Tous ont montré un véritable courage.

J'aurais particulièrement à réclamer de vous une récompense d'avancement pour le chef de bataillon Pastres, pour mon aide de camp Bagnet et pour l'officier de correspondance Diens. Le premier est lieutenant, le deuxième est sous-lieutenant. »

Salut et respect.

BOUDET.

(3) Le rapport de la brigade Kellermann a seul été retrouvé.

la journée, plusieurs charges de cavalerie ; toutes ont été reçues et données avec le plus grand succès.

Le général Kellermann, placé à la gauche, a soutenu la retraite de la division Victor avec le plus grand courage ; le général Champeaux, à la droite, se comportait avec la même intrépidité ; au centre, le général Duvignau, de sa personne, n'imitant point ses camarades, et, sous prétexte de maladie, avait abandonné sa brigade qui s'est, du reste, parfaitement bien battue (1).

Je dois surtout vous parler du général Kellermann, qui, par une charge faite à propos, a su fixer la victoire encore flottante et vous faire 5 à 6,000 prisonniers ; du chef de brigade Bessières qui, en chargeant à la tête de ses grenadiers, a montré autant de bravoure que de sang-froid ; de l'adjudant général César Berthier, qui a été partout également brave, intelligent et actif ; il n'a cessé de rendre les plus grands services dans cette journée et dans toute la campagne.

La cavalerie a beaucoup souffert ; je dois des éloges à tout le monde. La cavalerie a pris plusieurs drapeaux et plusieurs canons. J'ai eu, dans cette journée, environ 800 hommes et chevaux hors de combat.

Le général Kellermann s'est particulièrement distingué ; le général Champeaux a été blessé avec une infinité d'officiers supérieurs et autres dont vous trouverez l'état ci-joint.

Je vous prie de m'accorder, pour le chef de brigade Bessières, commandant la garde des Consuls, le grade de général de brigade ; je vous le demande aussi pour l'adjudant général Berthier et pour le chef de brigade du 8e régiment de dragons, qui, depuis la guerre d'Italie, n'a cessé de se distinguer avec le corps qu'il commande.

Je demande aussi le grade d'adjudant général pour mon aide de camp Colbert ; le grade de chef de brigade pour mon aide de camp Beaumont qui, m'accompagnant partout, a contribué, par son courage, son activité et son intelligence, au succès de la cavalerie dans la journée, et qui, depuis le commencement de la campagne, a eu deux chevaux tués sous lui.

---

(1) V. au chapitre suivant, p. 492, note 2, la justification de Duvignau. En expliquant les causes de son absence, pour cause de blessure, il insinue qu'il doit la disgrâce dont il fut l'objet à l'inimitié de Murat.

Mon aide de camp Didier, blessé également par un biscaïen, mérite des éloges particuliers.

Les citoyens Bigarne, lieutenant au 1er régiment de dragons; Deblou, capitaine au 2e régiment de chasseurs; Decoux, sous-lieutenant au 2e régiment de chasseurs, Renaud, sous-lieutenant au 11e de hussards; officiers de correspondance près de moi, se sont comportés avec le plus grand courage. Didetes, officier piémontais, s'est bien battu.

Salut et respect.

Murat.

P.-S. — Les grenadiers à pied des Consuls que vous m'avez envoyés, ont soutenu à la droite plusieurs charges de cavalerie l'arme au bras, et ont arrêté pendant longtemps le succès de l'ennemi. Ce corps a perdu 121 hommes tués ou blessés. Je lui dois des éloges particuliers, et, si j'ai pris quelques soins à l'organiser, je suis bien récompensé de le voir répondre d'une manière si brillante à mon attente.

L'adjudant général Berthier fera passer à votre chef d'état-major l'état des pertes des différents corps de cavalerie de l'armée.

Le général de brigade Kellermann, au lieutenant général Victor.

Castilnanova, le 26 prairial an 8 (15 juin 1800).

Mon Général,

J'ai l'honneur de vous adresser, ci-joint, le rapport des actions éclatantes qui ont distingué la brigade des 6e (1), 2e et 20e régiments de cavalerie pendant la bataille d'Alexandrie.

La brigade arriva à 9 heures du matin à Marengo, et fut immédiatement placée à la gauche en avant du village, près du 8e de dragons. Vers midi, l'ennemi fit déboucher par la droite, vis-à-vis de la brigade, une forte colonne de cavalerie;

---

(1) Il semble qu'il y a ici une erreur dans les numéros des régiments. Le 6e de cavalerie n'était pas à l'armée de réserve. (V. p. 300, 307 et 310.) La brigade Kellermann comprenait la grosse cavalerie, d'après la lettre de Murat du 12 juin (V. p. 308), c'est-à-dire les 2e et 20e de cavalerie, le 3e régiment étant attaché au corps Victor (même lettre).

On voit d'ailleurs, à la fin de ce rapport, que Kellermann ne demande de récompenses que pour le 2e et le 20e de cavalerie. De plus, les rapports de Dupont (V. p. 424) et de Berthier (V. p. 426 et 427) indiquent que la brigade Kellermann ne comprend que les 2e et 20e de cavalerie auxquels se joint le 8e de dragons. On peut consulter aussi la situation du 14 juin (V. p. 373) et les annexes nos 2, 3, 5, 8 et 11.

nous la laissâmes avancer. Je donnai ordre au 8e de dragons de la charger ; je le soutenais, marchant en bataille : le 8e culbuta la cavalerie ennemie ; mais, la charge ayant mis du désordre, il fut chargé à son tour ; je lui donnai ordre de me démasquer et de se rallier derrière la brigade qui s'avança avec sang-froid sur la ligne ennemie, la chargea à 50 pas, la mit en déroute et la culbuta dans les fossés, jusque sur son infanterie. L'ennemi perdit, dans ces deux charges, plus de 100 chevaux. Son infanterie allait se débander pour peu que la nôtre eût donné ; mais on s'observa un quart d'heure ; pendant ce temps, le feu de l'artillerie et de l'infanterie ennemie nous abîmait et nous obligea à reprendre notre ancienne position.

La brigade resta deux heures en panne sous le feu du canon. Il y eut un intervalle d'une heure pendant laquelle le feu cessa. A 2 heures, la brigade restant seule, sans infanterie et sans les dragons, on vit déboucher une colonne de 2 à 3,000 chevaux, précédée d'une nombreuse artillerie ; il fallut se retirer. L'infanterie, n'ayant plus de cartouches, se porta sur Marengo (1). La brigade se mit en bataille sur la droite à la gauche du chemin, toujours sous le feu d'artillerie le plus meurtrier, couvrant la retraite de l'infanterie, lui donnant le temps de se rallier, se retirant en pelotons au pas, faisant, de distance en distance, ses demi-tours à droite, sans permettre que l'ennemi fît un seul prisonnier sur ce point, et déployant, dans cette circonstance, ce courage froid qui voit le danger, la mort, l'attend avec constance.

Arrivée à hauteur de la division Desaix, la brigade des 6e, 2e et 20e de cavalerie, réduite alors à 150 chevaux, fut réunie à un peloton du 1er et à deux escadrons du 8e de dragons. Je les formai sur une seule ligne, suivant la division Desaix, à 200 toises à droite de la route.(2). J'aperçus que l'infanterie qui marchait sur la gauche de la route de Marengo, à hauteur

---

(1) *Sic.* Lisez : San-Giuliano.

(2) Kellermann a écrit, en 1831, quelques détails complémentaires sur cette formation. On y trouve une légère différence pour l'effectif de sa brigade :

« La division Boudet reçut l'ordre de se mettre en bataille en avant de San-Giuliano, à gauche de la route de Tortone ; la brigade Kellermann, réduite à 400 hommes et renforcée de 200 à 300 cavaliers, débris de la brigade Champeaux, à la droite de Desaix ; les grenadiers à cheval de la garde consulaire, forts de 600 chevaux frais, à la droite et à une portée de canon de Kellermann ; ce que l'on avait pu réunir des débris des corps de Lannes et de Victor, se prolongeant sur la droite, un peu en arrière de la br

de Casina-Grossa, commençait à fléchir, et que les grenadiers ennemis la chargeaient à la course. Je pensai qu'il n'y avait pas un moment à perdre, et qu'un mouvement prompt pouvait ramener la victoire sous nos drapeaux. J'arrêtai la ligne, je commandai : « Peloton à gauche et en avant! » (1); les 2ᵉ

---

gade Kellermann et se trouvant adossé à des vignes. » (*Campagne de* 1800, *par le duc de Valmy*, p. 178.)

D'après ce passage, Kellermann est à droite de Desaix et, par conséquent, au nord de la route. Suivant son rapport, il est aussi au nord, « à 200 toises à droite de la route ». Le mouvement de peloton à gauche fait par Kellermann, le jette en colonne sur le *flanc gauche* des Autrichiens, qui suivaient à peu près la route.

Marmont met aussi Kellermann au nord de la route (V. p. 410.). Savary explique que c'est sur le flanc gauche des Autrichiens que la charge a eu lieu. (*Mémoires du duc de Rovigo*, p. 276, note 1.)

Il semble donc qu'on doit considérer comme inexact, pour ce détail, le plan des ingénieurs géographes, qui figure la brigade Kellermann *à gauche* de la division Desaix, c'est-à-dire *au sud* de la route et la charge passant près de Cassina-Grossa, pour tomber sur le *flanc droit* des Autrichiens et derrière eux.

La relation du général Quiot ne précise point si Kellermann a chargé la droite ou la gauche des Autrichiens, mais montre la colonne de grenadiers, qui arrivait en colonne serrée, pour rétablir le combat « attaquée aussitôt et au même instant, de front, par l'infanterie, et *en flanc et de revers*, par la cavalerie, aux ordres du général Kellermann. »

D'après la relation autrichienne et un autre récit de Kellerman, celui-ci, placé d'abord à gauche de Boudet, se serait porté à sa droite. (V. p. 451 et 459.)

(1) Les évolutions de la cavalerie étaient réglées par l'ordonnance du 20 mai 1788. On sera peut-être étonné de constater à quel point les règlements actuels ressemblent encore à leur ancêtre.

L'article VII du titre III est relatif à la « marche en colonne ». On y lit :

« *L'escadron étant en bataille, le rompre à droite par peloton.* »

« On commandera :

   Garde à vous.
   1. *Pelotons à droite.*
   2. Marche.

« Au premier commandement, les brigadiers de l'aile gauche de chaque peloton se prépareront à déboîter légèrement.

« Au second commandement, la conversion s'exécutera, et au moment où elle sera près de finir, les deux capitaines et les deux lieutenants commanderont chacun à leur peloton : Halte, *à gauche*, Alignement ; les cavaliers étant alignés, ces officiers commanderont : Fixe ; ils resteront au centre de leur peloton. »

· ·

« *Marcher la droite en tête.*

« Le chef d'escadron commandera :

   1. *Colonne en avant.*
   2. Marche.

« On aura soin, auparavant, de donner un point de direction au brigadier guide de la première subdivision : celui-ci choisira des points intermédiaires, afin d'être sûr de marcher droit..... »

(L'escadron en bataille était rompu de même à gauche, par pelotons, par les commandements : *Garde à vous, Pelotons à gauche,* Marche, Halte, *à droite,* Alignement et Fixe.)

L'ordonnance provisoire du 1ᵉʳ vendémiaire an 13 (23 septembre 1804) apporta quelques

et 20e de cavalerie se trouvent avoir alors la tête de la colonne (1) qui se précipita avec impétuosité sur le flanc des grenadiers autrichiens au moment où ils venaient de faire leurs décharges. Le mouvement fut décisif; la colonne fut anéantie en un instant (2).

---

modifications à « l'exercice et aux manœuvres de la cavalerie ». On y trouve en particulier le paragraphe suivant qui n'est pas dans l'ordonnance du 20 mai 1788 :

« L'escadron étant en bataille, le rompre à droite par pelotons, pour le porter en avant par conversion et sans arrêter.

« On commandera :

    1. *Garde à vous.*
    2. *Peloton à droite.*
    3. MARCHE.
    4. EN AVANT.
    5. *Guide à gauche.*

. . . . »

Il paraît probable que ce mouvement était en usage avant d'être réglementé, puisque Kellermann le fait exécuter en 1800.

(1) On lit dans le *Mémorial du Dépôt de la guerre*, t. IV, p. 272, un autre récit fait par Kellermann en 1803.

Ce général expose que sa troupe était déjà en colonne, vu la difficulté de marcher en ligne dans les vignes ; en apercevant l'ennemi, il aurait « sur-le-champ commandé *tête de colonne à gauche* » et aurait lancé ses premiers escadrons sur les Autrichiens. (V. plus loin, p. 459.)

En 1828 parut une brochure anonyme, mais inspirée évidemment par Kellermann : *Réfutation de M. le duc de Rovigo* ou *La Vérité sur la bataille de Marengo*. On y lit, p. 13 :

« Kellermann voit le flanc de l'ennemi sans défense, passe rapidement de l'ordre en bataille à l'ordre en colonne, la gauche en tête, et, ne prenant conseil que du danger de ses camarades, tombe comme l'éclair sur le flanc gauche des Autrichiens, les surprend dans le désordre de la victoire, dégarnis de leur feu..... »

Ces divers textes de Kellermann diffèrent complètement pour la formation de sa brigade *avant* la charge et pour l'évolution exécutée, mais ils sont d'accord pour l'exécution même de la charge, qu'ils montrent *faite en colonne* et dirigée sur le *flanc gauche* des Autrichiens, c'est-à-dire au nord de la route.

(2) On a souvent discuté à qui revient l'initiative de la charge de Kellermann.

Les rapports officiels de Berthier ne lui attribuent pas le rôle prépondérant dans la victoire, tandis que le duc de Valmy, fils du général Kellermann, prétend prouver, dans la *Campagne de 1800*, que c'est l'à-propos et la vigueur de la charge de la brigade de grosse cavalerie qui changea la retraite de l'armée française en triomphe.

Savary affirme que c'est lui qui porta, de la part du Premier Consul, l'ordre à Kellermann de charger :

« Vous lui direz de charger sans compter, aussitôt que Desaix démasquera son attaque. » (*Mémoires du duc de Rovigo*, t. Ier, p. 275.)

Bourrienne est d'avis que c'est « l'inspiration instantanée de Kellermann » qui détermina le gain de la bataille.

Il raconte qu'en rentrant au quartier général, le Premier Consul lui dit :

« Ce petit Kellermann a fait une heureuse charge, il a donné bien à propos ; on lui doit beaucoup. Voyez à quoi tiennent les affaires ! » Mais, quelques heures après, le Premier Consul aurait reçu froidement Kellermann, lui disant : « Vous avez fait une assez bonne charge ».

A quelque temps de là, le Premier Consul aurait eu connaissance d'une lettre de

Trois bataillons de grenadiers et le régiment entier de Wallis, tout est sabré ou pris ; le citoyen Le Riche, cavalier au 2ᵉ régiment, fait prisonnier le général chef de l'état-major ; six drapeaux, quatre pièces de canon sont enlevés.

Cependant, je ralliai un parti de 200 chevaux, avec lesquels je me portai en avant pour en imposer à leur formidable cavalerie, qui pouvait nous enlever notre avantage ; elle fut contenue ; elle commença même à se retirer. Je la suivis pas à pas jusque vers la nuit, où, nous étant réunis à la cavalerie de la garde consulaire, nous fîmes une nouvelle charge sur la seule cavalerie ennemie, dans laquelle elle fut taillée en pièces et ne dut son salut qu'à la nuit.

Les citoyens Alix, chef d'escadron du 2ᵉ, et Gérard, du 20ᵉ, ainsi que tous leurs officiers, sous-officiers et cavaliers, se sont parfaitement bien conduits. J'ignore les noms des chefs d'escadrons qui commandaient les 8ᵉ et 1ᵉʳ de dragons qui ont coopéré avec toute la valeur possible au succès de cette charge. Sur 11 officiers, le 2ᵉ de cavalerie en a 7 hors de combat ; le 20ᵉ, 6. Le chef d'escadron Alix et le cavalier Le-bœuf, au 2ᵉ, ont enlevé chacun un drapeau ; le 20ᵉ a pris quatre pièces de canon ; le cavalier Godin a enlevé un drapeau ; le capitaine Tétard, du 20ᵉ, a chargé avec beaucoup de courage. Je vous prie de solliciter pour eux du général en chef les récompenses honorifiques que le Premier Consul a destinées à la valeur.

Kellermann à Lasalle, dans laquelle il disait : « Croirais-tu, mon ami, que Bonaparte ne m'a pas fait général de division, moi qui viens de lui mettre la couronne sur la tête ! » De là serait venu le peu de faveur dont a joui le général Kellermann. (Voir les *Mémoires de Bourrienne*, t. IV, p. 122 à 126.)

Notons cependant qu'il fut nommé général de division le 6 juillet suivant.

Dans la brochure de Kellermann citée plus haut, on lit, p. 10 : « Ce fut là (près de San-Giuliano), que l'aide de camp Savary le joignit (Kellermann) et lui transmit, de la part du Premier Consul, *l'ordre de marcher à hauteur du corps du général Desaix et de l'appuyer dans le nouveau combat qui allait s'engager.* Tel est le seul rapport, la seule relation qui, dans cette journée, aient eu lieu entre le général Kellermann et l'aide de camp Savary. Sa mission remplie, il dut aller rejoindre son général qui ne pouvait être loin. On ne le revit plus ».

Kellermann, en réponse à ses détracteurs, a écrit lui-même en 1834 :

« Cette action décisive et imprévue ne fut ni préparée, ni combinée ; elle fut moins longue à exécuter qu'à raconter. L'armée française aurait eu le temps d'être culbutée, si un ordre avait dû être transmis pour l'exécution de cette charge. Le général Kellermann avait reçu l'ordre d'appuyer Desaix, ce qui implique l'ordre de charger dans un moment favorable, mais l'intelligence de ce moment, l'inspiration soudaine qui l'a fait réussir, appartiennent au général Kellermann. (*Campagne de* 1800, *par le duc de Valmy*, p. 190.)

Les capitaines Montfleury, Girardot et Terret; les lieutenants Gavory, Vergé, Poitel et Delord, tous du 2ᵉ, ont eu leurs chevaux tués sous eux.

Le capitaine Tétard, du 20ᵉ, les lieutenants Picquet, Courtois et Moraux ont eu leurs chevaux tués, et le capitaine Frély et le lieutenant Fraunoux ont été blessés.

Je vous demande, pour le citoyen Lamberty, officier plein d'intelligence, de bravoure et d'exactitude, la première place de capitaine qui viendra à vaquer dans le 2ᵉ de cavalerie, où il sert actuellement avec le brevet de capitaine surnuméraire audit corps. Je vous demande le grade de lieutenant pour le citoyen Petitot, sous-lieutenant, et celui de sous-lieutenant pour le citoyen Jalland, adjudant.

Je vous prie aussi de vous intéresser à faire indemniser les officiers dont les chevaux ont été tués dans l'affaire.

Je vous en adresserai un état nominatif.

Je vous demande le grade de sous-lieutenant pour le citoyen Velaine, maréchal des logis chef de la 1ʳᵉ compagnie du 20ᵉ régiment de cavalerie, qui s'est particulièrement distingué et qui a toutes les qualités requises pour faire un bon officier (1).

Salut et respect.

KELLERMANN.

J'approuve cette demande.

Le lieutenant du général en chef,

VICTOR (2).

Extrait des mémoires de Marmont.

..... Le général Desaix..... vint rejoindre le Premier Consul. Il trouvait l'affaire dans ce fâcheux état; il en avait mauvaise opinion. On tint, à cheval, une

---

(1) Le 19 juin, Kellermann adressait aussi ses demandes d'avancement et d'armes d'honneur au lieutenant général Murat, par une lettre datée de Bosco. Il ajoutait : « J'observe que tous ces officiers désirent avoir leur avancement dans leur corps et que je crois plus utile de les y conserver, puisqu'ils sont un sujet d'émulation pour le régiment ».

(2) Ce rapport n'existe pas aux *Archives de la Guerre*. Il a été imprimé dans la *Campagne de 1800, par le duc de Valmy*; pièces justificatives, p. 267. En le reproduisant ici, on a cru devoir rectifier, d'après d'autres documents, l'orthographe de plusieurs noms propres ; on a aussi rétabli le sens véritable de la dernière phrase, dans laquelle, par une plaisante erreur, Victor était qualifié de *secrétaire* du général en chef.

espèce de conseil auquel j'assistai; il dit au Premier Consul (1) : « Il faut qu'un feu vif d'artillerie impose à l'ennemi avant de tenter une nouvelle charge ; sans quoi, elle ne réussira pas ; c'est ainsi, Général, que l'on perd les batailles. Il nous faut absolument un bon feu de canon. »

Je lui dis que j'allais établir une batterie avec les pièces encore intactes et au nombre de cinq (2) ; en y joignant cinq pièces restées sur la Scrivia et venant d'arriver (3), et, de plus, les huit pièces de sa division (4), j'avais une batterie de dix-huit pièces. « C'est bien, me dit Desaix : voyez, mon cher Marmont, du canon, du canon, et faites-en le meilleur usage possible. » Les dix-huit pièces furent bientôt mises en batterie. Elles occupaient la moitié de droite du front de l'armée, tant ce front était réduit. Les pièces de gauche étaient à la droite du chemin de San-Giuliano. Un feu vif et subit causa d'abord de l'hésitation à l'ennemi, puis l'arrêta.

Pendant ce temps, la division Boudet se formait, partie en colonne d'attaque par bataillon, et partie déployée. Quand le moment fut venu, le Premier Consul la parcourut et l'électrisa par sa présence et quelques paroles. Après environ vingt minutes de feu de cette artillerie, l'armée se porta en avant. Ma batterie fut bientôt dépassée, et je donnai l'ordre de suivre le mouvement. Je fis faire demi-tour à mes pièces pour marcher, mais j'avais peine à l'obtenir. Les canonniers tiraient malgré moi, par les grands intervalles de nos petits bataillons.

Enfin, le mouvement général s'était successivement établi, pièce par pièce, et j'étais arrivé à la gauche, près du chemin où étaient trois bouches à feu, deux pièces de 8 et un obusier servi par des canonniers de la garde des Consuls ; à force de menaces, je les mettais en mouvement, et les chevaux étaient à la hauteur des pièces, à la prolonge, pour faire le demi-tour, quand, tout à coup, je vis, en avant de moi et à gauche, la 30° demi-brigade en désordre

---

(1) Il est aussi question de ce conseil de guerre dans le journal des marches et opérations de la division Boudet. (V. p. 397.)

C'est à ce moment qu'on doit placer, s'il est authentique, le mot célèbre rapporté par Bourrienne :

« Le Premier Consul ayant demandé à Desaix ce qu'il en pensait, ce bon et brave général lui répondit, sans aucune jactance : « La bataille est complètement perdue ; mais il n'est que 2 heures, nous avons le temps d'en gagner une aujourd'hui ». Ce fut le Premier Consul qui, le soir même, me rapporta ces simples et héroïques paroles de Desaix. » (*Mémoires de Bourrienne*, t. IV, p. 122.)

Si la parole n'a pas été prononcée, ce dont les mots de *2 heures* doivent faire douter, elle correspond absolument à la réalité de la situation tactique de l'armée française et au résultat final de la journée. (V. la note 3, p. 420.)

(2) Ces 5 pièces, seule artillerie française disponible pendant un moment sur le champ de bataille, semblent être :

Les 2 pièces de la division Gardanne (V. p. 345, note 1) ;

3 pièces de la division Watrin. (V. p. 388.)

On a vu que les divisions Chambarlhac et Monnier ont perdu leur artillerie (5 et 4 pièces) pendant la retraite vers San-Giuliano. (V. p. 382.)

(3) Ces 5 pièces étaient sans doute celles prises aux Autrichiens à Montebello.

(4) La division Boudet a bien 8 pièces, d'après le rapport de la division du 15 juin. (V. p. 469.) D'après le *Journal de Brossier*, elle n'en aurait que 7. (V. p. 132.) Selon Lauriston, 5 ou 6 seulement. (V. p. 412.)

et en fuite (1). Je fis remettre promptement les trois bouches à feu en batterie et charger à mitraille ; mais j'attendis pour faire tirer. J'aperçus, à cinquante pas de la 30ᵉ, au milieu d'une fumée épaisse et de la poussière, une masse en bon ordre ; d'abord, je la crus française ; bientôt, je reconnus que c'était la tête d'une grosse colonne de grenadiers autrichiens. Nous eûmes le temps de tirer sur elle quatre coups à mitraille avec nos trois bouches à feu, et, immédiatement après, Kellermann, avec 400 chevaux, reste de sa brigade, passa devant mes pièces et fit une charge vigoureuse sur le flanc gauche de la colonne ennemie, qui mit bas les armes (2).

Si la charge eût été faite trois minutes plus tard, nos pièces étaient prises et retirées ; et peut-être que, n'étant plus sous l'influence de la surprise causée par les coups de canon à mitraille, la colonne ennemie aurait mieux reçu la cavalerie. Il en aurait peut-être été de même si la charge eût précédé la salve. Ainsi, il a fallu cette combinaison précise pour assurer un succès aussi complet, et, il faut le dire, inespéré. Jamais la fortune n'intervint d'une manière plus décisive ; jamais général ne montra plus de coup d'œil, plus de vigueur et d'à-propos que Kellermann dans cette circonstance.

3,000 grenadiers autrichiens, à la tête desquels se trouvait le général Zach, quartier-maître général, chef véritable de l'armée, furent sabrés ou pris. Cette réserve de l'armée avait été mise en mouvement à l'instant où notre nouvelle résistance avait exigé un nouvel effort. 2,000 hommes de cavalerie autrichienne, placés à une demi-portée de canon, virent tout ce désordre sans tenter d'y remédier. En chargeant les 400 chevaux français, ils pouvaient facilement reprendre leurs prisonniers et tout réparer ; leur repos couvrit de honte leur commandant.

Voilà les circonstances exactes de la crise de la bataille de Marengo. C'est sous mes yeux mêmes et à quelques pas de moi que tout cela s'est passé. On a beaucoup discuté sur cet événement ; mais les choses furent telles que je viens de les raconter. Kellermann avait été mis aux ordres du général Desaix ; il avait pour instruction de suivre le mouvement des troupes et de charger quand il verrait l'ennemi en désordre et l'occasion favorable. Il a reconnu, en homme habile, l'urgence des circonstances ; car c'est quand le désordre commençait chez nous, et non pas chez l'ennemi, qu'il a chargé et qu'il a exécuté sa résolution avec une vigueur incomparable. Il est absurde et injuste de lui contester la gloire acquise dans cette mémorable circonstance et l'immense service qu'il a rendu..... » (*Mémoires du duc de Raguse*, t. 2, p. 131-135. — Ces mémoires ont paru en 1857).

Après les récits des combattants, peut-être lira-t-on aussi avec intérêt les rapports faits par l'état-major peu

---

(1) Cette fuite de la 30ᵉ demi-brigade n'est pas mentionnée dans le rapport des marches et opérations de la division Boudet. Il s'agit sans doute du mouvement de retraite de la 9ᵉ légère. (V. p. 399.)

(2) Marmont place donc Kellermann au nord de la route. (V. la note 1, p. 404.)

de temps après la bataille. S'ils n'ont pas le même cachet de sincérité, leur lecture est cependant fort instructive.

Ils sont ici dans l'ordre suivant :

Rapport d'un officier d'état-major présent à la bataille ;

Rapport sommaire de Berthier, modifié par le Premier Consul ;

Lettre de Berthier, au Ministre de la guerre ;

Bulletin de l'armée de réserve ;

Rapport de Dupont, au Ministre de la guerre :

Rapport détaillé de Berthier :

Journal de campagne de l'armée de réserve, par l'adjudant-commandant Brossier.

Milan, le 30 prairial an 8 (19 juin 1800).

. . . . . (1) . . . .
. . . . . C'est avec ces moyens qu'il (l'ennemi) se porta sur nous dès la pointe du jour (2). Il déboucha de sa position en déployant le feu de cinquante à soixante pièces d'artillerie. Nous n'en avions que sept à lui opposer (3), et nous ne pouvions avoir de munitions que pour cinq à six heures de combat.

L'ennemi recommença plusieurs attaques et fut sans cesse repoussé depuis le matin jusqu'à midi ; mais, en le repoussant, il fallait toujours s'arrêter à la Bormida, et même se replier pour ne pas rester sous le feu des batteries placées de l'autre côté de la rivière. La continuité et la durée de ces attaques épuisaient nos moyens et les forces du soldat. Ce fut alors que la gauche plia et se mit même en déroute.

Le général Bonaparte s'était porté à 9 heures sur le champ de bataille (4). Nous étions au centre. La droite avait eu besoin de renforts. On y avait envoyé les grenadiers à pied. Ils ont soutenu, pendant plusieurs heures, le feu de l'ar-

---

(1) Suite du rapport d'un officier de l'état-major de Berthier ou du Premier Consul, sans doute Lauriston. Le début se rapporte à la journée du 13. (V. p. 346.)

(2) Tous les autres rapports sont d'accord pour montrer l'attaque des Autrichiens ne se produisant qu'à 8 ou 9 heures du matin.

(3) Il s'agit sans doute des divisions en première ligne. On a vu, p. 382, que Chambarlhac avait 5 pièces, et, p. 345, note 1, que Gardanne en avait 2.

(4) On doit avoir quelque doute sur cette heure. L'attaque des Autrichiens se produisit, en réalité, à 9 heures ; le Premier Consul ne dut pas en être informé avant 10 heures à Garofoli.

On lit dans les *Mémoires de Napoléon* : « Le Premier Consul arriva sur le champ de bataille à 10 heures du matin, entre San-Giuliano et Marengo. » (*Correspondance de Napoléon*, t. XXX, p. 388.)

tillerie, celui de plusieurs régiments et des charges de cavalerie, sans reculer d'un pas. Ils ont eu le tiers de leurs forces hors de combat. La gauche était découverte. Le feu de notre artillerie était éteint. Le centre et la droite furent obligés de se replier. Ils le firent en bon ordre. Ce fut alors que le général Bonaparte se porta sur la ligne. Les généraux s'étaient rassemblés autour de lui. Nous étions sous le feu du canon et de la mousqueterie de l'ennemi; les hommes tombaient dans les rangs derrière nous. Le général se plaça devant la 72e. Il voulait se porter en avant avec elle. Ce fut alors qu'on l'entoura et qu'on l'obligea de se retirer. Il est cependant toujours resté exposé aux boulets qui tombaient à chaque instant.

Le général Desaix arrivait, avec la division Boudet. En arrivant, le général Bonaparte lui dit en riant : « Eh bien! Général Desaix, quelle échauffourée! » « Eh bien! Général, lui répond Desaix avec beaucoup de calme et d'intrépidité, j'arrive, nous sommes tous frais, et, s'il le faut, nous nous ferons tuer (1). »

Il y eut une espèce de conseil au milieu du feu. Le centre et la droite étaient rangés en bon ordre. La 9e légère, qui faisait la tête de la colonne du général Desaix, se porta de suite à la gauche.

La même division amenait cinq à six bouches à feu qui furent placées au centre (2). « Général, dit Desaix, il n'y a qu'à faire un feu d'artillerie bien nourri pendant un quart d'heure, et ensuite, nous nous ébranlerons. » Ce moyen eut le plus heureux succès. L'artillerie donna à propos et fit le plus grand effet.

L'ennemi, animé par ses avantages, nous poussait vivement. Tous les généraux étaient derrière la ligne pour la faire avancer. Notre feu fut très meurtrier et le força de s'arrêter.

Le général Desaix s'était porté à sa colonne et s'était mis à la tête de la 9e. Le général Bonaparte m'avait ordonné de l'accompagner.

Le général Boudet et Dalton faisaient notre gauche avec deux demi-brigades.

Je précédais le général Desaix. Nous marchions avec la 9e. Un régiment, placé dans des vignes, n'était qu'à dix pas, et nous recevait avec un feu très vif de mousqueterie; derrière lui était le chef d'état-major de l'armée ennemie.

C'est alors, et en commençant la charge, que le général Desaix fut frappé d'une balle qui était venue obliquement. Elle l'a frappé au-dessus du cœur et elle est sortie par l'épaule droite; si elle était venue directement, c'est moi qui l'aurait reçue, car j'étais devant lui, à cheval. Je me retourne, et je le vois tomber. Je m'approche; il était mort. Il n'avait eu que le temps de dire à Lefebvre, qui était auprès de lui : « Mort! » (3). Comme il n'avait point

---

(1) Cette simple phrase n'est pas exempte de grandeur; elle est plus naturelle que le mot rapporté par Bourrienne. (V. note 1, p. 409.)

(2) Boudet avait 7 pièces, d'après le *Journal de Brossier* (V. p. 432) ; 8, d'après les *Mémoires de Marmont*, (V. p. 409.)

(3) Ce récit de la mort de Desaix, par un témoin qui semble digne de foi et ne paraît avoir eu aucun intérêt à altérer la vérité, réduit à néant la légende des dernières paroles de ce général : « Allez dire au Premier Consul que je meurs avec le regret de n'avoir pas assez fait.....etc. » (V. p. 420.)

d'uniforme, les soldats ne l'ont point remarqué (1). Lefebvre le fit emporter (2), et je continuai d'avancer avec la 9e.

Dans ce moment, le général Kellermann fit, par la gauche, une charge de cavalerie sur les troupes qui nous étaient opposées. Elle eut un plein succès. Il fit de 3 à 4,000 prisonniers. On prit le chef d'état-major, le général Zach et plusieurs drapeaux; dès lors, la bataille fut gagnée.

Toutes les colonnes s'avançaient et se déployaient en bon ordre. L'artillerie les suivait et les soutenait par son feu. L'ennemi cède et recule sur tous les points. Cependant, il s'arrêtait quelquefois; alors se déployait un feu de file presque à bout portant. La crainte d'occasionner quelque nouveau désordre faisait qu'on ne s'avançait sur tous les points qu'au pas mesuré. L'ennemi nous avait repoussés l'espace d'une lieue; on regagna tout le terrain en continuant de marcher ainsi jusqu'à la nuit. Vers la fin, il avait plusieurs escadrons qui voulurent faire un mouvement sur la droite pour nous mettre en désordre. L'infanterie, d'abord, les reçut bien. On appelle ensuite la garde à cheval qui était restée toute la journée en bataille. Bessières marche avec les grenadiers en très bon ordre, et, chargeant avec le reste de la cavalerie, ils ont haché tout ce qui était devant eux. Le combat finit alors avec le jour.

Vous jugez, d'après ces détails, que, de part et d'autre, on a beaucoup souffert. Au dire de tout le monde, il y a eu peu de batailles où l'on ait mis plus d'acharnement; celle-ci était décisive. J'évalue notre perte à 6 à 700 tués, 2,000 blessés et 1500 prisonniers. L'ennemi a eu probablement 1600 morts, 3 à 4,000 blessés et 4 à 5,000 prisonniers.

N'eût-il perdu personne, sa défaite était complète, par cela seul qu'il n'avait pu nous forcer; car il était sans vivres et cerné de toutes parts. Il a été obligé de demander, le lendemain, à capituler. Vous savez déjà tout ce qui a été fait, et comment nous nous trouvons, sans coup férir, maîtres de toute l'Italie. Ce sont là, sans doute, les préliminaires de la paix. Il n'est guère possible qu'après de pareilles leçons, l'Empereur ait envie de recommencer à se faire donner sur les oreilles.

Vous serez bien aise d'apprendre que la division Boudet a été regardée comme ayant sauvé l'armée; car, à vrai dire, à 2 heures, la bataille était perdue. Cette division est une de celles où il y a le plus d'ordre. On loue l'activité de son général; on ne fait pas moins d'éloges de celle de Dalton, son chef d'état-major.

Je ne connaissais point personnellement le général Desaix; mais je lui payais le tribut d'estime que sa vue seule inspirait. Je l'ai vu tomber avec le plus vif regret. Je regrettais de n'être pas frappé à sa place. Il n'y a point de soldat qui n'ait exprimé les mêmes regrets. Son aide de camp Savary m'a chargé de le rappeler à votre souvenir.

---

(1) Cette assertion, assez vraisemblable, détruit la légende d'après laquelle la division Boudet se serait précipitée en avant pour venger la mort de Desaix. Cette légende est répétée en maintes relations. (V. plus loin le rapport de Berthier, p 183; V. aussi les *Mémoires du duc de Bellune*, p. 185.)

(2) Ce fait n'est pas d'accord avec le récit de Savary, aide de camp de Desaix, d'après lequel le corps de ce général ne fut retrouvé que dans la soirée. (V. p. 420, note 3.)

Alex. Berthier, général en chef de l'armée de réserve, au Premier Consul (1).

Sur le champ de bataille de Saint-Juliano (2), le 25 prairial an 8 (14 juin 1800), à 9 heures du soir (3).

J'ai à vous rendre compte, Citoyen Consul, de la bataille de Saint-Juliano, où vous avez déterminé la victoire indécise pendant treize heures du combat le plus opiniâtre.

Après la bataille de Montebello, près Casteggio, la division Gardanne, formant l'avant-garde, repoussa l'ennemi de Garofoli et Saint-Julien jusqu'à Marengo, où il prit position le 24 au soir.

Le général Gardanne, soutenu de la 24ᵉ légère, l'a attaqué dans cette position, a enlevé le village de Marengo, fait environ 200 prisonniers et pris deux pièces de canon.

Bataille de Saint-Juliano. — Le 25 au matin, le général Mélas, avec toutes ses forces, a débouché par ses ponts et par les gués de la Bormida, et a attaqué avec vigueur notre centre à Marengo, tandis que, profitant de sa nombreuse cavalerie, ses ailes se déployaient par notre droite et par notre gauche.

Le corps du général Victor tenait la gauche et le centre; celui du général

---

(1)   *Note sur le manuscrit du rapport de la bataille de Marengo, par le général en chef Berthier, au Premier Consul.*

Une première rédaction de ce rapport avait été présentée par Berthier au Premier Consul, qui en avait biffé, modifié et corrigé presque tous les paragraphes. Berthier fit refaire la copie ci-jointe, à laquelle Bourrienne, sous la dictée du Premier Consul, apporta encore quelques modifications.

Appelé officieusement, en octobre 1870, à recueillir dans les papiers conservés aux Tuileries, les documents qui pouvaient intéresser les Archives du Dépôt de la guerre, je trouvai, parmi un très grand nombre de pièces historiques de guerre, la première rédaction de ce rapport. Je l'emportai pour le confronter avec la seconde, mais sans prendre la précaution de souligner provisoirement, même au crayon, les passages rédigés de la main de Bonaparte et introduits dans la nouvelle copie.

Je rapportai aux Tuileries le document précieux, qui devait faire retour au Dépôt avec 22 cartons que j'avais formés.

Mon travail était terminé au moment où éclata l'insurrection de la Commune. Il n'était plus possible d'obtenir de la Commission l'autorisation de faire transporter au Dépôt de la guerre la collection qui lui était destinée.

L'incendie des monuments de Paris eut lieu et celui du palais des Tuileries entraîna la perte de tous les papiers qui remplissaient trois vastes chambres du rez-de-chaussée du pavillon de l'Horloge.

Juillet 1874.

TURPIN.

(M. Turpin était rédacteur aux Archives historiques du Ministère de la guerre.)

(2) Le manuscrit de Berthier porte : « Saint-Juliano ». C'est donc le nom que le général en chef voulait donner à la bataille. Saint-Juliano a été effacé et remplacé, de la main de Bourrienne, par le nom de « Maringo ».

On a conservé dans cette lettre l'orthographe de Berthier : Saint-Juliano et Saint-Julien pour San-Giuliano, Maringo pour Marengo.

(3) Le rapport primitif de Berthier a été peut-être rédigé sur le champ de bataille. (V. la note 1, ci-dessus.)

Lannes, la droite; notre cavalerie couvrait les ailes et formait une réserve. L'ennemi a démasqué plus de cent bouches à feu. L'attaque et la résistance de nos troupes ont été également opiniâtres.

Les ennemis se battaient comme des hommes qui voulaient se faire une trouée et qui n'avaient plus d'alternative entre la victoire ou leur perte entière (1); ils étaient parvenus à se rendre maîtres du village de Marengo. Notre gauche a fait un mouvement de retraite, soutenu par la cavalerie; le centre a suivi ce mouvement, et notre droite, combattant avec avantage, a arrêté les progrès que l'ennemi cherchait à faire pour tourner notre droite qui, soutenue par les grenadiers de la garde des Consuls (2), a maintenu sa position jusqu'au moment de l'arrivée de la division Boudet, aux ordres du général Desaix (3).

Cette division, que vous avez dirigée au combat (4), a attaqué le centre de l'ennemi au pas de charge. La 9ᵉ demi-brigade légère, incomparable par sa bravoure, était en première ligne; le général Desaix marchait à sa tête.

Votre présence donnait à l'armée cette impulsion qui a, tant de fois, décidé la victoire. La charge a été battue; toute la nouvelle ligne s'est ébranlée, suivie des divisions qui s'étaient battues depuis le jour.

Le général Kellermann, qui avait soutenu le mouvement de retraite de notre gauche, saisit le moment où l'infanterie ennemie, après avoir été ébranlée, cherchait à attaquer de nouveau. Il charge avec impétuosité, fait plus de 6,000 prisonniers, prend dix pièces de canon et le général Zach, chef de l'état-major de l'armée.

La gauche de l'ennemi continuait à combattre avec ordre et opiniâtreté la division Watrin, appuyée des grenadiers à pied des Consuls, qui se sont signalés pendant toute la bataille. La garde à cheval des Consuls, commandée par le chef de brigade Bessières, et l'artillerie, se sont couvertes de gloire. La cavalerie, aux ordres du général Murat, a fait plusieurs charges décisives.

Le général Monnier a attaqué le village de Castel-Ceriolo, où était la gauche de l'ennemi, a culbuté plusieurs bataillons dans la Bormida. Des corps de cavalerie ennemie ont été coupés. Un escadron des dragons de Latour a été entièrement détruit par le feu des grenadiers de la garde des Consuls.

Le résultat de cette sanglante bataille a jeté les restes de l'armée du général Mélas au delà de la Bormida, sous le canon de la citadelle d'Alexandrie. Nous

---

(1) Correction de la main de Bourrienne. Berthier avait mis : les ennemis, qui se battaient en désespérés, faisaient venir d'Alexandrie de nouveaux renforts, ils étaient parvenus à se rendre maîtres.....

(2) D'après le général Quiot, aide de camp de Victor : « La garde des Consuls arrive quelques instants avant la réserve; elle est placée en bataillons carrés à la droite de l'armée et repousse trois charges successives ».

(3) D'après une tradition locale, le Premier Consul était monté dans le clocher de San-Giuliano-Nuovo, qui venait d'être construit, et interrogeait anxieusement l'horizon pour voir l'approche de Desaix. La lorgnette dont il se servait aurait été donnée par lui à la famille du marquis Ghilini, qui avait une villa voisine de l'église. (*De Rivoli à Marengo*, par Trolard, t. II, p. 130.)

(4) Cette flatterie semble une inexactitude. Aucun rapport, aucun mémoire ne mentionne la présence du Premier Consul avec la division Boudet. Il n'y eut pas été, d'ailleurs, à sa place.

avons fait environ **7 ou 8,000** prisonniers, parmi lesquels le général Zach, chef de l'état-major général, et beaucoup d'officiers de marque. Nous avons pris beaucoup de canons; le nombre n'en est pas encore connu.

Le nombre des tués ou blessés de l'ennemi s'élève à **6,000** hommes. Jusqu'à ce moment, on m'a remis douze drapeaux. Il y en a d'autres dans les divisions.

Notre perte est d'environ **600** hommes tués, **1500** blessés et **500** prisonniers.

Je vous ferai connaître les détails de cette mémorable journée et les noms de ceux qui se sont distingués lorsque j'aurai les rapports des divisions.

Le général **Murat** a eu ses habits criblés de balles; le général **Lannes**, son chapeau emporté par un boulet; les généraux **Mainoni**, **Malher**, **Rivaud** ont été blessés (1).

Alex. Berthier.

La République a fait aujourd'hui une grande perte. Desaix a été tué. Il était arrivé depuis deux jours. Sa mort a vivement affecté toute l'armée.

Alex. Berthier, général en chef de l'armée de réserve, au Ministre de la guerre.

San-Giuliano, le 26 prairial an 8 (15 juin 1800).

La journée d'hier, citoyen Ministre, est une des plus glorieuses pour les armes de la République. Une bataille sanglante, disputée pendant treize heures de combat le plus vif; 7,000 prisonniers, dont trois généraux, parmi lesquels le général Zach, chef de l'état-major général, dix pièces de canon et neuf drapeaux sont le résultat de cette journée. M. de Mélas s'est retiré sous la citadelle d'Alexandrie (2).

Le Premier Consul fait connaître le précis de cette mémorable journée (3); demain, il enverra, par un nouveau courrier, la relation détaillée que je vais rédiger (4).

Salut et attachement.

Alex. Berthier.

P.-S. — Parmi les officiers tués, nous avons à regretter le général Desaix.

---

(1) La fin de la phrase a été rayée : « ..... Dans cette bataille, qui n'a cessé qu'une heure après la nuit. Beaucoup d'autres doivent être cités. »

(2) Dupont avait écrit au Ministre, dès le 14, la lettre suivante, dans laquelle le nombre des canons pris à l'ennemi est de 20, tandis qu'il est de 10 dans la lettre de Berthier et de 10 dans le bulletin de l'armée, écrits tous les deux le 15 juin. D'après la relation autrichienne, Mélas ne perdit que 12 canons et 1 obusier. (V. p. 156.)

Dupont, général de division, chef de l'état-major général de l'armée de réserve, au Ministre de la guerre.

Torre-di-Garofoli, le 25 prairial an 8 (14 juin 1800).

L'armée a remporté aujourd'hui une grande victoire. La bataille de **Marengo** coûte à l'ennemi 6,000 prisonniers de guerre, un grand nombre d'hommes tués ou blessés, environ 20 bouches à feu et plusieurs drapeaux.

Je vous salue, citoyen Ministre.

Dupont.

(3) Bulletin de l'armée p. 117.

(4) V. p. 121 à 130.

Bulletin de l'armée de réserve (1).

Torre-di-Garofoli, le 26 prairial an 8 (15 juin 1800).

Après la bataille de Montebello, l'armée s'est mise en marche pour passer la Scrivia. L'avant-garde, commandée par le général Gardanne, a, le 24, rencontré l'ennemi, qui défendait les approches de la Bormida et les trois ponts

---

(1) La nouvelle de la victoire de Marengo avait été connue officieusement à Paris, le 20 juin :

Le Secrétaire d'État au Ministre de la guerre.

Paris, le 1er messidor an 8 (20 juin 1800).

Il n'arrive pas de courrier, mon cher compatriote. J'en attendais un qui fût confirmatif d'une nouvelle que j'ai lue dans une lettre partie de Milan le 26 ; voici les propres termes : « Nous avons eu une grande bataille qui a été vivement disputée ; nous l'avons crue « perdue ; mais la chance a tourné. Depuis que je vois faire la guerre il n'y a rien eu « d'aussi long et d'aussi chaud. Nous avons fait 6,000 prisonniers. » Tout ce qui est relatif à l'arrivée de cette lettre et personnel à celui qui l'a reçue ne me laisse guère de doute sur sa véracité.

Mille amitiés.

Hugues MARET.

Le courrier apportant le bulletin de l'armée de réserve arrivait le 21 juin à Paris. Ce bulletin était inséré dans le *Moniteur* du 3 messidor (22 juin).

Le Secrétaire d'État au Ministre de la guerre.

Paris, le 2 messidor an 8 (21 juin 1800).

L'armée a remporté une victoire signalée à Marengo le 25 ; cette bataille a décidé du sort de l'Italie. Nous avons pris 15 drapeaux, 40 pièces de canon et 8,000 hommes ; nous avons eu 600 tués, 1500 blessés. L'ennemi nous a fait 900 prisonniers.

Le général Desaix a été frappé d'une balle en chargeant à la tête de sa division : « Allez « dire au Premier Consul que je meurs avec le regret de ne pas avoir assez fait pour vivre « dans la postérité ». Telles ont été ses dernières paroles.

Le lendemain 26, le général Mélas a envoyé au Premier Consul le général Skal pour régler les conditions d'un armistice qui a été signé le 27.

Les châteaux de Tortone, Alexandrie, Milan, Turin, Pizzighettone, Arona et Plaisance seront remis à l'armée française du 27 prairial au 1er messidor.

Les châteaux de Coni, Ceva, Savone, la ville de Gênes, du 1er au 4 messidor. Le fort Urbin, du 4 au 6.

Les Consuls me chargent d'engager le Ministre de la guerre à faire tirer le canon aujourd'hui à midi.

Hugues MARET.

Le Ministre de la guerre,
au général Berthier, commandant en chef l'armée de réserve.

Paris, le 2 messidor an 8 (21 juin 1800).

Je reçois, citoyen Général, la nouvelle de la victoire mémorable remportée par l'armée que vous commandez, et que vous m'avez fait l'amitié de me transmettre par votre lettre du 26 prairial.

II.

27

qu'il avait près d'Alexandrie (1), l'a culbuté, lui a pris deux pièces de canon et fait 100 prisonniers.

La division du général Chabran arrivait en même temps le long du Pô, vis-à-vis Valenza, pour empêcher l'ennemi de passer ce fleuve. Ainsi, M. Mélas se trouvait cerné entre la Bormida et le Pô. La seule retraite de Gênes qui lui restait, après la bataille de Montebello, se trouvait interceptée. L'ennemi paraissait n'avoir aucun projet et très incertain de ses mouvements (2).

Le 25, à la pointe du jour, l'ennemi passa la Bormida sur ses trois ponts, résolu à se faire une trouée, déboucha en force, surprit notre avant-garde et commença, avec la plus grande vivacité, la célèbre bataille de Marengo, qui décide enfin du sort de l'Italie et de l'armée autrichienne.

Quatre fois, pendant la bataille, nous avons été en retraite, et quatre fois nous avons été en avant. Plus de soixante pièces de canon ont été, de part et d'autre, sur différents points et à différentes heures, prises et reprises. Il y a eu plus de douze charges de cavalerie, et avec différents succès.

Il était 3 heures après-midi ; 10,000 hommes de cavalerie débordaient notre droite dans la superbe plaine de San-Giuliano. Ils étaient soutenus par une ligne de cavalerie (sic) (3) et beaucoup l'artillerie. Les grenadiers de la garde furent placés comme une redoute de granit au milieu de cette immense plaine ; rien ne put l'entamer. Cavalerie, infanterie, artillerie, tout fut dirigé contre ce bataillon ; mais en vain ; ce fut alors que vraiment l'on vit ce que peut une poignée de gens de cœur (4).

L'éclat de cette victoire ne peut être égalé que par les fruits qu'on en a recueillis et par ceux qu'on doit en recueillir encore.

Recevez mes félicitations les plus sincères sur la part distinguée que vous avez eue à un événement aussi heureux pour la gloire et la prospérité de la République.

CARNOT.

Le Ministre de la guerre,
au général Dupont, chef de l'état-major général de l'armée.

Paris, le 2 messidor an 8 (21 juin 1800).

J'ai reçu, mon cher Général, la lettre que vous m'avez écrite la veille de la bataille de Marengo. Je me plaindrais de n'avoir pas reçu de vous la nouvelle de l'éclatante victoire remportée par l'armée française, si je ne songeais que vous avez dû mieux employer votre temps.

Il était digne, au reste, de l'armée qui n'a mis à s'emparer du nord de l'Italie que le temps nécessaire pour la parcourir et qui en vingt jours en a conquis la moitié, de conquérir l'autre moitié dans une journée. Je vous envierais la gloire d'avoir concouru à cet heureux événement, duquel on a droit d'attendre la paix, si les succès comme les revers n'étaient pas en commun pour tous les amis de la République.

Salut et fraternité.

CARNOT.

(1) Il n'y a que deux ponts, d'après la relation autrichienne. (V. p. 446 et 447.)

(2) On voit que dès le 15 juin, on passe sous silence la mission si malencontreusement donnée à la division Lapoype. (V. p. 364 et 372.) Il n'en sera question dans aucune relation officielle.

(3) Il faut sans doute lire : une ligne d'infanterie.

(4) D'après la relation autrichienne, la garde des Consuls, au contraire, fut rompue, presque détruite et perdit ses canons. (V. plus loin p. 451.)

On n'a retrouvé aucun rapport du commandant de la garde.

Par cette résistance opiniâtre, la gauche de l'ennemi se trouva contenue et notre droite appuyée jusqu'à l'arrivée du général Monnier, qui enleva à la baïonnette le village de Castel-Ceriolo.

La cavalerie ennemie fit alors un mouvement rapide sur notre gauche qui, déjà, se trouvait ébranlée ; ce mouvement précipita sa retraite.

L'ennemi avançait sur toute la ligne, faisant un feu de mitraille avec plus de 100 pièces de canon. Les routes étaient couvertes de fuyards, de blessés, de débris ; la bataille paraissait perdue. On laissa avancer l'ennemi jusqu'à une portée de fusil du villlage de San-Giuliano, où était en bataille la division Desaix, avec huit pièces d'artillerie légère en avant (1) et deux bataillons en potence, en colonne serrée, sur les ailes (2). Tous les fuyards se ralliaient derrière. Déjà l'ennemi faisait des fautes qui présageaient sa catastrophe. Il étendait trop ses ailes.

La présence du Premier Consul ranimait le moral des troupes. « Enfants, leur disait-il, souvenez-vous que mon habitude est de coucher sur le champ de bataille (3) ».

Aux cris de : « Vive la République ! Vive le Premier Consul ! », Desaix aborda au pas de charge et par le centre. Dans un instant, l'ennemi est culbuté.

Le général Kellermann qui, avec sa brigade de grosse cavalerie, avait, toute la journée, protégé la retraite de notre gauche, exécuta une charge avec tant de vigueur et si à propos, que 6,000 grenadiers et le général Zach, chef de l'état-major général, furent faits prisonniers, et plusieurs généraux ennemis tués.

Toute l'armée suivit ce mouvement. La droite de l'ennemi se trouva coupée ; la consternation et l'épouvante se mirent dans ses rangs.

La cavalerie autrichienne s'était portée au centre pour protéger la retraite.

---

(1) D'après le journal de Brossier, Boudet a une pièce de 12, quatre pièces de 8 et deux obusiers. (V. p. 432.) Les pièces de 8 et les obusiers étaient considérés comme artillerie légère.

Le nombre et le calibre des pièces affectées à la division Boudet semble d'ailleurs déterminé exactement par le rapport de cette division le lendemain de la bataille. Elle avait deux pièces de 12, quatre pièces de 8 et deux obusiers. (V. p. 469.)

(2) Une autre formation est indiquée par le général Quiot. (V. p. 397, note 1.)

(3) « Le Premier Consul se porte lui-même auprès des généraux Lannes et Victor pour ralentir le mouvement de retraite. Témoin de la constance et de la valeur des troupes, il parcourait les rangs pour leur témoigner sa satisfaction et les rassurer sur le danger où ils se trouvaient. Là, il reçut les preuves bien touchantes de l'attachement qu'on lui portait : les généraux, les officiers, les soldats ne pensaient qu'au péril auquel il s'exposait lui-même et tous d'une voix unanime ils s'écrient : « Sauvons la République, sauvons son premier magistrat. » (Relation du général Quiot, aide de camp de Victor. *Mémoires du duc de Bellune*, p. 426.)

Le même ouvrage (p. 433) cite un autre témoignage du général Quiot :

« J'étais présent au moment où Bonaparte a abordé le général Victor ; il n'avait pas l'air ému, mais il était très contrarié, je crois, du mouvement rétrograde. Je ne me rappelle aucune de ses paroles. Quand il parcourut la ligne, il fut accueilli par des vivats et des cris : « En avant ! »

Le chef de brigade Bessières, à la tête des *casse-cols* et des grenadiers de la garde, exécuta une charge avec autant d'activité que de valeur, et perça la cavalerie ennemie ; ce qui acheva l'entière déroute de l'armée.

Nous avons pris quinze drapeaux, quarante pièces de canon, et fait 6 à 8,000 prisonniers. Plus de 6,000 ennemis sont restés sur le champ de bataille.

La 9ᵉ légère a mérité le titre d'*Incomparable* (1). La grosse cavalerie et le 8ᵉ de dragons se sont couverts de gloire (2). Notre perte aussi est considérable : nous avons eu 600 hommes tués, 1500 blessés et 900 prisonniers.

Les généraux Champeaux, Mainoni et Boudet sont blessés.

Le général en chef Berthier a eu ses habits criblés de balles ; plusieurs de ses aides de camp ont été démontés. Mais, une perte vivement sentie par l'armée, qui le sera par toute la République, ferme notre cœur à la joie. Desaix a été frappé d'une balle au commencement de la charge de sa division ; il est mort sur le coup. Il n'a eu que le temps de dire au jeune Lebrun, qui était avec lui : « Allez dire au Premier Consul que je meurs avec le regret de n'avoir pas assez fait pour vivre dans la postérité (3) ».

---

(1) La 9ᵉ légère reçut l'année suivante des drapeaux sur lesquels était inscrit son appellation « l'Incomparable ». Elle est devenue le 84ᵉ régiment d'infanterie.

(2) Ce sont les régiments faisant partie de la brigade Kellermann.

(3) Ce mot, soi-disant historique, doit être considéré comme n'ayant pas été prononcé.

Martha-Beker, dans ses *Études sur le général Desaix*, p. 446, le montre tombant « sans proférer une parole ».

On a lu, p. 412, le récit d'un témoin oculaire, d'après lequel il ne put dire qu'un mot : « mort ».

Bourrienne, secrétaire du Premier Consul, a écrit à ce sujet :

« On a raconté la mort de Desaix de différentes manières et je n'ai pas besoin de dire que les paroles que lui prête le fameux bulletin étaient imaginaires. Il n'est pas mort dans les bras de son aide de camp Lebrun, comme j'ai dû l'écrire sous la dictée du Premier Consul ; *il n'a pas non plus prononcé le beau discours* que j'écrivis de la même manière.

« Voici ce qui est exact ou du moins ce qu'il y a de plus probable : La mort de Desaix fut inaperçue au moment même où il fut frappé de la balle qui mit fin à ses jours. Il tomba sans rien dire, à peu de distance de Lefebvre-Desnoëttes. Un sergent du bataillon de la 9ᵉ brigade d'infanterie légère, commandée par Barrois, aujourd'hui le général Barrois, le voyant étendu par terre, demanda à celui-ci la permission d'aller prendre sa capote ; elle était percée dans le dos, et cette circonstance laisse en doute si Desaix fut tué en se portant à la tête des nôtres, par la maladresse de ses propres soldats, ou par l'ennemi en se retournant vers les siens pour les encourager.

« Au surplus, le choc dans lequel il a succombé a été si court, le désordre si instantané, le changement de fortune si subit, qu'il n'est pas étonnant qu'au milieu d'une telle confusion, les circonstances de sa mort n'aient pu être constatées d'une manière positive. » (*Mémoires de Bourrienne*, t. IV, p. 127.)

Savary, aide de camp de Desaix, a raconté les circonstances dans lesquelles s'est fait le transport du corps de son général :

« ..... Le colonel du 9ᵉ léger m'apprit qu'il (Desaix) n'existait plus. Je n'étais pas à cent pas du lieu où je l'avais laissé ; j'y courus et je le trouvai par terre, au milieu des

Dans le cours de sa vie, le général Desaix a eu quatre chevaux tués sous lui et reçu trois blessures. Il n'avait rejoint le quartier général que depuis trois jours ; il brûlait de se battre, et avait dit deux ou trois fois, la veille, à ses aides de camp : « Voilà longtemps que je ne me bats plus en Europe. Les boulets ne nous connaissent plus ; il nous arrivera quelque chose ». Lorsqu'on vint, au milieu du plus fort du feu, annoncer au Premier Consul la mort de Desaix, il ne lui échappa que ce seul mot : « Pourquoi ne m'est-il

---

morts déjà dépouillés et dépouillé entièrement lui-même. Malgré l'obscurité, je le reconnus à sa volumineuse chevelure, de laquelle on n'avait pas encore ôté le ruban qui la liait.

« Je lui étais trop attaché depuis longtemps pour le laisser là, où on l'aurait enterré sans distinction, avec les cadavres qui gisaient à côté de lui.

« Je pris à l'équipage d'un cheval mort à quelques pas, un manteau qui était encore à la selle du cheval ; j'enveloppai le corps du général Desaix dedans et un hussard, égaré sur le champ de bataille, vint m'aider à remplir ce triste devoir envers mon général. Il consentit à le charger sur son cheval, et à le conduire par la bride jusqu'à Garofoli, pendant que j'irais apprendre ce malheur au Premier Consul, qui m'ordonna de le suivre à Garofoli, où je lui rendis compte de ce que j'avais fait ; il m'approuva et ordonna de faire porter le corps à Milan pour qu'il y fût embaumé. » (*Mémoires du duc de Rovigo*, t. 1er, p. 277.)

Savary, dans une lettre adressée de Paris, le 22 messidor an 8 (11 juillet 1800), à Mlle Desaix, a donné des détails sur la blessure de Desaix :

« Presque aussitôt que le général Desaix eut expiré, il fut dépouillé, selon le barbare usage de la guerre ; il ne lui est resté que sa chemise, lorsqu'il fut emporté, mais elle était tellement pleine de sang que la putréfaction n'a pas permis de la conserver. Je voulus faire brûler son cœur, mais il était tellement déchiré par la balle meurtrière qu'il était corrompu au bout de douze heures. Je n'ai pu que faire couper sa chevelure et conserver mon mouchoir, tout teint de sang, avec lequel on a essayé d'étancher sa blessure. » (Martha-Beker. *Études sur le général Desaix*, p. 535, pièce justificative, n° 48.)

Le fait matériel de la blessure au cœur est confirmé par des témoins oculaires. Après avoir lu le récit suivant, on est obligé de penser que Desaix a dû expirer sans avoir le temps de prononcer une phrase historique :

« Dès la première charge de sa division, Desaix tomba, non pas *frappé à la tête d'un coup mortel*, comme le dit Walter-Scott, mais d'une balle dans la poitrine, qui traversa le cœur en entier et sortit par le dos.

. . . .

« L'erreur commise par Walter-Scott, au sujet de la blessure de Desaix, est d'autant plus extraordinaire que son corps, embaumé, fut déposé à l'hospice du Grand-Saint-Bernard, où les voyageurs anglais ont pu le voir, puisque son cercueil, était couvert d'une glace à l'endroit de sa poitrine, présentait le trou de la balle ; et, à cet égard, mon assertion doit avoir quelque poids, car c'est à moi, comme agent principal des hôpitaux, chargé de la direction de ceux de Milan, que le corps de Desaix fut adressé le surlendemain de la bataille, et je fus obligé de recourir, pour le faire embaumer, aux deux seuls chirurgiens français qui se trouvaient à Milan.

. . . .

« Ayant consulté les deux chirurgiens chargés de l'embaumement de Desaix, sur la nature de sa blessure, ils me confirmèrent ce que l'inspection du cadavre m'avait déjà révélé, que le général, en tombant, n'avait pu dire un seul mot. »

(*Examen de l'histoire de Napoléon de Walter-Scott*, par M. de Cayrol, sous-intendant militaire en retraite, ancien député. — *Campagne de 1800 par le duc de Valmy*; pièces justificatives, p. 277.)

pas permis de pleurer? » (1). Son corps a été transporté en poste à Milan (2)
pour y être embaumé (3).

Dupont, général de division, chef de l'état-major général de l'armée de réserve, au Ministre de la guerre.

Garofoli, le 28 prairial an 8 (17 juin 1800).

. . . . . . (4) . . . .

Bataille de Marengo (5). — Le même champ de bataille devait servir, le
lendemain, à l'un des plus grands événements qui puissent illustrer les armes
françaises. M. de Mélas, voyant sa ligne de communication coupée et craignant
d'être attaqué de front par le général Berthier, pendant que le général Masséna marcherait sur ses derrières, pour l'enfermer entre le Pô, le Tanaro et
les deux armées, a pris le parti de tenter le sort d'une bataille générale, pour
se frayer la route de Plaisance. La jonction de toutes ses forces s'est opérée, le
24, à Alexandrie, et le 25, il a passé la Bormida sur deux ponts, dont l'un
a été jeté pendant la nuit.

La division Gardanne et la division Chambarlhac, composée des brigades

---

(1)   *Le Premier Consul, aux Consuls de la République.*

Torre-di-Garofoli, le 26 prairial an 8 (15 juin 1800).

Les nouvelles de l'armée sont très bonnes. Je serai bientôt à Paris. Je ne peux pas vous
en dire davantage ; je suis dans la plus profonde douleur de la mort de l'homme que j'aimais et que j'estimais le plus.   BONAPARTE.

(*Correspondance de Napoléon*, n° 4909.)

La première rédaction de cette lettre avait été différente :

« Vous trouverez ci-joint, citoyens Consuls, le bulletin de l'armée. Vous verrez que les
nouvelles sont très bonnes. Mais je suis inconsolable de la mort de Desaix. La plus vive
amitié nous unissait depuis quelques années. Sa mère, la République perdent beaucoup,
mais je perds plus qu'elles. Au milieu (*effacé*). Je suis dans la plus grande douleur de la
mort de l'homme de France que j'aimais et que j'estimais le plus. La nature l'avait destiné
à une grande carrière, paraissant avoir de grands projets sur lui. La. . . . . »

Bourrienne croit à la sincérité des regrets du Premier Consul :

« Ah ! que la journée eût été belle, aurait-il dit, si ce soir j'avais pu l'embrasser (Desaix)
sur le champ de bataille. Je vis Bonaparte sur le point de verser des larmes, tant était
vraie et profonde la douleur que lui causait la mort de Desaix. C'est certainement l'homme
qu'il a le plus aimé, le plus estimé et le plus regretté. » (*Mémoires de Bourrienne*, t. IV,
p. 127.)

(2) V. à l'annexe n° 10 les mesures prises pour honorer la mémoire de Desaix.

(3) Ce bulletin a été publié dans le *Mémorial du Dépôt de la guerre*, t. IV, p. 279, et
figure dans la *Correspondance de Napoléon* avec le n° 4910.

(4) Le début a été cité partiellement à différentes dates, p. 208, note 2; 220, note 3;
321, note 1.

(5) Ce rapport part sans doute du quartier général le 17 ou le 18 juin et doit arriver à
Paris le 24. On l'imprime pour le faire paraître au *Moniteur*, quand le 25 dans la soirée
arrive le rapport de Berthier. (V. plus loin, p. 424.) On arrête l'impression du rapport de
Dupont et on fait paraître dans le *Moniteur* du 26 juin (7 messidor) celui de Berthier. —
Maret écrit le même jour au Ministre de la guerre pour lui demander si l'on doit conti-
nuer l'impression du rapport de Dupont, malgré les différences qu'il présente avec celui de
Berthier. — Carnot ordonne de publier les deux. — Le rapport de Dupont paraît au *Moniteur* du 27 juin (8 messidor).

des généraux Rivaud et Herbin, sous le commandement du général Victor, étaient placés, dès la veille, en avant de Marengo. Le corps du général Lannes, composé de la brigade du général Mainoni et de la division Watrin, où se trouvent les brigades des généraux Malher et Gency, s'est porté à leur hauteur à droite ; la cavalerie, aux ordres du lieutenant général Murat, et composée des brigades des généraux Rivaud, Champeaux et Kellermann, a été placée sur les ailes et dans les intervalles ; c'est dans cet ordre que la bataille s'est donnée.

L'ennemi, en débouchant dans la vaste plaine qui sépare Alexandrie et Tortone, a manœuvré de manière à nous déborder par les deux ailes, et il avait, à son centre, trois divisions destinées à faire effort sur le village de Marengo. Une artillerie, composée de plus de 100 bouches à feu, couvrait tout son front. Sa supériorité numérique dans toutes les armes était considérable. Il n'avait cependant fait aucun progrès après six heures de combat. Le feu le plus violent régnait sur toute la ligne et des charges audacieuses se renouvelaient souvent ; mais notre droite, se trouvant menacée par un corps qui se prolongeait du côté de Castel-Ceriolo, nous avons abandonné Marengo et pris position en arrière de ce village. Ce mouvement était nécessaire pour ne pas être débordé ; le feu n'a pas été interrompu un instant.

La division Monnier, qui était campée à Garofoli, est alors arrivée sur le champ de bataille ; la 19ᵉ légère et la 70ᵉ demi-brigade, aux ordres des généraux Carra-Saint-Cyr et Schilt, ont marché sur la droite, et elles ont repris une partie du terrain que nous y avions cédé. La garde à pied et à cheval des Consuls a beaucoup contribué à soutenir le combat de ce côté.

Cependant, l'ennemi, déployant les forces qu'il tenait en réserve, et enhardi par sa grande supériorité en artillerie, cherchait toujours à dépasser notre droite ; il renouvelait en même temps ses efforts au centre, où il avait placé trois profondes colonnes, sur lesquelles il avait fondé l'espérance de pénétrer jusqu'à San-Giuliano.

Il était alors 5 heures du soir. Tous les généraux, avides de danger, parcouraient les rangs pour ranimer l'ardeur des troupes ; rien ne pouvait l'exciter plus vivement que la présence du Premier Consul, bravant tous les hasards et opposant sa fortune à la confiance momentanée de l'ennemi. C'était l'instant décisif.

La division Boudet, composée des brigades des généraux Monnier et Guénand et faisant partie du corps commandé par le général Desaix, s'était dirigée de Ponte-Curone sur Rivalta ; mais, ayant reçu l'ordre de se réunir à l'armée, elle est arrivée en ce moment, par une marche rapide, en avant de San-Giuliano (1).

---

(1) Ainsi, d'après ce rapport de Dupont, la division Boudet arrive à 5 heures du soir sur le champ de bataille.

Dans les *Mémoires de Napoléon* on lit : « Sur les 3 heures après-midi, le corps de Desaix arriva..... » (*Correspondance de Napoléon*, t. XXX, p. 388.)

M. Thiers a adopté cette dernière version : « ....A 3 heures ses têtes de colonne commençaient à se montrer dans la plaine, aux environs de San-Giuliano..... » (*Consulat et Empire*, t. Iᵉʳ, p. 443.) Beaucoup d'auteurs ont abondé dans le même sens.

D'après les *Mémoires du duc de Rovigo* (t. Iᵉʳ, p. 273), Desaix est à 3 heures sur le champ de bataille.

Il paraît bien difficile de trancher ces questions d'heure d'une manière précise ; cependant

Le général Desaix fait aussitôt ses dispositions avec cette habileté qui lui a acquis une si juste célébrité, et il aborde l'ennemi qui était alors à hauteur de Cassina-Grossa. Le combat se ranime avec une nouvelle chaleur; la 9e demi-brigade légère et les grenadiers des Consuls font des prodiges d'audace; tous les corps oublient les fatigues et les pertes de la journée; ils combattent avec une vigueur qui semble croître.

La victoire ne pouvait rester plus longtemps incertaine; le général Kellermann, à la tête du 8e régiment de dragons et des 2e et 20e de cavalerie, charge avec impétuosité un corps ennemi de six bataillons de grenadiers qui s'avançait vers la Cassine; il l'enveloppe et lui fait mettre bas les armes. Ce brillant succès est le signal, pour l'armée, d'une attaque générale(1); l'ennemi est ébranlé de toutes parts; il dispute encore un terrain qui lui avait coûté tant de sacrifices; mais il reconnaît enfin sa défaite, et il se met en pleine retraite. Nous le poursuivons jusqu'au delà de Marengo, sur les bords de la Bormida, et la nuit ne nous permet pas de le harceler plus longtemps.

Cette bataille a duré treize heures; il en est peu où l'audace et le talent aient plus évidemment fixé la fortune.

L'ennemi a perdu environ 12,000 hommes, dont 6,000 prisonniers, 4,000 blessés et 2,000 tués, huit drapeaux, vingt bouches à feu et des munitions de guerre (2). Il a eu 400 officiers de tous grades et huit généraux hors de combat. Les généraux Haddick et Bellegarde sont du nombre; le général Zach, chef de l'état-major, a été pris.

L'armée de la République a fait la perte irréparable du général Desaix; ses campagnes sur le Rhin et en Égypte rendent son éloge superflu. Son corps a été transféré à Milan, où il sera embaumé. Les généraux Rivaud (d'infanterie), Mainoni, Malher et Champeaux ont été blessés. Le général en chef Berthier a eu le bras légèrement atteint d'une balle; ses aides de camp Dutaillis et Laborde ont eu leurs chevaux tués sous eux à ses côtés. Le frère du général Watrin, officier d'état-major, a été tué. Je vous adresserai l'état des pertes de chaque corps, lorsqu'il m'aura été remis.

Le 26, le général Mélas, pour sauver les débris de son armée, s'est engagé à évacuer toutes les places qu'il occupe jusqu'à l'Oglio. Je vous rendrai compte, dans une autre lettre, des détails de cette évacuation, dont j'ai été chargé de déterminer les époques avec le général Mélas (3). Cet événement extraordinaire rend la victoire de Marengo la plus éclatante peut-être de toutes celles qui ont consacré la gloire du nom français.

L'héroïsme des officiers généraux, la valeur des chefs de corps et des officiers particuliers, l'intrépidité des troupes méritent tous les éloges de la nation qui n'a jamais été plus grande que dans cette journée.

DUPONT.

---

il est vraisemblable que Boudet n'arrive à San-Giuliano que vers 5 heures. (V. la note 3 de la page 395.)

(1) D'après ce rapport, l'influence de la charge de cavalerie sur le gain de la bataille est considérable.

(2) Comparer aux chiffres donnés par les autres rapports, p. 413, 416, 420, 429, 433 et 456.

(3) V. chap. IX, p. 483, 487, 483.

Rapport du général en chef Alex. Berthier.
sur la bataille de Marengo, le 25 prairial an 8 (1).

S'emparer de Milan, opérer la jonction avec la division du général Moncey, couper les derrières de l'ennemi à Brescia, Orzinovi, Marcaria, Plaisance, prendre ses immenses magasins, fermer ses communications, enlever ses dépôts, ses malades et ses parcs : tels étaient les mouvements qui avaient été ordonnés à des partis, tandis que notre armée observait celle de l'ennemi, l'inquiétait sur le Pô et effectuait le passage de ce fleuve devant Stradella. L'activité de nos mouvements nous avait donné l'initiative des mouvements ; le génie de Bonaparte en a profité.

L'ennemi, battu à Montebello, allait être renforcé successivement des troupes aux ordres de MM. les généraux Elsnitz et Bellegarde. J'étais instruit d'un autre côté que M. de Mélas avait rassemblé toutes ses forces à Alexandrie. Il était important de prévenir ses mouvements ultérieurs. Tout fut disposé pour atteindre ce but.

L'ennemi pouvait, ou se porter sur Gênes et de là pénétrer dans la Toscane, ou passer le Pô et le Tessin pour gagner Mantoue, ou se faire jour par la rive droite du Pô en combattant notre armée, ou enfin se renfermer dans Turin.

Les divisions Chabran et Lapoype reçoivent l'ordre de garder le Pô ; le détachement laissé à Ivrée observe l'Orco ; le corps du général Moncey occupe Plaisance, observe Bobbio, garde le Tessin, la Sesia et l'Oglio, depuis le confluent de cette rivière jusqu'au Pô et pousse des reconnaissances sur Peschiera et Mantoue ; la légion italique occupe Brescia. Le reste de l'armée, Bonaparte à la tête, marche à l'ennemi.

Le 24 prairial (2), à la pointe du jour, l'armée se dirige sur Tortone et Castel-Nuovo-di-Scrivia. Le corps du général Victor, qui forme l'avant-garde, passe la Scrivia à Ova (3), celui du général Lannes s'empare de Castel-Nuovo, où l'ennemi abandonne 1500 malades, parmi lesquels 600 convalescents prêts à grossir son armée. Le corps aux ordres du général Desaix prend position en avant de Ponte-Curone.

Le même jour (4), l'armée marche sur San-Giuliano que l'avant-garde de l'ennemi évacue pour aller prendre position à Marengo. Il y est attaqué par la division Gardanne, soutenue de la 24e légère, et est forcé de se retirer jusqu'à son pont sur la Bormida, après avoir perdu 2 pièces de canon et 180 prisonniers.

---

(1) Le manuscrit, sans signature, est de la main de Bourrienne. Il est envoyé de Milan par le Premier Consul, le 20 juin (Lettre aux Consuls. *Correspondance de Napoléon*, n° 4930) et arrive à Paris dans la soirée du 25. Il est publié dans le *Moniteur* du 7 messidor (26 juin), quatre jours après le bulletin de l'armée. (V. note 1, p. 417, et note 5, p. 422.)

(2) C'est par erreur que ce rapport, fait quelques jours après les événements, donne ici la date du 24 prairial (13 juin). C'est le 12 juin que Lannes s'empare de Castel-Nuovo-di-Scrivia et que Desaix vient en avant de Ponte-Curone. (V. p. 321, 322 et 325.)
Mais ce n'est que le 13 juin que Victor passe la Scrivia à Ova. (V. p. 341.)

(3) Le manuscrit porte : Dora. Il n'existe pas de localité de ce nom sur la Scrivia. Il semble que l'on doive lire : Ova.

(4) La marche sur San-Giuliano est bien du 24 prairial (13 juin). (V. p. 341 et suivantes.) C'est par erreur que ce rapport confond en une seule journée la marche du 12 et celle du 13.

L'ennemi venait de refuser la bataille dans la plaine située entre San—Giuliano et Marengo, où il pouvait tirer un grand avantage de sa nombreuse cavalerie. Tout devait faire présumer qu'il ne nous attaquerait pas, après nous avoir laissés acquérir la connaissance du terrain et de sa position et qu'il avait le projet soit de passer le Pô et le Tessin, soit de se porter sur Gênes et Bobbio.

Des mesures sont prises pour lui opposer des forces sur la route d'Alexandrie à Gênes et sur la rive gauche du Pô, dont il pouvait tenter le passage à Casale ou à Valenza. Une division du corps aux ordres du général Desaix se porte sur Rivalta en tournant Tortone; des ponts volants sont établis à hauteur de Castel-Nuovo, pour passer rapidement le Pô et par un mouvement de flanc se réunir aux divisions d'observation sur la rive gauche de ce fleuve (1).

Mais le 25, à 7 heures du matin, la division Gardanne, qui faisait notre avant-garde, est attaquée. L'ennemi par le développement de ses forces fait connaître ses projets.

Les troupes aux ordres du général Victor sont aussitôt rangées en bataille ; une partie forme le centre qui occupe le village de Marengo ; l'autre forme l'aile gauche qui s'étend jusqu'à la Bormida. Le corps du général Lannes est à l'aile droite. L'armée, formée sur deux lignes, avait ses ailes soutenues d'un gros corps de cavalerie.

L'ennemi se déploie successivement et débouche par trois colonnes : celle de droite débouche sur Frugarolo en remontant la Bormida, celle du centre sur Marengo par la grande route, enfin celle de gauche sur Castel-Ceriolo.

Le général Victor me fait prévenir qu'il est attaqué par toutes les forces ennemies. Je fais aussitôt marcher la réserve de cavalerie et le corps du général Desaix dont je rappelle la division qui se dirigeait sur Serravalle (2).

Le Premier Consul se porte rapidement sur le champ de bataille : nous trouvons en y arrivant l'action engagée sur tous les points ; on se battait de part et d'autre avec un égal acharnement.

Le général Gardanne soutenait depuis deux heures l'attaque de la droite et du centre de l'ennemi sans perdre un pouce de terrain, malgré l'infériorité de son artillerie. La brigade aux ordres du général Kellermann, composée des 2e et 20e régiments de cavalerie et du 8e de dragons, appuyait la gauche du général Victor. La 44e et la 101e de ligne soutenaient leur réputation.

Le général Victor envoie des ordres à la brigade de cavalerie du général Duvignau ; mais ce général avait quitté sans autorisation le commandement de sa brigade (3), ce qui retarde l'exécution des mouvements. 200 hommes de ce corps sont commandés pour remonter la Bormida et observer le mouvement de la droite de l'ennemi. Le reste reçoit l'ordre d'appuyer la gauche de l'armée et se conduit avec valeur.

Le général Gardanne, obligé de quitter sa position d'avant-garde, se retire par échelons et prend une position oblique. La droite est au village de

---

(1) On n'a trouvé aucun autre indice de la construction de ces ponts volants sur le Pô.

(2) Tous ces rapports passent sous silence l'ordre envoyé au général Lapoype de revenir sur le champ de bataille.

(3) Voir la justification du général Duvignau, au chapitre IX, p. 192, note 2.

Marengo, la gauche sur les rives de la Bormida. Dans cette nouvelle position il prend en flanc la colonne qui marche sur Marengo et dirige sur elle une fusillade terrible. Les rangs de cette colonne sont éclaircis; elle hésite un instant; déjà plusieurs parties commençaient à plier, mais elle reçoit de nouveaux renforts et continue sa marche.

Le général Victor dispose successivement la 24e légère, la 43e et la 96e de ligne pour défendre le village de Marengo.

Tandis que ces mouvements s'exécutent, la brigade du général Kellermann soutient la gauche; le 8e de dragons charge et culbute une colonne ennemie, mais il est chargé à son tour par des forces supérieures. Les 2e et 20e de cavalerie le soutiennent et font plus de 100 prisonniers.

La gauche de l'ennemi s'avance vers Castel-Ceriolo; son centre, recevant toujours de nouveaux renforts, parvient à s'emparer du village de Marengo où il fait prisonniers 400 hommes qui se tenaient dans une maison (1). Quelques-uns de nos tirailleurs, manquant de cartouches, abandonnent en désordre le champ de bataille et l'ennemi, encouragé par ce succès, charge avec plus d'impétuosité.

Le général Lannes le combat avec avantage. Sa ligne, découverte dans la plaine, résiste à l'artillerie et soutient la charge de la cavalerie; mais il ne peut pousser l'ennemi sans se trouver débordé par la gauche. Il envoie la 40e demi-brigade et la 22e renforcer la division Chambarlhac qui perdait du terrain.

L'ennemi, souvent repoussé au centre, revient toujours à la charge et finit par déborder le village de Marengo. Le général Victor ordonne un mouvement rétrograde sur la réserve.

Le général Lannes se voit alors attaqué par des forces infiniment supérieures : deux lignes d'infanterie marchent à lui avec une artillerie formidable. La division Watrin et la 28e sont inébranlables; sur le point d'être tournées par un corps considérable, elles sont soutenues par la brigade de dragons aux ordres du général Champeaux.

Le changement de position du général Victor oblige le général Lannes à suivre le même mouvement. Le Premier Consul instruit que la réserve du général Desaix n'était pas encore prête se porte lui-même à la division Lannes pour ralentir son mouvement de retraite. Cependant l'ennemi s'avançait.

Il ordonna différents mouvements à la 72e demi-brigade; il veut même prendre l'ennemi en flanc et charger à la tête de cette demi-brigade; mais un cri sort de tous les rangs : « Nous ne voulons pas que le Premier Consul s'expose », et l'on vit alors une lutte intrépide du soldat qui, oubliant le danger, ne pensait qu'à celui que courait son chef.

Cependant l'on gagne du temps, la retraite se fait bientôt par échiquier sous le feu de 80 pièces d'artillerie, qui précèdent la marche des bataillons autrichiens et vomissent dans nos rangs une grêle de boulets et d'obus. Rien ne peut ébranler nos bataillons, ils se serrent et manœuvrent avec le même ordre et le même sang-froid que s'ils eussent été à l'exercice; le rang qui vient d'être éclairci se trouve aussitôt rempli par d'autres braves; jamais on ne vit un mouvement plus régulier ni plus imposant.

L'ennemi se croyait assuré de la victoire; une cavalerie nombreuse, soutenue

_____

(1) V. au chap. IX, p. 493, l'ordre du jour de blâme (18 juin) concernant ce détachement.

de plusieurs escadrons d'artillerie légère, débordait notre droite et menaçait de tourner l'armée.

Les grenadiers de la garde du Consul marchent pour appuyer la droite ; ils s'avancent et soutiennent trois charges successives. Au même moment arrive la division Monnier qui faisait partie de la réserve. Je dirige deux demi-brigades sur le village de Castel-Ceriolo, avec ordre de charger les bataillons qui soutiennent la cavalerie ennemie. Ce corps traverse la plaine et s'empare de Castel-Ceriolo après avoir repoussé une charge de cavalerie ; mais notre centre et notre gauche continuant leur mouvement rétrograde, il est bientôt obligé d'évacuer ce village ; en se retirant il suit le mouvement de l'armée, entouré de la cavalerie ennemie qu'il tient en échec.

L'armée arrive à la plaine de San-Giuliano où la réserve aux ordres du général Desaix était formée sur deux lignes (1) flanquées à droite de 12 pièces d'artillerie commandées par le général Marmont (2) et soutenues à gauche par la cavalerie aux ordres du général Kellermann (3). Le Premier Consul, exposé au feu le plus vif, parcourt les rangs pour encourager les soldats et fait arrêter ce mouvement rétrograde ; il était 4 heures après-midi.

Le général Desaix, à la tête de la brave 9e légère, s'élance avec impétuosité au milieu des bataillons ennemis et les charge à la baïonnette. Le reste de la division Boudet suit ce mouvement sur la droite. Toute l'armée sur deux lignes s'avance au pas de charge.

L'ennemi étonné met son artillerie en retraite ; son infanterie commence à plier. Le général Desaix est atteint d'une balle mortelle. La mort de cet officier distingué, dont la France pleurera longtemps la perte, enflamme d'une nouvelle ardeur les braves qu'il commandait. Tous brûlant de le venger, ils se précipitent avec fureur sur la première ligne de l'infanterie ennemie qui résiste après s'être repliée sur la deuxième ligne. Toutes les deux s'ébranlent à la fois pour faire une charge à la baïonnette. Nos bataillons sont arrêtés un moment, mais le général Kellermann ordonne la charge avec 800 cavaliers qui culbutent l'ennemi et lui font 6,000 prisonniers, parmi lesquels le général Zach, chef de l'état-major de l'armée autrichienne, le général Saint-Julien, plusieurs autres généraux et presque tous les officiers de l'état-major.

L'ennemi avait encore une troisième ligne d'infanterie soutenue du reste de l'artillerie et de toute la cavalerie. Le général Lannes avec la division Watrin, les grenadiers à pied de la garde des Consuls et la division Boudet, marchent contre cette ligne et sont soutenus dans cette charge par l'artillerie que commande le général Marmont. La cavalerie aux ordres du général Murat, les grenadiers à cheval commandés par le chef de brigade Bessières chargent à leur tour la cavalerie ennemie, l'obligent à se retirer avec précipitation et la mettent en déroute. Son arrière-garde est taillée en pièces.

---

(1) Pour la formation de la division Boudet, voir la note 1, p. 397, et le bulletin de l'armée, p. 419.

(2) Pour le nombre de pièces, voir plus haut ce qu'a écrit Marmont, p. 409. Le bulletin de l'armée (V. p. 419) et le journal de Boudet (V. p. 397) placent les pièces en avant du front.

(3) D'après ce rapport, Kellermann est donc au sud de la route, ce qui est conforme au *Journal de Brossier* et en opposition avec le rapport de Kellermann. (V. à ce sujet la note 1, p. 404. V. aussi la relation autrichienne, p. 453 et 454, et la notice de M. de Castres, p. 459.)

L'ennemi en désordre était arrivé sur le pont de la Bormida ; on se battait depuis une heure dans les ténèbres. La nuit seule a sauvé les débris de l'armée autrichienne.

Cette journée a coûté à l'ennemi 12 drapeaux, 26 pièces de canon et 15,000 hommes dont 3,000 tués, 5,000 blessés et 7,000 faits prisonniers. 7 de ses généraux et plus de 400 de ses officiers ont été blessés.

Nous avons à regretter 7 à 800 tués, 2,000 blessés et 1100 faits prisonniers. Parmi les blessés se trouvent les généraux de brigade Rivaud, Champeaux, Malher et Mainoni.

Jamais combat ne fut plus opiniâtre, jamais victoire ne fut disputée avec plus d'acharnement ; Autrichiens et Français admiraient respectivement le courage de leurs ennemis. Les deux armées se sont trouvées engagées pendant quatorze heures à portée de la mousqueterie.

Dans cette journée mémorable les troupes de toutes armes se sont couvertes de gloire. Pour citer tous les braves qui se sont distingués, il faudrait nommer tous les officiers et plus de la moitié des soldats.

Le général Victor rend hommage au sang-froid et aux talents qu'ont déployés le général Rivaud et les citoyens Ferey et Bisson, chefs des 24ᵉ et 43ᵉ demi-brigades.

Le général Lannes a montré dans cette journée le calme d'un vieux général.

Le général Watrin, qui l'a secondé partout, mérite les plus grands éloges. Son frère, qui était adjoint aux adjudants généraux, a été tué à ses côtés.

Le chef de brigade Valhubert de la 28ᵉ et le chef de bataillon Taupin, le général de brigade Gency, le citoyen Macon, chef de brigade de la 6ᵉ légère, le citoyen Alix, chef d'escadron au 2ᵉ régiment de cavalerie, se sont particulièrement distingués.

L'adjudant général Noguès a donné des preuves de bravoure.

Le général Murat, qui a rendu tant de services dans cette campagne, fait l'éloge du courage et des talents qu'a déployés le général Kellermann, qui a puissamment contribué à la victoire.

L'adjudant général César Berthier a montré talents, activité et bravoure. Le général Murat se loue des services qu'il a rendus dans cette campagne.

Le chef de brigade Bessières, commandant l'escadron de la garde à cheval des Consuls, a saisi avec précision tous les moments d'attaquer avec avantage. Les succès qu'il a obtenus en manœuvrant devant l'ennemi avec des forces très inférieures lui assignent un rang distingué. Le citoyen Rignon, capitaine de la garde à pied des Consuls, a été blessé. Le chef d'escadron Colbert a mérité le grade d'adjudant général. Le citoyen Beaumont, aide de camp du général Murat, a contribué à la gloire dont se sont couvertes toutes les troupes à cheval. L'aide de camp Didier a été blessé.

Le cavalier Lebœuf (1) a enlevé un drapeau ; le capitaine Montfleury,

---

(1)   *Alex. Berthier, général en chef de l'armée de réserve,*
au Premier Consul.

Milan, le 3 messidor an 8 (22 juin 1800).

Citoyen Consul,

J'ai l'honneur de vous demander des baguettes d'argent pour le citoyen Conôtil, tambour de la 8ᵉ compagnie du 1ᵉʳ bataillon de la 40ᵉ demi-brigade, qui, après avoir donné des

Girardot et Terret, le chef de brigade Gérard du 20ᵉ de cavalerie, le capitaine Tétard qui s'est fait remarquer à la charge, les lieutenants Picquet, Courtois, Moraux, Gavory, Vergé, Poitel et Faure ont eu leurs chevaux tués. Le citoyen Frély et le lieutenant Fraunoux ont été blessés. Le maréchal des logis Velaine a déployé les talents d'un officier distingué.

Le citoyen Lamberty, capitaine à la suite du 2ᵉ de cavalerie, le sous-lieutenant Petitot et l'adjudant Jalland méritent de l'avancement.

Le citoyen Conrad, lieutenant du 2ᵉ régiment d'artillerie à cheval, a la jambe emportée d'un boulet; il se soulève pour observer le tir de sa batterie. Les canonniers veulent l'emporter, il s'y refuse : « Servez vos batteries, dit-il, et ayez soin de pointer plus bas ».

Reynal, canonnier du 2ᵉ régiment; Mainerod, brigadier des canonniers de la garde des Consuls; Renaud, canonnier au 1ᵉʳ régiment, se sont distingués par la justesse du tir.

Le lieutenant d'artillerie de la garde des Consuls Marin a particulièrement mérité les éloges des généraux de l'armée; cet officier est d'un zèle et d'une bravoure remarquable. Le citoyen Digeon, lieutenant d'artillerie de la garde des Consuls, a montré du sang-froid et du courage.

J'ai été content de l'activité du général Dupont, chef de l'état-major général de l'armée. Mes aides de camp Dutaillis, chef de brigade, et Laborde, capitaine, ont eu leurs chevaux tués. Mon aide de camp Arrighi mérite de l'avancement. Mon aide de camp Berruyer a rallié un bataillon en plantant un drapeau près des rangs ennemis. Mon aide de camp Lejeune a montré du zèle ;

Je demande le grade de sous-lieutenant pour le citoyen Jalland, adjudant au 2ᵉ régiment de cavalerie ; pour le citoyen Velaine, maréchal des logis au même régiment ; pour le citoyen Dubois, volontaire auprès du général Lannes ; pour le citoyen Brunet, dragon au 9ᵉ régiment ; une grenade d'or pour le citoyen Reynal, canonnier au 2ᵉ régiment d'artillerie légère ; pour le citoyen Mainerod, brigadier de la garde des Consuls, et pour le citoyen Renaud, canonnier au 1ᵉʳ régiment d'artillerie.

Alex. BERTHIER.

Extrait du Journal de la campagne de l'armée de réserve, par l'adjudant-commandant Brossier.

25 prairial. — Bataille de Marengo. — Desaix : Monnier, Boudet. — Murat : garde des Consuls, cavalerie. — Victor : Gardanne, Chambarlhac. —

---

preuves de bravoure au passage du Pô et à l'affaire de Casteggio, a été dangereusement blessé à la bataille de Marengo, en battant la charge.

Je vous demande un fusil garni d'argent pour le citoyen Georges Amptil, conscrit de la 30ᵉ de ligne, qui s'est précipité sur un drapeau et a tué celui qui le portait, à la vue d'un peloton envoyé pour le sauver.

Je vous demande un sabre pour le citoyen Lebœuf, cavalier au 20ᵉ régiment, qui a également enlevé un drapeau.   Alex. BERTHIER.

Je joins ici la demande que fait le général Rivaud du grade de chef d'escadron pour son aide de camp, qui est très ancien capitaine et qui a reçu une blessure à la bataille de Marengo.   B.

(Voir cette lettre du général Rivaud, p. 381, note 1.)

Lannes : Watrin. — La jonction de toutes ses forces (de Mélas) se fit le **24** à Alexandrie; et, le **25**, il prit toutes ses dispositions pendant la nuit, et passa la Bormida sur les trois ponts qu'il avait établis à cet effet **(1)**. Son armée était forte d'environ 40,000 hommes, et le général Zach la commandait sous ses ordres **(2)**.

La première ligne marchait sous la conduite de plusieurs généraux-majors, sans être précédée de cette foule de tirailleurs qui accompagnent ordinairement les attaques des Autrichiens.

Une nombreuse artillerie légère précédait cette première ligne et en protégeait tous les mouvements.

La seconde ligne, commandée par le général Mélas en personne, était formée de l'élite de l'armée, tant en officiers qu'en soldats, et elle avait ordre de faire feu sur tous ceux de la première ligne qui oseraient faire un pas rétrograde.

Des effets d'habillement avaient été distribués la veille; la solde payée pour cinq jours, et l'eau-de-vie donnée abondamment le matin.

L'armée française, bien inférieure en nombre, n'était que d'environ **23,000** hommes d'infanterie et **2,000** de cavalerie, en comptant toutes les troupes qui ont combattu dans cette journée; mais, au commencement de l'affaire, elle n'était réellement que de **15,000** hommes. . . . .
. . . . . **(3)**. . . . .
. . . . . Les divisions commandées par le général Victor. . . . . enfoncées d'ailleurs sur leur centre, se virent obligées à faire une marche rétrograde. Quelques fuyards mirent un moment le désordre dans les rangs; mais la fermeté des chefs en contint la masse, et le général Kellermann, à la tête de sa brigade, protégea la retraite avec l'activité et le courage réfléchi qui lui sont familiers. L'impulsion de retraite une fois donnée dut être suivie par tous les autres corps qui allaient nécessairement être enveloppés, parce que l'ennemi, profitant de cette circonstance, poursuivait vigoureusement ses succès et marchait, avec la majorité de ses forces, sur San-Giuliano. . . . .

. . . . . . La division du général Monnier. . . . . parvint à se faire jour à travers la ligne autrichienne et à opérer, sous la protection de la brigade aux ordres du général Champeaux, sa retraite sur San-Giuliano, où la totalité de l'armée se réunissait à la division Boudet qui, conduite par le général Desaix, venait d'arriver sur ce point.

Le sort de la bataille était encore douteux à 6 heures du soir; tous les généraux, avides de danger, parcouraient les rangs pour ranimer l'ardeur des soldats; mais rien ne pouvait l'exciter davantage que la présence du Premier Consul, au milieu des plus grands dangers, bravant tous les hasards et opposant le calme de la constance aux caprices de la fortune. C'était l'instant décisif.

---

(1) On doit plutôt se fier aux relations autrichiennes qui mentionnent seulement *deux* ponts. (V. p. 446 et 447.)

(2) Pour l'effectif réel de l'armée autrichienne, se reporter à la page 445.

(3) Le récit de toute la première partie de la bataille, n'est que la reproduction des rapports des généraux Gardanne, Rivaud, Victor, Watrin, Lannes, Monnier, Boudet et Dupont, rapports déjà lus dans les pages précédentes.

Le Premier Consul confère quelques instants avec le général Desaix et passe presque toute la ligne en revue ; l'ordre d'une nouvelle attaque est donné.

Le lieutenant général Desaix se place au centre, sur la grande route, entre San-Giuliano et Cassina-Grossa, avec la division Boudet ; la 9e légère occupant la gauche de la route sous les ordres du général Monnier, et la 30e et la 59e de ligne, commandées par le général Guénand, portées sur la droite ; il avait sur son front : une pièce de 12, quatre de 8 et deux obusiers.

Les grenadiers de la garde des Consuls, conduits par le chef de bataillon Goulez, sont à droite entre ces corps et les troupes aux ordres du général Lannes. La division Gardanne occupe la gauche de la division Boudet et s'appuie à la droite de la brigade du général Kellermann. La division Monnier, un peu en arrière de la division Boudet, est prête à se porter où les événements nécessiteront sa présence, et la division Chambarlhac, avec le surplus de la cavalerie, forme la réserve.

L'ennemi, croyant la victoire assurée, avançait avec rapidité, et déjà il avait atteint la hauteur de Cassina-Grossa.

Desaix marche à sa rencontre au pas de charge. La présence du héros avait réchauffé tous les courages et chacun brûlait d'impatience de suivre son généreux exemple. L'ennemi s'arrête et la fusillade s'engage à la petite portée de pistolet. La valeur, l'audace, la persévérance, toutes les vertus guerrières se font également admirer dans les deux armées. Une partie de la division Watrin marche par la gauche et court appuyer ce premier mouvement, laissant la 40e en ligne.

Le général Monnier, s'apercevant que la droite se trouvait dégarnie par la manœuvre du général Watrin et qu'elle était déjà dépassée par plus de 2,000 chevaux, appuyés par une artillerie formidable, marche à la tête de la majeure partie de sa division et de la 40e. Les grenadiers de la garde consulaire s'ébranlent en même temps, se réunissent à lui et, tous ensemble, se présentent à l'ennemi.

Ce fut là qu'il s'engagea une charge terrible et telle que cette journée mémorable n'en avait point encore vue d'aussi meurtrière.

Les troupes des demi-brigades semblaient disputer l'honneur du danger aux intrépides grenadiers.

La mort volait dans tous les rangs et frappait de tous les côtés ; elle moissonna plus du tiers de ces braves, sans que leur masse en fût ébranlée.

Ils ont conservé, dans les plaines de San-Giuliano, au milieu du plus affreux carnage, le sang-froid et l'attitude qu'on admire en eux, lorsqu'ils défilent en parade au palais des Tuileries ; enfin, leur héroïque résistance a contenu la gauche de l'ennemi et a préparé la victoire.

Au centre, le combat se continue avec un acharnement sans exemple et paraît se ranimer à tout instant avec une nouvelle ardeur.

La division Gardanne et deux bataillons de la 72e se réunissent aux divisions Boudet et Watrin.

. Les deux armées se rapprochent encore, se serrent et s'attaquent à la baïonnette.

La cavalerie autrichienne se précipite dans les rangs de l'infanterie française qui se mesure corps à corps et la force à reprendre sa ligne.

Mélas tente un dernier effort ; il porte en avant un corps d'élite de 5,000 grenadiers hongrois sur lequel il fondait tout son espoir et qui devint la cause première de sa défaite.

La 9° légère, contre laquelle ce corps se trouve particulièrement dirigé, marche à sa rencontre au pas de charge.

Tant d'intrépidité en impose à l'ennemi, qui s'arrête et balance. . . . .

La victoire ne pouvait rester plus longtemps indécise, et le général Kellermann la fixe par une charge aussi audacieuse que faite à propos (1).

A la tête du 8° de dragons et des 2° et 20° de cavalerie, il s'avance au grand trot en face de cette colonne ; puis il se déploie habilement par sa droite, met sa troupe au galop, dépasse rapidement l'ennemi et le charge impétueusement de revers, pendant que la 9° légère l'attaque de front. Vainement il veut fuir ; le désordre dans lequel il se trouve ne lui en laisse ni le temps ni les moyens ; la frayeur s'en empare, et le seul parti qui lui reste est de mettre bas les armes.

Le premier coup était porté !

Un si brillant succès devient pour l'armée le signal d'une charge impossible à décrire.

L'ennemi est ébranlé de toute part ; il veut disputer encore un terrain qui lui avait coûté tant de sacrifices ; mais l'impétuosité française ne laisse point à sa tactique méthodique le temps de se rallier ; la déroute gagne simultanément toutes ses colonnes : il est attaqué sur tous les points, chassé du village de Marengo, poursuivi sans relâche, battu et culbuté partout et obligé de repasser en désordre la Bormida, abandonnant une partie de son artillerie et laissant le champ de bataille couvert de morts et de blessés. Ce fut une charge dernière, exécutée par Kellermann à la tête d'un parti de 200 hommes réunis à la cavalerie de la garde consulaire qui mit fin au combat, et la nuit ne permit pas de harceler plus longtemps l'ennemi.

Les divisions Gardanne et Chambarlhac reprirent position sur le champ de bataille, en face de la tête du pont d'Alexandrie, à peu près sur le terrain qu'elles avaient occupé le matin.

Mort du lieutenant général Desaix. — Cependant, ce triomphe éclatant devenait, pour l'armée, une source de regrets éternels, puisqu'il fut acheté au prix du sang du général Desaix.

Le champ de l'honneur est devenu le tombeau de celui dont la vie tout entière fut consacrée à l'honneur.

Il a péri au sein de la victoire, frappé d'une balle à la poitrine, au moment où il conduisait la division Boudet à la reprise du village de Marengo.

Ses campagnes sur le Rhin et en Égypte rendent son éloge superflu ; mais sa mort enlève un appui à la République, un père aux soldats et un modèle aux vertus sociales.

L'ennemi a perdu, dans cette journée, environ : 12,000 hommes, dont 6,000 prisonniers ; 4,000 blessés et 2,000 tués ; 8 drapeaux, 20 bouches à feu et des

_____

(1) D'après le rapport de Kellermann, la crise décisive n'a pas été si longue ; c'est presque après l'entrée en ligne de la division Boudet que la charge de Kellermann fut exécutée. (V. p. 405.) Le récit de Brossier est à peu près conforme à celui de Boudet. (V. p. 399.)

munitions de guerre considérables (1). Il a eu 400 officiers de tous grades et 8 généraux hors de combat (les généraux Haddick et Bellegarde sont du nombre de ceux-ci) ; le général Zach, chef de l'état-major général, a été fait prisonnier.

L'armée française a souffert aussi très sensiblement; mais une bataille décisive qui a duré treize heures, pendant lesquelles il a fallu lutter sans cesse contre un ennemi bien supérieur et lui arracher la victoire, devait coûter de grands sacrifices. Elle a perdu environ 6.000 hommes, dont plus des trois quarts blessés ou prisonniers.

Honneur à la mémoire des braves qui ont péri dans les champs de Marengo! Honneur aux soldats qui ont fixé la victoire et aux chefs qui les conduisaient! La reconnaissance nationale écrira les noms de tous sur la colonne élevée à la victoire.

Le général en chef Berthier a ordonné tous les mouvements avec la précision qui caractérise le guerrier consommé, et a soutenu, à Marengo, la célébrité qu'il a si justement acquise en Italie et en Égypte sous les ordres de Bonaparte. Il a été atteint d'une balle au bras. Deux de ses aides de camp, Dutaillis et La Borde ont eu leurs chevaux tués.

Le général Dupont, chef de l'état-major général, s'est, pour ainsi dire, multiplié ; aussi profond militaire qu'administrateur habile, il unit à la théorie de la guerre l'art si difficile des dispositions et sait les exécuter avec autant de précision que d'intrépidité.

L'armée de réserve, organisée, dirigée et conduite tant de fois par lui à la victoire durant sa glorieuse campagne, n'oubliera jamais qu'elle lui doit une partie des succès qu'elle a obtenus à Marengo. Le citoyen Decouchy, son premier aide de camp, n'a pas cessé de combattre à ses côtés.

Les lieutenants généraux Victor, Murat et Lannes ont acquis de nouveaux droits à l'admiration générale des armées françaises.

Les généraux de division n'ont pas cessé de combattre à la tête de leurs colonnes. Leur exemple a été suivi par tous les autres généraux.

Le général Boudet a été atteint d'une balle qui s'est amortie sur l'argent qu'il portait dans sa poche.

Le même hasard est arrivé au général Guénand.

Les généraux de brigade Mainoni, Malher, Champeaux et Rivaud ont été blessés.

Le général Champeaux est mort de la suite de ses blessures.

La conduite héroïque du général Kellermaun se trouve consignée dans les détails de cette célèbre journée.

L'adjudant général Berthier, le chef de brigade Bessières, commandant la garde à cheval des Consuls, le chef de brigade du 8ᵉ de dragons et les citoyens Colbert, Beaumont et Didier ont mérité les suffrages du lieutenant général Murat.

L'adjudant général Léopold Stabenrath a chargé la cavalerie ennemie avec les grenadiers de la garde des Consuls.

---

(1) Pour les pertes de l'armée autrichienne, voir à la p. 456.

L'adjudant général Pamphile Lacroix mérite une mention particulière par le zèle dont il a fait preuve et par les talents militaires qui le distinguent.

Les adjudants généraux Nogues, Isard, Delage, Pannetier, Girard et Dalton ont fixé, par leur bravoure, l'attention de toute l'armée. Le second a été blessé.

L'adjudant général Dampierre a été fait prisonnier au moment de la retraite, après s'être défendu opiniâtrément, avec 200 hommes, contre un corps entier de cavalerie autrichienne ; il avait perdu la moitié de son monde.

Tous les officiers d'état-major se sont disputé l'honneur des dangers et ont singulièrement contribué à rallier les troupes et à les ramener au combat.

Les lauriers que Lucien Watrin avait cueillis à Montebello, le 20, ont été changés en cyprès, le 25, à Marengo. Ce jeune guerrier a été emporté d'un coup de canon au moment de la retraite en chargeant à la tête de la 22e de bataille. Sa mort est une perte sensible pour la patrie qui avait lieu d'attendre beaucoup de ses talents et de sa valeur.

Le citoyen Soules, commandant des grenadiers de la garde consulaire, s'est couvert de gloire et s'est montré digne chef de cette troupe intrépide.

Le citoyen Rigaud, chef de brigade du 10e de hussards et commandant du quartier général, a eu deux chevaux tués.

Tous les corps, en général, ont honoré le nom français, et chacun d'eux en particulier s'est distingué par quelque action d'éclat. Un même sentiment les enflammait tous : la victoire ! ou la mort !

Les chefs ont montré un dévouement et une intrépidité au-dessus de tout éloge, ainsi que les officiers de tous les grades.

Les rapports des généraux désignent plus particulièrement :

Les citoyens :

Legendre	
Valhubert, blessé	
Maçon, de la 6e légère	
Ferey, de la 24e légère	Chefs de brigade.
Bisson, de la 43e de ligne	
Lepreux, de la 96e de ligne	
Le chef du 1er de dragons	
Le chef de la 28e de ligne	
Gérard, du 2e de cavalerie	
Fertel, —	Chefs d'escadron et de
Dauturre, —	bataillon.
Taupin, —	
Blou, du 2e de chasseurs	
Tétard, du 20e de cavalerie	
Montfleury, du 2e de cavalerie	
Girardot, —	Capitaines.
Terré, —	
Lamberty, —	
Frely, —	
Bigarne, du 1er de dragons	

Gavory, du 2ᵉ de cavalerie...............⟩
Vergé,   —   ....⟩
Poitel,   —   ....⟩
Picquet,   —   ....⟩ Lieutenants.
Courtois,   —   . ...⟩
Moraux,   —   ....⟩
Fraunoux,   —   ....⟩

Decoux,   —   ....⟩
Petitot,   —   ....⟩ Sous-lieutenants.
Renaud, du 11ᵉ de cavalerie ....⟩

Jalland, adjudant au 2ᵉ de cavalerie.
Velaine, maréchal des logis au 2ᵉ de cavalerie.

Le citoyen Alix, chef d'escadron au 2ᵉ de cavalerie, a enlevé un drapeau.
Le citoyen Jolle, capitaine au 1ᵉʳ bataillon de la 59ᵉ, a eu le même honneur.
Les citoyens Lebœuf, cavalier au 2ᵉ, et Georges Amptil, conscrit à la 30ᵉ, en ont aussi enlevé chacun un.
Le citoyen Leriche, cavalier au 2ᵉ, a fait prisonnier le général Zach, chef de l'état-major de l'armée autrichienne.
Sur tous les points, l'artillerie des Consuls et celle des divisions se sont illustrées par leur activité et leur valeur.
Un boulet coupe une jambe au citoyen Conrad, lieutenant d'artillerie à cheval. Il tombe, et l'on s'empresse autour de lui pour le porter à l'ambulance ; mais il s'était soulevé et observait froidement le tir de sa batterie. — « Laissez-moi, dit-il, et allez ordonner aux canonniers de tirer plus bas ».....
Généreux dévouement ! Oubli sublime de soi-même, au-dessus de tout éloge et de toute récompense !

*
* *

Les relations autrichiennes, lues après les rapports français, permettront de connaître le jeu des deux adversaires, d'apprécier exactement les faits par la comparaison des deux récits et de porter un jugement impartial sur la bataille de Marengo.

Après le rapport du maréchal de Mélas, fait quelques jours après la bataille, on trouvera la relation publiée officieusement en 1823 par l'état-major autrichien.

Rapport du maréchal Mélas, à l'archiduc Charles (1).

Plaisance, le 19 juin 1800.

A Son Altesse Royale Monseigneur l'Archiduc
Charles d'Autriche.

Lorsque j'eus la faveur de représenter à Votre Altesse
Royale, dans mon humble rapport du 5, combien il serait
désirable, étant donnée la situation critique de l'armée sta-
tionnée ici, de pouvoir compter sur la chute de la place de
Gênes, j'avais la conviction certaine que le rappel du corps
qui assiégeait cette ville, ainsi que l'arrivée du corps commandé par le maréchal lieutenant Elsnitz, resté à Nice, sur le
Var, m'auraient procuré des forces suffisantes pour m'opposer à la marche rapide de l'ennemi, et pour le repousser,
s'il était possible, hors de la Lombardie.

Mais, depuis mon départ de Nice, les incidents survenus au
corps du maréchal lieutenant Elsnitz ont été si nombreux et si
divers, que les 19,000 hommes tirés du noyau de l'armée
pour le composer ont été réduits à 6,000.

En outre, la garnison de Gênes enleva environ 10,000 hommes au corps de siège, et ainsi s'évanouit l'espoir de pouvoir
réunir un corps de troupes considérable pour tenir tête à
l'ennemi.

Ce dernier avait, sur ces entrefaites, déployé tous ses efforts
pour réunir aux six divisions de l'armée dite « de réserve »
qui se trouvaient déjà dans la plaine lombarde, les divisions
qui, après les malheurs éprouvés par les troupes d'Allemagne, avaient été envoyées par le col du Splugen pour renforcer l'armée d'Italie.

L'ennemi, avec ces forces vraiment considérables, envahit
la Lombardie jusqu'à l'Oglio si impétueusement et si rapidement que la division du maréchal lieutenant Vukassevich qui,
depuis l'occupation de Milan et de Pizzighettone, ne comptait
plus que 4,000 hommes, se trouva dans l'impossibilité d'opposer une résistance efficace en un point quelconque.

Une partie de l'armée ennemie se dirigea vers le Pô,

---

(1) Ce rapport est extrait de la brochure italienne : *La Bataglia di Marengo*, par le
capitaine Pittaluga, p. 11 à 18.

et, comme le point important de Plaisance n'avait pas été pourvu de troupes dans la mesure où cela eût été nécessaire, l'ennemi s'empara, dès le 5, de la tête de pont, et, le 6, il poussa un nombre assez considérable de troupes sur la rive du Pô, près de Broni. Le 7, il attaqua Plaisance sur la même rive, et obligea le maréchal lieutenant O'Reilly à se retirer, avec ses faibles troupes, jusqu'à Voghera.

En raison de ce changement de situation, je décidai de rassembler sur la rive droite du Pô, près d'Alexandrie, toutes les troupes disponibles et d'attaquer avec elles les forces de l'ennemi, pendant qu'elles étaient encore séparées par le Pô.

Les divisions Kaim et Haddick, restées dans le Piémont, quittèrent, le 6, Turin, après que j'eus décidé qu'elles se joindraient au restant du corps d'Elsnitz, près d'Alexandrie.

Le maréchal lieutenant Ott s'était déjà mis en marche, le 5, avec le corps de siège, par Novi et Tortone, sur la route de Voghera ; le 7 (sic), ce corps se heurtait à l'ennemi, pendant qu'il se disposait à occuper la bonne position de Casteggio, et, après un combat défavorable et acharné, il fut obligé de battre en retraite. Le maréchal lieutenant Ott se dirigea alors sur la Scrivia ; mais, le 9, il dut aussi se retirer au delà de ce cours d'eau.

Enfin, le 11, toutes les divisions étaient arrivées de Turin et avaient campé sur la rive gauche de la Bormida, près d'Alexandrie. Le 12, l'ennemi passait la Scrivia et forçait le corps du maréchal lieutenant Ott à se porter, lui aussi, sur la rive gauche de la Bormida. Pendant que cette marche en avant de l'ennemi vers Alexandrie devenait de plus en plus menaçante, il se produisit un événement très grave et fort critique : le général Suchet (qui, après le départ de nos troupes de la Rivière, s'était porté, avec environ 12,000 hommes, vers Savone et Voltri et bloquait déjà Savone) avait expédié quelques détachements vers Acqui, dans la vallée de la Bormida, et le général Masséna lui-même s'était également rendu de ce côté, le 13, avec la majeure partie de son corps, composé de 10,000 hommes (1).

---

(1) En réalité, Masséna, qui a rejoint Suchet, est encore sur le littoral, à Finale, le jour de la bataille de Marengo. Il écrit le 13 juin, au Premier Consul, que manquant « de tout, absolument de tout », il ne peut pas se mettre en marche avant sept ou huit jours et que ses avant-postes occupent es hauteurs de Savone, Montenotte, Carcare et Dego.

Les forces ennemies s'élevaient à 60,000 hommes (1), tandis que les troupes péniblement réunies par nous près d'Alexandrie pouvaient être estimées à 27,000 fantassins et 8,000 cavaliers.

Dans un pareil état de choses, pour décider de notre sort en Italie, il ne restait plus d'autre moyen que d'attaquer l'ennemi, dans le but de se frayer un passage vers les pays héréditaires, sur la rive droite du Pô, en portant en même temps secours aux forteresses menacées de Mantoue, Legnano et Vérone, et en couvrant le Tyrol occidental aussi en danger.

La valeur éprouvée de l'armée tant de fois victorieuse, la confiance dans la prépondérance et la supériorité de notre cavalerie et de notre artillerie (2), comparées à celles de l'ennemi, et le courage dont était animée toute l'armée, me parurent assurer une victoire certaine.

L'attaque avait donc été fixée au 14, dès le point du jour ; mais elle dut être retardée de plusieurs heures, parce que l'ennemi, vers la fin de l'après-midi du 13, refoula nos avant-postes jusqu'à la tête de pont sur la Bormida.

Le 14, toute l'armée passa par les deux ponts sur la rive droite de cette rivière.

L'attaque eut lieu en deux colonnes principales, dont l'une devait se diriger sur Marengo, en suivant la route de Tortone, tandis que l'autre devait couvrir le flanc gauche de la colonne marchant sur le centre et tenir en échec la colonne principale ennemie venant de Salé.

A peine la colonne de droite eût-elle dépassé la tête de pont, qu'elle se forma aussitôt sur trois lignes d'infanterie, sous la protection de la cavalerie, placée sur les ailes ; les bataillons restants suivaient, en une seule colonne, comme réserve.

Le maréchal lieutenant Haddick commandait la première ligne ; il avait derrière lui le corps du maréchal lieutenant

_____

(1) L'armée de réserve atteignait l'effectif de 58,000 hommes, en comprenant tous les corps stationnés en Italie ; Duhesme, Moncey, Chabran, etc., mais les troupes présentes sur le champ de bataille ne s'élevaient pas à plus de 28,000 hommes, même quand les réserves furent arrivées. (V. p. 370, 372 et 373.)

(2) Cette supériorité d'artillerie, reconnue par le généralissime autrichien, était bien plus forte que Mélas ne pouvait le supposer. (V. p. 370, notes 1 et 2.)

Kaim, ensuite les divisions de grenadiers de Morzin et enfin la division de cavalerie d'Elsnitz.

L'attaque fut menée avec tant d'impétuosité et de résolution que l'ennemi fut obligé de reculer partout de telle sorte que les trois lignes gagnèrent immédiatement du terrain. Toutefois, la première de ces lignes, en s'approchant du village de Marengo, fut contrainte de s'arrêter, à cause d'un fossé considérable, flanqué d'épais buissons, qui se trouvait devant cette localité, et elle fut accueillie, à cet endroit, par une fusillade meurtrière. Malgré cela, nos troupes ne se laissèrent pas ébranler ; elles ouvrirent à leur tour un feu vif contre l'ennemi, et elles auraient certainement franchi rapidement l'obstacle difficile, si la cavalerie, pendant qu'elle s'efforçait de passer le fossé, n'avait été repoussée par la fusillade ennemie. Dans l'intervalle, arrivèrent les sapeurs, qui réussirent à jeter les ponts nécessaires pour permettre aux troupes de franchir le ruisseau. Cela détermina l'ennemi à abandonner sa position et à se retirer sur Marengo.

Tandis que la première colonne obtenait ce résultat, la seconde et la troisième passaient la tête de pont. La troisième, conduite par le maréchal lieutenant O'Reilly, dans la direction de Frugarolo, chassa l'ennemi de partout et arriva bientôt à la hauteur de la colonne principale, où elle se maintint toujours.

A une heure de distance de Frugarolo s'était déployé un bataillon ennemi qui, enveloppé par la cavalerie et attaqué de front par le bataillon d'Ogulin, fut obligé de se rendre (1).

La seconde colonne, sous les ordres du maréchal lieutenant Ott, qui s'était avancée à gauche de la colonne principale, vers Salé, ne rencontra, jusqu'à Castel-Nuovo-Scrivia, aucun détachement ennemi, et, comme le maréchal lieutenant ne réussit pas à découvrir la colonne ennemie qui était présumée venir de Salé, il résolut de faciliter à la colonne principale son attaque de front, en faisant une conversion à droite, de façon à mieux se relier avec le centre et à menacer en même temps les derrières de l'ennemi.

Ce mouvement habile et opportun amena les Français à abandonner Marengo.

_____

(1) Voir le rapport de l'adjudant général Dampierre, p. 375.

La colonne principale exécuta son attaque, chassant l'ennemi de Spinetta jusqu'au delà de Cassina-Grossa.

La colonne du maréchal Ott continua à marcher vers le sud avec un succès toujours croissant contre le flanc droit de l'ennemi.

Ce dernier était très préoccupé de cette attaque de flanc, et, pour esquiver tout danger, il se jeta sur le flanc gauche de la colonne d'attaque, débanda les premières troupes et s'empara de nouveau du village de Castel-Ceriolo.

Un nouvel et décisif assaut du maréchal lieutenant Ott fut suffisant pour reprendre à l'ennemi la localité perdue. L'ennemi n'opposa dès lors que peu de résistance et se retira, sur toute la ligne, en hâte et en désordre.

Vers les 6 heures du soir, nous étions non seulement maîtres du terrain, mais encore les Français étaient obligés de laisser entre nos mains victorieuses dix canons et deux obusiers.

Mais le général en chef Bonaparte avait déjà, dès le début du combat, en prévision d'un échec, fait avancer ses divisions de réserve campées près de Ponte-Curone et, sous la protection d'une batterie de douze canons, les avait conduites sur la route de San-Giuliano, devant le village.

Après un feu violent et accéléré, qui eut pour effet de démonter notre artillerie, les troupes, demeurées victorieuses jusqu'à ce moment, commencèrent à hésiter.

Le général Zach fit avancer les trois bataillons du régiment Wallis, avec l'espérance de pouvoir, par ce moyen, rétablir l'ordre, mais ce régiment lui-même céda. Il restait encore un dernier espoir dans les deux bataillons de grenadiers demeurés en arrière, en soutien.

Ils s'avancèrent avec le plus grand élan et le plus grand courage à travers les files rompues du régiment de Wallis et renouvelèrent l'attaque. Mais, au moment où le feu des grenadiers était le plus intense, la cavalerie ennemie apparut, les contourna (1), et mit en désordre complet notre cavalerie, qui combattit comme d'habitude, avec une valeur admirable (2).

_____

(1) D'autres rapports, notamment le journal de Brossier, ont aussi indiqué que la charge de Kellermann a pris les Autrichiens à revers. (V. p. 404, note 2, et p. 433.)

(2) Voir ce qu'a écrit Marmont sur le rôle de la cavalerie autrichienne. (V. p. 410.)

Ce brusque et terrible changement de fortune finit par briser complètement le courage des troupes ; le désordre de la cavalerie, qui avait désorganisé les groupes, précipita la retraite de notre infanterie, qui, spécialement en cette journée, avait si vaillamment combattu. Et, avec la plus vive douleur, vers les 7 heures du soir, nous nous voyions ravir une victoire que jamais nous n'avions mieux ni plus chèrement gagnée.

Les pertes furent extrêmement graves, spécialement en officiers supérieurs et subalternes, et aussi en soldats, qui s'étaient précédemment distingués dans tant de campagnes et qui étaient doués des plus rares qualités. Le fait que les maréchaux lieutenants Haddick et Vogelsang et les généraux majors Bellegarde, Lattermann, Gottesheim et La Marseille sont parmi les blessés, et spécialement les pertes éprouvées par notre brave artillerie, sont la preuve trop claire que l'armée tout entière, ainsi que ses chefs, ont déployé la plus grande valeur et la plus inébranlable fermeté en affrontant l'ennemi, comme, d'ailleurs, c'était une stricte obligation dans une journée aussi mémorable.

J'ai eu moi-même deux chevaux blessés, et bien peu de gens de ma suite sont restés sains et saufs. Le quartier-maître général Zach est resté prisonnier entre les mains de l'ennemi avec l'infanterie qu'il conduisait. Et ainsi, l'armée, qui avait si longtemps combattu victorieusement, dut se retirer sur la tête de pont.

Les pertes de l'ennemi furent assez considérables ; on lui fit 2,600 prisonniers ; le général de division Desaix tomba mort sur le champ de bataille et de nombreux généraux furent blessés.

L'ennemi, profitant du changement de fortune de cette journée, faisait avancer encore dans la nuit, sur la rive droite de la Bormida, les troupes arrivées plus tard, et paraissait vouloir tirer parti immédiatement de sa victoire.

Au point du jour, son avant-garde se mit en marche et nos avant-postes commencèrent à se retirer.

Le maréchal Mélas (1).

---

(1) Mélas (Michael-Friedrich-Benedikt, baron de) avait 71 ans. C'était un vétéran des

Extrait de la Revue militaire autrichienne.

Pendant la nuit du 13 au 14 juin, l'armée devait se placer dans l'ordre suivant et commencer à l'aube ses mouvements pour le combat.

La première colonne, ou colonne du centre, ou colonne principale, dans laquelle le général de cavalerie baron Mélas devait se tenir, se composait de :

Avant-garde.

Commandant : colonel FRIMONT, des chasseurs à cheval de Bussy.

	Hommes.
4 compagnies des chasseurs Mariassy.....................	164
1 bataillon léger de Bach.........................	277
1 bataillon léger Amende..	291
1 compagnie de pionniers.................... ...	100
2 escadrons de dragons impériaux....	272
2 escadrons de chasseurs de Bussy......................	186

Au total : 832 hommes d'infanterie et 458 hommes de cavalerie.

Colonne.

			Hommes.
Feld-maréchal-lieutenant HADDICK.	Général-major PILATI.	3 escad. de dragons de l'Empereur.	309
		6 escad. de dragons de Karaczay.	1,053
	Général-major comte François BELLEGARDE.	1 bataillon d'infanterie de Jellachich...........	613
		2 bataillons d'infanterie de l'archiduc Antoine	855
	Général SAINT-JULIEN.	3 bataillons d'infanterie de Wallis.	2,209
			5,039
Feld-maréchal-lieutenant KAIM.	Général-major DE BRIEY.	2 bataillons 1/3 d'infanterie de Franz Kinsky..............	1,640
	Général-major KNESEVICH.	3 bataillons d'infanterie du grand-duc de Toscane	2,188
	Général-major LA MARSEILLE.	2 bataillons d'infanterie de l'archiduc Joseph..............	1,111
			4,939
Feld-maréchal-lieutenant MORZIN	Général-major LATTERMANN.	5 bataillons de grenadiers......	2,116
	Général-major WEIDENFELD.	6 bataillons de grenadiers......	2,240
	4 compagnies de pionniers....................		400
			4,756

guerres du XVIIIe siècle. Né le 12 mai 1729, il avait été cadet dans l'infanterie en 1746, aide de camp du feld-maréchal Daun, général-major en 1789, feld-maréchal-lieutenant en 1794. Il avait combattu les Français sur le Rhin en 1795, en Italie en 1796 et 1799.

Il mourut le 31 mai 1806.

Feld - maréchal-lieutenant ELSNITZ.	Général-major NOBILI.	6 escadrons de dragons de l'archi-duc Jean..................	859
		6 escadrons de dragons de Lich-tenstein......	1,014
	Général-major NIMPTSCH (1).	8 escadrons du 7ᵉ régiment de hussards..................	1,353
		6 escadrons des hussards d'Er-dödy	988

$$4,214$$

TOTAL GÉNÉRAL.....	Infanterie.......	14,204
	Cavalerie........	6,034

$$20,238$$

La deuxième colonne ou colonne de gauche, sous les ordres du feld-maréchal-lieutenant OTT, se composait de :

Avant-garde.

Commandant : général-major GOTTESHEIM.

1 compagnie de chasseurs Mariassy......................... .	40
2 escadrons de dragons de Lobkowitz...............	248
1 bataillon d'infanterie Froehlich	523

$$811$$

Colonne.

Feld-maréchal-lieutenant SCHELLEN-BERG.	Général-major RETZ.	1 compagnie de pionniers	100
		2 bataillons d'infanterie Froehlich.	1,046
		3 bataillons d'infanterie Mitrovsky.	853
	Général-major STICKER.	4 escad. de dragons de Lobkowitz.	492
		2 bataillons d'infanterie Spleny..	737
		3 bataill. d'infant. Jos. Colloredo.	1,369
Feld-maréchal-lieutenant VOGELSANG.	Général-major baron ULM.	3 bataillons d'infanterie Stuart...	1,282
		2 bataillons d'infanterie Hohen-lohe	912

$$6,791$$

AU TOTAL.....	7,602
Dont cavalerie... .	740

(1) « Le jour de la bataille, par suite de la marche du général Masséna par Acqui vers Alexandrie, la brigade de cavalerie Nimptsch, comprenant 2,341 hommes, fut détachée du champ de bataille vers Cantalupo sur la Bormida. » (*OEstreichische militärische Zeitschrift*, t. XXIX, p. 150.)

On a déjà vu (p. 438, note 1) que Mélas avait été mal renseigné et que Masséna était encore dans la rivière de Gênes, n'ayant que des avant-postes dans la haute vallée de la Bormida.

La troisième colonne ou colonne de droite, sous le commandement du feld-maréchal-lieutenant O'Reilly :

Général-major
Rousseau.

1 compagnie de chasseurs Mariassy	40
3 escadrons 1/2 de hussards Nauendorf	426
2 escadrons du 5ᵉ régiment de hussards	230
1 bataillon du 4ᵉ régiment de frontière Bannats....	533
1 bataillon du 1ᵉʳ régiment de frontière Warasdin..	755
1 bataillon de frontière d'Ogulin	602
1 bataillon de frontière d'Ottochan	298
1 escadron de dragons de Wurtemberg	113

AU TOTAL..... 2,997

Dont cavalerie..... 769

L'armée autrichienne, rassemblée pour le combat décisif, se composait donc de : 30,837 hommes (1), parmi lesquels 7,543 cavaliers.

---

(1) Par suite de l'envoi de la brigade de cavalerie Nimptsch pour surveiller la route d'Acqui, l'armée autrichienne ne comprenait sur le champ de bataille que 28,496 hommes. (*Œst. milit. Zeitschrift*, t. XXIX, p. 150.)

La *Revue militaire autrichienne* donne l'effectif des troupes qui étaient éloignées du champ de bataille :

« ..... De leur côté les Autrichiens avaient :

Dans la place de Coni	4,390 hommes.
Dans la place de Turin	3,801 —
Forteresse Victor à Tortone.......................	1,200 —
Place d'Alexandrie..............................	3,000 —
Citadelle de Milan	2,816 —
Citadelle de Plaisance..	250 —
Place de Pizzighettone	800 —
Place de Mantoue .. ⎰ sous les ordres de Vukassevich. ⎱	3,500 —
Place de Peschiera. ⎱ ⎰	500 —
Place de Gênes.................................	5,800 —
Place de Savone................................	1,154 —
Château de Santa-Maria dans la Rivière du Levant....	1,000 —
A l'investissement de Gavi.......................	1,192 —
A Bobbio, le reste de la brigade Gottesheim	1,028 —
Au château d'Arona sur le lac Majeur............	330 —
A Vérone	1,025 —
A Venise	2,055 —
En Istrie....	3,337 —
Dans les Romagnes et dans le pays de Florence.......	3,000 —
A Casale, où Moncey ainsi que Chabran envoyaient de forts détachements en reconnaissance, se trouvaient :	
Les hussards de l'archiduc Joseph	1,097 —
2 bataillons de Strassoldo, 1 bataillon de Jellachich.	1,560 —
A Feliziano, le colonel prince Rohan avec............	977 —
A Acqui, 1 escadron des dragons de l'Empereur en reconnaissance du côté du général Suchet	115 —
Enfin la brigade Nimptsch à Cantalupo.............	2,341 —

46,258 hommes.

En outre des canons de ligne, partagés entre les diverses colonnes (1), il y avait 92 pièces de réserve.

Les points principaux du plan consistaient en ce que le feld-maréchal-lieutenant Ott, avec l'aile gauche de l'armée, devait marcher droit sur Salé, et là (qu'il trouvât de grandes ou de petites forces ennemies), commencer le combat. tandis que la colonne principale, au centre, s'avancerait par Marengo vers San-Giuliano, et, là, inclinerait un peu à gauche pour tomber sur les derrières et sur le flanc de l'ennemi, se trouvant à Salé. Si le feld-maréchal-lieutenant Ott se heurtait à une force supérieure en nombre, il lui était prescrit de se retirer derrière la Bormida. Mais si l'attaque de la colonne principale réussissait, ce qui éviterait la marche en retraite du feld-maréchal-lieutenant Ott. l'armée française devait se trouver vraisemblablement rejetée sur le Pô, sans aucun chemin pour se retirer. Toutefois, s'il restait à l'ennemi une route de retraite, l'armée impériale avait tout au moins la perspective de pouvoir revenir vers les pays héréditaires.

Mais pour le cas où, dans ce mouvement, l'armée se verrait obligée de se retirer par Novi, sur Gênes ou Bobbio, le feld-maréchal-lieutenant prince Hohenzollern reçut l'ordre de faire à Gênes tous les préparatifs possibles pour que l'armée pût être ravitaillée de cette place par Bobbio. A Bobbio se trouvaient encore les majors Mamulla et Frühauf, avec le reste de l'ancienne brigade Gottesheim, qui, en partie, n'avait pu atteindre Plaisance, et, en partie. avait été rejetée là par les Français.

Le feld-maréchal-lieutenant O'Reilly, avec la colonne de droite, devait couvrir l'aile droite de la colonne principale et attaquer énergiquement l'ennemi partout où il le rencontrerait.

On avait, dès les premiers jours de juin, travaillé activement à l'amélioration de la vaste tête de pont, existant déjà sur la rive droite de la Bormida. au point où la route de Marengo à Alexandrie franchit cette rivière. Après le combat de Casteggio, on y installa quatorze canons. Ce retranchement couvrait deux ponts de bateaux. La colonne principale devait se servir du pont supérieur ; celle du feld-maréchal-lieutenant Ott, du pont inférieur. La troisième colonne se trouvait déjà sur la rive droite de la Bormida. Elle devait prendre son chemin par Frugarolo et Bosco, sur Novi.

Un ordre du jour énergique expliqua aux Autrichiens l'importance des dan-

---

Par conséquent étaient employés pour les garnisons nécessaires, ainsi que pour les détachements également nécessaires à l'armée autrichienne........... 46,258 hommes.
L'armée à Marengo comptait.................... 28,496 —

Ainsi donc, en y comprenant les troupes du Piémont. l'armée autrichienne avait dans toute l'Italie....... 71,754 hommes.
(*OEstreichische militärische Zeitschrift*, t. XXIX, p. 151 à 152.)

(1) La *Revue militaire autrichienne* n'indique point le nombre des canons attachés aux unités d'infanterie. On verra p. 510 que dans la marche sur Mantoue, après la convention d'Alexandrie, l'armée autrichienne emmenait avec elle 55 obusiers et 215 canons dont 4 seulement de siège. Il est probable qu'une partie de ces pièces provenait des places de Tortone ou d'Alexandrie, mais on est amené à penser que le nombre des canons appartenant aux bataillons était très considérable.

gers qui les entouraient, mais aussi la gloire qui les attendait, s'ils étaient vainqueurs. L'armée était pleine de courage, et les paroles du généralissime avaient encore augmenté l'excellent esprit qui animait ces troupes, habituées à la victoire. Dans ces derniers jours, le généralissime ne négligea point de prouver à ses troupes sa bienveillance ; il fit remplacer tous les effets d'équipement, d'habillement et de chaussures détériorés, par d'autres apportés des magasins d'Alexandrie, et fit distribuer aux hommes de la viande, du riz et du vin (1).

Le résultat du combat du 13 fit modifier l'heure de l'attaque.

. . . .

Le plan d'attaque de l'armée impériale, que nous avons donné plus haut, devait donc être changé. Les colonnes ne pouvaient plus se mettre en marche à minuit, puisqu'elles devaient conquérir la place pour leur déploiement. Le passage de la Bormida fut donc fixé à 8 heures du matin, le 14 juin. Les colonnes devaient sortir de la tête de pont en face de l'ennemi et commencer le combat par la prise de Marengo. Tout le reste fut laissé comme il était indiqué dans les premières dispositions, parce qu'on croyait que ce ne pouvait être qu'une faible partie de l'armée française qui s'était emparée de Marengo (2). . . . .

. . . .

. . . . . Le 14 juin 1800 (3), à la pointe du jour, les Autrichiens marchaient au combat dans l'ordre accoutumé et avec leur sang-froid ordinaire. Des deux ponts très rapprochés sur lesquels ils devaient passer la Bormida, l'un était destiné à la colonne principale, l'autre à celle du général Ott. La tête de pont n'avait qu'une seule issue ; cette circonstance retarda singulièrement leur marche. Les troupes que conduisait le général Ott furent même forcées d'attendre que la colonne principale eût débouché. Pendant que celle-ci sortait de la tête de pont, le général O'Reilly se porta vers Pedrebona avec l'avant-garde qui avait passé la nuit en dedans et en dehors de la tête de pont (4). Elle arriva bientôt au point qui lui était indiqué, et attaqua avec vigueur les avant-postes de la division Gardanne.

Bonaparte avait appris dans la nuit, par les rapports, que l'armée autrichienne devait passer la Bormida à la pointe du jour pour attaquer l'armée française. De son côté, le général Desaix l'avait prévenu qu'il n'avait découvert aucun

_____

(1) *Œstreichische militärische Zeitschrift*, t. XXIX, p. 139 à 113.

(2) *Œstreichische militärische Zeitschrift*, t. XXIX, p. 145.

(3) *Œstreichische militärische Zeitschrift*, t. XXIX (1823), p. 236 à 262. Cette traduction a paru dans le *Mémorial du Dépôt de la guerre*, t. IV (1828), p. 318 à 337. On a dû y faire ici quelques modifications.

(4) L'avant-garde seule avait donc passé la nuit sur la rive droite. La réalité est loin du récit de Savary : « M. de Mélas..... avait porté son armée pendant la nuit en deçà de la Bormida, où elle avait pris position. Elle s'était établie devant nous, mais elle n'avait pas allumé de feux ; nous ne nous étions pas aperçus que les lignes que nous avions en face s'étaient grossies ». (*Mémoires du duc de Rovigo*, t. Ier, p. 270.)

mouvement ennemi dans les reconnaissances qu'il avait poussées jusqu'à
Acqui, et en avant de Novi ; ainsi, le dessein qu'avait le général en chef autrichien de livrer bataille lui était doublement signalé (1).

Bonaparte ordonna donc au général Desaix de quitter Rivalta avant le jour
pour arriver à San-Giuliano ; mais ce général ne put marcher qu'avec la division Monnier (2), attendu que la division Boudet était éparpillée et qu'il fallait, avant tout, faire rentrer les détachements.

D'une autre part, en même temps que le colonel Frimont engageait le
combat à la tête de l'avant-garde de la principale colonne autrichienne, le
général O'Reilly s'étendait sur sa droite, le long de la Bormida, afin de menacer le flanc gauche de la division Gardanne, de l'inquiéter, et de gagner
ainsi le chemin de Frugarolo.

. . . . . . (3) . . . .

L'armée autrichienne ne pouvait se déployer tant que Gardanne était posté
en deçà du Fontanone. Cependant, elle ne devait pas perdre de temps pour
gagner l'espace nécessaire. Le général O'Reilly sur le flanc gauche, et le colonel
Frimont, appuyé au centre par le général Haddick, avaient ouvert avec leurs
16 pièces une canonnade très vive sur la division Gardanne ; ils parvinrent à
l'ébranler. La cavalerie autrichienne chargea alors les Français et les força à
se retirer sur leurs réserves qui occupaient Marengo.

. . . .

Pendant cette manœuvre, la première ligne des Autrichiens s'était déployée
sous les ordres du général Haddick. L'extrémité de l'aile droite, appuyée à la
Bormida, était formée par les troupes du général O'Reilly. A côté se trouvait
le colonel Frimont, et, en face de Marengo, la division Haddick ; la division
Kaim formait la deuxième ligne ; le corps de cavalerie du général Elsnitz et les
grenadiers étaient derrière en réserve et en colonnes. Afin de gagner du temps
pour la formation de la ligne de bataille, le général Haddick entretint, avec
cinq batteries, une canonnade ininterrompue contre la ligne des Français
derrière le Fontanone et bombarda Marengo.

A peine les troupes autrichiennes étaient-elles en bataille, que le général
Haddick, à la tête de la brigade Bellegarde, mit toute la première ligne en mouvement. Lui-même se disposa à prendre Marengo d'assaut. Ce mouvement en
avant se fit au son de la musique et drapeaux déployés, sous un feu meurtrier de la mousqueterie française. On atteint le fossé ; les braves soldats ne s'occupent pas à en sonder la profondeur ; animés par l'exemple de leurs généraux,

---

(1) Nous avons déjà émis une opinion absolument opposée à celle de la *Revue militaire
autrichienne*. Nous estimons que le Premier Consul était dans une grande incertitude sur
les projets de Mélas, et qu'il croyait que celui-ci allait passer sur la rive gauche du Pô ou
gagner la Rivière de Gênes. En tout cas, il ne songeait pas à une bataille pour le 14, et
il a été surpris dans l'exécution de la manœuvre enveloppante qu'il préparait soit par sa
droite, soit par sa gauche. (V. p. 359 et suivantes.)

(2) Ce passage se trouve doublement inexact, pour l'heure à laquelle Desaix est rappelé
(V. p. 394 et 395) et pour la position de la division Monnier. (V. p. 391, note 2.)

(3) On a supprimé toute la partie de la relation autrichienne ayant trait aux intentions
et aux mouvements des Français. Ces passages n'auraient présenté qu'un intérêt secon-
daire après toutes les pièces originales de source française qui ont été mises sous les yeux
du lecteur.

ils bravent tout danger et se mettent en devoir de le franchir. Déjà, les Français semblent hésiter et vouloir dégarnir le bord opposé, lorsque le général Victor arrive avec ses réserves et se porte au-devant des Autrichiens.

Dans cette rencontre, le feld-maréchal-lieutenant Haddick reçoit une balle mortelle ; il venait de commander la retraite de toute la ligne. Le feld-maréchal-lieutenant Kaim suivait les progrès de l'attaque avec attention. Il reçut et protégea la première ligne en désordre. Lui-même marcha avec sa division sur Marengo. Mais ses efforts pour franchir le fossé furent inutiles, car ce ruisseau de Fontanone, marécageux et profond, était défendu, du bord opposé, par le feu meurtrier de la division Victor. On sentit alors la faute qu'on avait commise en abandonnant aussi légèrement aux Français la possession de Marengo. En effet, que de sang ne se vit-on pas obligé de répandre pour reconquérir une ligne de bataille dont il eût été d'abord si facile de se rendre maître. Mélas ordonna alors au général Pilati d'appuyer sur la droite de Marengo avec sa brigade de cavalerie, afin de chercher un passage sur le fossé et de charger l'ennemi sur l'autre rive.

Le général Lannes venait d'arriver au poste qui lui était assigné dans la ligne sur la droite de Marengo et prenait part à la bataille. La division Haddick, ralliée sous les ordres du général Bellegarde, se porta contre Lannes, sur la gauche de la division Kaim. Pendant que le combat s'engageait sur toute la ligne, le général Pilati était parvenu à faire passer quelques escadrons des dragons de l'Empereur. Les cavaliers n'avaient pu gagner l'autre rive que lentement et avec beaucoup de peine, car ils n'avaient pu franchir le fossé qu'un à un. Toutefois, le passage s'était effectué sans que l'ennemi s'en fût aperçu. Mais, à peine les escadrons avaient-ils quitté la partie boisée pour se rendre dans la plaine, afin de charger l'infanterie française par le flanc, qu'ils furent aperçus par Kellermann. Ce général s'ébranla aussitôt avec toute sa brigade de cavalerie, pour aller à leur rencontre. Il les joignit, qu'ils avaient eu à peine le temps de se former, les attaqua avec des forces supérieures, les culbuta d'autant plus facilement qu'ils n'étaient pas soutenus, et les rejeta en-deçà du fossé. Les dragons impériaux, ainsi dispersés, se précipitèrent, en désordre et au grand galop, dans le fossé, qui, comme on l'a dit, était presque impraticable. Hommes et chevaux y tombèrent pêle-mêle. Tout ce qui ne perdit pas la vie dans cet affreux désordre fut sabré et fait prisonnier. Un très petit nombre d'hommes furent assez heureux pour regagner le bord opposé.

Pendant cet engagement, le feld-maréchal-lieutenant O'Reilly avait attaqué avec succès la ferme appelée la Stortigliona, située entre la Bormida et le fossé de Fontanone, et occupée par les troupes légères françaises que soutenaient une pièce de canon. Celles-ci furent obligées de céder, et se retirèrent à Cassina-Bianca. Le feld-maréchal-lieutenant Kaim venait également de rallier ses troupes, afin d'essayer une troisième attaque sur Marengo. Le général Lattermann le soutint en réserve avec cinq bataillons de grenadiers. Les troupes pénétrèrent sous une grêle de balles jusqu'au fossé et essayèrent de forcer ce passage difficile ; quelques fractions du régiment d'infanterie archiduc Joseph atteignirent le bord opposé, et parvinrent à s'y maintenir. Aussitôt, le général autrichien Lamarseille fit pointer ses pièces à proximité de l'emplacement dont l'occupation avait coûté tant de sang, afin d'entretenir un feu de mitraille qui pût faciliter le passage des autres bataillons et l'établissement de quelques ponts volants.

Le feld-maréchal-lieutenant Ott, avec la colonne de gauche, venait de pénétrer jusqu'à Castel-Ceriolo, et n'avait trouvé aucun ennemi dans cette direction. Le général Lannes y avait jeté quelques compagnies, mais destinées plutôt à observer qu'à défendre ; elles ne firent que peu de résistance.

Le feld-maréchal-lieutenant Ott, d'après les ordres de Mélas, devait se diriger sur Salé ; mais, n'apercevant pas les colonnes ennemies, qu'on supposait être dans cette direction, il fit un changement de front sur le flanc droit du général Lannes, afin de faciliter, par cette manœuvre, l'attaque de front des divisions Kaim et Haddick. Ce mouvement fut décisif. Le général Lannes fut obligé d'opposer sa réserve au feld-maréchal-lieutenant Ott sur son flanc droit et en première ligne, et chaque instant vint augmenter les craintes que devait avoir le général français d'être entouré et de voir Marengo tomber au pouvoir des Autrichiens. Déjà, le corps de Victor, qui avait soutenu jusque-là le général Lannes, était considérablement affaibli par les pertes qu'il venait de faire. Il avait même engagé sa dernière réserve pour la défense de Marengo ; c'était la brigade d'infanterie Rivaud.

Les pionniers autrichiens étaient occupés à construire des ponts volants sur le fossé, à l'emplacement qu'on leur avait assigné ; le général Rivaud avança avec quelques bataillons pour les troubler. Le feld-maréchal-lieutenant Kaim joignit sa batterie à celle du général Lamarseille pour les protéger. Le général Victor concentra également ses pièces sur ce point ; la canonnade devint bientôt extrêmement vive ; on réussit néanmoins, malgré la vivacité du feu, à jeter un pont. Le général Lattermann le franchit le premier avec ses grenadiers, et donna, tête baissée, sur Marengo. Les Français plièrent ; toutefois, le général Rivaud s'avança avec ses bataillons de réserve et arracha aux grenadiers autrichiens la possession du village, sans pouvoir cependant les rejeter au delà du ruisseau. Le général Lattermann demeura maître du passage, mais reçut une blessure grave.

. . . .

D'après ces dispositions, l'aile gauche du feld-maréchal-lieutenant Ott fut simultanément attaquée à son extrémité, par Carra-Saint-Cyr, et sur son front par le général Lannes. Les troupes autrichiennes furent forcées de plier ; Carra-Saint-Cyr se dirigea droit sur Castel-Ceriolo, qu'il enleva, après une courte résistance, aux détachements autrichiens qui le défendaient. Mais le feld-maréchal-lieutenant Ott, quelque occupé qu'il fût sur son centre, ordonna au feld-maréchal-lieutenant Vogelsang, qui était en seconde ligne, de se porter sur ce point. Carra-Saint-Cyr avait à peine eu le temps de s'établir sur le terrain et de s'y disposer à la défense, que le feu du canon lui annonça l'approche de Vogelsang. Le régiment d'infanterie de Stuart monta le premier à l'assaut, et força les Français à abandonner Castel-Ceriolo.

Il est probable que si Bonaparte avait dirigé la division Monnier tout entière sur Castel-Ceriolo, elle aurait conservé ce point et aurait prévenu l'échec que subit le général Lannes. Mais, quand même cette disposition aurait eu lieu, Bonaparte ne pouvait plus songer à la conservation de sa ligne de bataille. Le corps du général Victor avait considérablement souffert, et les efforts réitérés des Autrichiens avaient ébranlé le courage des troupes françaises.

Le général Bellegarde venait de se frayer, avec la division Haddick, un passage vis-à-vis le corps de Lannes. En un mot, la position de flanc du feld-maréchal-lieutenant Ott, les attaques opiniâtres de la principale colonne autrichienne, et l'effet très meurtrier du canon, forcèrent enfin les Français d'abandonner la défense du fossé de Fontanone, et de se retirer derrière Marengo ; 400 Français, laissés dans la ferme voisine de Marengo pour couvrir la retraite, rendirent bientôt les armes et furent faits prisonniers.

Le feld-maréchal-lieutenant O'Reilly avait continué, sur ces entrefaites, d'avancer dans la direction de Cassina-Bianca. Il y trouva quelques escadrons et un bataillon français. A l'apparition des hussards autrichiens, la cavalerie ennemie prit la fuite ; le bataillon fut enveloppé et fait prisonnier. O'Reilly, après ce succès, reprit son mouvement et se dirigea sur Frugarolo.

La division Gardanne avait battu en retraite sur la grande route, et la division Chambarlhac, à sa gauche, sur Spinetta, lorsque la principale colonne autrichienne franchit, sur plusieurs points, le fossé de Fontanone et se déploya au delà de ce ruisseau, sous la protection d'une canonnade si vive, qu'il paraissait impossible que les Français ne fussent immédiatement dispersés.

C'est dans ce moment décisif que Bonaparte ordonna à la garde consulaire à pied de se faire jour à travers le corps de Lannes, qui se retirait en désordre, et de se porter en avant. Il espérait que ce corps d'élite ralentirait la retraite et lui ferait gagner du temps.

La garde consulaire, formée en colonne de déploiement, traversa la plaine et marcha à la rencontre du feld-maréchal-lieutenant Ott ; elle avait déployé des tirailleurs, qui l'accompagnaient à environ soixante pas et couvraient son mouvement. Le feld-maréchal-lieutenant Ott l'aperçut bientôt, et ordonna au régiment de dragons de Lobkowitz de la charger. Elle se serra, disposa ses quatre pièces de canon, couvrit les dragons de mitraille au moment où ils arrivaient au grand galop, et les força à faire demi-tour. Une partie de la brigade de cavalerie de Champeaux se mit aussitôt sur leurs traces, et la garde consulaire reprit son mouvement offensif. Le général Gottesheim s'avança, au milieu de la plaine, en ligne déployée avec le régiment autrichien de Spleny contre les troupes à cheval qui soutenaient la garde consulaire. Celles-ci n'attendirent pas, et se retirèrent dès les premiers coups de canon.

Le régiment Spleny, qu'appuyait un bataillon du corps de Fröhlich, continua d'avancer contre la garde et l'action s'engagea. L'ennemi s'était aussi déployé : le feu était roulant, mais rien ne présageait encore de quel côté pencherait la victoire. Tout à coup, le colonel Frimont arrive ; il se porte avec la rapidité de l'éclair sur les derrières de la garde consulaire, la charge à la tête de quatre escadrons de hussards, restés jusque-là en dehors de la colonne principale, du côté de Marengo. La garde fut enfoncée, rompue ; les soldats dont elle se composait furent presque tous tués ou pris, et ses pièces enlevées (1).

Cette action brillante paraît décider de la journée. Il est 1 heure ; les Français n'opposent plus qu'une faible résistance, et la retraite ne tarde pas à commencer pour toutes les divisions. Le corps du lieutenant général Victor touche à une dissolution complète. Le moment était arrivé où la cavalerie autrichienne devait, non seulement profiter de la victoire qu'elle avait

(1) Comparer au bulletin de l'armée de réserve qui montre la garde des Consuls repoussant victorieusement toutes les attaques. (V. p. 418.)

obtenue, mais achever, par une charge générale, l'anéantissement total de l'armée française. Malheureusement, la plus grande partie de cette cavalerie, sur laquelle le général en chef, ainsi que l'armée, avaient fondé leur espérance, et que l'ennemi redoutait à juste titre, était trop éloignée du champ de bataille dans ce moment important.

Déjà, à 9 heures du matin, lorsque l'armée autrichienne était occupée à opérer son déploiement et à chasser la division Gardanne de la Pedrebona et environs, le capitaine Ceiwrany, qui était détaché avec un escadron des dragons de l'Empereur, auprès d'Acqui, pour observer le général Suchet, avait fait le rapport qu' « il avait été attaqué par une forte colonne de cavalerie française, suivie par de l'infanterie, et rejeté jusqu'à Alexandrie ». Le général de cavalerie baron Mélas crut que la réunion des généraux Masséna et Suchet, à laquelle on s'attendait, avait été effectuée, et que la colonne qui avait paru devant Acqui était l'avant-garde de Masséna. Dans la crainte que ce corps ne parvînt à exécuter, sur les derrières de l'armée autrichienne, un mouvement qui aurait pu avoir une influence fâcheuse sur l'issue de la bataille, il ordonna au général Nimpsch de se porter, avec sa brigade de cavalerie, jusqu'à Alexandrie, d'y recevoir l'escadron battu et de marcher au-devant de l'ennemi jusqu'à Cantalupo. Le général Nimpsch repoussa, en effet, la cavalerie française sur Acqui ; mais l'armée fut privée, par ce moyen, de 2,341 cavaliers qui auraient été si utiles sur le champ de bataille, dans la grande plaine qui sépare Marengo de San-Giuliano. De plus, le régiment de hussards archiduc Rodolphe avait été envoyé, la veille, à Casale, et enfin les régiments de dragons l'Empereur et Karaczay avaient déjà éprouvé des pertes considérables au passage du fossé de Fontanone ; ces contre-temps mirent les Autrichiens hors d'état de tenter une charge générale et de profiter de l'hésitation et du désordre des Français. Leurs troupes à cheval ne formaient que des pelotons isolés ; les régiments de dragons Lichtenstein et archiduc Jean étaient les seuls qui présentassent des masses un peu compactes et fussent à même de porter un coup décisif.

Le général Mélas, qui avait été légèrement blessé, et qui avait eu deux chevaux tués sous lui, crut la victoire décidée en sa faveur ; pensant qu'il ne s'agissait plus que de faire un dernier effort pour réaliser les espérances qu'il avait conçues dès le commencement de l'affaire, il n'en attendit pas l'issue, et quitta le champ de bataille. Il remit le commandement au feld-maréchal-lieutenant Kaim, le chargea de la fin de la poursuite, et retourna de sa personne à son quartier général d'Alexandrie. Ce subit éloignement du général en chef dut nécessairement produire un mauvais effet ; le changement de commandement occasionna de l'hésitation dans les dispositions primitives. Le quartier-maître général Zach, qui se trouvait dans ce moment à l'avant-garde, n'était pas assez rapproché pour y remédier et donner à l'ensemble des opérations la direction qu'exigeaient les circonstances ; il avait formé une nouvelle avant-garde à la tête de la colonne principale, avec laquelle il s'était mis à la poursuite des Français ; il l'avait composée de la brigade Saint-Julien et de la brigade de grenadiers Lattermann ; il essayait, avec ces huit bataillons, soutenus à gauche par le régiment de dragons de Lichtenstein, d'empêcher l'ennemi de se former de nouveau à San-Giuliano. Le général de Briey, avec le régiment d'infanterie François Kinsky, quitta Spinetta et se dirigea, à droite de

la route, vers Cassina-Grossa. A mille pas environ derrière l'avant-garde et sur
la route, venait la colonne principale dans l'ordre suivant : la brigade Bellegarde ; la brigade Knesewich ; la brigade Lamarseille. Cette colonne était
suivie, à mille pas plus loin, par sa réserve, la brigade Weidenfeld. Plus à
gauche, et à hauteur de la colonne principale, était en première ligne la brigade de cavalerie Pilati ; en deuxième ligne, se trouvait le régiment de dragons archiduc Jean. Le colonel Frimont soutenait, d'une part, la brigade
Sticker, et, de l'autre, maintenait en partie la communication avec le feld-
maréchal-lieutenant O'Reilly, qui avait pris position à Frugarolo. Ce dernier
poussait, jusqu'à Novi et le long de l'Orba, des reconnaissances qui découvraient
partout des coureurs du corps de Suchet. Le feld-maréchal-lieutenant Ott,
au contraire, n'aperçut pas l'ennemi vers Salé ; en conséquence, il prit le
chemin de Villa-Nuova, vers Casa-Chilina, avec toute sa colonne ; le régiment
de dragons de Lobkowitz était sur les traces de l'ennemi. L'avantage obtenu
par l'armée autrichienne l'avait exalté ; elle marchait avec la confiance que
donne la victoire, et n'imaginait pas rencontrer de résistance sérieuse, attendu
que la bataille paraissait perdue pour les Français. Les chemins étaient couverts de fuyards, de blessés et de morts ; mais le général Desaix arrivait ; les
choses ne tardèrent pas à changer de face. Il pouvait être 5 heures environ,
lorsque ce général arriva de Rivalta avec la division Boudet devant San-Giuliano ; l'armée française, presque désorganisée, se retirait, à droite et à gauche
de ce point, dans la direction de Torre-di-Garofoli. Bonaparte, plaçant tout
son espoir sur cette division tant attendue, jugea qu'elle était en état de
rétablir la balance et de donner une autre tournure à la bataille.

Le corps de Lannes et la division Monnier prirent position à la droite du
général Desaix ; le corps du général Victor, qui n'était plus capable de combattre ce jour-là, se mit derrière la division Boudet, sur l'action de laquelle
reposait tout l'espoir des Français. Celle-ci fut placée sur deux lignes, devant
San-Giuliano. La première ligne s'étendait sur un terrain couvert de vignes
et d'arbres ; douze pièces de canon protégèrent sa droite, et la brigade de
cavalerie du général Kellermann appuya sa gauche (1).

Le général Zach n'eut pas plutôt débouché par les hauteurs de Cassina-
Grossa qu'il déploya son avant-garde sur deux lignes : la première était composée de trois bataillons du régiment de Michel Wallis, qui avaient, sur leur
gauche, le régiment de dragons Lichtenstein et la deuxième ligne de la brigade de grenadiers Lattermann (2). Le mouvement offensif vers San-Giuliano
continua au son de la musique. Déjà, l'avant-garde allait atteindre les vignes,
lorsque soudain le régiment Wallis fut surpris par une canonnade et une fusillade effrayantes. Il fut repoussé, et se replia sur la deuxième ligne. Les grenadiers tinrent ferme, s'ouvrirent pour laisser passer les fuyards et répondirent
au feu de l'ennemi en avançant lentement. En même temps, on dirigea le feu
de deux batteries sur la position des Français à San-Giuliano. Le régiment de
Wallis se rallia, pendant cette manœuvre, et se porta de nouveau au-devant de
l'ennemi.

_____

(1) Pour l'emplacement de la brigade Kellermann, se reporter à la note 2, p. 404.

(2) Zach marchait donc sur San-Giuliano en *formation de combat*, mais sans être
éclairé en avant de son front.

Bonaparte découvrit alors la cavalerie de l'aile gauche autrichienne, qui lui donna de l'inquiétude pour ses pièces; il ordonna, en conséquence, au général Kellermann de se porter à l'aile droite de la division Boudet; ce mouvement se fit au trot, en passant entre les deux lignes (1). Le général Desaix, à la tête de la 9e demi-brigade légère, déboucha avec impétuosité des enclos de vigne, et se jeta, tête baissée, au milieu des bataillons autrichiens: le reste de la division Boudet suivit ce mouvement; les troupes des généraux Lannes et Monnier prirent aussi part au combat.

La rapidité de cette attaque imprévue ébranle les Autrichiens jusque-là vainqueurs; leurs batteries se retirent rapidement pour ne pas être prises; l'avant-garde commence à plier. C'est dans ce moment critique que le général Desaix tombe de cheval, frappé par une balle.

Les Français, avec un élan extraordinaire, pénètrent dans la première ligne de l'avant-garde autrichienne. Toutefois, le général Zach, réussit, avec ses grenadiers, à arrêter leurs progrès; mais le général Kellermann débouche avec sa cavalerie en colonnes. Le régiment de dragons Lichtenstein ne pouvait résister à la supériorité de ces forces; il n'attend pas même la charge, et se replie sur la cavalerie autrichienne qui se trouve à la tête de la colonne principale. Kellermann fait poursuivre ce régiment par une partie de sa brigade, enveloppe, avec le reste, les huit bataillons de l'avant-garde, et les pénètre de toutes parts. Cette attaque inopinée et exécutée avec une célérité surprenante, met en désordre l'infanterie autrichienne et la disperse après une courte résistance. Beaucoup d'hommes sont sabrés; le général Zach, 37 officiers et 1627 soldats sont faits prisonniers. Le général Saint-Julien est également au pouvoir des Français; mais il est délivré presque aussitôt par quelques dragons impériaux.

La défaite de l'avant-garde de la principale colonne autrichienne ranima le courage des Français; leurs divisions, battues auparavant, s'avancèrent avec résolution; le général Kellermann fut appuyé très à-propos par la garde consulaire à cheval et par un régiment de la brigade Champeaux. Il rallia rapidement sa cavalerie, aussitôt que l'avant-garde autrichienne eut mis bas les armes, et se mit à la poursuite des dragons de Lichtenstein. Ceux-ci s'étaient jetés en droite ligne sur la brigade de cavalerie Pilati, qui venait d'arriver, à la tête de la colonne principale, sur les hauteurs de Cassina-Grossa. Le désordre se communiqua à cette brigade; les cavaliers, saisis d'une terreur panique, se jettent en partie sur la colonne du feld-maréchal-lieutenant Ott; le plus grand nombre tombe sur l'infanterie de la colonne principale, afin de gagner la grande route.

Cependant, personne dans la colonne principale ne pouvait s'expliquer la

---

(1) Ainsi, d'après la relation autrichienne, Kellermann est d'abord à gauche de Boudet, au sud de la route, mais il chargera à sa droite, c'est-à-dire au nord de la route. Cette explication concilie un peu les deux versions opposées qui ont été résumées plus haut. (V. note 2, p. 404.) Par contre, elle ne concorde pas du tout avec le récit de Kellermann et avec la rapidité d'exécution qui, très vraisemblablement, a dû caractériser sa charge.

Parmi tous ces témoignages contradictoires, il est impossible de prendre parti et de fixer d'une façon sûre l'emplacement de la brigade Kellermann, ni les mouvements qu'elle a exécutés.

fuite de la cavalerie. On avait entendu, à la vérité, gronder soudain le canon du côté de San-Giuliano, mais on ignorait ce qui s'était passé ; la plupart des cavaliers eux-mêmes ne savaient pas non plus pourquoi ils fuyaient si précipitamment. La principale colonne autrichienne, rompue par les cavaliers qui la traversaient en fuyant, commença également à plier.

Le feld-maréchal-lieutenant Kaim fit déployer les premiers bataillons pour s'opposer à l'ennemi ; mais, avant qu'ils se fussent formés, une nouvelle cohue de cavaliers vint les culbuter, et, semblable à un torrent, les entraîna dans sa fuite. Au même instant, arrive Kellermann, avec sa cavalerie, qui se jette sur la colonne d'infanterie ; le désordre est bientôt au comble ; les bataillons qui essaient de se reformer sont rompus par les fuyards ; tous fuient pêle-mêle le long de la route. Les six bataillons de grenadiers que commande le général Weidenfeld, et qui sont placés en réserve sur les hauteurs de Spinetta, tiennent ferme, sans pouvoir arrêter les fuyards. Ils prennent position à gauche de la route, et leur chef se prépare à recevoir l'ennemi avec toute son énergie. La nuit arrive, et la fuite continue en désordre sur Marengo. Les généraux et les officiers font de vains efforts pour rétablir l'ordre et rallier les troupes derrière le fossé de Fontanone ; le soldat est sourd à leur voix, et se jette en tumulte dans la tête de pont ; cavaliers, fantassins, canons et chariots s'y précipitent à la fois ; chacun se hâte, chacun veut échapper au danger. Arrêté par la multitude, désespérant de passer le pont, un soldat du train, avec sa pièce, se hasarde à traverser la Bormida et atteint heureusement la rive gauche ; on suit aussitôt son exemple ; mais le fond marécageux ne supporte pas le poids toujours croissant, et vingt ou trente pièces, avec leurs fourgons, restent embourbées dans la rivière.

Un temps considérable s'était écoulé depuis que les fuyards avaient dépassé les grenadiers de Weidenfeld, et, cependant, l'ennemi ne se présentait pas encore. Le général Kellermann avait ralenti sa poursuite, afin de laisser gagner du terrain à l'infanterie française ; mais à peine fut-elle à proximité, qu'il s'avança sur Marengo, où se retirèrent les grenadiers autrichiens ; ils s'y arrêtèrent assez longtemps, pour permettre au feld-maréchal-lieutenant O'Reilly, venant de Frugarolo, de se placer à leur hauteur. Le général Weidenfeld reçut les Français par une canonnade et un feu de mousqueterie très vifs, et arrêta ainsi leur poursuite.

Le feld-maréchal-lieutenant O'Reilly, qui avait observé de loin l'issue inopinée de la bataille, fit sa retraite le long de la Bormida ; il marcha d'abord sans être inquiété ; mais, arrivé à la hauteur de Marengo, il fut assailli vivement. Aussitôt que le général Weidenfeld l'aperçut, il se retira en bon ordre sur la tête de pont, protégé par les troupes légères du feld-maréchal-lieutenant O'Reilly. La résistance des Croates empêcha l'ennemi de pénétrer en même temps que les troupes autrichiennes dans la tête de pont.

Le feld-maréchal-lieutenant Ott n'avait point pris part à cette deuxième partie de la bataille. Pendant le combat meurtrier de San-Giuliano, ce général, dont la tête de colonne était à la même hauteur que l'avant-garde de la colonne principale, fit arrêter la sienne en ordre serré. Renforcé par la cavalerie dispersée de la brigade Pilati, il pouvait espérer quelque succès d'une attaque contre l'ennemi, qu'avait affaibli le combat soutenu contre le feld-maréchal-lieutenant Kaim. Il résolut donc de se former en ordre de bataille et de prendre en flanc les Français qui avançaient rapidement sur la route de Marengo. Déjà, quelques bataillons du centre commençaient à se déployer; mais la colonne principale s'était enfuie avec une telle vitesse, que le moment opportun était passé avant que le feld-maréchal-lieutenant Ott eût fait ses dispositions d'attaque (1). Le feu indiquait que les efforts des Français se dirigeaient sur Marengo. La nuit était déjà noire; il était impossible de distinguer leur force; le feld-maréchal-lieutenant Ott ordonna donc à ses troupes de faire demi-tour et de battre en retraite sur Castel-Ceriolo.

Bonaparte, qui hésitait à faire avancer le corps du général Lannes, à cause des manœuvres attendues de la colonne de Ott, eut à peine aperçu le mouvement rétrograde de celui-ci, qu'il ordonna à Murat de prendre toute la cavalerie disponible et de le harceler. Murat le pressa si vivement qu'il l'obligea plusieurs fois à se déployer. A la fin, cependant, il atteignit Castel-Ceriolo, qui était déjà occupé par l'ennemi.

Le général Vogelsang se mit à la tête du régiment Stuart, pénétra dans le village au pas de charge et se fit jour, mais fut grièvement blessé. Il était nuit noire lorsque Ott arriva à la tête de pont, par où il rentra, d'après les ordres reçus, dans le vieux camp.

La division du général Gardanne reprit, à 10 heures du soir, sa position de la matinée à Pedrebona. Le général Rivaud, avec sa brigade de cavalerie, occupa Castel-Ceriolo; le général Champeaux se porta à la Barbotta; les divisions Monnier, Lannes, Boudet et Chambarlhac s'établirent derrière Marengo, sur les hauteurs de Spinetta et à cheval sur la grande route. Elles campèrent sur une seule ligne qu'appuyait, à son aile gauche, la cavalerie du général Kellermann.

La perte des Autrichiens était de........   963 tués, dont 14 officiers;
de ....   5,818 blessés,
(dont faisaient partie le général Haddick, qui mourut le 18 juin, à Alexandrie; les généraux Vogelsang, Lattermann, comte Frédéric Bellegarde, Lamarseille, Gottesheim et 238 officiers supérieurs et autres.)

De plus l'armée perdait ....   2,921 prisonniers,
parmi lesquels se trouvaient le général Zach et 74 officiers supérieurs et autres.

Par conséquent, la perte des Autrichiens
s'élevait à............................   9,402 hommes.

On comptait 1493 chevaux tués ou blessés. 12 canons, 1 obusier, 13 fourgons chargés de munitions tombèrent au pouvoir de l'ennemi.

. . . .

Nous avons donné le récit fidèle de la bataille de Marengo, la plus sanglante de la campagne de 1800. D'abord gagnée, un événement imprévu la fit ter-

---

(1) Crossard, aide de camp du général Vogelsang, prétend qu'il donna le conseil de « tomber sur le flanc » des Français, mais que personne ne voulut l'écouter. Le général Vogelsang ayant été blessé, sa division se retirait sans combattre. Crossard put arrêter pour un moment la poursuite avec une compagnie, mais son exemple ne fut pas suivi. (V. les *Mémoires du baron de Crossard*, t. II, p. 299 et 300.)

miner d'une façon déplorable. Mélas avait quitté, à midi, son armée victorieuse ; il la retrouva, le soir, vaincue et touchant à une entière dissolution ; ce revers cruel, cette transition subite de la victoire à la défaite consterna les troupes et les frappa d'un morne désespoir. Elles se voyaient arracher, par des circonstances imprévues, un succès si chèrement acheté. La terreur inexplicable d'un corps isolé s'était propagée avec la rapidité de l'éclair : le général en chef s'était éloigné du champ de bataille ; le quartier-maître général avait été pris ; l'armée était restée sans guide et sans direction. Le malheur arriva si vite qu'aucun général ne put prendre le commandement en chef. Chacun se borna à exécuter partiellement les dispositions que lui dictait sa prudence et que réclamait la situation des affaires.

Ce état de choses suffisait à lui seul pour paralyser toutes les mesures qui auraient pu assurer encore le salut de l'armée après le déplorable événement survenu à San-Giuliano.

*
* *

Deux relations de la campagne de l'armée de réserve furent rédigées au Dépôt de la guerre par ordre du Premier Consul, l'une en 1803, l'autre en 1805. Toutes les deux ont été publiées en 1828 dans le *Mémorial du Dépôt de la guerre* (1). On ne les a pas reproduites ici, parce que leur sincérité doit être mise en doute et qu'elles n'apportent aucun renseignement nouveau sur la bataille, ni aucune indication utile, au lecteur de 1900 qui a sous les yeux les documents de la première heure (2). On lira peut-être avec intérêt, ne fût-ce qu'au point de vue psychologique, ce qui a été écrit dans le *Mémorial* sur la méthode de rédaction de ces relations.

---

(1) V. t. IV, p. 283 à 309. La relation de 1805 avait été publiée antérieurement : *Relation de la bataille de Marengo*. Imprimerie nationale, 1805.

(2) Les inexactitudes de la relation de 1805, ses différences avec le bulletin de l'armée écrit le 16 juin 1800, ont été relevées dès 1823 par la *Revue militaire autrichienne*. (V. *Œstreichische militärische Zeitschrift*, t. XXIX, p. 268 à 272, ou la traduction dans le *Mémorial du Dépôt de la guerre*, t. IV, p. 341 à 344.)

Notice rédigée par le Maréchal de camp de Castres.

Lorsqu'en l'an XII (1803), on s'occupa d'une relation réfléchie et complète de la bataille de Marengo, on se proposait seulement d'en faire un article d'instruction destiné au *Mémorial topographique et militaire*, ainsi qu'on avait fait au sujet de la bataille de Leuthen; mais Bonaparte voulut qu'on en fît un ouvrage particulier. Les matériaux dont on se servit d'abord furent : le rapport officiel inséré au *Moniteur*; celui du général Dupont, chef d'état-major de l'armée; le journal du colonel Brossier, chargé du service topographique, et deux notices extraites des journaux militaires allemands; les *Annales de l'Europe*, par Posselt, et la *Nouvelle Bellone*, par Venturini. Mais aucun de ces écrits ne précisait assez les mouvements des troupes françaises; on interrogea les officiers généraux présents à la bataille, qui se trouvaient alors à Paris; on demanda par écrit des renseignements à ceux qui étaient éloignés; enfin, on fit venir en poste, de leurs garnisons, et l'on interrogea, au Dépôt de la guerre, les officiers supérieurs de divers corps, entre autres ceux des demi-brigades qui avaient composé le corps du général Lannes, et particulièrement les officiers de la brigade Carra-Saint-Cyr, qui faisait partie de la division Monnier; ces troupes étant celles sur les mouvements desquelles on avait le moins de données.

L'officier (M. de Castres), chargé alors de dessiner les planches de mouvements, fut désigné pour confronter les renseignements écrits ou verbaux de ceux à qui ils avaient été demandés.

Le rapport des officiers de la brigade Carra-Saint-Cyr était positif. Ils étaient, disaient-ils, partis le matin de Torre-di-Garofoli, où ils avaient passé la nuit. A leur arrivée sur le champ de bataille, ils avaient été dirigés sur Castel-Ceriolo. Après s'être emparés de ce village et l'avoir quelque temps défendu contre l'infanterie légère autrichienne, voyant que toute la plaine de gauche était abandonnée par les troupes françaises, et qu'ils se trouvaient les derniers restés sur le champ de bataille, ils abandonnèrent Castel-Ceriolo et revinrent à Torre-di-Garofoli; ils disaient encore qu'ils avaient exécuté ce mouvement à travers des vignes, qui les avaient protégés contre la cavalerie autrichienne; qu'il y avait cinq quarts d'heure ou une heure et demie qu'ils avaient quitté le village et qu'ils marchaient isolés et sans avoir connaissance du reste de l'armée française, quand un aide de camp les rencontra et leur dit qu'elle se reportait en avant, et qu'il était envoyé pour donner l'ordre à toutes les troupes qu'il rencontrerait de reprendre l'offensive; qu'en conséquence, ils étaient revenus sur leurs pas; qu'ils avaient atteint le village à la chute du jour; qu'ils en avaient chassé quelques troupes ennemies qu'ils y avaient trouvées, et s'y étaient établis pour y passer la nuit.

Le rapport du général Kellermann différait peu, quant au fait matériel de la charge qu'il avait exécutée, de ce qu'on lit dans l'une et l'autre relation. Seulement, il disait ne pas avoir reçu l'ordre de charger, mais bien s'y être déterminé de lui-même et par sa propre impulsion; et, en réalité, pendant tout le cours du travail et les différentes discussions auxquelles ce travail a donné lieu, aucun autre témoignage n'est venu infirmer cette assertion, d'autant plus vraisemblable, qu'une résolution de cette nature ne peut être réellement prise que par celui qui peut l'exécuter sur-le-champ et sur place.

Après avoir, toute la journée, combattu à la gauche de la division Chambarlhac, disait le général Kellermann, il en avait couvert la retraite jusqu'à ce qu'il eût rencontré la division Boudet; alors, il avait reçu ordre de passer derrière le front de cette dernière, et de se porter à son aile droite (1), pour y soutenir l'artillerie du général Marmont, qui l'appuyait. Formé en colonne, à cause de la difficulté de marcher en ligne à travers des vignes qui pendaient en guirlande d'un arbre à l'autre, il suivait, parallèlement à la grande route, le mouvement de toute l'armée française, qui se reportait en avant, lorsqu'il aperçut une longue colonne ennemie qui s'avançait par la grande route et se trouvait déjà à même hauteur que lui; alors, il avait sur-le-champ commandé : « *Tête de colonne à gauche* » et lancé ses premiers escadrons sur le flanc de cette infanterie, tandis que, arrêtant les derniers, il les avait formés en ligne, et portés, au trot, contre un corps de cavalerie ennemi qu'il avait au même instant découvert dans la plaine (2).

Ce fut d'après toutes ces données, que l'officier chargé de ce travail dessina sept à huit planches de mouvements, sous la direction du colonel Pascal Vallongue, sous-directeur du Dépôt, qui, lui-même, rédigeait le texte. Quand ces planches furent terminées, le Ministre de la guerre, Alex. Berthier, les soumit à *Bonaparte*. Elles revinrent des Tuileries tellement biffées ou corrigées à la plume ou au crayon qu'il fallut les recommencer toutes, à l'exception de la première et de la dernière, qui donnaient les positions des armées avant et après la bataille.

Dans les deuxième et troisième planches, le *Premier Consul* avait, avec raison, élagué plusieurs mouvements épisodiques qui jetaient de la confusion sur l'ensemble : mais, dans les suivantes, il commença à s'éloigner de la vérité historique, en exigeant que le corps du général Lannes fût représenté comme exécutant par bataillons le passage des lignes en retraite, tandis qu'il résulte des renseignements donnés par les officiers de la division Watrin, que les demi-brigades de cette division, réduites de près de moitié après un combat opiniâtre, s'étaient retirées accablées par le nombre, et que l'une d'elles seulement (la 6e ou la 28e) avait obéi directement, jusqu'à la fin, aux ordres du général Lannes, qui, pendant la retraite, l'avait ramenée plusieurs fois sur l'ennemi. Napoléon, mécontent du général Monnier, qui était resté en réserve avec la 72e, au lieu de suivre, dans Castel-Ceriolo, les deux demi-brigades de sa division, n'avait pas voulu que son nom parût dans la relation, et il avait donné à la division qu'il commandait le nom de Carra-Saint-Cyr, qui était à la fois, et le plus ancien général de brigade, et celui qui avait commandé les deux demi-brigades dans le village (3). Ce point ne devait avoir été abandonné que peu de temps avant l'arrivée du général Desaix, et les troupes françaises

---

(1) Ce mouvement se rapproche de celui qui est décrit dans la relation autrichienne. (V. p. 454.)

(2) Voir la discussion des différentes versions sur la charge de Kellermann, p. 404, note 2 et p. 406, notes 1 et 2.

(3) On a vu plus haut (p. 392, note 2) qu'en octobre 1800, Carra-Saint-Cyr se plaignait, à tort, d'ailleurs, que son nom n'ait pas été cité dans les rapports. Trois ans après, les relations officielles lui donnent au contraire le premier rôle dans la division où il n'est qu'en sous-ordre.

devaient y être rentrées de vive force au moment où l'armée s'était reportée en avant. Ainsi, il n'était pas encore question, comme on voit, que l'on eût pivoté autour de Castel-Ceriolo et refusé l'aile gauche pour, en cas d'échec, prendre une autre ligne d'opérations; la direction de retraite de toutes les troupes était parallèle à la grande route de Tortone.

Les mouvements, ainsi arrêtés, furent présentés à l'*Empereur* par le *maréchal Berthier*; ils reçurent son approbation, et l'on s'occupa de graver toutes les planches de mouvement pour les porter en superposition sur celle du champ de bataille (1).

Pendant ce temps, Napoléon, ayant été se faire couronner roi d'Italie, et devant passer une grande revue sur le champ de bataille même de Marengo, le ministre Berthier eut l'idée de lui présenter l'ouvrage sur les lieux témoins de sa gloire, et au jour anniversaire de la bataille. Le frontispice fut dessiné d'après cette intention. Cinq exemplaires, imprimés de format in-folio, contenant chacun dix planches, accompagnées de la relation qui les expliquait, furent portés, de Paris à Milan, par le colonel Vallongue. Mais les idées de Napoléon avaient changé; il ne voulut plus ni de la relation ni des planches, quoiqu'il les eût successivement annotées, corrigées et définitivement approuvées avant son départ de Paris. L'un des cinq exemplaires fut bâtonné à l'encre de sa main, page par page et planche par planche. Il ne voulut plus que la retraite se fût opérée parallèlement à la grande route, ni que la brigade Carra-Saint-Cyr se fût autant éloignée de Castel-Ceriolo. Il paraît qu'on lui rappela les documents existant au Dépôt de la guerre qui démentaient cette nouvelle assertion, et qui serviraient un jour à prouver à la postérité qu'on avait voulu la tromper; car, en renvoyant les cinq exemplaires au Dépôt de la guerre, il donna au général Samson, qui en était alors directeur, l'ordre formel de les détruire par le feu, et avec eux tous les documents historiques et descriptifs qu'on avait eu tant de peine à recueillir; enfin, tout ce qui avait été dessiné et gravé, comme aussi de faire briser toutes les formes d'impression et effacer tous les cuivres. Mais, pendant que cet ordre recevait son exécution, le colonel Muriel trouva moyen de soustraire un de ces exemplaires, déjà dépouillé de sa reliure; il l'a conservé, jusqu'à ce moment, dans les archives du Dépôt de la guerre.

Au retour du Ministre, on refit toutes les planches de mouvement; il fut décidé que, pour s'éviter la peine de recommencer de nouveau tout le travail, on soumettrait les feuilles à l'Empereur l'une après l'autre et à mesure qu'elles seraient dessinées, et que l'officier qui en serait chargé travaillerait sous les yeux du Ministre, dans son cabinet particulier, afin qu'il pût continuellement surveiller et contrôler les corrections. Les premières planches éprouvèrent peu de difficultés. Les grands changements ne commencèrent qu'à la retraite du corps du général Lannes. Le Ministre, ayant expliqué la pensée de Napoléon, fit dévier la direction de sa ligne de retraite, autant qu'on le pût, de celle de la grande route. La division Carra-Saint-Cyr était supposée ne s'être retirée qu'à quelques cents toises de Castel-Ceriolo. Cette feuille, ainsi dessinée, fut

---

(1) La carte qui figure dans cet ouvrage, p. 366, est la reproduction de la planche dessinée en 1803 au Dépôt de la guerre.

portée aux Tuileries par le Ministre ; quand elle en revint, Napoléon avait encore fait, au crayon, une croix sur la position de la division Carra-Saint-Cyr, et avait écrit, à la marge de la carte : « *La division Carra-Saint-Cyr dans Castel-Ceriolo ; elle s'y barricade* (1) ».

Quelques temps après, la campagne de 1805 s'ouvrit ; l'officier chargé du travail des cartes fut envoyé à l'armée. Mais il est évident que la variante qu'il venait de dessiner ne fut pas la dernière ; il y avait de six à huit planches de mouvement, et, dans l'édition qui a paru sous formats in-f°, in-4° et in-8°, il n'y en a que quatre.

Le texte ne souffrit pas une moindre altération, mais les variantes en furent moins nombreuses, parce que les relations ne furent rédigées que d'après les planches, et après qu'elles eurent été successivement adoptées. Ces rédactions n'ont jamais été qu'au nombre de deux : ce sont celles qu'on présente ici au public. Leur lecture laissera pressentir avec quelle précaution il faut admettre les assertions de Napoléon toutes les fois qu'il s'agit de lui personnellement, et montrera avec quelle rapidité l'idée de sa force et l'ivresse de ses succès avaient enflé ses pensées. Un coup d'œil jeté sur chaque épigraphe suffirait, d'ailleurs, pour produire ce dernier effet; celle de la première variante est modeste ; on ne recherche que la vérité :

> Inter ancipitia clarescunt.

Mais, après la bataille d'Austerlitz, époque à laquelle la seconde version fut définitivement fixée et arrêtée, on trouve partout, dans la victoire de Marengo, le résultat obligé d'une conception sublime, et qui mérite d'autant mieux d'être offerte à l'admiration du siècle présent et de ceux à venir, qu'elle est celle :

> Per quam. . . . .
> Crevères vires, famaque, et impéri
> Porrecta majestas.

(*Mémorial du Dépôt de la guerre*, t. 4 (1828), p. 270 à 275.)

La notice du Maréchal de camp de Castres, ayant fait saisir la façon dont la vérité historique a été sacrifiée dans les relations officielles de 1803 et 1805, il est inutile de citer ici le passage des *Mémoires de Napoléon* (Œuvres de Ste-Hélène), relatif à la bataille de Marengo.

La prétendue retraite volontaire autour du pivot de Castel-Ceriolo y est exposée sommairement.

---

(1) Ce fut ici le premier indice du *pivot de Castel-Ceriolo* et du *refus de l'aile gauche*. (Note du texte.)

« ..... Au commencement de l'action, le Premier Consul avait changé sa ligne de retraite et l'avait dirigée entre Salé et Tortone.....

« ..... Le corps de Lannes refusait constamment sa gauche.....

« ..... Carra-Saint-Cyr qui, à notre droite, se trouvait en potence sur le flanc gauche de l'ennemi, était beaucoup plus près des ponts sur la Bormida que l'ennemi lui-même.. .. (1) »

On peut considérer les modifications faites par l'Empereur comme un corrigé de la bataille de Marengo. comme la mise au point d'une œuvre qu'il juge imparfaite, comme la description d'une des batailles-types que rêve son génie. C'est le combat en retraite d'une partie de l'armée attirant l'adversaire sur une réserve fraîche pendant qu'une autre fraction marche sur son flanc et menace sa retraite (2).

Il est certain que la vraie bataille de Marengo s'est livrée en réalité d'une façon moins complexe, par la succession naturelle d'épisodes non prévus : attaque et défense du Fontanone et de Marengo : renforcement des troupes de première ligne ; position critique des Français dont l'artillerie est très inférieure en nombre et dont les munitions s'épuisent ; retraite vers les points où ils ont campé la veille ; enfin entrée en scène de la division Boudet, qui ne semblant d'abord susceptible que d'arrêter la poursuite, attaque avec tant de vigueur, et est aidée

---

(1) *Correspondance de Napoléon*, t. XXX, p. 389.

(2) C'est, à quelques détails près, la conception d'Austerlitz. Si l'on considère que c'est pendant l'été de 1805 que l'Empereur modifie la rédaction faite au Dépôt de la guerre et arrive à inventer la retraite préméditée et le pivot de Castel-Ceriolo, on est amené à penser que, le 2 décembre suivant, il exécute sur le terrain la manœuvre qu'il vient de créer et qu'Austerlitz est la brillante exécution de son Marengo théorique.

Le pivot est à gauche au Santon, pendant que la droite sous Friant, laissée faible à dessein, cède du terrain aux Autrichiens. Gudin, venant de Presbourg, doit arriver sur le champ de bataille dans la soirée et renforcer Friant ; il est destiné à jouer le rôle de Desaix à Marengo. Gudin ne peut arriver à temps, mais le centre peut déboucher de Pratzen, tomber sur le flanc de l'ennemi et assurer la victoire.

avec tant d'à-propos par la cavalerie de Kellermann, que l'avant-garde ennemie est dispersée et que toute l'armée autrichienne, prise de panique, s'enfuit en désordre et abandonne le champ de bataille.

———

CHAPITRE IX

CONVENTION D'ALEXANDRIE

Armistice du 15 juin. — La division Loison se rapproche de l'armée. — Moncey assure la défense de la rive gauche du Pô. — La Convention d'Alexandrie est signée dans la nuit du 15 au 16 juin. — L'armée autrichienne part pour Mantoue les 18, 20 et 24 juin. — L'armée de réserve se porte vers Plaisance. — Les Français prennent possession de Turin, Gênes, Alexandrie, Milan, etc. — Mesures en vue de la reprise des hostilités. — Le Premier Consul part pour Paris le 25 juin. — Réunion de l'armée de réserve et de l'armée d'Italie sous le commandement de Masséna.

L'armée autrichienne, mise en déroute d'une façon si inattendue au milieu de sa victoire, s'est retirée sur la rive gauche de la Bormida avec une arrière-garde sur la rive droite.

Mélas réunit un conseil de guerre lequel, à l'unanimité, est d'avis de traiter avec le vainqueur afin de conserver l'armée pour la défense de l'Autriche.

Un armistice, conclu le 15 juin, permet d'entamer des négociations pour une convention militaire entre les généraux en chef des deux armées.

Extrait de la Revue militaire autrichienne.

Bonaparte fit les préparatifs, dès la nuit même, pour poursuivre les avantages qu'il avait obtenus. A peine le jour commençait-il à poindre, qu'il fit avancer l'avant-garde du général Gardanne contre la tête de pont, et bientôt les postes avancés du feld-maréchal-lieutenant O'Reilly furent repoussés.

Dans un instant aussi critique, dans un événement qui devait, non seulement décider l'existence de l'armée, mais encore exercer une puissante influence sur la prospérité de la monarchie autrichienne, il était du devoir de Mélas d'examiner toutes les suites que pouvait avoir un nouveau combat (probablement malheureux) contre un ennemi supérieur.

Il assembla un conseil de guerre, composé des feld-maréchaux-lieutenants Ott, Kaim, Schellenberg et du colonel Best, faisant les fonctions de quartier-maître général. Après avoir exposé la situation de l'armée sur toutes les faces, avoir fait observer que les vivres n'étaient assurés que jusqu'au 20 juin, si l'on restait dans la position actuelle, il soumit au conseil de guerre les quatre questions suivantes :

1° Devait-on risquer encore une bataille avec une armée affaiblie de 10,000 hommes, afin de rétablir ainsi, par la rive droite du Pô et par Plaisance, la communication avec les États héréditaires ?

2° Serait-il plus convenable de choisir un passage sur le Pô, à Casale ou à Valenza, pour se porter, de là, sur le Tessin et sur l'Adda ?

3° Fallait-il, laissant au pouvoir de l'ennemi toute l'artillerie et tous les bagages, se faire jour à travers l'armée française, gagner Gênes, et se maintenir dans cette place ?

4° Ou enfin, vu les circonstances critiques où se trouvent les États héréditaires, à cause des événements malheureux survenus aux deux armées d'Allemagne et d'Italie, ne serait-il pas plus utile d'entamer, avec le Premier Consul, une négociation qui mît le général en chef à même de ramener, au secours des États héréditaires, une armée respectable, bien pourvue et encore en bon état ?

Après une délibération longue et réfléchie, le conseil de guerre adopta, à l'unanimité, la quatrième et dernière proposition (1). L'opinion de ces généraux était : qu'on pouvait, à la vérité, livrer un nombre indéterminé de batailles, mais qu'elles seraient toutes inutiles, et que, même une victoire complète, n'amènerait pas un résultat aussi décisif que celui d'une convention, qui tirerait l'armée impériale de la triste et précaire situation où les circonstances venaient de la placer ; que la marche sur Gênes était hérissée de difficultés, aussi bien que le passage sur la rive gauche du Pô, aux environs de Casale ; que le mouvement de l'armée, le long de la Bormida, sur Acqui, en abandonnant son artillerie et ses voitures, serait également inexécutable, attendu que Bonaparte pouvait la devancer à Ovada, en longeant l'Orba, de manière qu'on se trouverait enfermé entre l'armée de réserve et celle de Masséna ; et que, dans la deuxième hypothèse, les divisions Chabran et Lapoype étaient en

_____

(1) Les habitants d'Alexandrie désiraient une solution pacifique.

« La population redoutait que Mélas refusât de poser les armes, car c'était pour elle un nouveau siège ou un blocus. Quelle nuit d'angoisses ! La foule en délire encombrait les rues avoisinant la maison où se tenait un conseil de guerre, attendant avec anxiété le résultat de cette délibération solennelle. Enfin, à l'aube, le bruit se répand que le conseil a décidé de se soumettre aux conditions du vainqueur : c'était pour nous le sort le moins cruel. Avec quelle inquiétude on attendit ensuite la réponse de Bonaparte : « S'il allait se déjuger ! ». Enfin la capitulation fut signée et la population put respirer librement...... »

(Carlo di Valle. *Annali di Alessandri.* IV — Cité dans Trolard.
De Rivoli à Marengo, t. II, p. 193.)

état de défendre le Tessin assez longtemps pour donner à l'armée de réserve
la facilité de passer le Pô, et qu'alors il devenait impossible de pénétrer jusqu'à
Mantoue. Le conseil de guerre, assemblé, décida donc de proposer, sur-le-
champ, un armistice de quarante-huit heures, à l'effet d'enterrer les morts et
d'échanger les prisonniers. Il pensait qu'il se présenterait, dans cet intervalle,
quelque occasion de nouer des négociations dans le sens adopté (1).

Le major, comte de Neupperg, de l'état-major du quartier-maître général,
fut envoyé au camp français, près du Premier Consul; dès qu'il parut hors de
la tête de pont, le feu cessa, et on le conduisit à Torre-di-Garofoli, au quartier
général de Bonaparte. Celui-ci accepta la proposition des Autrichiens, à condition qu'ils évacueraient à l'instant la rive droite et se porteraient sur la gauche
de la Bormida.

Mélas ordonna ce mouvement. L'armistice fut ratifié par Bonaparte, et le
général Skal se rendit au quartier général français pour y entamer, avec le
Premier Consul, une négociation au nom du général en chef autrichien (2).

Les conditions principales que le conseil de guerre chargea le général Skal
de proposer étaient :

Que l'armée autrichienne quitterait l'État de Gênes; qu'elle retirerait même
ses garnisons de Gênes et de Savone; qu'elle évacuerait en entier les États du

---

(1) La *Revue militaire autrichienne* approuve entièrement la détermination du conseil
de guerre. Elle observe que Masséna était près d'entrer en scène, que les Autrichiens
allaient avoir à lutter contre des forces supérieures et s'exposaient à perdre leur armée et
leur matériel, dans l'hypothèse très probable de nouvelles défaites. La convention
d'Alexandrie, au contraire, rendait disponible non seulement l'armée de Mélas, mais toutes
les garnisons des places fortes destinées à tomber peu à peu aux mains des Français. Ces
forces, réunies sur le Mincio, étaient en mesure de recommencer la campagne et peut-être
de remporter une victoire.
(Voir *OEst. milit. Zeitschrift*, t. XXIX, p. 267. — Traduction dans le *Mémorial
du Dépôt de la guerre*, t. IV, p. 339.)

Le baron de Crossard, qui servait dans l'armée autrichienne comme aide de camp du
général Vogelsang, est d'un avis tout à fait opposé. D'après lui, le centre autrichien seul
avait été battu le 14; la gauche et la droite n'avaient pas souffert, ainsi que la cavalerie et
les 1500 hommes de la garnison d'Alexandrie. De plus, Rohan amenait, le soir même de la
bataille, 9,000 hommes venant de Mondovi, Coni et Ceva. Crossard estime que Mélas, après
vingt-quatre heures de repos donné à ses troupes, devait reprendre la bataille et avait
beaucoup de chances de la gagner. (*Mémoires du baron de Crossard*, t. II, p. 304 à
306.)

(2) D'après Crossard, les négociations se sont faites d'une façon différente.

C'est le comte de Torrés, aide de camp de Mélas, qui va porter la première proposition
d'armistice au Premier Consul. Il rentre à Alexandrie accompagné de Dupont et de
Boudet. Comme toutes les difficultés n'avaient pas été aplanies, Berthier vient lui-même à
Alexandrie, accompagné du général Zach fait prisonnier la veille. Le comte de Neupperg
retourne avec Berthier au quartier général du Premier Consul, où la convention est définitivement arrêtée.

Il est possible que Crossard soit dans l'erreur, mais on doit remarquer cependant qu'il
est présent à Alexandrie, qu'il cite ses conversations avec le comte de Torrés, avec Dupont
son ancien camarade de collège et avec Boudet.

D'après le récit qu'il fait de l'arrivée de Neupperg à Torre-di-Garofoli, le Premier
Consul était nerveux et inquiet du résultat des négociations. L'énergie de Neupperg con-
serva aux Autrichiens la ville de Ferrare, point de passage important sur le Pô.
(Voir les *Mémoires du baron de Crossard*, t. II, p. 306 à 312.)

Piémont et ses forteresses ; mais qu'elle pourrait, en revanche, prendre position, avec tout ses équipages, sur le Tessin, et y attendre les ordres de son gouvernement ;

Qu'un officier d'ordonnance se rendrait à Vienne afin d'y exposer la situation de l'armée, et que les hostilités cesseraient jusqu'à son retour.

Le général Skal se rendit, le 15 juin, à midi, à Torre-di-Garofoli; mais, quels que fussent ses efforts pour obtenir les conditions que proposait le conseil de guerre, ou, tout au moins, la possession de l'Adda, ou enfin, celle de l'Oglio, il ne put y parvenir. Bonaparte ne voulut pas céder un pouce du terrain qu'il avait conquis. On fut obligé d'abandonner aux Français tout le Piémont, avec les forteresses de Tortone, d'Alexandrie, de Turin, de Coni, de Ceva, d'Arona, tout l'État de Gênes, y compris la forteresse de ce nom, Savone, Santa-Maria, le duché de Parme, y compris la forteresse de Plaisance (qui, du reste, se rendit le 16 juin), la plus grande partie de la Lombardie, avec la forteresse de Pizzighettone et le château de Milan.

L'armée autrichienne conserva ses armes, ses canons, ses voitures et tous ses bagages. Elle s'obligea à évacuer toutes les forteresses qu'on vient de nommer, et à se retirer derrière le Mincio, en trois colonnes (1). Le général Mélas, n'ayant rien pu stipuler relativement aux intérêts des Anglais qui se trouvaient à Gênes, donna connaissance des événements au vice-amiral Keith, commandant les forces britanniques, laissant à sa disposition la faculté de défendre la place sans la coopération des Autrichiens. (*Œstreichiche militärische Zeitschrift*, t. XXIX, p. 258 à 262 ; — Traduction du *Mémorial du Dépôt de la guerre*, t. 4, p. 334 à 337, avec quelques modifications.)

L'armée française emploie la journée du 15 à ravitailler les corps qui ont combattu la veille et à rapprocher du champ de bataille, en prévision d'un nouveau combat, les troupes laissées en réserve avec Loison et Duhesme, pendant que la division Lorge occupe Plaisance et Crémone.

Division Boudet. — Rapport du 26.

Au camp en avant de Marengo, le 27 prairial an 8 (16 juin 1800).

La division qui, dans la nuit du 25, n'avait pu prendre une

---

(1) D'après Crossard, l'armée autrichienne désirait combattre encore et reçut en murmurant la nouvelle de la convention acceptée par Mélas. Les esprits, dit-il, étaient échauffés et presque portés à la sédition, mais il fallut *passer sous le joug*. On accusait Mélas et Zach d'être des maladroits et des traîtres. Mélas attribuait ses revers à son chef d'état-major, etc. (Voir *Mémoires de Crossard*, t. II, p, 308, 317, 318 et 325.)

position régulière, s'est établi dans la ligne en face de la tête du pont. La 30e demi-brigade a été portée, appuyant la gauche vers la Bormida, dans une ligne parallèle à la route d'Alexandrie, à cheval sur une route pratiquée par l'ennemi pour gagner la tête du pont, vers Castel-Ceriolo, par où l'on supposait que pouvait repasser la colonne coupée de l'ennemi. Le général Victor avait engagé le général Boudet à placer une de ses demi-brigades dans cette position.

Les demi-brigades se sont complétées en cartouches, dans les gibernes abandonnées par l'ennemi. Il leur a été fourni quelques pierres à feu.

La division a reçu, pour le 25, deux tiers de ration de pain qui n'avaient pu arriver à temps à Rivalta; elle n'en a pas eu pour le 26. La viande a été fournie pour les 26 et 27 et l'eau-de-vie pour le 26.

La division se trouve campée sur le champ de bataille, et parmi les morts : elle n'a ni pioches ni pelles pour pouvoir les enterrer. Bientôt la place ne sera plus tenable. L'air se sent déjà du méphitisme.

D'après des ordres supérieurs, les deux pièces de 12 attachées à la division, ainsi qu'un obusier et une pièce de 8, ont été données aux divisions qui avaient perdu leur artillerie dans l'affaire; il ne nous reste plus que trois pièces de 8 et un obusier (1). La pièce de 8 qui a été démontée, ainsi que l'obusier, qui avait aussi quelques fractures dans son train, sont remis en état.

L'adjudant général,
W. DALTON.

---

(1) Les divisions Chambarlhac et Monnier avaient perdu leur artillerie dans la retraite (V. p. 382). Si l'on ajoute aux 8 pièces de Boudet, l'artillerie de Gardanne et de Watrin, qui semble ne se composer que de 2 et 4 pièces et peut-être quelque artillerie de la garde, on verra que le Premier Consul ne devait avoir, le 15 juin, que 15 pièces, ou tout au plus une vingtaine de disponibles.

Cette disette d'artillerie est sans doute un des motifs qui lui firent accepter la capitulation de Mélas.

On manquait aussi de chevaux et le Premier Consul écrivait le 15 juin à Petiet, à Milan :

« ..... Si vous trouvez 600 chevaux d'artillerie à acheter, achetez-les ; nous ne saurions trop en avoir. »

Le jour même, 15 juin, Petiet écrivait à l'administration municipale de Milan :

« Je vous prie, Citoyens, de vouloir bien faire les dispositions les plus promptes pour qu'il soit fourni 100 chevaux destinés pour le service de l'artillerie. Ces chevaux seront mis à la disposition du citoyen Guimberteau, chef de brigade, inspecteur du train d'artillerie, et ils seront payés comme les précédents. »

Monnier, général de division, au général Berthier, commandant en chef de l'armée de réserve, en Italie.

Castel-Ceriolo, le 26 prairial an 8 (15 juin 1800).

Je vous adresse, Général, le rapport historique des opérarations de la division dans la journée d'hier, que vous m'avez demandé (1).

J'ai fait aujourd'hui plusieurs reconnaissances sur le Tanaro et la Bormida; celle de ce soir m'a fait voir l'ennemi en mouvement au delà du pont et j'ai parfaitement entendu le canon du côté de Valenza, où probablement on se bat (2); les rapports des paysans sortis d'Alexandrie annoncent que les Français sont à Casine et à Castel-de-Bormida (3).

Salut et respect.

MONNIER.

Nota. — J'ai reçu des cartouches, mais la division est sans pain depuis hier.

Viviand, capitaine adjoint, au général divisionnaire Dupont, chef de l'état-major général.

Plaisance, 26 prairial an 8 (15 juin 1800).

Je me suis acquitté, Général, avec toute la célérité possible de la mission que vous m'aviez ordonné.

Le général Loison est parti de son cantonnement de San-Giovanni, à midi, et sera de très bonne heure à Voghera.

Le général Duhesme se mit en marche cette nuit avec sa division, pour arriver demain soir à Voghera (4).

Salut et respect.

VIVIAND.

---

(1) V. au 14 juin, p. 391.

(2) C'était sans doute les démonstrations de Chabran à Valenza et Sartirana. (V. p. 473.)

(3) Sans doute quelques coureurs de Masséna, mais pas de fractions de troupes importantes. (V. p. 438, note 1.)

(4) ..... Le général Duhesme qui, depuis longtemps, sollicitait l'ordre de rejoindre la Grande Armée, le reçut enfin et se rendit avec ses troupes à Voghera, où il reçut de nouveaux ordres. L'adjudant général Paulet fut envoyé alors près du général en chef Mélas..... »

(*Rapport des opérations militaires du lieutenant général Duhesme.*)

**Le général Duhesme, lieutenant du Général en chef,
au général de division Lorge, à Orzinovi par Lodi** (1).

Plaisance, le 26 prairial an 8 (15 juin 1800).

Le général Broussier, citoyen Général, est à Crémone, qu'il couvre en protégeant en même temps le blocus de Pizzighettone ; comme vous devez le relever, je crois que c'est là que vous devez vous rendre plutôt qu'à Orzinovi.

L'ennemi, étant en arrière de Bozzolo, pourrait parfaitement se porter sur Crémone et même sur l'Adda, en vous dérobant une marche et vous laissant à Orzinovi où j'ai jeté une petite garnison que je vous prie de faire relever.

Il ne peut autrement nous nuire qu'en se portant sur Lodi et menaçant Milan, alors il s'expose a être évidemment coupé par votre marche sur Orzinovi ou Pontevico, où le général Lechi, qui est à Brescia, viendrait facilement faire jonction. En vous éclairant l'un et l'autre sur la route de Brescia à Crémone, qui passe par Pontevico, il ne peut entreprendre que vous ne soyez prévenu à temps.

D'ailleurs, l'ennemi n'ayant à peu près que 2,000 hommes de cavalerie, dont il tient partie à Marcaria, le reste en rideau sur l'Oglio et la Chiese, un corps de 3,000 hommes d'infanterie détaché de sa garnison de Mantoue à Mariana,

---

(1) Le général Lorge était arrivé à Lodi le 14 juin. (V. p. 355, les ordres donnés par Moncey.)

Le général Lorge, au général de brigade Lechi.

Lodi, 26 prairial an 8 (15 juin 1800).

Je suis arrivé hier à Lodi, avec un bataillon de ligne et partie d'un bataillon d'infanterie légère ; l'artillerie, la cavalerie n'arrivent qu'aujourd'hui. Je vais me porter à Crema de ma personne avec ce que j'ai de troupes disponibles ; je pousserai de l'infanterie légère sur Soncino pour me lier avec vous et sur Soresina pour correspondre avec le général Bonamy. Comme j'ignore encore si Crémone est à nous, je dois, jusqu'à nouvel ordre, manœuvrer sur l'Oglio, intermédiairement entre vous et le général Bonamy ; de cette manière, je suis à l'un ou l'autre de vous et j'empêche une trouée de la part de l'ennemi.

Demain, Pontevico sera occupé ; Cestiano et Vescovato seront au moins reconnus. On m'a dit que Bergame avait été insulté par quelques mécontents. Faites occuper Lecco par 150 hommes ; ce détachement, essentiel sur ce point, tiendra Bergame en respect et y enverra de temps en temps quelques patrouilles ; vous en ferez autant de votre côté et ces apparitions ne pourront faire qu'un bon effet : du moment que ma cavalerie sera réunie, je vous enverrai quelques chevaux.

LORGE.

P.-S. — Donnez-moi, je vous prie, de vos nouvelles ; écrivez-moi aujourd'hui à Crema, où je vais me rendre.

ne peut guère faire de mouvement en avant, s'il ne reçoit pas des renforts. J'ai cru devoir, Général, vous donner ces renseignements et vous prier ainsi de relever promptement les troupes du général Broussier, dont le retard pourrait compromettre les opérations de l'armée.

J'ai l'honneur de vous saluer.

DUHESME.

Je rouvre ma lettre pour vous dire, Général, de la part du général en chef, de vous porter à marches forcées à Crémone.

Le général Broussier doit nous rejoindre aussitôt qu'il apercevra vos premiers pelotons. De sa célérité dépend le salut des opérations. L'ennemi vient encore d'être battu et de perdre 6,000 hommes, mais il faut encore le battre.

Le général de brigade Bonamy, au général de division Lorge.

Plaisance (1), le 26 prairial an 8 (15 juin 1800).

Je reçois à l'instant votre lettre; vous devez avoir maintenant des nouvelles du général Duhesme.

Voilà, mon cher Général, les circonstances actuelles :

L'armée s'est battue hier du côté de Tortone; la victoire a été indécise jusqu'à la nuit, elle a été fixée par la division du général Desaix, qui a fait 5,000 prisonniers. Ce général, blessé dans le combat, est mort ce matin.

L'ennemi était en force; c'est ce qui a nécessité l'ordre donné au général Duhesme de marcher précipitamment sur Tortone : il part cette nuit et me laisse dans Plaisance avec 700 cisalpins et mon bataillon de la 67e. Néanmoins, on veut que j'ouvre la tranchée cette nuit et on ne l'a pas fait pendant qu'on avait 800 hommes de plus; il n'y a rien de prêt, je ferai ce que je pourrai. Cependant l'ennemi paraît ébranlé.

Le général Broussier reste à Crémone avec 3 bataillons; il garde cette ville et bloque Pizzighettone. Il vous attend pour partir; son mouvement est pressé.

Ainsi, mon cher Général, je vous invite à marcher sur Cré-

---

(1) Bonamy était arrivé le 13 juin à Plaisance avec un bataillon. (V. la lettre de Moncey, p. 355.)

mone avec tout ce que vous avez de disponible, pour relever le général Broussier.

Le général Moncey m'annonce que vous m'enverrez un escadron de cavalerie ; je l'attends avec impatience, car le mouvement du général Duhesme sur Voghera laisse Parme et Bobbio ouvert, et j'aurai soin d'éclairer ces routes. Je ne puis le faire que par des partis de cavalerie, toute l'infanterie étant occupée au blocus.

Je resterai à Plaisance jusqu'à la reddition de la place ou jusqu'à nouvel ordre de votre part.

Amitiés.

BONAMY.

Le général Lorge exécutait le 16 juin le mouvement prescrit et se portait sur Crémone.

Lorge, général de division, au lieutenant général Moncey.

Crema, le 27 prairial an 8 (16 juin 1800).

Ci-joint vous trouverez, mon cher Général, une lettre de l'adjudant général Foy, une du général Lechi, une du général Duhesme et une autre du général Bonamy. Je marche sur Crémone où je me rendrai aujourd'hui ; j'ai bien peu de monde et je compte toujours sur vous, du moment que vous pourrez m'envoyer quelques troupes.

Salut et respect.

LORGE (1).

Ci-joint copie de deux lettres que j'ai écrites aux généraux Duhesme et Lechi.

Veuillez envoyer un escadron du 29ᵉ à Bonamy, car il m'est impossible de le faire.

Lorge, général de division, au général de brigade Lechi.

Crema, 27 prairial an 8 (16 juin 1800).

Ce ne peut être que par un malentendu, citoyen Général, que le général Duhesme vous a annoncé que vous étiez sous ses ordres ; vous faites partie du

---

(1) Lorge (Jean-Thomas-Guillaume), né à Caen le 22 novembre 1767, avait été dragon dans le 7ᵉ régiment du 19 novembre 1785 au 13 octobre 1791, capitaine au 1ᵉʳ bataillon des Lombards en septembre 1792, général de brigade le 25 septembre 1793, et général de division le 4 avril 1799.

Il commanda une division de cavalerie à la Grande Armée, puis en Espagne de 1806 à 1808, une division d'infanterie en Espagne en 1809, et enfin une division de cavalerie à la Grande Armée en 1812.

Mis en non-activité en 1815 et à la retraite en 1825, il mourut le 28 novembre 1826.

corps détaché en Lombardie, que commande le lieutenant général Moncey sous les ordres duquel vous êtes immédiatement ainsi que moi.

Je marche sur Crémone, mon cher Général ; je n'ai, pour cette opération, que 1000 hommes, tant infanterie que cavalerie ; veuillez jeter du monde sur Orzinovi pour vous lier avec moi par Pontevico. Il faut, en un mot, que vous vous chargiez de faire des démonstrations sur l'Oglio jusqu'à son confluent dans l'Adda à Canneto (1), tandis que j'observerai le Crémonais.

Veuillez mettre cet ordre le plus promptement à exécution.

LORGE.

Lorge, général de division, au lieutenant général Duhesme.

Crema, 27 prairial an 8 (16 juin 1800).

Je vais marcher sur Crémone, citoyen Général, mais je dois vous faire part de la faiblesse de mes moyens : 700 à 800 hommes d'infanterie, 200 à 300 chevaux, une pièce de 3, une pièce de 4, un obusier qui n'est point de calibre et n'ayant qu'une quarantaine de coups, voilà tout ce dont je puis disposer. Le général Lechi, assez occupé de son côté, ne pourra sûrement me détacher quelques renforts ; le général Bonamy a encore moins de moyens de le faire.

Trois bataillons de ma division bloquent le château de Milan et sont encore en arrière dans les vallées de la Reuss et du Tessin ; tout cela doit m'arriver successivement, mais, comme vous le concevez, ne peut servir à nos opérations présentes. Je marche toutefois de ma personne avec ma poignée de troupes, j'arriverai à Crémone de jour ou de nuit ; j'en préviens le général Lechi et l'invite à jeter du monde dans Orzinovi, pour communiquer avec moi par Pontevico ; vous ne souffrirez sûrement pas, général, que, jaloux de seconder vos opérations, je puisse être compromis avec le peu de monde que j'ai dans ce moment sous mes ordres ; je compte sur vous.

LORGE.

*
* *

Le détachement autrichien de Casale, s'étant porté sur la rive gauche du Pô dans la nuit du 14 au 15 juin, fait croire à un mouvement de toute l'armée de Mélas vers Milan. Des dispositions sont aussitôt prises par Moncey pour défendre le passage du Tessin.

---

(1) Il faut lire : « .....l'Oglio jusqu'à son confluent avec la Chiese ».

Chabran, général de division, au lieutenant général Moncey.

Sartinara, le 26 prairial an 8 (15 juin 1800).

Je vous préviens, citoyen Général, que l'ennemi a passé le Pô cette nuit, à Casale, s'il faut en croire les rapports qui me sont faits et qui me viennent de toute part (1). Sa force est de 6,000 à 7,000 hommes. Il a beaucoup de cavalerie et d'artillerie et un corps de pontonniers. Le régiment de Strassoldo forme l'avant-garde. Il est en position à Terranova, fort de 2,000 hommes (2).

La force de la division que je commande vous est connue (1500 combattants).

Salut et fraternité.

CHABRAN.

Moncey, lieutenant du Général en chef, au général en chef Berthier.

Milan, le 27 prairial an 8 (16 juin 1800), dans la nuit, à 2 heures.

Citoyen Général,

Le général Chabran me rend compte que l'ennemi a passé le Pô dans la nuit du 25 au 26, sur le point de Casale. Selon ses rapports, il est au nombre de 6,000 hommes, dont une grande partie de cavalerie ; il a de l'artillerie et des pontonniers ; son avant-garde, forte de 2,000 hommes est en position à Terranova.

Voici les dispositions que j'ai prises :

Un officier est parti pour Côme, afin de diriger sur Turbigo un bataillon de la 1re de ligne qui y a couché cette nuit, et qui venait sur Milan. L'autre bataillon est à un jour de marche

---

(1) On lit en marge l'annotation suivante :

« Le travail du mouvement relatif à cet avis a été fait la nuit du 26 au 27 prairial an 8. »

(2) D'après la *Revue militaire autrichienne* (t. XXIX, p. 151), les forces réunies à Casale le jour de la bataille de Marengo se composaient du régiment de hussards Archiduc-Joseph, composé de 1097 hommes, de deux bataillons du régiment de Strassoldo et d'un bataillon du régiment de Jellachich, atteignant ensemble l'effectif de 1560 hommes. (V. p. 445, note 1.)

Il ne semble pas que l'état-major autrichien ait voulu faire passer l'armée sur la rive gauche du Pô. On a vu que ce projet, discuté en conseil de guerre dans la nuit du 14 au 15 juin, avait été écarté. (V. p. 466.)

en arrière du premier et suivra le mouvement de celui qui le précède. Le 3e de la même demi-brigade, déjà rendu sur les lieux, mais dispersé, se concentrera sur Turbigo.

Le général Béthencourt a ordre, dans le cas où il serait serré, d'éviter d'être coupé, d'être pris à dos et d'effectuer le passage du Tessin pour le barrer à l'ennemi.

Le 25e de cavalerie part dans l'instant pour Buffalora, avec une compagnie de grenadiers de la 67e et celle de carabiniers de la 1re légère.

Le bataillon cisalpin en position à Verceil, a ordre, s'il est serré, de se retirer sur Novare et d'effectuer sa retraite sur Buffalora avec la garnison de Novare qui, n'ayant point de canons, ne pourrait rester dans le château. Je laisse au commandant, qu'on dit intelligent, le choix de sa défense ou de sa retraite, selon que les circonstances le dirigeront.

J'ai heureusement deux pièces de 8 et un obusier de la garde des Consuls d'un plus grand convoi arrivé hier. Je les dirige sur Buffalora (1).

Je retiens aussi l'artillerie du général Loison pour l'employer au besoin (2) et lorsque j'aurai la certitude que j'ai assez d'infanterie sur les lieux pour la défendre (3).

Je serai dans quatre heures à Buffalora.

Salut et fraternité.

MONCEY.

P. S. — Le général Chabran est prévenu de ces mouvements.

---

(1)   Milan, le 26 prairial an 8 (15 juin 1800).

Ordre au capitaine Coin de partir sur-le-champ de cette place pour se rendre à Buffalora avec deux pièces de 8 et un obusier pour la défense du pont sur le Tessin.

MONCEY.

(2) Il semble hors de doute qu'il s'agit ici de l'artillerie de la division Loison et de celle de la garde des Consuls qui n'ont pas encore rejoint depuis le fort de Bard et qui arrivent quand la campagne est finie. (V. p. 323, notes 1 et 2, et p. 354, note 2.)

(3)   Milan, du 26 prairial an 8 (15 juin 1800), dans la nuit.

Ordre au chef de bataillon Aubry, commandant l'artillerie destinée à la division Loison, laquelle se trouve en passage dans cette place, de se tenir prêt à se porter avec son artillerie au point qui lui sera ordonné ultérieurement. Tout contre-ordre qu'il peut avoir reçu sera regardé comme non avenu.

MONCEY.

Ordre.

Milan, le 27 prairial an 8 (16 juin 1800), au matin.

Le général Moncey ordonne au chef de brigade Avice, commandant le 11ᵉ régiment de hussards, de réunir le détachement qu'il mène à l'armée et de le porter en avant du pont de Buffalora, même au delà de Novarre, pour éclairer les mouvements de l'ennemi qui, ayant passé le Pô à Casale, paraît vouloir effectuer sa retraite sur le Tessin. Il me rendra compte à Buffalora de tout ce qu'il pourra apprendre de la marche de l'ennemi et se retirera au besoin sur ce point.

MONCEY.

Moncey fait appel au général Lorge au moment où celui-ci se dirige sur Crémone.

Lorge, général de division, au lieutenant général Moncey.

Soresina, le 27 prairial an 8 (16 juin 1800), 3 heures après-midi.

Je reçois votre lettre, mon Général, et la troupe est prête d'arriver à Crémone.

Vous me dites que l'ennemi a passé le Pô; sans doute il le repassera, ayant été battu à Tortone. Autrement, il effectuerait sa retraite en entier par le Milanais et le lac Majeur, ce que je ne crois guère possible Dans tous les cas, le consul suivrait son mouvement.

Quant à moi, que voulez-vous que je fasse avec 1200 hommes? Je crois devoir continuer ma route sur Crémone, d'après la lettre que m'a écrite le général Duhesme, au nom du général en chef (1), qui dans ce moment, savait parfaitement ce qui s'était passé, tandis que vous l'ignoriez encore. Un mouvement rétrograde, d'ailleurs, ne pourrait faire qu'un très mauvais effet, et dans toute hypothèse j'arriverais trop tard.

Je vous salue respectueusement.

LORGE.

D'ailleurs toute crainte d'offensive autrichienne par la rive gauche du Pô disparaît dans la journée du 16 juin.

Chabran, général de division, au lieutenant général Moncey.

Sartirana, le 27 prairial an 8 (16 juin 1800).

Je vous préviens, citoyen Général, que les troupes enne-

---

(1) V. ci-dessus, p. 471.

mies qui s'étaient portées (1) en avant de Casale et qui mena-
çaient Verceil (1) se sont retirées.

Hier, je brisai le pont de Valenza (1). Je ferai en sorte de
détruire celui de Casale. Les démonstrations que je fais pour
passer le Pô à Sartirana inquiètent beaucoup l'ennemi.

Le Premier Consul m'annonce que le 25 nous avons battu
l'armée autrichienne à Marengo. Nous lui avons tué 6,000
hommes, fait autant de prisonniers, pris 40 pièces de canon
et 15 drapeaux.

Salut et fraternité.

CHABRAN.

Chabran, général de division, au Général en chef.

Sartirana, le 27 prairial an 8 (16 juin 1800).

Mon Général,

L'ennemi, qui s'était porté en force en avant de Casale et
qui paraissait menacer Verceil, a disparu pendant la nuit.
Une reconnaissance, forte de 50 chevaux et de 200 carabiniers
que j'avais dirigé de Candia sur ce point, rapporte avoir
trouvé beaucoup de barques ; elle a culbuté les postes qui
y étaient restés, elle a fait quelques prisonniers.

J'ai ordonné qu'un corps de cavalerie reprit à Terranova le
poste qu'il avait été forcé de quitter.

J'apprends à l'instant qu'un corps de troupes ennemies,
que je présume n'être qu'en observation, s'est porté à la hauteur du pont de Sartirana, pour s'opposer à la construction
du pont que je voulais jeter.

Hier je brisai le pont de Valenza ; je n'oublierai rien pour
détruire celui de Casale qui, m'assure-t-on, est fini et solide-
ment construit.

Le chef de brigade Miquel me mande du 24 que, le 23,
l'ennemi fit un mouvement vers la ligne de Ponte, où un
corps de troupes de 1200 à 1500 hommes, fit mine de s'avancer ; il se retira le lendemain. Au moment où il m'écrivait, il
n'y avait plus personne. Une partie des forces est dans Turin ;
une autre vers Rivoli est opposée au général Turreau.

---

(1) Ces trois mots n'existent pas dans l'original, dont un morceau a été déchiré. Ils ont
été rétablis par le rapprochement de cette lettre avec la lettre suivante de Chabran à Berthier, dans laquelle sont relatés les mêmes événements.

Je vous fais passer une lettre que je reçois du général Valette, quoiqu'elle soit de vieille date.

Vos..... (1), mon Général, font la plus grande vexation dans toutes ces contrées; l'habitant n'est pas pour nous.

Hier, un paysan vous aura peut-être remis une lettre. J'ai l'honneur de vous prévenir que mon intention était de le faire prendre, pour que ma lettre fut remise au commandant des troupes ennemies à Valenza et Casale. J'écrivis dans le même sens à l'administration de Verceil, pour la rassurer et pour que l'ennemi en eut connaissance par quelqu'un de ses partisans; vous savez, mon Général, que Verceil lui en fournit beaucoup. Je désire que, ne pouvant faire mieux, mes démonstrations remplissent vos vues.

Salut et respect.

CHABRAN.

*\
* *

Les pourparlers pour la convention aboutissent dans la nuit du 15 au 16 juin.

L'armée française entre dans 12 places ou citadelles, sans en faire le siège et gagne. par une seule bataille, la majeure partie du bassin du Pô. Mais l'armée autrichienne et les garnisons des places restent intactes et se retirent avec tout leur matériel de guerre.

Le Premier Consul, aux Consuls de la République.

Torre-di-Garofoli, 27 prairial an 8 (16 juin 1800).

Le lendemain de la bataille de Marengo, citoyens Consuls, le général Mélas a fait demander aux avant-postes de m'envoyer le général Skal, et on est convenu, dans la journée, de la convention ci-jointe, qui a été signée dans la nuit par le général Berthier et le général Mélas (2). J'espère que le peuple français sera content de son armée.

Je serai ce soir à Milan (3).   BONAPARTE.

(1) Mot illisible dans le texte.

(2) Ce texte est conforme à la minute qui existe aux Archives nationales. Il y a eu quelques variantes dans diverses copies.

(3) Cette lettre a été publiée dans le *Moniteur* du 3 messidor (22 juin). Elle figure à la *Correspondance de Napoléon*, sous le n° 4913.

Convention arrêtée entre les Généraux en chef des armées françaises et impériales en Italie.

ART. 1er. — Il y aura armistice et suspension d'hostilités entre l'armée de Sa Majesté Impériale et celle de la République française en Italie jusqu'à la réponse de Vienne (1)

ART. 2. — L'armée de Sa Majesté Impériale occupera tous les pays compris entre le Mincio, la Fossa-Maestra et le Pô, c'est-à-dire Peschiera, Mantoue, Borgo-Forte, et depuis-là, la rive gauche du Pô et à la rive droite, la ville et la citadelle de Ferrare (2).

ART. 3. — L'armée de Sa Majesté Impériale occupera également la Toscane et Ancône.

ART. 4. — L'armée française occupera les pays compris entre la Chiese, l'Oglio et le Pô.

ART. 5. — Le pays entre la Chiese et le Mincio ne sera occupé par aucune des deux armées. L'armée de Sa Majesté Impériale pourra tirer des vivres des parties de ce pays qui faisaient partie du duché de Mantoue. L'armée française tirera des vivres des pays qui faisaient partie de la province de Brescia.

ART. 6. — Les châteaux de Tortone, d'Alexandrie, de Milan, de Turin, de Pizzighettone, d'Arona (3), de Plaisance, seront remis à l'armée française, du 27 prairial au 1er messidor, ou du 16 au 20 juin.

ART. 7 (4). — La place de Coni, les châteaux de Ceva, de Savone, la ville de Gênes, seront remis à l'armée française, du 16 au 24 juin, ou du 27 prairial au 5 messidor.

ART. 8 (5). — Le fort Urbain sera remis le 26 juin ou 7 messidor.

ART. 9. — L'artillerie des places sera classée de la manière suivante :

---

(1) Voir à ce sujet l'interprétation donnée par le Premier Consul dans sa lettre à Moreau. (V. p. 494.)

(2) Dans une première rédaction, il n'y a pas la dernière partie : « ..... et à la rive droite..... » On a vu que, d'après Crossard, c'est à Neupperg que les Autrichiens auraient dû de conserver Ferrare. (V. note 2, p. 467.)

(3) Dans la première rédaction il y avait en plus : « d'Airolo ».

(4) Dans la première rédaction : « Les châteaux de Coni, Ceva, Savone..... »

(5) Dans la première rédaction : « Les châteaux du fort Urbain et Ferrare ». (V. la note 2, p. 480.)

1º Toute l'artillerie des fonderies et calibres autrichiens appartiendra à l'armée autrichienne ;

2º Celle des fonderies et calibres italiens, piémontais et français, sera remise à l'armée française ;

3º Les approvisionnements de bouche seront partagés : moitié sera à la disposition du commissaire ordonnateur de l'armée autrichienne, moitié à celle de l'ordonnateur de l'armée française.

Art. 10. — Les garnisons sortiront avec les honneurs militaires et se rendront avec armes et bagages, par le plus court chemin, à Mantoue.

Art. 11. — L'armée autrichienne se rendra à Mantoue, par Plaisance, en trois colonnes : la première, du 16 au 20 juin ou du 27 prairial au 1er messidor ; la seconde, du 20 au 24 juin ou du 1er au 5 messidor ; la troisième, du 24 au 26 juin ou du 5 au 7 messidor.

Art. 12. — MM. le général Saint-Julien ; de Stwrtnick, de l'artillerie ; du Brons, du génie (1) ; Felsegi, commissaire des vivres ; les citoyens : le général Dejean, l'inspecteur aux revues Daru, l'adjudant général Léopold Stabenrath ; le chef de brigade d'artillerie Mossel, sont nommés commissaires à l'effet de pourvoir aux détails de l'exécution de la présente convention, soit pour la formation des inventaires, soit pour pourvoir aux subsistances et transports, soit pour tout autre objet.

Art. 13. — Aucun individu ne pourra être maltraité pour raison de services rendus à l'armée autrichienne ou pour opinion politique. Le général en chef de l'armée autrichienne fera relâcher les individus qui auraient été arrêtés dans la République cisalpine pour opinions politiques, et qui se trouveraient encore dans les forteresses sous son commandement.

Art. 14. — Quelle que soit la réponse de la cour de Vienne, aucune des deux armées ne pourra attaquer l'autre qu'en se prévenant dix jours d'avance.

Art. 15. — Pendant la suspension d'armes, aucune armée ne fera de détachements pour l'Allemagne.

Fait à Alexandrie, le 26 prairial an 8, ou le 15 juin 1800.

Alex. Berthier.   Mélas.
                                   Général de cavalerie.

_____

(1) Le nom de ce dernier officier, ainsi que celui du chef de brigade Mossel, ne figurent pas dans le texte allemand de la convention. (*Œst. milit. Zeitschrift*, t. XXIX, p. 264.)

Bonaparte, Premier Consul de la République, au citoyen Dejean, conseiller d'État.

Torre-di-Garofoli, 27 prairial an 8 (16 juin 1800).

Vous trouverez ci-joint, Citoyen, la copie de la convention qui a été signée par le général en chef Berthier et le général Mélas. Vous verrez que vous êtes nommé commissaire.

Je serai ce soir à Milan. Tenez-vous prêt à partir dès que je vous aurai parlé.

Vous pouvez faire connaître cette convention au commandant de la citadelle pour que les hostilités cessent. Communiquez-là au citoyen Petiet, qui la fera publier.

Je vous salue.

BONAPARTE.

Bonaparte, Premier Consul de la République, au citoyen Merlin.

Voghera, le 27 prairial an 8 (16 juin 1800).

Vous vous rendrez en toute diligence près du général Moncey, à Buffalora, pour lui faire part de la convention qui a eu lieu et de là au fort d'Arona pour la notifier au commandant, afin que toute hostilité cesse (1).

BONAPARTE.

Alex. Berthier, général en chef de l'armée de réserve, au général Dupont.

Garofoli, le 27 prairial an 8 (16 juin 1800).

Faites venir deux compagnies de grenadiers pour nous garder. Elles fournissent un officier, 25 hommes et un tambour pour ma garde particulière.

Rendez-vous à Marengo, même à Alexandrie s'il est nécessaire, et signez, conjointement avec le chef de l'état-major de l'armée autrichienne, les ordres pour faire cesser les hostilités des avant-postes du général Turreau (2), du général

---

(1) Moncey porte la convention d'Alexandrie à la connaissance de ses troupes par un ordre daté de Buffalora le 17 juin.

(2)   *Turreau, général commandant l'aile gauche de l'armée d'Italie,*
au général Dupont, chef de l'état-major général de l'armée de réserve.

Pignerol, le 29 prairial an 8 (18 juin 1800).

J'ai reçu, Général, des mains de mon aide de camp, l'ordre que vous lui aviez remis pour faire cesser toutes hostilités. J'ai donné les mesures à cet égard.

Je vous prie, en me renvoyant mon courrier, de me faire connaître les instructions qui me concernent pour la reddition de la ville et citadelle de Turin.

Je vous salue.

TURREAU.

Suchet, du général Masséna, à Plaisance, à Marcaria route de Mantoue, aux avant-postes de Monsieur de Loudon.

Faites les dispositions pour que la ville de Tortone soit mise de suite en notre pouvoir et la citadelle demain à 8 heures du matin; elle sera occupée par la division Lapoype. La citadelle d'Alexandrie sera occupée par le général Gardanne.

Que la citadelle de Milan soit mise après-demain matin en notre pouvoir et occupée par les troupes du général Vignolle.

Qu'après-demain matin la citadelle de Turin soit remise au général Turreau, Pizzighettone et Plaisance au général Lorge, Arona au général Bethencourt.

Insistez pour la possession de ces places aux époques fixées, surtout Tortone aujourd'hui et la citadelle demain. Faites connaître que la première colonne de l'armée autrichienne ne peut se mettre en marche avant que ces places soient en notre pouvoir.

Déterminez le jour où Coni sera remis aux troupes qui occupent Tende, Ceva, Savone et la ville de Gênes au général Masséna, le fort Urbain au général Lorge.

Faites, de concert avec le chef de l'état-major de l'armée autrichienne, toutes les dispositions pour l'exécution littérale du traité.

Convenez bien des époques afin que les différentes colonnes ne puissent partir que dans le cas où les différentes forteresses, qui doivent être mises au pouvoir des Français, le soient aux époques déterminées.

Veillez à ce que les troupes autrichiennes soient partagées en trois corps égaux.

Prévenez M. le général Mélas que le commissaire des guerres Julien, nommé commissaire conformément à l'article 12 du traité, est remplacé par le chef de brigade d'artillerie Mossel. Prévenez-en le général Marmont.

Alex. BERTHIER.

Alex. Berthier, général en chef de l'armée de réserve, au général Dupont, chef de l'état-major général.

Garofoli, le 27 prairial an 8 (16 juin 1800).

Je vous envoie ci-joint la lettre de l'officier commandant à

Tortone (1) ; je vous prie de demander à M. de Mélas qu'il donne, sur-le-champ, l'ordre pour que nous occupions la ville et le passage. Voyez à terminer nos affaires ; je vous autorise à traiter, sur-le-champ, l'échange des prisonniers. Il est important que nous ayons demain la citadelle de Tortone, conformément aux conventions, ainsi que Milan, etc.

Alex. BERTHIER.

Alex. Berthier, général en chef de l'armée de réserve, au Premier Consul.

Garofoli, le 27 prairial an 8 (16 juin 1800).

Je me suis décidé à laisser mon quartier général à Garofoli à cause de l'infection des morts qui couvrent toute la plaine autour de Marengo.

Nous nous occupons du mode d'exécution pour le traité. Les Autrichiens chicanent tant qu'ils peuvent. Je ne pourrai vous faire connaître que demain les époques définitives auxquelles les places seront abandonnées.

Le général Suchet vient de m'envoyer deux officiers partis d'Acqui ; Masséna, de sa personne, est encore à Finale. Je lui ai envoyé un double du traité. Il paraît positif que les Autrichiens, dans la journée du 25, ont eu environ 12,000 hommes hors de combat.

Alex. BERTHIER.

Le Premier Consul, à Sa Majesté l'Empereur et Roi (2).

Marengo, 27 prairial an 8 (16 juin 1800).

J'ai l'honneur d'écrire à Votre Majesté pour lui faire connaître le désir du peuple français de mettre un terme à la guerre qui désole nos pays.

---

(1) Cette lettre n'a pas été retrouvée.

(2)   *Le Premier Consul au Ministre des relations extérieures.*

Milan, 3 messidor an 8 (22 juin 1800).

Vous trouverez ci-joint, citoyen Ministre, copie de la lettre que j'ai envoyée hier à l'Empereur par un courrier extraordinaire. Elle sort, comme vous le verrez, du style et de la forme ordinaires ; mais c'est que tout ce qui se passe autour de nous me paraît avoir un caractère nouveau.

BONAPARTE.

(*Correspondance de Napoléon*, n° 4941.)

Le Premier Consul aux Consuls de la République.

Milan, 3 messidor an 8 (22 juin 1800).

J'ai expédié, citoyens Consuls, un courrier à l'Empereur, avec une lettre que le Ministre

L'astuce des Anglais a empêché l'effet que devait naturellement produire sur le cœur de Votre Majesté ma démarche à la fois simple et franche (1).

La guerre a eu lieu. Des milliers de Français et d'Autrichiens ne sont plus... Des milliers de familles désolées redemandent leurs pères, leurs époux, leurs fils !... Mais le mal qui est fait est sans remède ; qu'il nous instruise du moins et nous fasse éviter celui que produirait la continuation des hostilités. Cette perspective afflige tellement mon cœur que, sans me rebuter de l'inutilité de ma première démarche, je prends derechef le parti d'écrire directement à Votre Majesté, pour la conjurer de mettre un terme aux malheurs du continent.

C'est sur le champ de bataille de Marengo, au milieu des souffrances et environné de 15,000 cadavres, que je conjure Votre Majesté d'écouter le cri de l'humanité, et de ne pas permettre que la génération de deux braves et puissantes nations s'entr'égorge pour des intérêts qui leur sont étrangers.

C'est à moi de presser Votre Majesté, puisque je suis plus près qu'elle du théâtre de la guerre. Son cœur ne peut pas être si vivement frappé que le mien.

Les armes de Votre Majesté ont assez de gloire ; elle gouverne un très grand nombre d'États. Que peuvent donc alléguer ceux qui, dans le cabinet de Votre Majesté, veulent la continuation des hostilités ?

Les intérêts de la religion et de l'Église ?

Pourquoi ne conseille-t-on pas à Votre Majesté de faire la guerre aux Anglais, aux Moscovites, aux Prussiens ? Ils sont plus loin de l'Église que nous.

La forme du gouvernement français, qui n'est point héréditaire, mais simplement électif ?

Mais le gouvernement de l'Empire est aussi électif, et d'ailleurs Votre Majesté est bien convaincue de l'impuissance où serait le monde entier de rien changer à la volonté que le peuple français a reçue de la nature de se gouverner comme il lui plaît. Et pourquoi ne conseille-t-on pas à Votre Majesté d'exiger du roi d'Angleterre la suppression du Parlement et des États, ou des États-Unis d'Amérique la destruction de leur Congrès ?

Les intérêts du Corps germanique ?

Mais Votre Majesté nous a cédé Mayence, que plusieurs campagnes n'ont pu mettre en notre pouvoir, et qui était dans le cas de soutenir plusieurs mois de siège ; mais le Corps germanique demande à grands cris la paix, qui seule peut le sauver de son entière ruine ; mais la plus grande partie du Corps germanique, les États mêmes du roi d'Angleterre, seul instigateur de la guerre, sont en paix avec la République française.

Un accroissement d'États en Italie pour Votre Majesté ?

Mais le traité de Campo-Formio a donné à Votre Majesté ce qui a été constamment l'objet de l'ambition de ses ancêtres.

des relations extérieures vous communiquera. Vous la trouverez un peu originale, mais elle est écrite sur un champ de bataille.

. . . .

BONAPARTE.

(*Correspondance de Napoléon*, n° 4940.)

(1) Lettre écrite le 25 décembre 1799 par le Premier Consul à l'Empereur. (V. t. Ier, p. 27.)

L'équilibre de l'Europe ?

La campagne passée montre assez que l'équilibre de l'Europe n'est pas menacé par la France, et les événements de tous les jours prouvent qu'il l'est par la puissance anglaise, qui s'est tellement emparée du commerce du monde et de l'empire des mers, qu'elle peut seule résister aujourd'hui à la marine réunie des Russes, des Danois, des Suédois, des Français, des Espagnols et des Bataves. Mais Votre Majesté, qui a un grand commerce aujourd'hui, est intéressée à l'indépendance et à la liberté des mers.

- La destruction des principes révolutionnaires ?

Si Votre Majesté veut se rendre compte des effets de la guerre, elle verra qu'ils seront de révolutionner l'Europe en accroissant partout la dette publique et le mécontentement des peuples.

En obligeant le peuple français à faire la guerre, on l'obligera à ne penser qu'à la guerre, à ne vivre que de la guerre, et les légions françaises sont nombreuses et braves.

Si Votre Majesté veut la paix, elle est faite ; exécutons de part et d'autre le traité de Campo-Formio, et consolidons, par un supplément, la garantie des petites puissances, qui, principalement, paraît avoir été cause de la rupture de la paix.

Donnons le repos et la tranquillité à la génération actuelle. Si les générations futures sont assez folles pour se battre, eh bien ! elles apprendront, après quelques années de guerre, à devenir sages et à vivre en paix.

Je pouvais faire prisonnière toute l'armée de Votre Majesté. Je me suis contenté d'une suspension d'armes, ayant l'espoir que ce serait un premier pas vers le repos du monde, objet qui me tient d'autant plus à cœur, qu'élevé et nourri par la guerre, on pourrait me soupçonner d'être plus accoutumé aux maux qu'elle entraîne.

Cependant, Votre Majesté sent que, si la suspension d'armes qui a lieu ne doit pas conduire à la paix, elle est sans but et contraire aux intérêts de ma nation.

Ainsi, je crois devoir proposer à Votre Majesté :

1° Que l'armistice soit commun à toutes les armées ;

2° Que des négociateurs soient envoyés, de part et d'autre, secrètement ou publiquement, comme Votre Majesté le voudra, dans une place entre le Mincio et la Chiese, pour convenir d'un système de garantie pour les petites puissances, et expliquer les articles du traité de Campo-Formio que l'expérience aurait montré devoir l'être.

Si Votre Majesté se refusait à ces propositions, les hostilités recommenceraient ; et, qu'elle me permette de le lui dire franchement, elle serait, aux yeux du monde, seule responsable de la guerre.

Je prie Votre Majesté de lire cette lettre avec les mêmes sentiments qui me l'ont fait écrire, et d'être persuadée qu'après le bonheur et les intérêts du peuple français rien ne m'intéresse davantage que la prospérité de la nation guerrière dont, depuis huit ans, j'admire le courage et les vertus militaires (1).

BONAPARTE.

---

(1) *Correspondance de Napoléon*, n° 4914.

***

Quelques difficultés s'élèvent pour la remise des places fortes et le départ des colonnes autrichiennes.

Alex. Berthier, général en chef de l'armée de réserve, au Premier Consul.

Garofoli, le 28 prairial an 8 (17 juin 1800).

J'espère, citoyen Consul, que tous les articles de la capitulation seront exécutés; mais j'ai dû me rendre à quelques modifications dans le mode d'exécution (1).

Aujourd'hui le fort de Serravalle est remis aux troupes de la République.

Demain 29, seront remis le fort de Tortone, les citadelles de Milan et d'Arona.

Le 1er messidor, seront remis : la citadelle de Turin, celle d'Alexandrie, celles de Plaisance et Pizzighettone.

Le 4 messidor seront remis les places de Coni, Ceva, Gênes et Savone.

Enfin, le 6 messidor, le fort Urbain.

La première colonne des troupes autrichiennes part le 29 prairial, la seconde le 30. La troisième colonne devait partir le 1er messidor (2); j'ai demandé qu'elle ne partît que le jour où l'on nous remettra Coni, Ceva, Gênes et Savone.

Le général Murat, qui vous portera cette lettre, vous fera connaître la position de l'armée et vous parlera des différentes choses que je lui ai confiées.

Attachement et respect.

Alex. BERTHIER.

---

(1) Le Premier Consul n'éprouva pas la même confiance. (V. plus loin, p. 503.)

(2) C'est d'après cette première disposition qu'est établi le tableau des étapes de l'armée autrichienne. (V. annexe nº 12.)

Alex. Berthier, général en chef de l'armée de réserve, au Premier Consul.

Garofoli, le 28 prairial an 8 (17 juin 1800).

Citoyen Consul,

J'ai l'honneur de vous prévenir qu'il est définitivement arrêté entre moi et M. le général Mélas (1) que la première colonne de l'armée autrichienne partira le 18 juin, 29 prairial.

La deuxième colonne, le 20 juin (1er messidor).

La troisième colonne, le 24 juin (5 messidor).

Les forteresses seront évacuées, savoir :

Serravalle, aujourd'hui 17 juin (28 prairial);

Tortone, demain 18 juin (29 prairial);

Alexandrie. . . . .
Milan. . . . . . .
Turin. . . . . . .
Pizzighettone. . . } le 20 juin (1er messidor);
Arona. . . . . . .
Plaisance. . . . .

Coni . . . .
Ceva . . . . } le 24 juin (5 messidor);
Savone. . . . . .
Gênes. . . . . . .

Le fort Urbain, le 26 juin (7 messidor) (2).

Telles sont, citoyen Consul, les dispositions que j'ai conciliées avec ce que désirait M. de Mélas et ce qu'exige le traité.

Il est bien à désirer que nous puissions nous éloigner de nos anciennes positions, à cause de l'infection des cadavres.

Demain, je compte établir mon quartier général à Tortone.

Attachement et respect.

Alex. BERTHIER.

---

(1) Les dates de départ des trois colonnes, ainsi que les jours où les forteresses seront évacuées, sont fixés par une lettre de Mélas à Berthier, datée le 17 juin d'Alexandrie. (*Archives de Gros-Bois*, IX, A. 20.) Berthier a accepté les jours proposés par Mélas.

(2) Dupont adresse le 18 juin une copie de la convention d'Alexandrie au Ministre de la guerre et indique les dates de départ des colonnes autrichiennes, ainsi que les jours où les différentes places seront remises aux Français. D'après cette lettre, Coni, Ceva, Gênes et Savone sont livrées le 4 messidor (23 juin) et le fort Urbain le 6 messidor (25 juin).

Alex. Berthier, général en chef de l'armée de réserve, au général Dupont.

Garofoli, le 28 prairial an 8 (17 juin 1800).

Donnez l'ordre de bonne heure aux généraux de division pour que, demain matin, les troupes à leurs ordres qui se trouveront en vue de la colonne autrichienne à son passage, prennent les armes parallèlement au front de bandière de leurs bivouacs et battent aux champs. Le même ordre sera donné à la cavalerie, qui montera à cheval également devant son bivouac.

Alex. BERTHIER.

Envoyez un officier d'état-major pour faire le logement du quartier général à Tortone, où il se transportera demain. Cet officier prendra avec lui trois compagnies de grenadiers de la division Lapoype, pour mettre le plus grand ordre dans la ville.

Ordonnez dans l'armée pour que l'on ait les plus grands égards pour tout ce qui tient à l'armée autrichienne. Plus on est vainqueur, plus on doit être modeste.

Alex. BERTHIER.

Le 18 juin, la 1ʳᵉ colonne autrichienne part d'Alexandrie. La citadelle de Tortone est remise à la division Lapoype. Les autres divisions campent encore sur le champ de bataille.

L'adjudant général Lacroix, au général Dupont, chef de l'état-major général.

Tortone, le 29 prairial an 8 (18 juin 1800).

Les Autrichiens n'attendent, pour évacuer la citadelle, mon Général, que les troupes qui doivent les relever. Le général Lapoype vient de partir pour aller chercher sa division. Je leur ai fait proposer de les relever par une compagnie de grenadiers; mais, outre qu'elle ne serait point suffisante pour la garde de tous les magasins, ces messieurs les Autrichiens, qui sont très vétilleux, parlent des égards de nation à nation, de sorte que l'on attend, pour les faire évacuer, l'arrivée des troupes du général Lapoype.

On a trouvé, dans la citadelle, 80 prisonniers français. Nos commissaires les ont réclamés ; on les leur a remis, sous la promesse que nous rendrions un pareil nombre d'Autrichiens.

Je viens de faire retourner à Garofoli les adjoints Bernard, Simon, Levasseur et Larmand.

J'ai été faire tapage dans le logemeut du général en chef et dans le vôtre ; mais, malgré cela, vous ne serez pas bien logés, parce que les habitants sont mauvais.

Salut et inviolable attachement.

LACROIX.

Le général de division Lapoype, au général de division Dupont. chef de l'état-major général.

Tortone, le 29 prairial an 8 (18 juin 1800).

Je vous préviens, citoyen Général, que ma division, composée de cinq bataillons, est disposée ainsi qu'il suit :

1 bataillon de la 1re légère, à la citadelle ;
1 bataillon de la 29e de ligne, à la citadelle ;
1 bataillon de la 29e de ligne, caserné dans la ville de Tortone ;
2 bataillons de la 91e bivouaquent en avant de Tortone, entre cette place et la Scrivia.

D'après cela, je vous prie de proposer au général en chef de réunir la division dans la citadelle ; je vous invite à me faire connaitre ses intentions demain avant 8 heures du matin.

Je vous salue.

LAPOYPE.

Le général de division Lapoype, au lieutenant général Moncey.

Tortone, le 29 prairial an 8 (18 juin 1800).

Je n'ai pas besoin, mon Général, de vous parler de l'heureuse réussite de notre armée, et de l'inconcevable capitulation qui en a été la suite. Bonaparte a exécuté son grand plan avec son génie et ce bonheur qui ne l'abandonna jamais. Ce dont je veux vous parler, c'est du désir que j'ai de retourner auprès de vous et de servir sous vos ordres. L'armée va s'organiser, et j'espère que vous n'oublierez pas que vos amis ne sont bien qu'avec vous et ne veulent partager que votre gloire. Je parle toujours au nom de Digonnet et au mien. Je m'en rapporte à votre amitié.

Ma division est à Tortone ; j'ai pris possession de la citadelle aujourd'hui, avec la brigade Digonnet ; et je n'attends plus que le moment de me réunir à vous.

Je vous prie de croire à ma respectueuse amitié.

LAPOYPE.

Alex. Berthier, général en chef de l'armée de réserve, au Premier Consul.

Garofoli, le 29 prairial an 8 (18 juin 1800).

Citoyen Premier Consul,

J'ai l'honneur de vous prévenir que la première colonne de l'armée autrichienne est partie ce matin, ainsi que M. de Mélas, qui voyage avec ses équipages. Je vais, ce soir, établir mon quartier général à Tortone. Comme, dans la journée de demain, il ne part pas de troupes autrichiennes, et qu'il n'y a point de places remises en notre pouvoir, je me propose d'aller vous voir à Milan.

Attachement et respect.

Alex. BERTHIER.

Alex. Berthier, général en chef de l'armée de réserve, au Premier Consul.

Tortone, le 29 prairial an 8 (18 juin 1800).

Citoyen Premier Consul,

En allant voir les troupes ce matin dans leur camp, j'ai eu le plaisir de rencontrer le général Masséna et de l'embrasser.

Je m'étais proposé d'aller vous voir à Milan ; mais, comme je juge convenable d'être ici le 1er messidor, jour où on nous livre Alexandrie, je resterai, à moins que je ne reçoive des ordres de vous. Demain, je passerai la revue de toute l'armée, et, après-demain, je me propose d'aller coucher à Milan.

Je vous prie de me faire connaître quelles sont vos intentions pour le placement des divisions.

Attachement et respect.

Alex. BERTHIER.

Alex. Berthier, général en chef de l'armée de réserve, au chef de l'état-major.

Tortone, le 29 prairial an 8 (18 juin 1800).

Demain, à midi précis, je passerai la revue des divisions Chambarlhac (1),

---

(1) *Chambarlhac, général commandant la division, au général Dupont, chef de l'état-major, au quartier général, à la Tour de Garofoli.*

Cassina-Grossa, le 28 prairial an 8 (17 juin 1800).

Les pertes que ma division a éprouvé dans les différentes batailles l'ont réduite à 3,900 hommes. La 96e demi-brigade, qui est celle qui a le plus souffert, a deux détachements, l'un composé de 40 hommes et l'autre de 123, restés le premier à Saint-Pierre, de

Gardanne et Watrin. A 2 heures, je passerai la revue des divisions Boudet (1) et Monnier. La cavalerie qui est à Bosco se réunira à portée de la division du général Victor. Les soldats et officiers mettront de la verdure à leurs chapeaux comme signe de la victoire. Après-demain, 1er messidor, je passerai la revue de tout le reste de la cavalerie à Volpédo, à 11 heures du matin.

J'oubliais de vous dire que demain, à 10 heures du matin, je passerai en revue la division Lapoype.

Renouvelez les ordres et chargez un officier d'état-major de veiller à ce que les officiers autrichiens qui sont à San-Giuliano soient pansés et transportés. Demandez des chirurgiens dans la ville, si nous n'en avons pas assez de français, ainsi que des voitures, etc.

Je vous salue.

Alex. BERTHIER.

Envoyez vos chevaux d'avance, nous partirons en voiture.

Ordre du jour.

Tortone, le 29 prairial an 8 (18 juin 1800).

Le général Duvignau, qui ne s'est pas trouvé à sa brigade de cavalerie à la bataille du 23, n'est plus employé à l'armée de réserve ; il se retirera auprès du Ministre de la guerre pour recevoir ses ordres (2).

----

l'autre côté du mont Bernard et le second à Novare ; cette demi-brigade aurait grand besoin de la rentrée de ces détachements.

Je vous prie, mon cher Général, de vouloir bien en faire donner l'ordre le plus tôt possible.

Salut et amitié.

CHAMBARLHAC.

P.-S. — Je vous adresse un état de la perte que j'ai faite d'un cheval qui m'a été pris par l'ennemi.

CH.

(1)   *Division Boudet. — Rapport du 28 prairial*

Au camp de Marengo, le 29 prairial an 8 (18 juin 1800).

La division qui occupait la position à côté de Spinetta, a été placée en arrière de la division Monnier, près les villages de Castel-Ceriolo et Lodi ; elle se trouve ainsi dans son ordre de bataille.

Les subsistances ont été fournies aux troupes, mais rien n'est assuré pour le 29.

L'escadron du 1er régiment de hussards attaché à la division nous a été retiré par ordre du général Kellermann ; l'escadron du 3e de cavalerie nous a aussi été ôté. Il ne nous reste pas un homme à cheval.

Certifié véritable.

L'adjudant général.
W. DALTON.

(2) Duvignau protesta contre cet ordre du jour et fit rapports sur rapports pour prouver sa non-culpabilité. En voici le résumé :

Après le combat du 13, il avait reçu du général Victor l'ordre de placer des avant-postes (V. p. 319). Il faisait nuit, le terrain était coupé de nombreux fossés. Le cheval de Duvignau, monté depuis 6 heures du matin et n'ayant pas mangé, tombe en sautant un fossé et se renverse sur son cavalier. Il était près de minuit

Transporté à Marengo, Duvignau y reçoit quelques soins que nécessitaient des contusions et des crachements de sang répétés. Le 25, à 5 h. 1/2 du matin, alors que rien ne fait prévoir la bataille, il va trouver le général Victor à Spinetta et est autorisé par lui à aller

L'officier qui commandait le corps de 500 hommes qui s'est rendu dans les maisons de Marengo sera traduit au conseil de guerre. Un corps de 500 hommes, commandé par un brave, doit se faire jour partout, et surtout quand il est soutenu de son armée.

Outre les états qui doivent être envoyés à l'état-major général aux époques prescrites, il lui sera adressé, le lendemain de chaque action, un état particulier par les corps qui y auront pris part. Les généraux de division et de brigade veilleront à ce que cette disposition soit remplie avec exactitude.

Le Général de division, chef de l'état-major général,

DUPONT.

★
★ ★

Le Premier Consul arrive le 17 juin à Milan, où il prend des dispositions pour la reprise des hostilités.

Le Premier Consul, au général en chef Moreau (1).
(Armée du Rhin.)

Milan, 28 prairial an 8 (17 juin 1800).

Le sort de l'Italie, citoyen Général, vient d'être décidé par deux batailles assez sérieuses, l'une à Montebello, près Casteggio, l'autre entre Marengo et San-Giuliano. Desaix, qui était arrivé la veille, a été tué à cette dernière. Sa

---

se faire soigner. Duvignau se retire à Castel-Nuovo, après avoir rendu compte à Murat, Dupont et Berthier.

Duvignau produisit des attestations du capitaine Denizot, son adjoint, qui avait vu sa chute, et des médecins qui l'avaient soigné, et le certificat suivant de Victor :

« Paris, le 1 thermidor an 8 (23 juillet 1800).

« Le général Victor atteste que le général Duvignau, commandant la brigade de cavalerie attachée au corps qu'il avait à ses ordres, le 24 prairial dernier, fut blessé en faisant la visite des avant-postes, pendant la nuit du 24 au 25 dudit mois, et que, sur le rapport qu'il lui en a fait le 25 au matin, jour de la bataille de Marengo, il lui a permis de se retirer pour se faire soigner, attendu qu'il se trouvait hors d'état de continuer son service.

« VICTOR. »

Duvignau n'en fut pas moins réformé le 21 thermidor an 8 (9 août 1800).

Né à Mézières le 19 septembre 1770, il avait été garde du corps le 29 novembre 1784 et avait eu rang de capitaine le 17 novembre 1788 ; il était devenu chef de bataillon adjudant général le 23 mai 1792, chef de brigade du 18e régiment d'infanterie le 8 mars 1793 et général de brigade le 15 janvier 1795. Ses états de services portent la mention : « Blessé près de San-Giuliano le 24 prairial an 8 ».

Il ne cessa, pendant tout l'Empire, d'affirmer son innocence et de demander un commandement et la solde d'activité, car il était dans l'indigence. L'Empereur inflexible ne voulut jamais revenir sur la décision prise.

En activité le 12 juin 1814, il prit sa retraite le 21 décembre suivant.

(1) *Correspondance de Napoléon*, n° 4915.

famille et la République font une grande perte; mais la nôtre est plus grande encore.

M. Mélas se trouvait, après cette bataille, enveloppé de tous côtés (1); il a signé la convention que vous trouverez ci-jointe.

Il fait ici, comme à votre armée, un temps assez mauvais, ce qui nous fatigue beaucoup; tous les soirs nous avons deux heures de pluie.

J'arrive à Milan, et je suis un peu fatigué. Je vous écrirai plus en détail un autre jour.

Je vous salue.

BONAPARTE.

P.-S. — Dès l'instant que la plus grande partie des places fortes sera dans nos mains, je ferai signifier à la cour de Vienne que les expressions du premier article, « jusqu'à la réponse de la cour de Vienne », doivent s'étendre à quinze jours seulement. Ce temps est nécessaire à l'armée pour organiser son artillerie (2).

Le Premier Consul, au général Berthier (3).

Milan, le 28 prairial an 8 (17 juin 1800).

Je vous envoie, citoyen Général, un arrêté dont je vous prie d'envoyer copie au général Masséna et au général Turreau.

Plaisance est rendue, la garnison est prisonnière sur parole, elle est forte de 1100 hommes (4). Elle servira à échanger les 1100 hommes qui ont été faits prisonniers à Marengo et qui sont à Alexandrie (5).

BONAPARTE.

Arrêté.

Milan, le 28 prairial an 8 (17 juin 1800)

Bonaparte, Premier Consul de la République, arrête :

ART. 1er. — Le général Masséna prendra toutes les mesures pour faire occuper, en conséquence de la convention du 27 prairial, les forteresses de Ceva, Coni, Savone et la ville de Gênes.

---

(1) V. les réflexions faites à ce sujet, note 1, p. 467.

(2) Cette phrase prouve bien que l'artillerie était désorganisée. Si elle ne l'avait pas été, le Premier Consul n'aurait pas laissé échapper l'occasion de détruire l'armée de Mélas. Il a accordé une suspension d'hostilités pour être en mesure de recommencer la lutte avec avantage et sans doute parce qu'il sentait que la faiblesse de son artillerie ne le mettait pas en situation de livrer une seconde bataille le 15 ou le 16 juin.

(3) *Correspondance de Napoléon*, n° 4920.

(4) D'après la *Revue militaire autrichienne* (t. XXIX, p. 151), il n'y avait que 250 hommes à Plaisance. (V. p. 145, note 1.)

(5) La garnison de Plaisance ne fut pas considérée comme prisonnière de guerre sur l'observation des généraux autrichiens. (V. p. 517.)

ART. 2. — Le général Turreau, en vertu de ladite capitulation, occupera Turin.

ART. 3. — Le général en chef Berthier fera occuper Milan, Arona, Pizzighettone, Alexandrie, Tortone (1).

BONAPARTE.

Bulletin de l'armée de réserve.

Milan, le 28 prairial an 8 (17 juin 1800).

Les canonniers de la garde des Consuls se couvrent de gloire dans toutes les affaires. A la bataille de Montebello, ils étaient, avec les tirailleurs et trois pièces d'artillerie, toujours à vingt pas de l'ennemi. Le citoyen Marin, sous-lieutenant de cette compagnie, se distingue d'une manière toute particulière (2).

M. Mélas a eu, dans la bataille de Marengo, deux chevaux tués sous lui et une contusion au bras (3).

Le général Saint-Julien, avec quatre ou cinq autres généraux, avaient été faits prisonniers; mais ils ont eu le temps de se sauver pendant que nos soldats se jetaient sur les pièces.

Plusieurs des grenadiers hongrois et allemands prisonniers, passant auprès du Premier Consul, le reconnurent, ayant été faits prisonniers dans les campagnes de l'an 4 et de l'an 5. Beaucoup se mirent à crier avec une espèce de satisfaction : « Vive Bonaparte ! »

Le Premier Consul disait, en revenant de la bataille et voyant une grande quantité de soldats blessés, dans le dénuement et les embarras, suites inévitables d'une grande bataille : « Quand on voit souffrir tous ces braves gens, on « n'a qu'un regret, c'est de n'être pas blessé comme eux, pour partager leurs « douleurs ».

Les généraux, officiers et soldats de l'armée autrichienne sont indignés contre Thugut. Ils rendent justice aux bonnes intentions de leur Empereur, et ils paraissent convaincus que nous ne nous battons que pour vendre plus cher le café et le sucre des Anglais.

Un général autrichien de beaucoup de mérite disait au quartier général : « Nous n'aurons de repos et de bonheur sur le continent que lorsque, d'un « concours unanime, nous en interdirons l'accès à cette nation vénale et mer- « cantile, qui calcule sur notre sang pour l'accroissement de son commerce ».

Tous paraissent convaincus que, si nous n'avons pas la paix, c'est la faute de l'Angleterre et de leur ministère.

L'armée autrichienne paraît très attachée au prince Charles, et elle attribue sa disgrâce à quelques plaisanteries lâchées par l'archiduc contre Thugut, et à son opinion bien connue de faire la paix.

A Paris comme à Vienne, en France comme en Allemagne, à l'armée fran-

---

(1) *Correspondance de Napoléon*, n° 1921.

(2) V. p. 250, note 2, et p. 430.

(3) V. les rapports autrichiens, p. 442 et 452.

çaise comme à l'armée autrichienne, tout le monde veut la paix. Les intrigues et les guinées des Anglais, l'influence de l'Impératrice et la disgrâce du prince Charles paraissent seules l'empêcher. Si l'Empereur avait été sur le champ de bataille de Marengo, son cœur se serait livré aux sentiments d'humanité qui lui sont naturels, et il conclurait la paix; et s'il a de la religion, il pensera qu'il doit y avoir châtiment pour celui qui, par ambition ou faiblesse, est coupable de tant de malheurs.

Mais, quand une partie de l'Italie resterait à l'Empereur, qu'en ferait-il? Peut-il, du fond de son palais, à Vienne, gouverner les peuples de la Romagne et des rives de l'Adda? S'il savait combien il a été mal servi par ses agents en Italie, combien de vexations, de vols, d'emprisonnements ont été faits sous son nom, il n'attacherait pas grand prix à la possession d'un pays où il ne peut plus qu'être en horreur.

Parce que le gouvernement français a pris un ton de modération, fondé sur la confiance du peuple et sur des bases solides, on l'a cru faible et pusillanime. On ne croyait pas à la première armée de réserve, et on la tournait en ridicule; on ne croira sans doute à la seconde que lorsqu'elle frappera (1).

Le frère du général Watrin a été tué à la bataille de Marengo : c'était un officier d'un grand mérite.

Le château de Plaisance a capitulé; la garnison est prisonnière de guerre.

Le Premier Consul, aux Consuls (2).

Milan, le 29 prairial an 8 (18 juin 1800).

Je reçois, citoyens Consuls, votre courrier du 22.

Je vous envoie une nouvelle copie de la convention. Dans les premiers jours de messidor, toutes les places seront en notre pouvoir.

Vous trouverez ci-joint le bulletin de l'armée (3) et la capitulation de Plaisance (4).

---

(1) Ce bulletin, sauf les deux dernières phrases, était publié dans le *Moniteur* du 5 messidor (24 juin). Il figure dans la *Correspondance de Napoléon*, sous le n° 4922.

(2) *Correspondance de Napoléon*, n° 4923.

(3) Pièce précédente.

(4) Articles de la capitulation proposés par M. Frantz Harmecker, capitaine commandant d'escadron au service de Sa Majesté impériale et commandant le château de Plaisance, au général de brigade Gobert, commandant les troupes françaises formant le blocus dudit château.

ART. 1er. — La garnison sortira du château avec les honneurs de la guerre, musique en tête, deux pièces de canon, tambour battant, mèche allumée, drapeaux déployés.

Elle défilera sur le glacis où elle déposera ses armes.

Elle se mettra de suite en marche vers le territoire de l'Empereur.

Elle ne pourra servir contre la République française qu'après avoir été échangée.

Les officiers et sous-officiers garderont leurs épées et sabres.

Accordé. Elle sera conduite jusqu'aux premiers postes autrichiens par Fiorenzola et Borgo-San-Domino. La garnison autrichienne sortira demain à 10 heures du matin.

ART. 2. — La garnison et ce qui en dépend conservera ses bagages et tout ce qui lui appartient. — Accordé.

ART. 3. — L'article ci-dessus sera observé à l'égard de M. le chevalier Caravadosi,

A la nouvelle du débarquement de Quiberon, j'allais me rendre droit dans la Vendée ; mais les nouvelles que je reçois du rembarquement retarderont mon départ de quelques jours.

Aujourd'hui, malgré ce qu'en pourront dire nos athées de Paris, je vais en grande cérémonie au *Te Deum* que l'on chante à la métropole de Milan.

BONAPARTE.

P.-S. — J'ai reçu tous vos courriers des 14, 15, 16, 17, 18, 19, 20 et 21.

Bulletin de l'armée de réserve.

Milan, 29 prairial an 8 (18 juin 1800).

Le général Rivaud a été blessé à la bataille de Marengo, en défendant ce village, où il a tenu plusieurs heures avec beaucoup d'intrépidité.

Le général Desaix avait amené d'Egypte deux petits nègres que lui avait

---

capitaine au service de Sa Majesté l'Empereur auquel il sera permis de retourner en Piémont ; cet officier, employé au régiment Montferrat-infanterie, devant être traité comme officier autrichien. — Accordé.

ART. IV. — Ceux qui ont servi les malades dans les hôpitaux, les recruteurs, invalides tous les non-combattants, ne seront pas prisonniers de guerre. — Accordé.

ART. V. — Les troupes, dans leur marche jusqu'au delà des derniers postes français, seront logées dans des quartiers où elles recevront la paille, la lumière et le bois.

Les officiers seront logés chez les particuliers, les fourrages seront fournis pour leurs chevaux et ceux attachés aux équipages. — Accordé.

ART. VI. — Il sera fourni un nombre suffisant de voitures pour transporter les malades et les équipages des officiers. — Accordé.

ART. VII. — Les malades qui ne pourront être transportés seront traités avec le plus grand soin. — Accordé.

ART. VIII. — Tous les papiers relatifs à la comptabilité du service militaire seront emportés. — Accordé.

ART. IX. — La troupe ne fera pas de marche forcée, elle fera au plus 12 milles d'Italie par jour et séjournera le quatrième. — Accordé.

ART. X. — Les vivandiers, marchands et paysans, qui sont à la suite de la garnison, rentreront dans leurs foyers avec leurs équipages, sans pouvoir être recherchés en aucune manière. — Accordé.

ART. XI. — Il sera permis au commandant d'envoyer deux officiers autrichiens porter la présente capitulation au général en chef commandant l'armée impériale. — Accordé.

ART. XII. — Aussitôt que la présente capitulation sera signée de part et d'autre, la barrière espagnole sera occupée par les troupes françaises. Les hostilités cesseront, les postes seront successivement remplacés par des postes français et tout ce qui existera en artillerie, munitions, argent et approvisionnements de tout genre, seront remis. — Accordé. Il entrera dès ce soir dans le château un officier du génie et un commissaire des guerres pour recevoir tous ces objets.

ART. XIII. — S'il se trouvait quelque doute ou équivoque dans les articles de la présente capitulation, l'interprétation en sera faite à l'avantage de la garnison. — Accordé.

Plaisance, le 16 juin 1800, à 4 heures après-midi.

Franz von HARRUCKER, commmandant la place assiégée ;
STERNKRANZ, capitaine de Neugebauer n° 46, commandant de l'infanterie ;
Mark KAUPPE, lieutenant d'artillerie.

Le général de brigade,
GOBERT.

donnés le roi de Darfour. Ces enfants ont porté le deuil de la mort de leur maître, à la mode de leur pays et d'une manière extrêmement touchante.

Le Premier Consul a pris avec lui les deux aides de camp du général Desaix, Savary et Rapp. Le corps de ce général a été conduit en poste à Milan, où on l'a embaumé. On ne sait pas encore si le Premier Consul l'enverra à Paris, ou s'il le placera sur un monument qui serait élevé sur le Saint-Bernard, pour éterniser le passage de l'armée de réserve.

. . . .

Le Premier Consul a assisté ce matin au *Te Deum* que la ville de Milan a fait chanter dans la métropole en l'honneur de la délivrance de la République et de la gloire des armes françaises. Il a été reçu à la porte par tout le clergé, conduit dans le chœur sur une estrade préparée à cet effet, et celle sur laquelle on avait coutume de recevoir les consuls et les premiers magistrats de l'empire d'Occident. La musique du *Te Deum* était des meilleurs compositeurs d'Italie. Cette cérémonie était imposante et superbe.

Ce respect pour l'autel est une époque mémorable qui fera impression sur les peuples d'Italie et plus d'amis à la République.

L'allégresse était partout à son comble. « Si l'on fait ainsi, disaient les Ita- « liens, de tous les pays, nous sommes tous républicains, et prêts à nous armer « pour la défense de la cause du peuple dont les mœurs, la langue et les habi- « tudes ont le plus d'analogie avec les nôtres (1) ».

Bonaparte, Premier Consul de la République, au général Berthier.

Milan, le 29 prairial an 8 (18 juin 1800).

Je vous prie, citoyen Général, de me faire faire un rapport sur cette question :

Laquelle des deux forteresses de *Tortone* ou d'*Alexandrie* est le plus dans le cas de se défendre (2)?

Je vous salue.

BONAPARTE.

_____

(1) *Correspondance de Napoléon*, n° 4927.

(2)   *Le général de division Marescot, commandant du génie, au citoyen Berthier, général en chef.*

Milan, le 3 messidor an 8 (22 juin 1800).

Citoyen Général,

Vous me demandez laquelle des deux citadelles de Tortone ou d'Alexandrie est la plus forte. Je pense que Tortone résisterait plus longtemps et voici les principales raisons sur lesquelles je me fonde :

Alexandrie (25,000 âmes), est un hexagone à peu près régulier, à double enceinte, avec des casernes voûtées à l'épreuve de la bombe. Des six fronts, quatre sont susceptibles d'attaque. La place est située dans une plaine parfaite et sur un terrain très facile pour y conduire des attaques; il y a quelques contremines dont on ne tirerait pas un très grand parti, à cause du voisinage des eaux. Pour la défendre, il faut 3,600 hommes de garnison et une artillerie considérable. La plupart des ouvrages extérieurs ont des revêtements si bas

Le Premier Consul, au Ministre de la guerre (1).

Milan, 29 prairial an 8 (18 juin 1800).

Le général Lacombe Saint-Michel, citoyen Ministre, qui avait été chargé de la formation d'un équipage de siège pour la citadelle de Turin, doit continuer ses opérations pour assiéger Peschiera et Porto-Legnago, que j'ai le projet de faire attaquer à la fois, lors de la reprise des hostilités. Il n'aura pas besoin d'amener de France du matériel; il trouvera plus de canons qu'il ne lui en faut dans les citadelles en notre pouvoir. Il suffira qu'il amène des ouvriers, des canonniers et le plus d'attelages qu'il pourra (2).

---

qu'ils ne peuvent pas être considérés à l'abri de l'escalade. Les contrescarpes ne sont point revêtues.

Tortone (8,000 âmes) n'est qu'un grand carré, mais il est enveloppé presque partout d'une double enceinte, excepté du côté de la hauteur de....., qui est le point le plus accessible d'attaque. Si cette hauteur était occupée par un ouvrage détaché, la force de Tortone en serait singulièrement augmentée. Cet ouvrage a existé autrefois, il serait facile à relever. Cette place a le défaut d'avoir ses parapets revêtus et découverts à la campagne ainsi qu'une partie des revêtemens, d'être privée de chemins couverts et d'être d'une approche facile. Elle est munie de magnifiques souterrains, capables de contenir plus que la garnison et que les approvisionnemens de tout genre. Il y a jusqu'à trois rangs de batteries casematées. Ses fossés sont d'une profondeur extraordinaire, qui varie depuis 60 jusqu'à 100 pieds. Toutes les contrescarpes sont revêtues et armées du système de mine le plus formidable. C'est sans doute cet appareil de guerre souterrain qui a souvent fait convertir les sièges de Tortone en blocus. Des casernes retranchées forment une seconde enceinte intérieure, à l'aide de laquelle le commandant de la place pourrait attendre un assaut après la brèche faite au corps de place. 1500 hommes suffisent pour défendre Tortone, mais les souterrains permettraient d'y mettre beaucoup plus de monde, s'il était nécessaire. Il n'y faudrait que les deux tiers environ de l'artillerie dont Alexandrie aurait besoin.

Vous voyez, citoyen Général, par ce court exposé, auquel il serait facile de donner du développement, si j'en avais le temps, que la citadelle de Tortone est beaucoup plus forte en elle-même que celle d'Alexandrie, mais je crois devoir vous observer que cette dernière, située sur une grande rivière et dans le voisinage de deux confluents, doit avoir nécessairement une bien plus grande influence dans les opérations militaires.

Salut et respect.

MARESCOT.

(*Archives nationales*, A. F. IV, 1167.)

(1) *Correspondance de Napoléon*, n° 4924.

(2)   *Le Premier Consul au général Lacombe Saint-Michel.*

Milan, 1er messidor an 8 (20 juin 1800).

Je reçois, citoyen Général, votre lettre du 30 prairial. Dirigez sur Milan tous les attelages et moyens de transport que vous avez su réunir pour votre équipage de siège, surtout le plus d'ouvriers que vous pourrez. Vous trouverez à Alexandrie, Tortone, Turin, de quoi former votre équipage de siège, qui servira à assiéger Peschiera et Porto-Legnago.

BONAPARTE.

(*Correspondance de Napoléon*, n° 1935.)

Je compte faire détruire la plus grande partie de ces places. il est donc nécessaire d'envoyer le plus promptement possible trois ou quatre compagnies de mineurs, pour finir en peu de temps (1).

Je vous salue.

BONAPARTE.

Le Premier Consul, au général Berthier (²).

Milan, 30 prairial an 8 (19 juin 1800).

En attendant que nous conférions ensemble, citoyen Général, vous pouvez toujours diriger toutes les divisions de l'armée qui sont entre la Scrivia et la Bormida sur Plaisance.

Il faudrait mettre en garnison, à Alexandrie et à Tortone, le corps du général Chabran.

---

(1) *Le Ministre de la guerre au général Bonaparte,*
Premier Consul de la République.

Paris, le 5 messidor an 8 (24 juin 1800).

Citoyen Premier Consul,

En conséquence de votre lettre du 29 prairial, le général Lacombe Saint-Michel continuera les opérations dont il est chargé pour la formation d'un équipage de siège.

Je donne sur-le-champ l'ordre de faire partir en toute diligence pour Milan ce qui reste de mineurs dans les places de l'intérieur; mais j'ai l'honneur de vous observer que ce ne sont que les débris de deux compagnies réparties en ce moment à Besançon, Mont-Lyon et Toulon, formant au plus ces deux compagnies sont-elles prisonnières de guerre. J'ai fait jusqu'ici de vaines réclamations pour leur échange, ainsi que pour celui des sapeurs, artilleurs et pontonniers; le commissaire impérial a toujours fait des réponses évasives : je vais le presser de nouveau sur cet objet.

Des dix compagnies de mineurs, deux sont à l'armée du Rhin, une à l'armée de réserve, et une autre à celle d'Italie. Je sens bien que le renfort que je vous renvoye ne vous suffira pas, mais en campagne, surtout pour des démolitions, les sapeurs et les ouvriers du pays peuvent, en peu de temps, suppléer aux mineurs, par qui ils sont d'abord instruits.

J'apprends avec bien du plaisir la résolution où vous êtes de faire détruire la plus grande partie des places d'Italie; ce beau pays vous en bénira, car, au lieu de le protéger, elles y prolongeaient la durée de la guerre et de ses fléaux; ce sera désormais un champ vaste et libre où les armées de l'Autriche craindront de s'avancer, puisqu'elles n'y trouveront aucun point d'appui et qu'elles nous verront sortant par tous les débouchés des Alpes, prêts à fondre sur elles sans que nul obstacle puisse nous arrêter.

Salut et respect.

CARNOT.

Les Anglais renouvellent à chaque instant leurs tentatives sur différents points des côtes de l'Ouest. Deux dépêches télégraphiques que j'ai reçues aujourd'hui m'apprennent, la première que l'ennemi a débarqué, hier 4, à Benaudet pour s'emparer d'un convoi; la seconde que la vigoureuse résistance des bâtiments a forcé les Anglais à se rembarquer.

(*Archives nationales*, A. F., IV, 1161.)

(²) *Correspondance de Napoléon*, n° 4929.

Donnez les ordres (1) :

1º Pour que, sans perdre un instant, on fasse sauter le fort de Serravalle et que l'on en transporte les munitions de guerre et de bouche dans le fort de Gavi ;

2º Pour que l'on fasse sauter le fort de Bard et la citadelle d'Ivrée ; on transportera les canons et les munitions de guerre et de bouche dans la citadelle de Turin ;

3º Que l'on fasse sauter la citadelle de Ceva ; on transportera les canons, munitions de guerre et de bouche dans la citadelle de Savone.

Donnez également l'ordre que l'on fasse sauter le fort d'Arona : les canons, munitions de guerre et de bouche, seront transportés à Milan.

Je vous salue.

BONAPARTE.

---

(1) ARRÊTÉ.

4 messidor an 8 (23 juin 1800).

Bonaparte, Premier Consul de la République, arrête :

ART. 1ᵉʳ. — Il sera établi un fort de fortifications permanentes, casematées, capable d'être défendu par 400 ou 500 hommes, sur un des cols entre le col de Tende et Sospello, de manière que le grand chemin de Nice se trouve entièrement intercepté.

ART. 2. — Il sera établi un fort d'égale force entre le premier fort et la côte de Nice, dans la position la plus favorable et de manière que les montagnes qui dominent la ville de Nice se trouvent protégées par ledit fort, et le chemin de Gênes à Nice intercepté.

ART. 3. — La place de Coni sera démolie ; les fers et l'artillerie de cette place seront employés à l'armement de ces deux forts.

ART. 4. — La place de Monaco sera réarmée avec une partie de l'artillerie qui se trouve à Savone et qui est inutile à la défense de ce fort.

ART. 5. — La place de Ceva sera démolie ; les canons et munitions de guerre seront transportés à Savone.

ART. 6. — L'enceinte de la ville de Turin et le fort de Fenestrelle seront démolis.

ART. 7. — Le château de Bard et la citadelle d'Ivrée seront démolis ; l'artillerie et les munitions de guerre seront transportées dans la citadelle de Turin.

ART. 8. — Le château de Serravalle sera démoli ; l'artillerie et les munitions de guerre seront transportées à Gavi et de là à Gênes.

ART. 9. — Le château d'Arona sera démoli ; l'artillerie et les munitions de guerre seront transportées à Milan.

ART. 10. — La citadelle de Milan sera démolie ; l'artillerie sera employée à l'armement d'Orzinovi et d'autres places qu'il sera jugé nécessaire d'armer sur l'Oglio.

ART. 11. — Toutes les places ci-dessus désignées seront démolies de manière qu'il soit impossible de les rétablir.

ART. 12. — Le Ministre de la guerre est chargé de l'exécution du présent arrêté.

BONAPARTE.

Par le Premier Consul, le Secrétaire d'État,

Hugues B. MARET.

(Correspondance de Napoléon, nº 4913.)

Le Premier Consul, au général Berthier (1).

Milan, 1er messidor an 8 (20 juin 1800).

Le général Moncey se rendra sur-le-champ à Brescia, où il réunira sous son commandement les divisions des généraux Lorge et Lapoype (2). Il sera spécialement chargé d'occuper la Valteline et toute la ligne de la Chiese et de l'Oglio. Si le corps de l'armée ennemie, qui est dans les Grisons, menaçait d'attaquer le Saint-Gothard, il le menacerait d'attaquer par les débouchés de la Valteline.

BONAPARTE.

Arrêté (3).

Milan, 4 messidor an 8 (23 juin 1800).

BONAPARTE, Premier Consul de la République française, ARRÊTE :

ARTICLE 1er. — Il sera levé une contribution extraordinaire de guerre de 2,000,000 fr. dans toute l'étendue de la République cisalpine. Cette taxe sera payée par les individus qui ont occupé des places à la nomination du gouvernement autrichien, ou qui se sont notoirement montrés les partisans de ce gouvernement.

ART. 2. — Le produit de la taxe extraordinaire de guerre est destiné à payer, à titre de gratification, un mois de solde aux officiers, sous-officiers et soldats de l'armée.

ART. 3. — Le gouvernement provisoire de la République cisalpine fera verser ces deux millions dans le plus court délai, dans la Caisse du trésorier français à Milan.

ART. 4. — Le général en chef de l'armée d'Italie et le ministre extraordinaire du gouvernement français à Milan, sont chargés, chacun en ce qui le concerne, de l'exécution du présent arrêté (4).

BONAPARTE.

---

(1) *Correspondance de Napoléon*, n° 4931.

(2) *Alex. Berthier, général en chef de l'armée,*
au général Dupont.

Milan, le 5 messidor an 8 (22 juin 1800).

Je vous ai déjà écrit, citoyen Général, pour que vous donniez des ordres à l'effet de réunir sous ceux du général Moncey toutes les troupes qu'il avait sous son commandement, même la 101e demi-brigade qui est avec le général Gardanne. Donnez l'ordre au général Seriziat de passer à ceux du général Moncey ; on donnera un autre général de brigade au général Chabran.

Alex. BERTHIER.

(3) *Correspondance de Napoléon*, n° 4945.

(4) Le 30 juin, Masséna se plaint au Premier Consul que les deux millions ne sont pas encore versés et que l'armée d'Italie est sans ressources.

⁂

Le Premier Consul n'est pas sans quelque méfiance quant à la ponctuelle exécution de la convention d'Alexandrie par les Autrichiens.

Par son ordre des mesures sont prises pour arrêter au besoin les colonnes ennemies dans le cas où les places fortes ne seraient pas livrées aux jours fixés.

Bientôt l'armée de réserve se trouve réunie dans la région de Plaisance, avec le quartier général à Pavie et une division détachée à Bologne. Une situation établie à l'état-major général à la date du 20 juin donne l'emplacement occupé par chaque corps à cette époque. Elle indique aussi l'effectif des présents dont le total est de 48,932 hommes avec 5,749 chevaux ; l'artillerie réorganisée se compose de 51 canons et 13 obusiers (1).

Le Premier Consul, au général en chef Berthier.

Milan, 29 prairial an 8 (18 juin 1800).

Je reçois, citoyen Général, votre lettre d'hier 28 (2). J'admire votre confiance. Il faut, le plus promptement possible, y porter remède, afin de ne pas en être dupe.

Il paraît que la première colonne sera partie lorsque vous recevrez cette lettre. Faites-la marcher à petites journées, de manière qu'elle ne soit à Castel-San-Giovanni que le 2 ou 3 messidor au soir.

Réunissez derrière la Trebbia, à grandes marches, toute la division Loison, ainsi que les Italiens et le bataillon du général Moncey, qui se trouvent à Plaisance.

Vous saurez le 1er, à midi, si vous avez Alexandrie, Pizzighettone et Milan.

_____

(1) V. l'annexe n° 11.
(2) V. plus haut, p. 487 et 488.

Vous saurez, le 2 au matin, si vous avez Turin. Dans ce cas, le général Loison laissera passer la première colonne autrichienne. Dans le cas contraire, le général Loison déclarera qu'elle ne peut pas passer qu'on ne soit en possession des places.

Je ne peux pas concevoir comment on ne nous rend Savone et Gênes que le 5 messidor. Est-ce pour laisser aux Anglais le temps d'y jeter une garnison anglaise? Cependant la seconde colonne part le 1er messidor. Il faudrait, aux termes du traité, qu'elle ne partît que le 5, ou bien qu'on nous livrât Coni, Gênes, Savone, le 1er messidor.

En fait d'affaires, tous ces différends ne sont rien. S'ils sont de bonne foi, qu'importe qu'ils nous livrent les places un ou deux jours plus tôt; s'ils ne sont pas de bonne foi, il faut prendre nos précautions.

D'ailleurs, le 7 messidor, ils peuvent avoir reçu la réponse de Vienne, et, dès lors, le général Mélas n'est plus responsable de rien.

Mon intention est, positivement, que vous retardiez le départ de la seconde colonne, et que le fort Urbain nous soit remis le plus tôt possible; il n'est pas si loin (1).

Dans tous les cas, faites marcher, avant la seconde comme avant la première colonne, des troupes avec de l'artillerie et plus nombreuses qu'elles. Ayez soin aussi qu'il ne parte aucune artillerie avec l'armée, même de campagne, qui serait de calibre ou fonderie italienne, piémontaise ou française. La convention est assez avantageuse pour les Autrichiens. Dans la même position, ils ne se seraient pas comportés comme nous.

Je voudrais aussi que M. Mélas, de sa personne, ne partît que quand nous aurons Gênes (2).

BONAPARTE.

Alex. Berthier, général en chef de l'armée de réserve, au Premier Consul.

Tortone, le 30 prairial an 8 (19 juin 1800).

Citoyen Consul,

J'ai reçu cette nuit votre lettre du 29 prairial et je vois que vous êtes mécontent du mode d'exécution du traité.

---

(1) Le fort Urbain est sur la route de Modène à Bologne, sur la rive droite du Panaro.
(2) *Correspondance de Napoléon*, n° 4925.

Je n'ai pu empêcher M. de Mélas de partir avec sa première colonne, le traité ne s'y opposait pas. Le général Dupont aurait pu mieux interpréter le mode d'exécution. Quant à moi qui suis esclave de ma parole, j'ai cru à la bonne foi de M. de Mélas.

Le général Dupont a été le trouver cette nuit à Voghera et lui a fait sentir qu'il serait convenable qu'il restât afin que nous puissions terminer les contestations qui pourraient s'élever.

Il a assuré de sa bonne foi, a paru sensible à ce qu'on en doutât et a dit qu'il avait pris ses arrangements pour marcher avec sa première colonne. Ce soir, elle couche à Stradella; demain 1er messidor, à Plaisance où elle séjourne. C'est la route arrêtée avec le général Dupont.

J'ai fait partir le général Loison pour prendre position derrière la Trebbia, sans cependant lui donner l'ordre d'arrêter la marche de M. de Mélas. Demain matin je dois avoir Alexandrie. Vous serez à même de savoir si Milan est remis en notre pouvoir, et, dans le cas de manque de foi, vous pourrez faire dépêcher un courrier au général Loison, à Plaisance, comme je le ferais d'ici si nous n'avions pas Alexandrie.

Il a été convenu, par écrit, qu'après-demain partirait la deuxième colonne des Autrichiens. Les retenir, n'est-ce pas donner un prétexte pour suspendre la remise d'Alexandrie, etc.? Puis-je suspendre le départ de cette colonne, quand sa marche a été arrêtée par une convention et que rien n'indique qu'on ait manqué au traité.

Je fais partir les divisions Monnier et Boudet pour Stradella (1), où ce corps sera à même d'arrêter la deuxième colonne si l'on manquait au traité.

---

(1)   *Division Boudet. — Rapport du* 30 *prairial.*

                    Stradella, le 1er messidor an 8 (20 juin 1800).

La division s'était préparée à passer la revue du général en chef et a passé celle du général de division, qui a été très satisfait de la tenue et de la propreté des armes.

La division s'est mise en marche à 6 heures du soir, pour se rendre de Lobi à Voghera, où elle est arrivée à 2 heures du matin.

Elle a reçu du pain au moment de se mettre en route : la viande lui avait été fournie.

                    Rapport du 1er *messidor.*

La division étant arrivée à Voghera à 2 heures du matin, n'a pu partir qu'à 10, ayant

La troisième colonne répond de Gênes, Savone, Coni. Nous avons Serravalle et Tortone.

Le général Mélas réclame contre la reddition de la citadelle de Plaisance, pour que les hommes ne soient pas considérés comme prisonniers. Il s'appuie sur ce que le traité est du 26 et la capitulation du 27, ce qui, d'après les droits de la guerre, rend les soldats pris à leurs drapeaux (1).

Attachement et respect.

Alex. BERTHIER.

Alex. Berthier, général en chef de l'armée de réserve, au Premier Consul.

Tortone, le 30 prairial an 8 (19 juin 1800).

Citoyen Consul,

Je viens de passer la revue de l'armée (2) et je me suis assuré par moi-même que nous avons eu dans la bataille de Marengo, le 25 prairial, 710 tués, 4,050 blessés et 1075 prisonniers qui ont été rendus (3).

Le général Dupont, que j'avais envoyé à Alexandrie après la revue, arrive à l'instant (il est minuit). Il me rend compte que le général Gardanne a pris ce soir possession de la citadelle d'Alexandrie, que le général Dejean et le général Saint-Julien sont partis ce soir pour Turin, dont la citadelle nous sera remise demain.

Le citoyen Cerat, député près de vous par la ville de Gênes, sort de chez moi et me prévient que les Anglais ont voulu embarquer l'artillerie et enlever beaucoup d'objets de Gênes, que le peuple de la ville s'est ameuté contre cette disposition des Anglais. Il me dit que M. de Hohenzollern s'est bien conduit dans cette circonstance, qu'il annonce la meilleure foi pour l'exécution du traité.

été obligée de recevoir la distribution de pain pour deux jours. Elle est arrivée à Stradella à 8 heures du soir; elle y a reçu la viande pour un jour.

Certifiés véritables.

L'Adjudant général,
W. DALTON.

(1) V. la solution de cette question p. 517.
(2) V. les ordres donnés, p. 491.
(3) Comparer aux chiffres des pertes donnés par le bulletin de l'armée, les rapports de Berthier et le *Journal de Brossier.* (V. p. 413, 416, 420, 429 et 434.)

Je ne doute pas que demain le matin nous n'ayions, ainsi que cela est convenu, le château de Milan et Pizzighettone. Tout annonce que les Autrichiens sont bien décidés à consommer tous les articles du traité.

Demain matin, ils font partir une seconde colonne d'environ 8,000 hommes d'infanterie (1). La troisième colonne, qui part le 5, sera composée de quelques bataillons et de 22 escadrons.

Je laisse la division Gardanne à Alexandrie, celle de Lapoype à Tortone; je fais marcher demain la division Chambarlhac à Ponte-Curone et la division Watrin à Castel-Nuovo-di-Scrivia (2). Quant à notre cavalerie, je crois qu'il faudrait la rapprocher près du Pô, du côté du passage de Mezzana-Corti, car elle ne peut plus vivre par ici (3).

J'irai demain matin voir la citadelle d'Alexandrie et je verrai s'il ne serait pas préférable de laisser la division Victor dans cette partie.

J'ai trouvé 500 fusils à Tortone, avec lesquels j'ai armé une partie de nos prisonniers rentrés.

Je compte me rendre demain au soir à Milan.

Attachement et respect.

Alex. BERTHIER.

P.-S. — La poudre reste provisoirement dans les places où il nous reste une artillerie immense.

Alex. Berthier, général en chef de l'armée de réserve, au général Dupont.

Tortone, le 1er messidor an 8 (20 juin 1800).

Le quartier général sera demain à Pavie, où il restera jusqu'à nouvel ordre.

Faites les dispositions en conséquence.

Alex. BERTHIER.

---

(1) Comparer à l'effectif constaté par Loison au passage de la Trebbia. (V. p. 510.)

(2) Les ordres pour la mise en route des divisions sont donnés le jour même. (V. p. 508.)

(3) Le surlendemain, la cavalerie reçoit l'ordre de se rendre sur les bords de l'Adda. (V. p. 509.)

Alex. Berthier, général en chef de l'armée de réserve, au général Dupont.

Tortone, le 1er messidor an 8 (20 juin 1800).

Donnez l'ordre au général Chabran de tenir garnison à Alexandrie et à Tortone avec le corps à ses ordres; il se tiendra de sa personne à Alexandrie et mettra un général de brigade à Tortone.

Ordonnez à la division du général Boudet et à celle du général Monnier de suivre leur marche pour se rendre à Plaisance. La première de ces divisions qui sera ce soir à Stradella ira coucher demain à Plaisance (1); la deuxième, qui sera ce soir à Casteggio ou à Montebello, couchera demain à Castel-San-Giovanni et après-demain à Plaisance.

Ordonnez à la division Watrin de se rendre aujourd'hui à Ponte-Curone, demain à Broni et après-demain à Ponte-Tidone, et le 4 à Plaisance.

Ordonnez à la division Chambarlhac (2) de se rendre aujourd'hui à Castel-Nuovo-di-Scrivia, demain à Casteggio, après-demain à Castel-San-Giovanni, et le 4 à Plaisance.

Lorsque le général Chabran aura pris possession d'Alexandrie et de Tortone, la division Gardanne partira le 3 pour se rendre à Voghera, le 4 à Stradella, le 5 à Plaisance.

Le général Lapoype partira le 4 de Tortone pour se rendre à Voghera, le 5 à Stradella, et le 6 à Plaisance (3).

La cavalerie recevra des ordres demain dans la journée.

---

(1) *Division Boudet. — Rapport du 2 messidor.*

Plaisance, le 2 messidor an 8 (21 juin 1800), au soir.

La division a reçu l'ordre, à 1 heure du matin, de partir de Stradella pour se rendre à Plaisance; elle s'est mise en route à 3 heures, elle a fait une halte sur la Tidone, pendant la chaleur du jour, et est arrivée à Plaisance à 6 heures du soir; elle a pris position en avant de la ville, sur la route de Parme.

Les trois jours de marche ont beaucoup fatigué la troupe. Il eut été à désirer qu'on ait pu la faire voyager en partant chaque jour à minuit.

Elle a reçu ici le pain pour les 3 et 4, et la viande pour le 2.

Certifié véritable.

L'Adjudant général,
W. DALTON.

(2) V. à l'annexe n° 13, la situation de la division Chambarlhac le 25 juin.

(3) V. le tableau de marche de l'armée de réserve à l'annexe n° 14.

Le général Marmont fera filer sur Plaisance, pour être distribuée aux divisions, toute l'artillerie attelée et approvisionnée qui se trouve au parc de Tortone.

Alex. BERTHIER.

Alex. Berthier, général en chef de l'armée de réserve, au chef de l'état-major.

Milan, le 3 messidor an 8 (22 juin 1800).

Donnez l'ordre au général Monnier de partir de Plaisance après-demain pour se rendre à Bologne, où il prendra position (1).

Alex. BERTHIER.

Alex. Berthier, général en chef de l'armée de réserve, au général Dupont.

Milan, le 3 messidor an 8 (22 juin 1800).

Je vous prie de donner des ordres pour que la cavalerie commence demain son mouvement pour prendre ses cantonnements, la cavalerie à Lodi, les dragons à Crema, les chasseurs et hussards à Casal (2), Codogne et Crémone (3).

Alex. BERTHIER (4).

L. H. Loison, général de division, au Premier Consul de la République française Bonaparte.

Plaisance, le 4 messidor an 8 (23 juin 1800).

Mon Général,

J'ai l'honneur de vous rendre compte que ma division a reçu l'ordre du général Berthier de se rendre sur la Trebbia, afin de s'opposer au passage des deux dernières colonnes autrichiennes, dans le cas où l'ennemi refuserait de nous mettre

---

(1) La division Monnier partait le jour fixé, faisait étape à Borgo-San-Domino, Parme, Reggio, Modène, et arrivait à Bologne le 28 juin. (V. le tableau de marche à l'annexe n° 14.)

(2) Casalbuttano ou Casalpusterlengo.

(3) Crema, sur le registre des lettres de Berthier conservé aux *Archives de Gros-Bois*.

(4) V. à l'annexe n° 14, les étapes de la cavalerie.

en possession de la ville de Gênes. Je devais alors recevoir l'ordre d'attaque de vous ou du général en chef.

La première colonne ennemie est arrivée à Plaisance le 1er. en est repartie le 3, se dirigeant sur Parme. La deuxième est arrivée le 3 et en repartira demain 5, suivant la même direction que la première.

J'ai été à même de connaître la force de ces deux colonnes au moyen d'un pont que j'ai fait construire sur la Trebbia et par où l'ennemi a dû nécessairement passer. J'avais chargé différents officiers de les compter.

Il résulte que la première colonne est forte de :

	INFANTERIE.	CAVALERIE.	CANONS de tous calibres.	OBUSIERS.	CAISSONS.	AFFUTS de rechange.	ÉQUIPE de ponts.	VOITURES d'équipage.	CHEVAUX et mulets de somme, compris ceux des officiers	OBSERVATIONS.
	14,011	2,610	119	23	160	80	40	933	1,100	4 pièces d'artillerie de siège. 18 voitures chargées de munitions.
2e colonne.	12,502	3,764	96	32	230	14	»	400	300	
Colonne arrivée le 4.	3,200*	1,208**	»	»	4	»	»	517	272	* Dont 1800 blessés. ** Dont moitié des chevaux malades.
TOTAUX.	29,713	7,582	215	55	394	94	40	1,850	1,672	

Sont compris dans la colonne de l'infanterie les sapeurs, pontonniers et artilleurs, dans celle des canons et caissons, ceux attachés aux bataillons (1).

La désertion est très forte dans l'armée ennemie; tous les jours il leur manque 500 ou 600 hommes, malgré qu'ils en fassent fusiller une vingtaine par jour (2).

J'ai l'honneur d'être, mon Général, avec un profond respect.

LOISON.

_____

(1) Sur les 270 pièces emmenées par l'armée autrichienne et dont 4 seulement sont des canons de siège, il y a peut-être des pièces provenant de quelque réserve existant à Tortone ou à Alexandrie. Le nombre des pièces ayant dû paraître sur le champ de bataille de Marengo n'en reste pas moins très considérable et doit être environ de 200, ce qui ferait 2 pièces par bataillon, en dehors des canons de réserve. (V. la note 1, p. 370.)

(2) V. l'annexe n° 15.

Contrairement aux appréciations pessimistes du Premier Consul, la remise des places fortes aux troupes françaises se fait avec une entière bonne foi.

Armée d'Italie. — Aile gauche. — Division active en Piémont.

Turreau, général commandant, au général de division Dupont, chef de l'état-major général de l'armée de réserve.

Pignerol, le 30 prairial an 8 (19 juin 1800).

J'ai reçu, Général, des mains du citoyen Barbier, officier attaché à l'état-major général, la lettre que vous m'avez fait l'honneur de m'écrire relativement à la prochaine occupation de Turin par les troupes françaises. J'étais déjà instruit des intentions du général en chef par un officier de l'état-major du comte d'Avesberg, qui commande la ville et la citadelle; et, en conséquence, j'avais fait partir mon chef d'état-major, un commandant d'artillerie, un autre du génie et un commissaire des guerres, pour faire exécuter la Convention, chacun en ce qui le concerne.

Au surplus, je serai demain à Turin, et les ordres que vous m'avez transmis seront ponctuellement exécutés.

Salut et fraternité.

TURREAU.

Vignolle, général de brigade, commandant la Lombardie, au général divisionnaire Dupont, chef de l'état-major général de l'armée de réserve.

Milan, le 30 prairial an 8 (19 juin 1800).

Je m'empresse de vous envoyer ci-joint, mon cher Général, l'inventaire de tout ce qui existe généralement dans le château de Milan, en artillerie, en munitions de guerre et de bouche (1). Les sentinelles françaises et autrichiennes ont été posées aux portes des magasins, jusqu'à l'arrivée des commissaires nommés pour en faire la division, conformément à la Convention.

La garnison autrichienne du château sortira demain, à 4 heures du matin, et se rendra, par Lodi, Pizzighettone, Crémone, Bozzolo et Marcaria, à Goïto, sa destination. Le régiment de Verceil, piémontais, dont la force est de 500 hommes, ayant demandé de ne pas suivre l'armée autrichienne et à rentrer dans ses foyers, le Premier Consul a décidé qu'il resterait à Milan jusqu'à nouvel ordre; et, comme ce régiment a laissé à Mantoue ses drapeaux et quelques effets, j'ai délivré un passeport à un officier, chargé, par le commandant du corps, d'aller les prendre.

_____

(1) V. l'annexe n° 16.

La garnison du château était composée de 2,800 hommes (1), que nous bloquions avec 800 hommes.

P.-S. — Me trouvant indisposé depuis plusieurs jours, je me suis déterminé à prendre l'émétic, qui m'a beaucoup tracassé. J'espère, demain, me trouver mieux.

Le Consul doit passer la revue des troupes qui se trouvent à Milan, et je veux y être. Il a été, lui-même, un peu indisposé aujourd'hui.

Faites-moi le plaisir de dire au général en chef qu'il trouvera, à son arrivée, ce qu'il désire, une voiture de voyage et une de ville.

J'espère, comme je le souhaite, mon cher Général, que vous viendrez bientôt.

J'ai reçu les deux ordres du jour que vous avez eu la bonté de m'adresser. J'y ai vu, avec surprise, ce qui a été mis à l'égard du général Duvignau, que je considère, dès lors, comme entièrement déshonoré.

Salut et sincère amitié.

VIGNOLLE.

Amédée Gardanne, général divisionnaire, commandant la citadelle et province d'Alexandrie, au général de division Dupont, chef de l'état-major général.

Alexandrie, le 1er messidor an 8 (20 juin 1800).

C'est sans raison, citoyen Général, que plusieurs divisions de l'armée sont dans la confiance de recevoir leurs subsistances à Alexandrie; cette province reste sans ressources, l'armée ennemie ayant consommé les denrées qu'il était possible d'y emmagasiner; j'ai fait mille efforts, et mon commissaire a tout employé pour réussir à assurer le service de ma division; principalement les vivres viandes sont rares, et il serait nécessaire que vous préveniez la pénurie de ce service en faisant passer des bœufs vers cette place.

Depuis six jours, le commissaire des guerres Laneuville est à Milan pour ses plaisirs, tandis que ma division manque de pain; son absence, l'abandon qu'il a fait de son service, la négligence qu'il n'a cessé de montrer, m'a forcé de charger le citoyen Peyre, commissaire des guerres réintégré par le Premier Consul, du service de ma division et de celui de la place; ce commissaire a acquis ma confiance en remplissant ses fonctions auprès de moi dans la guerre de Vendée. Je dois déjà à ses démarches la satisfaction de voir la subsistance de ma division assurée pour quinze jours.

J'ai prévenu le commissaire ordonnateur de ce changement, et je vous invite, de votre côté, à le presser d'envoyer les lettres de service du citoyen Peyre et de l'instituer définitivement.

Je manque ici de cavalerie, même d'ordonnance, de directeur de postes aux lettres et de payeur. Cette dernière personne est indispensable, avec de l'argent, pour faire face aux besoins pressants de ma division; je me trouve moi-même tellement à la gêne par la perte de mes effets, que je vous prie de

_____

(1) Cette indication est conforme à celle donnée par la *Revue militaire autrichienne*, t XXIX, p. 151, qui porte la garnison de Milan à 2,816 hommes. (V. p. 445, note 1.)

solliciter le général en chef d'en ordonner le remboursement. Je désire que mon chef d'état-major reçoive de vous une réponse favorable sur ces divers objets.

Salut amical.

GARDANNE (1).

Je vous prie de m'envoyer ici le 11º régiment d'hussards.

Kellermann, général de brigade, au général Dupont, chef de l'état-major.

.....(2), le 3 messidor an 8 (22 juin 1800).

Mon Général,

Je m'empresse de vous rendre compte que la ville de Gênes ne sera évacuée que le 24 du courant. J'ai vu le général Hohenzollern, qui m'a dit avoir reçu, de M. de Mélas, ordre de remettre la ville et les forts de Gênes aux troupes françaises, avec les munitions et artillerie convenues, le 24 juin, à 4 heures du matin ; il m'a assuré, d'une manière à n'en pas douter, que les ordres qu'il avait reçus seraient exécutés par lui avec toute l'exactitude et la loyauté possible, quoiqu'il ne se soit pas caché du mécontentement qu'il éprouve de la convention, dont Mélas ne lui a point donné connaissance.

Vous pouvez donc être tranquille sur son compte, ainsi que sur celui des Anglais qui, dès hier, étaient prêts à mettre à la voile, mais qui s'en vont de fort mauvaise humeur ; ils avaient la prétention de s'emparer de toutes les munitions et de l'artillerie ; mais M. de Hohenzollern s'y est opposé, et a même fait marcher deux bataillons pour l'empêcher. Nous ne pouvons que nous louer de sa franchise et de sa loyauté ; et les Génois eux-mêmes n'ont eu de lui aucun motif de plaintes.

Les Anglais enlèvent tout le grain qui n'est pas débarqué. Soixante mille charges de blé vont sortir de Gênes pour retourner à Livourne, quoique les négociants aient offert 6 francs de gratification par charge ; cette fois, le dépit des Anglais l'a emporté sur leur cupidité, et lord Keith a déclaré qu'il allait recommencer plus strictement que jamais le blocus du port et de la Rivière, pour se venger, sur cette ville innocente, de nos victoires (3).

---

(1) A cette lettre était joint un inventaire des bouches à feu existant dans la citadelle d'Alexandrie, le 21 juin 1800. (V. l'annexe nº 17.)

(2) Pas d'indication d'origine.

(3) *Le Premier Consul au général Masséna.*

Milan, 5 messidor an 8 (24 juin 1800).

Vous enverrez, Citoyen général, un parlementaire à lord Keith, à Gênes, pour lui faire connaître que, contre l'esprit de la convention arrêtée avec le général Mélas, il a enlevé les canons de Gênes, et que, contre l'esprit de la capitulation faite avec vous, il a enlevé 60,000 charges de blé, ce qu'il ne pouvait faire, étant tenu d'approvisionner la ville ; que, s'il ne restitue pas à Gênes les pièces de canon qu'il a enlevées, et ne fait pas rentrer les bâtiments chargés de blé qu'il a fait sortir, vous regarderez l'article de la convention en faveur du commerce anglais, qui comprend la Toscane dans la capitulation, comme nul ; et, sans faire tort au grand-duc de Toscane, vous ordonnerez à la colonne qui marche sur

Hier, le général Willot s'est embarqué avec un corps formé de quelques aventuriers, de nos déserteurs, et payé par l'Angleterre. Pichegru était attendu incessamment, c'est du comte de Bussy que je le tiens. Gênes a été imposée à 1 million de contributions et en a déjà payé 200,000 francs. La ville a cruellement souffert, et, cependant, a conservé de l'attachement pour les Français. Dès que la convention a été connue, le peuple a voulu reprendre la cocarde : il en est résulté quelque rixe qui a été apaisée. La cocarde a été permise aux officiers de ligne.

Salut et respect (1).

KELLERMANN.

Convention faite pour l'occupation de la ville de Gênes et de ses forts le 5 messidor an 8 ou 24 juin 1800, conformément au traité fait entre les généraux en chef Berthier et Mélas (2).

3 messidor an 8 (22 juin 1800).

Les commissaires et officiers munis d'ordres du général Suchet pourront entrer demain matin à 8 heures. — *Convenu.*

Les forts extérieurs seront occupés à 3 heures du soir. — *Convenu.*

Les 300 ou 400 malades, qui ne sont pas transportables, auront les mêmes soins que ceux des troupes françaises. — *Convenu.*

Lucques, de se porter à Livourne, simplement pour y séquestrer tout ce qui appartient au commerce anglais ; qu'ainsi il sera responsable du dommage qui en résultera pour sa nation.

BONAPARTE.

(*Correspondance de Napoléon*, n° 4918.)

Bulletin de l'armée de réserve.

Milan, 5 messidor an 8 (24 juin 1800).

Le 3 messidor, les Anglais ont tenté un dernier effort. Ils ont réuni tous leurs moyens et ont tenu un grand conseil. Ils avaient même gagné plusieurs officiers autrichiens et habitants de Gênes, en répandant, selon leur habitude, l'or à pleines mains. Mais ils se sont convaincus de leur impuissance et de leur faiblesse.

Willot voulait qu'on gardât la ville. Il se proposait d'en prendre le commandement ; mais Willot ne commande qu'à des aventuriers.

L'ambassadeur d'Espagne, voyant tous ces mouvements, a jugé à propos de quitter la ville et de se retirer au pont de Cornegliano, au camp français, où il a passé la nuit.

Sur le soir, Willot, Assareto, le duc d'Aoste, se sont embarqués, et les Anglais, furieux contre les Autrichiens, ont levé l'ancre et sont sortis pleins de rage et de colère.

Le général Suchet a fait, avec le général Hohenzollern, une seconde convention d'après laquelle la ville de Gênes a dû être remise aux troupes françaises le 5 messidor à la pointe du jour.

(*Correspondance de Napoléon*, n° 4950.)

(1) Le secrétaire avait mis : « Salut et fraternité ». Kellermann a rayé « fraternité » pour mettre « respect ».

(2) .....Le général Suchet est arrivé devant Gênes, à Campo-Morone, le 30 prairial (19 juin) de bonne heure..... » (Bulletin de l'armée. Milan, 23 juin. (*Correspondance de Napoléon*, n° 4947.)

Une convention préliminaire était signée le 20 juin à Cornegliano. Elle réglait le placement des avant-postes des deux armées et le jour de la remise de la place.

La flottille restera dans le port jusqu'à ce que les vents lui permettent de sortir; elle sera neutre jusqu'à Livourne. — *Convenu.*

A 4 heures du matin, le 5 messidor (24 juin), M. le comte de Hohenzollern sortira avec la garnison. — *Convenu.*

Les dépêches, les transports de recrues et de bœufs qui arriveront après le départ, seront libres de suivre la route de l'armée autrichienne. — *Convenu.*

Sur la demande de M. le général comte de Hohenzollern, il ne sera pas rendu d'honneurs à sa troupe. — *Convenu.*

Cornegliano, le 3 messidor an 8 de la République française, ou 22 juin 1800.

Le comte de BUSSY,
Général-major,
Fondé de pouvoir de M. le comte de HOHENZOLLERN.

Suchet, lieutenant général du Général en chef, au général en chef Masséna.

Gênes, le 5 messidor an 8 (24 juin 1800).

Nous sommes établis dans Gênes, mon cher Général; tous les forts sont occupés et se sont trouvés dans le meilleur état. Toute l'artillerie existe, elle est même augmentée de quelques pièces nouvellement montées.

Je crois que nous aurons 200 à 300 tonneaux de farine.

Savone et Ceva auront également été occupées aujourd'hui. Je vous enverrai incessamment tous les inventaires et procès-verbaux de prise de possession.

Les commissaires désignés par la convention ne sont arrivés que la nuit dernière, ils ont été suppléés par des officiers d'artillerie et commissaire ordonnateur.

Les troupes autrichiennes ont commencé à défiler à 4 heures du matin, après avoir passé toute la nuit sous les armes, pour prévenir une insurrection populaire que la fête de Saint-Jean leur faisait craindre.

L'adjudant général Préval a passé la nuit auprès des généraux autrichiens, pour prévenir les insultes du peuple et empêcher les voies de fait qui n'auraient pas manqué d'accompagner l'arrière-garde autrichienne.

A 4 heures, M. de Hohenzollern est venu à ma rencontre et, avant les compliments d'usage, il m'a annoncé qu'il remettait en mes mains, une place, en cédant à des ordres supérieurs..... et qu'il croyait bien défendue. Il a voulu absolument que je visse défiler ses troupes. En effet, j'ai vu passer trois belles brigades formant environ 8,500 hommes en infanterie et cavalerie.

J'ai su de lui beaucoup de particularités sur le blocus de Gênes, qui augmentent encore l'intérêt de votre belle défense.

Ce ne sont pas les troupes de M. de Hohenzollern qui occupent le fort de Sainte-Marie, mais bien celles du général Sommariva, commandant en Toscane. Dans quatre jours, j'espère que nous saurons à quoi nous en tenir sur l'occupation de ce petit fort.

Je vous remets ci-joint quelques exemplaires de ce que j'ai dû adresser aux Liguriens avant d'entrer dans Gênes. J'ai cru remplir vos intentions en m'exprimant ainsi. Tout jusqu'à présent s'est parfaitement bien passé; les troupes ont défilé dans le plus grand ordre et dans la meilleure tenue, la satisfaction paraît générale et, par-dessus tout cela, les grains sont aujourd'hui assurés pour plus de deux mois. Deux bâtiments grecs sont encore dans le port, chargés de 6,000 mesures.

Le chef de brigade Mas ayant refusé le commandement de Gênes, je l'ai provisoirement confié au chef de brigade Semellé, sur l'activité duquel je puis compter.

SUCHET.

Dupont, général de division, chef de l'état-major général, au Ministre de la guerre.

Milan, le 5 messidor an 8 (24 juin 1800).

Citoyen Ministre,

Je vous fais passer ci-joint une expédition des articles additionnels à la convention faite le 26 prairial dernier, entre le général en chef de l'armée de réserve et celui de l'armée impériale en Italie.

Je vous salue, citoyen Ministre.

DUPONT.

Articles additionnels à la convention, faite le 26 prairial, entre son Excellence le baron de Mélas, commandant l'armée autrichienne et le citoyen Alexandre Berthier, commandant en chef de l'armée de réserve, apportés par M. le général comte de Saint-Julien (1).

	RÉPONSE.
ART. 1er. — Comme le terme de dix jours d'armistice, à dater du retour du courrier de Vienne, est beaucoup trop court pour que les troupes qui sont dans le Florentin puissent joindre le gros, derrière le Mincio, on souhaiterait que, pour ces dites troupes, l'armistice fût prolongé à vingt-cinq jours, à dater de l'arrivée dudit courrier.	On ne peut pas changer les dispositions du traité, dont le terme est fixe.

---

(1) Cette pièce ne porte pas de date, mais la lettre précédente de Dupont montre qu'elle est du 24 juin. C'est donc par erreur qu'on lui a donné, on ne sait pourquoi, la date du 28 prairial (17 juin), en la publiant dans la *Correspondance de Napoléon*, où elle figure sous le n° 4912.

Art. 2. — On recommande le soin des hôpitaux à l'humanité de la nation française. Convenir du mode de faire passer les blessés, à mesure qu'ils se rétablissent, à notre armée.

Les blessés ou malades autrichiens seront traités avec les mêmes soins que les Français. Il sera nommé un commissaire autrichien, chargé de les faire passer à l'armée autrichienne, à mesure qu'ils se rétabliront.

Les ordres seront donnés en conséquence.

Art. 3. — On désire que les prisonniers à échanger nous soient renvoyés tout d'abord; nous hâterons l'arrivée des vôtres de l'intérieur (1).

Art. 4. — Insister sur ce que les prisonniers promis par la capitulation de Gênes nous parviennent.

Les ordres seront donnés en conséquence.

Art. 5. — Il naît en marche plusieurs difficultés pour les logements et le passage par les villes ; demander qu'on les aplanisse.

L'objet dont on se plaint est tellement contraire aux intentions du Premier Consul et à celles du général en chef que les ordres les plus sévères seront donnés au commandant de Plaisance pour que pareille plainte n'ait plus lieu.

Art. 6. — La reddition de Plaisance s'étant faite le 16 juin, à 3 heures de l'aprèsmidi, est, par conséquent, subséquente à la signature et à l'échange des papiers de la

Cette demande étant conforme aux droits de la guerre, les Autrichiens qui étaient dans la citadelle de Plaisance ne seront pas considérés comme prisonniers de guerre.

---

(1)   Milan, le 20 juin 1800.
        Monsieur le Premier Consul,

. . . .
    J'ose en même temps vous prier, tant en mon nom que de tous les officiers faits prisonniers de guerre à la bataille du 14 de juin, de nous laisser rentrer dans nos foyers, sous parole d'honneur de ne pas servir jusqu'à échange définitif.
    J'ai l'honneur d'être, avec respect et vénération,
        Votre très humble et très obéissant serviteur.

                                            A. ZACH,
                                        Quartier-maître général.

négociation faite le 16, à 8 heures du matin. Demander que cette capitulation soit considérée comme nulle.

ART. 7. — Sous le nom d'artillerie on entend, de notre part, la munition y appartenante. Demander que cet article soit expliqué dans ce sens-là.

Il est bien entendu que les pièces autrichiennes doivent être suivies de leurs boulets et gargousses. Quant à l'approvisionnement de poudre et autres munitions de guerre des places et citadelles, ils resteront dans les places et forts.

En vertu des pleins pouvoirs de Son Excellence le général en chef M. le baron de Mélas.

J.-C. DE SAINT-JULIEN (1),   Alex. BERTHIER,
Général.   *Général en chef.*

L'armistice est étendu aux hautes vallées de l'Adda, du Rhin et de la Reuss.

Boutin, capitaine à l'état-major, au lieutenant général Moncey, commandant l'aile gauche de l'armée de réserve, à Milan.

Rogolo, le 5 messidor an 8 (24 juin 1800).

Mon cher Général,

Je vous écris de chez le colonel Siegenfeld, commandant le 10e bataillon d'infanterie légère et les troupes impériales dans la Valteline. Je lui ai remis votre dépêche. Il est personnellement disposé à se conformer aux dispositions de la convention dont vous demandez l'exécution, mais il fait partie de l'aile droite de l'armée impériale en Italie et se trouve sous les ordres du général Loudon, dont le quartier général est à Vestone sur le lac d'Idro en Valle Sabbia; il envoie un officier auprès de ce général, pour lui faire connaître la nouvelle qu'il vient de recevoir, ce dont il n'avait encore aucune connaissance officielle; il espère avoir la réponse sous cinq à six jours, époque à laquelle je

_____

(1) Le 23 juin, Mélas écrivait de Mantoue à Berthier qu'il n'avait pas encore expédié de courrier à Vienne, et qu'il allait y envoyer le général comte de Saint-Julien, qui « s'étant abouché avec le général Buonaparte » serait « l'agent le plus propre à cette mission »

(*Archives de Gros-Bois*, IX, A., lettre 26.)

serai de retour des Grisons en faisant la plus grande diligence possible. Les chemins sont extraordinairement mauvais et difficiles.

Comme je dois repasser par ici, en me rendant des Grisons à votre quartier général, le colonel me remettra alors la dépêche de son général ou laissera ici un officier pour me la donner, dans le cas où il partirait avant mon retour.

Recevez, mon cher Général, l'assurance de mon respectueux et sincère attachement.

BOUTIN.

Le colonel et ses officiers m'ont reçu avec la plus grande honnêteté; ils faciliteront autant que possible mon voyage aux Grisons.

Je serai auprès de vous le plus tôt possible.

Le colonel autrichien a déjà fait suspendre toute hostilité. Il fait publier parmi ses troupes les conditions de l'armistice.

Le souscrit, commandant de la Valteline, confesse d'avoir reçu de M. le capitaine Boutin, un ordre à cause de l'évacuation de ladite vallée, lequel sera envoyé dans l'instant au général Loudon, duquel j'attends des ordres en conséquence de la lettre.

Rogolo, le 23 juin 1800.

DE SIEGENFELD,
Colonel-lieutenant, commandant du bataillon léger nº 10.

(*L'original est en français.*)

A Monsieur le Général commandant les troupes françaises à Milan.

Je reçois à l'instant, Monsieur le Général, par un officier de votre état-major, votre lettre ainsi que la copie de la convention arrêtée entre les généraux en chef des deux armées; d'après laquelle et ensuite de votre demande, il y aurait armistice pour les troupes en position dans les vallées Levantine, d'Urseren et de la Reuss jusqu'à Lucerne, pays faisant partie de l'armée de réserve. J'accepte provisoirement, jusqu'à ordre ultérieur de mon général en chef, auquel je communique votre lettre, l'offre que vous me faites; à quelle fin je vais donner l'ordre à mes troupes de ne commettre aucune hostilité à l'égard des troupes à vos ordres, à moins que des ordres supérieurs ne m'obligent à prendre d'autres mesures, lesquelles je ne manquerai de vous communiquer.

Agréez, Monsieur le Général, l'assurance de toute ma considération.

STILLER.

Coire, ce 24 juin 1800.

* *
*

L'armée victorieuse reçoit de nombreuses récompenses.

Alex. Berthier, général en chef de l'armée de réserve, au général Dupont, chef de l'état-major.

Milan, le 3 messidor an 8 (22 juin 1800).

Pour l'ordre du jour.

Les chefs de corps feront connaître aux généraux de leurs divisions les noms des soldats ou sous-officiers qui, dans la journée du 25 prairial, ont pris des drapeaux ou fait prisonniers des généraux ou officiers supérieurs de l'armée autrichienne, afin que le général en chef demande au Premier Consul les récompenses qui leur sont accordées par l'arrêté qui donne droit à des fusils et à des sabres d'honneur aux braves qui se distingueront particulièrement ou qui auront rendu un service important.

Alex. BERTHIER.

Le Premier Consul, au citoyen Carnot, ministre de la guerre.

Paris, 16 messidor an 8 (5 juillet 1800).

Il sera écrit, par le Ministre de la guerre, une lettre de satisfaction à tous les généraux qui ont été blessés à la bataille de Marengo. Cette lettre sera écrite sur parchemin, en forme de brevet, avec le sceau de la République (1).

BONAPARTE.

Arrêté.

Paris, 17 messidor an 8 (6 juillet 1800).

Les Consuls de la République, voulant donner une preuve toute particulière de la satisfaction du peuple français, au général de division Victor (2), commandant la gauche de l'armée à la bataille de Marengo, lequel s'est conduit avec autant de bravoure que d'intelligence, arrêtent ce qui suit :

Le Ministre de la guerre fera donner au général Victor un sabre sur lequel seront inscrits ces mots : « Bataille de Marengo, commandée en personne par le Premier Consul. Donné par le gouvernement de la République au général Victor (3) ».

BONAPARTE.

Le Premier Consul, au citoyen Carnot, ministre de la guerre (4).

Paris, 29 messidor an 8 (18 juillet 1800).

Je vous prie, citoyen Ministre, de faire connaître aux 6ᵉ et 24ᵉ demi-brigades légères, aux 22ᵉ, 28ᵉ, 40ᵉ, 43ᵉ et 96ᵉ de ligne, que le gouvernement

---

(1) *Correspondance de Napoléon*, nᵒ 4969.

(2) Des arrêtés semblables sont adressés, le même jour, aux généraux Watrin, Gardanne, Murat et Lannes.

(3) *Correspondance de Napoléon*, nᵒ 4971.

(4) *Correspondance de Napoléon*, nᵒ 4998.

leur accorde à chacune quinze fusils d'honneur pour la bonne conduite qu'elles ont tenue à Marengo ;

A la 9ᵉ légère, 44ᵉ et 59ᵉ de ligne, dix ;

Au bataillon de la 101ᵉ et à la 30ᵉ, cinq.

Les chefs de corps enverront les noms des individus qui se sont le plus distingués (1).

Il sera accordé vingt carabines d'honneur pour les différents escadrons de cavalerie qui ont donné à la bataille de Marengo. Les généraux de cavalerie et les chefs de corps se réuniront pour désigner les individus qui se sont le plus distingués (2).

BONAPARTE (3).

*
 * *

Le 23 juin l'armée de réserve est supprimée et réunie à l'armée d'Italie.

Bonaparte, Premier Consul de la République, arrête :

Milan, le 4 messidor an 8 (23 juin 1800).

ART. 1ᵉʳ. — L'armée d'Italie sera composée des demi-brigades et régiments ci-après (4), savoir :

---

(1) On a retrouvé l'état fourni pour la 9ᵉ légère. Deux sergents-majors, trois sergents, doux caporaux, un carabinier et deux chasseurs reçoivent chacun un fusil d'honneur. (V. annexe 18.)

On verra à l'annexe 19, l'état nominatif des 17 officiers tués et des 80 officiers blessés dans la division Chambarlhac à la bataille de Marengo.

L'annexe 20 donne le tableau de tous les militaires signalés pour quelque action d'éclat pendant la durée de la campagne.

(2) Les rapports des généraux de cavalerie signalèrent 26 officiers ou soldats comme s'étant particulièrement distingués le 14 juin. (V. l'annexe 21.)

(3) Tous les régiments d'infanterie ayant pris part à la bataille de Marengo, sauf un seul, ont le nom de cette victoire inscrit sur leurs drapeaux.

Ce sont les 22ᵉ, 28ᵉ, 40ᵉ, 43ᵉ, 44ᵉ, 59ᵉ, 70ᵉ, 72ᵉ, 81ᵉ ex-6ᵉ légère, 84ᵉ ex-9ᵉ légère, 91ᵉ ex 19ᵉ légère, 96ᵉ, 99ᵉ ex-24ᵉ légère, et 101ᵉ.

Le 30ᵉ, malgré la part importante qu'il a prise à l'action décisive, n'a pas le nom de Marengo sur son drapeau.

En revanche, le 60ᵉ a reçu, par erreur, le nom de cette bataille à laquelle il n'a pas assisté. En effet, la 60ᵉ demi-brigade faisait partie de la division Loison et était, le 14 juin, à Plaisance ou à Castel-San-Giovanni. (V. p. 331 et 353.)

Parmi les régiments de cavalerie, la plupart de ceux qui ont pris part à la bataille ont le nom de Marengo sur leur étendard. Ce sont les 2ᵉ cuirassiers ex-2ᵉ de cavalerie et 3ᵉ cuirassiers ex-3ᵉ de cavalerie, les 1ᵉʳ, 6ᵉ, 8ᵉ et 9ᵉ dragons, le 21ᵉ chasseurs et les 11ᵉ et 12ᵉ hussards.

Le 20ᵉ de cavalerie, qui faisait partie de la charge décisive de Kellermann, a disparu et n'est représenté de nos jours par aucun corps.

(4) La garde des Consuls rentre en partie en France.

« ..... Une partie de la garde est partie aujourd'hui pour se rendre à Paris avec les

Infanterie légère. — 1re, 3e, 6e, 7e, 8e, 9e, 12e, 13e, 19e, 20e, 24e, 25e, 28e.

Infanterie de ligne. — 1re, 2e, 3e, 10e, 11e, 22e, 24e, 26e, 28e, 29e, 30e, 34e, 40e, 41e, 43e, 44e, 58e, 59e, 60e, 67e, 68e, 70e, 71e, 72e, 74e, 78e, 91e, 96e, 97e, 99e, 101e, 105e, 106e, 107e, 102e.

Régiments de cavalerie. — 1er, 2e, 3e, 20e, 22e, 25e.

Dragons. — 1er, 6e, 7e, 8e, 9e, 10e, 12e.

Chasseurs à cheval. — 2e, 3e, 4e, 9e, 13e, 15e, 21e.

Hussards. — 1er, 11e, 12e.

ART. 2. — Les 12e, 16e, 21e, 33e, 39e, 55e, 63e, 73e, 80e, 87e, 92e, 93e, 104e de ligne ; les 5e, 15e, 18e d'infanterie légère ; le 5e régiment de cavalerie, le 5e de dragons et le 12e de chasseurs retourneront à l'armée de réserve à Dijon et se rendront dans les places qui seront indiquées par le général en chef de ladite armée.

ART. 3. — Les dépôts des demi-brigades d'infanterie légère et de ligne, ainsi que des régiments des troupes à cheval et autres troupes qui restent à l'armée d'Italie, auront ordre de rejoindre l'armée.

ART. 4. — L'ordonnateur en chef et tous les agents des administrations qui ne seront pas jugés nécessaires pour le service de l'armée d'Italie retourneront à l'armée de réserve à Dijon.

ART. 5. — Le Ministre de la guerre est chargé de l'exécution du présent arrêté.

BONAPARTE.

---

drapeaux pris à l'ennemi. La route est calculée de manière qu'elle sera à Paris avant le 14 juillet..... »

(Le Premier Consul aux Consuls, Milan, 22 juin. *Correspondance de Napoléon*, n° 4940.)

« Cent chevaux de la garde, avec un détachement de canonniers, sont partis ce matin. Ils pourront servir quatre pièces de 8 ou obusiers.

« L'obusier qui est en batterie devant le palais partira aujourd'hui avec le général Murat.....

« .....Ainsi la garde aura trois pièces de canon. »

(Le Premier Consul au citoyen Bessières. Milan, 24 juin.)

Une autre partie de la garde reste à Milan. (V. la lettre du 25 juin, du Premier Consul à Masséna, p. 525.)

Bonaparte, Premier Consul de la République française.

Milan, le 5 messidor an 8 (24 juin 1800).

ARRÊTE :

ART. 1er. — Le général Masséna est nommé général en chef de l'armée d'Italie.

ART. 2. — Il prendra le commandement de cette armée à dater du 6 du présent mois.

BONAPARTE.

Pour expédition conforme :

Le Conseiller d'État, détaché près le Premier Consul,

PETIET.

Pour mettre à l'ordre de l'armée.

Milan, 5 messidor an 8 (24 juin 1800).

En quittant l'armée, le Premier Consul l'a félicitée des victoires qu'elle a remportées.

La journée de Marengo restera célèbre dans l'histoire. Treize places fortes, contenant mille pièces de canon de gros calibre, sont en notre pouvoir et nous nous trouvons en position de conclure une paix solide, ou, si l'aveuglement de nos ennemis s'y oppose, de commencer une campagne brillante et décisive pour le repos de l'Europe et la gloire de la nation. Le Premier Consul recommande aux généraux et chefs de corps de ne pas perdre de temps pour se réorganiser, afin de pouvoir entrer en campagne, si elle a lieu, avant nos ennemis.

BONAPARTE.

Le Premier Consul, au Ministre de la guerre.

Milan, le 4 messidor an 8 (23 juin 1800).

Vous trouverez ci-joint, citoyen Ministre :

1° Un arrêté pour la démolition des places du Piémont et de la Lombardie ;
2° Un pour des renseignements et avancements ;
3° Un qui organise l'armée de réserve.

Les 15 demi-brigades qui vont se rendre à Dijon seront notre principale ressource pour le mois d'octobre.

Il n'y a pas un de ces corps qui ait plus de 400 à 500 hommes sous les armes.

Faites passer en Italie le plus de compagnies de mineurs que vous pourrez, afin d'activer les démolitions.

Je vous salue affectueusement (1).

BONAPARTE.

---

(1) « Affectueusement » est ajouté de la main du Premier Consul.

Le Premier Consul, au général en chef Masséna (1).

Milan, 6 messidor an 8 (25 juin 1800).

Je pars, citoyen Général, pour me rendre à Paris. J'irai ce soir coucher à Verceil (2).

Berthier se rend à Turin pour organiser le Piémont. Il prendra des renseignements sur ce que ce pays peut fournir à l'armée (3).

Je ne sais ce que Gênes peut fournir (4).

---

(1) *Correspondance de Napoléon*, n° 4951.

(2) Le Premier Consul quitte Milan à midi. (Lettre du général Crouzet au général Soult.)

(3)   « *Le Premier Consul au général Berthier.*

Milan, le 5 messidor an 8 (24 juin 1800).

« Vous vous rendrez, citoyen Général, à Turin. Conformément aux arrêtés ci-joints, vous nommerez les personnes qui doivent composer le gouvernement extraordinaire et la Consulta.

« Vous prendrez tous les renseignements sur la situation des finances et du militaire et toutes les mesures que vous croirez nécessaires. Vous organiserez les quatre bataillons conformément à l'arrêté ci-joint. »

BONAPARTE. »

Quelques jours plus tard, Berthier nommait provisoirement Dupont ministre extraordinaire du gouvernement français à Turin.

Victor quittait l'Italie.

« Milan, le 5 messidor an 8 (24 juin 1800).

« Bonaparte, Premier Consul de la République, arrête :

ART. 1er. — Le général Victor se rendra le plus tôt possible à Paris, où il recevra une nouvelle destination.

BONAPARTE. »

Pour expédition,
Le Conseiller d'État, détaché près le Premier Consul,
PETIET. »

(4)   « Milan, le 5 messidor an 8 (24 juin 1800).

« Bonaparte, Premier Consul de la République française, arrête :

ART. 1er. — Le citoyen Dejean, conseiller d'État, est nommé ministre extraordinaire à Gênes.

ART. 2. — Le Ministre des relations extérieures est chargé de l'exécution du présent arrêté.

BONAPARTE. »

Pour expédition,
Le Conseiller d'État, détaché près le Premier Consul,
PETIET. »

« Milan, le 5 messidor an 8 (24 juin 1800).

« Bonaparte, Premier Consul de la République, arrête :

ART. 1er. — Le citoyen Petiet, conseiller d'État, est nommé ministre extraordinaire du gouvernement français à Milan.

ART. 2. — Le Ministre des relations extérieures est chargé de l'exécution du présent arrêté.

BONAPARTE. »

Pour expédition,
Le Conseiller d'État, détaché près le Premier Consul,
PETIET. »

La Cisalpine donnera 2 millions par mois.

Je laisse ici un détachement de la garde des Consuls, à pied et à cheval, avec mes chevaux et mes bagages, afin que, si les circonstances l'exigeaient, je puisse revenir promptement, et surtout pour en imposer aux ennemis et aux Italiens. D'ici, d'ailleurs, je pourrai les diriger dans l'endroit où je croirai devoir me porter.

Mon intention est de conserver le logement que j'ai occupé, meublé tel qu'il est.

Je laisse le citoyen Lacuée, mon aide de camp, qui restera ici jusqu'au 11 ou au 12. Vous le ferez partir avec vos dépêches.

D'ici à ce temps-là, vous commencerez à connaître votre situation; vous aurez organisé votre armée.

Prévenez exactement le Ministre de la guerre de la route que tiennent les différents corps qui retournent dans l'intérieur, et surtout, ne perdez pas un instant à organiser votre artillerie, afin de pouvoir entrer en campagne dans quinze jours.

Faites mettre quelques pièces de canon dans le château de Brescia et à Orzinovi; ce sont des postes utiles à vos opérations.

Je ne pouvais pas vous donner une plus grande marque de la confiance que j'ai en vous que de vous remettre le commandement de la première armée de la République, de celle qui exige la réunion des talents militaires, politiques, et d'une sévère probité.

Je vous salue.

BONAPARTE.

Bulletin de l'armée de réserve.

Turin, 7 messidor an 8 (26 juin 1800).

L'armée de réserve et celle d'Italie ne forment plus qu'une seule et même armée, sous le nom d'armée d'Italie. Le général Masséna en prend le commandement en chef.

Le général Berthier est arrivé à Turin pour organiser le gouvernement du Piémont.

Le général Suchet a occupé tous les forts de Gênes dans la journée du 4. Toute l'artillerie existe; elle a même été augmentée de quelques pièces de canon. Les Anglais n'ont pu emporter que dix pièces, qui étaient sur le môle. Les troupes autrichiennes qui formaient la garnison de Gênes ont défilé, le 3, à 4 heures du matin.

M. de Hohenzollern, qui commandait dans Gênes, s'est conduit avec dignité, franchise et honnêteté.

Savone et Ceva sont occupées par l'armée française.

Le Premier Consul est arrivé ici aujourd'hui. Il est descendu à la citadelle, qu'il a visitée, et est reparti sur-le-champ (1). Il y a trouvé des magasins

_____

(1) Le Premier Consul arrive à Lyon le 29 juin. (V. Corresp. de Napoléon, n° 4951.) Il écrit le même jour à son frère Lucien, Ministre de l'intérieur :

« .....J'arriverai à Paris à l'improviste. Mon intention est de n'avoir ni arcs de

immenses. Dans un seul, i y a plus de 8,000 paires de draps pour les hôpitaux.

La citadelle de Turin est superbe ; elle renferme plus de 300 pièces de canon.

On calcule que l'artillerie de toutes les places cédées par la convention du 27 prairial monte à plus de 2,000 pièces de canon et à plus de 2 millions de kilogr. de poudre.

*
* *

Créée le 8 mars, l'armée de réserve a donc existé un peu plus de cent jours. Mais il ne s'est écoulé qu'un mois entre les premiers coups de fusil tirés le 15 mai au passage du Grand-Saint-Bernard et les derniers coups de canon de la bataille de Marengo.

Dans ce mois l'armée a combattu et a été victorieuse à Étroubles, Aoste, Châtillon, Saint-Martin, Montestrutto. Ivrée, la Chiusella, Turbigo, Melegnano, Lodi, Varallo. Lecco, Plaisance, San-Cipriano, Brescia, Plaisance, Crémone, Broni, Montebello, Spinade, Crémone et Marengo.

Cette rapidité dans l'exécution, les brillants faits d'armes de plus de vingt combats, les immenses résultats militaires et politiques de la convention d'Alexandrie. ont immortalisé cette courte campagne.

L'admiration populaire s'est attachée à la traversée du Grand-Saint-Bernard, au passage du défilé de Bard et

---

triomphe ni aucune espèce de cérémonie. J'ai trop bonne opinion de moi pour estimer de pareils colifichets. Je ne connais pas d'autre triomphe que la satisfaction publique.

« BONAPARTE. »

(*Correspondance de Napoléon*, n° 4935.)

Le 30 juin, le Premier Consul est à Dijon, où il adresse une allocution aux troupes de l'armée de réserve de seconde ligne. (*Correspondance de Napoléon*, n° 4957.)

Après deux accidents de voiture, il arrive à Paris dans la nuit du 2 au 3 juillet. (*Mémoires de Bourrienne*, t. IV, p. 170.)

à la bataille de Marengo, en les dorant de légendes plus ou moins erronées.

Ramenée à la simple réalité historique, cette campagne y gagne un éclat plus solide et plus durable et reste si savante dans sa préparation et si audacieuse dans son exécution, qu'elle doit illustrer à jamais dans la postérité l'armée de réserve et ceux qui l'ont conduite à la victoire.

ANNEXES

ANNEXE Nº 1

État des bouches à feu et attirails d'artillerie pour campagne existant à Pavie, dont on peut faire un petit équipage de campagne.

Dénomination des objets.		Quantités.	Totaux.
Bouches à feu.	De 16 court revenant au 12	8	
	De 8 court revenant au 6	3	
	De 4 court français	9	30
	De 4 court piémontais	10	
Caissons français à réparer			21
Caissons autrichiens aussi à réparer			14
Cartouches à boulets.	De 16	540	
	De 8	258	
	De 4 français	2,800	5,536
	De 4 piémontais	1,938	
Cartouches d'infanterie			400,000
Balles de plomb			208,000
Lances à feu en caisse			24
Étoupilles en caisse			1
Pierres à feu			12,000
De la mèche en quantité.			
Moules à balles			3
Caisses renfermant des outils d'ouvriers			2
Outils à pionniers.	Haches		6
	Serpes		409
	Pioches		121
	Pelles rondes et quarrées		560
Fusils en bon état			7,166
Cinquenelles			11
Autres cordages			5

Alex. LAURISTON,
Aide de camp du Premier Consul.

État des bouches à feu et attirails d'artillerie existant à Pavie, dont on peut former un petit équipage de siége.

Bouches à feu.	De 16 revenant au 12 1/6 de long	8	
	De 8 long revenant au 6	6	
	De 6 long revenant au 4 1/2	1	
	De 4 long revenant au 3 1/3	6	31
	Mortiers de 12 pouces	2	
	Mortiers de 6 pouces	8	

Dénomination des objets.		Quantités.	Totaux.
Affûts de rechange.	De 16..........................	2	
	De 6...........................	1	5
	De 4 long.....................	2	
Chariots porte-corps............................			9
Chariots à munitions............................			2
Fers coulés.	De 16..........................	3.928	
	De 8...........................	1.560	
	De 4...........................	2.700	9,753
	Boulets de 12 pouces..........	1.200	
	Boulets de 6 pouces...........	165	
	Boulets de 6 pouces chargés...	200	
Boîtes à balles de 6 pouces......................			188
Balles à feu de 12 pouces........................			60
Balles à feu de 6 pouces.........................			150
Fusées à bombes chargées pour les deux calibres..			4,000
Livres de mèche.................................			12,000
Sacs à terre....................................			12,000
Crics...			2
Chèvre..			1
Plus : grenades de 8 piémontais.................			450
grenades de 4 piémontais.................			5,331
Pétards...			2

Alex. LAURISTON,
Aide de camp du Premier Consul.

État des bouches à feu, voitures d'artillerie et munitions de guerre existant à Pavie, le 15 prairial an 8 (4 juin 1800).

Bouches à feu de siège.	De 16 piémontais revenant au 12.........	8
	De 14 piémontais revenant à 10 1/2.......	1
	De 12 long revenant à 9................	3
	De 11 long revenant à 8 1/4............	1
	De 8 long revenant à 6................	19
	De 6 long revenant à 4 1/2.............	1
	De 4 long revenant à 3................	23
	Mortiers de 12 pouces..................	2
	Mortiers de 9 pouces 4 lignes..........	2
	Mortiers de 6 pouces..................	8
	De 16 court revenant à 12..............	8
Bouches à feu de campagne.	De 8 court revenant à 6................	3
	De 4 français.........................	15
	De 4 long piémontais revenant à 3.......	7
	De 4 court piémontais revenant à 3......	68
	De 4 court sur le bord du fleuve.........	34
Affûts de siège.	De 16 piémontais.....................	16
	De 14 piémontais.....................	1
	De 12 long piémontais.................	3
	De 8 long............................	6
	De 6 long............................	2
	Crapauds de 9 pouces 4 lignes...........	2
	Crapauds de 6 pouces..................	3

Totals: Bouches à feu de siège = 68; Bouches à feu de campagne = 129; Affûts de siège = 33.

Dénomination des objets.		Quantités.	Totaux.
Affûts de campagne.	De 16 court...............	3	
	De 8 court...............	3	
	De 4 français.............	9	84
	De 4 court piémontais........	68	
	D'obusiers................	1	
Chariots porte-corps........................			9
Chariots à munitions........................			2
Fers coulés.	Français pour différents calibres..........		21
	Autrichiens..................		14
	Boulets de 32 piémontais revenant à 24..........		1,650
	Boulets de 16 piémontais.........		3,928
	Boulets de 8 piémontais.........		1,560
	Boulets de 4 français.........		2,800
	Boulets de 4 piémontais.........		2,730
	Grenades à main.............		224
	Grenades de 8 piémontais.........		450
	Grenades de 4 piémontais.........		5,331
	Bombes de 12 pouces.........		1,200
	Bombes de 6 pouces.........		165
	Bombes de 6 pouces chargées.........		200
Boîtes à balles.	De 24, à calibrer exactement.........		259
	De 18 piémontais.........		800
	De 16 piémontais.........		490
	De 12 piémontais.........		392
	De 8.............		144
	De 6.............		188
	De 4.............		168
	De 3.............		162
	De 2.............		18
Cartouches à boulets.	De 16.............		540
	De 8.............		258
	De 6.............		380
	De 4 piémontais.........		1,958
	De 2.............		62
Sachets de 8.............			1,000
Cartouches d'infanterie.............			400,000
Poudre en barils de 200.............			89,200
Poudre en barils de 100.............			16,500
Balles pour cartouches d'infanterie.............			208,500
Cartouches d'espingoles.............			105
Lances à feu en caisse.............			24
Etoupilles.............			2,560
Poix résine en barils.............			30
Fusées à bombes, chargées.............			8,000
Balles à feu de 12 pouces.............			60
Balles à feu de 6 pouces.............			150
Fusées de grenades en caisse.............			3
Fusées de signaux en caisse.............			2
Pétards.............			2
Pierres à.......en caisse.............			12,000
De la mèche en très grande quantité.			
Cinquenelles.............			11
Prolonges (aussi plusieurs cordages).............			5
Barres de fer.............			28

Dénomination des objets.		Totaux.
Moules à balles		3
Sacs à terre		30,000
Crics		2
Caisses d'outils		2
Outils à pionniers.	Haches	6
	Serpes	409
	Pioches	121
	Pelles rondes et quarrées	560
Chèvres		3
Culots en fer pour mitraille de 16 piémontais		600
Fusils.	En bon état	7,166
	A réparer	1,060
	De rempart	39

Alex. LAURISTON,

Aide de camp du Premier Consul.

ANNEXE N° 2[1]

Réserve, 1re ligne, au 20 prairial an 8 (9 juin 1800).

BERTHIER, Général en chef.
VICTOR.
MACDONALD.
MONCEY.

GÉNÉRAUX DE DIVISION.	GÉNÉRAUX DE BRIGADE.	ADJUDANTS GÉNÉRAUX.
CHABRAN.	VEAUX.	HULIN.
HARVILLE.	BROUSSIER.	REQUIN.
WATRIN.	VIGNOLLE.	STABENRATH.
DUHESME, lieut. général.	KELLERMANN.	MERIAGE.
DUPONT.	RIVAUD.	DALTON.
LOISON.	VAUFRELAND.	DELORT.
LEMOINE.	GENCY.	PANNETIER.
BOUDET.	CHAMBARLHAC.	LACROIX (Pamphile).
GARDANNE.	RIVAUD (Olivier).	PAULET.
MURAT.	GOBERT.	ADVINEY.
MONNIER.	MALHER.	DAMPIERRE.
LORGE.	MUSNIER.	DELAAGE.
LAPOYPE.	HERBIN.	NOGUÈS.
	SERIZIAT.	BERTHIER (César).
	BETHENCOURT.	ISARD.
	GUÉNAND.	DUCOS.
	LESTRANGE.	ORMANCEY.
	DUMOULIN.	MARTIN.
	CARRA-SAINT-CYR.	QUATREMÈRE.
	GILLY (Jeune).	BRIBES.
	MILHAUD.	BOISSIER.
	MERLE.	
	CHARPENTIER.	
	CALVIN.	
	CHABERT.	
	MAINONI.	
	QUETARD.	
	BONAMY.	

(1) Cette situation semble être faite à Paris.

Armée de réserve, 1re ligne.

	NUMÉROS des CORPS.	NOMBRE de BATAILLONS.	EFFECTIF à L'ARMÉE.	EFFECTIF au DÉPÔT.	OBSERVATIONS.
Légère..........	1re	1	750	»	2 bataillons à l'aile droite de l'armée du Rhin.
	6e	3	1,700	102	Chambéry.
	9e	3	2,000	329	Id.
	12e	3	1,500	130	Id.
	13e	3	1,950	103	Id.
	19e	3	1,500	156	Id.
	24e	3	2,000	149	Id.
De bataille........	22e	3	1,700	107	Chambéry.
	28e	3	1,800	189	En Helvétie.
	29e	3	2,100	550	Chambéry.
	30e	2	1,900	250	Chambéry, 1 bataillon avec le général Masséna.
	40e	3	1,700	100	Genève.
	43e	3	2,000	85	Chambéry.
	44e	3	1,900	386	En marche sur Chambéry.
	58e	3	2,000	66	Chambéry.
	59e	3	2,000	99	Chambéry.
	60e	3	1,800	32	Chambéry.
	67e	3	1,900	247	Schlestadt.
	70e	2 1/2	1,700	102	Chambéry. 1/2 bataill. de 365 homm. à Morlaix.
	72e	3	1,800	183	Chambéry.
	91e	3	1,800	100	Strasbourg.
	96e	3	2,000	144	Chambéry.
	101e	3	2,000	134	Strasbourg.
	102e	3	2,000	441	En Helvétie.
Bataillons complémentaires de l'armée d'Orient. — Légère.	4e	1	200	12	Chambéry.
	21e	1	350	62	Id.
	22e	1	200	22	Id.
De ligne.	9e	1	450	122	Chambéry.
	13e	1	350	54	Id.
	69e	1	350	75	Id.
	75e	1	450	65	Id.
	85e	1	200	69	Id.
	88e	1	350	84	Id.
				565	
Légion italique.....................			2,000	1,800	Milan.
Garde des Consuls..................			600	»	
TOTAL DE L'INFANTERIE....			51,420		

	NUMÉROS DES CORPS.	NOMBRE D'ESCADRONS.	EFFECTIF A L'ARMÉE.		EFFECTIF AU DÉPÔT.		OBSERVATIONS.
			Hommes.	Chevaux.	Hommes.	Chevaux.	
Cavalerie	1er	4	120	120	»	»	
	2e	3	230	230	85	178	Faverney.
	3e	3	220	220	91	186	Compiègne.
	5e	1	1»0	1»0	»	»	
	14e	3	220	220	215	96	Genève.
	15e	3	300	300	96	107	Dijon, arrive le 18 messidor.
	20e	3	240	240	78	124	Seurre et Carouge.
	25e	3	250	250	77	54	Dijon, arrive le 13 messidor.
Dragons.....	1er	4	206	237	182	229	Dijon, arrive le 14 messidor.
	5e	2	300	300	»	»	
	6e	4	450	450	145	117	Dijon.
	7e	4	350	350	115	218	Versailles.
	8e	4	450	450	251	234	Dijon, Châlon et Carrouge.
	9e	4	420	420	115	250	Dijon.
Chasseurs ...	2e	4	400	400	206	259	Gray et Chambéry.
	7e	1	100	100	»	»	
	12e	4	450	550	261	327	Dijon et Troyes.
	15e	4	300	300	156	287	Versailles.
	21e	4	320	320	269	178	Saint-Jean-de-Losne.
Hussards	1er	1	120	120	»	»	
	11e	4	400	400	240	166	Saint-Germain
	12e	4	250	250	439	358	Dôle.
Garde des Consuls.........			300	300	»	»	
Guides et gendarmes de l'armée.			204	204	»	»	
TOTAL DES TROUPES A CHEVAL.			6,816				

Récapitulation de la 1re ligne.

Infanterie	51,200	
Troupes à cheval........................	6,420	62,709
Artillerie............................ ...	5,089	

Récapitulation de la 2e ligne.

Infanterie	9,664	11,180
Troupes à cheval........................	1,516	
TOTAL		73,889

Dépôts de la 1re ligne.

Infanterie	6,549	9,610
Troupes à cheval........................	3,061	
TOTAL		83,499

Troupes à cheval de la 2e ligne qui n'ont point reçu d'ordres de départ........   2,054

TOTAL GÉNÉRAL   85,553

ANNEXE N° 3.

Première ligne de l'armée de réserve au 20 prairial an 8 (9 juin 1800) (1).

Force de l'infanterie de la première ligne de l'armée de réserve.

DÉNOMINATION DE L'ARME.	NUMÉROS des corps.	FORCE.
Infanterie légère................................	6ᵉ	1,800
	9ᵉ	2.200
	13ᵉ	2,100
	19ᵉ	1,600
	24ᵉ	2,200
Infanterie de bataille...........	22ᵉ	1,800
	30ᵉ	2,000
	40ᵉ	1,800
	43ᵉ	2,100
	58ᵉ	2,200
	59ᵉ	2,100
	60ᵉ	1,900
	70ᵉ	1,800
	72ᵉ	1.900
	96ᵉ	2,200
Bataillons complémentaires de l'armée d'Orient.......... { légère...........	4ᵉ	280
	21ᵉ	400
	72ᵉ	240
de ligne...........	9ᵉ	500
	13ᵉ	400
	69ᵉ	400
	75ᵉ	500
	85ᵉ	250
	88ᵉ	400
Légion italique........	....	2,000
Garde des Consuls................................	....	800
TOTAL.....	....	35,870

(1) Cette situation semble faite à Paris. Elle ne porte ni date, ni signature. Elle est tirée des *Archives nationales*, A. F. IV, registre, 1159.

Force de la cavalerie de la première ligne de l'armée de réserve.

DÉNOMINATION DE L'ARME.	NUMÉROS des corps.	ESCA-DRONS.	FORCE en hommes.	FORCE en chevaux.
Cavalerie................	1er	1	160	160
	2e	3	277	277
	3e	3	250	250
	5e	1	160	160
	20e	3	280	280
Dragons............	5e	2	380	380
	7e	4	376	376
	8e	4	562	562
	9e	4	475	475
Chasseurs...........	2e	4	450	450
	7e	1	100	100
	15e	4	320	320
	21e	4	350	350
Hussards...........	1er	1	121	131
	11e	4	450	450
	12e	4	250	250
Garde des Consuls..............	....	....	360	360
Gendarmerie organisée en guerre....	....	....	204	204
TOTAL.....	....	....	5,525	5,535

Corps de troupes commandées par le lieutenant général Moncey.

DÉNOMINATION DE L'ARME.	NUMÉROS des corps.	NOMBRE de batail-lons.	NOMBRE d'es-cadrons.	FORCE en hommes.	FORCE en chevaux.
Infanterie légère...............	1e	1	»	924	»
	12e	3	»	1,689	»
Infanterie de bataille..........	1e	»	»	2,394	»
	28e	3	»	1,901	»
	29e	3	»	2,320	»
	44e	3	»	2,063	»
	67e	3	»	2,078	»
	91e	3	»	1,994	»
	104e	3	»	2,135	»
	102e	3	»	2,232	»
TOTAL des troupes de l'infanterie.	......	....	....	19,730	
Cavalerie................	14e	3	»	234	246
	15e	3	»	352	394
	25e	3	»	293	291
Dragons............	1er	4	»	206	237
	6e	4	»	591	481
Chasseurs................	12e	4	»	564	607
TOTAL GÉNÉRAL...	......	....	....	21,970	2,256

Parc d'artillerie.

		Force.
Artillerie...... { à pied.		1,912
{ à cheval		374
Ouvriers de l'artillerie		287
Mineurs		96
Sapeurs...... { 2 compagnies rendues........ 300 } { 7 compagnies devant arriver dans le courant de messidor........ 4,200 }		4,500
Pontonniers		225
Ouvriers artistes		198
Bataillon du train d'artillerie		400
Total		4,989

Récapitulation.

	FORCE		
	en infanterie.	en cavalerie.	en chevaux.
Force de la première ligne	35,870	5,525	5,535
Corps du lieutenant général Moncey	19,730	2,240	2,256
Total	55,600	7,765	7,791
Parc d'artillerie	4,989	»	»
Total	60,589	7,765	
Total général	68,354		7,791

Dépôts de troupes à cheval de la première ligne de l'armée de réserve.

DÉSIGNATION de L'ARME.	NUMÉROS des corps.	FORCE		EMPLACEMENTS.
		en hommes.	en chevaux.	
Cavalerie........	2e	85	178	Faverney.
	3e	132	202	Compiègne.
	14e	215	96	Genève.
	15e	114	95	Arrivera à Dijon le 13 messidor.
	20e	68	107	Seurre.
	25e	125	37	Arrivera à Dijon le 27 messidor.
Dragons........	1er	157	128	Arrivera à Dijon le 14 messidor.
	6e	145	117	Arrivera à Dijon le 18 messidor.
	7e	161	243	à Versailles.
	8e	174	468	à Dijon le 15 messidor.
	9e	115	250	à Provins.
Chasseurs........	2e	162	215	à Gray.
	12e	232	374	à Dijon le 15 messidor.
	15e	290	352	à Genève, à Dijon le 13 messidor.
	21e	269	178	à St-Jean-de-Losne.
Hussards........	11e	269	229	à St-Germain, à Dijon le 29 messidor.
	12e	439	358	à Dôle.
TOTAL...	......	3,150	3,327	

ANNEXE N° 4.

Dépôts de la 1re ligne de l'armée de réserve (1).

DÉSIGNATION DES CORPS.	NUMÉROS des corps.	NOMBRE		EMPLACEMENT.	FORCE			OBSERVATIONS.
		des bataillons.	des escadrons.		de l'infanterie.	des troupes à cheval.	en chevaux.	
Infanterie légère.....	6e	»	»	à Chambéry..........	102	»	»	
	9e	»	»	id...............	79	»	»	
	12e	»	»	id...............	130	»	»	
	13e	»	»	id...............	103	»	»	
	19e	»	»	id...............	148	»	»	
	24e	»	»	id...............	102	»	»	
de ligne............	14e	»	»	Département du Mont-Blanc.	326	»	»	
	22e	»	»	à Chambéry........	117	»	»	
	28e	»	»	id............	189	»	»	
	29e	»	»	id............	550	»	»	
	30e	»	»	id............	258	»	»	
	43e	»	»	en marche sur Chambéry....	85	»	»	
	44e	»	»	à Chambéry........	386	»	»	
	51e	»	»	id............	149	»	»	
	58e	»	»	id............	66	»	»	
	59e	»	»	id............	99	»	»	
	60e	»	»	id............	32	»	»	
	70e	»	»	id............	402	»	»	
	72e	»	»	id............	419	»	»	
Infanterie... de ligne...	91e	»	»	en marche sur Chambéry...	54	»	»	Avait ordre de se rendre à Chambéry.
	96e	»	»	à Chambéry........	144	»	»	Est en réserve pour l'Helvétie.
	102e	»	»	id............	441	»	»	

	Corps	Résidence						Observations
Dépôts des bataillons complémentaires de l'armée d'Orient								
légère	4e	à Chambéry	»	»	12	»	»	
	21e	id	»	»	62	»	»	
	22e	id	»	»	22	»	»	
de ligne	9e	à Chambéry	»	»	122	»	»	
	43e	id	»	»	54	»	»	
	75e	id	»	»	65	»	»	
	85e	id	»	»	69	»	»	
	69e	id	»	»	75	»	»	
	88e	id	»	»	84	»	»	
Troupes à cheval.								
Cavalerie	2e	à Faverney	»	»	»	85	178	
	3e	à Compiègne	»	»	»	132	202	
	14e	à Genève	»	»	»	215	96	Arrivera à Lyon le 13 messidor.
	15e	»	»	»	»	114	95	
	20e	à Seurre	»	»	»	68	107	Arrivera à Dijon le 13 messidor.
	25e	»	»	»	»	125	37	
Dragons	1er	à Versailles	»	»	»	157	128	Arrivera à Dijon le 14 messidor.
	6e	à Provins	»	»	»	145	117	Arrivera à Dijon le 18 messidor.
	7e	»	»	»	»	161	243	
	8e	»	»	»	»	174	168	
	9e	»	»	»	»	115	250	
Chasseurs	2e	à Gray	»	»	»	462	245	
	12e	à Genève	»	»	»	232	374	Arrivera à Dijon le 15 messidor.
	15e	à Saint-Jean-de-Losne	»	»	»	290	352	Arrivera à Dijon le 13 messidor.
	21e	»	»	»	»	269	178	
Hussards	11e	à Saint-Germain	»	»	»	269	229	
	12e	à Dôle	»	»	»	439	358	Arrivera à Dijon le 19 messidor.
					4,346	3,152	3,327	
						7,498		

(1) Cette situation ne porte ni date, ni signature.

ANNEXE N° 5.

Situation de la cavalerie (1).

	1re ligne. Hom. Chev.	2e ligne. Hom. Chev.	Dépôts.
CAVALERIE.			
1er 1 escad.	160 460	2 escad. 206 173 à Fontainebleau...	y compris le dépôt.
2e 3 —	277 277.	....	85 h., 178 chev. à Faverney.
3e 3 —	250 250.	....	132 h., 202 chev. à Compiègne.
5e 4 —	460 160..	2 — 486 134 à Versailles......	y compris le dépôt.
11e	....	{ 1 — 420 120 arrivera à Dijon le 15 messidor.	
		2 — 125 65 à Lille	y compris le dépôt.
14e 3 —	209 209.	....	215 h., 96 chev. à Genève.
15e 3 —	300 300.	....	144 h., 95 chev., arrivera à Dijon le 13 messidor.
18e	....	{ 1 — 424 133 arrivé.	y compris le dépôt.
		2 — 484 215 à Rouen.........	
20e 3 —	280 280.	....	68 h., 407 chev. à Seurre.
25e 3 —	280 280.	....	125 h., 37 chev. à Dijon le 27 messidor.
DRAGONS.			
1er 4 escad.	400 400.	....	457 h., 128 chev. à Dijon le 14 messidor.
3e	....	1 escad. 195 131 arrivé.........	le surplus à l'armée d'Orient.
5e 2 —	380 380..	2 — 223 219 à Paris.........	y compris le dépôt.
6e 4 —	510 510.	....	145 h., 117 chev. à Dijon le 18 messidor.
7e 4 —	376 376.	....	161 h., 243 chev. à Versailles.
8e 4 —	562 562.	....	174 h., 168 chev. à Dijon le 45 messidor.
19e	....	{ 1 — 450 150 arrivé à Genève le 6 messidor.	y compris le dépôt.
		3 — 379 330 à Caen	
9e 4 —	475 475.	....	115 h., 256 ch. à Provins (17e div.).
10e	....	4 — 400 400 à Verdun-s.-Saône.	300 h., 200 chev. à Verdun-sur-Saône.
CHASSEURS.			
2e 4 escad.	450 450.	....	162 h., 215 chev. à Gray.
7e 4 —	400 100.	....	Les trois autres escadrons à Bréda.
12e 4 —	504 504.	....	232 h., 374 chev. à Dijon le 15 messidor.
13e 4 —	320 320.	....	290 h., 352 chev. à Genève.
21e 4 —	350 350.	....	269 h., 478 chev. à Saint-Jean-de-Losne.
HUSSARDS.			
1er 1 escad.	121 431	3 escad. 641 657 Paris...........	y compris le dépôt.
11e 4 —	450 450.	....	269 h., 229 chev. à Saint-Germain.
12e 4 —	250 250.	....	439 h., 358 chev. à Dôle.
GARDE DES CONSULS.	360 360.		
DRAGONS DU GÉNÉRAL EN CHEF...	80 76 à Dijon.		
HUSSARDS VOLONTAIRES........	185 185 à Dijon.		

(1) Cette situation ne porte ni date, ni signature; elle semble faite à Paris.

ANNEXE N° 6

ARMÉE DE RÉSERVE

État des troupes arrivées du Rhin sous les ordres du général Moncey (1).

Savoir :

1re légère...........................	850	
12e légère...........................	900	
1re de ligne..........................	1,800	
29e de ligne........................	4,632	
3 compagnies de grenadiers de la 44e....	250	12,092
67e de bataille.......................	1,800	
91e de bataille.......................	1,580	
101e de bataille......................	1,780	
102e de bataille......................	1,500	
12e chasseurs.......................	270	
1er dragons..........................	350	
6e dragons..........................	301	
14e de cavalerie......................	150	1,851
15e de cavalerie......................	300	
22e de cavalerie......................	200	
25e de cavalerie......................	280	
TOTAL....................		13,943

Certifié véritable.

Le général de division, chef de l'état-major général,
DUPONT.

_____

(1) Cet état n'est pas daté.

ANNEXE N° 7

Arrivée des renforts.

Pendant le cours de la campagne, les renforts envoyés de France s'acheminent vers l'armée par la rive droite du lac de Genève et par le Grand-Saint-Bernard.

On a trouvé la trace du passage de plusieurs détachements dans les archives de Nyon, de Martigny, de Sembrancher et de Liddes, dans le *Nouvelliste Vaudois*, dans le *Bulletin helvétique* et surtout dans le manuscrit de la famille Couvreu, où sont portées toutes les troupes passant à Vevey (1).

On a résumé ces renseignements dans le tableau suivant :

TROUPES.	EFFECTIF.	DATES DES PASSAGES A			
		LAUSANNE.	VEVEY.	MARTIGNY.	SEM-BRANCHER.
Un bataillon de la 44e.........	300	....	30 mai (1).		
31e demi-brigade..............	2,500	....		2 juin.	
Deux bataillons de cisalpins....	800	....	31 mai.		
Un bataillon de la 13e légère....	700	....	31 mai.		
7e dragons.........(110 chev.).		....		....	3 juin.
Train d'artillerie de la division Monnier....... 15 pièces (2).		....		....	4 juin.
Un bataillon de cisalpins, en grande partie officiers.........	600	1er juin.	2 juin.		
99e demi-brigade..............	2,500	....		5 juin.	
3e bataillon de la 44e.........	300	....	4 juin.		
11e de hussards..............	300 (3)	....	4 juin.	6 juin.	
92e demi-brigade...........	....	....		6 juin.	
16e de dragons..............	500	....		6 juin.	
Un bat. d'inf. (pas de numéro)..	800	....		7 juin (4).	
38e demi-brigade..............	2,600	....		8 juin.	
19e de dragons..............	500	....		10 juin.	
Détach. des 9e drag. et 11e huss.	350	10 juin (5).	11 juin.		
13e chasseurs à cheval.........	350	11 juin Nyon	14 juin.		
Un bataillon de la 19e légère....	500	....	27 juin.		

(1) Le 30 mai il passe aussi à Vevey 175 Autrichiens, dont 4 officiers, pris le 22 mai au fort d'Ivrée.

(2) On a aussi quelques renseignements sur le transport de l'artillerie au Grand-Saint-Bernard :
12 grandes roues, 10 petites, de Saint-Pierre au Saint-Bernard : 80 francs; payement le 30 prairial;
10 grandes roues, 10 petites; mulets de Liddes : 60 francs;
2 avant-trains portés par des hommes de Liddes au Saint-Bernard : 48 francs;
1 avant-train porté par des hommes de Liddes au Saint-Bernard : 24 francs;
1 pièce de canon de 8, traînée par des hommes de Liddes, de Saint-Pierre au Saint-Bernard, avec une prolonge; payement en date du 24 prairial : 100 francs;
1 pièce de canon de 4 traînée par des hommes de Liddes, depuis Saint-Pierre au Saint-Bernard, le 18 prairial : 48 francs;
1 pièce de canon de 4 avec des avant-trains, 22 prairial : 64 francs;
19 prairial, 5 flasques de 8 de Saint-Pierre au Saint-Bernard : 80 francs;
23 et 24 prairial, 30 hommes ont traîné 1 canon de Saint-Pierre au Saint-Bernard; obligés de coucher en route : 100 francs.   (Archives de Liddes. — Registre des fournitures réclamées.)

(3) *Alias* : 113 hommes, 114 chevaux.

(4) Pour y tenir garnison.

(5) La garnison prisonnière du fort de Bard, forte de 356 soldats et 10 officiers, passe à Lausanne le 10 juin. (V. t. 1er, p. 541 et 542.)

(1) Ce manuscrit a souvent été cité dans le tome 1er.

ANNEXE N° 8

Situation de l'armée de réserve le 14 juin.

ANNEXE N° 8

Situation de l'armée de réserve, le 25 prairial an 8 (1).

BONAPARTE, *Premier Consul,*
commandant en personne.

Alex. BERTHIER,
général en chef.
STABENRATH) adjudants
PANNETIER) généraux.

MARESCOT, général de division,
commandant le génie.

MARMONT, général de brigade,
commandant l'artillerie.

DUPONT, général de division,
chef de l'état-major général.
Pamphile LACROIX) adjudants
DAMPIERRE) généraux.

En ligne à Marengo.

INFANTERIE.

LIEUTENANTS GÉNÉRAUX.	GÉNÉRAUX COMMANDANT les divisions.	ADJUDANTS GÉNÉRAUX.	GÉNÉRAUX de BRIGADE.	COMMANDANTS des CORPS (2).	NUMÉROS des corps.	DÉSIGNATION de L'ARME.	NOMBRE des bataillons ou escadrons.	FORCE des CORPS.	TOTAUX par DIVISION.
VICTOR.	GARDANNE.			SABOEUF.	43e	de ligne	3	1,748	3,691
				GARDENNE.	101e	de ligne	3	1,890	
			»		102e	de ligne	3	13	
	CHAMBARLHAC.		HERBIN.	FERRY.	24e	légère	3	1,801	5,287
				BISSON.	43e	de ligne	3	1,901	
			RIVAUD.	LEPREUX.	96e	de ligne	3	1,586	
LANNES.	WATRIN.	NOGUÈS.	MALHER.	MACON.	6e	légère	3	1,414	5,083
				LAGRANGE.	40e	de ligne	3	1,746	
			GENCY.	SCHREIBER.	22e	de ligne	3	1,953	
DESAIX.	MONNIER.	GIRARD.	MAINONI.	VALABERT.	19e	légère	3	998	3,614
			CARRA-SAINT-CYR.	BOURGEOIS.	70e	de ligne	3	914	
			BISSON.	ROUYER.	72e	de ligne	3	1,460	
	BOUDET.	DALTON.		MERCIER.	9e	légère	3	1,240	3,316
			MONNIER.	LAMARCHE.	30e	de ligne	3	2,014	
				LABRUNESSE.	59e	de ligne	3	1,430	
			GÉRARD.	BUGNIOT.		de ligne	3	1,879	
				SOMER.	Grenadiers et chasseurs de la garde	1	800	800
						Total de l'infanterie.	45		23,791

CAVALERIE.

			Nom	Corps	Esc.	Effectif	Total
MURAT.......	Cés. BERTHIER....	KELLERMANN....	YVENDORFF......	2e de cavalerie....	3	120	470
			GÉRARD......	20e de cavalerie....	3	330	
			ROUFF......	21e de cavalerie....	5	50	
		CHAMPEAUX....	VIALLANNES......	1er de dragons....	4	450	998
			MILLET......	8e de dragons....	4	328	
				9e de dragons....	3	220	
			LEYREAULT......	6e de dragons....	4	340	800
			DEFRANCE......	12e de chasseurs....	4	300	
			ISMERT......	11e de hussards....	2	900	
		RIVAUD	DUPREX......	21e de chasseurs....	4	339	759
			FOURNIER......	12e de hussards....	4	400	
			ROMAGNY......	3e de cavalerie....	3	450	301
			JUNIAC......	1er de hussards....	1	151	
			BESSIÈRES......	Grenadiers de la garde....	1	360	360
				Chasseurs consulaires....			
				Total de la cavalerie....	40		3,688

ARTILLERIE ET GÉNIE.

Artillerie à pied et à cheval........		618	690
Artillerie légère de la garde consulaire........		72	

RÉCAPITULATION.

Infanterie........	23,791
Cavalerie........	3,688
Artillerie........	690
Total........	28,469

(1) Cette situation est extraite de la *Relation de la Bataille de Marengo*, rédigée en 1805 au Ministère de la guerre. On a scrupuleusement respecté les chiffres imprimés dans cette relation, bien que trois des totaux par division suient inexacts ; on a corrigé l'orthographe de plusieurs noms propres, en adoptant ceux qui figurent dans les contrôles des Archives de la guerre, dans l'*État militaire* de l'an 8 et dans la *Chronologie des généraux* éditée au Ministère de la guerre.

(2) Les noms qui figurent dans cette colonne ne sont pas tous des noms de chefs de brigade ; on y trouve des chefs de bataillon ou d'escadron, et même des capitaines, suivant la force de l'unité.

Devant les places et en position sur les deux rives du Pô.

INFANTERIE.

LIEUTENANTS GÉNÉRAUX.	GÉNÉRAUX COMMANDANT les divisions.	ADJUDANTS GÉNÉRAUX.	GÉNÉRAUX de BRIGADE.	COMMANDANTS des CORPS.	NUMÉROS des corps.	DÉSIGNATION de L'ARME.	NOMBRE de bataillons ou escadrons.	FORCE des CORPS.	TOTAUX par division d'infanterie et brigade de cavalerie.
DEHESME	LORGE	PAELET	BROSSIER	CASTILLON	13e	légère	3	1,127	5,304
				COLOMB	38e	de ligne	2	2,079	
			GOBERT	»	60e	de ligne	2	2,098	
	LAPOYPE			GADLOIS	1er	légère	2	850	3,462
				PATIGIER	29e	de ligne	2	1,632	
				GODBY	91e	de ligne	2	980	
				CROSSAT	67e	de ligne	3	1,800	
MONCEY	LORGE	R. DELORT	LICHI	PEYRÉ	Légion italique		3	2,600	4,400
	GILLY	HULIN, à Milan			12e	légère	1	450	3,300
				BERTHULOT	1er	de ligne	2	1,800	
	CHABRAN				1/2 brigades des bataillons complémentaires de l'armée d'Orient		2	814	3,373
					2e		2	1,066	
					3e		3	987	
	TUREAU	LIBRAULT	DAVIN		12e	légère	1	450	4,450
					15e	légère	1	400	
					28e	légère	3	1,400	
				PRADERE	24e	de ligne	1	380	
				MAIRESSE	98e	de ligne	1	1,400	
			»	»	106e	de ligne	1	400	
	BETHENCOURT		»		107e	de ligne	1	450	695
				GOFFON	102e	de ligne	1	695	
						TOTAL de l'infanterie....	44		24,964

CAVALERIE.

HARVILLE	DEMOULIN	JACQUEMIN	1er de cavalerie	2	182	382
		MICHELON	5e de cavalerie	2	200	
CHABRAN	»		7e de chasseurs	1	120	120
	POINSOT		14e de cavalerie	2	150	930
	»		15e de cavalerie	3	300	
DUHESME	LOISON	BROUSSIER	DOMMANGET	22e de cavalerie	2	200	4,180
		TRINTUNIER	25e de cavalerie	3	260	
		GOBERT	CROUTELLE	5e de dragons	2	240	
			AVICE	15e de chasseurs	4	400	
TURREAU	LIÉBAULT	KISTER	11e de hussards	4	300	700
		ROUDET	21e de cavalerie	2	50	
		THULLIER	14e de chasseurs	2	250	
			9e de chasseurs	4	400	

TOTAL de la cavalerie... 34 — 1,131 / 269 — 3,312

ARTILLERIE ET GÉNIE.

Artillerie à pied et à cheval... 1,131
Pontonniers, sapeurs, etc. ... 269 } ... 1,400

RÉCAPITULATION.

Infanterie... 24,964
Cavalerie... 3,312
Artillerie et génie... 1,400
TOTAL... 29,676

RÉCAPITULATION GÉNÉRALE.

En ligne à Marengo... 28,169
Devant les places... 29,676
TOTAL... 57,845

APERÇU DES FORCES AUTRICHIENNES EN ITALIE.

A Alexandrie, sous le général en chef Mélas, environ... 45,000 dont 8,000 à 10,000 de cavalerie.
A Mantoue et sur le Mincio, sous le général Vukassevich... 6,000
Sur le haut Adige, sous le général Dedovich... 4,000
Dans les places, environ... 45,000
TOTAL... 70,000

ANNEXE N° 9

POSITIONS OCCUPÉES EN ITALIE,
LE JOUR DE LA BATAILLE DE MARENGO, PAR LES ARMÉES (1)

FRANÇAISE.		AUTRICHIENNE.	
Le fort de Bard... Ivrée... Chivasso... Crescentino... Trino... Verceil...	Occupés par la division Chabran.	A Alexandrie...	Le général en chef Mélas avec une armée de 45,000 h. composée des divisions d'Ott, d'Elnitz, de Haddick et de Kaim.
Devant Arona...	La division Bethencourt.	Valence... Casale... Verrue... Turin... Ceva... Coni... Savone... Gènes... Gavi... Tortone... Bobbio... Parme...	Occupées par les troupes autrichiennes
Devant le château de Milan...	La division Gilly.		
A Crema...	La division Lorge.		
A Brescia...	La légion italique.		
A Crémone... Devant le château de Plaisance... Devant Pizzighettone... A Castel-St-Jean...	Le lieutenant général Dubesme avec la division Loison.		
A Pavie...	La division Lapoype.		
A Salé...	La brigade de cavalerie Rivaud.	Mantoue...	Le général Vukassevich.
A Torre-di-Garofolo...	Le quartier général de la division Monnier.	Peschiera... Le haut Adige...	Sa garnison. Dedovich.
En avant de San-Juliano...	Le lieutenant général Lannes avec la division Watrin...	Vessona, sur les frontières du Tyrol... Le château de Plaisance...	Le général Loudon.
A Marengo...	Le lieutenant général Victor avec les divisions Gardanne, Chambarlhac et les brigades de cavalerie de Kellermann et Champeaux.	Pizzighettone... Le château de Milan... Le fort d'Arona...	Occupés par les Autrichiens et assiégés ou masqués par les Français.
A Rivalta...	Le lieutenant général Desaix avec la division Boudet.		
A Cassino, Acqui, Spigno, Dego, et en avant de Savone...	Le général Masséna réuni avec le général Suchet.		
A Bussolino, près Suse...	La division Turreau.		

(1) Ce tableau est extrait de la *Relation de la bataille de Marengo*, publiée en 1805 ; il a été reproduit dans les *Mémoires de Napoléon*.

ANNEXE N° 10

Sépulture de Desaix.

Arrêté (1).

Les Consuls de la République arrètent :

ARTICLE PREMIER. — Le corps du général Desaix sera transporté au couvent du Grand-Saint-Bernard, où il lui sera élevé un tombeau (2).

ART. 2. — Les noms des demi-brigades, des régiments de cavalerie, d'artillerie, ainsi que ceux des généraux et chefs de brigade, seront gravés sur une table de marbre placée vis-à-vis le monument.

ART. 3. — Les Ministres de l'intérieur et de la guerre sont chargés, chacun en ce qui le concerne, de l'exécution du présent arrêté.

BONAPARTE.

Par le Premier Consul, le Secrétaire d'État :

Hugues B. MARET.

Pour ampliation :

Le Secrétaire général du Dépôt de la guerre :

Aug¹ COLLIGNON.

Arrêté.

Paris, 1ᵉʳ thermidor an 8 (20 juillet 1800).

Les Consuls de la République, sur le rapport du Ministre de la guerre, arrètent :

ARTICLE PREMIER. — Le Ministre de la guerre est autorisé à faire payer sur le champ à la citoyenne Beaufranchet, mère du général Desaix, tué sur le champ de bataille à l'affaire de Marengo, le 25 prairial an 8, la somme de 3,000 francs à titre d'indemnité.

ART. 2. — Il est accordé à cette citoyenne, en conformité de l'article 9 de la loi du 14 fructidor an 6, une pension viagère de 3,000 francs, à compter du jour de la mort de son fils.

ART. 3. — Le Ministre de la guerre et celui des finances sont chargés, chacun en ce qui le concerne, de l'exécution du présent arrêté, qui sera inséré au *Bulletin des lois.*

BONAPARTE (3).

---

(1) L'original ne porte ni la date, ni le lieu d'origine. Mais Bourienne a écrit en marge : A inscrire au secrétariat sous la date de ce jour, 8 messidor an 8 (27 juin 1800). Le *Moniteur* du 10 messidor publie cet arrêté avec la date du 8.

En imprimant la *Correspondance de Napoléon,* on a donné la date du 8 messidor à cette pièce. En fait, elle a dû être dictée quelques jours plus tôt.

(2) Le corps de Desaix est embaumé à Milan le 16 juin. L'embaumement coûte 2751 fr. 12 cent., 99 millimes, argent de Milan (Hulin à Petiet, 2 juillet).

(3) *Correspondance de Napoléon,* n° 5006.

NOMS DES GÉNÉRAUX DIVISIONNAIRES et emplacement des divisions.	GÉNÉRAUX de BRIGADE.	N°° des demi-brigades.	Nombre des bataillons.	Force des présents.	Et
				LÉGÈRE.	
WATRIN...... { MAINONI......... GENCY......... MALHER.......		6e	3	844	A Pla
BOUDET....... { MUSNIER....... GUENAND......		9e	3	1,629	I...
MONNIER...... { CARA-SAINT-CYR SCHILT.......		19e	3	600	A Bol
CHAMBARLHAC, général de brigade commandant. { RIVAUD........ HERBIN.......		24e	3	1,578	A Pla
LOISON......... { GOBERT....... BROUSSIER.....		13e	3	1,127	En ar bla
Lieutenants du général en chef. —	LORGE......... BONAMY.......	12e	2	900	Occup Cre
VICTOR........ DUHESME....... MONCEY........	GARDANNE...... { SÉRIZIAT....... DUMOULIN......				
	LAPOYPE....... { DIGONNET...... CHABERT.......	1re	»	850	Sera l
»	GILLY.........				
	CHABRAN....... BRENIER.......				
	TUREAU........ { LAVALETTE..... LIEBAULT......			500	A Tur
Corps de troupes aux ordres du général BÉTHENCOURT...					
MURAT, lieutenant du général en chef, commandant la cavalerie........	{ KELLERMANN.... CHAMPEAUX(blessé) RIVAUD (blessé)...				
			17	7,998	

oncées par le Mini

13e légère, détach.	746	
2 comp. de carabiniers de la 13e..	150	
6e, 1 comp. de carabiniers........	80	
9e, 3e bataillon...	400	
	9,374	

(1).

ARCHES.

GA|

	30	1er	2	9	10	11
SERRAVALLE..	»	»	»	»	»	»
TURIN......	Borgo St-Donino.	Parme.	Guastall	»	»	»
MILAN......	»	»	»	»	»	»
PIZZIGHETTONE	»	»	»	»	»	»
ARONA......	Goito.	»	»	»	»	»
PLAISANCE....	»	»	»	»	»	»
CONI......	Alexandrie	Castel nuovo di Scrivia.	Séjour	Guastalla.	Borgo-Forte.	Mantua.
CEVA......	....					
GÉNES......	Plaisance.	Séjour.	Fio-renzolo	»	»	»
SAVONE......	Casteggio.	Castel-san-Giovanni.	Plaisano	Mantoue.	»	»
FORT URBAIN .	»	»	»	»	»	»
1re colonne av Tortone.	»	»	»	»	»	»
2e colonne ...	»	»	»	»	»	»
3e colonne d'Alexandrie	»	»	»	»	»	»

(1) Ce tableau 24 (V. p. 488).

ARMÉE DE RÉSERVE.

Division CAMBARLHAC.

ANNEXE N° 13

État de situation de la division à l'époque du 6 messidor an 8 (25 juin 1800).

DÉNOMINATION des corps.	NOMS des chefs de corps.	NOMBRE D'HOMMES-EFFECTIF.			TOTAL de l'effectif, officiers compris.	DÉTAIL DE L'EFFECTIF.							Hôpitaux		OBSER-VATIONS.
		Officiers		Sous-officiers et soldats.		Combattants présents à la division.	Au dépôt.	En congé ou en permission.	Prisonniers de guerre.	En jugement.	Détachés.	Embarqués.	du lieu.	externes	
		présents.	absents.												
24e 1/2 brigade d'infanterie légère....	Ferrey.........	39	57	2,940	3,036	1,578	83	32	109	3	90	174	»	874	
43e 1/2 brigade d'infanterie de ligne..	Busson	77	36	2,872	2,945	1,850	167	45	2	13	33	»	»	875	
96e 1/2 brigade d'infanterie de ligne..	Lepreux......	60	43	2,779	2,882	1,380	190	27	42	»	185	»	»	1,058	
		176	136	8,591	8,903	4,808	440	104	153	16	308	174	»	2,807	

Certifié conforme aux états envoyés par les chefs de corps,

Plaisance, ce 6 messidor an 8.

Le Chef de l'état-major par intérim,

MOULINS.

ANNEXE N° 14

Mouvement des divisions actives de l'armée de réserve ordonné les 1er et 3 messidor an 8
(20 et 22 juin 1800) (1).

DÉSIGNATION des divisions.	POINTS de départ.	MESSIDOR.									OBSERVATIONS.
		2 21 juin.	3 22 juin.	4 23 juin.	5 24 juin.	6 25 juin.	7 26 juin.	8 27 juin.	9 28 juin.	10 29 juin.	
Division CHABRAN...	Valenza.....	Alexandrie	»	»	»	»	»	»	»	»	
— BOUDET...	Stradella....	Plaisance.	Plaisance.	»	»	»	»	»	»	»	
— MONNIER...	Casteggio.....	Castel-san-Giovani.	Ponte-Ti-done.	Plaisance.	Borgo-san-Donino.	Parme.	Regio.	Modène.	Bologne.	»	
— WATRIN.....	Ponte-Curone..	Broni.....	Ponte-Curone.	Plaisance.	»	»	»	»	»	»	Cette division a séjourné le 9 à Ponte-Curone; elle n'arrivera, en conséquence, que le 8 à Plaisance.
— CHAMBARLHAC...	Castel-Nuovo di Scrivia.	Casteggio.	Castel-san-Giovani.	Plaisance.	»	»	»	»	»	»	Cette division a séjourné le 8 à Castel-Nuovo; elle n'arrivera à Plaisance que le 5.
— GARDANNE...	Alexandrie.....	»	Voghera..	Stradella..	Plaisance.	Plaisance. Crema.	Lodi..... Orzinovi.	Crémone. Brescia.	Orzinovi.	Brescia..	Toute l'artillerie attelée et approvisionnée, qui se trouve au parc de Tortone, doit filer sur Plaisance où elle sera distribuée aux différentes divisions qui ont ordre de s'y rendre.
— LAPOYPE.....	Tortone.....	»	»	Voghera.	Stradella..						
La 101e demi-brigade.	Plaisance.....	»	»	»	»	»	»	Brescia.	Orzinovi.	Brescia..	
Cavalerie.											
L's régiments de dragons...	Volpedo et Casalnoccia.	»	»	»	Casteggio.	Lardirago.	Lodi.....	Crema.....	Orzinovi.	Brescia...	
Les régim's de grosse cavalerie.	Bosco et Vighizzolo.										
1er régiment d'hussards.	Riva-di-Nazzano.	»	»	»	»	Ponte-Cu-rone.	Pavie.....	Lodi.....			
7e régiment d'hussards.	Riva-di-Nazzano.	»	»	»	Casteggio.	Pavia....	Lodi.....	Crema....	Orzinovi.	Crescia...	
2e régiment de chasseurs...	Riva-di-Nazzano.	»	»	»	»	Broni....	Castel-san-Giovani.	Plaisance. Cremone.	Cremone.	»	

(1) Cette pièce ne porte ni date ni signature.

ANNEXE Nº 15

Ètat sommaire des déserteurs autrichiens arrivés dans la place de Milan jusqu'au 2 messidor an 8 inclus (21 juin 1800).

DÉSIGNATION DE L'ARRIVÉE.		NOMBRE de DÉSERTEURS.	OBSERVATIONS.
MOIS.	DATES.		
Prairial	17	73	
Id	18	45	
Id	18	27	
Id	21	8	
Id	24	96	
Id	24	32	
Id	24	37	
Id	25	1	
Id	25	4	
Id	26	3	
Id	27	10	
Id	28	35	
Id	28	17	
Mes-idor	1er	343	
Id	2	27	
		758	

CERTIFIÉ par moi soussigné, *Commandant de la place,*

Pour l'*Adjudant général* HULIN,

L'*Adjoint,*
MERLIOT.

ANNEXE N° 16

Château de Milan. — Inventaire. — 29 prairial an 8 (18 juin 1800).

L'an huit de la République française et le 29 prairial, je soussigné commissaire des guerres, ayant la police de l'artillerie de l'armée, en suite des ordres du commissaire général, et sur l'invitation du général commandant la Lombardie, me suis transporté au château de Milan, accompagné des citoyens Galband-Dufort, chef de bataillon d'artillerie, désigné à cette effet par le directeur du parc de l'armée de réserve, et Michaud, lieutenant aide de camp, désigné par le général Vignolle. J'ai requis le major-général commandant la citadelle, de nous faire assister par le commandant d'artillerie autrichien, pour procéder conformément aux conventions faites entre le général en chef Berthier et le général autrichien Mélas, en datte du vingt-sept prairial courant, à l'inventaire des bouches à feu, munitions et objets quelconques d'artillerie. Monsieur Pettinger, major d'artillerie, ayant été nommé à cet effet par le commandant autrichien, l'inventaire a eu lieu comme suit, scavoir :

DÉSIGNATION DES OBJETS.		QUANTITÉ.	OBSERVATIONS.
Bouches à feu piémontaises.	Pièces de 32	10	24, toutes de calibre piémontais et garnies de leurs affûts et crapaux, sauf un pierrier : un essieu de fer cassé.
	Obusiers	4	
	Mortiers de 6 pouces......	3	
	Mortiers de 10 pouces.....	4	
	Pierriers	3	
Bouches à feu autrichiennes.	Pièces de 3	12	54, toutes du calibre impérial et garnies de leurs affûts.
	Pièces de 6	16	
	Pièces de 12	10	
	Mortiers de 6 pouces......	1	
	Mortiers de 10 pouces.....	2	
	Pierriers	1	
	Petits mortiers de fer.....	12	
Magasin Carmeletto.			
Poudre........	Cartouches de canon de 32 ..	46	Sans boulets.
	59 barils	92 quint. 1/2	Poudre de Vienne, le même que le poids de marc.
Magasin dit le Souterrain.			
Cartouches d'inf. : 280 barils à 1560 cart. chaque.		436,800 cart.	
Poudre à canon : 94 barils de 250 chaque......		23,500	Poids de Milan.
Cartouches d'inf. : 7 caisses avariées		»	Avariées.
Cart. de pièces de 8 : 22 caisses de 313 cart. chaque.		6,886	Avec leurs boulets.
Poudre à canon : 86 barils de 250 chaque......		21,500	Poids de Milan.

DÉSIGNATION DES OBJETS.	QUANTITÉ.	OBSERVATIONS.
Cartouches d'inf. : 4 barils de 1560............	6,240 cart.	
Cartouches de calibre de 6 : 44 barils.........	5,400	Sans boulets.
Cartouches de calibre de 12 : 46 barils........	3,550	Sans boulets.
Cartouches de pièces de 3 : 37 barils..........	4,000	Sans boulets.
Cartouches { 19 barils..............	»	Sans désignation.
d'inf. française. } 80 caisses de 1350 chaque..	108,000 cart.	D'infant. française.

Magasin San-Carlo.

Poudre à mousquet......................	12,700	Poids de Vienne.
Poudre à canon........................	4,700	Poids de Vienne.
Poudre à remplir les bombes............	14,000	Poids de Vienne.
Cartouches à poudre à mitraille pour calibre de 12.	280 cart.	Sans dragées.

Parc de boulets.

Boulets........ { de 24...................	4,970	
{ de 12...................	4,840	
{ de 6...................	800	
{ de 3...................	4,800	
Grenades de 3........................	8,000	
Grenades de 6........................	3,000	
Bombes de 6.........................	60	
Bombes de 10........................	1,190	

Magasin n° 10.

Plomb en balles......................	700	
Pierres à fusil.......................	3,000	
Grenades de 7 livres chargées..........	132 grenades.	
Balles à feu pour mortier de 6 pouces......	160 balles.	
Balles à feu pour mortier de 10 pouces......	120 balles.	
Caisses de fusils impériaux : 179 caisses......	5,345 fusils.	
Caisses de fusils impériaux : 45 caisses.......	1,621 —	De nouveau modèle.
Vieux fusils.........................	400 —	
Fusils........ { de 3....................	4,500 —	
{ de grenades en main......	1,453 —	
{ de 6 pouces............	3,500 —	
{ de 10 pouces...........	2,800 —	
{ de 12 pouces...........	2,047 —	
Tuyaux d'amorce ou étoupilles...............	28,000	
Lances à feu.........................	1,000	
Mèches.............................	5,000	Poids de Vienne.
Sacs à terre.........................	4,000	
Cartouches ou sacs de toile.................	2,000	

A la Remise au Bois.

Chèvre.............................	1	Avec tous les attirails.

Magasin n° 10.

Serpettes...........................	450	
Boulons à tête plate avec leurs verroux, pour le service de plate-forme..................	550	
Soufre.............................	100	
Salpêtre............................	100	
Résine.............................	200	

DÉSIGNATION DES OBJETS.	QUANTITÉ.	OBSERVATIONS.
Canons, pièces de 3....................	4	
Charriots..........................	4	
Charriots français..................	2	
Charriots impériaux.................	2	
Pioches............................	150	
Pelles.............................	300	
Barre de fer d'un pouce de diamètre..........	4	
Enclumes..........................	5	
Etaux.............................	2	
Voiture à long timon.................	1	
Vieilles cordes.....................	2	
Coins de mire......................	20	
Roues d'échange de différents calibres........	26	

J'ai continué l'inventaire de tous les autres effets et objets de subsistances et hôpitaux, accompagné des mêmes officiers. Le major-général a désigné pour les subsistances le sieur Bernakie, commissaire des vivres et le sieur Coste, intendant.

Il a été reconnu :

DÉSIGNATION DES OBJETS.		QUANTITÉ.	OBSERVATIONS.
Eau-de-vie	1 grand tonneau..........	57 (1)	
	1 petit tonneau..........	15	
	1 petit tonneau..........	10	
	1 petit tonneau..........	6	
		98	
Vin..........	1 tonneau..............	18	
	1 tonneau..............	15	
		33	
Vin..........	1 tonneau..............	17	
	1 tonneau..............	27	
	1 tonneau..............	24	
	1 grand à moitié........	17	
	1 petit tonneau.........	40	
	1 petit tonneau..........	20	
	1 petit tonneau..........	31	
	1 grand tonneau.........	34	
	1 restant d'un petit tonneau.	4	
	1 tonneau..............	8	
	1 grand tonneau.........	17	
	1 tonneau..............	26	
	1 tonneau.....	35	

(1) Mot illisible. Sans doute pintes.

DÉSIGNATION DES OBJETS.	QUANTITÉ.	OBSERVATIONS.
Vin. { 1 tonneau.............. 1 tonneau.............. 1 tonneau.............. 1 tonneau.............. 1 tonneau.............. 1 tonneau..............	10 17 42 12 13 22	
	409	
Futailles vides.............	5	
Farine froment. { 328 quintaux 77... 2,426 quintaux 59.........	2,756 qx 36 k.	
Farine de seigle.............	1,816 cent.	
Son......................	10	
Poix, haricots.............	345 mesures.	Mesure de 70 k. marc.
Rations de pain............	4,917	
— de riz..........	139	
— de lard........	163	
— de viande salée..	439	
— de sel.........	190	
— de tabac à fumer.	48	
— de tabac à priser.	8	
Blé de Turquie.............	2,400 mesures	
Orge.....................	1,486	
Avoine...................	1,161	
Foin.....................	900	
Paille....................	400	
Bois.....................	650 cordes.	{ La corde a 6 pieds de hauteur sur 3 pieds de profondeur.
Chandelle.................	3 quintaux.	
Huile....................	9 quintaux.	
Tonn^x où sont contenus les viandes salées et farine.	215	
Sacs à toile pour farine......	3,200	
(1)......................	4	
Ustensile complet pour des fours..........		
Balances.................	4	3 grandes, 1 petite.
Bœufs sur pied............	57	
Vaches sur pied...........	14	

Hôpital.

DÉSIGNATION DES OBJETS.	QUANTITÉ.	OBSERVATIONS.
Lits complets... { Salle n° 1.............. Salle n° 2.............. Salle n° 3.............. Salle n° 4..............	22 lits. 21 — 24 — 34 —	{ Le lit est formé d'un bois de lit, 1 paillasse, 1 traversin de paille, 1 couverture de laine et des draps.
	101 lits.	
Marmittes de cuivre.........	3	
Seaux de bois..............	4	
Gobelets de fer-blanc........	36	
Tables de bois.............	4	Et 4 bancs.

(1) Mot illisible.

(L'inventaire se continue par une longue liste d'objets de pharmacie.)

. . . .

L'inventaire fini, j'ai requis le commandant du génie de faire remettre les plans, cartes et autres effets du château, qui a déclaré qu'ils seront remis à l'officier du génie français, qui sera désigné à cet effet.

J'ai clos le présent procès-verbal, fait à triple expédition où ont signé avec moi, les parties sous-désignées :

HUBERT, commissaire des guerres ;
Jean BRAUDEINSTEIN, major d'artillerie (1) ;
OBMÉ, intendant d'artillerie ;
BANASQUI, intendant des vivres de l'armée impériale (2) ;
GALBAND-DUFORD, chef de brigade d'artillerie ;
MICHAUD, aide de camp.

---

(1) Le nom du major d'artillerie est complètement différent de celui indiqué au début de l'inventaire. (V. p. 562.)

(2) Le nom de l'intendant est écrit d'une façon différente dans le cours de l'inventaire. (V. p. 564.)

ANNEXE Nº 17

État des bouches à feu existantes dans les différents ouvrages
de la citadelle d'Alexandrie au 2 messidor (21 juin 1800).

NUMÉROS des DIFFÉRENTES BATTERIES.	PIÈCES de CANON.	MOR- TIERS.	PIER- RIERS.	OBSERVATIONS.
Bastion nº 1..............	14	1	»	
Courtines nºs 1 et 2.......	»	3	1	
Bastion nº 2	15	»	»	
Courtines nºs 2 et 3.......	»	2	2	
Bastion nº 3..............	15	»	»	
Courtines nºs 3 et 4	3	3	»	
Bastion nº 4..............	16	»	»	
Courtines nºs 4 et 5.......	»	2	2	
Bastion nº 5..............	16	1	»	
Courtines nºs 5 et 1......,	1	3	»	
Ouvrages extérieurs nº 6...	4	»	»	
Id. nº 7...	5	»	»	
Id. nº 8...	4	2	»	
Id. nº 9...	4	»	»	
Id. nº 10..	6	2	»	
Id. nº 11..	5	»	»	
Id. nº 12..	6	2	»	
Id. nº 13..	6	»	»	
Le donjon	6	»	»	
	126	21	5	

CERTIFIÉ par moi, Chef de brigade, commandant la citadelle,

CLUSEL.

ANNEXE N° 18

Brevets donnés à des sous-officiers et soldats de la 9ᵉ légère.

POUR LE CITOYEN PETIT

Au citoyen Petit, sergent-major dans la 9ᵉ demi-brigade d'infanterie légère, à l'affaire de Marengo, où ce sous-officier s'avança seul sur les tirailleurs autrichiens, en tua plusieurs et en fit trois prisonniers, *un fusil d'honneur*.

POUR LE CITOYEN DAVION

Au citoyen Davion, sergent-major dans la 9ᵉ demi-brigade d'infanterie, à l'affaire qui eut lieu le 25 prairial an 8, à Marengo, où ce sous-officier pénétra plusieurs fois dans les rangs ennemis et y fit quatre prisonniers, *un fusil d'honneur*.

POUR LE CITOYEN MAQUART

Au citoyen Maquart, sergent dans la 9ᵉ demi-brigade d'infanterie légère, à l'affaire de Marengo, où ce sous-officier, à la tête d'un piquet de six hommes, fit preuve de beaucoup de fermeté en résistant avec succès à une charge de douze cavaliers ennemis, *un fusil d'honneur*.

POUR LE CITOYEN JACQUES

Au citoyen Jacques, sergent dans la 9ᵉ demi-brigade d'infanterie légère, à l'affaire de Marengo, où ce sous-officier, à la tête des tirailleurs, ayant été chargé par la cavalerie ennemie, dont le but était de tomber sur le bataillon, la tint en respect par son intrépidité, démonta plusieurs cavaliers et força les autres à renoncer au projet d'avancer davantage, *un fusil d'honneur*.

POUR LE CITOYEN BENOIST

Au citoyen Benoist, sergent dans la 9ᵉ demi-brigade d'infanterie légère, à l'affaire de Marengo, où ce sous-officier, détaché en tirailleur, ayant été chargé par deux cavaliers autrichiens, en démonta un et fit l'autre prisonnier, *un fusil d'honneur*.

POUR LE CITOYEN BOUVIER

Au citoyen Bouvier, caporal de carabiniers dans la 9ᵉ demi-brigade d'infanterie légère, à l'affaire qui eut lieu le 25 prairial an 8, à Marengo, où ce militaire pénétra à diverses reprises dans les rangs ennemis et y tua plusieurs hommes à coups de baïonnette, *un fusil d'honneur*.

POUR LE CITOYEN MAHUT

Au citoyen Mahut, caporal de carabiniers dans la 9° demi-brigade d'infanterie légère, à l'affaire de Marengo, où ce militaire, voyant un officier de dragons sur le point de tomber au pouvoir de l'ennemi, vole à son secours, tue un des Autrichiens qui le poursuivaient, met les autres en fuite, et reçoit un coup de feu au moment où il allait saisir le cheval du cavalier qu'il avait tué, *un fusil d'honneur.*

POUR LE CITOYEN CAMUS

Au citoyen Camus, carabinier dans la 9° demi-brigade d'infanterie légère, à l'affaire du 16 prairial, en avant de Plaisance, et notamment à la bataille de Marengo, où ce militaire démonta deux cavaliers qu'il fit prisonniers, *un fusil d'honneur.*

POUR LE CITOYEN SALLIOR

Au citoyen Sallior, chasseur dans la 9° demi-brigade d'infanterie légère, à l'affaire de Plaisance, et principalement à la bataille de Marengo, où ce militaire, détaché en tirailleur, ayant été chargé par deux cavaliers autrichiens, en tua un et démonta l'autre, *un fusil d'honneur.*

POUR LE CITOYEN VINOT

Au citoyen Vinot, chasseur dans la 9° demi-brigade d'infanterie légère, à l'affaire de Marengo, où ce militaire, ayant été assailli par deux cavaliers autrichiens et un grenadier hongrois, démonta l'un des cavaliers, mit le grenadier hors de combat d'un coup de baïonnette, et força l'autre cavalier à se retirer, *un fusil d'honneur.*

ANNEXE N° 19

**État nominatif des officiers des corps composant la division,
tués ou blessés dans la journée du 23 prairial an 8 (14 juin 1800).**

DÉNOMINATION DES CORPS.	NOMS DES OFFICIERS.	GRADES.	TUÉS.	BLESSÉS.
	Delpuech	Chef du 2ᵉ bataillon....	1	»
	Kuhn	Adjudant-major capitaine.	»	1
	Fondeviole	Adjudant-major capitaine.	»	1
	Paris	Adjudant sous-officier...	»	1
	Gally	Capitaine 1ʳᵉ classe.....	»	1
	Marmier	Capitaine...............	»	1
	Meunier	Id.	»	1
	Mathet	Id.	1	»
	Delory	Id.	1	»
	Soyé	Id.	1	»
	Meulande	Id.	»	1
	Lacour	Id.	»	1
	Colinard	Id.	1	»
	Sourd	Id.	»	1
24ᵉ demi-brigade d'infanterie légère.	Delangle	Lieutenant.............	»	1
	Godard	Id.	»	1
	Fitte	Id.	»	1
	Villefranque	Id.	»	1
	Volage	Id.	»	1
	Lérideau	Id.	»	1
	Cinqualbre	Id.	»	1
	Durand	Sous-lieutenant.......	1	»
	Santoire	Id.	1	»
	Leblanc	Id.	»	1
	Chenasse	Id.	»	1
	Carrière	Id.	»	1
	Martinon	Id.	»	1
	Miquet	Id.	»	1
	Paulhu	Id.	1	»
	Soule	Id.	»	1
	Boucton	Id.	1	»
	Menvielle	Id.	»	1
	Domejean	Id.	1	»
	Daban	Id.	»	1
			10	24

DÉNOMINATION DES CORPS.	NOMS DES OFFICIERS.	GRADES.	TUÉS.	BLESSÉS.
	Jouan	Chef de bataillon.......	»	1
	Courtois	Id.	»	1
	Trotyanne	Adjudant-major........	»	1
	Pellerin	Capitaine...........	»	1
	Mongin........	Id.	»	1
	Aumont	Id.	»	1
	Libert.........	Id.	»	1
	Pochon	Id.	»	1
	Gonet	Id.	1	»
	Schayot........	Id.	»	1
	Aubertin.......	Id.	»	1
	Remy..........	Id.	»	1
	Simon	Id.	»	1
	Brion	Id.	»	1
	Daussure.......	Id.	»	1
43ᵉ	Maupart	Id.	»	1
demi-brigade	Thirion........	Lieutenant...........	1	»
d'infanterie	Lenouvel	Id.	»	1
de bataille.	Chardonnet	Id.	»	1
	Gruson	Id.	»	1
	Mangin........	Sous-lieutenant........	»	1
	Martin	Lieutenant...........	»	1
	Bercher	Id.	»	1
	Laffont	Id.	»	1
	Carlier........	Id.	»	1
	Lenoir........	Sous-lieutenant........	»	1
	Camtès........	Id.	1	»
	Barbier........	Id.)	»	1
	Armand........	Id.	1	»
	Rénard........	Id.	»	1
	Bisson.........	Id.	»	1
	Rogeau	Id.	»	1
	Dapernet	Id.	1	»
	Lavergne	Id.	»	1
			5	29
	Faravel	Chef de bataillon	»	1
	Vandermazen ...	Adjudant-major	»	1
	Persegol.......	Capitaine...........	»	1
	Juliard	Id.	»	1
96ᵉ	Beauvé........	Id.	»	1
demi-brigade	Reboul	Id.	»	1
d'infanterie	Bettancourt....	Id.	»	1
de bataille.	Le Dentu.......	Id.	1	»
	Lavaine	Lieutenant...........	»	1
	Faivre	Id.	»	1
	Callier........	. Id.	»	1
	Leouffre.......	Id.	»	1
	Duchateau	Id.	»	1
	A reporter..................		1	12

DÉNOMINATION DES CORPS.	NOMS DES OFFICIERS.	GRADES.	TUÉS.	BLESSÉS.
		Report	1	12
	DETAILLE.	Lieutenant...........	»	1
	BECK	Id.	»	1
	ROUSSEL........	Id.	»	1
	CADOT	Sous—lieutenant........	»	1
	LACOUR	Id.	»	1
96ᵉ	ETIENNE.......	Id.	»	1
demi—brigade	LAMBERT	Id.	»	1
d'infanterie	TELLIER........	Id.	»	1
de bataille.	HOURDOU.......	Id.	»	1
	CHERCHIN.......	Id.	»	1
	VILLÉ	Id.	1	»
	BLANC.........	Id.	»	1
	THOMÉ........	Id.	»	1
	CHAAL.........	Id.	»	1
	GUILBERT.......	Id.	»	1
			2	27

Récapitulation.

	TUÉS.	BLESSÉS.
24ᵉ demi—brigade d'infanterie légère...................	10	24
43ᵉ demi—brigade d'infanterie de bataille...............	5	29
96ᵉ demi—brigade d'infanterie de bataille	2	27
TOTAL......................	17	80

Certifié conforme d'après ceux envoyés par les chefs de corps.

Plaisance, ce 7 messidor an 8 (26 juin 1800).

Pour le chef de l'état-major de la division :

L'adjoint, MOULIN.

ANNEXE N° 20

TABLEAU des militaires de tous grades qui se sont distingués ou qui ont été tués ou blessés, par suite de quelque action d'éclat, dans les marches ou combats livrés par l'Armée de réserve, jusqu'à l'époque de l'armistice conclu entre les généraux français et autrichiens en Italie, le 26 prairial an 8.

ANNEXE

Tableau des militaires de tous grades qui se sont distingués ou qui ont été tués livrés par l'*Armée de réserve*, jusqu'à l'époque de l'armistice conclu

DATES.	ÉVÉNEMENTS.	NOMS.	GRADES.
26 floréal an 8.	Affaire d'Aoste.......	MALHER...........	Général de brigade.........
28 floréal....	Affaire de Chatillon...	NOGUÉS...........	Adjudant général..........
		GOBERT...........	Général de brigade
4 prairial....	Surprise de la ville de Bard............	8 sapeurs de la 58ᵉ demi-brigade..........	
		Quelques sapeurs de la division Boudet........	
		DUPONT.........	Général de division..........
4 prairial....	Attaque du fort.......	LACROIX.........	Adjudant général..........
6 prairial....	Assaut donné au fort de Bard.........	LOISON...........	Général de division........
		GOBERT...........	Général de brigade.........
		DUFOUR.........	Chef de brigade de la 58ᵉ....
8 prairial....	Affaire de Varallo.....	GIUSEPPINI.	Sous-lieutenants de grenadiers de
		CASSOLINI.	la légion italique...........
		N...............	Leur sergent-major..........
		DEYRI.........	Chef de brigade............
		LECHI.........	Chef d'escadron............
		BRUNETTI.......	Capitaine.................
		AMODÉO.........	Sous-lieutenant...........
18 prairial...	Affaire de Pizzighettone	BOYER..........	Aide de camp du général Duhesme..............
18, 19 prairial	Passage du Tessin....	ORDONNEAU........	Aide de camp du général Duhesme..............
13 prairial...	Passage du Tessin....	MORIN..........	Aide de camp du général Dupont.
17 prairial...	Attaque du pont de Plaisance.........	CASEAU..........	Chef de bataillon de la 9ᵉ légère.
		Un conscrit......	

(1) 5ᵉ de dragons et 2ᵉ de chasseurs, d'après les rapports. (V. p. 214 et 216).

N° 20

on blessés, par suite de quelque action d'éclat, dans les marches ou combats entre les généraux français et autrichiens en Italie, le 26 prairial an 8.

ACTIONS MILITAIRES.	OBSERVATIONS.
Les troupes s'emparèrent d'Aoste après en avoir chassé l'ennemi qui, en cette occasion, perdit son chef et 12 prisonniers.	
Blessé en poursuivant l'ennemi dans Chatillon (Piémont) à la tête de 100 hussards du 12° régiment.	La charge dans laquelle il fut blessé, valut à la République 300 prisonniers, 3 canons et 3 caissons enlevés à l'ennemi.
Il commandait la division du général Loison chargé de seconder les tentatives de diverses colonnes sur la ville de Bard. Les troupes, impatientes, se portèrent à cette attaque avec une intrépidité extraordinaire.	
Brisent les barrières, mais sont arrêtés faute d'outils pour scier les flèches des ponts-levis.	
Revenus à la charge, abattirent enfin ce pont-levis et facilitèrent la prise de la ville.	
Se précipita le premier à la tête des troupes dans la ville de Bard et en ouvrit les portes à l'armée.	
Fut chargé de faire porter en avant du fort, vers Donnas, deux pièces de 4. On les fit transporter à dos, par des chemins hérissés d'obstacles de toute espèce, et l'on parvint à les établir contre le fort.	
La division qu'il commandait fut chargée de tenter l'assaut du fort de Bard. Longtemps exposé aux plus grands dangers, pendant cette opération, il a été emporté à plusieurs pas par l'explosion d'une bombe.	
Combattit vaillamment en cette occasion près du général Loison.	
A eu l'épaule cassée par un obus en montant à l'assaut dudit fort.	
Ont été tués à l'attaque des retranchements de Varallo. Ils s'étaient conduits avec une bravoure peu commune.	
Est monté des premiers à l'attaque des retranchements de Varallo.	
Se sont particulièrement distingués.	
La cavalerie ennemie était parvenue à faire replier nos troupes, lorsque le citoyen Boyer, entreprenant de rétablir le combat, se mit à la tête d'un escadron du 5° de chasseurs à cheval (1), rallia les fuyards, chargea la cavalerie ennemie, en fit un grand carnage, lui enleva 60 chevaux et fit prisonnier le commandant des chasseurs du Loup avec sa compagnie.	Profitant habilement de son avantage, il fondit sur l'infanterie ennemie et la mit en pleine déroute.
A essayé, le premier, le passage du Pô, après avoir forcé les Autrichiens à se retirer sur Guastalla.	
A été blessé au bras au passage du Tessin.	
A la tête de 6 chasseurs, il s'avance jusqu'à la barrière de ce poste et y pénètre. 80 hommes qui y restaient se préparaient à se défendre lorsque l'arrivée du chef de la 59°, suivi de quelques hommes, les détermina à se rendre.	
Placé sur le point le plus rapproché de la redoute et sous un feu épouvantable, il a consommé plus de cent cartouches avec un sang-froid qui ne s'est pas démenti un seul moment.	On ignore le nom de ce brave.

DATES.	ÉVÉNEMENTS.	NOMS.	GRADES.
19 prairial ..	Marche sur Parme et occupation de cette ville............	MUSNIER...........	Général de brigade...........
		POUDET...........	Général de brigade...........
		DALTON...........	Adjudant général............
		LOISELET (François).	Conscrit de la 59ᵉ...........
		RIBOULEAU........	Lieutenant................
17 prairial...	Passage du Pô.......	MAINONI...........	} Généraux de brigade.........
19 prairial...	Occupation de Broni ..	GENCY...........	
		MAUCUNE........	Aide de camp du général Watrin.
		WATRIN........	Général de division...........
		Lucien WATRIN.....	Capitaine adjoint...........
		MALHER...........	} Généraux de brigade...
		MAINONI...........	
		GENCY...........	
		RIVAUD...........	
		NOGUÈS...........	Adjudant général............
		HUARD...........	Capitaine du génie ....
		CHAMORIN........	Aide de camp du général Watrin.
		COCHER........	Aide de camp du général Malher.
		LABORDE........	} Officiers d'état-major.........
		JOANNON........	
		BIAUME........	
		EICHMANN........	
		SCHREIBER........	
19 prairial...	Bataille de Montebello.	MAÇON........	} Chefs de brigades ....
		LEGENDRE........	
		LEPREUX........	
		DAUTURE........	} Chefs de bataillons..........
		MICHEL........	
		FERTEL........	
		LERIGET........	
		DUPUIS...........	Capitaine à la 22ᵉ demi-brigade.
		MILLET........	Lieutenant de grenadiers à la 40ᵉ.
		DUVAL...........	Lieutenant de la 8ᵉ compagnie du 2ᵉ bataillon de la 40ᵉ........
		GIMONT...........	} Sous-officiers...............
		LAVIGNE........	
		LAINÉ...........	
		Gabriel COCTIL.....	Jeune tambour natif de Romagny.
		Trois hommes......	On ignore leurs noms........
23 prairial...	Affaire de Spinade près Crémone	ORDONNEAU........	Aide de camp du général Duhesme............
24 prairial...	Reprise de Crémone...	L'aide de camp du général Broussier.............	

ACTIONS MILITAIRES.	OBSERVATIONS.
Se conduisit avec beaucoup d'intelligence dans cette marche, défit et dispersa l'ennemi qui accourait au secours de Plaisance.	
Se sont distingués dans cette affaire.	
A pris un drapeau à l'ennemi.	
A été tué.	L'armée perd en lui un soldat éprouvé et d'un mérite reconnu.
Attaqués par des forces supérieures, résistèrent avec courage, reprirent l'offensive et tuèrent 500 hommes à l'ennemi.	
Il fut blessé à Broni.	Il l'avait déjà été à l'affaire de Chiusella.
A puisamment contribué au succès de cette journée.	Il s'était précédemment distingué au passage du Grand-St-Bernard.
A fait prisonnier, au milieu de la mêlée, un colonel autrichien.	
Se sont parfaitement conduits.	
A peine remis de ses blessures, il s'est particulièrement distingué.	
A été légèrement blessé; il a rendu des service importants dans cette journée.	
Se sont élancés au milieu des plus grands dangers, partout où les ordres des généraux les appelaient.	
Ont fait, à la tête de leurs troupes, des prodiges de valeur.	
Se sont montrés à la tête de leurs troupes d'une manière étonnante.	
Ont mérité les éloges particuliers du général Watrin.	Ce dernier a sauvé un jeune soldat de la 28e des mains de trois Autrichiens; il en sabra deux et fit le troisième prisonnier.
Enveloppé par 25 Autrichiens, il se dégagea de leurs mains et leur fit mettre bas les armes à l'aide de 4 carabiniers.	
Ont montré un courage qui les rend dignes d'un grade supérieur.	
S'étant avancé seul, en battant la charge, il attira après lui un peloton de braves qui débusquèrent l'ennemi d'un monticule qu'il occupait.	
Ont fait mettre bas les armes à 60 Autrichiens dans le bourg de Casteggio.	
A la tête de 15 hommes de la 13e légère, il s'empara du pont volant de l'ennemi sur l'Adda.	
A porté trois coups de sabre à M. Curtius, colonel de la légion Bussy.	Cet officier s'est montré constamment à la tête de toutes les charges.

DATES.	ÉVÉNEMENTS.	NOMS.	GRADES.
24 prairial...	Reprise de Crémone...	ORDONNEAU........ BOYER............	Aides de camp du général Duhesme.................
		DAMPIERRE........ GARDANNE........	....
		RIVAUD...........	Général de brigade...........
		Un aide de camp du général Rivaud .... Ordonnances du général Rivaud.................	
		KELLERMANN......	Général de brigade...........
25 prairial...	Bataille de Marengo...	DESAIX...........	Lieutenant général...........
		BERTHIER.........	Général en chef...........
		LABORDE.......... DUTAILLIS........	Aides de camp du général Berthier..............
		DUPONT...........	Général de division...........
		DECOUCHY........	Son premier aide de camp......
		VICTOR........... MURAT........... LANNES...........	Lieutenants généraux...........
		Généraux de divisions et de brigades, officiers d'état-major et d'artillerie....................	
		BOUDET...........	Général de brigade...........
		GUÉNAND..........	Général de brigade...........
		MAINONI.......... MALHER...........	Généraux de brigade...........
		CHAMPEAUX........	Général de brigade...........
		BESSIÈRES.........	Chef de brigade commandant la garde à cheval des Consuls....
		César BERTHIER....	Adjudant général, chef de brigade du 8ᵉ régiment de dragons....
		COLBERT.......... BEAUMONT......... DIDIER...........	....
		Léopold STABENRATH	Adjudant général...........
		Pamphile LACROIX...	Adjudant général...........
		NOGUÈS........... DELAAGE.......... PANNETIER......... GIRARD.......... DALTON.........	Adjudants généraux...........
		ISARD...........	Adjudant général...........

ACTIONS MILITAIRES.	OBSERVATIONS.
. . . .	Il en est de même de ces citoyens qui se sont distingués dans cette journée.
Forcèrent avec beaucoup d'intrépidité l'ennemi infiniment supérieur dans le village de Marengo et préparèrent par ce succès ceux du lendemain.	
Blessé fortement par un biscaïen en défendant le village de Marengo, il continua de combattre avec des forces inférieures qui mettaient beaucoup d'acharnement à emporter ce village.	
Eut, dans cette occasion, la cuisse traversée d'une balle.	
Toutes ont été tuées.	
Rallia les fuyards des divisions commandées par le général Victor et arrêta l'ennemi qui marchait avec toutes ses forces sur San-Giuliano.	Dans tout le reste de cette journée, il a rendu les plus grands services; il est un de ceux qui ont le plus contribué au succès de la bataille.
A été tué d'une balle dans la poitrine au moment où il conduisait la division Boudet à la reprise de Marengo.	
A été atteint d'une balle au bras.	
Ont eu leurs chevaux tués sous eux.	
A fait dans cette journée tout ce qu'on pouvait attendre d'un homme qui possède au plus haut degré les vertus militaires unies à une connaissance profonde de son état.	Il s'est montré constamment, dans cette campagne, le digne chef d'état-major du Premier Consul.
A toujours été vu à ses côtés.	
Ont acquis de nouveaux droits à l'estime et à la reconnaissance des Français.	
N'ont cessé de combattre à la tête des colonnes; leur exemple n'a pas peu contribué à élever le soldat au-dessus de lui-même et à lui faire tenter les efforts plus qu'humains qui l'ont fait triompher.	
A été atteint d'une balle qui s'est amortie sur l'argent qui se trouvait dans sa poche.	
Le même hasard est arrivé à ce général.	
Ont été blessés.	
Est mort à la suite de ses blessures.	
Ont mérité d'être distingués par le lieutenant général Murat.	
A chargé la cavalerie ennemie à la tête de la garde des Consuls.	
A montré des talents militaires et un zèle qui ont mérité qu'il fut fait de lui une mention particulière dans la liste des braves qui se sont distingués à Marengo.	
Ont fixé par leur bravoure l'attention de l'armée.	
A été blessé en combattant vaillamment.	

DATES.	ÉVÉNEMENTS.	NOMS.	GRADES.
		DAMPIERRE........	Adjudant général.............
		Lucien WATRIN.....	Capitaine adjoint de la division Watrin..............
		SOULÈS...........	Commandant les grenadiers de la garde consulaire.
		RIGAUD...........	Chef de brigade du 10e de hussards............
		LEGENDRE........	Chef de brigade.............
		VALHUBERT.......	Chef de brigade.............
		MACON...........	Chef de brigade de la 24e légère.
		FEREY...........	— de la 6e légère.
		BISSON..........	— de la 43e de ligne
		LEPREUX.........	— de la 96e de ligne
		Le chef du 1er régiment de dragons.................	
		Le chef de la 28e de ligne.................	
		FERTEL...........	
		GÉRARD..........	Chefs de bataillons ou d'escadrons..........
		DAUTURE.........	
		TAUPIN..........	
		BLOU...........	Capitaine du 2e de chasseurs....
		TÉTARD	Capitaine du 20e de cavalerie....
		MONTFLEURY......	
		GIRARDOT........	
		TERRET..........	Capitaines du 2e de cavalerie....
		LAMBERTY	
		FRÉLY	
25 prairial ..	Bataille de Marengo...	BIGARNE........	Lieutenant du 1er rég. de dragons.
		GAVORY..........	
		VERGÉ..........	
		POITEL..........	
		PICQUET........	Lieutenants du 2e de cavalerie....
		COURTOIS........	
		MORAUX.......	
		FRAUNOUX.......	
		DECOUX.........	Sous-lieutenant du 2e de cavalerie.
		RENAUD.........	Sous-lieutenant du 11e de cavalerie.
		JALAND.........	Adjudant au 2e de cavalerie.....
		VELAINE........	Maréchal des logis............
		ALIX	Chef d'escadron du 2e de cavalerie.
		JOLLE...........	Capitaine au 1er bataillon de la 59e
		LEBŒUF.........	Cavalier au 2e de cavalerie......
		CONRAD	Lieutenant d'artillerie à cheval..
		Jean VINOT.......	Chasseur. 6e compagnie, 3e bataillon, 9e demi-brigade......

ACTIONS MILITAIRES.	OBSERVATIONS.
A été fait prisonnier après s'être défendu opiniâtrement avec 200 hommes contre un corps entier de cavalerie autrichienne. A été emporté par un coup de canon au moment de la retraite en chargeant à la tête de la 22ᵉ de bataille.	
A eu deux chevaux tués. S'est particulièrement distingué. A été tué.	
Les rapports des généraux désignent ces officiers comme s'étant particulièrement distingués.	
A enlevé un drapeau à l'ennemi. A eu le même honneur. A fait prisonnier le général Zach, chef d'état-major de l'armée autrichienne. A été blessé.	Un boulet lui enlève une jambe; il tombe et veut continuer son service; on s'empresse autour de lui, on veut l'emporter: « Laissez-moi, dit-il, en observant froidement le tir de sa batterie, et allez dire aux canonniers de tirer plus bas ».
Manqué par un Autrichien qui l'avait tiré, il se précipita sur lui et lui passa sa baïonnette au travers du corps. Chargé par un détachement de cavalerie ennemie, il a fait un feu continuel et l'a forcé à l'abandonner.	

ANNEXE N° 21

Age des Officiers de l'armée de réserve et date de leur entrée au service.

On a lu en note, dans le cours de cet ouvrage, les états de services de la plupart des généraux de l'armée de réserve.

Afin d'offrir au lecteur un aperçu sommaire sur la composition des cadres, nous donnons ici l'âge et la date de l'entrée au service de tous les officiers de quelques régiments ou demi-brigades (1).

Ces renseignements sont extraits des rapports d'inspection de l'an 7 ou de l'an 8. Ils permettront au lecteur de répondre aux questions suivantes :

Les conscrits de 1800 étaient-ils encadrés par des jeunes ou par des vieux officiers ?

Ces officiers avaient-ils appris le métier militaire depuis la Révolution ou sous l'ancien régime ?

6° légère.

Chef de brigade......   56 ans. — Entrée au service en 1762.

Chefs de bataillon....   31, 41, 27, 35, 40 ans ;
                             Entrée au service en 1786, 1779, 1791, 1782.

Adjudants-majors.....   41, 27, 37 ans ;
                             Entrée au service en 1777, 1791. 1781.

Capitaines ....   41, 36, 33, 34, 30, 33, 33, 34, 32, 45, 44, 41, 35, 27, 27, 32, 30, 40, 35, 33. 40, 32, 30, 31, 33, 52, 33 ans ;
                             Entrée au service en 1772, 1775, 1781, 1792. 1786, 1784. 1784, 1774, 1784, 1771, 1771, 1790, 1790, 1792, 1792, 1783, 1784, 1784, 1780, 1780, 1783, 1777, 1783, 1786, 1783, depuis la Révolution, 1784.

Lieutenants ....   38, 41, 38, 35, 33, 30, 27, 29, 29, 29, 40, 34, 36, 29, 34, 29, 43, 30, 29, 27, 39, 23, 43, 24, 23. 29 ans ;
                             Entrée au service en 1778, 1789, 1782, 1778. 1783, 1787, 1791, 1792, 1792, 1792, 1792, 1793, 1784, 1792, 1784, 1792, 1788, 1792, 1792, 1792, 1793, 1792, 1792, 1792.

---

(1) Ces corps ont été choisis parmi ceux qui ont joué les rôles les plus importants dans a campagne.

Sous-Lieutenants 28, 38, 30, 32, 26, 50, 33, 42, 39, 27, 30, 27, 35,
                             30, 26, 31, 27, 35, 31, 31, 27, 26, 55, 24, 36
                             ans ;
                                Entrée au service en 1792, 1782, 1792, 1792,
                             1789, 1769, 1791, 1773, 1782, 1792, 1792, 1789,
                             1792, 1784, 1791, 1792, 1793, 1792, 1793, 1792,
                             1792, 1792, 1793, 1792, 1741.

(Inspection du général Beurnonville, 3 brumaire an 7.)

40° de ligne (1).

Chef de brigade. . . . . .   37 ans. — Entrée au service en 1789.
Chefs de bataillon . . . .   30, 38, 49, 41, 41, 43, 29 ans ;
                                Entrée au service en 1787, 1779, 1768, 1775,
                             1775, 1777, 1781.

Adjudants-majors. . . . .   38, 43, 29 ans ;
                                Entrée au service en 1791, 1774, 1784.

Capitaines. 45, 26, 56, 35, 27, 37, 30, 37, 28, 40, 36, 35, 33,
                             27, 34, 28, 26, 36, 24, 36, 40, 27, 45, 31, 49,
                             39, 53, 25, 38, 28, 28, 50, 42, 55 ans ;
                                Entrée au service en 1779, 1791, 1765, 1781,
                             1792, 1792, 1783, 1783, 1790, 1779, 1779, 1784,
                             1782, 1791, 1785, 1793, 1792, 1792, 1788, 1783,
                             1792, 1782, 1792, 1793, 1766, 1792, 1766, 1792,
                             1791, 1792, 1767, 1777, 1767.

Lieutenants 47, 27, 29, 32, 41, 40, 35, 36, 30, 24, 33, 29, 39,
                             32, 30, 34, 47, 32, 28, 32, 32, 48, 45, 30, 42
                             ans ;
                                Entrée au service en 1777, 1792, 1791, 1789,
                             1778, 1778, 1783, 1792, 1793, 1779, 1792, 1776,
                             1783, 1792, 1792, 1791, 1787, 1789, 1789, 1771,
                             1783, 1773.

Sous-Lieutenants 24, 30, 31, 34, 28, 55, 30, 26, 48, 51, 34, 33, 35,
                             54, 48, 37, 30, 33, 27, 27, 43, 50, 36, 30 ans ;
                                Entrée au service en 1793, 1791, 1792, 1785,
                             1791, 1769, 1791, 1793, 1772, 1762, 1781, 1792,
                             1792, 1767, 1791, 1778, 1792, 1792, 1793, 1791,
                             1792, 1756, 1777, 1793, 1789.

(Inspection du général Beurnonville, 8 floréal an 7.)

43° de ligne (2).

Chef de brigade. . . . . .   31 ans. — Entrée au service en 1792.
Chefs de bataillon . . . .   35, 37, 31, 43, 46 ans ;
                                Entrée au service en 1779, 1785, 1785, 1788,
                             1771.

---

(1) Pour la 3° demi-brigade de la division Watrin, 22° de ligne, on n'a pas trouvé d'inspection postérieure à l'an 5.

(2) On n'a pas trouvé de rapport d'inspection pour la 24° légère qui formait la division Chambarlhac avec les 43° et 96° de ligne.

Adjudants-majors..... 29, 28 ans ;
Entrée au service en 1787, 1791.

Capitaines.......... 35, 25, 26, 35, 47, 24, 29, 25, 44, 37, 37, 34, 43,
41, 39, 48, 27, 47, 43, 37, 29, 45, 27, 51, 48,
49 ans ;
Entrée au service en 1791, 1774, 1788, 1778,
1786, 1792, 1774, 1779, 1781, 1793, 1791, 1781,
1781, 1779, 1769, 1791, 1766, 1780, 1776, 1781,
1787, 1791, 1777, 1786, 1766, 1767, 1780.

Lieutenants 33, 27, 27, 29, 30, 25, 32, 43, 48, 34, 42, 37, 43,
32, 34, 32, 48, 39, 24, 60 ans ;
Entrée au service en 1783, 1785, 1791, 1791,
1784, 1779, 1771, 1773, 1781, 1773, 1793, 1783,
1781, 1791, 1791, 1792, 1773, 1791, 1791, 1755.

Sous-Lieutenants 48, 60, 45, 33, 31, 34, 45, 43, 32, 26, 43, 31, 31,
38, 40, 40, 34, 24, 24, 26, 24, 23 ans ;
Entrée au service en 1768, 1761, 1774, 1775,
1791, 1783, 1792, 1784, 1773, 1773, 1776, 1780,
1785, 1792, 1788, 1786, 1782, 1791, 1781, 1780,
1791, 1791, 1791, 1790, 1792.

(*Inspection du général Beurnonville*, 13 nivôse an 7.)

96ᵉ de ligne.

Chef de brigade...... 34 ans. — Entrée au service en 1782.

Chefs de bataillon.... 48, 33, 34 ans ;
Entrée au service en 1770, 1791, 1779.

Capitaines adj.-majors. 38, 33, 33 ans ;
Entrée au service en 1779, 1782, 1785.

Capitaines 39, 49, 33, 32, 30, 43, 34, 36, 45, 28, 36, 43, 34,
39, 33, 25, 34, 29, 38, 43, 45, 31, 26, 36, 31,
30, 23 ans ;
Entrée au service en 1778, 1792, 1783, 1792,
1792, 1772, 1783, 1791, 1791, 1792, 1791, 1775,
1791, 1778, 1791, 1792, 1779, 1785, 1776, 1791,
1791, 1791, 1791, 1792, 1785, 1792, 1792.

Lieutenants 45, 34, 29, 34, 52, 31, 30, 28, 27, 38, 34, 48, 44,
29, 33, 33, 28, 31, 38, 31, 42, 40, 33, 37, 34,
32 ans ;
Entrée au service en 1769, 1792, 1792, 1792,
1792, 1768, 1783, 1791, 1792, 1792, 1792, 1785,
1768, 1770, 1785, 1791, 1792, 1792, 1791, 1791,
1792, 1773, 1792, 1784, 1780, 1781, 1791.

Sous-Lieutenants 37, 29, 28, 35, 39, 33, 36, 30, 39, 29, 23, 30, 34,
28, 27, 23, 25, 24, 24, 23 ans ;
Entrée au servive en 1791, 1791, 1791, 1781,
1780, 1781, 1780, 1791, 1780, 1785, 1793, 1783,
1781, 1791, 1791, 1792, 1791, 1792, 1792, 1792.

(*Inspection du général Sérurier*, 11 brumaire an 7.)

59° de ligne (1).

Chef de brigade...... 50 ans. — Entrée au service en 1764.

Chefs de bataillon.... 48, 45 ans ;
     Entrée au service en 1770, 1772.

Capitaines.......... 39, 32, 37, 32, 39, 30, 47, 43, 42, 36, 28, 39, 42,
     32, 28, 48, 36, 40, 28, 25, 49, 27, 38, 45, 39,
     30 ans ;
     Entrée au service en 1781, 1784, 1782, 1784,
  1791, 1785, 1776, 1792, 1792, 1776, 1785, 1775,
  1794, 1793, 1782, 1781, 1792, 1770, 1777, 1776,
  1785, 1795, 1770, 1793, 1779, 1792, 1791, 1777,
  1791, 1766, 1789, 1792.

Lieutenants......... 31, 33, 53, 34, 28, 37, 38, 43, 31, 42, 51, 35, 28,
     44, 36, 31, 36 ans ;
     Entrée au service en 1767, 1787, 1792, 1792,
  1792, 1769, 1786, 1782, 1792, 1791, 1782, 1793,
  1794, 1783, 1790, 1780, 1769, 1783, 1796, 1791,
  1778, 1771, 1791, 1787, 1791.

Sous-Lieutenants..... 30, 40, 53, 29, 39, 30, 26, 30, 33, 29, 31, 43, 27,
     29, 40, 40 ans ;
     Entrée au service en 1792, 1752, 1780, 1767,
  1784, 1793, 1791, 1777, 1792, 1783, 1791, 1786,
  1778, 1787, 1792, 1784, 1789, 1792, 1792, 1792,
  1779, 1794, 1793, 1792, 1777.

  (*Registre matricule des officiers de la 59° demi-brigade*, 17 fructidor an 7.
   L'âge est calculé sur l'année 1800.)

2° de cavalerie.

Chef de brigade...... 59 ans. — Entrée au service en 1760.

Chef d'escadron...... 40 ans. — Entrée au service en 1775.

Capitaines.......... 38, 36, 52, 49, 36, 49 ans ;
     Entrée au service en 1781, 1780, 1766, 1767,
  1785, 1767.

Lieutenants......... 26, 46, 31, 36, 45, 42 ans ;
     Entrée au service en 1792, 1774, 1792, 1783,
  1774, 1779.

Sous-Lieutenants..... 40, 46, 38, 37, 52, 32 ans ;
     Entrée au service en 1779, 1776, 1783, 1781,
  1759, 1786.

  (*Inspection du général Beurnonville*, vendémiaire an 8.)

---

(1) Pour les deux autres demi-brigades de la division Boudet, on n'a pas trouvé de rapport d'inspection postérieur à l'an 6.

20ᵉ de cavalerie.

Chef de brigade......   65 ans. — Entrée au service en 1754.

Chefs d'escadron......   62, 56 ans ;
           Entrée au service en 1759, 1766.

Capitaines ....   37, 55, 56, 49, 44, 40, 31 ans ;
           Entrée au service en 1785, 1761, 1768, 1768,
1777, 1776, 1792.

Lieutenants.........   57, 34, 49, 33, 25, 31 ans ;
           Entrée au service en 1765, 1785, 1768, 1784,
1792, 1786.

Sous-Lieutenants.....   51, 54, 34, 38, 48, 40 ans ;
           Entrée au service en 1768, 1765, 1784, 1777,
1770, 1779.

Adjud. et maréchaux des
logis chefs (1)......   30, 36, 51, 29, 38, 33, 28, 30 ans ;
           Entrée au service en 1786, 1789, 1770, 1792,
1780, 1784 1792, 1792.

    (Inspection du général Kellermann, 8 messidor an 7.)

8ᵉ de dragons.

Chef de brigade......   36 ans. — Entrée au service en 1782.

Chefs d'escadron......   44, 32, 42 ans ;
           Entrée an service en 1773, 1791, 1773.

Capitaines..........   34, 42, 39, 54, 33, 45, 42 ans ;
           Entrée au service en 1785, 1773, 1780, 1768,
1786, 1770, 1776.

Lieutenants..........   31, 41, 34, 31, 26, 38, 31, 48 ans ;
           Entrée au service en 1793, 1784, 1785, 1789,
1792, 1784, 1791, 1770.

Sous-Lieutenants......   31, 36, 28, 26, 26, 26, 36, 26, 30, 36, 35, 31, 35,
27 ans ;
           Entrée au service en 1789, 1782, 1791, 1790,
1784, 1791, 1785, 1792, 1794, 1784, 1786, 1786,
1786, 1792.

    (Inspection du général Beurnonville, 18 brumaire an 8)

---

(1) Le renseignement analogue n'a pas été trouvé pour les autres régiments et demi-brigades.

a perdu, en outre, deux caissons chargés de munitions et un troupeau de bœufs et de moutons.

Nous avons eu, au plus, 12 tués et une quarantaine de blessés. Je dois vous parler de la conduite du brave adjudant général Noguès : quoique incommodé, encore et beaucoup, des blessures qu'il a reçues à Châtillon, il a montré autant d'activité que d'intelligence et de courage. Je demande pour lui le grade de général de brigade (1).

Le général Mainoni a fait preuve du plus grand sang-froid. Le chef de brigade de la 28ᵉ et tous les chefs de bataillon, ainsi que les adjoints du général Boissière, se sont particulièrement distingués.

Je ne connais pas de soldats plus braves que ceux de la 28ᵉ. Quoique forcés plusieurs fois, ils n'ont pas perdu la tête un seul moment.

Si j'avais pu faire passer deux pièces de canon et la cavalerie, j'aurais marché sur Plaisance (2).

Salut et respect.

LANNES.

F. Watrin, général de division, au général en chef Berthier.

Vescovera, le 19 prairial an 8 (8 juin 1800.)

J'ai l'honneur de vous rendre compte des opérations et mouvements de ma division depuis le 17 de ce mois.

Le 17, à 3 heures du matin, la 28ᵉ passa le Pô sur un pont volant sans éprouver la moindre résistance ; une partie de la 40ᵉ traversa aussi ce fleuve , ce corps de troupes, aux ordres du général Mainoni, avait pris position le long des digues et des marais, en arrière de San-Cipriano, et s'y gardait très militairement, en attendant que les autres troupes eussent opéré leur passage qui éprouvait beaucoup de lenteur.

Sur les 3 heures du soir, les régiments autrichiens de Reiszky et Croattes, d'environ 2,000 hommes, soutenus par

---

(1) Pour la blessure de l'adjudant général Noguès, voir le tome Iᵉʳ, p. 416 et 418. Noguès fut fait général de brigade le 28 juillet 1800.

(2) On lit en marge de cette lettre l'annotation suivante de Berthier : « Je prie le citoyen Bourrienne de me renvoyer cette lettre aussitôt que le Premier Consul l'aura lue ».

4 pièces d'artillerie (1) et 50 cavaliers de Bussy qui arrivaient de Voghera, ont attaqué avec vigueur les troupes sur la rive droite du Pô. L'attaque a été d'abord soutenue avec vigueur par la 28e de bataille.

L'ennemi, beaucoup supérieur en nombre, commençait à entamer le centre, lorsque environ 500 hommes de la 40e, qui venaient de débarquer, s'y portèrent. Alors, l'affaire devint extrêmement chaude. On tomba avec acharnement sur l'ennemi, dont l'on tua au moins 200 hommes, restés sur le champ de bataille, et à qui l'on fit près de 200 prisonniers, et l'on enleva deux caissons d'artillerie. La déroute de l'ennemi a été on ne peut plus complète, et je dois à la vérité de dire que c'est au général Mainoni et à la bravoure des 28e et 40e qu'on doit le succès de cette journée ; la perte de l'ennemi peut être d'à peu près 800 hommes.

. . . . . (2) . . . .

F. WATRIN (3).

Extrait de la Revue militaire autrichienne (4).

Le général major Molitor qui, sur ces entrefaites, était arrivé à Casteggio avec 2 escadrons de dragons de Lobkowitz, annonça, le 6 au matin, au feld-maréchal-lieutenant O'Reilly, que les Français qui, durant les jours derniers, avaient un camp important à Belgiojoso, avaient passé le fleuve avec 1200 hommes à Bosco (près du confluent du Tessin avec le Pô) et que, pour ce motif, le régiment d'infanterie Reiszky et les dragons de Lobkowitz ne pouvaient plus

---

(1) Comparer à la lettre précédente pour l'effectif de l'ennemi, le nombre de pièces, les pertes subies et surtout pour l'heure à laquelle s'est produite l'attaque des Autrichiens.

(2) La suite de cette lettre a trait aux opérations de la division Watrin le 7 juin et le 8 juin (combat de Broni). On la lira à ces dates, p. 208, note 2 et p. 219.

(3) Le combat de San-Cipriano est aussi décrit dans le rapport de Berthier au Premier Consul, daté le 9 juin à Pavie : dans un rapport d'ensemble fait par Dupont au Ministre, le 17 juin, et dans le journal de Brossier. Ces récits, calqués à peu près sur le rapport de Watrin, ne sont pas reproduits ici.

D'après le journal de Brossier, c'est « la crue considérable des eaux du fleuve qui contrariait la manœuvre de deux ponts volants qu'on avait établis ».

On lit aussi dans ce journal : « ..... Le général Gency, avec le premier bataillon de la 6e légère, qui venait de débarquer aussi, se porte aussitôt sur le point d'attaque et alors le combat devient extrêmement vif..... ».

Dans le même journal on trouve mentionnée la position prise par les troupes françaises après le combat : « ..... Cependant les premières positions furent reprises dans la crainte d'être tourné pendant la nuit, si l'ennemi recevait du renfort..... ».

(4) Œstreichische militärische Zeitschrift, t. XXIX, p. 22 et 25 à 27.

disposition de ses troupes pour l'investissement de cette place. L'objet principal de votre mission est d'examiner si l'ennemi a travaillé aux fortifications, quel espèce d'ouvrage il y a fait et en général quel est l'état actuel de cette forteresse. Aussitôt que vous aurez terminé cette reconnaissance, vous rejoindrez le quartier général qui se dirige sur Pavie.

MARESCOT.

(Livre d'ordres du général Marescot. — *Archives du génie.*)

⁎

Informé que Lannes a franchi le Pô dans la matinée (1). Berthier dirige en toute hâte les dernières divi-

---

(1) Le Premier Consul avait dicté une lettre au général Saint-Hilaire et un ordre du jour à l'armée, avant de connaître le passage de Lannes.

Le Premier Consul au général Saint-Hilaire.

Milan, le 17 prairial an 8 (6 juin 1800).

Je pense, citoyen Général, que le général Suchet est aujourd'hui loin de Nice. Ainsi je vous expédie par un courrier extraordinaire les nouvelles de l'armée, afin que vous les lui fassiez passer.

Nous sommes maîtres de la Lombardie jusqu'à l'Oglio. Nous avons pris tous les magasins, tous les hôpitaux, tous les parcs de réserve de l'ennemi. Rien que dans le parc de Pavie nous avons trouvé plus de 200 pièces de canon, 200 milliers de poudre et 10,000 fusils neufs.

Nous occupons la rive gauche du Pô, depuis Crémone, et l'on manœuvre pour passer ce fleuve que l'ennemi paraît vouloir défendre. Nous sommes maîtres du pont de Plaisance, hormis les trois derniers bateaux du côté de cette ville, que l'ennemi a coupés.

BONAPARTE.

Le Premier Consul à l'armée.

Milan, le 17 prairial an 8 (6 juin 1800).

Soldats,

Un de nos départements était au pouvoir de l'ennemi, la consternation était dans tout le midi de la France.

La plus grande partie du territoire du peuple ligurien, le plus fidèle ami de la République, était envahie.

La République cisalpine, anéantie dès la campagne passée, était devenue le jouet du grotesque régime féodal.

Soldats, vous marchez..... et déjà le territoire français est délivré : La joie et l'espérance succèdent dans notre patrie à la consternation et à la crainte.

Vous rendrez la liberté et l'indépendance au peuple de Gênes; il sera pour toujours délivré de ses éternels ennemis.

Vous êtes dans la capitale de la Cisalpine.

L'ennemi épouvanté n'aspire plus qu'à regagner ses frontières; vous lui avez enlevé ses hôpitaux, ses magasins, ses parcs de réserve.

Le premier acte de la campagne est terminé.

Des millions d'hommes, vous l'entendez tous les jours, vous adressent des actes de reconnaissance.

Mais aura-t-on donc impunément violé le territoire français ? Laisserez-vous retourner

sions de l'armée vers ce point de passage et porte le quartier général à Pavie.

Victor Perrin, général de division, lieutenant du Général en chef, au Général en chef.

Lodi, le 17 prairial an 8 (6 juin 1800), 5 heures du soir.

La division Chambarlhac entrait à Lodi (1) au moment où votre ordre de la diriger sur Stradella par Belgiojoso m'a été remis ; elle partira dans une heure pour se rendre le plus promptement possible à cette nouvelle destination.

J'ai l'honneur de vous saluer.

VICTOR.

P.-S. — Les cartouches se brûleront bientôt ; nos soldats en ont bien peu.

Alex. Berthier, général en chef de l'armée de réserve, au chef de l'état-major (2).

Milan, le 17 prairial an 8 (6 juin 1800).

Le général Monnier partira le plus tôt possible ce soir pour se rendre à Belgiojoso par Pavie pour passer le Pô et rejoindre le général Lannes sur la position de Stradella ; il mènera avec lui la 19e, la 30e et la 70e ; il rendra la 30e à sa division, de l'autre côté du Pô, quand il la rencontrera (3).

---

dans ses foyers l'armée qui a porté l'alarme dans vos familles ?..... Vous courez aux armes !..... Eh bien ! marchez à sa rencontre, opposez-vous à sa retraite, arrachez-lui les lauriers dont elle s'est parée, et, par là, apprenez au monde que la malédiction du destin est sur les insensés qui osent insulter le territoire d'un grand peuple.

Le résultat de tous nos efforts sera *gloire sans nuage et paix solide.*

Le Premier Consul,
BONAPARTE.

Ce bulletin était publié dans le *Moniteur* du 25 prairial (14 juin). Il figure à la *Correspondance de Napoléon* sous le n° 4887.

(1) Victor avait quitté Milan le jour même avec la division Chambarlhac, en exécution de l'ordre de Berthier du 5 juin. (V. p. 173.)

(2) On a rétabli l'en-tête qui devait figurer sur l'original. Les *Archives de la guerre* ne possèdent que la minute, laquelle est écrite de la main de Berthier, sur une feuille du papier de correspondance du Premier Consul. On peut donc considérer cet important ordre stratégique comme dicté, ou tout au moins inspiré, par le Premier Consul ; il ne figure pas dans la *Correspondance de Napoléon*.

(3) La 30e appartient à la division Boudet, dont elle a été détachée au moment de l'entrée à Milan, pour le blocus de la citadelle (V. 3 juin, p. 94). C'est seulement avec la

ANNEXE Nº 22

Concordance des calendriers grégorien et républicain.

---

25 mai 1800	5	prairial an 8.
26 —	6	—
27 —	7	—
28 —	8	—
29 —	9	—
30 —	10	—
31 —	11	—
1er juin 1800	12	—
2 —	13	—
3 —	14	—
4 —	15	—
5 —	16	—
6 —	17	—
7 —	18	—
8 —	19	—
9 —	20	—
10 —	21	—
11 —	22	—
12 —	23	—
13 —	24	—
14 —	25	—
15 —	26	—
16 —	27	—
17 —	28	—
18 —	29	—
19 —	30	—
20 —	1er	messidor an 8.
21 —	2	—
22 —	3	—
23 —	4	—
24 —	5	—
25 —	6	—
26 —	7	—
27 —	8	—

ERRATA

—————

Page 366, note 1, *au lieu de :* V. la carte du champ de bataille à la fin du chapitre VIII, *lire :* V. ci-contre la carte du champ de bataille.

Page 373, note 1, *ajouter :* (V. l'annexe n° 9).

Page 521, note 2, *au lieu de :* (V. l'annexe n° 21), *lire :* (V. l'annexe n° 20, page 580).

—————

TABLE DES MATIÈRES

CHAPITRE VIII

Bataille de Marengo.

CHAPITRE IX

Convention d'Alexandrie.

ANNEXES

AUTOGRAPHES

CROQUIS ET CARTES

Paris. — Imprimerie R. Chapelot et Cᵉ, 2, rue Christine.

Librairie militaire R. CHAPELOT & Cᵉ, Rue et Passage Dauphine, 30, Paris.

PUBLIÉ SOUS LA DIRECTION

DE LA

SECTION HISTORIQUE DE L'ÉTAT-MAJOR DE L'ARMÉE

1793—1805

PROJETS et TENTATIVES de DÉBARQUEMENT

AUX ILES BRITANNIQUES

PAR

Édouard DESBRIÈRE

CAPITAINE BREVETÉ AU 1ᵉʳ CUIRASSIERS

Paris, 1900, 1 vol. in-8 avec croquis. . . . . 10 fr.

L'ÉDUCATION MILITAIRE DE NAPOLÉON

Par J. COLIN

Capitaine d'artillerie breveté à la Section historique de l'État-Major de l'armée

Paris, 1900, 1 vol. in-8 avec 5 cartes. . . . . 7 fr. 50

CLAUSEWITZ

LA CAMPAGNE DE 1813

JUSQU'A L'ARMISTICE

LA CAMPAGNE DE 1814

EN FRANCE

Exposé sommaire — Critique stratégique

TRADUIT DE L'ALLEMAND

Par le Commandant THOMANN

PROFESSEUR A L'ÉCOLE SUPÉRIEURE DE GUERRE

Paris, 1900, 1 vol. in-8 avec 2 cartes. . . . . 4 fr.

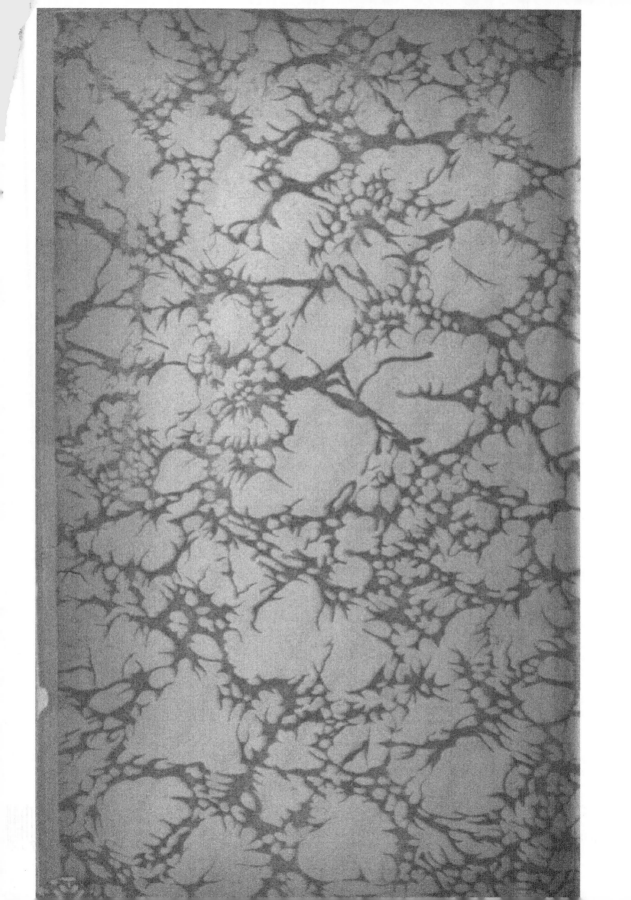

Lightning Source UK Ltd.
Milton Keynes UK
UKOW06f1836061113

220585UK00011B/715/P